KB015589

中華社會科學基金資助
마르크스주의 연구 논고 제1집

중국 특색 사회주의 민주법치에 관한 연구

저자　쑨궈화(孫國華)
　　　예촨싱(葉傳星)
　　　양쇼칭(楊曉青)
　　　주리즈(朱力字)
　　　차우레이(曹磊)
　　　구춘더(谷春德)

역자　최용철(崔龍哲)
　　　김홍매(金紅梅)
　　　김미란(金美蘭)
　　　남미향(南美香)

法 文 社

쑨궈화(孫國華, 손국화) 1928년생, 허베이 양위안(河北陽原, 하북 양원) 사람이다. 중국인민대학에서 최초로 1급 교수의 명예를 얻었고 법리학 박사연구생 지도교수이며, 신 중국 마르크스주의 법리학 창시자 중의 한 사람이다. 2012년 "전국걸출자심법학가(全國傑出資深法學家: 전국에서 경력과 자격이 뛰어나고 풍부한 법학자를 이르는 말)" 칭호를 얻었으며, 중국 법학회 학술위원회 명예 위원, 중국 법리학연구회 고문, 둥비우(董必武, 동필무: 중국 공산당의 창시자 중의 한 사람임) 법학사상 연구위원회 상무이사, 최고 인민검찰원 전문가 자문위원회 위원, 조양교우회 회장, 중국인민대학 조양법학연구센터 주임 등의 직책을 겸임하였다. 이 외에도 중앙방송영상대학교 법리학 교수, 국가철학사회과학 법학기획 소조 구성원, 국가 중·고급 지도자 법학 교수단 고급 교수 등의 교수직을 겸임하였다.

머 리 말

중국 특색 사회주의 사업이 전면적으로 추진되면서 장기간의 실천적인 탐구를 거쳐 당대 중국 특색 사회주의 노선과 이론 체계 및 제도가 점차 형성되었다. 이 책의 주제, 즉 중국 특색 사회주의 민주법치 이론은 중국 특색 사회주의 이론 체계의 중요한 구성 부분이다. 중국 특색 사회주의 민주법치 이론을 연구하는 것은 중국 특색 사회주의의 이론 체계를 풍부하게 하고, 중국 특색의 법치 발전의 길을 촉진하며, 현재 법학 이론에서 몇 가지 중대한 문제를 규명하는 데 중요한 의미가 있다.

마르크스주의의 이론 체계에서 법치 자체는 국가 정치의 일부이다. 따라서 국가 체제와 정치 체제의 의미에서 민주문제를 벗어나는 것은 곧 법제와 법치의 문제를 벗어남을 의미한다. 중국 특색 사회주의 법치 이론의 큰 특징 중 하나는 민주적 전제와 그 구조 하에서 법치를 논한다는 점이다. 이러한 점을 감안하여 우리는 민주법치에 대한 문제도 이 책의 주제에 포함하여 함께 다룬다. 그 중, 함축적인 주요 명제는 바로 사회주의 법치는 민주적 법치이며 인민의 법치라는 것이다. 민주에 대한 깊은 이해가 있어야 법치를 깊이 이해할 수 있다. 물론 우리의 능력과 이 책 편폭의 제한으로 여기에서 사회주의 민주의 이론을 전면적으로 탐구할 수는 없다. 그래서 이 책은 중국 특색 사회주의 법치 이론의 연구에 초점을 둔다. 물론 법치 문제를 논의할 때에도 법치와 민주, 정당 등 사이의 내재적 측면에서 중국 특색 사회주의 민주 문제를 다룰 것이다.

중국 특색 사회주의 민주법치 이론은 다양한 측면에서 해석할 수 있고 또 학자들마다 다양한 견해를 제시하고 정리해 주었다. 이 이론의 기본 구성은 대체로 다음과 같은 점들을 포함한다고 생각한다. 즉, 사회주의 민주법치의 형성 과정, 기본 내용, 주요 특징, 사회 기능, 사회 기반, 지도 역량, 추진 과정, 추진 방식 등이다. 이러한 문제들에 대한 이론은 하나의 완전한 체계를 구성하여, 중국이라는 동방대국이 오늘날의 개혁개방, 사회 전환과 발전의 역사적 과정 속에서 왜 민주법치를 건설해야 하는지, 어떤 민주법치를 건설하고 어떻게 민주법치를 건설해야 하는지 등의 근본적인 문제들에 대해 설명이 가능하고, 나아가 민주법치 이론의 "중국 특색"과 "초급 단계의 사회주의 특색" 등에 대해서도 설명이 가능하다.

사회주의 민주법치 이론을 깊이 파악하려면 중국 특색 사회주의 민주법치의 노선과 제도 사이의 내재적 연관성을 파악해야 한다. 민주법치 분야에서는 제도, 실천과 이론 사이에 밀접한 내재적 연관성이 있다. 이론적 구성은 기존의 제도 및 실천에 대한 이론화이며, 이론적으로는 기존의 제도에 대한 설명과 해석을 제공한다. 그러나 이와 마찬가지로 중요한 것은, 이론적 구성은 기존의 제도와 실천에 대한 보조를 맞추는 부수적인 해설이 아니라, 기존 제도의 혁신과 실천의 발전을 더욱 촉진하기 위한 일종의 이론화에 대한 지도와 타당성을 제공해야 한다.

중국 특색 사회주의 민주법치 이론의 탐색은 반드시 당대 중국의 위대한 개혁개방의 실천에 대한 이해를 바탕으로 이루어져야 한다. 중국 특색 사회주의 민주법치 이론은 당대 중국 개혁의 실천 과정에서 점차 배태(孕育), 형성, 발전하였다. 위대한 실천이 없이는 위대한 이론도 없다. 사상 유례가 없는 중국 개혁의 실천은 사회주의의 보편적 원리를 반영하면서도 중국 특색이 있는 이론이 절실히 요구되는 가운데, 이 위대한 실천은 이러한 이론을 배태하고 발전시키는 데 가장 풍부한 영양을 공급하고 있다. 깊은 통찰과 이해를 바탕으로 중국 특색 사회주의 노선과 중국 특색 사회주의 제도를 발진시키는 개혁에 적극 나서야 한다. 특히, 우리는 당대 중국 민주법치의 실제 실천에 주의를 기울여야만 중국 특색 사회주의 민주법치 이론이 생성된 실제 논리를 진정으로 이해할 수 있다.

중국 특색 사회주의 민주법치 이론의 탐색은 반드시 중국 특색 사회주의 이론 체계의 전반적인 비전을 바탕으로 이루어져야 한다. 이론은 단순히 실천을 위한 종속물이 아니다. 중국 특색 사회주의 민주법치 이론의 형성과 발전은 고유의 이론적 논리를 가지고 있음을 인정해야 한다. 또한 중국 특색 사회주의 민주법치 이론도 중국 특색 사회주의 이론의 중요한 부분임을 인식해야 하며, 중국 특색 사회주의 이론의 전체를 그 자체 발전의 배경과 지도로 삼아야 한다. 사회주의란 무엇인지, 사회주의를 어떻게 건설할 것인지에 대한 전략적 높이와 전체적인 구조에서만이 중국 특색 사회주의의 민주법치 이론을 보다 포괄적이고 깊이 이해할 수 있다. 개혁개방 이래 중국 특색 사회주의 이론의 발전은 세 가지 중요한 단계, 즉 덩샤오핑 이론, "3개 대표론(三個代表)"의 중요한 사상 및 과학적 발전관을 거쳤다. 이 세 가지는 모두 중국 특색 사회주의 민주법치 이론의 형성과 발전에 결정적 주도 역할을 했다.

중국 특색 사회주의 민주법치 이론의 탐색은 반드시 완전한 사회관계와 사회관리의 체계에 대한 이해를 바탕으로 이루어져야 한다. 중국의 개혁 과정 속에서 중국 특색 사회주의 "오위일체(五位一體)"가 전체적으로 구성되었다. 이 전체적인 구성은 오늘날 중국 국가관리 체계의 중요한 측면을 명확히 반영한다. 따라서 민주법치를 탐구하고 이해하기 위해 우리는 이를 "오위일체"라는 전체적인 구성에 포함하며, 이러한 "배치"는 우리나라 민주법치 이론의 중요한 특징에 속한다. 이 책의 중요한 특징 중 하나는 경제 건설, 정치 건설, 문화 건설, 사회 건설, 생태문명 건설, 인권 사업, 당의 지도 등 중국의 개혁, 발전과 같은 다양한 측면에서 민주법치 문제를 포괄적으로 이해하고, 민주법치의 내용, 기능, 사명, 추진력 등의 중요한 문제를 파악한다.

중국 특색 사회주의 민주법치 이론의 탐색은 반드시 인류 정치 법률문화 발전의 전반적인 논리에 대한 이해를 바탕으로 이루어져야 한다. 이 이론은 인류 법률문명의 성과에 대한 계승과 발전이다. 법률문명 발전의 전반적인 논리를 통해서만이 그 이론적 가치와 실제적 중요성을 부각시킬 수 있으며, "이론적 확신"을 강조할 수 있다.

위대한 민족의 가장 큰 행운은 그 민족이 발전하는 관건적인 시기에 역사적인 정신으로 충만한 뛰어난 지도자들이 엄격한 이론적 교리를 버리고 천리(天理)와 인심(人心)을 따라 오래된 사상 관념의 족쇄를 뚫고 실천을 이끌어갈 수 있는 새로운 이념과 관념을 제시하는 것이다. 중국 특색 사회주의 민주법치 이론은 당대 뛰어난 공산당 지도자의 지혜와 관리 사상을 집중적으로 구체화했으며, 공산당원의 민주법치의 대의에 헌신하는 역사적 책임감과 사명감 정신을 보여준다.

실질적인 발전에는 끝이 없고, 진리를 아는 데에는 끝이 없으며, 이론적인 혁신에는 끝이 없다. 중국 특색 사회주의의 위대한 사업은 지속적으로 개척되고 있고, 중국 특색 사회주의 민주법치의 실천은 계속 심화되고 있으며, 중국 특색 사회주의 민주법치 이론도 이 위대한 시대적 배경에서 끊임없이 풍부해지고, 발전되고 개선될 것이다. 후진타오(胡錦濤)는 "새로운 역사적 조건 하에서 마르크스주의를 견지하는 것은 실천이 제시하는 새로운 과제에 시기적절하게 답하는 것이며, 실천을 위한 과학적인 지도를 제공하는 것이 중요하다. 우리는 세계가 어떻게 발전하는지 그 대세를 정확히 파악하고, 사회주의 초급 단계의 기본적인 국정을 정확히 파악하여 우리나라 발전의 단계적 특징에 대해 깊이 연구해야 한다. 당이 인민을 이끌어 이루어낸 새로운 경험을 시기적절하게 정리하고, 경제사회 발전의 중대한 문제를 중점적으로 파악하여 새로운 이론으로 요약하며, 과학적 이론의 활력을 계속 유지해야 한다."*고 지적한 바 있다. 중국 특색 사회주의 민주법치 이론에 대한 연구도 이와 같은 기본적인 원칙을 따라야 한다.

민주법치 이론에 대한 연구는 우리의 열정과 노력으로 이루어졌지만, 이 연구는 기초적인 이론적 제안으로 더 정교화할 필요가 있으며, 이론에 대한 논리적 정당화는 더더욱 엄격해져야 함을 우리는 알고 있다. 특히, 민주법치 건설을 포함한 중국의 개혁사업은 현재 중요한 시기에 처해 있고 더 깊이 파고들어야 하는 시기이기 때문에 사회주의 법치국가를 전면적으로 건설하는 시대에 대한 요구가 더 강해지고 있음을 인지한다. 우리는 중국 특색 사회주의 민주법치 이론의 새로운 발전에 관한 연구에 더 많은 관심을 기울여야 하며, 민주법치 건설에 대한 새로운 이론 명제를 제시함으로써 민주법치 건설에 대한 보다 빠른 발전과 진보, 보다 강력한 이론적 설명과 안내를 제공할 수 있도록 더욱 주의를 기울여야 한다. 이런 중대한 과제는 또 다른 저서에서 이어서 논하고자 한다.

저자 씀

---

* 후진타오, 중국 공산당 성립 90주년 축하 대회에서의 발언, 베이징, 인민출판사, 2011년, 11-12면.

차   례

제1장

중국 특색 사회주의 민주법치
이론의 사상 연원

마르크스 · 레닌주의와 마오쩌둥(毛澤東, 모택동) 사상과 관련된 민주(民主: "민주주의" 또는 "민주"로 번역이 될 수 있으나 이하 "민주"로 통일하여 사용함)법치의 이론은 중국 특색 사회주의 민주법치 이론의 사상 연원이다. 중국 특색 사회주의 민주법치 이론은 마르크스 · 레닌주의와 마오쩌둥 사상을 풍부하게 발전시켰고, 마르크스 · 레닌주의와 마오쩌둥 사상의 민주법치 이론도 풍부하게 발전시켰다. 중국 특색 사회주의 민주법치 이론에 대한 연구는 반드시 마르크스 · 레닌주의와 마오쩌둥 사상에 대한 이해가 선행되어야 한다. 특히 마르크스 · 레닌주의와 마오쩌둥 사상에서 국가와 법에 관한 이론, 그중에서도 민주법치 이론에 대한 이해가 반드시 필요하다. 마르크스와 엥겔스는 포이어바흐(Feuerbach)의 유물론의 기본적인 핵심과 헤겔(Hegel) 변증법의 합리적인 핵심을 결합하여 변증법적 유물주의를 제창했다. 그들은 이러한 세계관과 방법론을 토대로 국가와 법을 포함한 사회 역사적 현상에 대해 연구하였으며, 나아가 역사유물주의를 탄생시켰다. 또한 민주법치를 포함한 국가와 법, 사회 역사적 현상을 관찰함에 있어서 풍부하고 심오한 과학적인 관점들을 제기했다. 마르크스와 엥겔스는 국가 정권과 법의 본질, 형식과 기능 등의 문제, 그리고 무산계급독재(專政: "전정" 또는 "독재 정치", "독재"로 번역이 될 수 있으나 이하 "독재"로 통일하여 사용함) 및 사회주의 민주와 법의 관계, 법과 법치 등의 문제에 대해 심층 분석을 진행하였다. 레닌은 새로운 역사적 시기에 러시아혁명과 사회주의 건설의 실천적인 내용들을 결합하여 마르크스주의의 무산계급독재와 사회주의 민주이론을 이어나감과 동시에 이를 한층 더 발전시켰으며, 사회주의의 조건하에서 민주와 법체계 구축에 대해서도 심층적인 분석을 하였다. 마오쩌둥을 핵심으로 하는 중국 공산당 제1세대 지도(領導: "영도" 또는 "지도 혹은 지도자"로 번역이 될 수 있으나 이하 "지도 혹은 지도자"로 통일하여 사용함) 집단은 마오쩌둥의 지도하에 마르크스·레닌주의를 지침으로 하여 중국 혁명과 건설이라는 실질적인 조건하에 중국의 각 민족을 지도하였으며, 나아가 길고 험난한 투쟁을 거쳐 마침내 혁명적인, 위대한 승리를 거두었다. 이로써 마오쩌둥 사상이 형성되었으며 민주독재의 인민공화국이 건설되고 하나의 국가로 통합되었다. 그리고 마르크스·레닌주의를 더욱 풍부하게 발전시켰을 뿐만 아니라 마르크스·레닌주의의 민주법치를 포함하여 국가 및 법에 과학적인 이론을 제시했다. 이러한 이론은 모두 중국 특색이 있는 사회주의의 민주법치 이론의 사상 연원이라 할 수 있다. 민주법치 이론을 포함한 국가와 법에 관한 마르크스·레닌주의 및 마오쩌둥 사상은 그 내용이 지극히 광범위하고 풍부하여 보다 전문적인 연구를 필요로 하기 때문에 본 저서 하나로는 설명이 불가능하다. 이에 본 장에서는 마르크스·엥겔스의 민주법제 기본 사상에 대해 간략하게 설명하고, 레닌 민주법치 사상의 주요 내용과 마오쩌둥 사상의 민주법제의 기본적인 이론에 대해 간략하게 설명하며, 그리고 마오쩌둥 및 그 전우들의 민주법제에 관한 주요 논술에 대해 연구하고 밝히고자 한다.

제1절 마르크스와 엥겔스의 민주법치 사상

1. 마르크스·엥겔스의 민주법치 사상의 기초 이론

마르크스·엥겔스의 민주법치 사상의 이론과 철학은 역사적 유물론주의에 기초한다. 역사적 유물론주의는 일정한 생산력을 기초로 형성된 생산관계의 총체이다. 이 생산관계의 총체는 사회의 경제적 기초를 형성하며, 사회의 물질적인 생활 조건을 형성하는 핵심이다. 사회적 의식은 사회적 존재에 의해 규정되고 형성되며, 사회적 존재는 일정한 경제적 기초를 토대로 성립된 상부 구조를 결정한다(일정한 사회적인 이데올로기 및 이에 상응하는 제도). 경제적 기초는 다른 계층이나 다른 사회 집단의 기본적인 이익 관계를 반영한다. 또한 사람들이 노력하여 얻고자 하는 것은 모두 이익과 연관된 것이기 때문에 사회의 각종 의식 및 이에 상응하는 제도(민주, 법제 등)는 이러한 이익관계를 뛰어넘을 수 없고, 다만 이러한 이익관계에 적응할 수밖에 없다. 이러한 점으로 보아 이는 하나의 객관적인 법칙이자 마르크스·엥겔스 이론의 전체적인 체제 중에서도 가장 기초적인 것이라 할 수 있다. 엥겔스가 말한 것처럼 " …… 역사적 유물사관의 관점에 의하면, 역사과정 속에서의 결정적 요소는 결국 실제생활에서의 생산과 재생산인 것이다. 마르크스나 나나 이것보다 더 많은 것을 긍정해 본 적이 없다."[1] 바로 이러한 역사적 유물주의의 "결정"론은 인류사회의 변천과 발전의 규칙 중에서도 가장 기본적인 것과 전반적인 문제들을 해결하였으며, 이는 마르크스주의 민주법치의 과학적 이론에서 가장 중요한 부분이기도 하다.

1883년 "마르크스 장례식에서의 연설"에서 엥겔스는 다음과 같이 말했다. "다윈(Darwin)이 마치 유기계의 발전 규칙을 발견한 것처럼 마르크스는 인류 역사의 발전 규칙을 밝혀냈다. 즉, 무질서한 이데올로기 속에 감춰져 있었던 하나의 사실, 그것은 바로 인간은 우선 먼저 의식주가 해결되어야 정치, 과학, 예술, 종교 등에 참여할 수 있다는 것이다. 그러므로 직접적이고 물질적인 생활양식의 생산은 민족 또는 그 시대의 경제적 발전단계이자 기초를 형성하고, 국가의 시설, 법적인 관점, 예술 그리고 종교적 개념도 이러한 기초를 토대로 형성된다. 그렇기 때문에, 반드시 이러한 기초에서부터 설명해야 하며, 과거와 같이 거꾸로 진행하는 그런 일은 없어야 할 것이다."[2] 엥겔스의 역사유물주의에 대한 요약은 매우 통찰력 있으며 이는 마르크스 본인의 요약과 완전히 일치한다. "정치경제학 비판"의 서문에서 마르크스는 다음과 같이 말했다. "나의 연구에서 법의 관계는 국가의 형태와 같으며, 스스로 이해하거나 소위 인간 정신의 일반적인 발전으로부터 도출될 수 없다는 결론에 도달했다. 반대로 그들은 삶의 물질적 관계 및 삶의 물질적 관계의 합계에 뿌리를 두고 있다. 헤겔(Hegel)은 이를 18세기 영국과 프랑스의 선례에 따라 '시민사회'로 요약했다." 마르크스는 또 다음과 같이 말했다. "나의 연구 작업을 안내하는 데 사용된 전반적인 결과를 다음

---

1) 마르크스·엥겔스 전집, 제1판, 제37권, 베이징, 인민출판사, 1971년, 460면.
2) 마르크스·엥겔스 선집, 제3판, 제3권, 베이징, 인민출판사, 2012년, 1002면 참조.

과 같이 간단히 언급하고자 한다. 사람들은 자신의 의지와는 상관없이 삶의 사회적 생산에서 필연적으로 특정한 관계를 만들게 된다. 즉, 물질 생산성의 특정 개발 단계와 호환되는 생산관계이다. 이러한 생산관계의 합은 사회의 경제구조를 형성한다. 즉, 합법적이고 정치적인 상부 구조가 세워지고 그 위에 사회의식 형태에 대응하는 현실에 근거한다."[3] 마르크스와 엥겔스는 역사적 유물론의 과학적 이론을 지키기 위해 역사적 이상주의 정치권력(특히 군주의 권력)의 결정론, 의지 또는 법적 결정론에 대해 끊임없는 투쟁을 벌였다. 마르크스는 다음과 같이 지적했다. " …… 군주는 항상 경제 상황에 복종해야 하며 경제 상황에 대해 명령을 내릴 수 없다는 것을 역사적 지식이 없는 사람만 모를 뿐이다. 정치적 입법이든 시민적 입법이든 상관없이 모두 경제 관계의 요구 사항만을 나타내고 기록할 뿐이다."[4] " …… 사회는 법에 근거한 것이 아니다. …… '나폴레옹법전'이 현대 자산계급사회를 만든 것은 아니다. 단지 '나폴레옹법전'에서 그의 법적 기능을 발견했을 뿐이다. 이 법전이 더 이상 사회적 관계에 적합하지 않으면 그저 쓸모없는 한 무더기의 폐지가 될 것이다."[5] 마르크스와 엥겔스는 항상 관념론적 역사관(唯心史觀, 유심사관)을 "법학자의 환상"이라고 불렀다. 민주법치에 대한 모든 비 마르크스주의와 반 마르크스주의 사상의 주요 실수가 바로 여기에 있다.

2. 국가와 법의 본질과 형태

마르크스의 세계관과 방법론에 따르면, 사회생활의 국가형태와 사람들 사이의 법적 관계에 대한 인식과 그에 관한 연구는 그 자체로 이해될 수 없으며, 소위 인간 정신의 일반적인 발전으로부터 이해될 수도 없다. 왜냐하면 모두 사회 상부 구조의 중요한 구성 부분이기 때문에 본질은 그것들을 기반으로 하는 경제 기반, 즉 특정 단계의 사회적 생산력 개발과 호환되는 생산관계의 합계에 의해 결정된다. 사회생활의 국가 형태는 군주제, 입헌군주제, 의회공화주의, 대통령공화당, 독재 정권, 민주정치제 등과 같이 다양할 수 있다. 단지 국가의 형태(정치체제)의 차이점일 뿐이다. 사람 간의 법적 관계는 대륙법계의 법률형식이나

---

3) 마르크스 · 엥겔스 선집, 제3판, 제2권, 베이징, 인민출판사, 2012년, 2면 참조.
4) 마르크스 · 엥겔스 전집, 제1판, 제4권, 베이징, 인민출판사, 1958년, 121-122면.
5) 마르크스 · 엥겔스 전집, 제1판, 제6권, 베이징, 인민출판사, 1961년, 291-292면.

영미법계의 법률형식과 같이 다른 법적 형태에 따라 생성될 수 있다. 그러나 국가가 어떤 형태를 가지고 있든, 군주제이거나 공화당체제이거나, 법의 법적 형태가 쓰이거나 쓰이지 않았는지 여부에 관계없이 그 본질을 알려면 그것들이 어떠한 경제적 기반에 의해 형성되었는지를 살펴보아야 한다. 이들이 자본주의 경제에 기반을 둔다면 자본주의 체제를 제공해야 하며, 그 국가는 자산계급의 지배를 유지해주는 기계이며, 이러한 법은 자산계급의 의지에 의해 규정된다. 마르크스와 엥겔스는 "헤겔의 법철학 비판", "도이치 이데올로기(Die deutsche Ideologie, 독일 이데올로기)", "철학의 빈곤", "공산당 선언문", "루드비히 포이어바흐와 독일 고전철학의 종말", "반듀링론(Anti-Dühring)", "주택 문제에 관한 논의", "자본론", "가족, 사유제와 국가의 기원" 등과 같은 수많은 저서에서 이 역사적 법칙의 정확성을 깊이 드러냈다. 마르크스와 엥겔스는 "공산당 선언문"에서 자산계급 이데올로기의 본질을 다음과 같이 폭로했다. "당신들의 관념은 자산계급 생산관계와 소유권관계의 산물이다. 당신들의 법이 법에 규정된 계급의 의지인 것처럼 그 의지의 내용은 계급의 물질적인 생활 조건에 의해 결정된다."[6] 이 구절은 비록 자산계급 법에 대해 말하고 있지만, 다양한 법률의 본질적인 속성을 파악하는 데 보편적인 지침이 된다.

역사적 유물론의 관점에서 문제를 관찰하면 법의 본질적인 속성은 법의 사회적, 계급적 속성을 가리키며, 이 둘은 통일된다. 법의 사회적 속성은 그것이 어떤 사회법인지, 그리고 어떤 종류의 경제 기반이 상부 구조의 중요한 부분인지에 대한 답을 제시한다. 법의 계급적 속성은 지배 계급의 의지(국가 정권을 장악한 계급)를 반영하는 것이 어떤 것인지에 대한 답이다. 특정 경제 기반이 있는 상부 구조로서의 법은 이러한 경제 기반과 호환되는 지배 계급의 의지를 반영해야 한다. 모든 계급 또는 사회 집단은 자신의 이익으로부터 볼 때, 누구든 자기 계층의 의지를 법률로 격상하여 사회 전체가 이를 따르기를 희망한다. 그러나 어떤 계급이나 사회 집단도 이를 위해서는 정치적 지배권을 얻어야 한다. 법은 항상 승자, 즉 국가의 정권을 장악하는 지배 계급의 의지를 구체화하기 때문이다. 치열한 이익 경쟁 중에서 승리한 계급이나 사회 집단만이 국가의 정권을 장악하고 지배 계급이 될 수 있으며, 비로소 자신의 의지를 법으로 만들 수 있

---

6) 마르크스 · 엥겔스 선집, 제3판, 제1권, 베이징, 인민출판사, 2012년, 417면 참조.

다. 자산계급 이론가들은 법이 "전 국민의 의지" 또는 "사회의 전반적인 의지"라는 관점에 익숙하다는 것을 알 수 있다. 이는 전적으로 법의 사회적, 계급적 성격을 은폐하는 기만적인 설교이다.

법에 내재된 지배 계급 또는 사회 집단의 의지는 지배적 계급 또는 사회 집단의 공통된 의지여야 한다. 즉, 그들 중 그 어떤 개인이나 조직의 의지도 아니며, 구성원 또는 조직의 의지의 총합도 아니다. 마르크스는 다음과 같이 거듭 강조했다. 지배 계급은 "법적인 형태를 통해 의지를 실현하려고 노력함과 동시에 그들 중 어느 한 사람의 인간성에 좌우되지 않도록 한다. 이 점은 그들의 의지에 달려 있지 않다. 마치 그들의 체중이 그들의 관념적인 의지나 인간성에 달려 있지 않듯이 말이다. 그들의 개인 지배는 개인 지배일 뿐 아니라 동시에 일반적인 지배가 되어야 한다."[7] "법은 한 개인이 제멋대로 행동하는 것이 아니라, 일정한 물질적 생산방식에 따른 이익과 수요의 사회적 표현으로 이루어져야 한다."[8] 법은 지배 계급이 법을 엄격히 준수하도록 강요한다는 것은 당연한 것이지만, 법은 동시에 지배 계급이나 사회 집단의 구성원들이 "자기 포기"를 하도록 요구한다. 물론, 이런 "자기 포기"는 개별적 경우에서, 이익을 취하는 자기 긍정은 일반적 경우에서이다.[9] 다시 말하면, 법은 서로 일치하는 지배 계급 구성원의 의지의 일부, 즉 그들의 공통 의지만 반영할 수 있으며, 공통 의지에 반하는 개별 조직이나 개인의 의지를 거부한다. 그렇지 않은 경우, 법은 지배 계급 또는 사회 집단의 정치적, 경제적 요구를 지켜내는 역할을 할 수 없다. 물론 정치체제가 다른 국가에서는 법을 제정하는 방법이 다를 뿐 아니라 심지어 큰 차이가 있다. 민주정권에서 법은 지배 계급 중의 전체 혹은 집단의 대다수의 대표에 의해 제정된다. 귀족 정권하에서는 그룹의 소수 인원에 의해 제정되고, 독재 정권하에서는 독재자에 의해 제정된다. 그러나 어떤 경우든 제정된 법률은 지배 계급의 공통 의지에 부합되어야 하며, 지배 계급의 공통된 이익을 대표해야 한다. 그렇지 않으면, 법률을 제정한 소수 또는 개인은 언젠가는 반드시 지배 계급 또는 사회 집단에 의해 버려질 것이다.

마르크스와 엥겔스는 국가는 지배 계급이나 집단에 속한 각 개인이 공통의

---

7) 마르크스·엥겔스 전집, 제1판, 제3권, 베이징, 인민출판사, 1960년, 378면.
8) 마르크스·엥겔스 전집(각주5), 292면.
9) 마르크스·엥겔스 전집(각주7), 378면 참조.

이익을 실현하는 형태이기 때문에, 해당 시대의 시민사회 전체가 집중되는 형태라고 지적했다. 따라서 다음과 같은 결론을 얻을 수 있다. 모든 공통된 규칙은 국가가 중재하며, 모두 정치적인 형태를 가지고 있다.[10] 지배 계급은 " …… 반드시 국가의 형태로 자신의 능력을 발휘해야 할 뿐만 아니라 이러한 관계에 의해 결정된 자신의 의지, 국가의 의지를 …… 일반적인 형태로 표현해야 한다."[11] 법은 국가의 의지를 일반적인 형태로 나타내는 것이라는 마르크스주의의 주장은 매우 중요한 부분이라 할 수 있다. 첫째, 이는 지배 계급의 공통 의지를 국가 의지의 일반적인 형태로 표현하는 것이다. 다시 말해, 국가의 제정 또는 허가를 통해 법(성문법 혹은 불문법)으로 된 후에는 국가가 강제력을 보장함으로써 비로소 모든 사람이 준수해야 하는 일반적인 형태를 얻을 수 있음을 보여주는 것이다. 둘째, 지배 계급이나 집단의 의지가 국가에 의해 인정되거나 강제력에 의해 보호되는 관습, 윤리, 종교적 신조(信條) 등을 통해 나타날 수 있음을 보여준다. 하지만 정치 당국에 의해 제정되지 못하거나 인정받지 못하면 법적 형태의 주장과 규범을 얻지 못한 것이며, 국가의 의지를 일반적인 형태로 표현하지 못한 것이다. 다시 말해, 그들은 실제(실증적인) 법률의 범주에 속하지 않게 되는 것이다. 셋째, 국가의 의지는 일반적인 표현 형태 외에도 개별적인 표현 형태도 있다. 예를 들어 국가 기관의 개별적인 결정, 선언, 임명 등은 법적 조정의 중요한 요소이지만 법률이 아니라 법률에 적용되는 활동이다.

국가의 의지는 실제로 사회를 지배하는 계급이나 집단의 의지이며, 이 의지의 내용은 궁극적으로 사회의 물질적 생활 조건에 의해 결정된다. 지배 계급은 법을 제정할 권력은 있지만, 법의 내용을 마음대로 할 수 있는 것은 아니다. 사회적 물질생활 조건은 지리적 환경, 인구 그리고 이 둘과 관련된 사회 경제적 기초(경제 관계의 합)를 포함하며, 법에 의해 구체화된 국가적 의지의 내용을 결정하는 요소들이다.

이러한 문제는 마르크스주의의 정치 과학 및 법학 분야에서 이미 체계적으로 연구되었으므로 이에 대한 자세한 설명은 불필요할 것으로 여겨진다.

---

10) 마르크스 · 엥겔스 전집(각주7), 71면 참조.
11) 마르크스 · 엥겔스 전집(각주7), 378면.

3. 국가의 권력과 법의 기능

마르크스주의는 국가의 권력과 법의 본질 및 형태의 원칙을 밝혔으며, 그것은 국가 권력 및 법 자체만으로 이해 가능한 것도 아니며, 인간 정신의 일반적 발전과정으로도 이해할 수 없는 것이라고 지적했다. 그 본질을 이해하려면 반드시 그들이 어떠한 경제적 기준으로 상부 구조가 형성되었는지를 살펴보아야 한다. 자본주의 경제에 기반한 국가 권력과 법은 본질적으로 자본주의를 제공하는 수단이어야 하고, 반드시 자산계급 통치를 실현하기 위한 기계와 도구여야 한다. 그러나 마르크스주의 고전 작가는 동시에 다음과 같이 지적한다. 모든 국가 권력과 법률 시스템은 집단 지배 기능을 수행하기 위해 어떤 사회적 공공기능을 수행해야 한다. 마르크스는 계급 국가 착취에 대해 이야기했을 때 다음과 같이 지적한 바 있다. 그곳에서 정부의 노동 감독과 포괄적인 간섭에는 두 가지 측면이 포함된다. 모든 사회의 본질에서 발생하는 다양한 공공업무의 실행뿐만 아니라 정부와 국민의 대중에 의해 만들어지는 다양한 특수 기능,[12] 즉 정치적 지배를 실현하고 지배 계급의 근본적인 이익을 보호하는 기능이 포함된다.

국가 권력과 법의 사회적 공공기능은 "모든 사회의 본질에서 발생하는 다양한 공무를 집행하는" 기능, 즉 사회의 모든 주민의 공동 이익을 지배 계급의 근본적인 이익으로부터 보호하는 기능이다. 예를 들어 고대 페르시아와 인도에서 국가는 전국의 관개 하천과 그 수로와 수문을 경영관리하기 위해 여러 법률을 공포하였다. 현대에는 원활한 교통을 보장하고 교통사고를 예방하기 위해 교통 법규를 제정하고, 환경오염을 방지하고 자원의 합리적인 개발 및 활용을 위해서는 환경보호 규정 및 자원보호 규정을 수립해야 한다. 이러한 국가 권력과 이러한 법의 제정 및 이행은 지배 계급에게 유리할 뿐만 아니라 전체 사회에 객관적으로 유리하다는 것은 명백한 사실이다.

법에 의해 수행되는 국가 권력과 지배 기능(정치적 기능), 사회적 공공 기능(사회적 기능)은 변증법적으로 통일되므로 행정지배 기능의 법적 규범과 비교할 때 사회적 공공 기능 구현을 위한 법적 규범에는 자체적인 특징이 있다. 예를 들면 이러한 규범의 대부분은 사람 간의 관계(사회적 관계)를 조정하여 인간과

---

12) 마르크스 · 엥겔스 전집, 제1판, 제25권, 베이징, 인민출판사, 1974년, 432면 참조.

자연의 관계를 조정하는 사회적 기술 규범이다. 이러한 규범, 그 자체는 계급성을 갖는 것이 아니다. 그러나 법적 규범의 사회적 및 계급적 성격을 관찰할 때는 반드시 전체 법률 시스템에서 관찰되어야 한다. 더욱 중요한 것은 전체 법률 시스템과 전체 시스템의 기반이 되는 경제 기반과 관련하여 관찰되어야 한다. 이러한 부분의 규범은 개별적인 것으로 볼 수 없고, 행정법의 계급지배 기능규범과 밀접한 관련이 있으며, 행정계급 지배기능과 함께 경제 기반을 제공한다. 이것은 지배 계급이나 사회 집단에 유리한 사회적 관계와 사회질서를 확립하고 유지하려는 근본적인 목적뿐만 아니라 법의 사회적 공공 기능과 법의 계급지배 기능에서도 나타난다. 엥겔스가 지적한 바와 같이, 정치적 지배는 어떤 사회적 기능의 구현에 기반을 두고 있으며 정치적 지배는 사회적 기능을 수행하는 경우에만 계속될 수 있다.[13]

4. 무산계급의 독재와 사회주의 민주

무산계급의 독재는 무산계급의 역사적 지위와 역사적 사명의 최고 표현이다. 무산계급의 독재만이 계급을 완전히 제거하고 인류의 해방을 실현하며 공산주의의 세계에 들어갈 수 있기 때문이다.

마르크스와 엥겔스가 급진적 민주주의자에서 공산주의자로 변모한 시점부터 무산계급독재에 대한 그들의 생각은 발전했다. 마르크스와 엥겔스가 공동 저술한 "도이치 이데올로기"에서 무산계급은 "반드시 정권을 쟁취"하여, 자체 "지배"를 수립해야 한다고 지적했다. "공산당 선언문"에서는 " …… 노동자 혁명의 첫 단계는 무산계급을 지배 계급으로 끌어 올리고 민주를 이끄는 것이다."[14] 민주는 조직적 형태의 국가 권력이기 때문에 민주를 얻는다는 것은 정치권력을 얻는 것을 의미한다. 마르크스는 "1848년부터 1850년까지 프랑스에서의 계급투쟁"이라는 책에서 처음으로 "무산계급독재"라는 용어를 공식적으로 사용했으며, 사회주의는 " …… 무산계급의 계급 독재자"이고, 주요 슬로건을 "자산계급을 타도하자! 노동자계급을 독재하자!"[15]로 하였다. 가장 주목할 만한 것은 1852년 3월 5일 마르크스가 웨더마이어(Wedemeyer)에게 보낸 편지에서의 표현이다. "나로

---

13) 마르크스・엥겔스 선집(각주2), 560면 참조.
14) 마르크스・엥겔스 선집(각주6), 421면 참조.
15) 마르크스・엥겔스 선집(각주6), 8면, 469면.

말하자면, 현대사회에서 계급 존재의 발견이든 계급간의 투쟁의 발견이든 그것은 나의 공이 아니오. 오랫동안 자산계급 역사가들은 이미 계급투쟁의 역사적 발전을 묘사했으며, 자산계급 경제학자들은 다양한 계급에 대한 경제 분석도 해왔소. 나의 새로운 공헌은 다음과 같은 몇 가지를 증명한 것뿐이오. ① 계급의 존재는 생산과 함께 발전된 어느 역사적 단계와 연결된다. ② 계급투쟁은 필연적으로 무산계급독재로 이어질 것이다. ③ 이 독재는 모든 계급의 근절과 계급 없는 사회로의 전환에 지나지 않는다. ……"16) 여기에서 마르크스는 무산계급의 독재에 대한 생각을 간략하게 설명했으며, 무산계급독재가 마르크스주의 이론 체계의 주요 요점임을 보여준다. 마르크스주의와 비 마르크스주의와의 분수령은 계급과 계급투쟁을 인정하고 무산계급의 독재를 인정하는지 여부에 있다. 1875년 마르크스는 라살레주의(拉薩爾主義, Lassalleanismus), 특히 "고타강령(哥達綱領)"초안을 비판하면서 무산계급독재에 대한 이데올로기를 더욱 발전시켰다. 자본주의 사회와 공산주의 사회의 사이에는 전자에서 후자에 이르기까지 혁명적 전환 시기가 있다고 지적했다. 이 시기에 맞는 정치적 전환 시기도 있는데 이 시기의 국가는 무산계급의 혁명적 독재자일 뿐이다.17) 동시에 마르크스는 무산계급독재의 조건하에서 반드시 "노동에 따른 분배"의 권리와 의무를 보호하는 법이 있어야 한다고 지적했다. 마르크스가 사망한 후, 엥겔스는 무산계급독재에 대한 이데올로기를 계속 지지하고 발전시켰으며, 제2국제의 기회주의(機會主義)와 끊임없이 투쟁했다. 그는 무산계급독재는 무산계급과 광범위한 대중에 의해 지배되는 파리코뮌(巴黎公社, La Commune de Paris)과 같은 정권이라고 지적했다. 또한, "최근 사회 민주당의 사람들은 무산계급의 독재를 듣기만 하여도 살려달라고 소리를 지른다."고 강하게 말했다. "여러분, 무산계급독재가 어떻게 보이는지 알고 싶으십니까? 파리코뮌을 보십시오. 이것이 바로 무산계급독재입니다."18)

엥겔스는 1872년 독일어판 "공산당 선언문" 서문에서 프랑스혁명, 특히 파리코뮌의 경험을 다음과 같이 요약했다. "코뮌은 특히 다음과 같이 증명했다. '노동자 계급은 단순히 기성품 상태의 국가 기관을 장악해서는 안 될 뿐만 아니라

---

16) 마르크스 · 엥겔스 전집, 제1판, 제28권, 베이징, 인민출판사, 1973년, 509면 참조.
17) 마르크스 · 엥겔스 선집(각주2), 373면 참조.
18) 마르크스 · 엥겔스 전집, 제1판, 제22권, 베이징, 인민출판사, 1965년, 229면 참조.

그것을 이용하여 자체 목표를 달성해서도 안 된다.'"19) 마르크스가 파리코뮌의 경험을 요약하면서 지적했듯이 " …… 프랑스혁명의 다음 시도는 또다시 관료주의적 군사 기기를 일부 사람들 손에서 다른 사람들의 손으로 옮기지 말아야 한다고 생각한다. 반대로 때려 부수어야 한다. 그것이야말로 본토 사람들의 진정한 혁명을 위한 전제 조건일 것이다."20) 여기서 마르크스는 또한 오래된 군사 관료주의 기기를 파괴해야 하는 주된 이유에 대해서도 논의했다. 물론 옛 군사 관료주의를 파괴하는 이론에는 옛 자산계급제도의 폐지도 포함된다. 마르크스와 엥겔스는 무산계급이 구식 "법적 기초"를 보존해야 한다는 논조에 대해 단호히 비판했다. " …… 구(舊)법은 구사회관계를 만들 수 없는 것처럼, 구법은 새로운 사회 발전의 기초가 될 수 없다."21) "구법은 이 구식 사회관계에서 태어났으며 구식 사회관계와 함께 소멸되어야 한다. …… 사회 발전의 새로운 요구와 상관없이 보존되는 구법은 실질적으로 특별한 것은 아니다. 단지 그럴듯한 말로 포장하여 시대와 양립할 수 없는 사적인 이익을 유지하고 성숙한 공통의 이익에 반대할 뿐이다."22)

마르크스와 엥겔스의 무산계급과 인민 군중의 민주에 관한 연구의 새로운 절정은 1871년 파리코뮌의 경험을 요약한 것이다. 마르크스에 따르면 "코뮌은 공화국에서 진정한 민주제도의 토대를 마련"했으며, 코뮌 자체는 새로운 유형의 민주 공화국의 원형이다. 이러한 민주제도의 기본적인 특징은 다음과 같다. ① 국가 기관의 측면에서 볼 때, 첫째. 무산계급은 코뮌정권에서 주도적인 역할을 한다. 코뮌회원의 대다수는 노동자 또는 공인된 노동자의 대표이다. 둘째, 코뮌은 무산계급의 정치적 해방형태이다. 이 혁명은 국가 권력의 형태가 아니라 국가 자체의 초자연적인 괴태(怪胎)이다. 이 혁명은 인민들이 자신의 이익을 위해 사회생활에 대한 통제력을 되찾는 운동이다. 인민이 국가의 주인임을 보장하기 위해, "인민의 공복(公僕)"의 국가가 다시 "인민의 주인"으로 변질되는 것을 방지하기 위해 코뮌은 두 가지 조치를 취했다. 즉, 모든 직책은 보통 선거권으로 선출된 사람들에게 넘겨지며 언제든지 교체될 수 있으며, 모든 공무원은 일반 기술 근로자의 임금을 받는다. 마지막으로 코뮌 정권은 상응하는 경제적인 내용

---

19) 마르크스・엥겔스 선집(각주6), 377면.
20) 마르크스・엥겔스 선집, 제3판, 제4권, 베이징, 인민출판사, 2012년, 493면.
21) 마르크스・엥겔스 전집(각주5), 292면.
22) 마르크스・엥겔스 전집(각주5), 292면.

을 얻었으므로 명확한 경제적 근거를 가지고 있으며 사기로 유입되지 않는다. ② 정치적 관점에서 볼 때, 우선 코뮌의 관리 형태는 "의회가 아닌, 행정적 및 입법적 힘을 모두 관리하는 실무기관이어야 한다." 마르크스의 이러한 요약은 국가의 기능에서 분업의 의미를 부정하는 것이 아니라 자산계급 의회 시스템의 단점을 드러낸다는 점을 지적할 필요가 있다. 반대로, 바로 코뮌식의 민주가 보선제(普選制)와 대표제를 실현하였다고 언급했다. 둘째, 코뮌 지도 원칙에서 국가 구조는 높은 수준의 지역 자율성을 기반으로 국가적 통합 시스템을 채택할 것이다. 요컨대 코뮌의 진정한 비밀은 사실상 노동 계급의 정부이며, 생산자 계급과 점령자들 사이의 투쟁의 산물이며, 그리고 마침내 노동을 경제적으로 해방시킬 수 있는 정치적 형태이다.[23] 다시 말해, 파리코뮌은 처음으로 살아있는 민주 사회주의의 영광스러운 모습을 보여주었다고 말할 수 있다.

엥겔스는 1891년 독일 당의 "에르푸르트 강령초안(Erfurt Draft Program)"을 비판했을 때 다음과 같이 진술했다. " …… 당과 노동자 계급은 민주 공화국의 형태로만 통치할 수 있다. 민주 공화국은 무산계급독재의 특별한 형태이기도 하다. ……"[24]

5. 법의 가치 목표

사물(객체)의 가치는 주체(主體)의 요구를 충족시키는 사물의 긍정적인 의미이며, 사물과 사람과 조직(주체) 간의 관계를 통해 사람과 조직에 대한 사물의 가치를 이해하는 것이다. 법의 가치는 법의 본질과 다른 시간, 장소 및 조건에서 다른 사람들과 그들의 조직의 이익과 요구에 의해 결정된다. 이익은 요구를 충족하고 충족시키는 데 필요한 수단이며, 이익은 가치의 기초이다. 사람과 조직의 요구는 객관적이기 때문에 사물 또한 인간의 이익과 가치에 객관적이고 인간의 주관적 의식에 종속되지 않는다. 이익과 가치, 그리고 이익관과 가치관을 반드시 구분해야 한다. 이익과 가치는 객관적인 반면, 이익관과 가치관은 주관적인 것이다. 그러나 이익과 가치는 주관성, 다차원성 및 가변성의 특성을 가지고 있기 때문에 객관성 외에도 법의 가치는 주관성, 다차원성 및 가변성 즉 주체가 다르고 법의 가치(주체성)도 다르다. 다른 시간, 장소 및 조건에서 동일한

---

23) 마르크스 · 엥겔스 선집(각주2), 102면 참조.
24) 마르크스 · 엥겔스 선집(각주20), 294면 참조.

주체의 요구가 다르기 때문에 법의 가치도 다르며 가변성(변이성)의 특성을 가진다. 사람과 조직의 요구를 충족시키기 위한 도구로서 법은 도구적인 가치를 지니고 있으며 이는 법 자체의 가치로도 이해 가능하다.

그러나 중요한 것은 사람과 조직의 요구를 충족시키는 법의 가치 또는 법을 매개로 하는 가치(일부 저자는 법의 목적 가치라고 부름), 이러한 종류의 가치는 물, 공기 및 의류, 음식, 주거 및 여행과 같이 삶에 필요한 모든 종류의 물질 정보를 제공할 뿐만 아니라 이런 자료를 얻기 위한 환경과 조건을 제공한다. 예를 들어 어떠한 법칙과 자유로 구성된 사회적 질서, 어떠한 이익 관계의 조화(일정한 공정과 정의)는 국가 권력을 사용함과 동시에 국가 권력의 남용을 방지하고 안정적인 질서와 지속적으로 발전시키는 등의 가치가 있다. 이러한 가치 중 마르크스와 엥겔스는 자유와 법칙, 권리와 의무, 공정(정의)과 효율 등 이러한 문제에 더 많은 관심을 기울였다.

(1) 자유, 법칙과 법률

마르크스와 엥겔스가 초기에 믿었던 "자유법(自由法)"은 이른바 "합리적인 자유법"이었다. 이러한 견해는 자유가 실제로 인간에게 내재된 것이라 주장한다. 자유를 반대하는 사람들조차도 자유를 반대하는 동안 자유를 실현하며, 자유를 반대하는 사람은 없다. 만일 있다면 다른 사람의 자유를 반대하는 사람일 뿐일 것이다. 모든 종류의 자유는 본래부터 존재한다는 것을 알 수 있지만, 때로는 특권, 때로는 보편적인 권리로 표현될 뿐이다.[25] 사람에게 자유가 없다는 것은 매우 치명적인 위험이라고 할 수 있다.[26] 그것은 바로 사람들의 "보편적 권리"와 소수자에 대한 "특권"을 추구했기 때문이다. 마르크스는 "법전은 사람들의 자유에 대한 성경"이라는 유명한 견해를 제시했다.[27] 자유에 대한 이런 급진적 민주의 관점은 현실적이면서도 유물론의 과학적 기초 또한 부족하다는 것을 명백히 보여준다.

역사적 유물주의 노선을 따르기 시작한 후로, 마르크스와 엥겔스의 자유 개념은 질적으로 도약했다.

---

25) 마르크스 · 엥겔스 전집, 제1판, 제1권, 베이징, 인민출판사, 1956년, 63면 참조.
26) 마르크스 · 엥겔스 전집(각주25), 74면 참조.
27) 마르크스 · 엥겔스 전집(각주25), 71면 참조.

① 절대적인 자유는 없다. 철학적 관점에서 자유는 객관적 필연성(법칙)에 대한 이해와 객관적인 세계의 변화이다. 엥겔스는 자유는 자연법칙으로부터 벗어나 독립하는 환상에 있지 않고, 자연법칙이 어떠한 목적을 위해 체계적으로 제공될 수 있도록 이러한 법칙을 이해하는 데 있다. …… 그러므로 의지의 자유는 사물에 대한 인식을 통해 결정을 내릴 수 있는 능력일 뿐이다.[28]

② 인간 행위의 자유와 법칙은 변증법과 통일성이 있으며, 이러한 자유와 법칙의 법적인 표현, 즉 법적 권리와 의무도 변증법적이다. 사회개발 측면에서 사람들은 기존 생산력에 의해 결정되고 허용된 범위 내에서 자유를 얻는다. 인간 행위의 자유도 절대적이지 않다. 개인의 자유는 다른 사람의 자유와 관련이 있다. 개인이 자유로워지려면 반드시 다른 사람의 자유를 방해하지 않는다는 원칙을 준수해야 한다. 따라서 법은 결코 입법자의 "이성(理性)" 및 "자유의지"를 나타내는 것이 아니며, 객관적인 법칙 혹은 사회적 물질생활 조건에 의해 제한된다. 입법자는 특정 주체의 행위의 자유가 권리이며 관련 주체의 특정 행위가 의무라고 결정한다. 인간의 행위(외부행위)의 자유는 다양한 조건의 제한을 받으며, 국가의 정권이 존재하는 사회에서 자유는 법에 의해 국가의 의지로 제한된다. 마치 몽테스키외(孟德斯鳩, Montesquieu)가 이야기한 것처럼 "한 나라에서, 다시 말해 법률이 있는 법률사회에서 자유는 자신이 하지 말아야 할 일을 강요하지 않고 해야 할 일을 할 수 있는 사람일 뿐입니다." "자유는 법이 허용하는 모든 것을 할 권리입니다."[29] 행위가 법을 위반하면 자유가 없어질 뿐만 아니라 법으로 처벌을 받는다. 그러므로 어떤 법률이든 모두 특정 역사적 조건하에서 사람들의 행위의 자유에 대한 제한, 확인 및 보호가 되는 것이다.

③ 소위 의지의 자유와 권리의 남용 및 의무를 이행하지 않는 책임 또한 변증법적으로 통일되어 있다. 모든 사람들은 종종 어떠한 행위를 실행하기 전에 다양한 선택에 직면한다. 행위 계획이 그에 의해 자유롭게 선택되었기 때문에 그는 자신에 대해 상응하는 책임을 선택했음을 의미한다. 즉, 그는 자신의 행위에 대한 책임이 있다. 자신의 행위를 선택하는 이 능력을 "행위능력"이라고 하며 "책임능력"이라고도 한다. 이러한 책임능력이 없으면 법은 그에 대한 책임을 부여해서는 안 되며, 책임능력을 가진 사람에게는 부분적 법적 책임을 요구할

---

28) 마르크스 · 엥겔스 선집(각주2), 491-492면 참조.
29) [프랑스] 몽테스키외, 법의 정신, 상권, 베이징, 상무인서관, 1961년, 154면.

수 있다.

이는 다음과 같이 설명 가능하다. 법은 사람들이 특정한 물질적 생활 조건하에서 가질 수 있는 행위의 자유이자 법칙이며, 이러한 행위의 자유와 법칙의 법적인 표현은 권리와 의무의 통일이다.

(2) 공평, 정의와 법

정의, 공도(公道), 공평, 공정, 정직과 같은 단어들이 내포하는 뜻은 비록 다소 편중되어 있지만, 기본적인 의미는 같다. 모두 노동과 보수의 대응, 성과와 보상의 대응, 권리와 의무의 대응, 범죄와 징벌의 대응과 같은 특정 대응관계를 말한다. 즉, 죄는 지은 대로 가고 덕은 닦은 대로 가며, 눈에는 눈 이에는 이와 같이 사람들이 추구하는 이상적인 상태를 가리킨다. 정의에 대한 가장 추상적인 정의는 "모든 사람에게 응당한 것을 주는 것이다." 그러나 모든 사람이 받아야 마땅한 것은 무엇이며, 사람들이 바라는 이상적인 상태는 무엇인가? 이에 대해 각 시기에 따라, 사람에 따라 혹은 학자에 따라 각기 다른 답변을 한다. 미국의 법철학자 보덴하이머(博登海默, Bodenheimer)는 다음과 같이 말했다. "정의는 프로테우스(Proteus)와 같은 얼굴을 가지고 있으며 변덕스럽고, 언제든지 모양을 바꿀 수 있으며 모양이 매우 다양하다."[30] 보덴하이머의 이 구절은 세상에 영원한 정의는 없으며, 정의는 시대에 따라 변하고 사람마다 추구하는 정의 또한 다름에 대해 인정하고 있다. 실제로 공평과 정의는 일종의 판단이자 일종의 가치관이다. 하지만 이러한 판단과 가치관은 판단해야 할 특정 실체가 있어야 하며, 이는 특정한 이익모순과 이익관계를 말한다. 반대로 법은 사람들이 특정 역사적 조건하에서 국가 권력의 제정 또는 인정을 통해 확립된 이익과 이익의 모순되는 관계를 판단하는 표준이며, 사람들이 특정 역사적 조건과 법적 수행이고, 즉 법적 권리와 의무 하에서 가질 수 있는 행위의 자유이자 법칙이다. 그러므로 많은 언어에서 "법"이라는 단어와 중국어의 "법(法)"에 해당하는 단어는 모두 "평(平)", "정(正)", "직(直)", "대(對)"와 같은 의미를 가진다. 물론 법은 공평과 정의와 같지 않고, 공평과 정의의 범위를 의미하는 것은 아니라 법학에서 말하는 "법"보다 훨씬 광범위하다. 법학에서 말하는 법은 법률형식의 공평과 정의를 말

---

30) [미국] E. Bodenheimer, 법리학-법철학 및 방법, 베이징, 화하출판사, 1987년, 240면. 프로테우스(Proteus)는 고대 그리스인의 바닷속 노인이고 그 면모는 변화무쌍하다.

하고 국가 정권이 인정하고 보호하는 공평과 정의이다.

　고전적인 마르크스주의 작가들은 인류 역사상 처음 과학적으로 인간의 사고, 행위 혹은 사회제도의 정의를 판단하기 위한 물질적 근거를 제시했다. 엥겔스는 프루동(普魯東, Proudhon)의 영원한 정의에 대한 그의 비판에서 다음과 같이 지적했다. "…… 이 공정성은 항상 기존의 경제 관계이거나 보수적인 측면을 반영하거나 그 혁명적 측면의 관념적인 성화(聖化)의 표현을 반영한다."31) 마르크스는 "생산자 간 거래의 공정성은 이러한 거래가 생산관계의 자연스러운 결과로 생성된다."고 지적한 바 있다. 거래의 법률적인 형식은 계약이며 그 내용은 다음과 같다. "…… 생산방식과 호환되고 일치하면 그것은 정의적인 것이다. 반대로 생산방식과 모순되면 부당한 것이다. 자본주의 생산방식에 근거하면 노예제도는 부당하며, 상품의 품질을 위조하는 것도 부당하다."32) 마르크스주의는 노동자 계급과 대중의 세계관이자 방법론이므로 정의에 대한 마르크스주의 관점은 노동자 계급과 대중의 이익을 바탕으로 하며 이를 출발점으로 한다. 노동자 계급과 대중의 이익은 인류사회의 발전에 대한 요구와 일치한다. 마르크스주의자들은 사람들에게 유익한 행위는 곧 인류사회의 발전에 유익한 것이고 모두 정당하다고 믿는다. 각 사회의 경제 관계는 먼저 이익 관계로 표현된다. 특정 생산관계가 생산력 개발에 더 이상 적합하지 않을 경우, 불가피하게 사람들의 삶이 어려움으로 이어질 것이다. 특정 생산관계가 생산력 개발에 심각하게 부적합할 경우, 많은 사람들의 삶은 불가피하게 심각한 어려움에 빠지고 굶주림과 추위에 시달리며 몸 둘 곳도 없게 된다. 이 시기에 사회에서 대다수 사람들이 인정한 정의의 개념은 위기에 처하게 되는데 소위 "예법이 파괴된(의식 붕괴)" 시기이다.

　엥겔스는 다음과 같이 지적했다. "생산방식이 자체 개발의 상승단계에 있을 때, 이러한 생산방식과 대응하는 분배방식에서 손해를 본 사람들조차도 이러한 생산방식을 환영한다." "이러한 생산방식이 자체적으로 몰락하는 단계의 오랜 기간을 거쳐야만, 대부분 구식이 되었을 때만이 불평등한 분배가 부당하다고 간주된다. 이때서야 비로소 사람들은 오래된 사실로부터 소위 영원한 정의에 의지하기 시작했다."33)

---

31) 마르크스 · 엥겔스 선집(각주2), 261면.
32) 마르크스 · 엥겔스 전집(각주12), 379면.

엥겔스의 논의에서 우리는 다음과 같은 새로운 이해를 이끌어 낼 수 있다. 오랫동안 우리는 종종 착취제도의 비합리성에 더 많은 주의를 기울였으며 특정 역사시기에 그 합리성을 무시했다. 실제로 어떤 형태의 생산방식이든 여전히 상승단계에 있다면, 착취가 사회 대부분의 사람에 받아들여지고 심지어 정당한 것으로 간주될 것이다. 단지 사람들에게 더 많은 이익을 제공 못하거나 대부분의 사람들의 생계 문제를 해결할 수 없는 생산방식만 부당하고 버려져야 할 것으로 간주될 것이다.

(3) 평등과 법

마르크스와 엥겔스는 다음과 같이 지적했다. "고대의 원시적 평등개념에서 현대 평등개념의 형성에 이르기까지, 평등의 개념은 수천 년을 거쳐야만 했다. …… 평등의 개념은 무산계급의 형태에 관계없이 그 자체가 역사적 산물이며 …… 특정한 역사적 관계를 필요로 한다."[34] 이러한 "역사적 관계"에 결정적 의미를 갖는 것은 경제 관계이다.

노예사회와 봉건사회에서 경제 관계는 사람 자체에 의존하는 것이 특징이며 사람들 간의 관계는 "서랍"형식으로 분류된다. 그러므로 개념상의 불평등은 평등보다 더 합리적이다. 엥겔스가 물었다. 고대 노예와 노예소유자, 중세 농노와 영주 사이에서 행복을 추구하는 평등한 권리를 논할 수 있는가?[35] 이러한 개념에 해당하는 법률은 "특권 법" 및 "동물적 법"이어야 한다. 법률은 조금의 숨김도 없이 일부 사람들의 재산, 정치적, 법적 특권을 규정하며, 조금의 숨김도 없이 사람들 사이의 불평등을 규정하고 있다(지배 계급과 피지배 계급 사이의 불평등 뿐만 아니라 지배 계급 구성원들 사이에서도 불평등은 존재한다).

사회에서 자본주의 경제 관계가 발전함에 따라 봉건특권의 평등을 반대하는 문제가 제기되었고 이에 대한 의견이 분분해졌다. 자본주의 시장 경제는 객관적으로 자본이 자유롭고 평등하게 경쟁할 수 있고 소위 "자유로운" 노동자들과 마찬가지로 노동고용계약을 체결하고, 잉여가치가 동등하게 추출된다는 것, 즉 상품소유자가 평등하게 등가교환을 실현하는 것이다. 각 주체는 동등한 것을 주고

---

33) 마르크스·엥겔스 선집(각주2), 527-528면.
34) 마르크스·엥겔스 전집, 제1판, 제20권, 베이징, 인민출판사, 1971년, 117면 참조.
35) 마르크스·엥겔스 전집, 제1판, 제21권, 베이징, 인민출판사, 1965년, 332면 참조.

받으며, 그들은 교환을 통해 자신이 동등한 가치의 사람임을 증명한다. 때문에 마르크스는 "자본은 자연 평등이다. 즉, 생산의 모든 영역에서 노동 착취를 위한 동등한 조건을 요구한다."36) " …… 그에 따라 순수한 개념으로서의 자유와 평등은 가치를 교환하는 과정에서의 다양한 요소를 이상적으로 표현하는 것이며 법적, 정치적 평등은 다른 차원에서의 재생된 산물에 불과하다."37) 때문에 "법률 앞에서 모든 사람은 평등하다."는 자연스럽게 헌법 원칙으로 부상하고 정치적 특권이 제거된다. 하지만 정치와 법률상의 평등은 전적으로 하나의 형식적인 평등이고, 그 이면에는 자본과 자본 사이의 줄다리기를 감추고 있으며, 자본과 노동자 사이의 실제 불평등이 경제적, 사회적 측면에서 숨겨져 있다. 원래의 "평등한 계약"은 잔인한 노동자 착취의 법적 근거가 되었다. 그러므로 무산계급 정당의 주요 임무는 억압되고 착취된 사람들이 자본주의적 평등의 개념에서 철저하게 벗어나게 하는 것이고, 이로써 마르크스주의 평등개념을 확립한다. 하지만 우리는 자산계급과의 투쟁을 수행하기 위해 이러한 평등의 개념과 법률평등의 원칙을 잘 사용해야 한다. 엥겔스는 루소(盧梭, Rousseau)의 평등 학설에 대해 이야기했을 때 다음과 같이 지적했다. 평등은 " …… 개념은 특히 루소를 통해 …… 대혁명 시기와 대혁명 이후 실질적인 정치적 역할을 하고 있으며, 오늘날에도 거의 모든 국가의 사회주의 운동에서 여전히 선동의 역할을 한다."38) 그렇다면 자본주의 사회에서 무산계급의 평등 요구 사항의 기본 내용은 무엇인가? 엥겔스는 다음과 같이 말했다. "무산계급 평등의 실제 내용은 계급을 제거하기 위한 요구 사항이다. 이 범위를 벗어난 모든 평등 요구 사항은 말도 안 되는 소리이다."39) 오로지 계급을 없애는 것만이 보편적이고 진정한 평등이라 할 수 있다.

사회주의사회(마르크스에 따르면 여기서 공산주의 첫 번째 단계인 사회주의사회는 생산 자료의 사적 소유권이 완전히 제거된 사회주의사회를 의미한다)는 노동에 따른 생산 물자 및 배급의 대중 소유 원칙에서 일반 대중의 평등을 실현했으며 정치적으로 국가의 주인이 되었다. 하지만 사회주의사회는 아직 "평등의 왕국"이 아니다. 생산력 개발 수준과 이에 상응하는 사회적 인식 수준의 한계로 사람들이 법 없이 단기적으로 사회를 위해 일하는 것은 불가능하다. 반대로 여기에는 여

---

36) 마르크스·엥겔스 전집, 제1판, 제23권, 베이징, 인민출판사, 1972년, 436면 참조.
37) 마르크스·엥겔스 전집, 제1판, 제46권 하, 베이징, 인민출판사, 1980년, 477면 참조.
38) 마르크스·엥겔스 전집(각주34), 113면.
39) 마르크스·엥겔스 전집(각주34), 117면 참조.

전히 "자산계급 법권(法權)"이 존재하며 이는 사회적 상품의 분배영역에 집중되어 있다. 노동에 따른 분배의 평등은 일정한 노동량의 한 형태이기 때문에 같은 노동량의 다른 형태와 교환될 수 있다. 평등은 같은 척도-노동으로 측정된다.[40] 하지만 각 개인의 상황은 다르므로 이러한 평등한 권리는 동등하지 않은 노동에 대한 불평등한 권리이다.[41] 마르크스주의자들에게 이러한 형식(원칙)적으로는 평등하지만 사실상 불평등한 상황은 당연히 일종의 "폐단"이다. 마르크스는 이러한 폐단을 피하려면 권리는 평등하지 않아야 하며 불평등해야 한다고 말했다.[42] 다시 말해, 노동에 따른 분배원칙을 각자의 능력에 따라, 수요에 따라 분배하는 원칙으로 대체해야 한다.

(4) 권리, 의무와 법

초기 인류사회의 생산력 낙후로 인해 자원은 극도로 부족했고, 사람들은 함께 생산하고 함께 생활했으며 사람과 사람 사이에는 차별이 없고, 주고받고 함에도 별다른 차이가 없었으며 사람들에게는 권리와 의무에 대한 개념이 없었다. 이는 아직도 원시생활의 초기 단계에 있는 인디언 사람들에 의해 입증되었다. 엥겔스는 다음과 같이 말했다. "씨족(氏族)제도 내에서 권리와 의무는 구별되지 않는다. 공공활동에 참여하거나 친족의 복수를 행하거나 또 그로 인해 속죄를 받아들이는 것이 권리인가 의무인가, 그것은 인디언들에게는 아무런 문제가 되지 않는다. 그들에게 있어서 이는 마치 먹고 자고, 사냥하는 것이 권리인가 의무인가의 문제인 것만큼 우스운 일이다."[43] 원시사회의 말기에는 사유제도가 나타나고 물품 교환, 특히 개인(가족) 사이의 물품 교환이 도입되면서 권리와 의무에 관한 문제가 언급되었다. 두 제품의 소유자에게는 서로에 대한 특정 권리와 의무가 부여되기 때문이다. 사회의 분열과 계급 형성을 가속화한 것이 바로 제품(상품)의 교환이다. 이러한 인권과 의무의 관계는 수없이 반복되어 왔으며 새로운 관습으로 나타나기 시작하여 새로 생성된 국가들에 의해 인정되고 법률로 부상했다. 따라서 기존의 관습적 권리가 이제는 법적 권리가 되었다. 권리는 무엇보다도 재산권(소유권)이므로 부유한 자의 손에 점점 더 집중되었다. 즉, 그

---

40) 마르크스 · 엥겔스 전집, 제1판, 제19권, 베이징, 인민출판사, 1971년, 21면 참조.
41) 마르크스 · 엥겔스 전집(각주40), 22면 참조.
42) 마르크스 · 엥겔스 전집(각주40), 22면 참조.
43) 마르크스 · 엥겔스 선집(각주20), 159면 참조.

당시 지배 계급의 손에 집중되었기 때문에 권리와 의무의 차별화도 매우 눈에 띄었다. "우리가 이미 보았듯이 야만인들 사이에서 권리와 의무를 구별할 수 없었다고 했다면, 문명시대는 가장 어리석은 사람들조차도 권리와 의무의 차이 및 반대를 구분할 수 있다. 왜냐하면 이는 거의 모든 권리를 한 계급에게, 또 다른 한편으로는 거의 모든 의무를 다른 한 계급에게 부여하기 때문이다."[44] 간단히 말하면 노동자는 경제적으로 생활의 원천을 독차지하는 사람(착취하는 사람)의 지배를 받고, 모든 형태의 노역, 즉 모든 사회적 빈곤, 굴욕 및 정치에 종속되어 권력이 없는 위치에 이르게 된다.

마르크스와 엥겔스는 권리 형태의 역사적 진화를 탐구했다. 노예제사회와 봉건제사회에서 법률의 제정은 완벽하지 못했기 때문에 권리의 표현은 대부분 법정권리가 아닌 관습적인 권리이다. 본질적으로 관습권리는 빈곤관습권리와 귀족관습권리로 나뉜다. 귀족관습권리는 특권의 관습권리이다. 귀족 계급의 기본 권리(재산 소유권이 우선이다)는 오랫동안 법정권리로 부상하였으나 법정 밖에서는 항상 탐욕스럽게 관습적 권리를 추구해 왔다. 이에 대해 마르크스는 다음과 같이 말했다. 특권을 가진 사람들이 법정권리에 만족하지 않고 자신의 관습적인 권리에 호소할 때, 그들이 요구하는 것은 인간의 법적인 내용이 아니라 동물적 법이다. 이 형태는 이제 현실을 잃어버렸고 순수한 가면이 되었다.[45] 반대로 가난한 사람들의 관습적 권리만이 "법의 인간적 내용"과 일치한다. " …… 관습권리는 본질적으로 가장 낮고 억압되고 조직화되지 않은 대중의 권리일 수 있다."[46] 왜냐하면 관습적 권리는 빈곤층의 기본적인 생존 요구를 유지할 권리이기 때문에 기본 생산 수단을 희생한 대가로 획득한 권리이기 때문이다. 마르크스는 "귀족의 불법 관습권리"를 추구하는 사람들은 처벌을 받아야 한다고 호소했다. 우리는 빈곤층에 대한 관습권리를 요구하지만 특정 지역의 관습권리에 국한되지 않고 모든 국가의 빈곤에 내재된 관습권리에 국한된다.[47]

중세기 권리의 또 다른 특징은 다양한 형태의 권리가 혼합되어 있고 이중적이다. 즉 공적권리와 사적권리가 구분되어 있지 않다. 자산계급이 권리를 장악한 후, 이러한 "부정소유권(不定所有權)"을 임의로 제거하고 거의 모든 부를 사

---

44) 마르크스·엥겔스 선집(각주20), 194면.
45) 마르크스·엥겔스 전집(각주25), 143면 참조.
46) 마르크스·엥겔스 전집(각주25), 142면 참조.
47) 마르크스·엥겔스 전집(각주25), 142면 참조.

법에 포함시켰으며 부자들의 독점적 권리가 되었다. 역사적으로 이것은 확실히 진보이기는 하나 가난한 계층의 부정소유권에 대한 책임을 제거하여 가난한 사람들을 더욱 불행하게 만들었다.

17, 18세기부터 계몽(啟蒙)주의 사상가들은 권리문제를 "천부인권(天賦人權)"이라는 슬로건으로 귀결시켜 봉건 계급에 대항하는 투쟁을 벌였다. 결국 현대 자산계급 사회를 인권의 형태로 인정하고 승인하였으며, 이로써 인권은 더 이상 단순한 이론이 아니게 되었다.[48] 세계 자본주의 시장의 형성과 함께 "자유와 평등은 자연적으로 인권으로 선언되었다." 이런 특별한 자산계급 계급의 성격을 띤 인권의 전형적인 표현은 미국 헌법으로, 가장 먼저 인권을 인정함과 동시에 미국에서 유색 인종의 노예제도가 확인되었다. 즉, 계급의 특권은 법으로 보호되지 않으며 종족의 특권은 성화(聖化)되었다.[49] 이로써 자산계급은 그들이 "법치국가"라고 주장하지만 실제로는 봉건특권을 계승한다는 것을 알 수 있다. 강권(强權)도 하나의 법이며 강자의 권리도 다른 형태로 그들의 "법치국가"에 계속 존재한다.[50] 마르크스와 엥겔스는 체계적으로 "천부인권"의 개념을 비판했으며, "인권"은 자연적인 것이 아니라 역사적으로 생긴 것이라고 믿었다.[51] 즉, 인권과 인권의 개념은 사회적 패턴의 변화에 따라 변한다. 자산계급 인권 이론은 자본주의 생산방식의 산물에 불과하다. 노동력의 동등한 착취는 자본의 주요 인권이다. 자본은 "모든 생산영역에서 노동 착취를 위한 동등한 조건을 요구하며 이를 자신의 천부인권으로 간주한다."[52]

사회주의 운동은 모든 인류의 보편적인 권리를 실현하기 위한 혁명이다. 하지만 이는 종종 자산계급 권리 관념의 영향을 받는다. 엥겔스는 무산계급은 첫 정당조직이고 그들의 이론적 대표자들은 모두 법학적 "기초 권리"에 있다고 지적했다.[53] 그러나 추상적 권리는 모든 것을 정당화하고 모든 형태의 억압을 방어하기 위해 사용되어 왔다. 오래전부터 이러한 선동을 버려야 했으나 문제는 이 권리를 실현하기 위해 어떤 형태를 사용해야 하는가이다.[54] 이는 혁명을 통

---

48) 마르크스 · 엥겔스 전집, 제1판, 제2권, 베이징, 인민출판사, 1957년, 157면 참조.
49) 마르크스 · 엥겔스 선집(각주2), 483면 참조.
50) 마르크스 · 엥겔스 전집, 제1판, 제46권 상, 베이징, 인민출판사, 1979년, 25면 참조.
51) 마르크스 · 엥겔스 전집(각주48), 146면 참조.
52) 마르크스 · 엥겔스 전집(각주36), 436면.
53) 마르크스 · 엥겔스 전집(각주35), 546-547면 참조.
54) 마르크스 · 엥겔스 전집, 제1판, 제16권, 베이징, 인민출판사, 1964년, 648면 참조.

해 실현해야 한다. 우리의 기초는 법제(法制)의 기초가 아니라 혁명의 기초이다. 인민 권리의 정당한 근거는 바로 혁명이다. 자산계급과 달리 이 혁명은 계급 특권과 독점권을 위해 노력하는 것이 아니라 동등한 권리와 의무를 위한 것이며 계급의 지배를 제거하는 것이다.[55) 이는 의무 없는 권리와 권리 없는 의무를 실현한다.[56) 현재 노동자 계급은 자산계급 권리 이론과 법적인 격차를 이용해 자신의 가능한 권리를 쟁취해야 한다. 예를 들어 자산계급의 "보통 선거권은 우리에게 하나의 탁월한 투쟁 수단을 제공한다."이다.

위와 같이 사회주의 사회는 광범위한 대중의 경제적, 정치적 권리를 실현했지만, 단기간에 보편적이고 사실상 동등한 권리를 제공하는 것은 불가능하다. 마르크스가 말했듯이 "권리는 결코 경제구조에 의해 지배되는 사회의 경제구조와 사회의 문화발전을 넘어설 수 없다."[57)

6. 국가와 법의 상대적 독립성

(가) 국가와 법의 상대적 독립성은 경제 기반과 상부 구조의 상호 관계를 반영한다. 마르크스와 엥겔스는 국가와 법의 상대적인 독립성은 경제 기반과 상부 구조 사이의 관계 이론에 반드시 있어야 한다고 했다. 하지만 상대적 독립성이라는 관념을 완전한 체계로써 상세히 밝힌 것은 엥겔스의 말년에 역사적 유물주의 의사소통에서 이루어졌다. 엥겔스는 경제 기반과 국가와 법 사이의 관계에 대해 이야기하면서 이것은 두 가지 불평등 세력의 상호 작용이라고 지적했다. 하나는 경제 운동이고, 다른 하나는 가능한 많은 독립을 추구하고 그에 따른 새로운 정치적 권력의 출현인 것이다. 전반적으로 경제 운동은 스스로 자체의 노선을 개척할 것이다. 하지만 스스로가 만들어낸 상대적으로 독립적인 정치 운동의 반응에도 반드시 견뎌야 한다. 엥겔스는 생산과 무역의 관계를 법으로 예를 들어 다음과 같이 설명했다. 법은 일반적으로 생산과 무역에 전적으로 의존하지만 여전히 이 두 부문에 영향을 줄 수 있는 특별한 능력이 있다.

경제에 대한 법의 반작용력은 매우 크며 무산계급의 독재 이론은 이러한 반작용을 인정하는 것을 전제로 한다. 엥겔스는 "정치적 권력이 경제적으로 무력

---

55) 마르크스·엥겔스 전집(각주54), 15면 참조.
56) 마르크스·엥겔스 전집(각주54), 16면 참조.
57) 마르크스·엥겔스 선집(각주2), 305면 참조.

하다면 우리가 왜 무산계급의 정치 독재를 위해 싸워야 하나? 폭력 …… (국가와 법 포함)도 경제력입니다!"[58]라고 말했다. 따라서 엥겔스의 결론은 우리가 경제 운동의 정치가 그 운동 자체에 대한 반응을 반영한다는 것을 부정할 것이라고 생각한다면, 우리는 더 이상 할 일이 없다는 것이다.

(나) 국가와 법의 발전과 경제 상황의 발전 사이에는 불균형이 있다. 엥겔스는 "자본론"에서 법의 발전과 경제 상황 사이의 발전에 따른 불균형성(앞서거나 정체되거나)에 대해 "이것은 어려운 문제"라고 서술했다. 그는 경제적 후진국은 여전히 철학에서 제1주자의 역할을 할 수 있다고 지적했다. 또한 " …… 법의 경우도 마찬가지이다."[59]라고 했다. 이러한 불균형 발전의 원인인 "어려운 문제"에 대한 엥겔스의 답변은 다음과 같다. 이 문제는 노동 분업의 관점에서 이해하기 가장 쉬운 문제로, 즉 전문법학자 계급이 등장하면서 " …… 법률원칙으로 반영된 경제 관계 …… " 이러한 과정은 운동가들이 종종 의식하지 못해 왔으며, 법학자는 자신이 선험의 원칙에 따라 행동하고 있다고 생각한다. 이러한 뒤바뀜은 경제 기반에 역효과를 일으킬 수 있으며, 특정 한계 내에서 이를 바꿀 수 있다.[60] 소위 "법학자 판타지"는 종종 이러한 이유로 형성된다. 그들은 경제가 법적 의식을 만드는 것이 아니라 법적인 의식과 법이 경제 관계를 만든다고 생각한다.

(다) 한 국가(특히 선진 자산계급 국가)의 법률에는 엄격하고 완전한 체계(제도)가 있다. 엥겔스는 "현대 국가에서 법은 반드시 전반적인 경제 상황에 적응해야 할 뿐만 아니라, 반드시 그 표현이어야 하고 내부 모순으로 인한 내부 조화와 일관성을 역전시키지 않는 표현이어야 한다."[61]고 말했다. 법체계에 내재된 조화와 일관성에 대한 주요 원인은 다음과 같다. ① 법에 의해 반영된 경제 기반과 지배 계급의 의지는 전반적으로 조화를 이룬다. ② 법 자체의 관점에서 보면 내부적 조화와 일관성만이 사회적 행위를 규제하는 역할을 할 수 있다. 법의 내부적 조화와 일관성은 법의 상대적 독립성을 나타내는 중요한 표현이다. 다시 말하자면 때때로 이런 조화와 일관성을 유지하기 위해 "경제 관계의 충실한 반영에 의해 파괴"될 수 있다. 예를 들면 전통적으로 공평한 "법적 관념"(예로 "합리

---

58) 마르크스·엥겔스 전집(각주1), 490-491면.
59) 마르크스·엥겔스 전집(각주1), 488면.
60) 마르크스·엥겔스 전집(각주1), 488면 참조.
61) 마르크스·엥겔스 전집(각주1), 488면 참조.

적인 법률 위반"이다)을 왜곡하는 것이다. 또한 법은 경제 관계를 반영할 뿐만 아니라 사회계급 세력 간의 대조 관계를 직접적으로 반영한다는 것도 알아야 한다. 예를 들어 서로 다른 계급의 부분적인 이익을 고려하기 위해 법적 시스템은 경제 기반의 요구 사항과 완전히 일치하지 않을 수도 있다. 엥겔스가 말했듯이 무산계급의 투쟁은 자산계급이 끊임없이 양보하고, 그들의 법적 개념과 법률을 어느 정도까지 수정하도록 끊임없이 강요하고 있다.

엥겔스는 또 다음과 같이 말했다. " …… '법의 발전' 과정의 대부분은 경제 관계를 법적 원칙으로 직접 번역하면서 발생하는 모순을 먼저 제거하고 조화로운 법체계를 확립하기 위한 것일 뿐이다. 그리고 경제가 한층 더 발전되어 갖는 영향과 강제력은 종종 이러한 체계를 파괴하고 새로운 모순을 낳는다(여기서는 당분간 민법에 대해서만 이야기하도록 하겠다)."[62] 그러므로 법 내부의 조화와 일관성은 상대적이다.

(라) 국가와 법의 상속성은 "도이치 의식형태"와 "자본론"에서 마르크스와 엥겔스가 모두 언급한다. 예를 들어 "법은 때때로 상속될 수 있다."고 하였으며 새로운 계급은 구 계급으로부터 법의 "지팡이(拐杖)"를 찾는다고 말한다. 하지만 과거에 마르크스와 엥겔스는 주로 착취 계급법의 계승, 특히 자산계급법이 자본주의 이전의 법률에 대한 계승을 언급했지만, 지금 엥겔스는 법의 계승이 법 운동의 보편적인 원리라고 생각한다. 기본적인 이유는 각 시대의 사회 분업의 특정 분야로서의 법은 선구자에 의해 전달되는 특정 지적 자료를 전제로 하기 때문이다.[63] 법의 현실적인 자료는 이전 세대의 사고와는 달리 독립적으로 형성되고, 독립적인 발전의 노선을 따랐으며, 경제는 여기에서 그 어떤 새로운 것도 만들지 못했다.

다른 역사적 유형의 법은 경제 관계의 차이를 직접 뚫고 직접 계승하였다. 그렇다면 같은 이유로 계급의 본질이 다른 국가와 법, 민주와 법치 사이를 포함한 현실은 필연적으로 참조, 도입, 이식, 접목 등 문제가 있을 것이다. 엥겔스가 말했듯이 무산계급은 자산계급의 대의제도, 민주 공화국의 형태를 참고하고, 자산계급 민주법치의 형식을 활용할 수 있다. 엥겔스는 법이 가장 존경받는 영국의 경우에도 사람들이 법을 준수하기 위한 첫 번째 조건은 다른 권력기관이 법

---

62) 마르크스·엥겔스 전집(각주1), 488면 참조.
63) 마르크스·엥겔스 전집(각주1), 489-490면 참조.

의 범위를 벗어나지 않는 것[64]이라고 지적했다.

(마) 국가와 법은 다른 상부 구조보다 경제 기반에 더 가깝고 경제 기반에 대한 반응이 더 크다. 엥겔스는 말년에 사회 상부 구조의 요소 중에서 국가와 법은 핵심이라고 반복하여 논증했다. 그 이유는 다음과 같다.

첫째, 국가와 법은 경제 기반과 직접적으로 연결된 것이며, 철학, 종교, 문학, 예술은 다음 단계이다. 그러므로 일상생활에서 철학, 종교, 문학, 예술 등은 경제를 제공할 뿐만 아니라 지배 계급의 정치(국가와 법, 민주와 법치)에 더 직접적으로 봉사하고 있다는 것을 볼 수 있다. 다시 말해, 국가와 법이 철학, 종교, 예술 등에 미치는 영향은 후자가 전자에 미치는 영향보다 훨씬 크다.

둘째, 국가는 사회의 공식적인 대표이고 법은 "국가의 의지"이므로 그들은 모두 현실적 지배력의 물질적 운반자이다. 일단 생산되면 그들은 강력하고 독립적인 힘을 가지며, 고유한 규칙과 방식으로 사회의 행위를 규제하고 이로 하여금 자신에게 복종하고 경제발전을 강력하게 추진하거나 방해한다. 마르크스가 말한 "비판의 무기는 무기의 비판을 대체할 수 없다."는 정신력에 대한 정치적 힘의 우월성을 의미한다. 정신적인 것은 국가와 법의 "중개"를 통해서만 경제에 작용할 수 있다. 우리가 경제 기반과의 관계적인 측면에 의해서만 말할 뿐, 국가와 법이 해당 법적 의식의 원칙에 의존한다는 것을 부정하는 것은 아니다.

위의 논의에서 밝혀진 중요한 문제를 통해, 우리는 엥겔스가 완성한 마르크스주의의 국가와 법(민주 및 법치를 포함)의 상대적 독립성에 관한 이론을 모두 파악하였고, 이는 현재 우리나라의 사회주의 민주와 법치 건설에 매우 중요한 의미를 가진다는 것이다.

제2절 레닌의 민주법치 사상

레닌은 세계 최초의 사회주의 국가를 이끌면서 사회주의 법 체제 구축을 중요시하였으며 풍부한 경험을 요약하고 일련의 중요한 이론과 실제적 문제를 제안하고 해결했다. 사회주의 민주와 법 체제 구축에 관한 레닌의 이론과 실천은

---

64) 마르크스·엥겔스 전집(각주18), 91면 참조. 인용자: 여기에서의 "법률"은 실제적으로 원문에 따라 법치(Gesetzlichkeit)로 번역해야 한다.

새로운 유형의 민주법치의 노선을 열었으며 이는 보편적인 의미를 가진다.

1. 독재와 민주

레닌은 러시아혁명을 주도하는 과정에서, 특히 러시아 사회주의 혁명과 건설을 실천하는 과정에서 마르크스와 엥겔스의 민주와 법치의 이데올로기를 전면적으로 계승하여 발전시켰다.

레닌은 무산계급독재는 마르크스주의의 핵심이자 본질이며 마르크스주의의 진위를 구별하기 위한 시금석이자 분수령이라고 명확히 지적했다. 그는 무산계급독재의 과학적인 개념을 다른 각도에서 밝혔는데 그것은 다음과 같다.

① 레닌은 구 자산계급에 대한 태도에서 "무산계급독재"라는 공식은 무산계급이 자산계급 국가를 "파괴"하는 무산계급의 임무를 역사적으로는 더 구체적으로, 과학적으로는 더 정확하게 보여줄 뿐이라고 지적했다.[65]

② 레닌은 독재의 주요 상징에서 무산계급의 혁명적 독재는 자산계급에 대항하여 폭력적인 수단을 사용하여 무산계급에 의해 획득되고 유지되는 정권으로, 어떠한 법률도 적용되지 않는 체제[66]라고 말했다. 다시 말해, 무산계급독재에서 국가 주권의 개념은 최고이며, 자산계급 법이나 그 자체의 법에 의해 제한되지 않는다(사회주의 법은 그 의지의 구체화이기 때문에 법에 따라야 한다). 하지만 무산계급독재의 국가 기관과 공무원은 매우 엄격한 법적 제한을 받는다. 레닌은 사회주의 정권의 설립이 계급투쟁을 제거하지 않지만, 반대로 무산계급의 독재는 "새로운 형태의 계급투쟁의 지속"이라고 반복해서 말했다. 특히 소비에트 정권의 설립 초기에는 "······ 수년 동안 착취를 해왔음에도 불구하고 실질적으로 우세를 차지하는 착취자들로부터 관례대로 장기적이고 끈기 있고 필사적인 저항을 해야 한다."[67]

③ 사회 구조적인 측면에서 레닌은 무산계급독재는 실질적으로 무산계급의 한 계급이며 다른 계급과 분리되지 않는 정권이라고 지적했다. 하지만 무산계급은 모든 근로자의 이익을 대표하는 자연주의자이므로 독재의 최고 원칙은 무산계급이 지도력과 국가 정권을 유지할 수 있도록 무산계급과 농민 간의 동맹을

---

65) 레닌 전집, 제2판, 제35권, 베이징, 인민출판사, 1985년, 234면 참조.
66) 레닌 전집(각주65), 237면 참조.
67) 레닌 전집(각주65), 255면.

유지하는 것이다.[68]

그렇다면 무산계급독재 국가의 주요 기능은 무엇인가? 레닌은 두 가지 측면을 강조했다.

① 자산계급과 사회에 해를 끼치는 쓸모없는 것을 포함한 계급의 적(敵人)들을 진압한다. 레닌은 다음과 같이 말했다. 부자와 사기꾼은 마치 동전의 양면과 같으며, 이는 자본주의가 기른 두 가지 기생충이다. 이는 사회주의의 주요 적이며, 이 적들은 모든 사람들에 의해 전문적으로 통제되어야 하고 사회주의 사회의 규정과 법률을 위반한다면 무자비하게 처벌되어야 한다. 이와 관련하여 연약함이나 흔들림 및 동정심은 사회주의에 대한 중대한 범죄이다.[69]

② 노동생산율을 향상시킨다. 레닌은 다음과 같이 강조했다. "…… 모든 열정과 규율(법칙)을 평화로운 경제 건설 사업으로 이전하기 위해 노력해야 하며, 일반인들도 이 사업에 참여하고"[70] "선진국을 따라잡아 경제적 측면에서 선진국을 능가해야 한다."[71] 이를 위해 소비에트 정권은 "외국의 좋은 것을 기꺼이 받아들이되, 즉 소비에트 정권 + 프로이센 철도 질서 + 미국의 기술과 트러스트 조직 + 미국의 국민 교육 등등 + + = 총계 = 사회주의이다."[72]

레닌은 줄곧 독재와 민주를 동일한 국가 정권의 두 가지 측면으로 보았으며 이 둘은 서로 보완하는 관계이다. 민주란 무엇인가라는 질문에 레닌은 다음과 같이 말했다. "민주는 국가의 한 형태이며 …… 시민의 평등에 대한 공식적인 인식과 모든 사람이 국가 시스템을 결정하고 국가를 관리할 수 있는 동등한 권리를 가지고 있음을 인정하는 것이다."[73] 레닌은 러시아 민주혁명 초기에 의제에 민주문제를 제기했다. 1902년에 초안한 "러시아 사회민주당 강령 초안"은 무산계급의 민주 요구를 집중적으로 표현한 것이다. 레닌은 다음과 같이 표현했다. …… 당의 최근 정치적 임무는 차르(沙皇) 독재제도를 타도시키고 민주 헌법에 근거한 공화국으로 대체하는 것이다. 이 "민주 헌법"의 내용에는 11가지 사항이 있다.

---

68) 레닌 전집, 제2판, 제42권, 베이징, 인민출판사, 1987년, 49-50면 참조.
69) 레닌 전집, 제2판, 제33권, 베이징, 인민출판사, 1985년, 207면 참조.
70) 레닌 전집, 제2판, 제40권, 베이징, 인민출판사, 1985년, 7면 참조.
71) 레닌 전집, 제2판, 제32권, 베이징, 인민출판사, 1985년, 224면.
72) 레닌 전집, 제2판, 제34권, 베이징, 인민출판사, 1986년, 520면.
73) 레닌 전집, 제2판, 제31권, 베이징, 인민출판사, 1985년, 96면 참조.

① 인민독재 정권 수립, 즉 국가의 최고 권력은 입법회의 손에 집중되어 있으며, 입법회의는 인민대표로 구성된다. …… 만 21세가 된 모든 시민은 보편적이고 평등하며 직접적인 선거권을 가지며 …… 인민대표는 급여를 받는다.

② 공민의 인신(人身)과 가택은 침해받지 않는다.

③ 종교, 언론, 출판, 집회, 파업 및 결사(結社)의 자유는 제한받지 않는다.

④ 이주 및 취업의 자유가 있다.

⑤ 계층을 폐지하고 모든 공민은 성별, 종교와 신앙 및 민족에 관계없이 평등하다.

⑥ 국가의 모든 민족 집단은 자결권(自決權)을 가진다.

⑦ 각 공민은 상사에게 호소하지 않고 법원에 관리들을 고소할 권리가 있다.

⑧ 상비군을 보편적인 인민의 군대로 대체한다.

⑨ 교회는 국가와 분리되고 학교는 교회와 분리된다.

⑩ 16세 미만의 아동에게는 모두 무료 의무교육을 제공한다.

⑪ 국가가 가난한 어린이를 위해 음식, 의복, 교재 및 교구를 제공한다.[74]

레닌은 10월 혁명 전날 밤 저술한 "국가와 혁명"이라는 책에서 무산계급은 "민주주의를 철저히 발전시키고 다양한 형태의 철저한 발전을 찾아서 이러한 형태들을 실질적으로 검증해야 한다."[75]고 강조했다. 이러한 형태의 민주에는 소비에트, 대표제와 보선제 등이 포함된다. 혁명의 승리 후, 이러한 "새로운 유형의 민주"제도를 즉각 실행에 부쳐야 한다. 레닌은 "무산계급민주는 …… 세계 역사상 전례 없이 발전하고 확장했으며, 이는 대부분의 주민, 즉 노동자의 민주"라고 지적했다.[76] 그것은 단지 "인민에 대한 착취자와 억압자에 대해 강력한 진압을 하고, 곧 그들을 민주주의의 밖으로 배제해버리는 것이다." 레닌은 제2의 국제사회주의자가 소비에트 민주제를 공격한 것에 대해 말하기를, 자산계급 민주주의는 중세 제도와 비교할 때 역사상 큰 발전을 보였지만 자본주의 체제에서는 늘 그렇지 않다. 불완전하고 위선적이며 기만적인 민주주의는 부자들을 위한 천국이며 가난한 사람들을 위한 함정 및 속임수이다.[77] 따라서 무산계급민주주의는 본질적으로 그 어떠한 자산계급보다 백만 배 더 민주적이고, 소비에트 정

---

74) 레닌 전집, 제2판, 제6권, 베이징, 인민출판사, 1986년, 194-195면 참조.
75) 레닌 전집(각주73), 75면.
76) 레닌 전집(각주65), 247-248면 참조.
77) 레닌 전집(각주65), 244면 참조.

권은 가장 민주적인 자산계급 공화국보다 백만 배 더 민주적이다.[78]

레닌은 민주주의는 단순히 한 시민의 민주권리 및 국가 기관과 국가 간부들의 민주 풍격의 개념이 아니라, 우선 하나의 국가 시스템의 개념이며 "국가의 형식" 또는 "국가의 형태"라고 지적했다. 사회주의 민주의 기본 상징은 인민이 주인이고 국가를 관리할 수 있는 최고 권리를 갖는다. 무산계급의 독재가 세계적으로 전례 없이 발전하고 확대된 것은 바로 대다수 주민, 즉 착취된 노동자들의 민주이다.[79]

2. 무산계급독재의 법적제도에 대한 필요성

국가와 법은 사회 상부 구조의 중요한 구성 요소이며 법은 국가와 분리될 수 없으며 국가 또한 법이 없어서는 안 된다. 레닌은 말했다. "…… 의지가 국가의 의지라면 정권기관에 의해 제정된 법률로 명시되어야 하며, 그렇지 않으면 '의지'라는 단어는 그냥 무책임한 말에 불과하다."[80] 법이 사람들에게 준수하도록 강제할 수 있는 힘이 있는 이유는 국가 권력을 배경으로 하고 있기 때문이다. 정치권력이 없다면 어떠한 법이든, 어떠한 방법으로 선출된 대표이든 모두 없는 것과 같다.[81] 법률은 국가 정권을 조건으로 존재하고 만약 국가 정권이 없다면 이 또한 의미를 잃는다. 그러나 국가도 법이 없어서는 안 되며, 국가 기관의 정치 시스템, 경제 시스템 및 기본 조직과 활동 원칙을 규정하는 법률이 없으면 국가 정권을 구성할 수도 없다. 국가의 의지와 국가의 기능을 입증하는 법이 없으면 국가의 힘을 실현할 수 없다. 또한 법 없이는 국민의 적의 저항을 억누르고 사회질서를 유지하지 못하며 국가 권력을 강화할 수 없다. 사회 경제, 문화, 교육과 같은 다양한 분야에서 법의 규제 역할이 없으면 국가 권력을 유지할 수 없다. 법은 국가의 의지를 표현하는 기본 형태이며 계급통치를 실현하고 국가 권력을 강화하며 사회주의 경제를 발전시키는 데 없어서는 안 될 필수 수단임을 알 수 있으며, 법이 존재해야만 나라를 다스릴 수 있다.

레닌은 다음과 같이 말했다. 노동자 계급은 다른 계급과 마찬가지로 정권을

---

78) 레닌 전집(각주65), 249면 참조.
79) 레닌 전집(각주65), 247-248면 참조.
80) 레닌 전집, 제2판, 제30권, 베이징, 인민출판사, 1985년, 308면 참조.
81) 레닌 전집, 제2판, 제13권, 베이징, 인민출판사, 1987년, 309면 참조.

쟁취한 후에는 소유권과의 관계를 바꾸고 새로운 헌법을 실행함으로써 정권을 장악하고 유지하며 강화해야 한다.[82] 따라서 러시아의 무산계급혁명은 구 국가의 제도를 깨드리는 동시에 구 법체계를 완전히 파괴시키고 사회주의 법체계를 확립한 것이다.

레닌이 이끄는 러시아 무산계급의 독재는 세계 최초의 사회주의 국가이다. 전복(타도)된 러시아 자산계급은 실패에 승복하지 않고 군사, 경제 및 문화의 일시적인 우세를 이용하여 국제 제국주의의 지원으로 젊은 소비에트 정권을 무너뜨리기 위해 미친 듯이 무산계급을 공격했다. 이러한 급격하고 치열한 투쟁에서 착취자들의 억압은 필연적으로 무산계급독재를 위한 일차적이고 시급한 과제가 될 것이다. 그리고 사회주의 법률 시스템은 이 과제를 달성하기 위한 가장 강력한 무기 중의 하나이다. 레닌은 러시아의 무산계급에게 사회주의의 적을 대응하기 위해 사회주의 법체계의 사용에 큰 중요성을 부여하도록 가르쳤다. 소비에트 국가가 설립된 초기에는 "붉은 테러"에 대한 특별 법규를 반포하는 것 외에도, 국가 일련의 다른 법률과 법령에 착취자의 반항을 진압하는 조항이 포함되었다. 소비에트 법원은 이러한 법률을 기반으로 모든 착취자의 파괴를 효과적으로 독재하고 노동자와 농민을 보호했다.

사회주의민주와 사회주의 법제는 밀접하게 연결되어 있으며 상호 의존적이며 상호 촉진하는 관계이다. 사회주의민주를 충분히 발전시키려면 엄격한 사회주의 법치, 즉 법으로 정부를 엄격히 통제하는 시스템을 실행해야 한다. 사회주의민주는 사회주의 법치의 전제이자 기초이며, 사회주의 법치는 사회주의민주의 구체화와 보장이다. 사람들은 자신의 권리를 어떻게 행사하고 실현하는가? 가장 중요한 점은 국가의 의지로서 자신의 의지를 높이고, 법률의 형태로 표현하고 공고히 해야 한다. 다시 말하면 국민의 의지를 법으로 만들고, 법에 따라 엄격하게 일을 처리하도록 요구한다. 이러한 방식으로 사람들의 의지가 보편적인 구속력을 가질 수 있다. 사람들의 민주적 권리를 보호하는 것은 사회주의 법치의 중요한 임무이다. 레닌은 계속해서 지적했다. 소비에트 법률은 소비에트 국가의 주인공으로서 국민의 지위를 명확하게 규정하고 국가 관리에 대한 국민의 참여를 광범위하게 흡수하고 국민의 광범위한 권리를 보장해야 한다. 레닌이 생전에

---

82) 레닌 전집, 제2판, 제38권, 베이징, 인민출판사, 1986년, 299-300면 참조.

제정한 여러 헌법(기본법) 문서는 노동자와 농민이 직접 또는 대표선거를 통해 국가 정권을 조직하도록 체계적으로 규정하였다. 또한, 사람들은 언제든지 자신의 대표자를 교체하고 국가 기관 직원을 감독하여 법률과 법령을 집행할 수 있으며, 사람들은 광범위한 정치적, 경제적 권리와 노동의 권리 및 집회, 결사, 출판, 언론 등의 자유를 누릴 수 있다고 규정하고 있다. 더 중요한 것은 소비에트 국가는 이러한 권리와 자유에 대해 국민이 행사하고 실현하는 것을 효과적으로 보장하기 위한 조건을 적극적으로 창출하고 있다는 것이다. 국민의 권리와 자유를 침해하는 위법행위와 범죄행위에 대해서는 사회주의 시스템에 따라 엄격하게 추궁하거나 처벌 및 제재해야 한다. 사회주의민주의 확장과 발전에 따라 사회주의민주에 대한 사회주의 법치의 보장 역할은 불가피하게 더욱더 중요해졌다.

사회주의 법률은 사회주의 경제를 조직함에 있어 중요한 역할을 한다. 어떤 사회주의 혁명에서도 무산계급이 정권을 쟁취하는 임무가 해결된 후에는 박탈당한 사람들을 박탈하고 그들의 저항을 진압하는 임무가 대체적 또는 기본적으로 해결되기 때문에 자본주의보다 높은 사회 구조를 창조하는 기본 과제를 우선적으로 언급하는 것은 불가피한 것이다.[83] 소비에트 법률은 사회주의 경제 관계를 전반적으로 조정하고 사회주의 경제 기반의 형성, 통합 및 발전을 촉진한다. 소비에트 법률은 또한 사회주의 경제를 관리하는 중요한 수단이다. 레닌이 말했듯이 " …… 유토피아주의에 갇히고 싶지 않다면 자본주의를 전복(타도)시킨 후에 사람들은 어떠한 권리, 규칙도 없이 사회를 위해 일하는 법을 즉시 배울 수 있다고 생각할 수 없을 것이다. 더욱이 자본주의의 폐지는 이러한 변화에 경제적 전제를 즉시 만들 수 없다."[84] 우선적으로 소비에트 국가가 제정한 국민경제계획은 법률로 엄격히 집행되어야 한다. 또한 국가는 근로자 감독법을 통해 다양한 제도를 수립하여 제품의 생산과 유통에 대한 계산 및 감독을 전면적으로 시행하고, 동시에 게으름뱅이, 기생충, 국고를 절도하는 자를 처벌한다. 사회주의 시기에 생활소비품의 분배는 "능력에 따라 일을 하고 노동에 따라 분배"하는 원칙을 실행하였다. 그러므로 법률규범은 여전히 상품의 분배, 노동의 분배를 조절하는 장치이다. 사회주의 경제가 발전할수록 생산, 유통, 분배, 소비 및 관리 등 방면에서 법의 역할이 더 중요하다는 것은 분명하다. 레닌은 특히 법치의 실

---

83) 레닌 전집(각주72) 1987년, 168면 참조.
84) 레닌 전집(각주73), 90-91면 참조.

행을 평화로운 사회주의 경제 건설과 연결시켰다. 그는 "우리의 정권이 강화될 수록, 민사가 더 널리 전파되어 알려지고 발전할수록 혁명적인 법체계를 강화하는 슬로건을 더 많이 제시해야 한다."[85]고 지적했다.

사회주의 정신문명은 사회주의의 중요한 특징이고 사회주의 우월성을 나타내는 중요한 표현이다. 레닌은 "'이중' 리더십과 법제의 논의"에서 다음과 같이 말했다. "우리의 모든 삶과 우리의 비문명 현상의 주요 결점은 오래된 러시아의 관점과 반 야만인의 습관을 방임하는 것이며, 이들은 카잔(Kazan)의 법체계와는 다른 칼루가(Kaluga) 지방의 법체계를 유지하기를 항상 바래 왔다. …… 우리가 통일 연방 법률 시스템을 구축하는 데 필요한 최소한의 조건을 단호히 이행하지 않으면 문명을 유지하고 창출할 수 없다."[86] 여기에서 레닌은 사회주의 법제와 사회주의 정신문명의 밀접한 관련성을 드러낸다. 공산주의 이데올로기를 중심으로 하는 사회주의 정신문명은 사회주의 법제의 이데올로기에 대한 전제 조건이다. 자산계급의 영향에 대한 투쟁을 계속해야 하는 것 외에도, 구 러시아와 같이 상대적으로 후진 국가에 세워진 사회주의 정권은 봉건 의식과 소규모 생산에 대항하기 위해 투쟁하였음에 특별한 주의를 기울여야 한다. 이러한 "반 야만인"의 경제 생활방식은 그들의 느슨함과 무조직적이고 무규율적이며 제멋대로 하는 이념적 스타일을 결정하기 때문에 이 모든 것은 사회주의 법제의 요구 사항과 호환되지 않는다. 반대로 수단으로서 사회주의 국가들의 통일된 법이 없다면, 사회주의와 공산주의의 이데올로기 교육을 효과적으로 수행하고 사람들이 사회주의 정신문명을 건설하도록 유도하는 것도 불가능하다.

요컨대 무산계급독재의 모든 기능은 사회주의 법제와 관련이 있고, 사회주의 법제가 없으면 무산계급독재는 그 기능을 효과적으로 발휘하지 못하며 역사적 사명을 완수할 수 없다.

3. 법률의 창제

사회주의 법치를 구현하려면 먼저 법이 필요하다. 법이 없으면 법의 적용, 법의 준수도 없으며 법치 또한 있을 수 없다. 소비에트 정권이 탄생한 후 레닌은 법률 제정 작업에 특별한 관심을 기울였다. 그는 법률제정 작업이 지연되면 곧

---

85) 레닌 전집(각주68), 353면.
86) 레닌 전집, 제2판, 제43권, 베이징, 인민출판사, 1987년, 195-196면 참조.

멸망이라고 말했다. 러시아의 무산계급이 정권을 장악한 그날 밤, 레닌은 "토지법령"을 직접 작성하고 읽었으며, 토지사유제도를 폐지하여 무상(無償)으로 대토지 소유자의 토지를 박탈하고 토지에 대한 농민의 기본 요구 사항을 충족시켰다. 그 후 소비에트 정권은 노동자 감독에 관한 법령을 제정하였으며 산업에서 대기업과 장비가 잘 갖춰진 현지 기업 및 철도운송 분야의 다양한 기업의 국유화에 관한 법령을 제정하고, 대자본가와 공장 소유주의 거의 모든 자산을 박탈하고, 사회주의 경제 설립을 위한 법적 기반을 마련했다. 1918년부터 1924년까지 소비에트 정권은 두 부의 헌법과 헌법의 성질을 지닌 권리선언을 제정했다. 사회주의 경제 건설을 보호하고 추진하기 위해 소비에트 국가는 일련의 경제법규를 제정했다. 여기에는 근로자의 공장 관리에 관한 법령, 국유 기업을 규제하는 규정, 철도운송에 관한 법령, 곡물 세법, 임대 양도에 관한 입법, 전기화(電氣化)에 관한 입법 등이 포함된다. 특히, 1922년 소비에트 정권은 "소련(蘇俄, 소비에트 러시아) 형법전", "검찰기관 조례", "변호사 내부조직 조례", "소련 민법전", "소련 법원조직 조례", "소련 형사소송법전" 등을 연이어 제정, 개정 및 반포하였다. 이와 같이 국가의 기본법에서 주요 법에 이르기까지의 내용을 대체적으로 구성하고 제정하였으며 사회주의의 법률체계를 기본적으로 형성하였다. 소비에트 국가가 성립된 지 5년 만에 많은 법률, 법령, 법전을 신속하게 제정하고 법률 시스템에서 그처럼 큰 성과를 거둘 수 있었던 것은 레닌이 입법 작업을 중요시하고 높은 관심을 가졌던 것과 떼어 놓을 수 없다. 일부 법령은 레닌이 직접 작성했으며 일부 법령은 레닌이 제안한 원칙에 따라 레닌이 조직한 전문 인력 및 기관이 작성했다. 1922년 레닌은 중병에 걸렸지만 소비에트 국가의 입법 활동에 직접 관여하면서 지속적으로 지시를 내리고 일을 직접 이끌어 나갔다.

소비에트 국가의 입법 작업을 주도하는 과정에서 레닌은 마르크스주의의 법제 이론을 풍부하게 발전시키는 매우 독창적이고도 정밀하고 치밀한 일련의 논술을 하였다.

사회주의 법률은 군중 투쟁의 실제 경험을 토대로 정리하여 제정된 것으로, 그 어떠한 "계획"이나 그 어떠한 법률 변호사가 날조한 것이 아니다. 군중 투쟁의 실제 경험을 정리하기 위해서는 과정이 있어야 하며, 이에 따라 사회주의 법제 또한 무에서 점차 완성된 것이다. 무산계급이 막 정권을 장악했을 때, 그 "입법 작업, 완벽한 법령의 반포 등의 측면에 중점을 두지 말고", 모든 착취자의 반항을 진압하고 경제를 회복하고 발전시키는 데 중점을 두어야 한다. 투쟁은 어떠한 법률과 법령을 제정하고 반포해야 하더라도 매우 상세하고 완벽할 필요는 없다. 다만 객관적인 조건이 이미 갖추어져 있고 상세한 법률을 구체적으로 제정할 수 있는 경우에 이러한 법률이 아직 제정되지 않았다면 무산계급 혁명사업의 발전에 해로운 것이다. 레닌은 기회를 잃지 않고 소비에트 국가를 이끌었으며, 혁명과 건설의 발전 요구에 적응하기 위해 적시에 소비에트 법률을 제정하였다.

사회주의 법제의 기본 특징 중의 하나는 원칙과 유연성의 조합인 통일성과 적절성이다. 입법의 관점에서 법제의 통일성은 최고 국가 기관이 제정한 헌법과 법률이 최고의 효력을 구비하였음을 의미하며, 다른 중앙 국가 기관과 지방 국가 기관이 반포한 법규는 반드시 헌법 및 법률의 정신과 일치해야 한다. 그러나 법제의 통일성과 시간, 장소, 조건 및 대상의 차이를 완전히 무시하는 법률 교조주의는 완전히 다르다. 반대로 중앙 및 지방 국가 기관이 때와 장소에 따라 헌법과 법률을 유연하게 사용할 수 있도록 법규를 제정한다. 이러한 방식으로 중앙의 집중 및 통일된 지도력을 강화할 뿐만 아니라 각 부서와 각 지방의 적극성을 충분히 발휘할 것이다.

무산계급독재의 구체적인 임무의 변화와 사회주의 건설 사업의 발전에 따라 구식 법규의 적시 철폐 및 개정 그리고 새로운 법규를 제정하는 것은 사회주의 법제에서 반드시 따라야 할 원칙이다. 소비에트 정권의 설립 초기, 사회주의의 정치 및 경제적 상황은 매우 빠르게 변했다. 이 경우 이미 제정, 공포 및 시행된 법률은 변경 없이 오랫동안 적용될 수 없다. 레닌은 다음과 같이 말했다. 기존 법규를 사용하기에 적합하지 않으면 변화된 상황에 맞게 변경해야 한다.[87] 예를 들어 1918년 "소비에트 노동법"과 "소비에트 결혼 및 감독·보호법"이 1년 동안 시행되었고 2년 차에 개정되었다. 또 다른 예에서, 1919년 12월에 개최된 전 러시아 소비에트 제7차 의회에서 레닌은 1918년 헌법 개정을 제안했다. "소련 형법전"에 대한 개정 및 보완은 더욱 많았다. 그러나 법의 폐지, 개정 및 제정에 대해 매우 신중해야 하며, 구체적이고 세심하며 사실로부터 진실을 추구해야 하며, 서두르지 말아야 한다. 또한 법의 안정성과 연속성을 유지하기 위해

---

87) 레닌 전집(각주65), 224면 참조.

주의를 기울여야 하며, 개정이 너무 빈번하여서는 아니 된다. 그렇지 않으면 사람들의 법 준수에 영향을 미치고 법의 권위에 영향을 미치게 된다.

법률은 계급성을 띤다. 레닌은 먼저 사회주의 법률과 자본주의 법률의 본질적인 차이를 강조했다. 무산계급독재 국가가 자신의 법을 제정할 때, "유럽의 자산계급 법을 그대로 베끼거나 옮기는 데 주력하지 말고 국민 투쟁의 실제 경험을 요약하고 국가의 실제 상황에서 진행하는 데에 중점을 두어야 한다." 이런 방식만이 노동 계급과 노동자의 의지를 반영하고 국민의 이익을 대변하며 사회주의 정치와 경제발전의 법칙을 준수하는 법률을 제정할 수 있다. 그러나 레닌은 사회주의 법체계를 구축하는 과정에서 서양 자본주의 국가를 포함한 외국이 일부 유용한 경험이 흡수될 수 있고 또 흡수하는 것을 배제하지 않는다고 지적했다. 그는 과학 기술 규정에 대한 표준 개발에 관해 이야기할 때 소비에트 정권이 구 러시아와 외국 법률에 이미 있는 것을 흡수해야 한다고 제안했다. 구 러시아 법과 모든 외국법에 존재하는 좋은 것들을 흡수할 수 있다면 소비에트 국가는 선진국이 달성할 수 있는 과학 기술 규정의 표준을 충족시킬 수 있다. 레닌은 "소련 민법전"을 제정하면서 서양 국가의 문헌과 경험에 있어 노동 인구의 이익을 보호하는 모든 것을 흡수해야 한다고 강조했다. 그는 또한 외국의 개별 법전에 대한 연구가 "너무 과도하게 수행된 것"이 아니라 충분히 수행되지 않았다고 지적했다. 그러므로 사회주의 법체계 구축에서 자본주의 국가를 포함한 외국의 유익한 경험을 흡수하고 참고하는 것을 거부하는 것은 잘못된 것이며, 이는 마르크스주의 법제 이론에 위배된다는 것을 알 수 있다.

4. 법의 엄격한 집행과 준수

입법도 물론 중요하지만 법을 집행하거나 준수하는 것이 더욱 중요하다. 기본적으로 소위 법치라는 것은 실세 생활의 요구를 충족시키고 법에 따라 엄격하게 행동하며 법을 엄격하게 시행하고 준수하는 법을 제정해야 하는 것을 말한다.

레닌은 법률의 제정에서 법률의 이행 및 실현에 이르기까지 항상 상당한 거리가 있을 것이라고 하였다. 법률의 제정은 모든 사람의 의지를 법으로 제고하고 국가의 의지의 형태로 표현하는 것이다. 법을 이행하거나 준수하는 것은 법률로 사회적 관계를 조정하고 사회적 질서를 유지하여 국민의 의지를 실현할 수 있는 과정이다. 법률이 만약 준수되지 않고 실현될 수 없다면 그 어떤 훌륭한 법도 한 장의 종이에 불과할 뿐이다. 그러므로 레닌은 혁명질서는 엄격하게 준수하고 소비에트 정권의 법령과 명령은 철저히 지켜야 하며 이와 동시에 모든 사람들이 이행하도록 감독하여야 한다고 엄숙히 지적했다. 그는 최소한의 위법행위와 소비에트 질서를 방해하는 최소한의 행동은 노동자의 적이 즉시 이용할 수 있는 허점이라고 했다.[88] 레닌은 또한 모든 법적 규범이 기피되고 시행되지 않을 수 있다고 지적했다. "만약 열심히 이행하지 않으면 어린애의 장난으로 변할 가능성이 있을 뿐만 아니라, 완전히 상반되는 결과가 얻어질 것이다."[89] 이는 법률의 실행과 준수가 자연적으로, 쉽게 이루어지는 것이 아니며, 이 저항을 극복하기 위해서는 저항과 투쟁도 있을 수 있음을 의미한다. 이러한 점을 고려할 때, 1918년 상반기 레닌은 소비에트 정권의 "현재 주요 임무는 전력을 다하여 이미 성립된 법령(그러나 아직 사실로 형성되지 않은)에 변혁의 원칙을 진지하게 이행하는 것"[90]이라고 강조했다. 레닌의 이러한 주장에서 법의 집행과 준수의 중요성과 어려움을 명확하게 알 수 있다.

그러나 누가 법을 집행하고 준수해야 하는가? 레닌의 직접적인 제의에 따르면 1918년 11월, 전국 소비에트 제6차 비상대표대회에서 통과된 "법률의 정확한 준수"의 전문 결의에서는 "공화국의 전체 공민 및 소비에트 정권기관과 일체 공직 인원 모두는 러시아 사회주의 연방 소비에트 공화국의 법률과 중앙 정권기관의 과거 또는 현재 공포한 결의, 조례와 명령 전부는 엄격하게 준수하여야 한다."고 밝혔다. 이는 우리에게 엄격한 법의 집행 및 법률을 준수하는 주체는 국가 기관, 공무원 및 모든 시민임을 명확히 알려준다.

레닌은 마르크스와 엥겔스가 요약한 파리코뮌의 기본 경험에 큰 중요성을 부여하고 있다. 무산계급독재 국가 기구의 주요 특징 중 하나는 입법과 행정의 통일이다. 전국 소비에트 의회는 국가의 최고 권력기관이고 법률을 제정하는 기관이며 동시에 법률을 집행하는 기관이다. 이러한 기관과 구성원은 " …… 반드시 직접적으로 일하고, 통과한 법을 직접적으로 시행하고, 실제 집행 결과를 직접

---

88) 레닌 전집, 제2판, 제37권, 베이징, 인민출판사, 1986년, 194면 참조.
89) 레닌 전집(각주88), 364면.
90) 레닌 전집(각주72) 1985년, 164면 참조.

점검하며, 자신의 유권자에게 직접 책임을 져야 한다."[91] 레닌이 밝힌 원칙은 국가의 최고 권력기관뿐만 아니라 모든 국가 기관에도 적용할 수 있다. 그 이유는 모든 국가 기관은 역량의 범위 내에서 다양한 정도의 규범적인 법적 문서를 발행해야 하기 때문이다. 이러한 문서들은 우선 그것을 구성하는 국가 기관 자체가 반드시 준수하고 이행해야 한다고 요구한다. 이렇게 해야만 비로소 무산계급독재의 국가 기관은 자산계급 의회의 "청담관(淸談館)"이나 자산계급 관료주의의 행정관공서로 전락하지 않는다.

사회주의 국가의 기구 중, 법원, 검찰원, 공공 안보기관은 무산계급독재와 사회주의민주를 실현하기 위한 날카로운 도구이며 전문적인 법의 집행기관이다. 그들이 법대로 일을 처리하는지의 여부는 법률의 관철 및 실현에 특별한 의미를 가진다. 1917년 11월부터 1918년 7월까지 레닌이 서명하고 공포한 법원의 세 가지 문서와 1922년 검찰원 건립에 관한 지시 및 당시의 소비에트 소송법 등에서 법원, 검찰 및 공공 보안기관의 성격, 임무, 조직, 활동 원칙, 작업 절차, 방법에 대해 명확하게 규정했다. 이러한 기관은 법 집행(수사, 체포, 수색, 기소, 재판 및 수감자의 관리 및 개혁을 포함)을 함에 있어서 모두 법률 조항을 엄격히 준수해야 한다. 이로써 적을 공격하고 사람들을 보호하는 영광스러운 임무를 수행할 수 있다.

무산계급독재 국가의 기능은 국가 기관에서 일하는 간부(공무원)를 통해 실현된다. 간부, 특히 모든 직급의 간부들은 몸소 모범을 보이고, 법을 준수하는 데 앞장서야 한다. 이들이 모범적으로 법이나 규율을 준수할 내에만 사람들이 자각적으로 법을 준수하도록 요구하고 인도할 자격이 있다. 레닌은 법치를 훼손하는 간부들의 행동은 특히 참을 수 없다고 여겼다. 그는 관료주의, 업무 미루기, 작업 지연, 과대 낭비, 그리고 사리(私利)를 꾀하며 부정한 일을 저지르거나 부정부패, 뇌물 수수 및 다양한 부정행위에 대해 반드시 추궁하여 조사 및 처리하여야 한다고 반복적으로 강조했다. 상황이 심각할 경우 법원에 유죄 판결을 내리고 심한 형벌을 내려야 한다고 했다. 1918년 5월 모스크바 혁명법원은 모스크바 심문위원회 4명의 간부가 뇌물을 받은 사건에 대해 최종적으로 6개월의 징역형을 선고했을 뿐이다. 레닌이 이 사실을 알고 난 후에 매우 화를 내며 다음과 같

---

91) 레닌 전집(각주73), 45면 참조.

이 지적했다. 공산주의자와 혁명가들이 그러한 부패한 공무원을 쏘지(사형하지) 않고 엄청나게 우스운 처벌을 한 것은 부끄러운 행동이다. 이러한 동지들은 응당 여론의 비난을 받아야 마땅하고 당에서 제명되어야 한다고 단호히 지적했다.

레닌은 간부가 법을 집행하거나 준수하는 문제와 밀접하게 관련된 것은 법률 앞에서는 모든 사람이 평등하다는 원칙이고, 특권적 이데올로기에 반대해야 한다고 여겼다. 특권적 이데올로기와 법치는 양립할 수 없고, 특권이 있으면 법치는 없다. 법률의 평등 원칙을 파괴하는 특권적 이데올로기는 국가 간부, 특히 지도력을 가진 간부에서 발생할 가능성이 높다. 그러므로 레닌은 마르크스・엥겔스와 같이 간부는 인민 군중이 "고용"한 "노동자, 공인, 감독관 및 회계사", "사회 공무원" 혹은 "인민의 봉사자"라고 늘 강조했다. 또한 이들은 열심히 인민을 위해 봉사할 의무가 있을 뿐, 사람들의 머리 위에 올라앉아 권세(權勢)를 잡고 횡포할 권리는 없다고 강조했다. 간부는 법을 집행하는 기관이며 법률을 준수하는 데 앞장서는 것은 당연하다. 레닌은 지도력의 유지를 강조하고 조직성과 규율성을 강화하고 무정부주의 경향을 반대하는 동시에 소수의 간부, 특히 각급 지도 간부가 개인의 의지대로 국가의 법률과 제도를 대체하는 것을 강력하게 반대한다. 그는 이러한 현상을 자산계급 국가 관료주의의 "여당"이라 부르며 "노동자 및 농민의 공화국의 법령"을 지키고 따르기 위해 노동자와 농민들에게 이러한 나쁜 현상을 "제거"해야 한다고 재차 강조했다. 당시 소비에트 국가의 많은 법률은 레닌이 직접 초안을 작성하고 주도했지만 레닌은 자신의 의지로 법률을 바꾸지 않았다. 반대로 무산계급 혁명의 지도자이자 소비에트 국가의 최고 지도자인 레닌은 사회주의 법을 매우 존중하며 준수하는 데 세심한 주의를 기울였다. 예를 들어 1919년 2월 다닐로브(達尼洛夫) 섬유공장 대표가 섬유문제에 대해 레닌에게 요청했을 때 레닌은 다음과 같이 답했다. "이 문제는 중앙집행위원회 사무국에 의해 결정되었으므로, 중앙집행위원회 사무국은 헌법의 규정에 따라 인민위원회보다 높다. 따라서 인민위원회 주석이나 인민위원회는 이 결정을 변경할 권한이 없다."[92]고 했다. 이로 인해 다닐로브 섬유공장의 요구사항은 거부되었으며 공장 담당자에게 법을 준수하도록 즉시 교육했다. 레닌은 법의 집행 및 준수 모범 행동을 주도함으로써 모범을 보였으며, 이는 우리의 후

---

92) 레닌 전집, 제2판, 제48권, 베이징, 인민출판사, 1987년, 512면 참조.

속 조치에 매우 가치가 있는 것이다.

레닌의 관점에서 사회주의 법률은 인민 군중에 의해 제정되고 이는 인민 군중 자신의 이익과 의지를 집중적으로 표현하는 것이며, 자발적이고 적극적으로 준수할 수 있다. 그러나 또한 알아야 하는 것은, 국가는 이를 강제적으로 실행할 수 있다는 것이다.[93] 국가는 모든 사람들이 자신이 공포한 법을 준수할 것을 강요해야 한다. 인민 전체의 의지로서의 법은 인민의 적을 위한 무쇠팔일 뿐만 아니라 인민의 각 구성원을 위한 구속력이기도 하다. 자신의 법을 준수하는 데 익숙한 대다수의 사람들에게는 법이 어떻게 자신을 강요했는지 느끼지 못하는 것은 당연하다. 그러나 사람들 중 개인이 교육에 복종하지 않고 법률을 위반하면 강제 조치를 취해야 한다. 이는 사회주의 법치의 요구 사항이며 인민의 이익을 보호하고, 국가 정권을 강화하며 경제 건설을 수행하는 데 필요한 것이다.

사람들이 법의 지배에서 벗어나려는 경향은 특정한 사회적, 역사적 뿌리를 가지고 있다는 것을 냉정하게 관찰해야 한다. 그러나 구 러시아는 소자산 계급이 국가의 대부분을 점유한 나라이다. 레닌은 소자산 계급은 종종 특정 상황에서 극단적인 혁명의 열광을 보여주지만 강인하고 조직적이고 규율적인 것과 견고한 정신은 보여줄 수 없다고 지적했다. 법률을 무시하거나 법률을 회피하는 이데올로기는 소자산 계급의 흐트러진 성격과 무정부주의와 잘 맞는다. "…… 대중의 습관과 무지는 소비에트 정권을 엄격하고 성실하게 준수해야 하는 법을 알지 못하고, 사람들이 '옛날 그대로' 살기를 원하는 힘이다."[94] 역사적으로 구 국무에 대한 인민의 증오로 인해 법체계에 대한 불신이 생겨났으며, 이는 사회주의 법의 집행과 준수에도 영향을 미치며, 이러한 사고를 극복하는 것은 매우 어려운 작업이다. 더욱이 레닌이 말했듯이 무산계급 정권을 장악하는 과정에서 "그 어떤 법도 법률도 원하지 않는다."고 하지만, 주로 당의 정책에 따라 직접적이고 대규모의 혁명적인 행동에 의존한다. 이러한 상황은 무산계급이 정권을 설립한 초기에 계속 존재할 것이며, 결과적으로 대중이 소비에트 법에 충분히 주의를 기울이지 않는 부작용을 야기한다. 이는 당과 소비에트 국가가 반드시 사회주의 법칙의 선전과 교육을 대중에게 장기적이고 체계적으로, 그리고 충분하게 수행해야 함을 결정한 것이다.

---

93) 레닌 전집(각주70), 1986년, 296면 참조.
94) 레닌 전집(각주88), 149면.

5. 법적감독의 법치 의미

사회주의 국가에서의 법적감독은 법률 체제의 구축과 및 법치의 이행에서 없어서는 안 될 부분이다. 법적감독의 목적은 법치를 파괴하는 모든 현상에 맞서 싸우고 법이 완전하고 정확하게 이행될 수 있도록 보장하는 것이다. 사회주의의 법적감독은 사회적인 것이며, 주로 당 조직의 감독, 전문 국가 기관의 감독과 인민 군중의 감독이 포함된다.

공산당은 사회주의 국가의 지도력의 핵심이며, 당 조직에 의한 법률 이행의 감독은 국가에서 당의 지도력 역할을 실현하는데 중요한 측면이다. 공산당원은 당 조직의 법적감독 역할을 실현하는 중요한 책임을 진다. 때문에 레닌은 종종 당원들에게 국가의 법률 준수와 당의 규율 준수의 일치성을 인식하고 법을 준수하도록 교육한다. 반대로, 국가의 법률을 훼손하는 것은 당의 규율을 훼손하는 것이며, 이는 국가의 법률과 당의 규율에 의해 징계를 받아야 하며, 심각할 경우 당에서 추방해야 한다. 당원이 법을 준수하는 것은 법치를 실행하는데 큰 의미가 있다. 당원에 대한 감독, 특히 국가 기관에서 근무하는 당원이 모범적으로 법을 준수하고, 법을 엄숙히 집행해야만 사회 전체의 다양한 조직과 개인 및 모든 구성원의 법 준수를 감독할 수 있다.

전문 국가 기관의 법적감독은 검찰원의 감독을 말한다. 레닌은 다음과 같이 말한 적이 있다. 검찰장(檢察長)이 할 권리와 의무는 단 한 가지이다. 그것은 공화국 전체는 법치에 대해 일관된 이해를 가지고 있어야 하며, 지역의 차이에 관계없이, 또 어느 한 지역의 영향을 받지 않는다는 것이다. 검찰장의 유일한 권리와 의무는 안건을 법원에 회부하여 판결하게 하는 것이다.[95] 검찰기관이 법적인 감독 역할을 효과적으로 수행할 수 있도록 하기 위해 레닌은 국가 검찰조직 체계는 하향식 "수직 리더십"을 구현하고 지방 당국의 간섭 없이 독립적으로 그 권한을 행사해야 한다고 주장했다. 그러나 전문 기관의 감독은 반드시 당의 통일된 지도하에서 인민 군중의 감독과 긴밀히 결합되어야 한다.

법률의 시행에 대한 인민 군중의 감독은 그들이 국가의 주인이 될 수 있는 권리를 행사하는 것이고 국가 관리에 참여할 수 있는 기본적인 방법 중 하나이

---

95) 레닌 전집(각주86), 195면 참조.

다. "10월 혁명" 이후 레닌은 소비에트 정권을 이끌어 정치, 경제, 문화, 교육 등 기타 분야와 관련된 감독 조례를 제정하였다. 이 조례는 인민 군중이 국가를 직접 관리하고 사회주의 법치의 파괴와 싸우고, 법과 규율의 위반에 대해 국가 기관 직원을 폭로하고 고소할 권리를 행사하는 것을 격려한다. 레닌은 국가 기관이 인민 군중이 적발하고 고소한 안건에 대하여 반드시 엄숙하게 대하고 신속하고 효과적으로 처리하도록 요청했다. 그는 인민위원회의 총무국장에게 인민위원회가 접수한 모든 고소장을 즉시 보고하도록 지시했다. 레닌은 바쁜 일정 중에도 사람들이 보낸 편지나 방문에 항상 직접 처리하고 받았다. 1921년, 레닌이 중병에 앓고 있을 때, 그는 홍군전사로부터 돈강구(頓河區)지역의 노동자들과 농민들이 공공 재산을 도난하고, 위법행위를 한 일부 국가 기관과 간부들에 대한 불만을 쓴 서한을 받았다. 레닌은 즉시 사건을 처리하라고 지시하고 편지를 쓴 사람을 찾아 그를 위로하라고 비서에게 요청했다. 그리고 내가 아프지만 이 일은 꼭 해결할 것이라고 전달하라고 했다.[96] 레닌은 간부들이 직권을 이용하여 인민 군중의 고소, 적발에 보복을 행하는 행위를 매우 싫어했다. 1919년 4월, 노브고로드(諾夫哥羅德)의 몇몇 수공예 생산 협동조합의 노동자들은 레닌에게 그들의 집과 도구가 불법적으로 징용되었다고 고소장을 제출했다. 레닌은 곧바로 전보로 해당 지역 집행위원회에 문제를 조사해달라고 요청했다. 그러나 해당 지역 집행위원회는 오히려 고소장을 관련 부서로 이관했으며, 해당 부서는 고소인을 체포하고 보복하기까지 했다. 레닌은 이 사실을 알고 매우 화를 내며 즉시 이 문제에 대한 엄격한 조사를 요구하고 가해자를 체포하고 법적으로 제재를 요구했다. 레닌은 이처럼 법치를 이행함에 있어 법적감독의 중요성에 주목하였다.

제3절 마오쩌둥 사상의 민주법제관

마오쩌둥 사상은 마르크스주의의 중국화(中國化)의 전범(典範)이자 최초의 도약으로서 마르크스주의의 기본 원리에 대한 창조적인 발전을 포함하고 있다. 마오쩌둥 사상에는 민주법제에 대한 이데올로기가 내재되어 있다. 중국 특색 사회주의 민주법치 이론은 마르크스 · 레닌주의와 마오쩌둥 사상의 민주와 법치의

---

96) 레닌 생애 사업약사, 베이징, 중국인민대학출판사, 1952년, 334면 참조.

이론적 근거를 바탕으로 혁명과 건설을 실천하면서 점차적으로 형성되고 발전되었다. 중국 특색 사회주의 민주법치 이론은 마르크스·레닌주의와 마오쩌둥 사상에 관한 민주법치 이론의 강화와 발전에 관한 것이며, 이는 마르크스·레닌주의와 중국 혁명과 건설의 실제 상황을 상호 결합한 중요한 이론적 성과 중 하나이다.

1. 인민민주독재(국가체제) 이론

마르크스·레닌주의의 주요 요점이 무산계급독재의 이론이라면 마오쩌둥 사상의 주요 요점은 인민민주독재 이론이다. 사회주의 건설 시기의 인민민주독재는 실질적으로 무산계급독재이다. 그러므로 인민민주독재의 학설은 무산계급독재 학설의 계승과 발전이며, 무산계급독재 이론의 중국화와 중국의 국가체제의 형태인 것이다.

1921년 1월, 젊은 마오쩌둥은 심혈을 기울여서 탐색 끝에 마침내 사회민주주의, 무정부주의, 자산계급 자유주의가 중국의 노선이 아니라는 것을 발견했다. 그는 공산주의의 치열한 방법, 소위 노농(勞農, 노동자와 농민)주의와 계급 독재의 방법으로 그 효과를 예측할 수 있으므로 그것을 채택하는 것이 가장 좋다고 생각했다. 그 이후로 마오쩌둥은 계속 이러한 이데올로기로 중국 혁명을 이끌었고 성공을 거두었다. 1949년, "인민민주독재론"에서 마오쩌둥은 다음과 같이 지적했다. "우리들의 경험을 요약하고 한 가지에 초점을 맞추자면 그것은 노동자와 농민의 동맹을 기반으로 노동자 계급(공산당을 통해)이 이끄는 인민민주독재라고 지적했다. 이는 반드시 국제 혁명세력과 연합해야 한다. 이것이 우리의 공식이며 이것이 우리의 주요 경험이다."[97] 인민민주독재는 두 단계의 발전, 즉 새로운 민주주의 시기의 해방된 지역의 정권과 사회주의 시기의 정권이며 후자는 전자의 지속과 발전이다.

중화인민공화국의 계급적 성격으로서의 인민민주독재는 두 가지 각도에서 이해할 수 있다.

첫째, 사회의 다양한 계층의 국가 정권에서의 지위이다. 마오쩌둥은 이것이 "국가 체제"의 기본 의미라고 말했다. 인민민주독재의 주체는 인민이다. 그렇다

---

97) 마오쩌둥 선집, 제2판, 제4권, 베이징, 인민출판사, 1991년, 1480면 참조.

면 인민이란 무엇인가? 중국의 현 단계에서 인민은 노동 계급, 농민 계급, 도시의 소자산 계급과 민족자산 계급이다.[98] "인민민주독재론"으로부터 1957년의 "인민 내부의 모순에 대한 올바른 취급"에 이르기까지 또 하나의 새로운 표현법이 있다. 즉, 사회주의를 건설하는 현 시기에 사회주의 건설 사업을 지지하고 참여하는 모든 계급, 계층 및 사회 집단은 모두 인민에 속한다. 반대로, 사회주의 혁명에 저항하고 사회주의 건설을 적대시하고 파괴하는 사회 세력과 사회의 집단은 모두 인민의 적이다.[99] 인민 내부에서 노동 계급은 인민민주독재의 지도력이고, 노동 계급 및 농민 계급과 도시 소자산 계급의 동맹은 인민민주독재의 기초이며, 민족자산 계급 또한 인민의 일부분이다. 인민 사이의 모순은 서로의 상호 이익에 기초한 모순이며, 일반적으로 비 적대적 모순이다. 그러나 제대로 다루지 않거나 경계와 무감각을 잃으면 인민 내부에서 대립이 일어날 수 있다. 노동 계급과 민족자산 계급 사이의 모순은 상황이 비교적 복잡하고 적대적 모순과 비 적대적 모순이 있으며, 제대로 다루면 비 적대적 모순으로 전환이 가능하다. 반대로 만약 노동 계급이 민족자산 계급에 대하여 단결, 비평, 교육의 정책을 취하지 않거나 민족자산 계급이 이러한 정책을 받아들이지 않는다면 이러한 모순은 적대적 모순으로 변한다. 인민과 적의 모순은 적대적 모순이다.

둘째, 인민 내부 민주와 적의 독재의 조합이다. 마오쩌둥은 이 두 가지 측면에서 인민 내부의 민주적 측면과 반동 세력의 독재적인 측면을 결합하면 인민민주독재라고 지적했다.[100] 인민 내부에서의 민주 중심제도를 실시하면 인민 군중은 헌법에 규정된 언론, 출판, 집회, 결사, 여행, 시위 및 종교적 신념의 자유를 포함한 "광범위한 자유"를 가진다. 인민은 선거를 통하여 국가 기관을 선출하고 다양한 방식을 통해 국가 행정에 참여했으며, 국가 기관은 인민을 위한 서비스를 유일한 목적으로 간주한다. 반대로 적에게 실시한 독재는 정치적 활동에 참여하는 것을 막고 필요한 기간 동안 인민 정부의 법률을 준수하도록 강요하며, 이들에게 시키는 대로 하게 하고 망언망동하게 해서는 안 되며 위반 시 즉시 금지하고 제재를 가한다.

마오쩌둥은 두 가지 유형의 모순은 성질이 다르고 해결방법도 근본적으로 다

---

98) 마오쩌둥 선집(각주97), 1475면 참조.
99) 마오쩌둥 저작 선독, 하권, 베이징, 인민출판사, 1986년, 757-758면 참조.
100) 마오쩌둥 저작 선독, 하권(각주99), 682면 참조.

르다고 여겼다. 인민의 내부 모순에 대한 해결책은 1942년 당의 정풍(整風)에 채택된 "단결 – 비평 – 단결"의 방법이다. 이데올로기에 관한 문제와 인민 내부 분쟁에 관한 문제는 오직 민주적 방법과 토론의 방법, 비평 및 자기비평의 방법, 설득하고 교육하는 방법으로만 해결할 수 있다. 인민 정부가 사회 질서를 유지하기 위해 강제적인 명령을 반포한다 하더라도 설득하는 교육이 수반되어야 하며, 단순 명령 자체만으로는 언제나 효과를 볼 수 없는 것이다. 적대적 모순은 강제적인 방법과 독재에 의해 해결된다. 그러나 전체 계급을 물리적으로 파괴하는 것이 아니라 강제 노동 개혁과 적절한 지도를 통해 자급자족이 가능하게 해야 한다. 인민민주독재는 매우 엄격한 권력제도를 갖추고 있다. 마오쩌둥은 "군대, 경찰, 법원 등의 국가 기관은 …… 억압의 도구이며 폭력적인 것이지 '자비로운 것'은 아니다. …… 우리는 반동세력과 반동계급의 반동적인 행동에 자비를 베풀어서는 안 된다. 우리는 인민 내부에서만 어진 정치를 펼쳐야 한다. ……"101) 여기에서 마오쩌둥은 사회주의 국가의 탄생과 존재에 대한 역사적 계기에 대해 자세히 밝혔다.

인민민주독재는 그 자체가 목적이 아니라 일종의 수단이다. "인민 내부의 모순에 대한 올바른 취급"에 따르면 독재의 첫 번째 역할은 사회주의 혁명에 반대하는 국가, 반동세력, 착취자들의 반동계급을 억압하고, 국내의 적대적 모순을 해결하기 위해 사회주의 건설의 파괴자를 억압하는 것이다. 예를 들어, 특정 반혁명자들을 체포하고 유죄 판결을 하며 …… 적대적 계급분자들의 투표할 수 있는 권한을 박탈하고 언론의 자유에 대한 권리를 부여하지 말아야 한다. 또한 사회의 쓰레기 같은 존재들의 억압과 제거, 즉 절도범, 사기범, 살인방화범, 건달패거리 및 사회 질서를 심각하게 파괴하는 각종 불량자들에 대해서도 반드시 독재를 이행해야 한다. 독재의 두 번째 역할은 나라 밖에 있는 적들의 전복과 침략을 막는 것이다. 이러한 상황이 발생하면 독재는 적대적 모순을 해결하는 임무를 담당한다.102)

독재의 목적은 평화롭게 노동을 할 수 있게 온 인민을 지키는 것이며, 우리나라를 현대 산업, 현대 농업 및 현대 과학과 문화, 즉 민주, 문명화 및 번영하는 사회주의 국가로 건설하는 것이다.

---

101) 마오쩌둥 선집(각주97), 1476면 참조.
102) 마오쩌둥 저작 선독, 하권(각주99), 759-760면 참조.

2. 국가 정치체제의 이론

마오쩌둥은 정치체제는 정권이 구성된 형태를 의미하며, 적을 반대하고 스스로를 보호하기 위해 정치기관을 조직하는 특정 형태의 사회 계급이라고 지적했다.[103] 마르크스, 엥겔스, 레닌과 같이 마오쩌둥은 중국 혁명을 주도하는 과정에서 인민이 정권을 얻은 후에 정치 조직 형태의 문제, 즉 정치체제의 문제에 대해 끊임없이 큰 관심을 기울여 왔으며, 어려운 탐색과 연구를 수행해 왔다.

중국 공산당은 창립 직후 적극적인 조치를 취했다. 동시에 쑨중산(孫中山, 손중산)이 이끄는 국민당과 연합하여 구왕뚱(廣東) 혁명근거지와 구왕져우(廣州) 혁명 정부를 설립했다. 북벌 시기, 후난(湖南)을 중심으로 한 일부 남부 지방의 농촌 지역에서는 농민협회(이하 농회로 약칭 함)가 보편적으로 조직되었고, "모든 권리는 농회에 귀속한다."는 구호를 제기하고, "농민자위대", "특별 법원" 등을 성립하였으며 수많은 봉건세력과 싸우고 자신이 주인이 되는 것을 실현하기 위해 많은 실질적인 조치를 취했다. 이러한 농회는 실질적으로 무산계급이 공산당을 통해 이끄는 농촌혁명 정권의 형태이며 인민민주독재의 초기 형태이기도 하다. 이와 관련하여 마오쩌둥은 "후난 농민운동 조사보고서"에서 이를 격렬히 긍정했다. 1927년, 마오쩌둥은 중화전국농민협회의 임시위원회의 재임 기간 동안 직접 농민들에게 농민 정권에는 두 단계가 있다고 말했다. "① 농민협회의 시대이다. 농민혁명 당시 정권은 농민협회에 집중되었다. ② 혁명 이후, 향촌(논총) 정부는 국민정부의 체제하에 있어야 한다."[104]고 말했다. 이러한 농촌 정부는 농촌 자치정부이다.

1927년 대혁명 패배 후 마오쩌둥이 이끄는 중국 공산당은 공농홍군(工農紅軍, 노동자와 농민으로 이루어진 군대)을 설립하고 혁명근거지를 개척했으며 장시루이진(江西瑞金)을 중심으로 소비에트 정권을 설립했으며, 그 본질은 노동자와 농민의 민주적 독재이다. 1934년 마오쩌둥은 중화소비에트공화국의 주석으로 당선되었다. 이 기간 동안 제정된 "중화소비에트공화국 기본법(헌법) 초안" 제2조는 "진정으로 근로군중의 정권을 실현하려면 공농병(工農兵, 노동자·농민·군인) 회의(소비에트), 대다수의 노동자와 농민들에게 정치 권력을 둔다."고 규정하였다.

---

103) 마오쩌둥 선집, 제2판, 제2권, 베이징, 인민출판사, 1991년, 677면 참조.
104) 마오쩌둥 선집, 제1권, 베이징, 인민출판사, 1993년, 44면 참조.

소비에트 정치체제가 실제적으로 실행된 기간은 그다지 길지 않다. 게다가 각각의 홍색지역의 관행도 상당히 일치하지 않았다. 다만, 이는 노동자와 농민의 정권 조직 형태인 점은 의심할 나위가 없다.

1937년 "루거우차오(盧溝橋)사변(칠칠사변)" 발생 이후, 마오쩌둥은 즉시 전국 애국통일 전선의 민주 공화국의 설립을 선포했다. 같은 해 10월, 영국 기자 James Bertram(貝特蘭)과의 대화에서 그는 이것은 "항일전쟁에 유익한 국가 및 정부의 제도"이고 "전쟁 시기의 정부(戰時政府, 전시정부)"와 같다고 지적했다. 그 의미는 다음과 같다. 반역자와 매국노(賣國賊)를 제외한 모든 반일 계급의 정부이며, 정부의 조직 형성은 민주집중제이며 인민에게 필요한 정치적 자유, 특히 조직하고 훈련하고 무장시키는 데 필요한 정치적 자유를 부여하는 것이다. 이것은 유럽과 미국식의 자산계급 공화국도 아니고, 소련식의 사회주의 공화국도 아니며 제3의 형태인 신 민주 공화국이다. 1940년, 혁명근거지의 정권 문제에 관해 이야기할 때, 마오쩌둥은 이러한 정권에서 공산당원은 1/3, 비당원 좌파 진보주의자는 1/3을 차지하며, 이도 저도 아닌 파는 1/3을 차지한다고 설명했다. 그러나 반드시 공산당이 정권에서 주도권을 갖도록 해야 한다. 따라서 반드시 공산당원이 1/3을 차지하고, 질적인 측면에서 우월한 조건을 갖추도록 해야 한다.[105] 이것이 유명한 "3·3제(三三制)"정부이다.

해방전쟁 시기 전국의 해방 지역은 인민대표회의제도를 구현하기 시작했다. 이 제도는 봉건제도를 반대하는 토지 개혁 운동에서 빈곤농민단체(貧農團)와 농회를 기초로 설립된 지구(도시)마을 수준인 인민대표회의 및 정부위원회이다. 마오쩌둥은 이는 매우 귀중한 경험이며 모든 해방된 지역에서 이처럼 해야 한다고 말하며 …… 각급 인민대표회의에서는 반드시 노동자, 농민, 독립 노동자, 자유직업자, 지식인, 국가 산업 및 상업 노동자 및 계몽된 신사를 포함한 모든 민주 계급의 대표들이 참여해야 한다고 말했다.[106] 인민대표회의제도는 그 후에 현(縣), 전문구역(專區, 성과 현의 중간에 해당함), 시(市), 성(省) 그리고 심지어 동북 전반 지역과 화북(華北)의 해방된 지역까지 확대되었다.

실천에서 증명했듯이 우리나라 인민민주독재에 가장 적합한 정치 조직의 형태는 인민대표대회제도이다. 1940년, 마오쩌둥은 "신민주주의론"에서 이 제도를

---

105) 마오쩌둥 선집(각주103), 742면 참조.
106) 마오쩌둥 선집(각주97), 1309면 참조.

처음 언급하였다. 책의 내용은 다음과 같다. 중국은 이제 전국 인민대표대회에서부터 성(省)인민대표대회, 현(縣)인민대표대회, 구(區)인민대표대회 및 농향(鄉)인민대표대회까지 이르는 체제에 도달했으며, 정부는 각급의 인민대표대회에 의해 선출된다. 항일전쟁이 승리에 가까워지자 마오쩌둥은 "연합정부론"의 보고서에서 신민주주의의 정권조직은 민주집중제도를 채택해야 하고 각급 인민대표대회에서 주요 정책을 결정하고 정부를 선출해야 한다고 말했다. 이는 민주적이고 집중적인 특징을 갖는다. 즉, 민주에 기초한 집중과 집중의 지도하에 있는 민주를 말한다. 이러한 제도만이 광범위한 민주를 보여줄 수 있고 각급 인민대표대회로 하여금 높은 권한을 가지며 국정에 집중할 수 있으며 …… 또한 인민이 필요로 하는 모든 민주적 활동을 보장할 수 있다.[107] 하지만 이러한 상상은 실현되지 않았다. 중화인민공화국이 창립된 이후에야 인민대표대회제도는 그 조건을 구비하게 되었다. 1949년 9월 21일, 북평(北平: 베이징을 이르는 말)에서 열린 중국 인민정부 정치협상회의에는 다양한 민주당파, 다양한 인민단체, 각계 민주인사, 국내 소수민족, 해외 화교를 포함한 각각의 대표들이 참가하였으며, 중국 인민정부 정치협상회의는 일시적으로 전국 인민대표대회를 대표하여 중화인민공화국의 성립을 선언했다. 1954년에 전국 인민대표대회가 공식적으로 개최되었다. 지금까지 무산계급독재의 역사에서 파리코뮌과 러시아의 소비에트와는 다른, 중국의 국정에 적합한 새로운 정권 조직 형태인 새로운 정치체제가 마침내 형성되었다.

정권의 조직 형식은 관리(통치)형식과 구조형식을 포함한다. 전자는 군주제나 공화당제도, 대통령제도 또는 의회제도인지 여부를 관리하는 방법에 대한 질문에 답한다. 후자(구조형식)는 복합 시스템(연합 혹은 연방) 또는 단일 시스템을 채택할 것인지에 대한 답변을 말한다. 우리나라는 한(漢)족이 절대다수를 차지하는 56개의 민족으로 구성된 국가이다. 중국의 모든 민족 집단의 사람들은 오랜 역사에서 통일된 단일 국가 구조를 형성하고 유지해 왔다. 특히, 중국 공산당의 지도 아래 우리나라의 각 민족들은 제국주의, 봉건주의와 관료자본주의와의 투쟁에서 긴밀히 단결하고 상호 지원 및 상호 협력하는 전통과 희망을 형성하였다. 그러므로 국가 구조 측면에서 우리는 복합 연방 체제를 채택하지는 않았지

---

107) 마오쩌둥 선집, 제2판, 제3권, 베이징, 인민출판사, 1991년, 1057면 참조.

만 지역민족자치의 체제를 채택하여 점점 더 통합되고 번영하며 부강하고 통합되는 다민족 단일 국가를 건립하였다. 실질적으로 이 체제는 우리나라의 국정 및 민정에 적합한 좋은 체제라는 것을 증명한다.

3. 인민민주 정치제도의 이론

마오쩌둥은 정치적 투쟁의 무대에 발을 디딘 이후 봉건 또는 반봉건 독재(獨裁)와 민주를 대적하는 급진적인 전사가 되었다. 그는 쑨중산이 이끄는 (구)민주혁명에 참여했고, 청조(淸朝) 통치자들을 상대로 무기를 들고 싸웠으며, 후난성의 군벌(軍閥) 탄얜(譚延), 쪼오헝(趙恆惕) 등의 추방을 이끌기 위한 투쟁과 "후난자치운동"에 참여했다. 얼마 지나지 않아 마오쩌둥은 반봉건사회와 반식민지 사회인 중국에서 이 노선은 효과가 없다는 것을 발견했다. 그리하여 그는 마르크스·레닌주의 국가관과 민주관을 받아들였고 신민주주의 이념의 창시자가 되었다. 모든 신 민주혁명 과정에서 그는 홍군지역, 항일근거지, 해방된 지역의 군사, 정치, 경제, 문화 특히 정치권력에 관한 토론에서 인민민주의 중요성을 강조하지 않는 적이 없었다. 그는 이것이 나라의 모든 진보적인 사람들을 연합시키고 혁명적인 성공을 달성하기 위한 기본적인 힘의 원천이라고 믿었다.

항일전쟁(抗日戰爭) 이후 중국은 "어디로 가야 할지"의 새로운 선택에 직면하였다. 유식한 사람들은 이미 중국 공산당이 사람들로 하여금 새로운 중국을 건설하도록 이끌었다는 것을 보았다. 따라서 이들 중 일부는 농민봉기(農民起義)를 포함하여 중국 역대의 왕조는 모두 번영에서 실패, 성공에서 실패를 면치 못했다는 실제 상황을 떠올렸으며, 새로운 중국의 미래가 고대인들의 실수를 반복할 것인지 여부에 대해 의문을 제기했다. 1945년, 황얜페이(黃炎培) 등 6명이 옌안(延安)을 방문했을 때, 그들은 마오쩌둥에게 "역사는 '국정 관리에 태만'하거나 '집정자가 죽으면 그가 추진했던 정사도 폐지'되기도 하고 '정수를 구하는 치욕'도 있으며, 요컨대 이러한 주기율을 벗어나지 못한 것"이라고 말했다. 마오쩌둥은 이에 다음과 같이 답했다. "우리는 이미 새로운 노선을 찾았으며, 이 주기율에서 벗어날 것이다. 이 새로운 노선은 바로 민주이다. 오직 인민으로 하여금 정부를 감독하게 하는 정권만이 집정자가 죽어도 그가 추진했던 정사는 폐지되지 않을 것이다." 이것은 실제로 매우 강력한 답변이었다. 민주독재 국가의 생존과 발전에 대한 기본 지원은 인민민주의 정치체제를 진정으로 이행하고 그러한 민주체제를 지속적으로 개발하고 확장하는 것이다.

실제로 마오쩌둥은 신 중국의 새로운 이론 강령(綱領)인 "인민민주독재론"에서 노동자 계급, 농민 계급, 도시소자산 계급과 민족자산 계급, 이들은 공산당의 지도하에 연합하여 자신의 나라를 구성하고 그들 자신의 정부를 선출한다. 또한 인민의 나라에서는 인민들이 전국적으로나 전체적으로 민주적인 방식으로 자신을 교육하고 변화시킬 수 있다고 지적했다.[108] 신 중국임시헌법인 "공동 강령"과 1954년 헌법은 중화인민공화국의 모든 권력은 인민에게 있다고 규정하고 있다. 인민은 언론, 출판, 집회, 결사(結社), 유행(遊行: "유행"으로 번역이 될 수 있으나 이하 "행렬"로 통일하여 사용함), 시위, 종교 신앙 등과 같이 광범위한 자유를 누린다. 이들은 모두 인민민주의 높은 지위, 즉 인민이 국가의 주인임을 반영한다.

사회주의 시대의 인민민주는 사회주의적 성격의 민주이다. 인민이 정확하게 이 민주의 본질을 이해하고 그들이 민주적 권리를 올바르게 행사할 수 있도록 돕기 위해서는 반드시 민주와 자산계급 민주 사이에 경계를 명확히 긋는 것이 필요하다. 마오쩌둥은 "인민 내부의 모순을 올바르게 다루는 문제"에서 자산계급 민주, 특히 자산계급 민주의 진열창인 의회제와 양당제의 본질을 파악하여 폭로했다. 그는 실질적으로 이러한 제도는 자산계급 독재를 유지하는 방법이자, 자산계급이지 독재를 구현하는 형태라고 지적했다. 정치제도로서 민주는 상부 구조 현상이며 이를 기반으로 한 경제 기반을 제공하는 수단이다. 세계에는 추상적인 자유와 민주가 없으며 자산계급 민주는 자본주의 체제를 제공하며 이것이 그 본질이다. 일부 자본주의 국가들이 노동자들의 이익에 대한 보호를 선언하고 심지어 공산당의 정당한 존재를 허용하더라도, 자산계급의 근본적인 이익으로 제한되어야 하지만, 이 한계를 초과하면 허용하거나 보호할 수 없다. 마오쩌둥은 민주와 자유는 특정 역사적 조건하에서의 민주와 자유이며, 모두 역사적으로 발생하고 발전하며, 절대적이 아니라 상대적이라고 지적했다. 또한 사회주의민주에 관해서는 이렇게 지적했다. 사람들 안에는 자유, 규율, 민주, 집중이 없어서는 아니 된다고 지적했다. 이러한 민주와 집중, 자유와 규율의 통일성은

---

108) 마오쩌둥 저작 선독, 하권(각주99), 682-683면 참조.

우리의 민주 집중주의이다. 이러한 제도하에서 인민은 민주와 자유에 대한 광범위한 권리를 누리며 동시에 반드시 사회주의의 규율로 스스로를 훈련시켜야 하며, 집중과 민주, 규율과 자유, 그리고 의지의 통일성을 창출하고, 개인이 편안하고 활기차게 느끼는 정치적 상황을 목표로 해야 한다.

1956년 7월 중공 상하이 시정부 제1차 대표대회 연설에서 마오쩌둥은 "민주 확대"를 강조하고 지금 우리 인민민주독재는 다음과 같아야 한다고 강조했다. "우리의 민주적 독재는 독재 정권이 계속되어야 하고 민주는 확대되어야 하며 …… 독재의 권력은 민주에 기반을 두고 있지만 이 권력은 상당히 크고 집중되어 있으며, 잘 다루지 않으면 민주를 무시하기 쉽다." 소련의 역사적 경험은 참고가 가능하다. "반 우파", "반 우경향" 등의 운동 후에 우리 인민 내부에서 당 내의 민주의 억압, 그리고 소련과 다른 사회주의 국가의 민주체제가 다양한 제한을 받는다는 사실은 마오쩌둥의 관심을 불러 일으켰다. 이에 그는 의미심장(意味深長)하게 "당과 국가 지도자에게 우리나라에서 사람들의 민주와 정당 내 민주가 완전히 촉진되지 않고 무산계급민주가 완전히 이행하지 않으면 …… 높은 집중력을 가질 수 없으며, 높은 집중력이 없다면 사회주의 경제 건설이 불가능하고 …… 무산계급독재는 자산계급의 독재로 변할 뿐 아니라, 더 반동적인 성향을 갖게 되며, 파시스트 독재가 될 것이다."[109]고 주의를 환기시켰다. 이는 사회주의민주 문제를 국가의 미래와 운명과 밀접하게 연결시킨 것이다.

4. 법률과 법제 간의 이론

(1) 법률에 관한 일반 이론

법률문제에 대한 마오쩌둥의 생각은 광범위하며 다음과 같은 견해로 요약할 수 있다.

(가) 법률 연구는 마르크스주의에 의해 인도되어야 한다. 1947년 1월 16일, 마오쩌둥은 중공중앙법률위원회 위원 천진쿤(陳覲昆)에게 새로운 관점에서 법을 연구할 필요가 있음을 편지로 강조했다. 한편, 신민주주의의 법률은 사회주의의 법률과 상호 구별되고, 다른 한편으론 유럽이나 미국, 일본의 모든 자본주의의 법률과도 다르며, 이에 대해 추가적으로 연구해야 함을 강조했다. 같은 해 11월

---

109) 마오쩌둥 저작 선독, 하권(각주99), 822-823면 참조.

18일, 마오쩌둥은 다시 천(陳)에게 새로운 헌법 내용은 노동자와 농민의 독재를 기본 원칙(즉, "신민주주의론" 및 "연합정부론"에 언급된 기본 원칙)으로 해야 한다고 지시했다.[110] 여기서 언급된 "새로운 관점"이 마르크스주의 관점이라는 것은 말할 필요도 없고, 마르크스주의가 중국 혁명의 실제 상황, 즉 마오쩌둥 사상과 결합된다는 관점이다. 이러한 관점이야말로 신민주주의 법률과 자산계급 법률 및 미래의 사회주의 법률과 정확하게 구별할 수 있고 "노동자와 농민 독재의 기본 원칙", 즉 신민주주의 법률의 기본 정신을 고수할 수 있다.

(나) 무산계급혁명은 구법 체계를 폐지해야 한다. 1949년 죽어가는 국민당 정권은 공산당과의 협상을 위한 전제 조건으로 비합법적인 헌법과 비합법적인 법적 시스템을 보존해야 한다고 주장했다. 이에 대해 1949년 초, 마오쩌둥 주석은 "시국에 관한 성명"을 발표했는데, 첨예하게 대립되는 8가지 조건을 제시했으며, 그중 두 번째 조건은 "비합법적인 헌법의 폐지"이고 세 번째 조건은 "비합법적인 법적 시스템을 폐지"하는 것이었다. 이 중요한 성명은 비록 국민당 정부에 답변하는 것이었으나 인민 군중이 마르크스주의 법률관을 확립하는 데에 중요한 역할을 했다. 신 중국의 탄생이 임박했으나 우리의 간부, 특히 해방된 지역의 간부들은 국민당 정부의 "육법전서(六法全書)"를 어떻게 다루는지에 대한 이해가 다소 모호했다. 예를 들어, 동북해방지역의 사법부가 집필한 "사법 작업을 구축하는 방법"이라는 소책자는 소위 말하는 구법과 새로운 법이 "연임 교대"되어야 한다는 관점이었다. 같은 해 2월, 중국 공산당 중앙위원회는 마오쩌둥의 성명에 따라 "국민당의 '육법전서'와 해방된 지역의 사법 원칙의 폐지에 관한 원칙"을 발표했다. 무산계급이 주도하고 노동자와 농민 연합을 주체로 하는 인민민주독재의 정권하에 국민당의 "육법전서"는 폐지되어야 하고, 인민의 사법 업무는 더 이상 국민당의 "육법전서"에 근거할 수 없으며 인민의 새로운 법률을 근거로 하여야 한다고 지시했디. 인민의 새로운 법률을 체계적으로 발표하기 전에 그들은 공산당의 정책과 인민정부와 인민해방군이 발표한 각종 강령, 법률, 명령, 조례 및 결의안에 근거해야 한다. 현재 인민의 법률이 불완전하므로 사법 기관의 원칙은 다음과 같아야 한다. 강령, 법률, 명령, 조례, 결의안을 규정하는 자가 있어야 하고 강령, 법률, 명령, 조례, 결의안의 규정을 따라야 하며, 강령,

---

110) 마오쩌둥 서신 선집, 베이징, 인민출판사, 1983년, 280, 288면 참조.

법률, 명령, 조례를 규정하는 자가 없으면 신민주주의 정책을 따라야 한다. 동시에 사법기관은 "육법전서" 및 국민당의 기타 모든 반동 법률과 법령을 멸시하고 비판해야 하며, 유럽과 미국 및 일본 자본주의 국가의 모든 반 인민법률과 법률을 멸시하고 비판해야 한다. 또한 마르크스·레닌주의 마오쩌둥 사상의 국가관과 법률관을 학습하고 파악해야 하며 신민주주의 정책, 강령, 법률, 법령, 조례, 결의 방법으로 사법 간부를 교육하고 개혁해야 한다. 같은 해 3월 14일, "신화사 기자의 답변"에서도 국민당 반동정부의 통치하에 제정되고 건립된 모든 법률, 법전, 정치제도, 정치 기구, 정치 권리 등은 모두 무효라고 지적하였다.

(다) 법률의 계급적 본질이다. 러시아 사회주의 실천의 영향으로 마오쩌둥은 법은 소수의 유력 인사(紳士)들만이 문제가 아닌, 노동인민들에 관한 문제이어야 한다는 믿음은 매우 일찍부터 형성되었다. 법률은 노동인민의 의지를 반영하고 노동인민에 의해 직접 제정되어야 한다. 1927년 12월 1일, 차이허선(蔡和森)에게 보낸 마오쩌둥의 편지는 국민 교육 문제에 대해 다음과 같이 썼다. 교육은 자본가들의 손에 달려있다. 왜냐하면 자본가들은 그들을 보호하고 무산계급을 막는 법을 만들기 위한 "의회"를 가지고 있으며, 이들 법들이 그들이 보호하고 금지하는 것을 적극적으로 집행하도록 강제하는 "정부"가 있으며, 자본가들의 안락을 부정적으로 보호하고 무산계급의 요구를 금지하는 "군대"와 "정부"를 가지고 있으며, 그들의 재무와 상품의 유통을 위한 "은행"과 제품에 대한 독점권을 가진 "공장"이 있다. 이렇듯 공산주의자들이 권력을 장악하고 통제하지 않으면 어찌 교육의 권리를 확보할 수 있겠는가?[111] 여기에서도 자산계급 법이 자산계급 의지의 표현이라는 사실은 다른 측면에서 매우 분명하게 드러나며, 자산계급 법의 본질도 드러낸다.

(라) 법률은 객관적인 경제 법칙을 충실히 반영해야 한다. 스탈린(斯大林)이 1952년에 발간한 "소련 사회주의 경제 문제"라는 책에서 러시아어에서의 "3aKOH"가 내포하고 있는 "법칙(규율)"와 "법률"의 의미를 구별해야 한다고 반복해서 강조했다. 법률은 주관적인 것이며 인간(통치 계급)의 의지의 표현이다. 법칙, 즉 규칙은 객관적인 것이며 사람의 의지에 의해 이전되지 않는다. 마오쩌둥은 스탈린의 견해에 대해 긍정적이었다. "스탈린의 '소련 사회주의 경제 문제'

---

111) 마오쩌둥 서신 선집(각주110), 5면 참조.

에 대한 논평"에서 마오쩌둥은 다음과 같이 지적했다. 정부 법령은 노동 계급의 의지뿐만 아니라 객관적인 경제법의 요구 사항을 충실히 반영하기 때문에 정확하다. 경제법은 기본 범주에 속하며 법은 상부 구조이며, 객관적 법에 부합하는 경우에만 사회 발전을 촉진하는 데 긍정적인 역할을 할 수 있으며, 그렇지 않으면 객관적 경제법에 의해 머지않아 파괴될 것이다.

(마) 법률은 사실에 대한 인정이다. 법률은 현실에서 나오며 대개 지배 계급이 이미 달성한 것에 대한 기록이다. 1940년 옌안에서 소집된 각계 헌정(憲政: "입헌정치", "입헌주의" 또는 "헌정"으로 번역이 될 수 있으나 이하 "헌정"으로 통일하여 사용함)촉진회의에서 마오쩌둥은 영국, 프랑스, 미국, 소련을 불문하고 세계의 헌법 정부는 혁명의 성공 후에 항상 기본법을 반포하고 인정했다[112]고 지적했다. 실제로, 마오쩌둥은 제1차 국내 혁명전쟁이 끝나자 이 견해를 형성했다. 1927년 4월 중공중앙위원회 제2차 회의에서 마오쩌둥은 중국의 토지 문제를 해결하려면 먼저 사실을 알고, 그 후 법으로 인정해야 한다[113]고 발언하였다. 물론, 마오쩌둥이 주도하는 중국 공산당의 관행에서 알 수 있듯이, 법률은 특정 지도 원칙적인 속성을 포함하고 있음을 배제할 수 없으나 이러한 지도 원칙적인 속성은 실제 사실로부터 진행되어야 한다.

(바) 법률은 인정(감정)을 근본으로 한다. 정(情), 이(理), 법(法)의 관계는 항상 법률사상가들의 관심사였다. 특히 중국이 그러하고 고대부터 오늘날까지 사람들은 어진 자는 어진 점을 보고 지혜로운 자는 지혜로운 점을 본다(見仁見智, 견인견지)고 하는데, 이러한 표현은 요약해서 설명하기가 어렵다. 1974년 11월 8일, 중공중앙법률위원회 위원 짱수(張曙)에게 보낸 서신에서 마오쩌둥은 중국인의 전통 논법을 인용하였다. 마오쩌둥은 법이 인간의 감정에 근거한다고 믿고 있으며, 해방된 지역의 실제 자료를 수집할 필요가 있다고 하였다. 그러나 여기에 언급된 "인간의 감정(人情)"에는 개인적 감정의 의미가 포함되지 않으며, "인간의 감정"은 사람들의 실제 상황을 지칭하며, 일반 대중의 소원이나 요구 사항 및 법적 의식도 포함한다.

(사) 법률의 역할과 목적이다. 일찍이 마오쩌둥은 법률의 목적은 "인민의 권리를 보호하고", "국민의 번영을 증진시키며", "국가의 권위를 확립하는 것"이라

---

112) 마오쩌둥 선집(각주103), 735면 참조.
113) 위룽건(兪榮根), 어려운 개척, 꾸이린(桂林), 광서사법대학출판사, 1997년, 52면 참조.

고 믿었다. 비록 마오쩌둥이 젊은 시절 가졌던 생각은 간단하고 단순했지만 합리성이 부족한 것은 아니었다. 그 후 마오쩌둥은 당대(當代: 중화인민공화국 건국 이후의 시기를 이르는 말) 마르크스주의의 대사(大師)가 되었을 때 그 사상은 더욱 심화되었다. 1957년 1월, 마오쩌둥은 성, 시자치구 당위서기회의의 연설에서 법률은 상부 구조라고 지적했다. 우리의 법률은 노동인민이 스스로 만든다. 이는 혁명질서를 보호하고 노동인민의 이익을 보호하며, 사회주의 경제 기반을 보호하며 생산력을 보호한다.[114] 여기에서 제안된 세 가지 "보호"는 역사적 유물론에 근거한 사회주의 법의 역할과 목적에 대한 간결한 요약이다.

(2) 입 법

중국 신민주주의 혁명의 주요 특징과 장점은 "정치권력이 총대에서 나온다(槍桿子裡面出政權)."이며, 혁명 기지의 정권은 인민의 군대를 기반으로 하므로 인민의 군대와 정권의 건설은 하나로 통합된다. 처음부터 마오쩌둥은 법으로 군을 다스릴 생각이었고 그는 군대를 위하여 "3가지 규율과 8가지 주의 사항" 등의 지침을 제정하고, 군사 법규를 제정하는 것 또한 중요시하였다. 1929년, 마오쩌둥의 구티엔(古田)회의 결의안에서는 다음과 같이 규정하고 있다. 홍군법규를 편성하여 홍군의 임무, 군사작업체계와 정치작업체계, 홍군과 인민 군중의 관계, 사병회의 권능 및 이와 군사정치기관의 관계를 명확하게 규정해야 한다.[115] 이러한 군대법규(軍隊法規, 군사규정)는 군사 법률 관계에 필요한 조정임이 분명하다.

신 중국 성립 이후 마오쩌둥은 입법을 법제 건설의 중요한 부분으로 간주했다. 1956년 이전, 그의 지도 아래 중국은 헌법, 선거법 및 다양한 국가 기관의 조직법, 반혁명 규정, 부패에 관한 규정, 화폐 법규, 토지법, 혼인법, 노동조합법 등 일련의 중요한 법률을 반포했다.

1956년, 중국 공산당 제8차 전국 대표대회에서 둥비우(董必武, 동필무)는 소련 공산당이 범한 20가지 착오라는 연설을 통해 스탈린이 저지른 실수에 비추어 법에 따라 업무를 처리하는 법치 사상에 대해 체계적이고 심오하게 논의했으며, "유법가의(有法可依, 법이 있어 의거할 수 있어야 하고)"는 사회주의 법체계의 구축과 법에 따라 행동하는 첫 번째 조건이라고 제기했다. 같은 해 12월, 마오쩌둥

---

114) 마오쩌둥 문집, 제7권, 베이징, 인민출판사, 1999년, 197면 참조.
115) 마오쩌둥 선집, 제2판, 제1권, 베이징, 인민출판사, 1991년, 88면 참조.

이 주관하는 중앙정치국 확대회의(擴大會議)에서의 논의되고 채택된 "무산계급독재의 역사적 경험을 다시 살펴보기"라는 글에서 스탈린이 "사회주의 법률 시스템의 일정부분을 파괴"했다는 것을 확인했고 이에 대응하여 "다양한 민주적 절차는 점차 국내 정치 생활에서 발전되고 개선되어야 한다."와 "법제(法制)"를 제기했다. 의심할 여지없이 "각종 민주 절차"와 "법제"를 개선하기 위해서는 반드시 더 빠른 입법 단계가 필요하다.

20세기 60년대에 마오쩌둥은 우리나라의 입법에 기본 형법과 민법 등을 포함한 기본적인 법률조차 없다는 심각한 상황을 발견했다. 1962년, 마오쩌둥은 전국 정치 및 법률보고서를 듣고 다음과 같이 공식적으로 지시했다. 무법천지인 현재, 형법뿐만 아니라 민법도 필요하다. 법률을 제정해야 할 뿐만 아니라 사건도 정리해야 한다.[116]

(3) 법의 실행

인민의 사법 사업은 혁명전쟁의 승리를 위한 하나의 중요한 보증이다. 마오쩌둥은 언제나 근거지의 사법 건설의 경험을 요약하는데 주의를 기울였으며, 항일전쟁 당시 그의 지도하에 이미 독특하고 성숙하고 효과적인 인민사법제도가 형성되었다. 그 주요 내용은 다음과 같다.

① 군중 노선과 특수 수사관은 서로 결합되어야 한다. 1944년, 마오쩌둥은 정치 및 법률 업무를 담당하는 쎄쮀자이(謝覺哉)와의 담화에서 이를 아주 명확하게 했다. 전문 사례의 심판인원(推事: 청조 말기 심판인원을 이르는 말)과 판사에게 전적으로 의존하지 않고 모든 사람이 사법 조치를 취해야 한다. 군중 노선은 근거지 사법 작업의 가장 기본 원칙이며 사법 작업의 모든 측면을 통해 진행된다.

② 조사와 연구로 사건의 객관적인 진실을 파악해야 한다. 1942년의 "산간닝(陝甘寧) 국경 형사소송 조례 초안" 제48조는 다음과 같이 규정하고 있다. "사건이 복잡한 경우, 재판 전에 필요한 조사와 연구를 수행해야 하며, 조사관 또는 판사는 현지에서 직접 조사해야 한다." 마찬가지로, "산간닝 국경 지방 민사소송 조례 초안" 또한 다음과 같이 규정하고 있다. "법원은 사건을 관리할 때 조사관이나 판사를 파견하여 해당 지역을 직접 조사해야 하며, 다른 기관이나 단체가 대신하여 조사를 수행하도록 위임하여서는 아니 된다." 이는 이념적인 사법 업

---

116) 재인용, 법제 현대화 연구, 제7권, 난징(南京), 난징사법대학출판사, 2001년, 18면.

무의 구체화이다.

③ 군중의 편리를 도모한다. 혁명전쟁 동안 인민들의 생활환경은 아주 열악했고 농촌 교통은 불편했다. 사람들의 소송을 용이하게 하는 방법은 특히 중요했다. 그러므로 법원은 일반적으로 순회 재판을 채택하고, 현장에서 사건을 처리했으며 절차는 단순하며 형식에 엄격히 제한되지 않았다.

④ 인민의 중재제도이다. 이와 관련하여 특히 이웃, 친척, 친구 및 집단을 통한 중재가 중요하고, 스스로 관리하고 자기 교육(자아 교육)하는 사람들의 정신을 반영한다.

⑤ 일부 경범죄자는 마을로 보내져 집행한다. 예를 들어, 가족 생계에 영향을 미치는 투옥 혐의로 반년의 징역형을 선고받은 사람들은 지역, 마을 정부 혹은 집행 기관에 양도된다. 즉, 그들의 지도하에 범죄자를 감독, 교육 및 개혁하기 위해 그룹이 설립된다. 이것은 신 중국 창립 이후 "관제"의 근원이다.

⑥ 사회치안은 군방군치(群防群治: 군중을 군중으로 통제함을 이르는 말)방법을 취한다. 이는 전문 기관의 작업과 군중에 의지하여 "악한 사람을 모조리 제거"하는 운동을 수행하고 사회에서의 불안정한 요소를 변화시키는 것이다. 해방된 지역의 사법제도는 나중에 "마씨우(馬錫五)심판 방식"으로 불렸다.

모든 사람은 법을 준수하여야 한다. 마오쩌둥은 "중화인민공화국 헌법(초안)"에 대한 연설에서 다음과 같이 말했다. "이 헌법 초안은 완전히 실행 가능하고 반드시 실행되어야 한다. 물론 오늘까지는 아직 초안에 불과하지만 몇 개월 안에 전국 인민대표대회에서 채택되면 정식 헌법이 될 것이다. 오늘 우리는 이것을 실행할 준비를 해야 하며, 통과한 후에는 전국의 모든 사람이 실행하여야 하고 …… 우선 이 자리에 있는 여러분이 먼저 실행하여야 한다. 실행하지 않으면 헌법에 위배된다."[117] "스탈린 사건" 이후, 마오쩌둥은 법의 준수를 사회주의 법제에서의 핵심적인 부분으로 간주했다. 마오쩌둥은 간부, 특히 주요 간부가 앞장서서 법을 준수하고 그들 행동의 적법성에 주의를 기울이는 것이 법제를 유지함에 있어 결정적인 의미가 있다고 여겼다.

(4) 헌정과 헌법

헌정(憲政)은 헌법과 관련된 민주정치이다. 1920년, 창사(長沙)사람들이 반동

---

117) 마오쩌둥 저작 선독, 하권(각주99), 710면 참조.

군인인 탕찌요우(唐繼堯)와 탄앤(譚延)과 관련된 사람들을 반대한 "후난자치운동"에서 마오쩌둥은 각계각층 대표들과 공동으로 "'후난혁명정부'가 소집하는 '후난인민제헌회의'를 위한 제안"을 발표했다.[118] 계속하여 그는 자치운동의 제2차 공동회의를 주도하고 준비하였으며 "후난인민헌법회의 선거법과 조직법" 초안을 제안했다. 마오쩌둥이 주석으로 임명되어 있는 화동소비에트공화국이 성립된 이후 즉시 "헌법대강"을 제정했고 국가 형태는 노동자와 농민의 민주독재, 정치적 형태와 정권 조직의 형식은 "공농병 회의(소비에트)"라 했고 노동자 민주자치권리와 여성, 민족, 대외 및 정치, 경제 등 기본 정책에 관하여 규정했다.

1942년 초, 마오쩌둥은 "신민주주의 헌정"에 관한 연설에서 다음과 같이 지적했다. "헌정은 무엇인가? 요컨대 민주의 정치이다."[119] 알다시피 당시 마오쩌둥이 말한 헌정은 헌정의 본질, 즉 "민주정치"에 초점을 두었으며, 헌법이 있는지 여부에 관한 것은 아니었다. 마오쩌둥은 헌법을 제정한다는 이유로 독재를 실시하려는 국민당의 가짜 헌정을 폭로하고 싶었다. 그러므로 그는 진정한 헌정은 결코 쉽게 얻어지는 것이 아니며 어려운 투쟁을 통해서만 달성될 수 있다고 강조했다.[120]

현대에는 중국 선진자들 대부분이 헌정을 꿈꾸었으나 여러 가지 이유로 달성할 수 없었다. 진정한 민주정치, 진정한 헌정은 중국 공산당의 지도하에 힘든 투쟁을 거쳐 소비에트와 해방된 지역에서 초기 실현을 달성했고, 그것은 신민주주의 정치, 신민주주의 헌정이다. 신 중국이 창립된 후 제정한 임시헌법의 역할을 한 "3대 문서"는 중국 인민이 중국 공산당의 지도하에 민주를 얻었음을 확인시켜 주었으며 이것이 진정한 헌정과 진정한 민주정치이다. 그리고 이를 바탕으로 점차 사회주의 헌정으로 전환되었다. 1954년 헌법의 반포는 중국 헌정의 사회주의적 본질을 확인했고 중국이 사회주의 헌정 시기에 진입하였음을 상징한다. "오사헌법(五四憲法)" 초안이 공포된 이후 마오쩌둥의 관련 연설은 헌정과 헌법 사상을 한층 더 심화시켰다.

① 마오쩌둥은 다음과 같이 지적했다. 그룹(집체)에는 규정이 있어야 하고 국가에도 규정이 있어야 한다. 헌법은 일반 규정이며 기본법이다.

---

118) 후난, 대공보(大公報, 일간지), 1920년 10월 5일 참조.
119) 마오쩌둥 선집(각주103), 732면 참조.
120) 마오쩌둥 선집(각주103), 736면 참조.

② 우리나라 헌법은 역사적 경험에 대한 요약이다. 우리의 이 헌법 초안은 주로 우리나라의 혁명 경험과 건설 경험에 대한 요약이며, 동시에 국내 및 국제 경험의 조합이기도 하다.[121] 예를 들어, 1912년 쑨중산이 지도하여 제정한 "중화민국 임시 헌법"은 당시 비교적 좋은 것으로 혁명적이고 민주적이었다. 물론 헌법에 관해서는 자산계급이 우선이다. 영국에는 불문 헌법이 있지만, 미국은 1787년에 세계 최초의 현대 헌법을 제정하였다. 그 후 1789년 프랑스 혁명 동안 여러 헌법 문서가 있다. 이러한 헌법은 역사상 중요한 위치를 차지한다. 그러나 우리의 헌법은 자산계급 유형과는 다른 새로운 유형의 사회주의 헌법이다. 우리의 헌법은 그들의 혁명 동안의 헌법보다 훨씬 진보된 것이다. 우리의 헌법은 우리의 민족 특성을 지니고 있지만 국제적 성격도 지니고 있으며, 이는 민족 현상이며 국제적 현상의 일종이다.[122]

③ 원칙성과 유연성의 결합이다. 헌법의 기본 원칙은 "민주와 사회주의의 원칙"이다. 민주의 원칙은 인민이 정치의 주인이라는 것을 가리키고, 사회주의의 원칙은 경제가 생산 수단의 공공 소유권을 기초로 한다는 것을 가리킨다. 일반적으로 이 헌법은 "사회주의 헌법"이지만, 그 당시 중국은 여전히 새로운 민주에서 사회주의로 이행하는 과정에 있었기 때문에 이 헌법은 "과도기 헌법"이기도 하다. 이것은 헌법상의 유연성에 관한 것이다. 예를 들어, 헌법은 사회주의 경제의 주요 위치와 민간 경제의 합법성을 규정하고 있다. 또 공산당의 지도력과 다양한 민주당파와의 공동 협력·설립을 규정하며, 시민의 광범위한 민주적 자유 권리를 규정할 뿐만 아니라 이러한 권리가 여전히 물질조건에 종속되어 있음을 인정한다. 또한 법률의 국가적 통일성을 규정함과 동시에 각 소수민족 지역에서 자기 민족의 특성에 맞는 자율적인 규제와 별도의 규제를 구성할 수 있도록 규정하고 있다. …… 헌법의 이러한 특징은 이러한 상황을 반영한 것이다.

④ 헌법을 다루는 것은 과학을 다루는 것이다. 마오쩌둥은 특히 다음과 같이 지적했다. 우리와 같은 인민민주 국가에서는 이러한 부적절한 규정을 작성해서는 안 된다. …… 헌법을 다루는 것은 과학을 다루는 것이다. 우리는 과학 이외의 것은 그 어떠한 것도 믿어서는 아니 된다. 즉, 미신을 믿지 말아야 한다.[123]

---

121) 마오쩌둥 저작 선독, 하권(각주99), 708면 참조.
122) 마오쩌둥 저작 선독, 하권(각주99), 708, 711면 참조.
123) 마오쩌둥 저작 선독, 하권(각주99), 712-713면 참조.

중요한 것은 옳고 그름이다. 잘못된 것이라면 적어서는 아니 되고, 이렇게 하여야 만이 사회 전체에 올바른 방향을 제시할 수 있다.

⑤ 헌법을 제정하는 방법이다. 이는 지도자와 군중을 결합시키고 지도자와 대다수의 운동가들을 결합시키는 방법이다. 우리는 과거에 이 방법을 취했었고 앞으로도 계속 그렇게 할 것이다. 모든 중요한 입법은 전부 이 방법을 채택해야 한다. 우리는 이번에 이 방법을 취하여 더 좋고 비교적 완전한 헌법 초안을 얻었다.[124]

(5) 형사 법률

마오쩌둥의 형사 법률 사상은 매우 풍부하고 독창적인 중국 특색을 나타내며, 혁명 근거지 혹은 해방된 지역의 실제 경험과 신 중국의 실제 경험을 체계적으로 요약한 것이다.

(가) 형사 법률은 모든 사람에게 평등하게 적용된다. "좌"경향 기회주의자들이 중앙업무를 주재하는 기간 동안, 소위 "계급 노선을 이행"하기 위한 형벌 원칙을 제안했다. 예를 들어, 1931년 "중화 소비에트공화국 반혁명 처벌 조례" 제35조는 "모든 소비에트에 대해 공로가 있는 사람의 범죄행위는 본 조례의 규정에 따라 처벌을 경감한다."고 규정하였다. 그 후 "숙청 확대화의 교정"을 할 때, 실제로 노동자와 농민 출신에 대하여 형벌을 감면하는 것을 확대의 이유로 삼지 않았다. 같은 해 말 중앙 집행위원회의 6호 명령에서 "죄수를 처벌함에 있어 계급을 구분하지 않고", "규칙에 부합되는 노동자와 농민을 석방하지 않는다."고 지적했다. 마오쩌둥은 이러한 견해와 방법에 반대했으며 형법의 적용에 있어 법률 평등 원칙을 견지했다. 1937년 10월, 산간닝 국경지역의 고등법원은 항일 군사정치대학(軍政大學) 제6대대 대장 황커꿍(黃克功)의 강간·살인 사건의 심판에서 최종적으로 사형을 선고했다. 전날 마오쩌둥은 고등법원원장 겸 "음란 관련 사건(黃案)" 재판부의 재판장 레이찡텐(雷經天)에게 보낸 서신에서 다음과 같이 지시했다. "황커꿍은 보통 사람과 다르기 때문에, 또 그는 수년간 공산당원이고 오래된 홍군이기 때문에 이렇게 처리하지 않을 수 없다. 공산당과 홍군은 그들의 당원과 홍군 구성원에 대해 일반 민간인보다 더욱 엄격한 징계를 집행하지 않을 수 없다."[125]

---

124) 마오쩌둥 저작 선독, 하권(각주99), 707면 참조.

신 중국의 성립 이후, "3반(三反: 중화 인민 공화국이 1951년부터 다음 해까지 걸쳐 행한 숙청 운동)", "5반(五反: 1952년 1월부터 1952년 10월까지 펼쳐진 민영 공상업자들의 합법 경영을 위한 운동)"운동에서 마오쩌둥은 당내 주요 부패 범죄자 류칭산(劉靑山), 짱즈산(張子善)의 문제에 대해 비슷한 의견을 제시했다. 이 두 사람은 지위가 높고, 공로가 크고, 영향력이 크기 때문에 이들을 처형(사형을 집행)하기로 결정했다. 이들을 처형함으로써 20명, 200명, 2,000명, 20,000명의 서로 다른 다양한 정도의 오류를 저지른 간부를 구할 수 있다.[126] 이 지침은 사람들에게 큰 영감을 주었으며 당원과 간부들의 정직성을 유지하고 발전시키는 데 크게 기여했다.

(나) 확고하고, 정확하게, 그리고 단호하게 범죄를 퇴치한다. 반혁명 운동을 진압하는 과정에서 마오쩌둥은 일련의 지시를 내렸는데, 그중 가장 중요한 것은 "확고하게, 정확하게, 단호하게(穩, 準, 狠)"라는 단어였다. 그는 말했다. 소위 확고하게 하는 것은 전략에 주의를 기울이는 것을 의미한다. 정확하게 하는 것은 실수를 하지 말라는 것이고, 단호하게 하는 것은 처형해야 하는 모든 반동자들을 단호히 처형한다는 것이다(물론 처형하지 말아야 할 자는 처형하여서는 아니 된다).[127] 이 지시 사항은 중대한 형사범죄와의 투쟁에도 적용된다.

"확고하게" 하는 것을 보장하기 위해, 마오쩌둥은 당과 국가를 위한 체계적인 방침과 정책을 제정하였으며, 다음과 같은 내용을 포함한다. ① 진압과 관대를 상호 결합하여 주모자는 반드시 처벌해야 하고, 협박에 못 이겨 복종하는 자는 문제로 삼지 않고, 공로자는 상을 받는다. ② 관대함과 엄격함의 결합이다. 마오쩌둥은 "5반" 운동에서 제기했다. 과거는 관대하게 앞으로는 엄격하게, 다수는 관대하게 소수는 엄격하게, 자백하면 관대하게 저항은 엄격하게, 공업은 관대하게 상업은 엄격하게, 일반 상인은 관대하게 투기상인은 엄격하게 한다. 이러한 요약에는 구체적인 역사적 배경이 있으나 그 전략적 아이디어는 오늘날까지도 적용 가능하다. ③ "사형 집행 유예(死緩)"이다. 반혁명 범죄자 중에는 살인을 저지르지 않고, 군중의 분노가 적고, 국가 이익에 심각하게 해를 끼쳤지만 가장 심각한 수준에 도달하지 않고, 그 죄가 처형해야 할 자는 사형을 선고하고 2년

---

125) 마오쩌둥 서신 선집(각주110), 110면 참조.
126) 보이보(薄一波), 약간의 중대한 결책과 사건의 회고, 상권, 베이징, 중공중앙당교출판사, 1991년, 152면 참조.
127) 마오쩌둥 문집, 제1판, 제6권, 베이징, 인민출판사, 1999년, 117면 참조.

간의 유예, 그리고 강제 노동 정책이 채택되어야 한다.[128] 마오쩌둥은 이 정책이 사회 군중의 동정을 얻고 반혁명 세력의 분열과 반혁명 세력의 제거에 유리하다고 여겼다. ④ 살 길을 터주는 것이다. 사형하지 않으면 밥을 주어야 한다. 모든 반혁명자들이 재활의 기회를 갖기 위해 삶에서 벗어날 수 있는 기회를 주어야 한다.[129]

 "사형의 신중(慎殺)"은 민주혁명이 시작된 이래로 마오쩌둥이 반복적으로 강조한 문제이다. 옌안시기에 마오쩌둥은 기관, 학교, 군대에서 철저하게 조사하여 발견된 반혁명자들은 "하나를 죽이지 않으면(一個不殺) 대다수는 잡지 못한다(大部不捉)."고 지적했다. "10대 관계론"에서도 계속해서 다시 언급되었다. 옌안에서의 "하나를 죽이지 않으면 대다수는 잡지 못한다."는 것을 지속해야 한다. 확실한 증거에 근거한 반혁명은 기관을 통해 철저하게 조사하지만 공안 기관은 잡지 않고, 검찰기관은 기소하지 않으며 법원도 판결을 하지 않는다.[130] 잡을 수 있거나 잡을 수 없는 사이에 있는 모든 사람은 체포해서는 안 되며, 만약 체포한 경우 이는 착오를 범하는 것이다. 죽이거나 죽이지 말아야 할 사이에 있는 모든 사람은 반드시 죽여서는 아니 된다. 만약 죽였다면 이는 착오를 범하는 것이다.[131] 사형이 신중해야 할 이유에 대해서 마오쩌둥은 다음과 같은 다섯 가지 항목이 있다고 여겼다. ① 하나를 죽이면 두 번째, 세 번째가 나타나 비교할 것이고 수많은 사람이 죽을 것이다. ② 사람을 잘못 죽일 수 있다. 한 사람을 죽이면 역사적으로 증명할 수 없다. 부추를 자르면 또다시 새롭게 자라는 것과는 다르다. 사람을 잘못 죽이면 다시 돌이킬 수 없다. ③ 증거의 소멸이다. …… 그를 없애 버리면 다시는 증거를 찾지 못할 수 있다. ④ 이들을 죽이면 첫째는 생산량을 늘리지 못하고, 둘째는 과학적 수준을 향상시킬 수 없으며, 셋째는 "4대악"을 제거할 수 없으며, 넷째는 국방을 강화할 수 없으며, 다섯째는 대만을 되찾을 수 없다.[132] ⑤ 이렇게 하는 것은 인민의 사업이나 국방의 영향력에 모두 도움이 될 것이다.[133]

---

128) 마오쩌둥 문집(각주127), 158면 참조.
129) 마오쩌둥 저작 선독, 하권(각주99), 738면 참조.
130) 마오쩌둥 저작 선독, 하권(각주99), 736면 참조.
131) 마오쩌둥 문집(각주127), 159면 참조.
132) 마오쩌둥 저작 선독, 하권(각주99), 737면 참조.
133) 마오쩌둥 저작 선독, 하권(각주99), 738면 참조.

이와 관련하여 마오쩌둥은 엄격한 "심판" 절차를 강조했다. 1951년에 그는 다음과 같이 지시했다. 반혁명 운동을 진압하는 절정에서 발생하는 "좌"파의 편향을 방지하기 위해 6월 1일부터 여전히 살인이 거의 없는 곳을 포함한 전국의 모든 지역에서 체포 승인권은 모든 지역 위원회 수준으로 회복하고, 살인 승인권은 지방 수준으로 회복하고, 성에서 멀리 떨어져 있는 사람들은 이를 해결하기 위해 대표를 파견하여 처리하도록 한다. 이러한 결정 사항에 대해 그 어떤 지역도 변경을 요구하여서는 아니 된다. …… 사형을 집행해야 하는 소수의 사람들(사형의 10분의 1에서 2를 차지함)은 신중을 기하기 위하여 항상 더 큰 행정 지역이나 더 큰 군사 지역에 서면으로 요청하여 승인을 받아야 한다. 통일 전선의 중요한 요소는 중앙 당국에 보고하여 승인을 받아야 한다.[134]

(다) "강요된 자백으로 죄를 판가름하는 근거로 삼는(逼供信)" 것에 반대한다. 수천 년 동안 중국 봉건사회의 사법제도에서 "구두 진술(口供)"을 "황금증거"로 간주되어 왔다. 따라서 유도 심문하여 자백하게 하거나 자백을 강요하는 것이 관례가 되었다. 1941년, 마오쩌둥은 "중국 공산당 중앙위원회 간부 심사에 관한 결정"에서 간부를 조사하는 9가지 방침을 제기했으며, "강요된 자백으로 죄를 판가름하는" 것에 반대했다. 마오쩌둥은 다음과 같이 설명했다. ① "강요(逼)", 즉 "육형(肉刑: 육체에 대하여 가하는 형벌을 이르는 말)을 취하거나 또는 형식만 변하고 내용은 변하지 않은 육형을 취하거나 기타 위협하는 방법이다." ② "자백(供)"은 자백을 하도록 강요하는 것을 의미하며, "그런 후에 재판받는 사람은 임의로 자백하고 좋은 사람을 모함하게 된다." ③ "신(信)"은, 즉 "그런 후에 조사자 및 책임자는 깊이 고려하지 않고 절대적으로 믿어서는 아니 되는 자백을 믿고 아무나 잡거나 아무나 때리고 아무나 죽인다." 이는 "주관적인 방침과 방법이다." "중국 공산당 중앙위원회의 간부 심사에 관한 결정"에 따르면, 심사 운동에서 필연적으로 "좌"파의 행동이 있을 것이며, 필연적으로 "강요된 자백을 죄로 판가름하여 근거로 삼는" 일이 있을 것이며, 필연적으로 틀린 것을 맞는 것으로, 가벼운 것을 무겁게 하는 상황이 발생했을 것이므로 지도자는 반드시 주의를 기울여 적시에 해결해야 한다.

(라) 잘못이 있으면 반드시 바로잡아야 한다. 마오쩌둥은 한결같이 "반역하면

---

134) 마오쩌둥 문집(각주127), 159면 참조.

반드시 숙청한다."와 "잘못이 있으면 반드시 바로잡아야 한다."를 동시에 강조하였다. 이는 당의 형사 정책에서 사실을 토대로 하고 진리를 탐구는 정신을 전면적으로 반영한다. 1944년에 "배신자의 제거(鋤奸)"와 "간부의 심문"에서 여러 차례 극좌적인 오류가 발생하자 마오쩌둥은 반복적으로 담당자에게 주의를 기울이도록 요청했다. "억울하거나 잘못되었다면 망설임 없이 바로잡아야 하고 절대적으로 주저하지 말아야 한다." 1944년 4월, 그는 리커눙(李克農) 등에게 다음과 같이 말했다. "당신들은 돌아가서 죄수들에게 말하시오. 한 글자가 거짓이라면 한 글자를 고치고, 한 마디가 거짓이라면 한 마디를 고치고, 한 단락이 거짓이라면 한 단락을 고치고, 전체 문장이 거짓이라면 문장 전체를 수정하고 …… 엄격히 심사를 하고 좋은 사람에게 누명을 씌우지 마시오." 마오쩌둥은 한때 잘못된 동지들에게 친히 예를 갖추고 사과한 적이 있다. 1962년에 마오쩌둥은 확장된 중앙작업회의에서 다음과 같이 말했다. "올바른 노선으로 인도하는 기간에 잘못 취급한 것을 알게 되면, 식별이 가능하고 바로잡을 수 있다면, 이들에게 예를 갖추어 사과하고 그들의 기분이 좋아지고 다시금 머리를 들 수 있게 하시오."[135] 이는 혁명 계급과 당내의 통일성을 유지하는 데 중요한 역할을 했다.

(마) 죄수들의 개조(改造)를 중요시해야 한다. 죄수들의 개조는 마오쩌둥이 매우 중요시하는 사항이다. 1964년부터 1965년까지 그는 공안부의 책임자와의 담화 및 외빈 접견 시에 이 문제에 대하여 반복적으로 설명했다. 그는 다음과 같이 지적했다. 사람은 개조될 수 있다. 즉 정책과 방법이 정확해야만 가능하다. 사람을 다루는 일은 강압적으로 해서는 아니 되고 설득하여야 한다. 일정한 조건하에 적이 무기를 내려놓는 다거나, 또는 무기를 던지고 투항한 후, 대다수의 적들은 개조가 가능하다. 다만 좋은 정책과 좋은 방법이 필요하고 이들로 하여금 자각적으로 개조되게 해야 하고 강압으로 복종시켜서는 아니 된다. 이 작업은 범죄자를 "인간으로 취급"하고 그들의 잠재적인 양심을 인정하는 것이다. 마오쩌둥은 또한 "범죄를 저지른 죄수를 한 사람으로 대해야 하며, 조금이라도 희망을 기대하고, 도움을 주어야 한다. 물론 비판도 필요하다." "우리는 죄수를 반혁명자일 뿐만 아니라 인간으로 취급해야 한다. 우리의 목적은 이들을 개조하는 것이다."라고 지적했다. 마오쩌둥은 또한 향후 다양한 민법, 형사법이 사람들의

---

135) 마오쩌둥 저작 선독, 하권(각주99), 817면.

교육에 포함되어야 한다고 제안했다.

이와 밀접하게 관련된 것은 "노동 개조"기관이 수용자의 정치 개혁과 생산적 노동 사이의 관계를 적절하게 만들어야 한다는 것이다. 마오쩌둥은 일부 동지들에게 "물질적인 것만 좋아하고 사람은 좋아하지 않으며, 생산만 중요시하고 개조는 중요시하지 않는다."고 비평했고 심지어 단순히 "죄수들을 노역자로 취급하기까지 한다."고 비평했다. 1965년 8월 8일, 마오쩌둥은 기니(幾內亞)교육 대표단과 검찰총장과 그의 부인을 만났을 때 더 구체적으로 말했다. "노동 공장, 노동 농장은 생산을 우선시하여서는 아니 되고 응당 정치적인 개혁을 우선시하여야 한다. 사람을 다스리는 일은 사람들의 의식을 고취시켜야 하고, 그들이 열정을 발휘할 수 있게 해야 한다. 이렇게 되면 노동공장, 노동농장의 운영은 더욱 잘 될 것이다. 이는 죄수가 자급자족할 수 있을 뿐만 아니라 돈을 집으로 보낼 수도 있을 것이다. …… 우리의 간부들 중 일부는 노동과 생산이 아니라 사람을 개혁하는 것을 최우선으로 생각하는 법을 모른다. 죄수들의 돈은 벌지 말아야 한다."

마오쩌둥이 이끄는 당의 이러한 정책에서 영감을 얻은 우리나라는 많은 반혁명 범죄자들을 성공적으로 개혁했을 뿐만 아니라 일본 파시스트 전쟁 범죄자, 만주 황제 뿌이(溥儀, 푸이) 및 국민당 전쟁 범죄자들도 모두 다양한 개혁을 통해 "특별사면(特赦)"되었다. 마오쩌둥 주석의 이러한 광범위한 생각과 예지력은 국제적으로 높은 명성을 얻었다.

5. 처음으로 제기된 의법치국 문제

의법치국(依法治國: 법에 따라 국가를 다스리는 것을 이르는 말)은 민주법치 문제의 중요한 부분이다. 마오쩌둥의 위의 견해에는 법률에 중요성을 부여하고 의법치국의 요소가 실제로 포함되지만 여러 가지 원인, 특히 역사적 조건의 제한으로 인해 마오쩌둥 자신의 작품에서 이러한 사상은 뚜렷하게 나타나지 않았으나 오히려 당의 정책과 군중 운동의 역할을 비교적 강조했다. 마오쩌둥 사상은 당의 제1세대 집단 지도자들의 합의된 내용이다. 마오쩌둥 사상에서의 의법치국 내용은 당의 제1세대 집단 지도자들 중, 마오쩌둥의 다른 전우들(예로 펑쩐(彭真, 펑진), 둥비우, 쎄줴자이(謝覺哉) 등)의 저술과 발언에 더 두드러지게 반영되어 있다. 특히 둥비우의 저술에서 특별히 부각되었고, 그중에서도 중국 공산당 제8차 전국 대표대회에서 열린 둥비우의 연설과 실제적인 활동에서 더욱 분명하게 드러난다. 둥비우의 의법치국에 대한 생각은 마오쩌둥 사상의 중요한 구성 부분으로 지극히 풍부하고 심오한 내용을 담고 있으며, 의법치국 전략을 전면적으로 구현하는 데 있어 여전히 중요한 역할을 하며 전문적인 연구가 필요하다.

제2장

중국 특색 사회주의 민주법치 이론의 형성

중국 특색 사회주의 민주법치 이론의 탄생은 오랜 역사와 이데올로기적 기원을 가지고 있다고 지적한 바 있다. 이 장과 다음 장에서 우리는 중국 특색 사회주의 민주법치 이론의 형성과 발전에 대한 이론적 맥락을 체계적으로 정리하고자 한다. 중국 특색 사회주의 이론 체계는 덩샤오핑(鄧小平, 등소평) 이론을 기초로 한다. 덩샤오핑을 핵심으로 하는 당의 제2대 중앙 지도자들은 중국 특색 사회주의를 창립했다. 경제와 문화가 상대적으로 뒤떨어진 나라인 중국이 어떻게 사회주의를 구축하였는지, 또 어떻게 사회주의를 강화하고 발전시켰는지와 같은 일련의 기본 질문에 대하여 처음으로 비교적 체계적으로 대답했으며, 새로운 사상 관점으로 계속하여 마르크스주의를 발전시키고 마르크스주의의 새로운 영역을 개척했으며 사회주의에 대한 인식을 새로운 과학적 수준으로 높이고 중국 특색 사회주의 핵심 이념과 기본적 가치를 중국의 특성으로 규정했다. 덩샤오핑 이론에는 민주법제 사상이 풍부하며 이 이론은 덩샤오핑 동지가 중국 특색 사회주의 민주법치 이론의 형성에 큰 기여를 하였음을 보여주며, 또한 마르크스주의 법학을 중국화한 새로운 성과이기도 하다.

제1절 덩샤오핑과 마오쩌둥의 민주법제 사상의 관계

1. 개혁 전후, 두 기간의 분리 불가능성

덩샤오핑의 민주법제 사상은 마오쩌둥의 민주법제 사상의 계승과 발전이며 마르크스주의 법학을 중국화한 덩샤오핑의 민주법제 이론의 시작이자 제2차 비약이다.

마오쩌둥을 대표로 하는 제1세대의 지도 핵심은 마르크스주의와 중국 혁명 실천의 첫 번째 조합을 성공적으로 실현했다. 이는 주로 중국 혁명의 성공으로 가는 노선을 찾는 데서 나타난다. 신 중국은 창의적으로 신민주주의에서부터 사회주의로의 전환을 완료하고, 기본 사회주의제도를 완전히 확립하였으며 중국 역사상 가장 깊고 큰 사회 변화를 성공적으로 달성했다. 동시에 마오쩌둥도 마르크스주의와 중국 건설의 실천적 통합 문제를 제기하고 처음으로 탐색했으며, 반드시 자신의 노선을 가야하며, 중국의 국가 상황에 적합한 사회주의 건설의 노선을 탐색해야 한다고 제기했다. 말할 것도 없이, 사회주의의 건설은 사상 유례가 없는 위대한 사업이다. 당은 사회주의 사업을 주도한 경험이 많지 않아 당의 지도자들은 상황을 분석하고 국가 상황을 이해함에 있어 주관적이었고, 계급투쟁을 확대하고, 소유권 문제에서는 순수한 것을 구하기에 급급했고, 경제 건설의 목적을 달성하기에 급급했다. 이후 "문화대혁명"과 같은 세계적이고 장기적인 심각한 오류가 발생하기도 하였다.

다만, 마오쩌둥은 탐색과 실천에서 비록 심각한 실수와 좌절을 했음에도 불구하고, 중국 특색 사회주의 사업의 위대한 창시자, 탐구자 그리고 개척자로서의 그의 역사적인 공헌은 부정할 수 없다. 마오쩌둥은 당과 인민을 이끌고 기본 사회주의 체제를 만들고, 대규모의 사회주의 건설을 이끌었고, 물질적 부와 영적인 사회주의를 축적하였으며, 사회주의 건설에 관한 독창적인 이론적 결과를 형성했으며, 사회주의 건설의 귀중한 경험과 교훈을 쌓고, 중국 특색 사회주의의 대의를 시작하고 발전시키기 위한 제도적 조건, 물질적 기초, 이론적 준비 및 귀중한 경험을 제공하였다.

덩샤오핑은 제1세대 지도자의 중요한 구성원으로서 개혁개방 이전에 이미 이 대오에 참여하였다. 따라서 덩샤오핑의 민주법제 이론을 이해하기 위해서는 신 중국의 혁명과 건설의 전체 실천의 역사적 과정에 놓여야 하며, 그 기본 전제는 개혁 전과 개혁 후인 두 중요한 역사적 시기가 분리될 수 없다는 것이다.

시진핑(習近平)은 다음과 같이 지적했다. 우리 당은 인민을 지도하여 사회주의 건설을 진행하고 개혁개방 이전과 개혁개방 이후인 두 개의 역사적 시기가 있었다. 이 두 가지의 상호 연결된 기간은 상당한 차이가 있지만 본질적으로 우리 당이 인민을 지도하여 사회주의를 건설한 것에 대한 실질적인 탐구이다. 중국 특색 사회주의는 개혁개방 역사의 새로운 시기에 시작되었지만, 또한 신 중국이 이미 기본 사회주의제도를 확립하고 20년 이상의 건설에 기초를 두고 있다. 비록 이 두 역사적 시기에 사회주의 건설의 이념적 지침, 정책 및 실제 작업에는 상당한 차이가 있으나 양자는 결코 서로 분리되어 있지 않으며 근본적으로 대립되지도 않는다. 개혁 및 개방 전의 역사적 시기는 개혁 및 개방 후의 역사적 시기에 의해 거부될 수 없으며, 개혁 및 개방 후의 역사적 시기는 개혁 및 개방 전의 역사적 시기에 의해 거부될 수 없다.[136]

시진핑은 또 다음과 같이 강조했다. 중국 특색 사회주의는 하늘에서 떨어진 것이 아니고 당과 인민이 천신만고 끝에, 다양한 대가를 통해 얻은 근본적인 성과이다. 개혁개방 이전의 사회주의 실천의 탐구는 당과 인민이 현실을 파악하고 새로운 역사적 시기에 미래를 창조하는 출발점으로, 긍정적 및 부정적인 역사적 경험이 없고, 축적된 이념적 및 물질적, 제도적 결과가 없었다면 개혁개방도 순조롭게 추진하지 못했을 것이다.[137]

개혁개방 이전의 기본 사회주의제도의 확립, 사회주의 건설에 대한 탐색 및 탐색의 경험과 교훈은 모두 개혁개방 이후 사회주의민주 이론과 중국 특색 사회주의 민주법치 이론을 성공적으로 제시하고 발전시키는 데 큰 의미를 지니고 있다. 마오쩌둥 사상은 사회주의 체제에 민주의 중요성을 강조하고, 사회주의는 반드시 법제의 정치적 전제여야 한다고 강조했으며 중국 특색 사회주의 민주법치 이론의 구성에 방향을 제시했다. 개혁개방 이전에는 정책과 군중 운동에 기반한 국가를 다스린 방법에 의해 야기된 다양한 단점과 민주법제의 극단적인

---

136) "시진핑이 신진 중앙위원회의 위원, 후보위원이 당의 18대 정신의 학습관철 연구토론반의 반 개설의식에서 발표한 중요한 발언" 참조, 인민일보, 2013년 1월 6일.
137) 시진핑, "시진핑이 마오쩌둥 탄생 120주년 기념 좌담회에서 발표한 중요한 발언 - 민족부흥의 중국의 꿈(中國夢)을 위한 전진" 참조, 인민일보, 2013년 12월 27일.

"좌"노선으로 야기된 "문화대혁명"의 고통스러운 교훈은 사람들을 더욱 반성하게 하였고, 개혁개방의 원활한 진전을 직접적으로 촉발시켰다. "문화대혁명"의 비극적인 경험은 민주와 건전한 법제의 발전을 사회적 합의로 만들었다.

2. 덩샤오핑의 마오쩌둥의 민주법제 사상에 대한 견지와 계승

덩샤오핑은 마오쩌둥 사상을 견지해야 할 필요성을 강조했다. 그는 마오쩌둥의 실수를 지적하였지만, 마오쩌둥 사상과 마오쩌둥을 부정하지는 않았다.[138] 그의 이론은 마오쩌둥 사상에 대한 계승과 발전이었다. "마오쩌둥 사상은 과거에는 중국 혁명의 기치(旗幟, 깃발)였지만, 앞으로는 항상 중국 특색 사회주의 사업과 반패권주의 사업의 기치가 될 것이며 우리는 항상 마오쩌둥 사상의 기치를 높이 들고 앞으로 나아갈 것이다."[139] 덩샤오핑의 마오쩌둥 사상에 대한 견지와 계승은 그가 제시하고 여러 번 정교화한 네 가지 기본 원칙과 이론에 집중되어 있다. 네 가지 기본 원칙은 국가를 다스리는 "두 개의 기본 요점" 중의 하나로 하였으며 이는 우리나라 사회주의 건설 사업의 기본 원칙이기도 하다.

민주법제 사상의 관점에서, 덩샤오핑의 마오쩌둥 사상에 대한 견지와 계승은 주로 다음과 같은 측면[140]에서 나타난다.

(1) 마오쩌둥의 국가 이론, 특히 인민민주독재를 견지해야 한다.

마오쩌둥은 줄곧 국가 이론의 관점에서 법률을 다루었고 법률은 국가의 혁명과 건설 사업에 기여해야 한다고 믿었으며, 법률은 인민으로 하여금 주인이 되게 하고 인민민주독재에 복무하여야 함을 강조하였다. 덩샤오핑은 마오쩌둥 사상과 민주적 독재를 계속 준수하는 것을 포함하여 네 가지 기본 원칙을 준수해

---

138) 덩샤오핑은 "마오쩌둥 동지의 만년의 착오에 비평은 지나칠 수 없으나 유난하게 해서는 아니 된다. 그 이유는 이러한 위대한 역사 인물을 부정해서는 아니 되고 우리 국가의 일부분의 중요한 역사를 부정하는 것을 의미하기 때문이다. 이는 사상 혼란을 조성하고 정치의 불안정성을 초래한다."고 말했다(덩샤오핑 문선, 제3권, 베이징, 인민출판사, 1993년, 284면).
139) 덩샤오핑 문선, 제2판, 제2권, 베이징, 인민출판사, 1994년, 172면.
140) 덩샤오핑 민주법제 사상이 어떠한 면에서 마오쩌둥 사상을 계승하였는지에 관하여 학자들은 부동하게 요약하고 있으며 예로, 리룽(李龍)은, 즉 계승성은 민주의 인민성과 계급성을 긴밀한 결합의 견지, 민주와 독재의 통일을 견지, 민주와 집합의 결합을 견지, 민주와 법제 건설을 동시 강화에 관한 견지, 인민생명과 재산안전의 보호를 위하여 반드시 법에 따라 각종 엄중한 형사범죄분자를 엄격하게 타격하는 것을 견지하는 등으로 여겼다. 리룽, 덩샤오핑 민주와 법제 사상의 기본 특징에 관한 논의, 우한(武漢)대학학보(철학사회과학판), 1995(5) 참조.

야 한다고 분명히 언급했다. 덩샤오핑은 다음과 같이 말했다. "반드시 인민에 대한 민주와 적에 대한 독재를 결합하여야 한다."[141] "이 모든 반사회주의의 요소에 대하여 변함없는 독재를 실시한다. 이들에게 독재를 실시하지 않는다면 사회주의 민주는 없을 것이다."[142] 이는 덩샤오핑의 민주법제에 대한 지속적인 준수가 민주 독재와 서로 연계되어야 한다는 것을 보여준다. 이는 민주의 계급 본질을 견지하고 민주법제의 인민성과 계급성의 결합을 견지한 것이다.

덩샤오핑은 또한 두 가지 유형의 모순되는 이론을 계속 고수하고 민주집중제도를 고수하며 법률을 인민민주독재의 도구로 간주했다. 형사 범죄의 엄격한 처벌을 옹호하는 것은 마오쩌둥 사상의 관련 이론과 직접적으로 연결된다. 물론 그는 사회와 시대의 새로운 발전을 결합하여, 민주와 법제의 관계에 대한 새로운 이해와 같은 중요한 발전을 이룩했다.

(2) 민주법제 건설의 강조는 사회주의 기본 제도 및 당의 지도를 견지해야 한다.

마오쩌둥 사상과 같은 맥락에서 덩샤오핑이 제기한 네 가지 기본 원칙도 사회주의 법제가 흔들리지 않아야 하고 당의 지도자들이 흔들리지 않아야 한다. "네 가지 기본 원칙을 준수하는 핵심은 당의 지도를 따르는 것이다."[143] 예컨대 덩샤오핑은 다음과 같이 강조했다. "오직 공산당의 지도만이 안정적인 사회주의 중국을 가질 수 있게 한다."[144] 중국과 같은 대국의 경우 만약 중국 공산당의 지도가 없었더라면 많은 일들이 어려웠을 것이다. 우선 먹는 문제를 해결할 수 없었을 것이다. 우리의 개혁은 사회주의 노선과 분리될 수 없고 공산당의 지도가 없어서는 안 된다.[145] "중국과 같은 대국에서는 공산당의 지도가 없으면 나라가 사분오열되었을 것이고 아무것도 달성하지 못했을 것이다."[146] 따라서 "우리 인민의 단결, 사회의 안정, 민주의 발전, 국가의 통일은 모두 당의 지도를 따라야 한다. 이 네 가지 기본 원칙을 준수하는 핵심은 바로 당의 지도를 따르는 것이다."[147]

---

141) 덩샤오핑 문선(각주139), 176면.
142) 덩샤오핑 문선(각주139), 169면.
143) 덩샤오핑 문선(각주139), 358면.
144) 덩샤오핑 문선(각주138), 357면.
145) 덩샤오핑 문선(각주138), 242면.
146) 덩샤오핑 문선(각주139), 358면.

더 나아가 덩샤오핑은 항상 법제의 정치적 전제, 즉 당대 중국의 법제는 반 드시 사회주의제도 하에서의 법제이어야 한다고 강조했다. 동시에 법제의 업무 는 반드시 당의 지도를 준수해야 한다고 강조했고 법제를 강화하여 당의 지도 력을 약화시켜서는 아니 되며 반드시 당의 강력한 지도하에 진행되어야 한다.

(3) 마오쩌둥 사상의 방법론 원칙을 준수해야 한다.

방법론적 관점에서 덩샤오핑의 민주법제 사상에 대한 발전은 마오쩌둥 사상 의 민주법제 문제를 이해하는 방법론적 원칙을 직접적으로 계승했다. 마오쩌둥 의 민주법제 사상의 방법론은 마오쩌둥 사상의 모든 구성 요소를 통하는 가장 기본적인 관점 및 방법이며 주로 다음과 같은 세 가지를 포함한다. 즉, 실사구 시(實事求是: 있는 그대로의 사실에 토대하여 진리를 탐구함을 이르는 말), 군중 노선, 독립자주를 말한다. 덩샤오핑은 이 방법론의 입장과 방법을 고수했으며, 이는 마오쩌둥 사상의 살아 있는 영혼이라고도 불렸다.

예컨대 사실로부터 진실을 찾는 것이 마오쩌둥 사상의 정화(精髓)라면 이는 다음과 같은 사항을 요구한다. 모든 것은 실제 사실로부터 출발한다. 이론은 실 제와 연결되고, 즉 마르크스주의 보편적인 원리를 중국의 혁명과 건설의 구체적 인 실천과 서로 결합해야 한다. 마르크스주의의 과학적인 실천에 대한 견해를 지키고 실천을 지속하는 것은 진리를 검증하는 유일한 기준이다. 덩샤오핑은 다 음과 같이 말했다. "사실에서 진실을 찾는 것은 무산계급 세계관의 기초이고 마 르크스주의 사상의 기초이다. 과거 우리는 혁명에서 달성한 모든 승리는 사실로 부터 진실을 찾는 것에 달려있었다. 이제 우리는 네 가지 현대화(四個現代化: 농 업, 공업, 국방, 과학 기술 네 부문의 현대화를 이르는 말)를 실현하여야 하고 예전과 같이 사실로부터 진실을 찾는 것에 의존해야 한다."[148] 덩샤오핑이 밝힌 민주법 제 이론은 강력한 정치적 의식과 실질적인 관련성을 가지고 있다. 그는 공담(空 談: 입으로만 말할 뿐 실행하지 않음을 이르는 말)을 반대했고 중국 사회주의 발전 의 현실에 직면한 법제 이론을 제시했다. 이는 강력한 "중국의 의식", 강력한 "중국의 운명"에 대한 강한 관심과 역사적 책임감이다. 사회주의 민주법제를 이 해하고 발전시키기 위해서는 반드시 현실적 태도를 취하고 중국의 실제 상황에

---

147) 덩샤오핑 문선(각주139), 342면.
148) 덩샤오핑 문선(각주139), 143면.

서 출발해야 한다. 마르크스주의 원칙을 독단적으로 이해하고 적용하는 것이 아니라 이를 중국화하고 중국 혁명과 건설의 실천과 결합하여 창의적으로 운용해야 한다.

덩샤오핑은 또한 법제는 군중노선을 견지해야 하며, 다시 말해 모든 것은 군중을 위한 것이어야 하고 모든 것을 군중에 의해야 하며 군중에서 시작하여 군중으로 돌아가야 한다고 강조했다. 특히, 전문 기관의 업무를 군중과 결합시키는 법제 업무의 원칙을 준수해야 하며, 입법 업무는 비공개로 수행할 수 없고, 법제 업무는 군중의 목소리에 귀를 기울여야 한다고 하였다.[149]

덩샤오핑은 마오쩌둥과 마찬가지로 특히 자주 독립을 강조했다. 다시 말하자면 중국은 자국의 특징에 부합하는 혁명과 건설의 노선을 찾아야 하며, 주로 자국 국민의 힘에 의하여 혁명과 건설의 승리를 얻어야 한다. 중국의 운명과 건설 및 발전의 올바른 노선은 중국인에 의해서만 찾을 수 있고 중국인에 의해서만 생성 및 결정될 수 있으며, 타국의 정당 혹은 지도자가 대신 처리하거나 대신하여서는 아니 된다. 이 점을 견지하는 것은 중국의 탐구와 현실적인 중국 혁명과 사회주의 건설의 노선을 성공적으로 나아가게 하는 데 큰 의미가 있다. 덩샤오핑은 "과거에는 민주혁명이 중국의 상황에 부합하고 마오쩌둥 동지가 개설한 농촌이 도시를 둘러싸는 노선을 따라야 했다. 지금의 건설 또한 중국의 상황에 맞게 조정되어야 하며, 중국 스타일의 현대화 과정을 거쳐야 한다."[150]고 말했다. 그는 또 다음과 같이 강조했다. "우리의 현대화 추진은 반드시 중국의 실제 상황에서 진행되어야 한다. 그것이 혁명인지 건설인지를 불문하고 외국의 경험을 배우고 참고해야 한다. 다만, 외국의 경험과 모형을 모방하는 것은 결코 성공하지 못할 것이다. 우리는 이와 관련하여 많은 것을 배웠다. 마르크스주의의 보편적인 진리를 우리나라의 구체적인 실제 상황과 결합하는 것은 우리 자신의 노

---

149) 덩샤오핑은 20세기 80년대 초 정책을 결정하여 "엄타(嚴打: 준엄한 타격을 가하는 것을 이르는 말)"정책을 실시하였고 이는 인민 군중이 사회치안 상황에 대해 불만이 많다는 데에 기초한 것이고 "엄타"는 민의에 순응한 것이다. 그는 다음과 같이 말했다. "전국 범위 내에 엄중한 형사범죄 분자에 대해서는 법에 따라 신속하게 집중 타격을 실시하여 광대한 군중의 열렬한 지지를 받았으며 많은 인심을 얻었다. 군중은 오직 장래에 처리가 너무 넓어, 범을 놓아 산으로 돌려보내(放虎歸山)거나 범인이 또 와서 보복을 하는 것을 걱정했다. 군중은 또 일찍이 엄격하게 타격했어야 했다고 여기고 우리가 너무 늦게 시작했다고 비평했다."(덩샤오핑 문선(각주138), 38면).

150) 덩샤오핑 문선(각주139), 163면.

선을 걷는 것이고, 중국 특색 사회주의를 구축하는 것은 우리가 장기적인 역사적 경험을 종합하여 얻은 기본적인 결론이다."151)

덩샤오핑은 사회주의 발전의 현실과 분리된 낭만적이고 엄격한 사회주의 정의를 버리고 과학 사회주의의 기본 원리를 옹호하며 현대 중국의 실제 상황에 비추어 이 원리를 창의적으로 발전시켜 오늘날 중국의 사회주의를 중국의 특색을 가진 사회주의로 자리매김하게 하였다. "우리는 마르크스주의와 사회주의 노선을 견지하여야 한다. 다만 마르크스주의는 반드시 중국의 현실과 결합된 마르크스주의이어야 하고, 사회주의는 반드시 중국의 현실과 일치하는 중국 특색의 사회주의이어야 한다."152)

3. 덩샤오핑이 마오쩌둥 민주법제 사상을 발전시킨 배경

덩샤오핑의 마오쩌둥 민주법제 사상에 대한 창의적 발전의 사회적 현실 배경 중 하나는 국가와 국민에 대한 "문화대혁명"의 비참한 영향에 의한 것이었다. 덩샤오핑의 민주법제 사상은 "문화대혁명"의 재앙에 대한 반성에 기초한다. 덩샤오핑이 중국 특색 사회주의 법제 이론을 확립한 이래 거의 20년 동안은, 즉 중국 민생은 쇠태하고 방치되었고, 지체된 모든 일들이 다시 시행되기를 기다리거나(百廢待興), 고도 집권의 만능주의(全能主義) 국가가 다스리는 시기에서 개혁개방까지, 사회주의 근대화의 새로운 시대를 개척하는 사회 전환의 관건적인 시기였다. 덩샤오핑이 관심을 가지고 자나 깨나 늘 생각한 것은 사회주의의 기치를 계속 유지하는 방법, 사회의 주요 불안을 피하기 위해 이데올로기 연속성을 유지하는 방법, 빈곤에서 번영으로 국가를 이룩하기 위해 경제 건설을 잘 하는 방법, 안정과 발전 사이의 균형을 찾는 방법 등이었다. 그의 민주법제 사상은 이러한 배경 하에서 서서히 설명되고 풍부해졌다. 그가 직면한 것은 "문화대혁명"이 남긴 혼란이었다. 역사는 그에게 큰 책임과 사명을 주었고, 극좌적으로 경색된 것을 타파하기 위한 "철의 손"과 정치적 명성을 사용할 의연함과 용기를 요구했으며 인민을 영솔하여 빈곤에서 벗어나 나라를 부강하고 번성하게 하는 실천 정신을 요구했다. 중국 특색 사회주의 사업의 초창기에 직면했던 이러한 어려움은 후반의 발전 및 풍족한 시기에 직면한 주요 문제와는 다르다. 이와 같

---

151) 덩샤오핑 문선(각주138), 2-3면.
152) 덩샤오핑 문선(각주138), 63면.

이 덩샤오핑 민주법제 이론의 초점은 시대의 독특한 특징을 가지고 있다.

우리의 당은 20세기 50년대에 신 중국을 다스리는 것은 더 이상 폭풍의 혁명적 방법을 따를 수는 없지만 법치를 사용해야 한다는 것을 깨달았다. 리우사오치(劉少奇, 유소기)는 당의 "8대" 정치보고에서 다음과 같이 지적했다. "혁명전쟁과 전국 해방의 초기 단계에서 나머지 적을 제거하고 모든 반혁명자들의 저항을 진압하고, 반동의 질서를 파괴하며 혁명적 질서를 확립하기 위해 당과 인민정부의 정책에 따라 일부 임시 지도 원칙적인 법률을 제정할 수밖에 없었다. …… 이제 혁명의 폭풍이 지나고 새로운 생산관계가 확립되었다. 투쟁의 과제는 사회적 생산력의 원활한 발전을 보호하는 것으로 변했다. 따라서 투쟁의 방법을 바꿔야 하며 완전한 법제가 절대적으로 필요하다."153) 유감스럽게도 그 후 국내외 정세의 "계급투쟁의 극대화"에 대한 예측의 실수, 제도와 법률을 초월하는 "군중 운동"의 물결, 민주정신을 배신한 "대 민주"의 확산 등, 이 모두는 국가를 다스림에 있어 법제의 역할에 중요성을 부여하고 심지어 "공공의 기소 법을 짓부수고" 법적인 허무주의(虛無主義)가 우세하고 "혁명 소란"으로 법제가 최소한의 존중도 받지 못했다. 펑쩐(彭真)은 나중에 다음과 같이 요약했다. "과거에 우리는 오랜 기간 동안 지침과 정책에 대해 이야기해 왔으며, 지침과 정책에 따라 더 직접적으로 수행하고 법체계와 법률에 대해서는 적게 이야기했다. 법에 따라 엄격히 일을 처리한 적은 적다. 즉, 따라야 할 법률이 있고, 반드시 법률을 따라야 하며, 법률 집행이 엄격해야 하며, 위반 사항을 조사해야 한다는 점에 주의를 기울이고 강조해야 한다. 이는 반동 체제를 전복시키는 혁명 시기에만 가능하지만, 무산계급이 주도하는 인민민주 정권을 건설했을 때, 기본적으로 반혁명을 제거하고 기본적으로 생산관계의 봉건 소유제와 자본주의 소유제를 제거하는 임무를 완수했다. 그러나 적절한 시기에 법제를 강화하고 법제의 구축을 다그치며, 법에 따라 엄격히 일을 처리하는 것을 강조하고, 법이 있어 의거할 수 있어야 하고 법이 있으면 반드시 법에 의하고 법은 반드시 엄격하게 집행하고 법을 위반하면 반드시 조사하도록 견지하는 것을 동시에 강조하지 않으면 이는 하나의 큰 실수가 되는 것이다."154)

덩샤오핑은 개혁개방 초기에 우리나라 사회주의 민주법제 건설에 대한 역사

153) 리우사오치 선집, 하권, 베이징, 인민출판사, 1985년 253면.
154) 펑쩐(彭真), 신 중국의 정법작업에 대한 논의, 베이징, 중앙문헌출판사, 1992년, 196면.

적 경험과 교훈을 종합하여 사회주의 민주법제 이론에 대한 해석을 명백하게 하였다. 그는 다음과 같이 말했다. "구 중국은 우리에게 더 봉건적인 민주 전통과 소수의 민주적 법률 시스템을 남겼다. 해방 후 민주적 권리를 보호하기 위해 다양한 제도를 자각적, 체계적으로 확립하지 않았으며, 법제는 불완전하고 심각하게 받아들여지지 않았다."155) 그 당시 "좌"의 사상적 영향을 받아 간부와 군중은 종종 정책과 지도자의 의지에 따라 일을 처리하는 것에 습관화되어 있었다. 사람들은 "흔히 지도자의 말을 '법'으로 받아들이고 지도자의 말에 찬성하지 않으면 '불법'으로 간주되었고 지도자의 말이 바뀌면 '법'도 변했다."156)

덩샤오핑은 민주법제를 심각하게 훼손시킨 "문화대혁명"의 비극적인 경험을 변증법적으로 보았다. 즉, "문화대혁명"이 개혁개방 이후 민주법제와 같은 다양한 개혁에 영감을 주었다고 변증법적으로 인식했다. "문화대혁명", "이 사건은 보기에는 나쁜 일인 것 같지만 궁극적으로 좋은 일이기도 하다. 사람들로 하여금 생각하도록 동기를 부여하고 사람들로 하여금 우리의 단점이 어디에 있는지 인식하도록 동기를 부여했다. 마오쩌둥은 종종 나쁜 일을 좋은 일로 전환하라고 말했다. '문화대혁명'의 경험을 긍정적으로 총 정리하면 개혁 조치를 제안하고 정치적, 경제적으로 우리의 면모를 변화시킨 것이다. 나쁜 것이 좋은 것으로 변한 것이다. 70년대 말과 80년대에 우리가 일련의 현행 정책을 제기할 수 있었던 이유는 바로 '문화대혁명'의 경험과 교훈에 대해 총 정리를 하였기 때문이다."157) "개혁의 내용은 왜 광범위하고 심오한가? '문화대혁명'이라는 교훈이 있었기 때문이다."158)

덩샤오핑의 마오쩌둥 민주법제 사상에 대한 발전의 주요 측면은 사회주의와 민주의 관계, 민주와 법제 사이의 관계, 사회주의 법의 본질, 가치와 기능에 대한 깊고 포괄적인 이해에서 나타난다. 민주와 법제의 내재된 관계, 법제를 통해 국가를 다스리는 중요성 등을 강조하는 것에서 두드리지게 나타난다. 동시에 민주 문제의 방법론 방면에서 중대한 혁신을 알게 된 것이다. 이에 대하여 다음의 몇 개의 절에서 나누어 분석할 것이다.

결과적으로 보면 혁명에서 건설까지, 계급투쟁에서 경제 건설까지, 빈곤과 폐

---

155) 덩샤오핑 문선(각주139), 332면.
156) 덩샤오핑 문선(각주139), 146면.
157) 덩샤오핑 문선(각주138), 172면.
158) 덩샤오핑 문선(각주138), 264면.

쇄에서 개혁개방까지의 중국의 사회적 전환의 맥락에서 덩샤오핑을 핵심으로 하는 중앙 지도 집단은 중국 특색 사회주의 이론을 개척했다. 덩샤오핑 이론, 특히 그가 중국 특색 사회주의를 건설하기 위한 발전 방향과 사회주의 초급계단의 기본 노선, 네 가지 기본 원칙의 준수는 민주법제 이론을 구축하기 위한 기본 이론의 전제이다. 덩샤오핑의 민주법제 이론은 중국 특색 사회주의 민주법제 이론의 기초 이론으로서 "대 민주" 유형의 민주 이론을 완전히 버리고 계급투쟁에 근거한 투쟁 철학을 버렸다. 인치(人治)가 국가에 주는 큰 피해를 이론적으로 명확하게 하고, 제도 건설의 중요성을 강조하고, 법제 건설의 기본 원칙을 제시했으며, 중국 개혁개방의 전반적인 사업에서 민주법제 문제를 이해해야 할 필요성을 강조하고 사회주의의 민주와 독재, 개혁과 발전 사이의 상호 연결을 명확히 했다. 사회주의, 민주, 법제, 당의 지도자들 사이의 상호 관계는 민주법제의 발전이 반드시 중국의 실제 상황과 경험에 근거해야 하며 민주법제는 반드시 지도자가 있고 질서 있고 꾸준한 방식으로 발전해야 한다고 반복해서 언급했다. 이처럼 중요한 이론적 관점은 모두 중국 특색 사회주의 민주법치 이론을 구성하는 과정에서의 핵심 이론적 입장이 되었고 이론적 방향과 방법론적 의미에서도 명확한 지침을 제공했다.

제2절 새로운 시대 법제 건설의 기본 방침의 제기

1. 제도적 문제의 근본성 및 전면성에 대한 게시

덩샤오핑 동지는 "문화대혁명" 동안 민주법제를 훼손한 깊은 교훈을 총결산할 때 넓은 안목과 깊은 비전을 가졌다. 특정 지도자나 특정 업무 오류를 비판하는데 국한된 것이 아니라 사회주의 사업 발전의 전체의 국면에 초점을 맞추고 국가의 장기적인 안정성에 중점을 두었으며, 제도적 관점에서 개혁개방 이전의 민주법제의 관행과 그 중대한 실수에 대해 반성하고 국가 제도적 관점에서 사람과 제도의 관계, 인치와 법치의 관계, 민주와 법제의 관계를 이해했다. 이는 우리가 인치와 법치의 분리라는 관점에서 민주법제 발전에 대한 어려움을 이해하기 시작하였음을 의미한다. 이는 과거의 실수를 분명히 하고 민주법제 이론의 새로운 영역을 여는 데 중요한 역할을 했다.

1980년, 덩샤오핑은 당과 국가 지도제도의 개혁에 관해 다음과 같이 말했다. "우리가 과거에 저지른 다양한 실수는 확실히 일부 지도자의 사상 및 기풍과 관련이 있다. 하지만 조직제도와 작업제도 측면에서의 문제가 더욱 중요하다. 이 분야의 제도가 좋으면 나쁜 사람들이 제멋대로 횡포하는 것을 막을 수 있고, 제도가 좋지 않으면 좋은 사람들이 좋은 일을 하지 못하게 하고 심지어 다른 방향으로 가게 할 수도 있다. 마오쩌둥 동지와 같은 위대한 인물조차 일부 나쁜 제도에 의해 심하게 영향을 받았으며 심지어 당, 국가 및 자신에게 큰 불행을 초래했다. …… 스탈린은 사회주의제도를 심각하게 파괴했고, 마오쩌둥 동지는 영국, 프랑스, 미국과 같은 서양 국가에서는 그러한 사건이 일어나지 않을 것이라고 말했다. 그는 비록 이러한 점을 인식했지만 지도제도의 문제와 다른 이유를 실제로 해결하지 않았기 때문에 '문화대혁명'이란 10년의 재앙을 일으켰다. 이 교훈은 매우 심각한 것이다. 개인이 책임을 지지 않는다는 것이 아니라 리더십과 조직의 문제가 더 근본적이고 전면적이며 안정적이고 장기적이라는 점이다. 이 제도의 문제는 당과 국가가 자신의 색채를 변경하는지의 여부와 관련이 있으며 반드시 당 전체가 주의를 기울여야 한다."[159] 그는 다음과 같이 말했다. "한 국가와 한 당의 안정성을 한두 사람의 명성에 의해 구축하는 것은 신뢰할 수 없으며 쉽게 문제를 일으킬 수 있다."[160] "반드시 민주를 제도화하고, 법률화하여 그러한 제도와 법률이 지도자의 교체로 변하지 않아야 하며, 지도자의 견해와 관심의 변화 때문에 변하지 않도록 해야 한다."[161]

1989년 6월, "64(六四)" 정치적 혼란이 진정된 직후 덩샤오핑은 중앙위원회의 책임자들과의 담화에서 다음과 같이 진지하게 지적했다. "한 국가의 운명은 한두 사람의 명성에 기반을 두면 건강에 해롭고 위험하다. 아무 일도 일어나지 않으면 문제가 없으나 일단 사고가 나면 수습하기 어렵다."[162]

그의 결론은 "우리나라는 수천 년 동안 봉건 사회의 역사를 가지고 있고 사회주의민주와 사회주의 법제가 부족하다. 이제 우리는 사회주의의 민주제도와 사회주의 법제를 열심히 확립해야 한다. 이렇게 해야만이 문제를 해결할 수 있다."[163]

---

159) 덩샤오핑 문선(각주139), 333면.
160) 덩샤오핑 문선(각주138), 325면.
161) 덩샤오핑 문선(각주139), 146면.
162) 덩샤오핑 문선(각주138), 311면.
163) 덩샤오핑 문선(각주139), 348면.

"그리고 법제에 의해야 하고 법제를 실시함으로써 믿을 수 있을 것이다."[164]

덩샤오핑 동지는 제도의 중요성, 근본성과 전면성에 대한 논단에서 사회주의 제도의 중요성을 직접적으로 이끌어내고 인치와 법치 사이의 관계를 적절히 다루는 그의 입장을 분명히 했다. 덩샤오핑은 법치의 개념과 이론을 명확하게 설명하지 않았고 "법치", "의법치국"과 같은 전문 용어를 사용하지 않았으나 민주법제의 사상에는 법치 문제에 대한 풍부한 견해를 포함했다. 특히, 인치를 반대하고, 개인숭배를 반대하고, 특권을 반대하고, 제도를 더 근본적이게 하는 것과 권력이 제약과 감독을 받게 하는 것 등의 중요한 주장은 매우 의미가 깊은 것이다.

2. "인치"의 표현 및 위해성에 대한 게시

인치에 반대하는 사상은 우리나라가 봉건주의의 유독(遺毒)을 숙청하고 고도로 집권하는 계획경제체제, 당과 정부를 구분하지 않는 정치집권체제의 고질이며 국가가 장기적인 평화와 질서를 얻는 데 매우 중요하다. 덩샤오핑의 인치에 대한 반대는 주로 다음과 같이 나타난다.

(1) 국가의 정치 생활에서 개인숭배에 대한 반대

일찍이 당의 "8대"에서 행해진 "당의 규정에 관한 개정"보고에서 덩샤오핑은 개인을 신격화하거나 개인숭배를 막는 문제를 구체적으로 언급했다. "개인을 신격화한 결과는 참으로 끔찍하다. 우리 당은 정당이나 개인이 자신의 활동에 결점과 실수가 없을 것이라고 생각해 본 적이 없다. …… 따라서 우리 당 또한 개인의 신격화를 거부한다. …… 물론 개인의 숭배는 하나의 오랜 역사를 가진 사회 현상이고 이러한 현상은 우리 당의 생활과 사회 활동 중에 없지 않을 것이며, 그것의 일부 반영이 있기도 하다. 우리의 임무는 개인의 탁월성을 반대하고 개인의 미덕을 찬양하고, 지도자와 군중의 관계를 진정으로 통합하고, 모든 측면에서 당의 민주적 원칙과 군중 노선을 이행하는 중앙 정부의 정책을 지속적으로 단호히 이행하는 것이다."[165] "문화대혁명" 이후 덩샤오핑은 복귀하여 "두 가지"에 단호히 반대하고 개인숭배의 심각한 정치적 결과를 보다 심오하게 설명

---

164) 덩샤오핑 문선(각주138), 379면.
165) 덩샤오핑 문선, 제2판, 제1권, 베이징, 인민출판사, 1994년, 235면.

했다. 또한 이데올로기, 경제, 문화, 사회 역사, 제도 등 측면에서 개인숭배의 근본을 체계적으로 분석했으며, 특히 민주집중제의 이행 실패와 봉건제 잔해의 영향을 강조했다. "문화대혁명"에서 개인숭배를 옹호하는 심오한 교훈을 고려할 때, 당의 "12대" 당장(黨章, 당의 규칙)에서 "당은 모든 형태의 개인숭배를 금지한다."고 명시하고 있다.

1989년 "64"사건 이후 덩샤오핑은 국가의 운명과 안정성은 한두 사람의 명성에 맡겨서는 아니 된다고 반복해서 언급했다. 예로, 1989년 9월 16일, 덩샤오핑은 리정다오(李政道)교수와의 회견에서 다음과 같이 지적했다. "나는 사람의 역할을 과장한다고 주장한 적이 없다. 이는 위험하고 지속 불가능하다. 한두 사람의 명성에 의해 확립된 국가 또는 당의 안정성은 신뢰할 수 없으며 잘못되기 쉽다."[166] 그는 개인숭배에 대한 성찰의 관점에서 국가 건설을 위한 제도 건설의 중요성을 보았다.

(2) 당과 국가 정치 생활에서 가부장제(家長制)에 대한 반대

신 중국이 창립된 후, 당과 국가의 결책(決策)에서 끊임없이 증가하는 가부장적 분위기는 민주를 심각하게 손상시키고, 인민의 이익과 국가 발전에 해를 끼치는 수많은 잘못된 결정들을 연이어 내렸다. "혁명대오 내의 가부장적 분위기는 개인을 조직보다 우선시하며 조직이 개인의 도구가 된다."[167] "1958년의 반진보주의와 1959년의 '반보수주의'를 비난한 이후로 당과 국가의 민주 생활은 점차 비정상적으로 변해가며 일언당(一言堂: 한마디 말만 주장함을 이르는 말), 개인이 중대한 문제에 대한 결정, 개인숭배, 조직을 무시하는 일련의 가부장제의 현상이 계속 커졌다."[168] 그는 특히 "많은 장소와 기관에는 가부장적 성격의 사람이 있으며, 이들의 권력은 제한을 받지 않으며 다른 사람들은 모두 오직 명령만 따르고 심지어 그들에게 개인적으로 의존하고 관계를 형성한다."[169]고 날카롭게 지적했다.

---

166) 덩샤오핑 문선(각주138), 325면. 그는 기타 상황에서도 여러 차례 이 문제를 언급했다. 덩샤오핑 문선(각주138), 311, 316-317면 참조.
167) 덩샤오핑 문선(각주139), 329면.
168) 덩샤오핑 문선(각주139), 330면.
169) 덩샤오핑 문선(각주139), 332면.

(3) 과도한 권력의 집중에 대한 반대

과도한 권력의 집중은 필연적으로 권력을 행사하는 사람들이 효과적으로 제지되는 것을 어렵게 만들며 인치로 이어질 가능성이 높다. 권력의 집중은 전쟁에서 군사 투쟁에 참여하는 데 필요한 방법이며 합리성을 가지고 있다. 평화 시대의 건설 시기에는 과도한 권력의 집중이 국가적, 사회적 지배 구조에 영향을 미치는 중요한 요소가 된다. "권력의 지나친 집중 현상은 당의 통일된 지도력을 강화라는 슬로건 하에서 당 위원회의 모든 권력이 부적절하고 분석되지 않고, 당 위원회의 권력이 종종 여러 서기, 특히 제1서기에 집중되어 모든 일은 제1서기가 결정을 내리고 지휘를 한다는 것이다. 당의 통일된 지도는 항상 이렇기 때문에 개인의 리더십으로 바뀐다."170) 따라서 "민주집중제가 파괴되었기 때문에 당내에는 권력이 지나치게 집중된 관료주의가 실질적으로 존재한다. …… 수많은 중대한 문제는 항상 한두 명의 개인이 결정권을 가지고 있고 다른 사람은 명령에 따라 행동할 수밖에 없다."171)

(4) 민주집중제의 파괴에 대한 반대

덩샤오핑은 "문화대혁명"의 재앙의 영향으로 "일언당 혹은 개인이 결정권을 가지고 있거나, 집단의 결정에 소수가 이행하지 않는 등의 문제"는 모두 민주집중제의 파괴와 직접적으로 관련되어 있음을 인식하였다. 따라서 그는 민주집중제도를 진정으로 이행하기 위해서는 사회주의 근대화 건설에서 "특히 민주를 강조할 필요가 있다. 과거에는 민주집중제도가 실제로 시행되지 않았으므로 민주가 없이 집중을 말하기에는 민주가 너무 적다."172)라고 강조했다. 그러므로 "당과 국가의 정치 생활에서는 진정으로 민주집중제와 집단적 리더십을 구현해야 한다. 일언당 혹은 개인이 결정권을 가지고 있거나, 집단의 결정에 소수가 이행하지 않는 등의 문제는 모두 단호히 바로잡아야 한다. 현재 상황에서 개인이 조직에 복종하고, 소수는 다수에 복종하고, 하급은 상급에 복종하고 전당은 중앙에 복종하는 원칙이 반복되고 강조될 필요가 있다."173)

---

170) 덩샤오핑 문선(각주139), 328-329면.
171) 덩샤오핑 문선(각주139), 141-142면.
172) 덩샤오핑 문선(각주139), 144면.
173) 덩샤오핑 문선(각주139), 360면.

덩샤오핑은 "민주집중제도는 사회주의제도의 불가분한 일부"[174)]이고 "민주집중제도는 당과 국가의 가장 기본적인 제도"이며 "이러한 전통적인 제도를 견지하는 것은 더욱 완전하게 하는 것이 매우 중요하며, 우리의 당과 국가의 운명과 관련된 사항"[175)]이라고 여겼다. 그는 또한 "민주집중제도의 중심은 민주"[176)]이고 "민주가 없으면 집중은 없고, 이 집중은 진정으로 정확하게 그것을 달성하기 위해서는 항상 민주에 근거해야 한다."[177)]고 강조했다. "우리가 시행하고 있는 민주집중제도는 민주 기반의 집중이며, 집중 지도하의 민주와 결합하는 것이다."[178)] 기본적으로 집중은 민주의 수단이고 진정한 민주를 달성하기 위해 필요한 방법이나 과정이다. 민주는 기본 목적이다. 이런 점에서 민주와 집중은 모순되지 않지만 변증법적으로 통일이 가능하다.

(5) 지도 간부 종신제도의 폐지

1980년, 덩샤오핑은 "간부의 정년을 제도화해야 한다."는 점을 분명히 했다. 지도 간부들의 종신제도는 국가의 건전한 발전에 심각한 영향을 미치며 인치의 중요한 상징 중의 하나이다. 지도 간부의 임용제도를 개혁하려면 "간부의 선거, 채용, 시험, 임명, 해임, 심사, 탄핵 및 간부 교체, 다양한 유형의 지도 간부(선거, 위임 및 임명을 포함)의 임기, 이직 및 퇴직에 대하여 상황에 따라 적절하고 명확한 규정을 정하는 것이 관건이다. 어떠한 지도 간부의 직무도 무기한이 되어서는 안 된다."[179)] 국가의 장기적인 평화와 사회 질서를 유지하기 위해서는 반드시 "간부 이직 및 퇴직제도를 단계적으로 그리고 안전하게 이행하고, 실제 존재하는 간부 지도직의 종신제를 폐지하여야 한다."[180)] 덩샤오핑은 중앙에 자문위원회의 설립을 옹호했으며 자문위원회를 간부 지도직이 종신제에서 정년제로 전환하는 것으로 간주했다. 지도 간부의 종신제를 폐지하는 것은 역사적인 안목이 있는 정치적인 의사 결정으로 점차 정치 생활에서 고급 간부들의 정상적인 퇴직제도가 형성되었고 정치 지도자들을 위한 정상적인 대체 체계가 확립

---

174) 덩샤오핑 문선(각주139), 175면.
175) 덩샤오핑 문선(각주165), 312면.
176) 덩샤오핑 사상의 연보(年譜)(1975-1997), 베이징, 중앙문헌출판사, 1998년, 98면.
177) 덩샤오핑 문선(각주165), 304면.
178) 덩샤오핑 문선(각주139), 175면.
179) 덩샤오핑 문선(각주139), 331-332면.
180) 덩샤오핑 문선(각주139), 360면.

되었다. 후진타오(胡錦濤)도 이것을 우리 민주정치 건설의 주요 성과 중 하나로 꼽았다. "우리는 실제로 존재하는 지도 간부의 직무 종신제를 폐지하고 국가 정권 기관과 지도자의 질서 있는 교체를 보장했다."[181] 이것은 의심할 여지없이 우리나라 정치 생활에서 중요한 발전이다.

(6) 당과 당원은 반드시 헌법과 법률의 제약을 받아야 한다.

덩샤오핑은 국민당이 국가를 지배하는 방식인 "당으로 나라를 다스리는" 것의 위험성을 오랫동안 인식해 왔으며, 개혁개방의 새로운 시대에 당과 당원이 반드시 헌법과 법률을 준수하여야 함을 인식했다. 1981년, 당의 11기 6중 전회(六中全會)에서 덩샤오핑이 주관하여 기고한 "건국 이래 당의 몇 가지 역사적 문제에 대한 결의"가 채택되었다. 이 결의에서 "다른 조직과 마찬가지로 당의 각급 조직들은 반드시 헌법과 법률의 범위 내에서 활동해야 한다."고 규정하고 있다. 1982년, 중국 공산당 당장(黨章) 개정은 "당은 반드시 헌법과 법률의 범위 내에서 활동해야 한다."는 조항을 추가했다. 1982년 개정 헌법은 또한 다음과 같이 명확하게 규정했다. "모든 국가 기관과 무장세력(武裝力量), 각 정당과 각 사회단체, 각 기업·사업조직 모두는 반드시 헌법과 법률을 준수해야 하고 …… 그 어떠한 조직이나 개인도 헌법과 법률을 능가할 특권은 없다." "당은 헌법과 법률의 범위 내에서 활동해야 한다는 것이" 점차 정치적 합의가 되었으며, 이는 우리나라 법제 건설의 발전에 근본적인 의미를 갖는다.

3. 법제 건설의 기본 방침에 대한 제기

인치 및 "문화대혁명"의 폐해에 대해 덩샤오핑은 지도자 개인의 자질과 영향, 국가 통치 국정운영(治國理政)의 경험 부족, 봉건주의의 유독(遺毒) 등에 귀인했을 뿐만 아니라 제도적 관점에서 신 중국 국가 지배의 실수와 개혁의 방향을 검토하여야 한다고 했다. 문제를 인식하는 이러한 방식은 우리나라 지배 구조의 변화에 큰 의미가 있다. 덩샤오핑은 인치의 임의성 및 "문화대혁명"으로 인한 무법천지의 폐해를 근본적으로 없애기 위해서는 국가 지배 구조의 장기적인 안정성을 실현하기 위해 제도 구축의 중요성을 강조하고 국가 관리는 법제에 의

181) 후진타오, 중국공산당 성립 90주년 경축대회에서의 발언, 베이징, 인민출판사, 2011년, 21면.

존해야 한다고 강조했다. 중국의 고도 집권과 경제 사회 발전의 위기 당시, 덩샤오핑과 다른 정치인들은 고도의 정치적 지혜와 용기로 "문화대혁명"을 철저히 부정하고 개혁개방의 발전 전략을 제시하고 사회 발전 방식의 근본적인 변화와 조속히 국가 통치를 실현하고자 하였다. 이러한 역사적 개척의 의의는 의심할 여지가 없다. 이와 같은 중대한 변혁에는 국가 통치의 관점에서 법제를 강화하고 제도에 의해 국가를 다스리는 것이지, 그러한 "대 민주"식의 "군치(群治)"나 정책 치국, 계급투쟁으로 계속해 나가는 등의 각종 인치의 형태는 사용하지 않았다.

덩샤오핑은 광범위한 법제 건설에 대한 기본 방침을 완전히 제시했다. 즉, "의지할 법이 있고, 법을 따라야 하며, 법의 집행이 엄격해야 하며 위반 사항을 조사해야 한다."[182]이다. 이 법제 방침은 1978년 12월에 덩샤오핑이 "해방사상, 실사구시, 일치단결하여 앞을 보자"라는 저명한 보고서에서 처음으로 완전하게 제시되었다. 둥비우 동지는 당의 "8대"회의의 연설에서 처음으로 "법이 있어 의거할 수 있어야 하고(有法可依), 법이 있으면 반드시 법에 의하자(有法必依)"고 제기했다. 덩샤오핑은 보고서에 "법은 반드시 엄격하게 집행하고(執法必嚴), 법을 위반하면 반드시 조사해야 한다(違法必究)."고 덧붙였다. 이것으로 법제 업무의 기본 방침은 더욱 체계적이고 포괄적이게 되었다. 이 "16자의 방침"은 입법, 집법(執法, 법의 집행), 사법의 법률 조정의 전체 과정에 대한 체계적인 관점을 필요로 하며, 법률은 반드시 완벽하고 효과적으로 이행되어야 하는 것이 요구된다. 이 방침은 법제를 입법, 집법, 사법, 준법, 감독, 법률 교육 등을 포함한 포괄적 메커니즘으로 간주하며, 끊임없이 변화하는 역동적인 과정이며 의법치국의 현시대 법치정신을 구현하고 있다. 이는 중국 특색 사회주의 법치이론을 형성함에 있어 중요한 이론적 혁신 중 하나이다.

이 방침에 따르면 입법 작업을 중요시해야 한다. 덩샤오핑은 개혁개방 초기에 우리나라의 불완전한 입법에 내응하여 다음과 같이 강조했다. "형법, 민법, 소송법과 기타 필요한 법률의 제정에 노력을 기울여야 한다."[183] 덩샤오핑은 입법 작업을 신속히 진행할 것을 여러 차례 언급하고, 입법의 중요한 원칙을 제시하기도 했다. 예를 들어, "현재 입법의 업무량은 많고 인력이 충분하지 않기 때문에 법률 조문은 조금 더 굵게 하여(기본법으로 제정하고) 점진적으로 보완해야

---

182) 덩샤오핑 문선(각주139), 147면.
183) 덩샤오핑 문선(각주139), 147면.

한다. 일부 법규는 먼저 시범적으로 시행하고, 그 후에 총 정리를 거쳐 개선하여 전국적으로 통용하는 법률을 제정할 수 있다. 보충법에 대한 개정은 하나의 조문이 성숙하면 하나를 보충한다. '완전한 한 세트의 법률'을 기대하지 말아야 한다. 어쨌든 없는 것보다 빨리하는 것이 더 낫다."[184] 덩샤오핑의 주도하에 우리나라는 신속하게 대규모적인 입법 활동을 전개하여 몇 년 만에 헌법, 조직법, 형법, 민법통칙, 민사소송법, 형사소송법과 같은 다수의 기본법을 제정 또는 개정하였다. 덩샤오핑 동지가 제시한 "넓게 규정하고 자세하게 규정하지 않는다.", "먼저 제정하고 먼저 시범적으로 시행한다.", "하나의 조문이 성숙되면 하나를 개정 및 보완한다.", "입법은 실질적인 상황에서 출발한다." 및 "하나의 중심, 두 개의 기본 사항 준수"와 같은 입법원칙은 실용적이고 큰 의미를 지니고 있으며, 우리나라 입법 사업에 중대한 영향을 미쳤다. 덩샤오핑이 주장한 입법 사상은 우리나라의 "입법법" 제3조에 규정된 바와 같이 "경제 건설을 중심으로 하여 사회주의의 노선을 견지하고, 인민민주독재를 견지하고, 중국 공산당의 지도를 견지하고, 마르크스·레닌주의, 마오쩌둥 사상, 덩샤오핑 이론을 견지하고, 개혁개방을 견지해야 한다."고 되어 있다. 제5조는 법률이 "사회주의 민주를 발양해야 한다."는 조항과 제6조는 "입법은 실제 상황에서 출발하여야 한다."는 조항 등이 있다.

덩샤오핑은 또 여러 자리에서 엄격한 법의 집행, 평등한 법의 집행, 법의 지식 및 준수, 법외 특권에 대한 반대, 사법 기관의 감독 강화의 필요성 강조, 사법 기관의 독립적 직권 행사를 강조, 당 개입의 감소, 당과 정부의 분리 원칙에 따라 사법 기관의 독립적인 사건 처리와 같은 중요한 문제를 강조했다. 그는 "법제에 대해 이야기하려면, 진정으로 모든 사람이 법을 이해하게 하여 점점 더 많은 사람들이 법을 어기지 않게 할 뿐만 아니라 적극적으로 법을 지킬 수 있게 해야 한다."[185]고 말했다.

그는 특히 법제 교육을 법제 건설의 중요한 일환이자 절차라고 강조했다. "우리나라는 법의 집행 및 법의 준수는 전통이 결여되어 있으며, 당의 11기 3중 전회 이후부터 법제를 틀어쥐고 있어서 법제가 없으면 안 된다. 법제의 관념은 사람들의 문화적 소양과 관련이 있다. 지금 많은 젊은이들이 범죄를 저지르고, 무

---

184) 덩샤오핑 문선(각주139), 146-147면.
185) 덩샤오핑 문선(각주139), 254면.

법천지이며, 거리낌 없는 이유 중 하나는 문화적 소양이 너무 낮기 때문이다. 따라서 법제를 강화하려면 교육을 수행하는 것이 중요하며 근본적인 문제는 사람들을 교육하는 것이다. 법제 교육은 아기들부터 시작되어야 하며, 초등학교, 중학교 모두 이 교육을 수행해야 하며, 사회에서도 이 교육을 수행해야 한다. 부정행위 중의 법률적, 사회적 범위에 속하는 문제를 바로잡는 것은 법제와 사회 교육을 강화하는 것으로 해결해야 한다."[186)

제3절   전반적인 관점에서 법제 건설에 대한 이해

덩샤오핑 동지는 탁월한 정치가의 유리한 지대 및 정세를 차지하고 단순한 법률가의 전문적 한계 혹은 "좁은 비전"을 넘어 정치, 경제, 사회의 개혁과 발전이라는 전략적 높이에서 법제의 역할과 기능을 인식했다. 중국 특색 사회주의의 청사진을 그리는 데는 법제 추진의 역할은 필수적이다. 전반적인 정치와 경제발전의 관점에서 전반적인 상황을 바탕으로 법제의 중요한 역할을 완전히 이해하고 파악하는 것이 매우 중요하다. 중국 민주법제의 발전에서 중대한 문제는 모두 경제, 정치, 문화 건설의 전반적인 관점과 사회주의 현대화의 전반적인 상황에서 인식되어야 하며, 그 해결책도 경제, 정치와 문화적 관점에서 추진되어야 한다. 1979년, 덩샤오핑은 다음과 같이 지적했다. "네 가지 현대화를 실현하기 위해서는 반드시 사회주의 민주를 발양하고 사회주의 법제를 강화하여야 한다."[187) 그 후에도 덩샤오핑 동지는 여러 차례 이 사상을 밝혔다. 이와 관련하여 덩샤오핑은 중국 특색 사회주의 민주법치 이론을 구축하기 위해 방향성을 제시하고, 기초적인 지도 작업을 했다.

1. 법제의 실천 기능과 지위가 "양손으로 잡기" 이론에 의해 향상

덩샤오핑 동지는 "양손으로 잡고, 양손 모두는 단단해야 한다."는 변증법적 사고를 사용하여 민주법제 작업을 국가 개혁개방 사업과 같이 높이 인식하였는데, 이는 민주법제 작업의 중요성을 강조한 것이다.

---

186) 덩샤오핑 문선(각주138), 163면.
187) 덩샤오핑 문선(각주139), 187면.

덩샤오핑은 여러 차례 "양손으로 잡는" 사상을 밝혔다. 그 예로 그는 다음과 같이 말했다. "네 가지 현대화를 위해서는 양손이 필요하고 한 손으로 하여서는 아니 된다. 양손이라고 함은 한 손으로 건설을 잡고, 다른 한 손으로는 법제를 잡는 것이다."[188] 그는 일찍이 다음과 같이 말한 적도 있다. "우리는 양손이 필요하다. 한 손은 대외 개방과 대내 경제 활성화를 위한 정책, 다른 한 손은 경제 범죄 활동을 단호하게 단속하는 것이다. 경제 범죄 활동을 단속하는 손이 없다면 대외개방 정책은 실패할 뿐만 아니라 대내 경제 활성화의 정책도 실패할 것이다. 경제 범죄 활동을 단속하는 손이 있어야만이 대외 개방과 대내 경제의 활성화 정책이 올바른 방향으로 나아갈 수 있다."[189]

1989년 "64"사건 이후 덩샤오핑 동지는 10년간의 개혁개방을 총결산하면서 한 손으로는 강하게, 한 손으로는 부드럽게 하는 것이 개혁에서 가장 큰 실수라고 했다. 그는 "한 손으로 개혁개방을 잡고 다른 한 손으로는 경제 범죄를 엄하게 단속해야 하며, 사상정치 활동을 포함해야 한다는 두 가지 논조이다. 그러나 지금 돌이켜보니 분명한 단점이 있다. 한 손이 비교적 단단하고 다른 한 손이 비교적 부드럽다는 것이다. 단단한 것과 부드러운 것은 어울리지 않고 배합이 좋지 않다."[190]고 말했다. 그는 또 다음과 같이 언급했다. "민주는 견지해 나가야 하고 법제도 견지해 나가야 한다. 이는 마치 양손처럼 어느 한 손도 약해져서는 아니 된다."[191]

1992년의 "남방담화(南方談話)"에서도 덩샤오핑은 다음과 같이 강조했다. "두 손으로 계속하여 잡아야 한다. 한 손으로는 개혁개방을 잡고 다른 한 손으로는 각종 범죄 활동을 단속해야 한다. 이 양손은 모두 단단해야 한다. 각종 범죄 활동을 단속하고 각종 추악한 현상을 일소하는 데 결단력 없이 해서는 아니 된다."[192]

덩샤오핑은 물질문명과 정신문명의 "양손으로 잡기" 사상에서 정신문명은 중국 특색 사회주의의 건설에 대하여 중요한 의미를 갖는다고 했다. 정신문명은 물질문명의 발전을 위한 정신적인 원동력과 지적 지원을 제공하고 올바른 발전

---

188) 덩샤오핑 문선(각주138), 154면.
189) 덩샤오핑 문선(각주139), 404면.
190) 덩샤오핑 문선(각주138), 306면.
191) 덩샤오핑 문선(각주139), 189면.
192) 덩샤오핑 문선(각주138), 378면.

방향을 유지하는 데 강력한 사상과 이론 보증을 제공한다. "정신문명의 건설을 강화하지 않으면 물질문명의 건설도 파괴될 것이고 시행착오를 피할 수 없을 것이다. 물질적인 조건만으로는 우리의 혁명과 건설 모두 승리할 수 없을 것이다."193) 단순한 물질문명의 건설만으로는 부족하다. 사회 "풍조가 나빠지면 경제가 성공을 이룬다 한들 무슨 의의가 있겠는가? 다른 한편으로 변질되고, 반대로 전체 경제에 영향을 미칠 것이며 계속 이대로 발전한다면 횡령, 절도, 뇌물 수수가 횡행하는 세상이 될 것이다."194) "사회주의 정신문명을 이행하려면 우리 민족을 이상적이고, 도덕적이며, 문화를 가지고 규율을 준수하는 인민으로 만들어야 한다."195)

법제 건설은 넓은 의미에서 정신문명 건설의 일부에 속한다. 낮은 수준의 정신문명 사회에서 높은 수준의 법치문명이 있을 것이라고는 상상하기 어렵다. 정신문명 건설의 수준이 높아지고, 사회 풍조가 좋아지며, 인민의 문화적 자질이 향상되고, 인간의 도덕 경지가 높아지며, 사람의 규율의식 및 도덕의식을 강화시키면 자연히 법제 건설에 직접적인 촉진 작용을 한다. 정신문명 건설은 교육을 중요시하는데, 이는 법제 건설에서 법률 상식을 보급하는 작업을 중요시하고 인민 군중의 법률 의식과 법제 관념을 제고하는 것을 중요시하는 것과 직접적인 관련이 있다. 법과 도덕의 관계, 법과 문화의 관계, 법과 사회의 관계에서 모두 정신문명 건설이 법제 건설에 미치는 직접적인 영향을 명확히 관찰할 수 있다.

"양손으로 잡기" 사상은 우리가 민주와 법제, 법제와 현대화 건설, 법제와 경제 건설 사이의 관계에 대한 포괄적인 이해를 위한 방법론적 의미를 갖는다. 이 "양손으로 잡기"는 민주, 현대화와 경제 건설 등에 대한 법제 건설의 중요성을 보여준다.

2. 경제 건설의 전반적인 상황에서 법제 건설에 대한 이해

덩샤오핑은 계급투쟁의 법적 도구론(工具論)을 넘어 법은 국가 건설, 경제 건설과 개혁개방 현대화 사업의 도구라는 새로운 도구론을 강조했다. 마오쩌둥은 법을 계급투쟁의 도구, 계급 독재의 도구로 사용하였는데, 이는 법에 대한 단순

---

193) 덩샤오핑 문선(각주138), 144면.
194) 덩샤오핑 문선(각주138), 154면.
195) 덩샤오핑 문선(각주139), 408면.

화한 이해로 극단적으로 발전하면 법률은 심지어 인민 군중이 혁명을 일으키거나 독재를 행하는 데 장애가 될 수 있으며, 따라서 "문화대혁명"에서 법률의 허무주의(虛無主義)를 야기할 수 있었다. 후반에 덩샤오핑은 "세 가지 유리함"과 사회주의 본질에 대한 새로운 경계의 관점에서 법의 본질과 기능을 살펴보았다. 법은 더 이상 계급투쟁의 도구가 아니라 건설의 도구이며 발전의 도구이다.

덩샤오핑은 항상 경제발전의 중요성을 중시하면서 법제도 반드시 "하나의 중심", 즉 "경제 건설 중심"을 견지해야 한다고 강조했다. 법제의 중요한 위치를 바로잡고 "양손으로 잡고, 양손 모두는 단단해야 한다."고 강조하는 동시에 그는 법제 건설이 경제 건설을 위해 봉사해야 한다고 강조했다. 그는 "양손으로 잡기" 사상은 또한 경제 건설과 개혁개방의 건전한 발전을 보장하는 차원에서 법제를 인식했다는 점에서 법의 도구적 특성을 강조하고 있다.

1980년 1월, 덩샤오핑은 다음과 같이 지적했다. "현대화 건설의 임무는 다방면적이고 다양한 측면이 종합적으로 균형을 이루어야 한다. 그러나 궁극적으로 경제 건설을 중심으로 하여야 한다. 경제 건설이라는 중심을 벗어나면 물질적 기반을 상실하는 위험이 따른다. 다른 모든 임무는 이것을 중심으로 복종하여야 하고 이것을 중심에 놓아야 하고 절대로 이것을 방해하거나 충격을 주어서는 아니 된다. 지난 20여 년 동안 이 방면의 교훈은 너무 침통했다."[196]

1992년의 "남방담화"에서 덩샤오핑은 다음과 같이 거듭 말했다. "당의 11기 3중 전회 이래 노선과 방침, 정책을 견지해야 하며, 관건은 '하나의 중심과 두 개의 기본 사항의 준수'를 지키는 것이다. 사회주의를 견지하지 않고, 개혁개방을 하지 않고, 경제를 발전시키지 않고, 인민의 생활을 개선하지 않으면 오직 파멸의 길일뿐이다."[197]

경제 건설을 중심으로 한 덩샤오핑의 사상은 일관되고, 중국 특색 사회주의의 핵심 내용 중의 하나임을 알 수 있다. 중국 문제에 대한 근본적인 해결책은 개발이다. 개발을 위한 가장 기본적인 요구 사항은 경제 개발이며, 이는 자연적으로 경제 건설을 중심으로 요구한다. 경제 건설을 중심으로 하는 발전 이념은 법률의 기능, 중심 및 법률의 가치 등에 심각한 영향을 미친다.

---

196) 덩샤오핑 문선(각주139), 250면.
197) 덩샤오핑 문선(각주138), 370면.

3. 민주정치의 전반적인 상황에서 법제 건설에 대한 이해

덩샤오핑은 주요하게 정치제도의 개혁과 민주를 추진하는 전반적인 상황에서 법제를 강화하는 문제를 고려했다. 덩샤오핑 이론의 한 가지 두드러진 특징은 민주와 법제의 내재적 관계를 이론적으로 심화시킨 것이다. 법제는 민주를 추진하는 도구이고 민주는 반드시 법제의 궤도에 포함시켜야 한다.

(1) 민주의 전제와 틀 안에서 법제에 대한 이해

덩샤오핑은 사회주의의 민주 본질을 강조하였고 사회주의 민주를 지속적으로 확대하는 데 주력했다. 그는 새로운 역사적 시기에 사회주의에 대한 민주의 중요성을 강조했으며 민주는 사회주의의 필수 요건이라고 주장했으며, "민주가 없으면 사회주의도 없을 것이고 사회주의의 현대화도 없을 것"[198]이라는 저명한 논단을 내었다. 마르크스주의의 국가 이론에서 민주와 사회주의의 관계는 고전 작가들이 주목하는 중요한 문제이다.[199] 마르크스와 엥겔스는 주로 민주와 사회주의의 일반 원리를, 레닌은 주로 사회주의 혁명기의 민주 문제를, 마오쩌둥은 중국의 실제 상황과 결합하여 민주 건국 이론에 대하여 깊이 있게 논술했다. 덩샤오핑은 새로운 역사적 상황에서 중국의 개혁발전을 추진하는 사회주의의 건설 과정에서 직면한 민주와 사회주의의 관계에 대해 보다 포괄적이고 심도 있는 설명을 했다.

민주와 집중을 결합한 사회주의가 추구하는 민주집중제도의 원칙은 업무의 효율성을 향상시키고 사회 전체의 신속한 발전을 달성하는 데 도움이 된다. 덩샤오핑은 다음과 같이 강조했다. "사회주의 국가의 가장 큰 장점은 한 가지 일을 함에 있어, 결심하고 결정을 내리면 바로 이행이 가능하고 아무런 견제도 받지 않는다는 것이다. 우리는 경제체제의 개혁을 전국적으로 즉시 시행할 수 있다. 우리는 특별 경제 구역을 설립하여 즉시 시행할 수 있다고 결정했으며,

---

198) 덩샤오핑 문선(각주139), 168면.
199) 예로 레닌은 다음과 같이 말했다. "민주가 없으면 사회주의는 있을 수가 없다. 이 한 마디는 두 가지 의미가 있다. ① 무산계급이 만약 민주를 쟁취하는 투쟁을 거치지 않고 사회주의 혁명을 위하여 준비하지 않았다면 이는 이러한 혁명을 실현하지 못했을 것이다. ② 승리한 사회주의가 만약 충분한 민주를 실행하지 않았다면 이가 취득한 승리는 유지하지 못했을 것이고 더욱이 인류를 인도하여 국가는 멸망했을 것이다."(레닌 전집, 제2판, 제28권, 베이징, 인민출판사, 1990년, 168면.)

그렇게 많이 서로 연루되어 있지 않고, 논의를 하였지만 결정하지 못할 수는 있으나 결정을 한 후에는 못 하는 일이 없다. 이러한 측면에서 말하자면 우리는 높은 효율성을 가지고 있는데, 여기에서(내가) 말하는 것은 총효율이다. 이것은 우리의 장점이며, 사회주의의 우월성을 보장하기 위해 이 장점을 유지해야 한다."[200]

덩샤오핑은 민주를 중요시하는 동시에 민주와 독재의 결합론을 계속 고수했다. 이는 마오쩌둥의 독재 사상과 일맥상통한다. 적들의 독재는 "사회주의 국가의 민주화와는 모순되지 않는다.", 이는 "사회주의 국가의 민주화를 방해하지 않고 오히려 보장한다."[201] 따라서 "반드시 인민에 대한 민주와 적에 대한 독재를 결합해야 하고 민주와 집중, 민주와 법제, 민주와 규율, 민주와 당의 지도를 결합해야 한다."[202] "독재 수단은 없어서는 안 되며, 독재 수단에 대해서는 말만 할 것이 아니라 필요할 때 사용할 수 있어야 한다."[203]

사회주의 민주와 법제는 서로 뗄 수 없다. "문화대혁명"의 쓰라린 교훈과 국제 공산주의 운동의 경험, 교훈에 대한 깊이 있는 성찰을 바탕으로 덩샤오핑은 특히, 민주와 법제의 관계를 중요시하여 민주는 반드시 제도화 및 법률화되어야 한다고 강조했다. 민주의 법제화 및 법률화의 필요성과 중요성에 대한 이론적 설명은 덩샤오핑이 민주법제 사상에 나타난 가장 주목을 받을 점이자 중대한 이론 혁신이다. 그는 여러 차례 민주와 법제의 관계를 명확하게 논술했다. 예로, "사회주의민주를 촉진하고 사회주의 법제를 건전하게 하는 것은 두 가지 측면을 통일하는 것이다."[204] "사회주의 민주와 사회주의 법제는 불가분한 관계이다. 사회주의 법제가 없는 민주, 당의 지도가 없는 민주, 규율과 질서가 없는 민주는 결코 사회주의 민주가 아니다. 반대로 이는 우리나라를 다시 무정부 상태로 만들고, 국가를 민주화시키는 것을 더욱 어렵게 만들고, 국민 경제발전을 더 어렵게 만들어 사람들의 삶을 더 개선하기 어렵게 만들 것이다."[205]

민주는 법제가 필요하고 법제가 있어야만 민주가 보장된다. 마찬가지로, 법제

---

200) 덩샤오핑 문선(각주138), 240면.
201) 덩샤오핑 문선(각주139), 169면.
202) 덩샤오핑 문선(각주139), 176면.
203) 덩샤오핑 문선(각주138), 196면.
204) 덩샤오핑 문선(각주139), 276면.
205) 덩샤오핑 문선(각주139), 359-360면.

도 민주가 필요하고 민주를 보장하고 촉진하는 것은 법제의 근본적인 목적이다. 법제는 민주와 상호 연결되고 민주에 의지할 때만 더 탄탄한 정당성과 필요성을 가질 수 있고, 정치적 선진성을 유지할 수 있다. 법제를 강화하는 것이 사회주의민주를 위해 필수적인 만큼 법제 건설의 강화도 시급하다. 법제의 틀 안에서 민주와 집중, 민주와 독재, 민주와 법제 등은 통일 가능성이 있다. 물론 법제, 헌정 혹은 법치의 틀에서 이러한 관계를 어떻게 해석할 것인지는 여전히 깊이 연구해야 할 과제이다.

(2) 당의 지도력을 전제로 하는 법제 개혁

당의 올바른 리더십을 지속적으로 개선하고 강화하는 것은 법제를 건전하게 하는 데 있어서 전반적으로 매우 중요하다. 덩샤오핑은 항상 당의 지도를 견지하는 정치적 전제 하에 법제의 건전화를 언급했으며, 그는 계속적으로 법제를 정치의 일부로 간주했다. 이는 마오쩌둥의 민주법제 사상과 연속성이 있는 것이다. 법제 작업은 네 가지 기본 원칙을 견지해야 하고 그중에는 당의 지도를 고수하는 것이 포함된다. 당의 지도가 없다면 중국의 사회주의 건설은 순조롭게 추진되지 못했을 것이다. 그는 다음과 같이 지적했다. " …… 중국과 같은 대국에서 공산당의 지도가 없었더라면 반드시 사분오열되어 한 가지 일도 이루지 못했을 것이다. 당 내외에서 어떤 의도로든 당의 지도를 약화시키거나 이탈하거나 취소하거나 반대하는 경향에 대해서는 반드시 비평 및 교육을 하고 필요한 투쟁을 하여야 한다. 이는 네 가지 현대화가 실현 가능한가의 관건이 되는 것이다."206) "우리 인민의 단결, 사회의 안정, 민주의 발전, 국가의 통일은 모두 당의 지도력에 달려있다." "당과 국가의 지도제도의 개혁은 당의 지도를 약화시키고 당의 규율을 분산시키는 것이 아니라 당의 지도력을 강화하고 당의 규율을 유지하고 강화하는 것이다."207) "우리의 사회주의 건설은 반드시 안정과 연대의 조건하에서 지도적이고 실서 있게 이루어져야 한다. …… 당의 지도를 부정하면 10억 인민을 응집하는 중심은 없을 것이고 당도 전투력을 상실할 것이며 이런 당은 군중 단체만도 못한데 어떻게 인민을 지도하여 건설을 하겠는가?"208)

---

206) 덩샤오핑 문선(각주139), 358면.
207) 덩샤오핑 문선(각주139), 341-342면.
208) 덩샤오핑 문선(각주138), 196-197면.

덩샤오핑은 끊임없이 당의 지도를 개선하여 법제 업무에 대한 당의 지도를 개선하였다. 그는 당과 정부, 당위와 법률 기관과의 관계를 정확히 인식하고 처리할 것을 요구했고, 당은 전문 사법 기관의 업무를 대신하여서는 아니 된다고 했으며 다음과 같이 말했다. "비리를 바로잡고 범죄 행위를 단속하는 것은 법률 범위에 속한다. 따라서 법제에 의해 해결되어야 하며 당이 직접 다루는 것은 적절치 않다. 당은 당내 규율의 문제를 관리하고 법률 범위의 문제는 국가와 정부가 관리해야 한다. 당의 개입이 너무 많으면 전체 인민에게 법제 관념을 수립하는 데 도움이 되지 않는다."209) "당이 너무 많이 관여를 하면 전체 인민에게 법제 관념을 수립하는 데 이롭지 못하다."는 관점은 솔직함과 간절함을 나타내며, 법제 건설의 핵심 문제를 가리킨다.

(3) 개혁과 발전의 개혁 정신을 구현하기 위한 법제의 요구

개혁과 발전은 오늘날 중국의 최우선 과제이다. 덩샤오핑은 개혁의 관점에서 법제 건설의 중요성과 긍정적인 의미를 인식했다. 경제발전과 민주정치, 경제체제와 민주정치의 체제 개혁에 모두 법제가 필요하고 법제 건설은 이를 위해 봉사해야 한다. 덩샤오핑은 항상 법제 건설은 개혁개방을 지원해야 한다고 주장했다. "두 개의 기본 관점"에서 "개혁개방을 견지"해야 한다는 것은 법제 건설의 근본적인 지도 사상 중의 하나이다. 더욱이 경제 건설이라는 "하나의 중심" 그 자체가 개혁개방의 핵심 부분이다. 법제에 의한 개혁의 추진은 개혁을 보다 강력하고 지속적이게 하며, 개혁 성과를 공고히 하여, 지도자가 변경되는 일로 인해 지속 불가능해지거나 작용점이 이동하는 등의 문제를 피할 수 있게 한다.

덩샤오핑은 경제체제의 개혁과 정치체제의 개혁 간의 내재적 관계를 밝혔다. "경제체제의 개혁에서 모든 단계가 진행됨에 따라 정치체제 개혁의 필요성을 깊이 인식하고 있다. 정치체제를 개혁하지 않으면 경제체제 개혁의 성과를 보장할 수 없고, 경제체제의 개혁을 계속할 수 없어 생산력의 발전과 네 가지 현대화의 실현을 방해할 수 있다."210) 다시 말하자면 그는 경제 건설을 중심으로 하는 데 초점을 두었으며, 정치체제의 개혁이 경제 건설에 대한 대체 불가능한 보증과 촉진 역할을 강조했다. 물론 시대의 구체적 여건에 대한 여러 가지 제한 때문에

---

209) 덩샤오핑 문선(각주138), 163면.
210) 덩샤오핑 문선(각주138), 176면.

그의 일부분의 사상은 그의 재임(在任) 시에 전면적으로 추진되지 못했다.[211]

정치체제 개혁에는 민주와 법제 개혁이 포함된다. "정치체제의 개혁은 민주와 법제를 포함한다. 우리의 민주는 법제와 연계되어 있다. …… 중국의 정치체제의 개혁은 사회주의 민주와 사회주의 법제가 모두 필요하다. 민주의 발전을 강조하는 동시에 우리의 인민, 특히 젊은이들의 교육에는 이상과 규율이 필요하다는 점을 강조해야 한다."[212] "내가 생각하는 정치체제 개혁의 목적은 군중의 적극성을 동원하고 효율성을 제고하고 관료주의를 극복하는 것이다. 개혁의 내용은 우선 당과 정부를 분리하여 당이 어떻게 리더십을 발휘할 수 있는가 하는 문제를 해결해야 한다. 이것이 핵심이며 우선시해야 하는 것이다."[213] 여기에서 언급된 "군중의 적극성 동원", "효율성 제고" 등은 모두 법률의 권리와 의무인 장치를 합당하게 운용하여 국가를 다스리는 것을 제고시키는 예술적인 함의이다. 그러나 당과 정부의 분리에서 중요한 법률의 의미는 당이 법률제정 작업을 지도하는 방식과 예술에 대한 부단한 개혁과 개선에 있다. 당과 정부의 분리에는 당과 법의 분리도 포함되고, 덩샤오핑이 말한 "정(政)"은 정부 업무, 행정 업무, 법률 업무 및 인민회의 업무를 광범위하게 의미한다.

권력부패를 억제하고 근절하는 것은 정치 개혁의 일부이며 권력 운영의 부패는 근본적으로 인민의 정부를 부식시킬 것이다. 덩샤오핑은 우리나라 사회 발전의 진행 과정에서 부패 현상의 복잡한 원인을 인식했고, 부패가 국가 정권과 사회 발전에 심각한 피해를 초래한다는 것을 인식했다. "부패 현상은 번식하고 일부 군중들은 당과 정부에 대한 믿음을 상실했다."[214] 개혁개방 사업의 빌전 과정에서 "한 손은 개혁개방을 잡고 다른 한 손은 부패를 처벌해야 한다."[215] "우

---

211) 궈도우후이(郭道暉)는 다음과 같이 생각했다. "말하지 않아도 알 수 있듯이 중국은 장기간 봉건독재제도의 통치를 받은 영향이 있고 민주법제 전통이 부족하며 정치체제상의 적폐(積弊)가 비교적 깊고 또한, 기타 주객관적인 원인으로 덩샤오핑이 이미 통찰한 제도상의 결함과 개념상의 문제는 그가 살아 있는 동안에는 전면적으로 해결하지 못했다. 그는 실천 중에 경제개혁을 비교적 편중하고 정치체제의 개혁을 완만히 하였으며 경제개혁은 단선 궤도로 운행되었다. 정치체제에 법제가 남겨 놓은 적폐를 포함하였고 경제개혁과 현대화 건설의 순조로운 진행은 지체되었다. 또한 어떠한 중대한 결책에서는 인치의 흔적은 완전히 벗어나지 못했다. 하물며 그는 '문화대혁명' 이전에 국가 지도자 중의 한 사람이고 마오쩌둥 시대의 여러 가지 중대한 결책과 이행에 참여하였으므로 구체제의 흔적을 지니고 있는 것은 불가피하다." (궈도우후이, 마오쩌둥과 덩샤오핑의 국가를 다스리는 방침과 법제사상의 비교 연구, 법학연구, 2000(2).)
212) 덩샤오핑 문선(각주138), 244-245면.
213) 덩샤오핑 문선(각주138), 177면.
214) 덩샤오핑 문선(각주138), 300면.

리는 부패를 반대하고 깨끗한 정치를 해야 한다. 이는 하루 이틀, 한 달, 두 달을 하는 것이 아니라 모든 개혁개방의 과정에서 부패를 반대해야 한다."[216] 그는 제도로 부패 문제를 해결해야 한다는 점을 분명히 했다. 1980년 덩샤오핑은 다음과 같이 지적했다. "특권 현상을 극복하려면 사상 문제도 해결해야 하고 제도 문제도 해결해야 한다."[217] 1992년 "남방담화"에서 그는 다음과 같이 지적했다. "개혁개방의 전 과정에서 부패를 반대해야 한다. 간부와 공산당원에게는 깨끗한 정부를 세우는 것이 중요한 문제여야 한다. 여전히 법제에 의지해야 하고 법제에 의존하여야 할 수 있다."[218] 즉, 부패에 반대하고 국가 권력을 효과적으로 제한한다는 관점에서도 법제는 필수적이며, 법제는 부패를 억제하는 근본적인 조치인 것이다. 이는 현대 법제가 제도적으로 권력을 효과적으로 제한하기 위해 노력하고 있다는 이론적 근거와 일치한다.

　법제 건설을 강화하는 것은 경제와 정치체제 개혁의 안정적 추진을 보장하는 것이다. "정치체제의 개혁은 단계별로, 지도적이고 질서 있게 이루어져야 한다. 우리는 자본주의 국가가 그리하였던 것처럼, 자산계급의 자유화를 이루어서도 안 된다. 예로, 공산당의 지도자는 이 점을 잊어서는 안 되며, 한 번 잊게 되면, 국면을 혼란시키거나 불안정한 상태가 될 것이다. 불안정하게 되고, 분쟁이 발생하면 그 어떠한 건설도 이룰 수 없다. 우리는 '대 민주', 즉 '문화대혁명'의 경험이 있는데, 이것은 일종의 재앙과 같은 것이다. 우리의 경제체제의 개혁은 지도적이고, 질서 있게 진행되어야 하고 무정부주의를 하여서는 아니 된다."[219]

제4절　사회 전환 초창기 법률 가치관의 제시

　덩샤오핑이 중국 특색 사회주의 민주법치 이론을 처음 창안했을 때는 중국이 개혁개방을 착수하는 단계였다. 덩샤오핑은 시기와 형세를 판단하여 사회의 대

---

215) 덩샤오핑 문선(각주138), 314면. 그는 다음과 같이 말했다. "우리는 한 손은 개혁개방을 잡고 다른 한 손은 부패를 징벌하는 것을 잡고 이 두 건의 일은 결합하고 대조하여야만이 우리의 정책은 더욱 명랑해지고 더욱 인심을 얻을 수 있다."
216) 덩샤오핑 문선, 제2판, 제3권, 베이징, 인민출판사, 1994년, 327면.
217) 덩샤오핑 문선(각주216), 332면.
218) 덩샤오핑 문선(각주138), 379면.
219) 덩샤오핑 문선(각주138), 252면.

전환 시기에 맞는 법률 가치관을 제시했으며, 또한 중국 특색 사회주의 민주법치 사상의 기본 가치를 제시했다. 그는 마오쩌둥의 혁명 시대의 정치인이자 혁명 출신으로 그 혁명 시대의 연설과 사고 방식을 일정하게 이어갔으며, 오래된 것을 제거하고 새것으로 대체하고 개혁개방에 적응할 수 있는 전환의 주요시기에 필요한 법률적 가치관을 밝혔다.

1. 독재적 관점에서 법제의 형벌적인 가치를 강조하다.

덩샤오핑은 인민민주독재를 지키고 사회적 안정 등의 관점에서 각종 범죄를 처벌하고 단속하는 것은 입법과 사법 기관의 중요한 기능이라고 믿었으며, 각종 심각한 범죄 행위는 가혹하고 신속하게 처벌될 것을 요구했다. 덩샤오핑은 개혁개방 초기에 다음과 같이 지적했다. "마르크스주의의 이론과 실생활은 대다수의 적들이 높은 수준의 민주를 누릴 때에만 극소수의 적에게 효과적인 독재를 할 수 있다고 반복해서 가르쳤다. 소수의 적들에게 독재를 실시해야만이 대다수 인민의 민주적 권리가 완전히 보장될 수 있다. 따라서 현재의 조건에서 국가의 탄압 역량을 사용하여 각종 반혁명 파괴자, 각종 반당·반사회주의자, 각종 심각한 범죄자에게 타격을 가하고 와해시킴으로써 사회의 안정을 유지하고 보호하도록 하는 것은 완전히 사회주의 군중의 요구에 부합되고 사회주의 현대화 건설의 요구에 완전히 부합되는 것이다."[220]

1980년 덩샤오핑은 다음과 같이 지적했다. "중앙은 일찍이 각종 반혁명자, 반당·반사회주의자, 형사 범죄자의 활동에 대해 '유예'가 없었으며 그들을 제멋대로 내버려 두어서는 안 된다고 오랫동안 지적해 왔다. 중화인민공화국을 건립하기까지 최근 몇 년 동안, 10년 동안의 동란은 계산하지 않는 것을 제외하고는 우리는 여전히 각종 적대 세력, 반혁명자, 사회 질서를 심각하게 해치는 형사 범죄자들에 대한 독재를 지켜 왔으며, 그들에게는 절대로 자애롭지 않았다."[221] 그는 또 다음과 같이 말했다. "네 가지 기본 원칙 중의 하나인 인민민주독재를 왜 견지해야 하는가? 인민 내부의 민주만 있고 파괴분자에 대한 독재가 없다면 사회는 안정적이고 단결된 정치적 국면을 유지할 수 없으며 현대화 건설은 성공하지 못할 것이기 때문이다."[222]

---

220) 덩샤오핑 문선(각주139), 373-374면.
221) 덩샤오핑 문선(각주139), 372면.

(1) 각종 형사 범죄를 엄하게 단속하는 "엄타(嚴打)"가 바로 독재이다.[223]

덩샤오핑은 일관되게 국가의 정치적 안정과 사회적 안정을 훼손하는 모든 종류의 중범죄자를 단속해야 한다고 주장했다. 각종 형사 범죄자들을 엄하게 단속하는 것은 인민민주독재를 수호하는 것이고 개혁개방의 성과를 보호하는 것이며 현대화 산업을 추진하는 것이다. 이 의미에서 "양손으로 잡는"다는 것은 분명히 상호적으로 촉진된다.

1983년 7월 덩샤오핑은 공안부의 책임자와의 대화에서 형사 범죄문제의 해결은 장기적인 투쟁이며 여러 방면에서의 작업이 필요하다고 분명히 지적했다. 지금은 비상상태이기 때문에 반드시 법에 따라 엄중히 집행하고 신속하고 집중적으로 단속을 해야 엄하게 다스릴 수 있다. 아프지도 가렵지도 않게 하면 사람들의 마음을 끌지 못한다. 우리는 인민민주독재를 강화한다고 말하는데, 이것이 바로 인민민주독재이다.[224] "살인범, 강도범, 깡패 범죄단, 교사범(敎唆犯), 노동 개화와 노동 교육에서 범죄 기술을 계속 전수하는 상습범(慣犯), 그리고 인신 매매자(人販子), 매춘부 등을 포함한 심각한 범죄자는 체포 및 선고, 노동 개혁을 실시하고 엄격한 법적 제재를 받아야 한다. 반드시 법에 따라 일부를 사형하고 일부는 장기간 감금해야 한다. 그리고 계속해서 단속하고 한 무리가 나타나면 바로 한 무리를 잡아야 한다."[225] 그의 지시에 따라 그해 9월 2일, 전국 인민대표대회 상무위원회에서 "사회 질서를 심각하게 해치는 범죄자들을 엄벌하는 것에 관한 결정"과 "사회 치안을 심각하게 해치는 범죄자들을 신속하게 심판하는 절차에 관한 결정"을 통과시켰다.

같은 해 10월 중국 공산당 12기 2중 전회에서 발표된 연설에서 덩샤오핑은 다음과 같이 엄숙하게 지적했다. "최근 법에 따라 형사 범죄자들에 대한 전국적인 단속이 집중적이고 신속하게 이루어지고 있으며, 일반 군중으로부터 열렬한 옹호를 받고 사람들의 마음을 끌고 있다. 군중은 앞으로 처리가 너무 관대해져서 '범'을 풀어 산으로 보내 그 범죄자가 다시 돌아와서 복수를 하게 될까 걱정

---

222) 덩샤오핑 문선(각주138), 154면.
223) 신문기사, 덩샤오핑과 20세기 80년대의 "엄격한 타격"에 관한 결책은 류우푸즈(劉復之)의 "'엄격한 타격'은 독재이다."를 참조 바람.
224) 덩샤오핑 문선(각주138), 34면 참조.
225) 덩샤오핑 문선(각주138), 34면.

만 한다. 군중은 일찍부터 범죄자들을 엄하게 단속해야 한다고 생각하였기에 우리가 너무 늦었다고 비판했다. 이러한 반영과 비판은 매우 중시할 만한 가치가 있다. 지난 2년 동안 우리는 각급 지도자들에게 약하고 흩어진 상황이 존재하고 중범죄자를 다룰 수 없다는 점을 지적했다. 이것으로부터 교훈을 얻어야 하며 약하고 분산된 리더십 상태는 단호히 극복해야 한다."226)

덩샤오핑은 단속은 법제에 의존해야 한다고 강조했다. "이러한 종류의 투쟁은 과거에는 정치 운동의 방법을 취해서는 아니 되고 사회주의 법제의 원칙을 따라야 한다."고 말했다. 그는 특히 "법률 무기(과징금 등 경제 무기 포함)를 사용해 반당 반사회주의 세력과 각종 형사 범죄자들과 싸우는 법을 배워야 한다. 이는 현재와 향후 사회주의 민주를 발전시키고 사회주의 법제를 개선하는 과정에서 가능한 빨리 다루어야 하는 새로운 과제이다."227)고 당 전체에 경고했다.

독재와 "엄타", 징벌은 정의에 부합한다. 덩샤오핑은 특정한 시기에 독재를 "엄타"해야 한다고 주장하였는데 이는 바로 인민 군중의 정당한 이익을 보호하고 사회의 정상적인 생활과 생산 질서를 보장하기 위해서였다. 이에는 법률의 징벌이 공정하다는 의미가 담겨있다. 그는 "정권을 막 잡은 신흥 계급은 일반적으로 늘 적대 계급의 힘에 비해 약하기 때문에 독재적인 수단으로 정권을 공고히 해야 한다는 것을 역사적 경험이 증명한다. 인민에게는 민주를, 적에게는 독재를 행하는 것이 인민민주독재이다. 인민민주독재의 힘을 운용하여 인민의 정권을 공고히 하는 것은 정의로운 일이고 아무런 문제가 되지 않는다."228)고 여겼다.

(2) 경제 범죄에 대한 엄격한 단속

덩샤오핑은 경제 범죄에 대한 단속의 중요성과 필요성을 매우 중요하게 생각했고 이것을 사회주의 노선을 고수하는 데 필요한 보증 중 하나로 삼았다. 그는 다음과 같이 강조했다. "경제 범죄 활동에 대한 투쟁은 우리가 사회주의 노선을 견지하고, 네 가지 현대화를 실현한다는 하나의 보증이다. 이것은 우리가 항상 하는 투쟁이며, 항상 있는 일이다. 그렇지 않으면 사회주의 노선을 어떻게 고집할 수 있겠는가? 만약 이 투쟁을 하지 않는다면 네 가지 현대화 건설과 대외개

---

226) 덩샤오핑 문선(각주138), 38면.
227) 덩샤오핑 문선(각주139), 371면.
228) 덩샤오핑 문선(각주138), 379면.

방 및 대내 경제 활성화 정책이 먼저 실패할 것이다."[229] "국가 재산을 절도하고, 횡령하고 뇌물을 받는 것은 현금 거래로 이루어지며, 이러한 일들을 잘못 저지르기가 쉽지 않음이 명백하다. 그러므로 이러한 풍속을 없애기 위해서는 반드시 신속하고 엄격하게 해야 한다. 지금은 너무 무거워도 안 될 것 같지만, 일부 사건의 내용과 경위가 특히 심각한 범죄자에 대해서는 반드시 가장 엄격한 법률적 제재를 가해야 한다. 이것을 없애기 위한 기세가 없으면 아니 된다. 이 문제는 착실하게 다루어져야 하며 가까운 시일 내에 해결되어야 하며, 신속하게 처리하고 엄격하게 처리해야 하며, 느슨하거나 너무 가볍게 다루지 않아야 한다."[230] 그는 일부 동지들이 경제 범죄의 활동에 대해 행동과 태도가 단호하지 못하다고 비판하면서 다음과 같이 지적했다. "현재 이 문제에 대한 우리의 사상은 아직 완전히 통일된 것이 아니다. 일부의 동지들은 일이 발생하면 마음이 약해져서 결단을 내리지 못한다. 왜 결단을 내리지 못하는가? 사상적으로 이 문제의 심각성을 인식하지 못하고, 단지 일반적인 성격의 문제로만 취급하기 때문이다."[231] "현재 살인을 저지른 사람들만 처형하는 것이 일반적이고 기타 심각한 범죄 활동에 대해서는 어떠한가? 구왕똥(廣東)성 매춘(賣淫)범죄는 그렇게 사납게 날뛰는데 왜 가장 최악의 엄벌을 하지 않는가? 늙은 기생은 몇 번을 잡아도 고쳐지지 않으므로 일괄적으로 법에 따라 엄중하게 판결해야 한다. 경제범죄는 특히 심각하며, 국가의 수백, 수천만의 손해를 야기한 국가 근로자는 왜 형법 규정에 따라 사형을 선고해서는 안 되는가? 1952년에 류칭산(劉青山)과 짱즈산(張子善) 두 사람을 죽이는 것이 큰 역할을 했지만, 이제는 두 명만 죽이는 것은 그다지 효과적이지 않다. 여럿을 더 죽이면 실제로 우리의 결의를 보여줄 수 있을 것이다."[232] 그는 다음과 같이 제기했다. "…… 경제 범죄 활동을 단속하는 것을 보고 우리는 운동을 하지 않는다고 말하지만, 우리는 반드시 이것이 장기적인 사업 투쟁이라고 말해야 한다. 적어도 네 가지 현대화가 실현되는 그날까지는 수반해야 한다고 본다."[233]

덩샤오핑의 지시 의견에 따라, 1988년 1월 12일 전국 인민대표대회 상무위원

---

229) 덩샤오핑 문선(각주139), 404면.
230) 덩샤오핑 문선(각주139), 403면.
231) 덩샤오핑 문선(각주139), 403면.
232) 덩샤오핑 문선(각주138), 153면.
233) 덩샤오핑 문선(각주139), 403면.

회는 "부패와 뇌물 수수에 관한 보충 규정"이 통과되었다. 이 규정은 횡령과 뇌물의 액수가 크고 사건의 내용과 경위가 특히 심각한 상황에 대해서는 사형으로 처리한다고 정했다. 1989년 덩샤오핑은 또 다음과 같이 지시했다. "부패, 횡령 및 뇌물 사건이 1건 내지 20건이 발생하면 일부는 지방에서, 일부는 전국적인 범위에서 발생한 것이다. 벼락같이 잡고 군중에게 공포하며 법률에 따라 일을 처리해야 한다. 처벌을 받아야 할 사람은 누구든지 일괄적으로 벌을 받아야 한다."[234]

(3) 사형의 징벌 위협 작용에 대한 중시

1986년 1월 17일, 덩샤오핑 동지는 중앙정치국위원회의 연설에서 가장 심각한 형벌은 강력 범죄자들에게 사용되어야 한다고 여겼다. 그는 다음과 같이 말했다. "사형은 폐지되어서는 아니 되고 어떤 죄인들은 반드시 사형을 선고해야 한다. 내가 최근에 본 자료에 따르면 반복적으로 범죄를 가르치면서 범하는 것이 매우 많고, 수년간의 노동 개조 이후에도 계속적으로 범죄를 저지르며, 게다가 더욱 능숙해지고 공안·사법 기관에 더 잘 대처하게 되었다. 법에 따라 이러한 재범자들 중 일부를 죽이지 않는 이유는 무엇인가? 그리고 또 여성과 아동의 인신매매와 반동회도문(反動會道門)활동을 하는데 여러 번 가르쳐도 고치지 않는데, 왜 법에 따라 무겁게 판결하지 않는가?", "심각한 경제 범죄자의 경우 범죄자는 항상 법에 따라 일부를 사형 선고해야 한다. 지금은 전반적으로 마음이 약하다는 것이 문제이다. 사형제 또한 필수 교육 도구이다."[235]

2. 법제의 평등 가치를 강조하다.

덩샤오핑은 개혁개방이 막 시작되는 시점에 "문화대혁명"의 깊은 교훈에 기초하여 법률 앞에서는 모든 사람이 평등하고, 지도자 개인의 특권을 반대하고, 당이 법 위에 군림하는 것을 반대한다고 제기했다. 후에 그는 사회주의의 본질을 재정의하면서 "빈곤을 제거하고 착취와 양극화를 제거하는 것"을 강조했기 때문에 착취와 억압을 근절하고 진정한 평등을 실현하는 것은 사회주의의 내재적 추구인 것이다. 이러한 평등 이념은 법에 반영되어야 하며, 평등은 사회주의

---

234) 덩샤오핑 문선(각주138), 297면.
235) 덩샤오핑 문선(각주138), 152-153면.

법제의 기본 가지 중의 하나여야 한다.

(1) 법률 앞에 사람은 모두 평등하다는 원칙에 대한 견지

1980년 1월 6일 덩샤오핑 동지는 다음과 같이 지적했다. "우리는 전국적으로 이러한 원칙을 단호히 시행해야 한다. 법이 있으면 반드시 따라야 하며, 법을 집행할 때는 반드시 엄격해야 하며, 법을 위반하면 반드시 추궁하고, 법률 앞에서는 사람마다 평등해야 한다."[236) 여기에서 "모든 사람은 법률 앞에 평등하다."는 법제가 반드시 이행해야 하는 기본 원칙으로 간주되고, 입법, 집법, 사법의 법률 조정의 전 과정에서 구현되어야 한다. 이것은 법적 정의의 가장 기본적인 요구 사항 중의 하나이다.

1980년 8월 18일 중공정치국확대회의의 연설에서 덩샤오핑은 다음과 같이 강조했다. "공민은 법률과 제도 앞에서는 모든 사람이 평등하고 당원은 당장과 당의 규율 앞에서는 모든 사람이 평등하다. 모든 사람은 법의 규정에 따라 평등한 권리와 의무가 있고, 누구도 이득을 볼 수 없으며, 누구도 법을 어길 수 없다. 누가 법을 위반하든 모두 공안 기관에서 법에 따라 수사하고, 사법 기관에서 법에 따라 처리하고, 누구도 법의 실시를 방해해서는 안 되며, 법을 위반한 어떤 사람도 법의 제재를 받지 않고 자유자재로 활보해서는 아니 된다."[237) 법적 평등에 관해서는 당과 당원이 반드시 법의 범위 내에서 행동해야 하는 것이 매우 중요하다. 덩샤오핑은 회의에서 또 다음과 같이 지적했다. "우리가 오늘날 반대하는 특권은 정치적으로 법률과 제도에서 벗어날 권리이다. 특권을 확립하는 것은 봉건주의의 잔재가 아직 숙청되지 않았다는 것을 나타내는 것이다. 구 중국이 우리에게 남긴 것은 봉건 독재제도의 전통에 관한 것이 비교적 많고 민주법제의 전통에 관한 것은 매우 적다. 해방 이후에도 우리는 자각하지 못하고 체계적으로 인민의 민주적 권리를 보장하는 각종 제도를 수립하지 못했으며, 법제가 매우 미비하고 중시되지 않으며, 특권 현상은 때때로 제한, 비판, 타격을 받기도 하고, 때로는 다시 등장하기도 한다. 특권 현상을 극복하기 위해서는 이념적 문제뿐만 아니라 제도적 문제도 해결되어야 한다."[238)

---

236) 덩샤오핑 문선(각주139), 254면.
237) 덩샤오핑 문선(각주139), 332면.
238) 덩샤오핑 문선(각주139), 332면.

(2) 착취 소멸과 공동 번영의 사회평등관

사회주의 본질의 관점에서, 평등의 가치를 강조하고 평등과 공정, 정의 사이의 본질적인 관계를 강조하는 것은 사회 정치의 관점에서 법률의 평등 가치를 추구하는 문제를 인식하는 것이다. 법률 앞에서 모든 사람에 대한 평등의 원칙은 일반적으로 공식적인 평등 문제이고, 즉 법률상의 평등, 존중과 대우에 관한 것이다. 그러나 사회 정의의 제도 배치는 사회의 공동 번영과 부의 평등의 관점에서 평등 문제를 고찰하는 것은 한 걸음 더 나아가서 정의를 분배하는 고도에 이르기까지 법의 보다 근본적인 사회적 가치를 목표로 하는 것이다.

덩샤오핑이 당대 중국 사회주의 발전에 대해 설계한 목표는 빈곤을 없애고 착취를 없애어 공동의 부유를 실현하는 것이다. 그는 또 일부 사람들과 일부 지역이 먼저 부자가 되거나 부유해지는 것을 허용하고, 가난은 사회주의가 아니며, 양극화도 사회주의가 아니라[239]고 지적했다. 이런 논단에는 풍부한 공평·정의 사상이 포함되어 있다. 착취는 최대의 사회 불공정이며, 사회주의제도는 마침 자본주의 사회제도를 소멸시킴으로써 사회 공평·정의의 실현을 위한 넓은 공간을 개척하였으며, 사회주의 실현을 위하여 가장 신뢰할만한 제도적 보장을 제공했다. 덩샤오핑은 다음과 같이 말했다. "우리는 사회주의가 자본주의보다 더 빨리 생산력을 발전시킬 수 있는 조건을 가지고 있을 뿐만 아니라, 사회주의만이 자본주의와 다른 착취제도에 의해 필연적으로 발생되는 탐욕과 부패, 불공정한 현상을 없앨 수 있기 때문에 사회주의를 위해 분투한다."[240]

사회의 생산력을 해방하고 발전시키는 것은 사회의 공정을 실현시키는 현실적인 전제에 기반한 것이며, 생산력을 더 크게 해방하고 발전시키지 않으면 사회주의의 제도적 정의는 그 기반을 잃게 된다. 생산력 해방과 발전, 빈곤 탈출, 경제발전의 중심성이 시장 경제의 발전의 중요성에 대한 강조는 오늘날 중국 법제가 필요로 하는 중대한 과제가 되고 있으며, 효율성 우선의 가치도 특정 시

---

239) 덩샤오핑은 다음과 같이 말했다. "사회주의 노선을 가는 것은 차츰차츰 공동 부유를 실현하는 것이다. 공동 부유의 구상은 다음과 같다. 일부분의 지역은 조건이 되면 먼저 발전하고, 일부분의 지역은 천천히 발전하고 먼저 발전한 지역이 후에 발전하는 지역을 이끌어 나아가야 하며 최종적으로 공동 부유에 도달하는 것이다. 만약 부유한 것이 점점 더 부유해지고 가난한 것이 점점 더 가난해지는 양극분화가 발생한다면 사회주의제도로 이러한 양극분화를 피면한다." (덩샤오핑 문선(각주138), 373-374면.)

240) 덩샤오핑 문선(각주138), 143면.

기에 있어서는 안 된다. 우선 부유해지는 것과 공동 부유와의 결합은 초기 단계의 사회주의 특색의 공평·정의 원칙을 구성하고 공동 부유와 착취의 소멸은 사회주의의 더 높은 공정성을 추구하는 것이다. 이러한 일들은 분배의 정의에 관한 주장으로, 법제 건설에 대하여 그 법적 가치를 설정하고 추구하는 방향을 제시하였다. 사회주의 법제는 가치 이념에 있어서 사회 발전의 효율을 촉진하는 한편, 다른 한편으로는 "공동 부유"의 의미에서의 공평·정의를 촉진해야 한다. "공동 부유"와 빈곤을 없애는 것과 같은 경제적 시각에서 법률과 사회제도의 공평·정의 문제를 강조하는 것은 덩샤오핑이 직면한 보편적인 빈곤 국가의 구조 전환 형세와 직접적인 관련이 있다.

3. 법률의 안정적인 질서의 가치를 강조하다.

"문화대혁명"의 장기적인 동란이 야기한 심각한 결과에 대한 반성과 경계에 기초하여, 덩샤오핑은 중국의 개혁개방과 현대화 사업의 진행 중에 반드시 사회의 안정을 유지하고 더 나아가 법제가 사회의 안정을 촉진하기 위하여 단결되어야 한다고 강조해 왔다. 중국과 같은 대국이 장기적으로 평화로운 발전을 실현하고 끊임없이 개혁개방을 심화시키기 위해서는 안정된 사회 환경이 있어야 하며, 안정이 없으면 아무것도 이루지 못할 것이다. 덩샤오핑이 사회 안정의 중요성을 강조한 것은 그가 신 중국이 "계급투쟁을 요강"으로 하는 "다툼"식의 "운동치국(運動治國)" 모델의 커다란 결함을 깊이 인식하고 있으며, 중국과 같은 대국이 현대화를 실현하는 데에 직면한 각종 어려움을 말해준다.

중국의 개혁과 발전은 안정성이 필요하고 안정성이 모든 것을 압도한다. 덩샤오핑은 사회주의 경제 건설과 개혁개방의 전 과정에서 "국가의 주권, 국가의 안전은 항상 최우선"이라며, " …… 중국은 빈곤에서 벗어나 네 가지 현대화를 실현하는 데 가장 중요한 문제는 안정을 필요로 한다."[241] "중국의 문제는 모든 것을 압도하는 안정을 필요로 한다는 것이다. 안정된 환경이 없으면 아무것도 이룰 수 없으며, 이미 이룩한 성과도 잃을 수 있다. 중국이 반드시 개혁개방을 견지해야 한다는 것은 중국 문제를 해결할 수 있는 희망인 것이다. 그러나 개혁을 하려면 반드시 안정된 정치 환경이 있어야 한다."[242] "중국은 소란을 피워서

---

241) 덩샤오핑 문선(각주138), 348면.
242) 덩샤오핑 문선(각주138), 284면.

는 안 되며, 안정되고 단결된 국면에서 건설해야만 살 수 있다. 우리가 사회주의 노선으로 가는 것을 방해하는 모든 것은 배제되어야 하고 중국에 혼란을 야기하는 모든 요소들도 배제되어야 한다."[243]

(1) 민주법제 건설은 안정적으로 추진되어야 하며, 민주를 이행함에 있어 안정에 영향을 주어서는 아니 된다.

민주법제의 건설은 지도자가 있어야 하고 절차적으로 진행하여야 하며 민주를 한다고 해서 사회 불안을 초래해서는 안 된다. 덩샤오핑은 다음과 같이 말했다. "민주와 법제를 실현하는 것은 네 가지 현대화를 실현하는 것과 마찬가지로 약진(躍進)을 해서는 아니 되고 '누구나 다 자기 견해를 자유롭게 밝히'는 방법을 취해서도 아니 된다. 다시 말하자면 반드시 절차가 있어야 하고 지도자가 있어야 한다. 그렇지 않으면 혼란을 불러일으키고 네 가지 현대화를 방해하며 민주와 법제도 방해할 수 있다."[244]

민주법제의 건설은 중국의 구체적인 국정에 적응해야 하며 혼동해서는 안 된다. 중국의 민주 건설은 반드시 중국 자신의 정치와 사회 발전의 실제적인 관점에서 출발하고 우리가 행하는 민주가 사회주의 민주라는 것을 인식해야 하기 때문에 "우리가 말하는 민주는 자산계급의 민주를 적용하여서는 아니 되고 삼권정립(三權鼎立)의 그런 방법을 행해서도 아니 된다."[245] 그는 인민대표대회제도가 우리나라의 인민민주의 기본 제도로서 우월성이 있다고 강조했다. "우리가 시행하는 것이 바로 전국 인민대표대회 일원제이고 이는 중국의 실제 상황에 가장 부합한다. 만약 정책이 정확하고 방향이 정확하면 이러한 체제의 이점은 매우 크고 국가의 번영이 발달하고 많은 골칫거리를 피하는 데 도움이 된다. 물론, 만약 정책이 잘못되었다면 어떤 원제도 소용이 없다."[246] 그는 또 다음과 같이 말했다. "다양한 형태의 민주를 구현하는 방법은 실제 상황에 따라 다르다. 예를 들면, 보편적 참정권을 위해 우리는 기층에서, 즉 향, 진 2급과 도시 지역 1급, 지역을 설립하지 않은 시 1급은 직접선거를 이행하고 성, 자치구, 지역을 설립한 시와 중앙은 간접 선거를 한다. 우리와 같은 대국은 인구가 많고 다민족

---

243) 덩샤오핑 문선(각주138), 212면.
244) 덩샤오핑 문선(각주139), 257면.
245) 덩샤오핑 문선(각주138), 195면.
246) 덩샤오핑 문선(각주138), 220면.

이며 지역 간에도 불균형하기 때문에 고위층을 직접 선거하기에는 아직 여건이 충족치 않다. 그리고 우선 문화적 소양이 좋지 않다."[247]

민주법제의 건설 과정에서 중앙의 권위를 수립해야 한다. "중앙에 권위가 있어야 한다. 개혁이 성공하려면 반드시 지도자가 질서 있게 진행하여야 한다. 그렇지 않을 경우 소란을 피우고 각자 자기주장대로 하면 어떻게 되겠는가? '너는 정책이 있고 나는 대책이 있다.'는 식으로 이행해서는 아니 되고 중앙 정책을 위배하는 '대책'을 이행해서는 안 된다는 말은 몇 년 동안이나 계속되어 왔다. 당 중앙과 국무원은 권위가 없으면 정세를 통제할 수 없다."[248]

(2) 사회 안정과 민주, 경제 건설의 관계에 대한 깊은 인식

덩샤오핑은 경제 건설이 민주에 대한 우선성을 인식하고 민주를 추구하는 활동이 경제 건설과 사회 안정을 저해해서는 안 된다고 요구하였다. "중국은 특히 경제발전에 집중해야 하는 과정에 있다. 만약 형식적 민주를 추구하면 결국 민주도 경제도 발전하지 못하고 국가적 혼란과 인심이 흩어지는 사태만 초래하게 된다. 이 점에 대해 우리는 깊이 있는 체험을 하고 있는데, 왜냐하면 우리는 '문화대혁명'을 겪었고 그것의 악과를 직접 보았기 때문이다. 중국은 인구가 많다. 오늘도 시위, 내일도 또 다른 시위, 365일 매일 시위행진이 일어난다면 그것을 경제 건설이라고는 전혀 말할 수 없다. 우리는 사회주의민주를 발전시켜야 한다. 하지만 허둥지둥해서는 안 된다. 서양의 그런 수법은 더욱 안 된다. 만약 우리의 현재 10억 명의 인구가 다당(多黨) 경선을 한다면 반드시 '문화대혁명'과 같은 '전면적인 내전'이라는 혼란스러운 국면이 나타날 것이다. '내전'이라고 해서 모두 총포를 쏘는 것은 아니다. 주먹과 나무막대도 격렬하게 사용될 수 있다. 민주는 우리의 목표이지만 국가는 반드시 안정을 유지해야 한다."[249] 따라서 "민주는 점진적으로 발전해야 하고 서양의 그 방식을 그대로 옮겨서는 안 되며, 그 방법을 적용하면 반드시 혼란이 온다."[250]

다시 말해, 민주를 발전시키기 위해서는 반드시 안정적으로 추진되어야 하며, 서양을 답습해서는 안 되며, "첫술에 배부르게"를 시도해서는 안 된다. 소위 말

---

247) 덩샤오핑 문선(각주138), 242면.
248) 덩샤오핑 문선(각주138), 277면.
249) 덩샤오핑 문선(각주138), 284-285면.
250) 덩샤오핑 문선(각주138), 196면.

하는 형식적인 민주는 쉽고 간단하게 단편적인 것만 추구하여도 경제 건설에 직접적인 영향을 미칠 것이다. 주요 모순을 포착하려면 특정한 역사적 발전 단계에서 민주에 대한 요구는 경제 건설에 종속되어야 한다. 즉 민주를 추진하기 위해서는 반드시 질서가 있고 지도자가 있어야 하며 절차가 있어야 한다.

(3) "안정과 단결"과 "생동감과 활기참"의 관계에 대한 깊은 인식

법적 조정을 포함한 사회적 조정의 기본 문제 중의 하나는 사회적 질서와 사회적 활력 사이의 균형을 맞추는 방법이다. "안정과 단결"과 "생동감과 활기기참"은 사회적 안정과 질서, 사회적 활력의 관계에 대한 생생한 진술이다. 덩샤오핑은 수십 년 사회주의 혁명과 건설의 실천과 교훈을 결합하여 "안정과 단결"과 "생동감과 활기참"에 대하여 변증법적으로 논술했다. 그는 다음과 같이 말했다. "안정과 단결도 필요하고 생동감과 활기참 또한 필요하다. 생동감 있고 활기참이란 쉽지 않다. 그러나 이는 안정적 단결에서 발전한 것이다. 우리의 사회주의제도 하에서 이 둘은 통일된 것이며 근본적으로는 그것들에 모순이 없고 모순이 있어서도 아니 된다. 만약 어떠한 시기, 어떠한 문제에서 생동감 있고 활기차며 안정적으로 단결하는 것이 의외로 모순이 생긴다면 어떻게 하겠는가? 그러면 반드시 안정적인 단결을 저해하지 않는 조건에서만 생동감 있고 질서 있게 나아갈 수 있다."251) 그러므로 "활발한 생활과 안정된 단결이 만약 모순이 발생한다면 안정된 단결이 방해되지 않는 조건하에서 활발한 생활을 실현하고 그래야만이 모두로 하여금 질서 있게 전진할 수 있다. '문화대혁명'의 경험이 이미 증명했듯이 동란은 전진할 수 없고, 후퇴할 수밖에 없고, 질서가 있어야만 전진이 가능하다. 우리나라 현재 상황에서는 안정과 단결이 없이는 모든 것이 없다고 말할 수 있으며, 민주를 포함해서 '쌍백방침(雙百方針: 문예를 번영시키고 과학을 발전시키겠다는 방침을 이르는 말)' 등 전부는 말할 나위가 못 된다."252)

(4) 법제로 사회 안정과 단결을 실현하는 질서 기능의 중시

법제는 지도적이고 질서 있는 사회주의 건설을 보장하는 중요한 방식이다. 1986년 덩샤오핑은 "우리의 사회주의 건설은 반드시 안정되고 단결된 조건하에

---

251) 덩샤오핑 문선(각주139), 251면.
252) 덩샤오핑 문선(각주139), 252면.

지도적이고 질서 있게 진행해야 한다.″[253]고 말했다. 1987년 덩샤오핑은 "사회주의 민주를 더 발전시키는 동시에 사회주의 법제를 강화하여 사람들의 우월성을 동원할 수 있어야 하고, 또 지도적이고 질서 있게 사회주의 건설을 진행할 수 있도록 해야 한다.″[254]고 지적했다. 여기에서 덩샤오핑은 법제의 질서 보장 역할을 중시하고 법제를 국가 통치의 효율적 방식으로 삼는 것을 알 수 있다. 여기에서 우리는 덩샤오핑이 염두에 두고 있는 민주와 법제의 기능, 즉 민주는 "인민의 적극성을 동원"하는 데에 사용되고 법제는 국가 건설을 "지도적이고", "질서 있게" 진행하도록 보장하는 것을 알 수 있다. 법제는 우선 국가를 다스리기 위하여 건설하는 것이며, 국가 지도자의 권위를 제고하고 사회의 안정과 단결을 위하여 봉사하는 것이다. 이 의미에서 법제는 민주에 대한 독립적인 가치를 가지고 있다.

4. 법적 권리 보장의 가치를 중시하기 시작하다.

정치인으로서 덩샤오핑은 국가를 관리하는 기본 개념과 방법에서 민주와 법제를 강화할 필요성을 강조하면서 광범위한 관점에서 문제를 검토했다. 사실상 그의 민주법제 사상 체계에서는 그는 주로 국가 권력의 운영을 강화하고 향상시키는 관점에서 문제를 논하고 있다. 그러나 그는 국가 지배 구조에서 권력의 역할 문제를 이미 중요시하기 시작했다는 점도 주목해야 한다.

인권문제를 언급함에 있어 덩샤오핑은 중국이 추구하는 것은 "다수의 인권"이라고 주장했다.[255] 비록 이는 인권과 국권이라는 틀에서 인권에 대해 논하는 것이지만 그가 이미 인권문제에 중요성을 부여하기 시작했다는 것을 보여준다. 덩샤오핑은 공동 번영의 달성, 빈곤의 퇴치, 착취의 근절을 옹호했으며 인민의 생활수준을 개선해야 한다고 주장했다. 이러한 견해는 권리와 인권과 같은 용어를 더 많이 사용하지는 않지만 실제로는 인민의 전반적인 생존권, 발전권, 행복권에 대한 높은 관심을 포함하고 있다.

공민의 권리를 보장함에 있어 덩샤오핑이 주로 강조하는 것은 공민의 민주적

---

253) 덩샤오핑 문선(각주138), 196-197면.
254) 덩샤오핑 문선(각주138), 210면.
255) 덩샤오핑 문선(각주138), 125면. 덩샤오핑은 다음과 같이 말했다. " …… 무엇이 인권인가? …… 소수인의 인권인가? 아니면 다수인의 인권인가? 전국 인민의 인권인가? 서양세계에서의 '인권'과 우리가 말하는 인권은 본질적으로 서로 관계없는 두 종류이고 관점도 서로 다르다."

인 권리이며, 이러한 민주적인 권리는 정치 참여에 관한 권리뿐만 아니라 경제적이고 민주적인 권리도 포함한다. 그는 "노동자 농민 개개인의 민주적 권리를 확실히 보장해 달라"[256]고 요구했다. 그는 다음과 같이 언급했다. " …… 모든 국민이 진정으로 다양한 효과적인 형식을 통해 국가를 관리하고, 특히 말단 지방 정부와 각종 기업·사업을 관리할 권리를 갖도록 보장해야 하며, 각종 국민의 권리를 향유하여야 한다."[257] 동시에 그는 "사람의 적극성을 동원한다."는 당시의 상투적 표현을 사용해 인민 군중의 적극성을 동원하여 민주 경제를 발전시켜야 한다는 점을 설명했다. 개혁개방의 초기에 경제를 발전시키고 개방을 활성화하려면 구체적으로 어디에서부터 돌파해야 하는가? 덩샤오핑은 사회 주체의 적극성을 자극할 필요성을 강조했다. "적극성을 동원하는 것이 최고의 민주이다."[258] 인민 군중의 적극성을 동원하는 것은 바로 사람들로 하여금 자발적이고 적극적으로 행동하게 하여 민주와 자신의 정당한 이익을 쟁취하게 하는 것이다. "적극성을 동원"한다는 표현에는 인민 군중의 권리에 대한 긍정이 내포되어 있다.

신 중국이 성립된 이래, 오랜 기간 동안 " …… 우리도 자각하지 못하고 체계적으로 인민의 민주적인 권리를 보장하는 각종 제도를 수립하지 않았으며, 법제는 불완전하고 중시를 받지도 못했다."[259] "누구나 다 자기 견해를 자유롭게 밝히"는 소위 "대 민주"는 인민의 민주적 권리를 보장하지 않으며, 인민의 권리를 짓밟는다. "문화대혁명"의 교훈을 통해 사회는 점차 민주의 권리가 반드시 법제에 의존해야 한다는 것을 보다 분명하게 깨달았으며, 법제의 보장이 없는 민주는 쉽게 변형되는 경향이 있으며 인민의 민주권리 또한 입으로만 말할 뿐 실행하지 못한다. 덩샤오핑은 다음과 같이 강조했다. "당내와 인민 내부의 정치 활동에는 민주적 수단을 취할 수밖에 없다. 억압하고 타격하는 수단을 취해서는 아니 된다. 헌법과 당장에 규정된 공민의 권리, 당원의 권리, 당위 위원의 권리는 반드시 단호하게 보장되어야 하며 누구도 침범해서는 아니 된다."[260]

덩샤오핑은 헌법의 개정과 보완을 통해 인민 권리의 보장에 대해 언급했다.

---

256) 덩샤오핑 문선(각주139), 146면.
257) 덩샤오핑 문선(각주139), 322면.
258) 덩샤오핑 문선(각주138), 242면.
259) 덩샤오핑 문선(각주139), 332면.
260) 덩샤오핑 문선(각주139), 144면.

"우리의 헌법을 더욱 완벽하고 치밀하며 정확하게 함으로써, 인민들이 진정으로 국가 각급 조직과 각종 기업·사업을 관리할 권리를 확실하게 보장해야 하며, 국민이 권리를 충분히 누릴 수 있어야 한다. 각 소수민족이 모여 사는 지역에서 진정으로 민족지역(구역)자치를 실시하려면 인민대표대회제도를 개선해야 한다."[261]

인민 군중의 민주적 권리는 반드시 적절한 방식에 의존해야 한다. "'4대', 즉 대명(大鳴), 대방(大放: 자기 생각을 자유롭게 말하는 것을 이르는 말), 대자보(大字報: 인민이 자기 견해를 주장하기 위하여 붙이는 대형의 벽보를 이르는 말), 대토론(大辯論)은 헌법에 기재되어 있다. 지금 역사의 경험을 총결산해 보면 이를 인정하지 않을 수 없다. 이 '4대' 접근 방식이 전반적으로 긍정적인 영향을 미치지는 않았음을 인정해야 한다. 군중이 충분한 권리와 기회를 가지고 지도자들에 대한 책임 있는 비판과 적극적인 조언을 표현하도록 해야 하는데, '누구나 다 자기 견해를 자유롭게 밝힌다.'는 낡은 방법은 분명히 이 목적을 달성하는 데 적합하지 않다."[262]

민주권력을 보장하기 위해서는 리더십 수준(지도자 측면)에서 민주집중제 원칙을 제대로 관철해야 한다. 이것은 바로 "중대한 문제는 반드시 집단적으로 논의되고 결정되어야 한다. 결정 시 다수결로 한 사람이 한 표식, 각 서기가 한 표씩만 가질 권리를 엄격히 실시하여야 하며, 서기 한 사람이 자유롭게 결정하게 하여서는 안 된다."[263]

이처럼 민주와 법제에 대한 덩샤오핑의 생각은 이미 민주의 효과를 완전히 발휘하고 법제에 대한 정치적 전제를 완전히 이해하기 위해 인민, 민주, 독재, 민주권리, 그리고 법제가 결합되어야 한다는 견해를 포함하고 있음을 알 수 있다. 동시에 이와 같이 내부적인 상호 작용에서 중국은 법제의 가치 지향과 기능을 보다 완전하게 이해할 수 있다.

5. 권력을 제한하는 법적감독의 가치를 중시하다.

덩샤오핑은 개혁개방 초기에 권력의 제한 문제를 제기했다. 그는 우리나라의

---

261) 덩샤오핑 문선(각주139), 339면.
262) 덩샤오핑 문선(각주139), 257면.
263) 덩샤오핑 문선(각주139), 341면.

정치체제의 주요 문제점 중의 하나가 바로 과도한 권력의 집중, 권력 행사의 관료주의, 권력의 부패라는 점을 인식했기 때문에 분권(分權: 권력을 구분함을 이르는 말)화가 권력 감독의 한 형태라고 믿었다. 분권화 개혁의 방향은 대체로 다음과 같다.

(가) 민주집중제의 집단적 결책의 이점을 발휘하여 개인의 전횡과 독단적 결정을 내리는 것과 권력에 욕심을 부리는 것을 억제해야 한다. 그는 다음과 같이 요구했다. "각급 당 위원회는 집단 지도자와 개인의 분업 책임을 결합하는 제도를 실행해야 하며, 중대한 문제는 반드시 단체에서 토론하고 결정해야 한다. 결정을 내릴 때 다수결로 하고, 한 사람당 한 표씩, 각 서기는 한 표의 권리만을 엄격히 실시해야 하며, 제1서기의 결정대로만 실행해서는 안 된다."264) "권력의 지나친 집중을 허용하지 않는 원칙에 관해서는 헌법에도 명시될 것이다."265) 이후 제정된 1982년 헌법은 국가 권력 체제의 설계 면에서 덩샤오핑의 이런 주장을 잘 보여준다.

(나) 당의 정부에 대한 "분권", 즉 당과 정부를 분리하여 당이 정부를 대신하는 문제를 극복해야 한다. "개혁의 내용은 무엇보다 당과 정부를 분리해 당이 어떻게 지도력을 발휘할 수 있는지에 대한 문제의 해결이다."266) "우리는 공산당의 지도를 준수해야 한다. 물론 감독과 제약도 있어야 한다. 지금 당·정의 분리를 제기하였으나 어쨌든 공산당이 지도하여야 한다. 이는 당의 지도력을 더욱 강화하고 개선하기 위해서이다."267)

(다) 중앙에서 지방으로의 분권, 상급자에서 하급자에게로의 분권, 지방과 하부기관의 능동성과 적극성을 충분히 발휘해야 한다. "중앙정부와 지방정부 사이의 관계를 해결하기 위해서는 분권화가 필요하며, 동시에 모든 지방 차원에서 분권화도 필요하다."268)

(라) 국가는 사회에 분권을 가하고 국가의 관여를 줄이고 사회 주체들에게 자유와 권리를 주어 그 주체성과 창조성을 발휘하도록 해야 한다. 국가는 너무 많이 관리해서는 아니 되고, 많은 일들은 국가가 관리하기에는 적합하지 않으

---

264) 덩샤오핑 문선(각주139), 341면.
265) 덩샤오핑 문선(각주139), 339면.
266) 덩샤오핑 문선(각주138), 177면.
267) 덩샤오핑 문선(각주138), 256-257면.
268) 덩샤오핑 문선(각주138), 177면.

며, 국가는 관리를 못 할 뿐만 아니라 잘 관리하지도 못 할 것이다. 덩샤오핑이 시장경제를 제창하여 계획경제와 과도한 집권을 비판한 것은 바로 국가가 사회에 힘을 줄 수 있도록 하려는 것이다.

덩샤오핑은 제도가 "부패방지(反腐, 부패를 반대)"보다 근본적이고 장기적이며, 제도가 권력을 제한하는 데 사용되어야 하고 특별 감독 기관이 권력을 제한하는 데 사용되어야 한다고 주장했다. 예를 들어, "가장 중요한 것은 공평무사(鐵面無私)하게 감독과 검사를 수행하는 전문 기관을 보유하는 것이다."269) 그는 당과 당원 간부들은 법을 엄격하게 준수하고, 법률 감독, 당내 감독, 군중 감독 등 각종 감독을 받아들여야 한다고 강조했다. 집단 감독을 강화하기 위해, "군중과 당원 간부, 특히 지도 간부들을 감독할 수 있도록 집단 감독 시스템이 필요하다."270) 그는 또한 당과 당원들에게 헌법과 법률에 복종해야 하며 헌법과 법률의 범위 내에서 활동해야 한다는 등의 요구를 하였다.

권력 감독은 서양 분권화 모델을 모방해서는 안 된다. 그는 다음과 같이 말한 적이 있다. "서양의 민주는 삼권분립(三權分立), 다당 경선 등이다. 우리는 서양 국가들이 이렇게 하는 것을 반대하는 것은 아니다. 그러나 우리 중국 대륙은 다당 경선을 하지 않고 삼권분립, 이원제도 하지 않는다. 우리는 전국 인민대표대회 일원제를 실행하고 이것이 중국 현실에 가장 부합한 것이다."271) 민주 권력의 감독과 개혁은 또한 민주의 사회주의적 본질을 견지해야 하고 "우리는 반드시 정치체제의 개혁을 수행해야 하며, 이러한 개혁은 소위 서양의 민주를 모방해서는 안 되고 그들의 삼권정립(三權鼎立)을 이용하여서는 안 되며, 그들의 자본주의제도를 모방해서는 안 되며 사회주의 민주를 이행해야 한다. 우리는 사회주의 국가의 관행과 자신의 상황에 근거하여 개혁의 내용과 단계를 결정해야 한다."272)

6. "양법(良法)"을 판단하는 근본적인 정치 기준을 제시하다.

법의 가치문제에 관한 핵심 문제 중의 하나는 양법이 무엇인지를 확립하는

---

269) 덩샤오핑 문선(각주139), 332면.
270) 덩샤오핑 문선(각주139), 332면.
271) 덩샤오핑 문선(각주138), 220면.
272) 덩샤오핑 문선(각주138), 240-241면.

것이다. 덩샤오핑은 개혁 개방이 심화되고 사회주의 본질적인 문제에 대한 인식이 심화되면서 정치체제와 정책이 올바른지 판단할 수 있는 적절한 이론을 제시했다. 이 이론은 엄격한 이데올로기의 짙은 안개를 없애고 그 "좌"의 이데올로기적 편견을 버리고 사회주의의 기본 가치 목표를 직접적으로 지적했다. 덩샤오핑은 법의 정치적 본질과 법과 국가의 내재적 관계의 관점에서 양법의 표준을 명시했다.

덩샤오핑은 국가 정치체제의 질을 판단하기 위한 몇 가지 기본 기준을 창의적으로 제시했다. 그중 가장 유명한 것은 "세 가지 이점"이다. 개혁개방과 각종 사회주의 건설에서의 성패를 판단하는 기준은 궁극적으로 "사회주의 사회의 생산력 발전에 도움이 되는지, 사회주의 국가의 전반적인 국가적 힘을 향상시키는 데 도움이 되는지, 국민의 생활수준을 향상시키는 데 도움이 되는지 여부를 확인하는 것"[273]이다. 그는 또 다음과 같이 언급했다. "우리는 한 국가의 정치체제, 정치 구조와 정책이 올바른지 평가하는 데 있어서 핵심은 세 가지를 검토하는 것이다. 첫 번째는 국가의 정치 상황이 안정적인지 확인하는 것; 두 번째는 인민의 단결을 증진시키고 인민의 삶이 개선될 수 있는지 확인하는 것; 세 번째는 생산력이 지속적으로 발전할 수 있는지를 확인하는 것이다."[274] 당의 "15대" 보고서는 다음과 같이 선언했다. "덩샤오핑 이론은 우리에게 해방사상, 실사구시의 확고성과 자각성을 강화할 것을 요구한다. 그리고 이것이 사회주의 사회의 생산력 발전에 도움이 되는지, 사회주의 국가의 전반적인 국력을 향상시키는 데 도움이 되는지, 국민의 생활수준을 향상시키는 데 도움이 되는지 이 '세 가지 이점'은 판단을 위한 기본 기준이며, 우리 사업의 새로운 국면을 개척하는 데 유리하다."[275]

이 판단 기준은 법제 상황의 질을 판단하는 데 완전히 적합하고 법제 건설의 수준을 가늠하는 데 적합하다. 이 판단 표준은 우리가 법제 건설을 이해하고 법률의 좋고 나쁨을 판단하는 데 있어 기본적인 사고를 지적한다. 법제 건설상황을 판단하는 기준도 "세 가지 이점"과 같은 기본 표준을 따라야 한다. 즉 법제 건설의 기본 목표는 사회 생산력의 발전, 인민 생활수준의 향상, 국가의 정치적

---

273) 덩샤오핑 문선(각주138), 372면.
274) 덩샤오핑 문선(각주138), 213면.
275) 지앙쩌민 문선, 제2권, 베이징, 인민출판사, 2006년, 10면.

안정성과 사회의 안정된 화합을 유지하는 것이다.

이런 법률 가치에 대한 이해는 특정 시기의 특정 반응에 초점을 맞추는 것이 아니라 사회주의의 기본 목적의 관점에서 법의 가치, 기능 및 본질을 검토하는 것보다 더 넓은 관점을 갖는다. 이러한 법률적 가치관은 높고 원대하며 덩샤오핑이 비판하는 이데올로기적 논쟁을 넘어선다. 그는 당시 이데올로기적 표현의 무의미한 논쟁에 대해 성"사(社)"와 성"자(資)"(姓社姓資: 경제 특구를 설치하고 개혁개방을 실시하는 것이 사회주의인가 아니면 자본주의인가에 대한 논쟁을 이르는 말)를 능가하는 논쟁, 특히 생산력의 기준을 벗어나 성"사"와 성"자"를 추상적으로 언급한 역사적 관념론을 분명히 했다. 그 법적인 의미는 법의 실제 사회적 영향에 따라 법의 본질과 기능을 단순히 이념적으로 계획하는 것을 포기하고 법이 진정으로 안정과 통일, 사회의 발전, 국가의 번영, 국민의 행복에 도움이 되는지 여부에 있다. "양법"을 판단하는 기준은 다음과 같다.

(1) 법률이 사회적 안정과 단결에 이로운지의 여부

이 "양법"의 측정 기준에 따르면, 법제의 가장 기본적인 가치 목표는 사회와 국가의 안정을 촉진할 수 있는지 여부이다. 이는 정치적 관점에서 법의 안정성 가치에 대한 긍정으로, 법체가 우선 평화롭고 안정된 질서를 창출하거나, 당시 자주 사용하는 표현법으로 말하자면 법률이 "안정적이고 단합된 정치국면"을 창조하는 데 도움이 되는지 여부를 확인하는 것이다. 사회가 안정되고 질서가 있어야 한다는 것은 기본이다. 그리고 사회 통합이 있어야 한다는 것은 더 높은 요구이다. 사회의 단결은 제도적인 동기부여 메커니즘을 필요로 하는데, 단결은 고압적인 통치에서 오는 것이 아니라 사회 구성원의 의식적이고 자발적인 상호 작용과 협력, 상호 이익과 상호 원조, 그리고 깊은 사회적 협력에 기반한 그들 간의 상호 의존에서 비롯된다. 사회의 단결은 사회적 통합이 유기적이고 상호적이며 의존적인 조합이라는 것을 의미하며, 이는 권위를 존중해야 하며 동시에 사회적 주체의 적극성과 주동성, 창의성을 존중해야 함을 의미한다.

(2) 법률이 인민의 행복에 유익한지의 여부

이 양법의 표준에 따르면 법제 건설의 근본적인 목적은 인민의 생활수준을 지속적으로 향상하는 것이다. 법률은 특정 계급의 의지를 나타내거나 표현해야 할 뿐만 아니라, 더욱 중요한 것은 법률의 실시가 인민에게 진정으로 유익해야한다는 것이다. 인민에게 유익한 법제는 기본적으로 인민의 생활수준을 향상시킬 수 있다는 것이다. 덩샤오핑 세대 지도자의 시대적 사명은 중국이 가난하고낙후된 모자를 벗어 던지고 인민을 잘 살게 하는 것이 가장 시급하고 중요한 것이었다. "빈곤은 사회주의가 아니다. 발전이 너무 느려도 사회주의가 아니다."[276]인민이 함께 부유해지지 않는다면 소위 사회주의는 자격을 갖춘 사회주의가 아니다. 인민의 행복한 삶이 없다면 모든 것은 공담(헛된 이야기)이라고 말할 수있다. 덩샤오핑은 간단한 "실용주의"를 통해 그러한 단순한 진리를 강조했다.

(3) 법률이 생산력의 해방과 발전에 유익한지의 여부

사회적 생산력을 발전시키는 것은 법의 중대한 사명이다. 어떻게 인민의 생활수준을 향상시킬 수 있을까? 그것은 바로 끊임없이 사회의 생산력을 해방시키고 발전시켜야 한다는 것이다. 더 높은 생산력의 수준 없이는 인민 생활수준의개선도 없고, 사회주의제도는 더 높은 사회 생산력을 개척하기 위한 거대한 가능성을 제공하나 고도로 집권된 계획경제 체제에서 사회주의제도의 이 잠재력을발휘하기에는 아직 많이 부족하다. 어떻게 하면 더 높은 사회적 생산성을 창조하는가? 그것은 바로 시장체제의 기능을 충분히 긍정하고 발휘하여 사람들의 적극성과 주동성, 그리고 창조성을 충분히 동원해야 한다는 것이다. 여기에서 법제의 가치관은 곧 인간의 자유, 권리 등의 요인들과 관련이 있다. 덩샤오핑의사회주의 시장경제에 대한 긍정은 법적인 관점에서는 우선 사람들에게 시장의자유를 긍정하고 경영의 자유, 창조의 자유, 계약의 자유, 거래의 자유 등 다양한 권리를 포함한다. 동시에 그중에는 국가의 관여 혹은 경제적 권력의 관리에대한 규범과 제한이 내재되어 있으며, 국가는 시장의 규율을 존중하고 시장에대한 관여를 줄이며 사회에 자율성을 부여해야 한다.

이 몇 가지 가치 기준은 우리나라 "양법" 정도를 판단하기 위한 정치적 표준이며, 사회주의 본질에 대한 이해가 법률적 가치에 대한 판단에 직접적인 영향을 미친다는 것을 보여준다. 이러한 가치 기준은 또한 법의 본질에 대한 해석으로 통합되어 본질과 가치를 전달하고 사회주의 법의 본질에 관한 새로운 이론이 형성하게 되었다.

---

276) 덩샤오핑 문선(각주138), 255면.

제5절 법적 사회주의 본질에 대한 재해석

법적 본질 이론은 법학에서의 기본적인 문제 중 하나이며, 마르크스주의는 법적 본질을 사회제도의 본질과 연관시켜 사회제도 본질에 기초한 법적 본질로 이해한다. 사회주의 법적 본질 문제의 기본 이론은 사회주의의 본질을 어떻게 이해하느냐 하는 것이다. 사회주의의 본질은 국제 사회주의 운동을 오랫동안 괴롭힌 주요 이론적 문제이기도 하다. 덩샤오핑 민주법제 사상의 주요 혁신 중 하나는 사회주의 본질을 재해석하는 기초에서 사회주의 법적 본질 이론을 재구성한 것이다.

1. 초급 단계 사회주의의 관점에서 법적 본질에 대한 이해

개혁 개방 초기 덩샤오핑은 실질적으로 다음의 네 가지 기본 원칙을 사회주의 본질로 이해했다. 마오쩌둥 사상의 계승, 이데올로기의 연속성 유지, 사회적 안정과 단결 유지, 경제 건설에 중점을 둔 요소를 고려할 때 개혁과 발전의 과정은 모두 사회주의의 본질을 강조하고 법제도 예외가 아니었다. 덩샤오핑은 줄곧 "사회주의 법제"라는 개념을 사용했다.

오늘날 중국의 사회주의 특징에 대한 확정은 중대한 이론 문제로서 우리나라 통치의 출발점과 중대한 개혁의 설계와 직접 관련된다. 덩샤오핑은 제2세대 핵심 지도자로서 사회주의의 본질과 발전단계 등에 관한 이론을 재해석하였으며, 개혁개방의 역사적 전개에서의 "어지러운 세상을 바로잡아 정상으로 회복하고(撥亂反正)", 근본부터 철저히 개혁하고(正本淸源), 상부의 지시를 받아 그것을 하부에 전달하여 관철시키고(承上啟下), 지난날의 사업을 계승하여 앞길을 개척(繼往開來)하였다. 그의 이러한 업적은 주요 정치적 리더십 역할을 하였다.

역사적으로나 사회적으로 다양한 이유와 "좌"의 사상적 영향으로 사회주의제도의 본질에 대해 다소 경직된 이해가 존재해 왔으며, '마치' 마르크스주의를 견지한다는 명목 하에 사회주의의 본질과 그 가치 추구를 곡해 왔다는 것은 부인할 수 없다. 어떻게 사회주의에 대한 경직된 이해를 타파하고 사상을 해방시키고 개혁 사업을 개척할 것인가 하는 중대한 임무 중의 하나가 되었다.

덩샤오핑은 거대한 이론 탐구에 대한 용기와 정치적 지혜로 그의 황혼의 해에 사회주의의 본질적 문제를 재해석하고 구성했다. 사회주의 본질을 재건함으로써 사회주의와 민주, 사회주의와 시장경제, 사회주의와 법제 등의 상호 관계에 대한 해석 공간을 크게 확장하여 사상을 크게 해방시켰다. 덩샤오핑은 민주법제의 사회주의적 성격을 견지하면서도 경직되고 "좌"에서 유래한 각종 이데올로기를 타파하는 경직된 이념의 속박을 반대하였다. 즉 이념과 제도 등 "사(社)"성과 "자(資)"성에 얽매어 있던 여러 가지 고민과 족쇄를 풀었다.

덩샤오핑은 시대발전의 대세에 순응하여 "계급투쟁을 대강"으로 하는 혁명투쟁 철학을 단호히 포기하고, 경제 건설을 중심으로 한 역사적 과정에서 개혁과 발전의 새로운 상황에서 사회주의의 핵심 이론을 재건하였다. 사회주의의 본질에 대한 그의 창조적 탐구는 사회주의 법적 본질의 이론을 설명하기 위한 넓은 공간을 크게 확장시켰으며, 또한 의법치국, 사회주의 법치국가의 정당성을 논증하기 위하여 넓은 이론 공간을 개척했다.

중국 특색 사회주의를 건설하려면 우선 무엇이 사회주의인지, 오늘날 중국은 사회주의의 어느 단계에 있는지를 정확히 파악해야 한다. 덩샤오핑은 현재 중국의 사회주의를 초급 단계의 사회주의로 규정해 "중국은 장기간 사회주의의 초급 단계에 처해" 있을 것이라는 중요한 논리를 형성했다. 그 이후로 지금까지 줄곧 이런 기본적인 국정 판단을 받들어 시행하는 것을 견지했다. 덩샤오핑은 다음과 같이 지적했다. "사회주의의 초급 단계는 저개발의 단계이다. 모든 것은 이 실제에서 출발하여 이 실제에 근거하여 계획을 세워야 한다."[277]

그의 지도와 인도하에 당의 13대는 사회주의 초급 단계의 이론을 제시하고 초급 단계의 기본 노선을 확립했으며 그 핵심은 바로 "하나의 중심, 두 개의 기본점"이다. 덩샤오핑은 당이 이 기본 노선을 견지하는 것을 중요시했다. 그는 "당의 11기 3중 전회 이래의 노선과 방침, 정책을 견지하려면 '하나의 중심, 두 개의 기본점'을 고수하는 것이 관건이다. 사회주의를 견지하지 않고, 개혁개방을 하지 않고, 경제를 발전시키지 않고, 인민 생활을 개선하지 않으면 오직 파멸의 길일 뿐이다. 기본 노선은 100년을 관리해야지 흔들려서는 안 된다. 오직 이 노선을 견지해야만 국민들이 당신을 믿고 지지할 것이다. 누구든지 3중 전회 이래의 노선과 방침, 정책을 바꾸어야 하고, 백성들이 응하지 않으면 누구든지 타

---

277) 덩샤오핑 문선(각주138), 252면.

도될 것이다."[278]고 말했다. 당이 이 기본 노선을 제시하고 견지하는 것은 덩샤오핑의 중대한 이론 공헌으로, 당대 중국 사회주의 발전 방향에 깊은 영향을 주었다.

당대 중국의 민주법제 건설은 반드시 초급 단계의 기본 국정에서 출발해야 하며, 반드시 초급 단계의 기본 노선을 둘러싸고 전개되어야 한다. 당대 중국의 민주법제는 초급 단계 사회주의적 배경 아래 있는 민주법제로서 국가와 사회 발전의 "초급 단계성"이므로 민주법제는 다른 나라의 발전 패턴이나 경험을 모방하거나 답습하지 말고 반드시 이러한 기본적인 국정에 기초하여 점진적으로 중국의 민주법제를 발전시키는 노선을 탐색해야 한다. 그래서 초급 단계의 국정과 기본 노선의 전제로 중국은 점차적으로 중국 특색 사회주의 민주법치 이론을 형성하였다. 중국 특색 사회주의 민주법치 이론의 가장 중요한 특징 중 하나는 초급 단계의 사회주의의 민주법치 이론이라는 것이고, 중국이 빈곤에서 부유하고 강력한 문명으로의 사회 전환의 필요에 부응하는 민주법치 이론이며, 초급 단계의 기본적인 국정 기반 위에서 끊임없이 풍부해지고 발전하고 있다는 점이다.

2. 생산력의 발전 측면에서 법적 본질에 대한 이해

덩샤오핑은 지속적으로 개혁개방과 현실적인 문제를 결합하여 고려하였다. 특히 사회주의를 망칠 수 있는 "좌파"경향의 사상에 대응하기 위해 사회주의의 본질과 근본 목적을 깊이 고민하였다. 그는 여러 차례의 담화에서 사회주의의 본질을 명확히 했다. 즉, "사회주의의 본질은 생산력을 해방시키고, 생산력을 발전시키고, 착취를 소멸하고, 양극화를 제거하여 궁극적으로 공동 번영을 달성하는 것이다."[279] 그는 또 다음과 같이 지적했다. "사회주의의 목적은 온 국민이 함께 부유해지는 것이고 양극화시키지 않는 것이다." "공유제가 주체를 차지하고, 함께 부유해지는 것은 우리가 사회주의의 기본 원칙을 견지해야 하는 것이다."[280] "사회주의는 소수의 사람들이 부유해지거나 대부분의 사람들이 가난해지는 그런 모습이 아니다. 사회주의의 가장 큰 장점은 공동 번영이며, 이는 사회주의의 본질을 구현하는 것이다."[281]

---

278) 덩샤오핑 문선(각주138), 370-371면.
279) 덩샤오핑 문선(각주138), 373면.
280) 덩샤오핑 문선(각주138), 110-111면.

이것은 사회주의제도 합법성의 첫째 조건으로, 더 높은 사회 생산력을 가져다줄 수 있다는 것을 보여준다. 덩샤오핑은 사회 생산력을 해방하고 발전시키는 것을 사회주의의 본질적인 규정에 포함시켰으며, 이는 마르크스주의의 가장 기본적인 원리를 지킨 것이다. 덩샤오핑은 사회주의가 강력한 생명력을 보여주고 인민 군중의 충심으로 옹호를 받으려면 반드시 더 높은 사회 생산력을 발전시켜야 한다는 것을 깨달았다. 그러나 그는 더 나아가 더 높은 생산력을 창출하는 것이 사회주의 자체의 본질적인 목적이 아니며, 사회주의의 더 근본적인 목적은 착취와 빈곤을 없애고 공동 번영을 실현하는 데 있다는 것을 인식했다. 착취를 소멸하고 공동 번영을 실현하는 것은 인간의 포괄적이고 자유로운 발전을 위한 기본 전제 조건이므로, 사회주의의 본질에 관한 덩샤오핑의 논술에서 인간의 전면적인 발전에 관한 이론은 더욱 확장될 수 있었다. 중국 특색 사회주의 민주법치 이론의 확립 단계에서 이 제안은 보다 완전하게 설명되었다.

사회주의의 본질과 목적은 정치적 전제로부터 민주법제 건설의 본질적인 목적을 정의한다. 민주법제의 근본적인 사명도 첫째는 사회 생산력을 해방하고 발전시키는 것이므로 법제는 법제 설계의 관점에서 생산력을 보다 빠르게 개발하고 생산력을 더 빨리 개발하도록 자극해야 한다. 사회 생산력의 발전에 영향을 미치는 각종 제도적 장애를 없애는 데 주력해야 한다. 생산력 발전의 성과를 공고히 해야 한다. 법제는 기본 재산권을 보장하고, 시장 질서를 촉진하고, 지적(지식)재산권을 보호하고, 사람의 각종 자유를 증진시켜 생산력의 발전을 촉진한다. 이 모든 것은 사회주의 법은 발전을 촉진하는 법, 부를 창출하는 법이라는 것을 의미한다. 이런 의미에서 계급투쟁의 이데올로기의 관점에서만 법제의 본질을 이해하는 관점과 관행은 버려졌다.

3. 인민의 행복을 증진시키는 관점에서 법적 본질에 대한 이해

사회주의의 "공동 번영"의 목표는 대부분 사람들의 요구와 소망을 가장 잘 나타내고, 이러한 사회주의제도만이 국민의 충심으로 옹호 받을 수 있고, 사람들의 창의성과 주체성을 불러일으킬 수 있다. 사회주의 법제의 근본적인 목적도 반드시 빈곤 퇴치를 촉진하고 공동의 부유를 이루어야 하며, 인민이 함께 부유

---

281) 덩샤오핑 문선(각주138), 364면.

해야 착취를 없앨 수 있고, 비로소 인간의 진정한 자유가 실현되고 전면적으로 발전할 수 있으며, 비로소 사회의 진정한 조화와 단결, 비로소 사회의 근본이 이루어질 수 있다. 공동 번영의 관점에서 당대 중국의 법적 본질은 사회주의 법은 사회의 조화를 촉진하는 법, 사회의 공동 발전을 촉진하는 법, 사회의 정의를 장려하는 법이어야 한다는 것이다. "공동 번영"이라는 기치 아래에서 법제의 국민성, 즉 법은 가장 많은 국민의 진정한 이익과 의지를 표현하는 법이 완전히 입증되었다.

요컨대 덩샤오핑은 사회주의 본질에 관한 새로운 이론은 우리나라의 사회주의 법적 본질에 대한 인식을 크게 촉진하고, 특히 방법론적 견지에서 우리에게 "우"의 혹은 "좌"의 이데올로기적 장애물을 제거하도록 자극했다. 모든 것은 초기 단계의 실제 상황을 바탕으로 하며, 모든 것은 인민의 최고의 행복을 기반으로 해야 한다. 법적 본질 문제에서도 반드시 여러 가지 경직된 사고를 무너뜨리고 비현실적으로 서양의 이론을 인용하여 야기되는 딜레마 또는 한계를 완전히 이해해야 한다. 이는 중국 특색 사회주의 법치 이론에서 법적 본질 개념을 공식적으로 확립하기 위한 매우 시사적인 발상을 제시했다.

제3장

중국 특색 사회주의 민주법치
이론의 풍부함과 발전

　중국 특색 사회주의 이론 체계는 끊임없이 발전하고 있으며 시대와 더불어 발전하는 이론적 성격을 가진 개방형 이론 체계이다. "발전을 실천한다는 것은 끝이 없으며, 진리를 인식하는 것은 끝이 없으며, 이론적 혁신은 끝이 없다."는 신념에 입각하여 이 이론은 실천 과정 중에서 끊임없이 풍부해지고 발전한다. 지앙쩌민(江澤民, 강택민) 동지를 핵심으로 하는 중앙 지도자 집단은 "3개 대표론(三個代表: 중국 공산당이 선진 생산력과 선진 문화, 광대한 인민의 근본 이익을 대표해야 한다는 정책 이념을 이르는 말)"의 중요한 사상을 제시하여 중국 특색 사회주의를 성공적으로 21세기로 이끌었다. 후진타오(胡錦濤) 동지를 총서기로 하는 중앙 지도자 집단은 과학적 발전관을 제시하고 새로운 역사적 출발점에서 중국 특색 사회주의를 견지하고 발전시켰다. 이로써 중국 특색 사회주의 노선과 제도를 견지하는 동시에 완전한 중국 특색 사회주의 이론 체계를 형성했고, 중국의 발전 과정에서 "이론적 확신"이 강화되었다. "3개 대표론"의 주요한 사상과 과학적 발전으로 덩샤오핑 이론(민주법제 이론 포함)을 풍부하게 발전시켰고 중국 특색 사회주의 이론체계를 함께 구성했다. 이 이론 체계는 새로운 시대에 민주법치 이론을 풍부하게 하고, 완전하고 성숙하게 하는데 근본적인 정치적 안내 역할을 하였다. "중국 특색 사회주의 민주법치 이론"이라는 개념과 이론 체계는 "3개

대표론"의 중요한 사상과 과학적 발전관의 안내에 의해 이루어졌다. 중국 특색 사회주의 민주법치 이론과 중국 특색 사회주의 노선과 제도를 지속적으로 탐색하고 형성하는 과정에서 점차 풍부해지고 발전해 왔다. 민주법치 사업을 추진하는 과정에서 개혁개방의 새로운 정세가 발전함에 따라 새로운 문제가 끊임없이 생겨났고, 민주법치 건설이 새로운 임무에 직면하여 새로운 국면을 개척할 필요가 있었으며, 시대와 더불어 발전하는 새로운 이론의 안내가 필요했다. 중국 특색 사회주의 민주법치 이론은 바로 이러한 배경에서 풍부해지고 발전되었다.

제1절 의법치국 방략의 수립

덩샤오핑이 제안한 법제 건설 기본 원칙에 근거하여, 의법치국의 전략을 추가로 제안한 것은 중국 특색 사회주의 민주법치 이론이 새로운 시기에 발전한 가장 중요한 성과 중의 하나이다. 치국방략(治國方略)은 국가 관리에서 가장 근본적인 방향이며 근본적인 대책 문제이다. 국가 전략이 적절하면 사회 발전은 더 안정적이고 빨라질 것이다. 신 중국이 성립된 이후 우리 당은 인민을 지도하여 어떤 사회주의를 건설하고 어떻게 사회주의를 건설할 것인가라는 큰 주제 아래 국정운영(治國理政)의 방략에 대해 장기간에 걸쳐 고심하여 최종적으로 의법치국 전략을 확립했다.

1. 의법치국 방략의 확립

계급투쟁과 독재가 주도하던 시절을 거친 뒤 개혁개방 사업이 점차 전개되면서 덩샤오핑은 제도 문제의 근본적, 장기적 측면을 강조하면서 당과 국가의 각종 제도 개혁을 주창해 오늘날 법치의 패러다임 전환을 열었다. 그 후, "3개 대표론"의 중요한 사상과 과학적 발전관을 나타내는 이론적 체계에서 당은 정식으로 의법치국의 치국방략을 공식적으로 수립하고 점차 강화했다. 의법치국의 기본 방략의 확립과 관철은 우리나라 국가 관리에서 중요한 이론적 혁신과 제도의 혁신이며, 실제로 "모든 세대를 위한 평화 개방"의 중대한 조치이다. "사회주의 법제의 완비"에서 의법치국 방략의 형성과 개선에 이르기까지의 과정을 거쳤다. 이 과정은 마침 집권당이 시대의 발전과 인민의 요구에 부응하여 용감하게 끊임없이 이론적인 혁신과 제도적인 혁신을 보여주었다.

1996년 2월 8일, 중국 공산당 중앙에서 개최한 중앙지도자 제3차 법제강좌회의에서 지앙쩌민은 당 중앙을 대표하여 처음으로 의법치국의 전략을 제안하고 정의했으며, 이에 대한 높은 수준의 정치적 입장을 수행했다. "사회주의 법제 건설을 강화하고 의법치국을 하는 것은 덩샤오핑 동지가 건설한 중국 특색사회주의 이론의 중요한 구성 부분이고 이는 우리 당과 정부가 국가와 사회 문제를 관리하기 위한 중요한 지침이다."[282] 그 후, 1996년 3월, 제8기 전국 인민대표대회 제4차 회의에서 채택된 "경제와 사회의 발전을 위한 '95'계획(제9차 5개년 계획을 이르는 말)과 2010년 비전 목표 개요"는 "의법치국으로 사회주의 법제국가를 건설"하는 것을 기본 치국방침으로 하고, 구체적인 작업과 요구 사항을 제시하였다.

1997년 9월, 중국 공산당의 15대 보고에서 의법치국을 국가를 다스리는 기본 방략으로 공식화하고, "법제국가"라는 용어 대신 "법치국가"라는 용어를 사용하였다. 이는 "의법치국"과 "법치"의 제1차 당의 강령적 문건이며, 15대는 "의법치국"을 치국의 기본 방략으로 확정하고, "사회주의 법치국가의 건설"을 사회주의 현대화의 중요한 목표로 삼았다. 또한 중국 특색 사회주의 법률제도를 건설하는 중요한 임무를 제시했다.

15대 보고서는 "의법치국은 많은 인민 군중이 당의 지도하에 헌법과 법률의 규정에 의하여 각종 경로와 형식을 통해 국가 사무를 관리하고, 경제 및 문화사업을 관리하며, 사회 문제를 관리하고, 국가의 다양한 업무를 보장한다는 것을 의미한다. 법에 따라 진행하고 사회주의민주의 제도화와 합법화를 점진적으로 실현함으로써 이러한 제도나 법률이 지도자의 변화로 인해 변하지 않으며, 지도자의 견해나 관심의 변화로 인해 변하지 않도록 해야 한다. 의법치국은 당이 국민을 이끌어 국가를 지배하기 위한 기본 전략이고, 사회주의 시장경제의 발전을 위한 객관적인 요구이며 사회 문명 진보의 중요한 징표이며 국가의 장기적인 안보에 중요한 보증이다. 당은 사람들이 헌법과 법률을 제정하도록 유도하고 헌법과 법률 범위 내에서 활동한다. 의법치국은 당의 지도를 견지하고, 인민민주의 증진 및 법에 따른 엄격한 업무 처리를 통일하여 제도와 법률로부터 당의

---

282) 지앙쩌민 문선, 제1권, 베이징, 인민출판사, 2006년, 511면.

기본 노선과 기본 정책의 관철 및 실시를 보장하고, 언제나 당이 전체 국면을 유지하고 각 층의 핵심 지도 역할을 조정하도록 보장한다."283)

1998년 3월 제9기 전국 인민대표대회 제1차 회의는 헌법 개정안의 형식으로 "의법치국으로 사회주의 법치국가를 건설"하는 것을 우리 헌법에 명시했다. 이는 헌법의 장엄한 형식으로 의법치국 방략을 정식으로 확립한 것이다.

당 중앙에서 의법치국 전략을 헌법으로 공식화한 이후 법치국가 건설이 추진되고 중국 특색 사회주의 이론과 제도가 모색되면서 의법치국의 전략도 풍부해지고 발전했다. 당은 의법치국 방략을 견지하는 기초에서 또 여러 방면에서 의법치국 방략의 구체적인 내용을 지속적으로 강화하고 발전시켰다.

2002년 당의 16대 보고서는 "법제를 완비하고 의법치국으로 사회주의 법치국가를 건설한다."고 재확인하였으며, 의법치국을 사회주의 민주정치의 중요한 구성 부분으로 삼고 "당의 지도를 고수하고 인민을 주인으로 삼는 것과 법에 따라 나라를 다스리는 것을 유기적으로 통일"284)함과 동시에 사회주의 민주를 더욱 보완하고, 사회주의 법제를 더욱 완비하고, 의법치국의 기본 방략에 따라 전면적으로 실천하는 것을 요구하여 전면적으로 국민 생활수준이 향상된 사회를 건설하는 것을 중요한 목표로 삼았다.

후진타오는 2004년 전국 인민대표대회 창립 50주년을 기념하는 대회에서 다음과 같이 지적했다. "의법치국은 의지할 법이 있다는 전제에 기초하고 있으며, 그 기초는 사회 전체의 법률 의식과 법제 관념을 향상시키는 것이 관건이다. 즉, 법에 따라 집권하고 법에 따라 행정하고 법에 따라 업무 처리하고 사법(司法)을 공정히 해야 한다. 의법치국은 의헌치국(依憲治國)을 하는 것이 우선이고, 의법집권(依法執政)은 의헌집권(依憲執政)을 하는 것이 우선이다."285) 의법치국의 관건을 의헌치국으로 명확히 하고, 의법집권의 근본은 의헌집권에 있다. 이는 법치 과정에서 헌법의 권위와 존엄을 유지하는 것이 중요하다는 것을 강조하며,

---

283) 덩샤오핑 이론의 위대한 깃발을 추켜들고 중국 특색이 있는 사회주의 건설 사업을 21세기로 전면적으로 끌어올리자, 중공중앙 문헌 연구실편, 15대 이래 중요한 문헌선집(상), 베이징, 인민출판사, 2000년, 30-31면.

284) 지앙쩌민, 국민 생활수준이 중류 정도가 되는 사회(小康社會: "샤오캉 사회"라고도 함)를 전면적으로 건설하고 중국 특색 사회주의 사업의 새로운 국면을 창립하자, 중국 공산당 제16차 전국 대표대회의 보고에서, 베이징, 인민출판사, 2002년, 31면.

285) 후진타오, 수도 각계 전국 인민대표대회 성립 50주년 기념 대회에서의 발언, 베이징, 인민출판사, 2004년, 11면.

의헌치국의 이념에 대한 당의 흡수와 재구성을 보여준다. 후진타오는 2007년에 "당의 사업 지상, 인민의 이익 지상, 헌법・법률 지상"이라는 "3개 지상"의 이념을 내세웠다. 이것은 의법치국과 의법집권, 의법치국과 의헌치국, 의법집권과 의헌집권, 민주와 법치, 헌법과 법치 등의 중요한 상관관계가 하나로 융합되는 것이다. 중국 특색 사회주의의 이론 체계 속에서 헌법, 인민, 정당, 법치 등의 내재적 관계를 재건하는 것은 중국 특색이 풍부한 국가 관리 이념을 구축하는 데 큰 의의가 있다.

2007년 17대 보고서에서는 "의법치국의 기본 방략"을 고수하고 관철해야 한다고 여러 차례 언급하였다. 또한 "의법치국의 기본 방략을 전면적으로 실행하고 사회주의 법치국가 건설을 가속화해야 하는 것"과 "사회주의 법치이념을 수립하고 국가의 모든 측면에서 법의 지배를 실현할 것"[286]을 제안했다.

2011년 우방궈(吳邦國)위원장은 당과 국가를 대표하여 우리나라가 중국 특색 사회주의 법률제도를 기본적으로 완성하였다고 선포한 것은 우리나라가 의법치국 사업을 이룩한 중대한 성과 중의 하나이다.

2012년 18대 보고서는 "의법치국 방략을 견지"하는 것과 "법치는 국정 운영의 기본 방식"임을 재확인하고 "전면적으로 의법치국을 추진"할 것을 총제적으로 요구하였다. 예를 들면, "과학적 입법, 법의 엄격한 집행, 공정한 사법, 모든 인민의 준법을 추진하고", "법은 반드시 따라야 하고 법은 반드시 엄해야 하며 법을 어기면 반드시 조사해야 함을 보증하고", "법률 앞에서 모든 사람이 평등함을 견지하고", "사회주의 법치정신을 널리 알리고, 사회주의 법치이념을 수립하며, 전 사회가 법을 배우고 법을 존중하고 법을 준수하고 법을 사용해야 하는 의식을 강화하고", "지도 간부가 법치 사고와 법치 방식을 이용하여 개혁을 심화시키고, 발전을 촉진하고, 갈등을 해소하고, 안정을 유지하는 능력을 제고해야 한다."[287]는 등이다. 이 보고서는 2020년까지 국민 생활수준이 중류 정도가 되는 사회를 전면적으로 건설한다는 거창한 목표 중 법치에 대한 기본적인 요구이고,

---

286) 후진타오, 중국 특색 사회주의의 위대한 깃발 추켜들고, 국민 생활수준이 중류 정도가 되는 사회를 전면적으로 건설하는 승리를 쟁취하기 위하여 분투하자, 중국 공산당 제17차 전국 대표대회에서의 보고, 베이징, 인민출판사, 2007년, 28면 참조.

287) 후진타오, 중국 특색 사회주의 노선을 따라 확고부동하게 전진하자, ‑ 국민 생활수준이 중류 정도가 되는 사회를 전면적으로 건설하기 위하여 분투하자, 중국 공산당 제18차 전국 대표대회에서의 보고, 베이징, 인민출판사, 2012년, 27‑28면 참조.

즉 "의법치국의 기본 방략이 전면적으로 정착하고, 법치정부(法治政府)가 기본적으로 수립되고, 사법 공신력이 끊임없이 향상되고, 인권이 확실히 존중되고 있음을 더욱 명확히 하였다."[288]

의법치국 방략에 의거한 제안은 혁명적 독재가 현대 중국의 전통적 통치로 전환하는 과정에서 주요 성과 중의 하나이다. 이 전략적 제안은 또한 "인민을 지도하여 전국 정권을 탈취하기 위하여 분투하는 당"에서 "인민을 지도하여 전국 정권을 장악하고 장기간 집권하는 당"으로 변모하는 과정에서 행해진 중대한 통치 혁신 중의 하나이다. 이 방략의 제안은 또한 우리의 당이 우환 의식으로 가득 차 있고, 시대와 더불어 발전하고, 중국을 번영과 위대한 부흥으로 이끄는 정당임을 보여준다. 의법치국의 기본 방략의 제시와 심도 깊은 관철과 함께, 오늘날 국가의 법치 건설은 신속하게 추진되어 중대한 성과를 거두었다. 그중 가장 주목할 만한 성과는 다음과 같다. 중국 공산당의 의법집권 의식과 능력이 크게 향상되고, 중국 특색 사회주의 법제제도는 기본적으로 완료되었으며, 의법행정(依法行政)과 법치정부의 건설이 전면적으로 추진되었고, 시장 경제발전의 규범에 맞는 법률제도도 점차적으로 완벽해지고, 인권 보호에 관한 법률제도도 부단히 완비되었고, 공정하고 효율적인 권위를 목표로 한 사법 개혁도 안정적으로 추진되었고, 권력의 제약과 감독 체제 메커니즘이 끊임없는 정비된 것 등등이다.

2. 의법치국 방략의 기본 내용

중국의 의법치국 방략은 중국 특색 사회주의 민주정치의 중요한 구성 부분으로, 우리는 우선 정치 문명의 차원에서 의법치국 방략을 이해하고, 정치 문명 건설의 전반적인 측면에서 그 본질과 역할을 인식해야 한다. 또한 의법치국 방략은 중국 특색 사회주의 건설 전반에 걸친 문제이고, 즉 우리는 경제 건설, 정치 건설, 문화 건설, 사회 건설과 생태문명 건설의 오위일체(五位一體)의 총체적인 구조에서 의법치국 방략의 중대한 의미를 인식해야 한다.

대체로 우리나라의 의법치국 방략은 최소한 다음과 같은 측면이 포함된다.

---

288) 후진타오(각주287), 17면.

(1) 의법치국은 인민이 법으로 관리하는 것이다.

이것은 의법치국과 국민이 주인이 되는 것과의 통일성을 강조한다. 의법치국의 최종 주체는 국민이며, 의법치국은 곧 국민이 법에 따라 국가를 관리하는 것이다. 누가 국가를 다스릴 권리를 갖고 있으며, 누구를 위해 국가를 다스릴 것인지, 이것은 의법치국 방략에서 가장 먼저 고려해야 할 문제이다. 우리나라에서는 국가의 모든 권력이 인민의 것이며 인민은 나라를 소유하고 관리하며 다스린다. 국가의 소유권과 관리권 그리고 수익권은 기본적으로 국민에게 속한다. 그러므로 민주 원칙을 따르는 것은 의법치국의 핵심이고 법치의 근본적인 정치적 전제 조건은 국민의 법과 민주적 법치라는 것이다. 명백히, 국민들은 자신의 통일된 의지를 형성하고 국가를 관리하며 권력을 행사하기 위해서는 법정 절차와 법률제도에 의존해야 하며, 법치화의 제도에 힘입어야 하며, 민주적인 한편 법치에 의존하여 운용되어야 한다. 인민은 국가를 다스릴 권리가 있고 인민도 반드시 법률에 의하여 다스려야 한다. 국가가 그렇지 않으면 인민의 의지는 형성하기 어렵고 보장받기도 어려우며 오히려 왜곡되고 남용되며 오용되기 쉽다.

(2) 의법치국은 당의 지도하에 인민이 나라를 다스리는 것이다.

이는 의법치국과 당의 지도의 통일성을 강조한다. 의법치국 방략은 공산당이 주요 역할과 지도력의 핵심 역할임에 특히 중점을 둔다. 헌법은 일찍이 중국 공산당이 우리나라 모든 사업의 지도력이며 당이 중국 특색 사회주의 사업의 지도적 핵심임을 확인했다. 중국의 법치 사업은 매우 어렵고 복잡하고 장기적이고도 위대한 사업이다. 오늘날 중국과 같이 장기간의 봉건 전통을 가지고 있고 민주 전통과 법치가 결여되어 있고 광범위하고 심각한 사회 근본 변형이 일어나고 있는 거대한 국가가 국내외 정세가 복잡다단한 상황에서, 이렇게 선례가 없는 영광스럽고 위대한 사업은 반드시 중국 공산당과 같은 강력한 지도력을 가져야만 가능한 것이다. 중국 공산당이 전체의 국면을 총괄하고 각 방면의 지도자 핵심 역할을 조율하는 것은 중국이 법에 따라 나라를 다스리는 방략을 전면적으로 시행하는 독특한 정치적 이점이며, 중국 사회주의 민주와 법치 사업이 순조롭게 추진되는 객관적인 요구 사항이다.

(3) 헌법·법률의 지상성(至上性)을 확립하다.

이는 의법치국과 의헌치국의 통일성을 강조한다. 의법치국 방략은 헌법과 법률이 사회 조종제도에서 최고 권위와 존엄을 갖도록 요구한다는 것이다. 법치국가는 우선 헌법에 따라 나라를 다스릴 것을 요구한다. 이는 헌법의 법률제도에서 핵심적인 지위를 확실하게 지키고 보장하며 헌법의 효력에서의 지상성을 확실히 보장하고, 전체 법률제도의 완전성과 내부 조율성을 보장하며, 특히 공권력이 헌법과 법률에 엄격하게 복종하도록 보장해야 하며 권력이 유효한 법적 구속을 받도록 해야 한다.

(4) 의법치국은 "양법"으로 나라를 다스리는 것이다.

이는 형식적 법치와 실질적 법치의 통일성을 강조한다. 앞서 언급한 바와 같이 의법치국이 할 수 있는 "법"은 형식적인 완전한 체계가 있을 뿐만 아니라 특정한 가치의 품격을 구비해야 하며, 즉 법에 따라 다스리는 것은 "양법"에 의거한 조치이다. 이는 곧 건전한 법적 절차를 통해 민주적 입법과 과학적 입법을 보장함으로써, 수립된 법이 많은 국민의 이익 요구와 의견을 충분히 반영하고, 모든 사람의 존엄성과 기본적 인권을 보장함으로써 법제도는 가치 지향에 있어 공정의 추구, 권력의 구속, 인권의 보장, 사회 발전의 촉진 등을 자신의 임무로 하도록 설계되어야 한다.

중국의 의법치국 방략은 인민이 국가의 주인이 되는 것과 의법치국, 당의 지도력과 의법치국, 헌법·법률의 지상과 법치, 형식적 법치와 실질적 법치의 통일성을 집중적으로 반영한다는 것을 알 수 있다. 이 "네 개의 통일"은 우리나라 법치의 중국 특색 사회주의 본질을 반영하기도 한다.

권위주의 정치에서 민주정치로 전환, "인치" 정치에서 "법치" 정치로의 전환은 현대 정치 문명과 법치 문명의 공통된 요구이다. 각국의 국가 관리는 모두 이 기본 추세를 따라야 한다. 그러나 각국은 국정, 전통 및 개발 방법이 다르기 때문에 민주로 나아가고 있는 국가와 법의 규칙은 고유한 특성을 가져야 하며, 법에 따라 국가를 관리하기 위한 전략도 모두 다른 이론과 실천 특색을 띠게 된다. 우리나라의 의법치국 방략도 의심할 여지없이 "중국 특색"과 "사회주의 특색"이 뚜렷하다. 의법치국 방략에 따라 완전한 이론 체계로서 중국 특색 사회주의 이론 체계에서 중요한 위치를 차지하고 있다. 이 두 가지 특색은 여러 방면에서 나타나고 있는데, 예를 들면, 의법치국 및 인민민주와 당 지도의 3자 통일, 의법집권과 의법치국의 상호 결합, 의법치국과 이덕치국(以德治國: 덕으로 나라를 다스리는 것을 이르는 말)의 상호 결합을 견지하고, 사회주의 법치 이념을 고수하고 사회주의 법치 정신을 발양한다는 등이다. 아래에서 이러한 특징들을 각각 설명하고자 한다.

3. 의법치국 방략을 확립하는 중대한 의미

사회주의 국가의 흥망성쇠(興衰成敗), 특히 중국의 민주법제 건설에 대한 역사적 경험과 교훈에 근거한 정확한 인식은 우리 사회의 큰 방향에 대한 실제적이고 정확한 파악에 기초하고 있으며, 세계 정치 또는 법률 문명 발전에 대한 깊은 통찰에 근거하고 있다. 마르크스주의와 더불어 발전하는 이론에 기초하여 우리 당과 국가는 시대의 흐름에 순응하고 역사적 기회를 포착하여 중국 사회 발전의 중요한 시점에서 국정 운영의 근본적인 방식에 있어서 중대한 선택을 하여 의법치국의 기본 치국방략을 확립했다. 이는 중국이 장기적인 평화와 안정을 달성하고, 중국 특색 사회주의 사업의 전면적인 추진과 중화민족의 위대한 부흥의 실현에 중대하고도 심원한 의의를 가지고 있다. 15대 보고서에 의해 확인된 바와 같이 의법치국은 "사회주의 시장경제를 발전시키기 위한 객관적인 필요이며, 사회 문명 진보의 중요한 상징이며 국가의 장기간 안정에 대한 중요한 보장이다."[289]

의법치국 방략을 견지하고 실현하는 중대한 현실과 역사적 의미는 주로 다음과 같은 측면에서 나타난다. 의법치국은 사회주의 시장경제의 발전을 촉진하고 사회 생산력의 발전에 도움이 되며, 사회주의 민주정치 건설을 촉진하고 진정으로 인민이 국가의 주인이 되고 중국 특색 사회주의 문화 건설의 추진과 사회주의 핵심 가치의 보급에 도움이 된다. 조화로운 사회를 위하여 가장 안정적이고 창조적인 사회 통치 방식을 제공하고, 사회의 공정성과 정의를 촉진하며, 생태 문명 건설을 촉진하고 아름다운 중국을 건설하며 중화민족의 영속적인 발전을 도모하고 법률 문화의 혁신을 촉진하고 중국 특색의 법률 문명을 창시하는 데

---

289) 지앙쩌민 문선(각주275), 29면.

도움이 되며, 당의 집권 방식의 중대한 전환에 도움이 되며, 집권당인 중국 공산당이 항상 왕성한 생명력을 유지하고 중화민족을 부흥으로 이끄는 선진성을 유지하도록 한다.

요컨대, 의법치국을 위한 실용적이고 포괄적인 방략은 중국이 부강, 민주, 문명, 화합을 향해 나아가는 유일한 방법이며, 의법치국 방략의 포괄적인 이행은 중국 특색 사회주의 사업을 강력하게 추진할 수 있다는 것을 보장해 준다. 따라서 이는 과학의 발전, 사회 문명의 진보, 인간의 전면적인 발전을 추진하는 데 없어서는 안 될 관리 이념이다.

4. 풍부한 의법치국 방략

의법치국 방략의 함의는 중국 특색 사회주의 민주법치의 실천 과정에서 부단히 풍부해지고 발전해 왔다. 여기에서 주요하게 사회 조정의 기본 방략의 측면에서 법률, 도덕, 정책 3자 간의 관계를 적절히 다루어야 할 것을 뚜렷하게 강조했다. 이 3자의 상호 간의 관계는 당대 중국의 상황에서 의법치국 방략을 완전하게 이해하는 데에 중요한 의미가 있다.

(1) 의법치국은 이덕치국과 상호 보완하는 관계이다.

덩샤오핑 이론은 물질문명과 정신문명인 "양손 잡기"를 고수하며 사회주의 정신문명이 중국 특색 사회주의의 중요한 특징임을 확인했다. 이를 바탕으로 15대 보고서는 "법제 건설과 정신문명 건설은 반드시 긴밀하게 결합되어 함께 추진되어야 한다."고 제안했다. 그 후 지앙쩌민은 치국방략의 차원에서 "의법치국의 실행은 이덕치국과 상호결합"할 것을 강조하고 "의법치국과 이덕치국은 서로 협력하고 보완"한다는 것을 추가로 제안했다.

2001년 6월 중앙사상정치 작업회의의 연설에서 지앙쩌민은 다음과 같이 지적했다. "사회주의 시장경제를 발전시키는 조건하에서 중국 특색 사회주의를 더잘 구축하기 위해 우리는 반드시 그에 상응하는 사회주의 법률제도를 확립해야 하며, 그에 부합하는 사회주의적 이념적 및 도덕적 체계를 형성해야 한다. 상부구조의 일부인 법과 도덕은 사회 질서를 유지하고 사람들의 생각과 행동을 규범화하는 중요한 수단이며 이들은 상호 연결되고 상호 보완된다. 법치는 권위적이고 강제적인 수단으로 사회 구성원의 행위를 규범화하고, 덕치(德治: 덕으로 다스리는 것을 이르는 말)는 사회 구성원의 말과 설득으로 이념적, 도덕적 인식을 강화시킨다. 도덕규범과 법률규범은 서로 결합하여 통일된 역할을 수행해야 한다. 좋은 도덕적 특성을 가진 사람들은 의식적으로 의를 행하고 악을 쫓아내고 선을 추구하며 악을 처벌할 수 있으며, 이는 고귀함을 추구하는 데 도움이 되고, 선진적이고 좋은 사회적 분위기를 장려하며, 사회주의 시장경제의 건전한 발전을 보장하고, 모든 민족적 소질을 촉진하는 데 도움이 된다."[290]

지앙쩌민은 2001년 1월 전국 선전부장회의 연설에서 이덕치국과 의법치국의 결합 문제를 명확하게 언급했다. "우리는 중국 특색 사회주의를 건설하고 사회주의 시장경제를 발전시키는 과정에서 사회주의 법제 건설을 꾸준히 강화하며 의법치국에 의지해야 하며, 동시에 사회주의 도덕 건설도 꾸준히 강화하여 도덕적으로 국가를 관리해야 한다. 한 국가의 통치에 있어서 법치와 덕치는 항상 상호 보완하며 서로를 촉진한다. 양자 중 하나라도 없어서는 안 되며, 한쪽만 소홀히 해서도 안 된다. 법치는 정치 건설, 정치문명에 속하며, 덕치는 사상 건설, 정신문명에 속하여 양자의 범주는 다르나 그 지위와 기능은 매우 중요하다. 우리는 법제 건설과 도덕 건설을 긴밀히 결합시켜야 하며, 의법치국과 이덕치국을 긴밀히 결합시켜야 한다."[291]

16대 보고서에서 이덕치국과 의법치국을 상호 결합하는 것을 중국 특색 사회주의 건설의 중요한 경험 중 하나로서, "물질문명과 정신문명을 양손으로 잡고, 의법치국과 이덕치국을 상호 결합하여 실행"할 것을 제안했다. 18대 보고서는 "의법치국과 이덕치국은 서로 협력하고 보완하고", "의법치국과 이덕치국의 상호 결합을 견지"할 것을 강조했다. 당의 18기 4중 전회는 "의법치국과 이덕치국의 결합"을 의법치국을 위한 기본 원칙으로 삼았다.

이덕치국의 핵심은 사회주의 시장경제, 민주법치 및 조화로운 사회를 구축하는 데 있어 필수적인 도덕 건설의 중요한 역할을 강조한다. 이데올로기적 업무, 정치적 업무, 이데올로기 및 도덕적 소양 교육의 중요한 통치 역할을 강조하여 사회주의 핵심가치체제 건설의 주요 관리 역할을 강조한다. 이덕치국 이념에서 말하는 "덕치"는 대체로 "애국주의, 집단주의, 사회주의 교육", 사회주의 핵심가치체제의 건설[292], 사회 공공의 도덕, 직업적 도덕, 가정의 미덕, 개인덕목의 교

---

290) 지앙쩌민 문선, 제3권, 베이징, 인민출판사, 2006년, 91-92면.
291) 지앙쩌민 문선(각주290), 200면.

육, 청렴성 구축(정부 업무 무결성, 비즈니스 무결성, 사회적 무결성 및 사법적 신뢰성 등 포함), 시민 의식 교육[293] 등을 포함한다. 넓은 의미에서, 이덕치국의 근본은 국정 운영에 더욱 강력한 도덕적 기반을 제공하기 위한 것이고, 국정 운영에서 법치 관리는 반드시 그러한 인류 문명으로 축적된 기본적인 문명 가치 원칙을 지키고 존중하도록 국가를 다스리는 것을 요구한다. 따라서 여기에서의 "덕"은 사회주의 핵심 가치 체제에서 강조하는 자유, 평등, 법치, 민주, 조화, 공정, 인본주의와 같은 중요한 가치이다. 덕치의 근본은 이러한 가치원칙을 준수하고 옹호하며 이행하는 것이다. 국가의 덕은 이처럼 가장 중요한 문명의 가치를 지키는 데 있으며, 국가의 정당성도 이러한 원칙을 실행하는 데에 있다. 그렇지 않을 경우 덕치라고 말할 수 없다.

당대 중국의 국정 운영에는 이덕치국이 사회주의 법치국가의 구축과 조화로운 사회를 실현하고, 국가의 장기적인 평화와 질서를 달성하고, 당의 집권 정당성을 향상하는 등에 중요한 현실적 의의가 있다고 강조하였다. 이덕치국의 이념은 사실상 "3개 대표론"의 주요한 사상이 치국방략에 있어서 중요한 탐색 중의 하나였다. 나라를 다스리는 근본은 당에 있고 당의 지도와 집권의 근본은 선진성에 있으며 당의 선진성의 근본은 그보다 높은 수준의 도덕 수준을 대표하고 있다.

의법치국과 이덕치국의 결합은 이론과 실천의 정당성을 뒷받침한다. 도덕적인 건설이 당연히 법치를 다스리는 지위와 역할을 대신하려고 시도해서는 안 되지만, 법치 건설로는 대체할 수 없는 역할도 있을 수 있다. 치국방략 측면에서 이덕치국이라는 중대한 과제를 제기하는 것은 분명히 고대의 도덕과 권력 및 강제의 일체화된 덕치 모델로 돌아가자는 것이 아니다. 또 법치의 장점과 기능을 희석시키려는 것이 아니라 법치의 장점과 특징을 더 잘 살려내겠다는 것이다. 이덕치국의 이념으로 법에 따라 나라를 다스리는 전 과정을 관통하여, 법에 따라 나라를 다스리는 데 강한 정신적 동력을 제공한다. 법치 건설은 보다 강력한 도덕적 뒷받침을 받아야만 생기와 활력이 넘치며, 비로소 정식제도 정비

---

292) 18대 보고의 제기 방법에 따르면 사회주의 핵심 가치 체계에서의 가치 목표는 주요하게 "부강, 민주, 문명, 조화, 자유, 평등, 공정, 법치, 애국, 경업, 성신, 우선" 등을 포함한다.
293) 17대 보고의 제기 방법에 따르면 공민 의식교육을 강화하는 것은 "사회주의 민주·법제, 자유·평등, 공평·정의의 이념을 수립"하는 것이다.

의 원가를 최대한도로 절감할 수 있다. 더 중요한 것은 이덕치국의 "덕"은 법치의 기본 가치 요소를 구성할 수 있다는 것이다. 즉, 법치 건설은 자유, 평등, 인간 중심, 사회적 화합 등의 기본 가치를 추구해야 한다는 것이다. 따라서 기계적으로 양자를 대립시켜 양자가 서로 협력하고 보완하는 면을 볼 수 없게 해서는 안 된다.

(2) 의법치국은 의법집권과 결합해야 한다.

덩샤오핑의 민주법제 이론의 기본 요점 중 하나는 중국 특색 사회주의 사업의 전 과정은 반드시 공산당의 지도를 견지해야 하고 법제 건설은 반드시 당의 지도하에 진행되어야 한다는 것이다. 덩샤오핑은 주로 정치관리 원칙의 관점에서 당의 지도를 견지하는 것은 법제 건설에 중대한 의미가 있음을 강조했다. 덩샤오핑을 핵심으로 하는 당 중앙위원회는 당 지도부의 핵심 입장을 고수하면서 "당은 반드시 헌법과 법률의 범위 내에서 활동해야 한다."는 중요 명제를 내걸고 당장과 헌법으로 확인하도록 추진했다. 당의 지도를 견지한다는 것과 당은 헌법과 법률의 범위 내에서 활동해야 한다는 이 두 가지 측면은 국가를 다스리는 기본 정치 원칙의 높이에서 당의 집권 지위와 기능에 대하여 정확하게 자리 매김한다. 이는 법에 따른 집권 문제를 거론한 데 대한 직접적인 시사점을 제시한다.

"3개 대표론"의 중요한 사상과 과학적 발전관의 이론적 체계에서는 당의 지도를 견지하는 동시에 당의 국정운영 방식에 대하여, 보다 깊은 탐색을 실시했다. 법에 따라 국가를 관리하는 전략을 수립하고 시행함에 따라 당의 지도력과 관리 방법에 새로운 이론적 돌파구가 있었고, 당의 지도력과 법에 따라 국가를 관리하는 관계에 대한 새로운 이론적 인식이 생겼다. 그중 가장 중요한 것은 법에 의거하여 문제를 제기하고 논술한 것이며 의법집권과 의법치국 사이의 내재적 관계를 체계적이고도 명백하게 논술한 것이다. 법에 따라 집권하는 것은 법에 따라 나라를 다스리는 당연한 요구이며, 당의 지도를 개선하기 위한 당연한 요구라고 할 수 있다.

당의 지도를 견지하는 것에서부터 공산당의 집권을 제안하는 것과 당의 과학적 집권의 제안, 민주집권과 의법집권에 이르기까지 이 모든 것은 모두 당이 지도 방식을 개혁하고 개선하는 지속적인 진보임을 나타낸다. 의법집권, 민주집권은 새로운 역사적 조건하에서 당의 지도를 견지하고 보완하는 최적의 방식이라고 할 수 있다.

15대 보고서에서 최초로 당의 집권 개념을 규정했다. "공산당의 집권이란 인민이 국가를 관리하는 권력을 장악하고, 민주 선거를 실시하며, 민주적인 결책과 민주적인 관리와 민주적인 감독을 실시하고, 인민이 법에 따라 광범위한 권리와 자유를 누리도록 사람들을 이끌고 지원하며, 인권을 존중하고 보호하는 것이다." 16대 보고서에 대한 간결한 진술은 다음과 같다. "공산당의 집권은 국민을 국가의 주인 역할을 할 수 있도록 이끌고 지지하며, 인민 군중을 광범위하게 동원하여 법에 따라 국가와 사회를 관리하고, 경제와 문화 사업을 관리하며, 인민의 근본 이익을 보호하고 실현하는 것이다." 후진타오는 공산당 집권의 범주를 간결하게 확립했다. "중국 공산당의 집권은 바로 인민이 주인 역할을 하는 것을 지도하고 지지하고 보증하는 것이고 가장 많은 인민의 근본적인 이익을 보호하고 실현하는 것이다."294) 따라서 공산당의 집권은 오직 인민이 주인이 되는 수단과 방식일 뿐이라는 것을 알 수 있다. 그 궁극적인 목적은 인민이 법에 따라 권리와 자유를 향유하고, 가장 많은 인민의 이익을 지키기 위해서이며, 인권을 존중하고 보장하기 위해서이다. 이러한 범주의 확정은 의미가 중대하며 명확하게 공산당 집권의 근본적인 목적을 지향하는 것을 제기하고 집권의 관점에서 당과 인민의 관계, 민주와 인권의 관계 등의 중대한 문제를 명확히 했다.

16대 보고서는 명확하게 "의법집권을 견지"하고 "반드시 법제 관념을 강화하고, 당의 지도를 견지하는 것과 인민이 주인 역할을 하는 것과 의법치국을 통일하는 것에 능숙해야 하며, 끊임없이 의법집권의 능력을 향상시켜야 한다."고 명확하게 언급했다. "당의 지도는 주로 정치 및 사상과 조직의 지도이고, 국정방침의 제정을 통하여 입법 건의를 하고, 중요한 간부를 추천하고, 사상 선전을 하며, 당 조직과 당원의 역할을 발휘하며, 의법집권을 견지하고, 국가와 사회에 대한 당의 지도를 실행한다."295)

2002년 12월, 후진타오는 현행 헌법 규정 20주년을 기념하는 총회 연설에서 다음과 같이 설명했다. "당의 16대에서 당은 의법집권을 견지하고, 각급 당위원회와 지도 간부들은 반드시 법제 관념을 강화하고, 당의 지도를 강화하고 능숙

---

294) 후진타오(각주285), 10면.
295) 지앙쩌민 문선(각주290), 555면.

하게 해야 한다. 이것은 당의 지도를 강화하고 개선하는 데 있어서 당의 지도
방식과 집권 방식을 개혁하고 보완하며, 당의 집권 능력과 집권 수준을 향상시
키는 데 극히 중요한 의미를 갖는다."296)

2004년 9월 당의 16기 4중 전회에서 "당의 집권력 강화에 관한 결정"이 통과
되었다. 이 결정은 집권당 집권 전환의 3대 목표, 즉 과학집권, 민주집권과 의법
집권을 제시했다. 이 결정은 의법집권의 내용과 요구를 체계적으로 논술하여 법
에 따라 집권하는 것은 법에 따라 나라를 다스리는 전략의 고도에서 당의 집권
전환에 대해 제기되는 필연적인 요구이고, 법에 따라 집권하는 것은 새로운 역
사적 조건하에서 당이 집권하는 하나의 기본 방식이다. 당은 "의법치국을 견지
하고, 입법을 지도하고, 앞장서서 법을 준수하고, 법을 집행할 것을 보장하며,
국가의 경제, 정치, 문화, 사회생활의 법제화, 규범화를 끊임없이 추진해야 한
다."297)

2006년 6월 후진타오 동지는 중공중앙정치국 제32차 집단연구(집체학습)에서
발표된 연설은 의법집권의 의미를 더욱 구체화했다. "의법집권은 의법치국과 사
회주의 법치국가를 건설하는 것을 견지하고, 입법을 지도하고, 앞장서서 법을
준수하고, 법의 집행을 보증하고, 국가의 경제, 정치, 문화, 사회생활을 끊임없이
법제화 및 규범화하고, 법치의 이념, 법치의 체제, 법치의 절차를 통해 당이 인
민을 지도하여 효과적으로 국가를 다스리는 것을 보장한다."298)

18기 4중 전회는 의법치국에 대한 보다 포괄적이고 체계적인 정의를 확정했
다. "당이 헌법에 의거하여 국정을 다스리고, 당내 법규에 근거하여 당을 관리
해야 한다. 반드시 당 지도부는 입법을 고수하고, 법의 집행을 보장하며, 사법을
지지하며, 법을 지키는 일에 앞장서야 하며, 의법치국의 기본 방략과 의법집권
의 기본 방식을 통일하여, 각 인민대표대회, 정부, 정협(政治協商會議, 정치협상회
의), 재판기관, 검찰기관의 법적인 규정에 의한 기능의 수행을 당이 전반적으로
총괄하고, 당이 인민을 지도하여 헌법과 법률을 제정 및 시행하고 당과 같이 헌
법과 법률의 범위 내에서 활동할 것을 통일하고, 당의 주장을 법정 절차를 통하
여 국가의 의지로 하고, 당 조직이 추천한 사람을 법정 절차를 통하여 국가 정

---

296) 후진타오, 수도 각계 중화인민공화국 헌법 공포 및 실행 20주년 기념 대회에서의 발언, 중공
　　중앙 문헌 연구실편, 16대 이래 중요한 문헌선집(상), 베이징, 중앙문헌출판사, 2005년, 74면.
297) 중공중앙 문헌 연구실편, 16대 이래 중요한 문헌선집, 베이징, 중앙문헌출판사, 2006년, 275면.
298) 후진타오, 중공중앙 정치국 집체 학습에서의 발언, 인민일보, 2006년 7월 3일.

권 기관의 지도자가 되게 하고, 국가 정권 기관을 통하여 당이 국가와 사회에 대한 지도력을 구현하고, 민주집중제도의 원칙을 운용하여 중앙의 권위를 보호하고 전당·전국이 단결 및 통일하는 것을 유지하고 보호한다."[299]

의법집권은 의법치국의 중요성을 강조할 뿐만 아니라, 당의 지도를 견지하고 개선하는 것의 중요성을 강조했으며, 오늘날 중국의 정치발전 이전의 실질적인 특징을 결합하여 총결산하는 중요한 이념이다. 법에 의한 집권은 법에 의한 국가 관리의 방략에 대한 풍부함과 심화이며, 의법치국의 요구에 따라 의법집권을 보장하는 것이다. 후진타오는 다음과 같이 말했다. "의법지국은 단순히 제도적, 법적으로 인민이 주인이 될 뿐만 아니라 제도적으로도 법률적으로도 당의 집권을 보장한다." 따라서 의법치국의 관건 중의 하나는 법에 따라 집권하는 것이다.[300] 의법집권의 실천은 의법치국의 기본을 전면적으로 정착시키는 데 새로운 활력을 불어넣었다. 후진타오는 중국 공산당 창립 90주년 기념 대회에서 "90년 중국의 발전과 진보를 돌이켜보면 중국이 일을 잘 처리한 것은 당이 관건적인 역할을 했기 때문이라는 결론을 얻을 수 있다."[301] 오늘날 중국의 정치 현실을 보면, 중국이 법에 따라 나라를 다스리는 것을 실현하는 데 있어서 관건은 당에 있다. 당의 의법집권의 수준이 높아짐에 따라 당, 특히 당 지도 간부의 준법 의식이 강하고 권력이 법의 감독 및 제약을 받는 의식이 강하면 의법치국의 과정은 매우 크게 가속화될 것이다.

의법집권은 당의 지도 방식을 개선하여 당의 집권 지위를 공고히 하며 당이 인민 군중의 마음속에서의 위상을 유지하고 향상시키는 데 도움이 된다. 의법집권은 당의 업무를 여러 방면으로 실현하여야 한다. 의법집권의 관건은 의헌으로 집권하는 것이다. 12대 보고서에 따르면 당의 여러 차례 대회의 보고서에서 모두 "당이 인민을 지도하여 헌법과 법률을 제정하고 당은 반드시 헌법과 법률의 범위 내에서 활동해야 한다."는 관점이 강조되었는데, 여기에는 헌법의 권위에 대한 당의 존중이 반영되어 있다. 이 중요한 관점은 의법집권과 의법치국이 상호 결합하는 하나의 중요한 연결점이다. 당의 입법, 집법, 사법 업무에 대한 지도를 개선한 것을 보면, "당의 입법 업무에 대한 지도를 강화하고, 당의 주장을

---

299) 시진핑, 중공중앙이 의법치국의 전면적인 추진에 관한 여러 중대한 문제의 결정, 인민일보, 2014년 10월 29일.

300) 후진타오(각주285), 11면.

301) 후진타오, 중국 공산당 성립 90주년 축하 대회에서의 발언, 베이징, 인민출판사, 2011년, 9면.

법정 절차를 통하여 국가의 의지가 되도록 하는 데 능숙하며, 제도적으로 법적으로 당의 노선 및 정책 방침을 관철하여 실행하는 것을 보증하고, 이러한 제도와 법률이 지도자의 변화로 인해 변화하지 않도록 하고, 지도자의 견해와 주의력의 변화로 인해 변경하지 않도록 한다. 전당 동지(전체 당원), 특히 지도 간부는 법제 관념을 확고히 수립해야 하고 헌법과 법률의 범위 내에서 활동할 것을 견지하고 앞장서서 헌법과 법률의 권위를 보호해야 한다. 국가 기관이 법에 따라 직권을 행사하고 법치의 궤도에서 각 사업의 전개를 촉진하고, 공민과 법인의 합법적 권익을 보장하도록 독촉하고 지지하고 보장한다. 정법 사업에 대한 당의 지도를 강화 및 개선하고, 심판기관과 검찰기관이 법에 따라 독립적이고 공정한 심판권과 검찰권을 행사할 것을 지지하고, 사법 대오의 자질을 제고하고, 사법 활동에 대한 감독과 보장을 강화하도록 지원해야 한다."[302]는 것을 요구한다.

제2절 중국 특색 사회주의의 전체 구성에서 법제 건설에 대한 인식

덩샤오핑은 경제, 사회, 정치의 전반적인 개혁 및 개발에서 법률제도 구축을 고려하여 법률제도 구축을 위한 몇 가지 기본 전제 조건을 명확히 했다. "3개 대표론"의 중요한 사상과 과학적 발전관은 여기에서 기본적으로 더욱 잘 전개되고 있는데, 그 중대한 혁신은 중국 특색 사회주의의 전체 구성의 차원에서 더욱 전면적으로 중국 특색 사회주의 민주법치의 근원을 인식하고 구축하는 데 있다. 우리나라의 민주법치 건설은 중국 특색 사회주의의 총 구성의 일부이며, 총 구성의 구조 하에 경제, 사회, 문화 등 모든 역량의 도움을 얻어 전면적으로 추진된 것이기도 하다. 이 책의 다음 몇 장의 주제는 각각 민주법치와 경제, 정치, 문화, 사회 및 생태문명 등의 밀접한 관계를 서술한다. 이러한 연계 속에서 법치 건설 추진의 중점과 난점, 방식, 방법 등을 한층 더 깊이 파악해야 한다. 또한 민주법치 건설은 반드시 중국 특색 사회주의 사업의 실천과 모든 과정에서 뿌리를 내려야 한다는 점을 더 깊이 이해해야 한다. 본 절에서는 오위일체의 총

---

302) 중공중앙 당의 집권 능력 강화 건설에 관한 결정, 인민일보, 2004년 9월 27일.

구성이 법치의 근간을 구축하는 것에 대한 중요한 의미를 요약해서 논의하고자 한다.

1. 법치는 "오위일체" 총 구성에서 확정한다.

일찍이 1986년 당의 12기 6중 전회에서 경제 건설을 중심으로 경제체제 개혁을 확고히 하고, 정치체제 개혁을 확고히 진행하며, 정신문명 건설의 총체적인 배치를 확고히 할 것을 처음으로 제기했다. 이 "삼위일체" 구도는 당의 13대에서 16대까지 이어졌다. 당의 16기 6중 전회는 사회주의가 조화로운 사회를 구축하는 중대한 임무를 제기하여, 총체적으로 배치를 "사위일체"로 확장하여 사회 건설을 증가시켰다. 당의 18대는 생태문명 건설을 내세우며, 총체적인 배치를 다시 "오위일체"로 확대했다. 이 "오위일체"의 총체적인 배치는 전 국민의 경제, 정치, 사회, 문화, 생태의 다섯 가지 권익에 대응하고 있다. 당의 18대 보고서는 중국 특색 사회주의 사업의 총체적 배치를 "사위일체"에서 "오위일체"로 확장시켰는데, 이는 우리 당이 중국 특색 사회주의 건설 규율에 대해 인식에서 실천까지 모두 새로운 수준에 도달했음을 보여준다.

사회주의 민주법치의 건설은 정치 영역에서 단둘이 싸우면 이룰 수 있는 사업이 아니라 사회생활 여러 방면에 걸쳐 함께 노력해야만 이룰 수 있는 사업이다. 사회주의 법치 이론의 구조는 정치 문명의 정체성 속에서만 깊이 이해할 수 있으며, 나아가 사회주의 민주법치 이론의 구조는 중국 특색 사회주의 시장경제, 사회주의 조화로운 사회, 사회주의 선진 문화, 사회주의 생태의 전반적인 배치에서 이해해야 한다. 다시 말해, 반드시 중국 특색 사회주의의 총 구상에서 민주법치의 문제를 이해해야 한다. 이것은 민주법치의 문제의 중요한 방법론 원칙을 이해하는 것이며, 곧 민주법치를 사회관계의 보편적인 관계에 놓고 이해해야 하며, 그것을 사회의 전반적인 구조에 넣어 이해해야 한다. 이는 민주법치 건설의 난이도와 경로를 더 잘 인식하고 이해하는 데 도움이 될 것이다.

중요한 사상과 과학적 발전관을 대변하는 "3개 대표론"의 민주법치 이론의 중대한 혁신은 바로 민주법치의 정치, 경제, 사회와 문화의 기초를 이론적, 체계적으로 밝히고 실천 속에서 꾸준히 그 기반을 다지는 것이다. 법치의 경제 및 사회와 문화에 대한 이론적 탐구도 법치 건설의 가치 지향과 제도 지향을 논리적으로 설명하려는 시도로 보인다. 법치를 추진하는 동력은 사회구조와 사회관계의 그 자체에서 나오고, 사회관계의 요구도 법치의 가치와 기능을 확고히 하여 법치 건설 노력의 방향을 명확히 제시했다.

아울러 민주법치의 경제 및 사회와 문화적 토대를 모색하는 것은 실질적으로 시장경제 건설 및 조화로운 사회 건설과 선진 문화 건설이 법치에 대한 기대와 의존을 어떻게 인식하는가를 모색하는 것이다. 다시 말하자면 법치의 원칙을 더욱 높은 수준으로 관철하는 것을 통하여 의법치국을 전면적으로 추진해야만이 경제 및 사회와 문화의 전면적인 진보를 더욱 빨리 추진할 수 있다는 것이다.

민주법치의 근간을 이루는 이론적 틀은 민주법치와 시장경제, 조화로운 사회, 문화 등의 내재적 연관성을 보여준다. 민주법치와 이들 사이의 내재적 관계에 대해서는 다음 몇 가지 장에서 체계적으로 논술하겠다.

2. 법치의 정치적 토대는 사회주의 민주정치에 있다.

덩샤오핑의 민주법제 이론은 정치의 전반적 시야에서의 인식을 강조하고 법제의 건전화와 민주의 강화가 내재적으로 연결되어 있음을 드러내었다. 이 관점은 "3개 대표론"의 중요한 사상과 과학적 발전관에서 한층 더 발전했다. 법제의 완비에서 의법치국 방략을 제기하고, 나아가 인민민주 및 당의 지도와 의법치국 3자의 유기적 통일에 이르기까지 점차 중국 특색 사회주의 민주정치의 근본적인 원칙이 형성되어 중국 특색 사회주의 민주법치 이론의 핵심 입장을 보완했다.

(1) "3자 통일"론의 제기

15대 보고서는 "중국 특색 사회주의 정치를 건설하는 것은 중국 공산당의 지도 아래 인민이 주인이 되는 기초 위에서 의법치국으로 사회주의 민주정치를 발전시키는 것이다."[303]

16대 보고서는 정치 문명의 개념을 명확히 제시하고 사회주의 정치 문명을 국민 생활수준이 중류 정도가 되는 사회(小康社會, "샤오캉 사회"라고도 함)를 전면적으로 건설하는 중요한 목표로 삼았다. 이 보고서는 정치 문명의 틀 안에서 민주정치를 발전시키는 "3자 통일" 이론을 제시했다. "사회주의 민주정치를 발

---

303) 지앙쩌민 문선(각주275), 17면.

전시키는 데 있어 가장 기본적인 것은 당의 지도력, 인민이 국가의 주인이고 법에 따라 나라를 다스리는 것을 유기적으로 통일시키는 것이다. 당의 지도력은 인민이 나라의 주인이 되고 법에 따라 나라를 다스리는 것의 근본적인 보장이며, 인민이 주인이 되는 것은 사회주의 민주정치의 본질적인 요구이고, 의법치국은 당이 인민을 지도하여 국정 운영을 하는 기본 방략이다."[304] 여기에서 정식으로 사회주의 민주정치의 근본적인 특징, 즉 당의 지도를 견지하고 인민민주와 법에 따라 나라를 다스리는 3자 간의 유기적 통일을 확립했다. 여기에서 명확하게 확립된 "3자 통일"은 당대 중국 특색 사회주의 민주정치의 근본적인 특징과 중요한 이점이며 우리나라가 의법치국 방략과 법치국가 건설을 위한 근본적인 방향성이기도 하다.

2003년 후진타오는 사회주의 정치 문명에 대해 다음과 같이 지적했다. "정치 문명 건설을 추진함에 있어 가장 근본적인 것은 당의 지도와 인민이 주인이 되는 것과 의법치국의 유기적인 통일을 견지하는 것이다. 이는 우리가 정치 문명 건설을 추진함에 있어 반드시 따라야 하는 기본 방침이고, 우리나라의 사회주의 정치 문명이 자본주의 정치 문명과 구별되는 본질적인 특징이기도 하다."[305] 의법치국을 정치 문명으로 이해하는 것은 법치를 강조하는 정치의 근간을 부각시키는 것이며, 제도, 법치 등이 법치 건설에서의 중요한 역할을 하는 것을 부각시키는 것이다. 정치 문명의 핵심은 바로 제도 문명이고, 법치 원칙에 기초하는 제도 문명이다.

17대 보고서는 "중국 특색 사회주의 정치발전의 노선을 견지하고 당의 지도를 견지하며, 인민이 주인이 되어야 하며, 의법치국의 유기적 통일을 견지해야 한다."[306]고 재확인했다. 18대 보고서도 "당의 지도를 견지하고 인민이 주인이 되어야 하며, 의법치국과 유기적으로 통일하여 인민이 주인이 되어 사회주의 국가를 발전시키는 것을 근본으로 하여, 당과 국가의 활력을 증진시키고 인민의 적극성을 동원하는 것을 목표로 해야 하며, 사회주의 민주를 확대하고, 사회주의 법치국가의 건설을 가속화하고, 사회주의 정치 문명을 발전시켜야 한다."[307]

---

304) 지앙쩌민(각주284), 31면.
305) 후진타오, 사회주의 정치문명 건설에 관하여, 중공중앙 문헌 연구실편, 16대 이래 중요한 문헌선집(상), 베이징, 중앙문헌출판사, 2005년, 146면.
306) 후진타오(각주286), 28면 참조.
307) 후진타오(각주287), 25면.

고 재차 밝혔다.

(2) "3자 통일"에서 의법치국의 정치적 전제에 대한 이해

"3자 통일"론은 3자의 근본적인 목표에 있어서 3자의 일치성을 드러내는데, 그것은 바로 인민민주를 더 잘 실현하기 위한 것이다. 인민민주는 사회주의의 생명이다. 인민이 주인이 되는 것은 사회주의 민주정치의 본질이자 핵심이다. 의법치국과 당의 지도는 모두 인민민주를 더 잘 실현하는 방식이나 경로로 여길 수 있고 이는 인민민주를 실현하는 데 반드시 필요한 경로라고 볼 수 있다.

의법치국과 인민민주는 유기적으로 통일된 것 이다. 헌법과 법률은 당의 주장과 인민의 의지의 반영이다. 의법치국은 바로 당의 지도와 인민민주를 집중적으로 구현하는 전문적 장치이다. 법에 의해 엄격하게 일을 처리함으로써 어떤 조직과 개인도 헌법과 법률을 초월하는 특권을 갖지 못하도록 하는 것이야말로 인민민주와 당의 유력한 지도를 보장하는 가장 좋은 방식이다.

의법치국과 당의 지도는 유기적으로 통일된 것이다. 당은 중국 특색 사회주의 사업 가운데에서 지도자의 핵심적 지위와 역할을 하여, 당이 전반을 총괄하고 각 측의 지도 방식을 조율하며, 당이 의법집권을 하는 정치적 자각은 반드시 모두 의법치국 방략에 의지해야 하는 것이다. 12대 이래 확립된 "당이 인민을 지도하여 헌법과 법률을 제정하고 당은 반드시 헌법과 법률의 범위 내에서 활동한다."는 관점은 바로 의법치국과 당의 지도가 유기적으로 통일되었다는 것을 보여주는 교합점이다. 그러나 의법집권은 의법치국 방략과 당의 지도력을 상호 결합한 것이다. 의법치국도 사실상 당 지도부가 실제로 당이 인민을 지도하여 주인 역할을 하게하고 국정운영을 하는 기본 방략이다. 지앙쩌민은 다음과 같이 말했다. "의법치국은 당의 지도하에서 진행된다. 당의 지도와 인민민주를 발양하고 법에 따라 엄격하게 일을 처리하는 것은 통일된 것이다. 모든 업무와 모든 전선은 언제나 사상적, 정치적, 조직적 그리고 제도적으로 당의 기본 노선과 방침 정책을 관철하고 실시하는 것을 보장하며, 당이 언제나 핵심적인 지도 작용을 하도록 보장해야 한다. 이것은 하나의 근본적인 원칙이다."[308] 당이 유능하고, 임기응변적이며, 위망이 있어 의법치국 방략을 추진하는 데에 근본적인 원인은 당의 선진성에 있으며, 대다수 사람들을 위하여 당을 건설하고 인민을 위

---

308) 지앙쩌민, 전국 정법작업회의에서의 발언(1997년 12월 25일), 인민일보, 1997년 12월 26일.

해 집권하는 근본 취지에 있다. 따라서 당이 선진성의 추구에 의해 결정되고 당의 지도는 의법치국의 근본적인 보증이자 의법치국을 추진하는 강력한 핵심 역량이 되는 것이다.

인민민주와 당의 지도는 유기적으로 통일된 것이다. 이 양자의 유기적인 통일은 우리 당이 일관되게 견지해온 입장이다. 인민민주는 우리 당이 시종 드높이 빛나는 기치이다. 당의 지도는 인민민주의 올바른 방향을 보장하고 당의 선진적인 성격은 당이 인민을 더 높은 수준의 민주로 이끌 수 있도록 한다. 중국과 같이 오랜 봉건적 전통을 가지고 경제사회 발전이 뒤떨어진 대국이 정치민주를 이룩한 것은 공산당과 같은 권위 있는 힘을 가진 자들이 없었다면 전체 인민을 통솔하고, 인민의 지혜와 요구를 집중시켜, 여러 방면의 국정·민정·사정(國情民情社情)을 두루 아우르는 신속한 추진이 어려웠을 것이다. 당은 인민민주의 부단한 확장을 촉진하는 주요 역량이고, 당의 정확한 지도와 인도는 국가가 전환을 위한 정치와 사회적 비용을 최대한도로 절감하고, 당의 지도는 인민민주 노선을 명확히 하고 각종 기득권의 울타리를 깨는 강력한 보증이다. 당의 지도가 인민 민주를 촉진한다는 것은 여러 가지로 표현되는데, 그중 중요한 점은 바로 당내 민주로 인민민주를 이끌어 가는 것이다. 당 내의 민주가 없으면 당은 그 정확한 지도를 가지고 있을 수 없고 그 권위를 갖기도 어렵다. 당내 민주와 인민민주와 밀접하게 관련되어 있다. 17대는 "당내의 민주를 확대하여 인민민주를 이끌어 당내의 화합을 증진시키고 사회 통합을 촉진시켜야 한다."[309] 18대는 민주 발전이라는 "중국 노선"을 견지하고 심화시켰다. "당내 민주는 당의 생명이다. 민주집중제도를 견지하고, 당내 민주제도체계를 건전하게 하여 당내 민주로 인민민주를 이끌어야 한다."[310] 인민민주의 수준이 향상되어 당의 지도방식과 지도예술 모두에 대해 더 높은 요구가 제기되었다. 바로 민주정치를 발전시키는 천하의 대세에 근거하여 당의 지도 수준을 제고하고, 치국이념 측면에서 의법집권, 민주집권을 할 것을 요구했다. 인민민주는 당의 활동이 민주적 원칙을 관철해야 한다고 요구하는데, 그중 첫째가 민주집권을 하고, 민주원칙을 통하여 당의 지도적 정당성의 기반을 강화하는 것이다.

의법치국 및 인민민주와 당 지도의 유기적 통일이 중대한 이론의 혁신으로

---

309) 후진타오(각주286), 51면.
310) 후진타오(각주287), 51면.

서, 우리가 중국 특색 사회주의 민주정치를 더욱 깊이 인식하고 사회주의 법치 국가를 구축하는 데 직접적이고 지향적인 의미를 가진다. 이 "3자 통일"의 이론 은 의법치국이 하나의 중대한 정치 임무이며, 중국 특색 사회주의 사업의 전체 계획에 복종해야 하며, 당의 건설 및 인민민주 건설과 함께 추진해야 한다는 것 을 보여준다. 단순히 법적인 관점에서만 문제를 바라보는 한계를 극복하고 정치 발전의 큰 국면에서 의법치국의 전반적인 추진 문제를 인식해야 한다.

"오위일체"의 총 구성에서 보자면 법치는 민주정치의 일부이며, 법치의 정치 기반이나 전제는 인민민주적인 법치가 정치 건설과 결합해 하나가 되어야 한다 는 것이다. 이 책의 "중국 특색 사회주의 민주법치와 정치 건설"이라는 장에서 우리는 이 명제들에 대한 논술을 상세히 전개할 것이다.

3. 법치의 경제적 기반은 사회주의 시장경제에 있다.

생산력을 해방하고 발전시키려면 반드시 사회주의 시장경제를 힘껏 발전시켜 야 한다. 덩샤오핑이 남방담화에서 제기한 독창적인 견해에 따르면 14대에서 사 회주의 시장경제 체제의 개혁 목표를 확립했고 개혁개방과 현대화 건설은 새로 운 단계에 진입했다. 계획경제 체제에서 사회주의 시장경제 체제로 전환한 것은 개혁개방의 새로운 역사적 돌파를 실현한 것이고 우리나라 경제, 정치와 문화의 발전에 새로운 국면을 열었다.[311] 사회주의 시장경제 건설은 중국 특색 사회주 의 노선과 총 구성의 중요한 구성 부분이다.

법치의 시장경제 기반을 이해하려면 시장경제와 법치의 양자 간에 상호 지지 와 조화가 있어야 한다는 것을 인식해야 한다.

한편, 사회주의 시장경제는 법제 건설에 새로운 요구를 제기한다. 법치는 사 회주의 시장경제의 내재적 요구이고 사회주의 시장경제는 법치 경제이다. 시장 경제는 순조롭고 건강하게 발전해야 하며, 좋은 시장성제가 되려면 반드시 법치 의 시장경제가 되어야 한다. 사회주의 시장경제를 구축하고 보완하는 과정에는 상응하는 법제 건설을 추진하는 것을 중요시해야 한다. 예를 들면, 1993년 14기 3중 전회에서 통과된 "사회주의 시장경제 체제 완비의 몇 가지 문제에 관한 결 정"은 사회주의 시장경제 체제의 수립과 보완을 보장하기 위하여 반드시 사회주

---

311) 지앙쩌민(각주284), 6면 참조.

의 법제의 통일을 견지하고, 사법 업무를 강화하고 개선하여 한다고 하였다. 법에 의해 형사 범죄와 경제 범죄를 처벌하고, 경제와 민사 분쟁을 적시에 처리하고, 경제발전과 공민의 합법적 권익을 보장해야 한다. 2003년 16기 3중 전회의 "중공중앙 사회주의 시장경제 체제 정비에 관한 몇 가지 문제에 관한 결정"은 경제법제의 건설을 전면적으로 추진하고 의법치국의 기본 방략에 근거하여 제도를 확립하고, 권한과 책임을 규범화하고, 권익을 보장하고, 경제 입법의 강화에 착안해야 함을 명확하게 제기했다. 시장 주체와 중개조직인 법률제도, 재산권 법률제도, 시장거래 법률제도를 완비하고 예산, 조세, 금융, 투자, 노동, 취업과 사회 보장 등에 관한 법률제도를 정비하고, 사회 영역과 지속 가능한 발전 등 다방면의 법률법규 등을 정비해야 한다. 이 결정은 또 법의 집행과 감독의 강화, 행정의 법적집행 체제를 개혁, 행정법의 집행 및 사법 재판과 검찰 능력과 수준 향상, 법제의 통일과 존엄성의 수호, 사법 체제 개혁의 추진, 사법의 공정성 유지 등을 요구했다.

한편, 법치에 대한 시장경제의 열망은 법치 건설이 신속히 추진될 수 있는 강대한 원동력이다. 법치의 진보는 시장 경제발전과 일치하고 상호 지지한다. 시장경제의 급속한 발전에 따른 자유와 평등의 요구, 권력에 대한 제약과 감독의 요구, 시장 질서에 있어서의 규칙의 요구 등은 모두 의법치국을 추진함에 있어 반드시 의지해야 할 중요한 사회적 자원이다.

따라서 "오위일체"의 총구도로 볼 때 민주법치의 경제적 토대는 중국 특색 사회주의 시장경제에 있고 시장경제는 내재적으로 법치를 필요로 하며, 시장경제 건설은 민주법제 추진에 있다. 우리는 이 책의 "중국 특색 사회주의 민주법치와 경제 건설"이라는 장에서 이 문제를 전개해 자세히 논술하고자 한다.

4. 법치의 문화적 토대는 진보된 사회주의 문화에 있다.

문화는 민족의 응집력과 창의력의 중요한 원천이 되고, 시간이 갈수록 종합적인 국력 경쟁의 중요한 요소가 되고 있는 시대이다. 따라서 사회주의 선진 문화를 반드시 부단히 발전시켜 문화의 대 발전, 대 번영을 촉진하며 사회주의 문화 강국을 건설해야 한다.

당의 16대는 "국민 생활수준이 중류 정도가 되는 사회를 전면적으로 건설하는 것은 반드시 사회주의 문화를 힘껏 발전시키고 사회주의 정신문명을 건설해야 한다." "당대 중국에서 선진 문화를 발전시키는 것은 현대화의 지향, 세계의 지향, 미래의 지향으로 발전하는 것이고, 민족적 과학적 대중적 사회주의 문화로 사람들의 정신세계를 끊임없이 풍요롭게 하고 사람들의 정신력을 증강시키는 것이다."[312]고 여겼다. 당의 17대는 다음과 같은 요구를 제기했다. "사회주의 문화의 대 발전, 대 번영을 추진하자", "사회주의 문화의 대 번영을 추진하고, 사회주의 선진 문화의 진로를 견지하여 사회주의 문화 건설의 새로운 고조를 일으키고, 전 민족문화 창조의 활력을 북돋우며, 국가 문화 소프트파워를 제고해야 한다."[313] 18대에서는 사회주의 문화 강국의 건설을 추진하고, 중국 특색 사회주의 문화 발전의 노선으로 나아가야 하며, 전 민족의 문화 창조의 활력 증진, 문화 생산력의 해방과 발전 등을 강조했다.[314]

민수법치 추진과 사회주의 선진 문화 건설 사이에는 밀접한 관계가 있다. 선진 문화의 대 발전, 대 번영의 관점에서 법률제도, 법치 이념을 바라보는 것은 한편으로는 법치의 발전을 생각하는 데 새로운 시각을 제공할 수 있고, 법치의 진보를 추진하는 정신력을 더욱 깊이 인식하여 법치의 진보를 위한 새로운 추진력을 찾을 수 있다. 다른 한편으로 문화 발전을 위한 새로운 보장 체제를 찾을 수 있도록 법치 사유와 법치 방식을 더 많이 활용해 문화 건설을 추진해야 한다.

(1) 선진 문화 건설에 있어서 법칙의 의의

문화 건설에는 민주법치에 대한 제도와 이념 구축, 관념 육성이 포함되어 있으며, 문화적인 측면에서 법제는 문화의 일부분이다. 법제와 법치를 문화 건설에 통합하고 법률제도 및 법치이념과 법치정신 등을 하나의 문화 요소로 간주하며, 사회주의 선진 문화의 범주에 포함시킴으로써 문화 건설에 새로운 내용을 추가하였다. 이는 주로 다음과 같이 표현된다.

(가) 민주법치는 사회주의 핵심 가치 체계의 기본 내용 중의 하나이다. 사회주의 핵심 가치 체계는 국가를 흥하게 하는 정신이고 중국 특색 사회주의 발전

---

312) 지앙쩌민(각주284), 38면.
313) 후진타오(각주286), 33면.
314) 후진타오(각주287), 30-31면 참조.

방향을 인도한다. 사회주의 핵심 가치 체계로 사회 사조(思潮: 일련의 상념을 이르는 말)를 이끌고 사회의 공감대를 형성해야 한다. 18대에서 제창한 사회주의 핵심 가치관은 부강, 민주, 문명, 조화, 자유, 평등, 공정, 법치, 애국, 경업(敬業), 성신(誠信), 우선(友善) 등이다. 이러한 가치관에는 민주, 법치가 직접 포함되어 있으며, 그 밖의 가치관도 모두 민주와 관련이 있으며, 특히 자유, 평등, 공정, 성실 등은 민주법치와의 연관성이 보다 직접적으로 나타난다. 따라서 사회주의 핵심 가치관을 주창함으로써 민주적 법치가 문화 건설의 중요한 측면이 되었다고 할 수 있는 것이다.

(나) 민주적인 법치정신을 배양하는 것은 국민의 도덕적 자질을 전면적으로 향상시키는 제반 요구 중의 하나이다. 이는 주로 다음과 같은 측면에서 나타난다. ① 당과 국가는 도덕 건설 방면에서 이덕치국과 의법치국을 결합하는 것을 견지한다. 이는 도덕과 법률의 두 가지 조정 방식 사이의 내재적 연결성을 인식하고, 법률과 도덕 사이의 상호 강화와 지지를 중시하며, 자율과 타율의 배합을 중시하고, 권리와 책임 의무 의식의 상호 결합을 중시하고, 법을 통해 도덕을 실천하고, 도덕을 통해 법을 지키도록 인도해야 한다. 법률은 성문의 도덕이고 도덕은 내면의 법률이다. ② 법제 교육은 공민 도덕 교육의 중요한 부분이다. 국민의 도덕적 소질 중 중요한 부분은 시민 의식이다. 시민 의식의 교육에는 민주적 법치의식의 배양이 포함된다. 당의 17대 보고서는 "시민 의식 교육을 강화하고 사회주의 민주·법제, 자유·평등, 공평·정의 이념을 수립"[315]할 것을 요구했다. 여기에서의 민주·법제는 공민 의식의 일부인 반면에 자유·평등, 공평·정의는 법치와 직결되어 있다.

(다) 국민의 법치정신을 기르는 것은 민족 정신의 요구 중의 하나이다. 당은 민족 정신을 발양해야 한다고 호소한다. "민족정신은 하나의 민족이 생존과 발전에 의존하는 정신적 지탱이다. 한 민족이 분발하는 정신과 고상한 품격이 없이는 세계 민족의 숲에서 자립할 수 없다."[316] 당의 17대와 18대는 사회 전반에 사회주의 법치정신을 고취시키기 위한 노력을 요구했다. 법치정신의 내용은 풍부하다. 예를 들어, 자각적으로 법을 준수하는, 법을 응용하는, 법을 존중하는 적극적인 의식이 있고, 법치사유를 운용하여 문제를 처리하는 자각 의식이 있으

---

315) 후진타오(각주286), 30면.
316) 지앙쩌민(각주284), 39면.

며, 진실한 법률 믿음 의식 등이 있다. 공민은 법을 배우고 법을 알아야 할 뿐만 아니라 스스로 법을 준수하고 법치정신을 배양해야 한다. 다시 말하자면 사회 전반에 걸쳐 법을 배우고, 법을 존중하고, 법을 준수하고, 법을 사용하는 좋은 분위기를 형성해야 하며, 특히 헌법에 충성하고, 헌법을 준수하고, 헌법을 보호하는 자각적인 의식을 수립해야 한다. 궁극적인 목적은 장기간의 법제 교육과 법치 실천을 통하여 법치정신을 함양하고, 법률에 대한 믿음을 함양하고 법치정신을 중국인의 혈액에 녹여 중국 민족정신의 일부가 되도록 하는 것이다.

(라) 사회주의 법치문화의 구축은 문화 건설의 중요한 내용 중의 하나이다. 사회주의 선진 문화를 구축하려면 넓은 아량이 있어야 하고 인류의 모든 훌륭한 문화를 본받아야 한다. 따라서 법치 문제를 추진함에 있어 서양 수백 년간의 법치 발전의 제도적 성과와 이론적 성과를 적극 참고해야 한다. 사회주의 선진 문화를 구축하는 이론적 자신감은 외래 문명성과를 맹목적으로 배척하는 것이 아니라, 반대로 수용하고 소화, 흡수하며 혁신적인 자각성과 자신감을 향상시키는 것이다. 서양의 법치 이념과 제도를 비판적으로 본받아 감상적으로 비판해야 한다. 궁극적인 목적은 법치 원칙을 사회주의 이론에 통합시켜 법치문화를 중국 사회주의 문화의 중요한 부분으로 만드는 것이다.

(2) 문화 건설에 대한 법치의 긍정적인 의의

법치 건설이 문화 건설에 갖는 긍정적 의미는 주로 다음과 같다.

(가) 과학 연구와 예술 창조의 자유를 보장하고, 학술 민주와 예술 민주를 촉진하고, "백화제방, 백가쟁명(百花齊放, 百家爭鳴: 예술 발전과 과학 진보와 사회주의 문화 번영을 촉진시킴을 이르는 말)" 방침의 제도화를 촉진하고, 문화 생산력을 해방·발전시킨다.

(나) 사회주의 핵심 가치 체계의 건설을 촉진한다. 민주법치 자체가 핵심 가치의 일부이기 때문에 민주법치의 발전·진보는 그 자체로 핵심 가치에 대한 촉진이다. 핵심 가치의 다른 여러 측면에 대해서도 법치는 직접 보장되고 촉진된다. 자유, 평등, 공정, 조화, 성실, 우선, 문명 등에 대한 법치의 직접적인 촉진은 누구나 다 알 수 있다고 말할 수 있다.

(다) 법치는 사회적 공민 도덕공정의 건설을 촉진할 수 있다. 의법치국은 비록 많은 도덕적 행위를 직접적으로 받아들이지는 않지만, 도덕적으로 내포된 문

제들은 이미 법률화되어 있다. 사기, 상해, 차별 등과 같은 부도덕한 행위에는 이미 법률이 개입되어 있고, 노인을 공경하고 어린이를 사랑하고(尊老愛幼), 남녀평등, 부부 화합, 이웃 단결과 같은 윤리 원칙도 이미 여러 가지 방식으로 법률화되어 있다. 법률은 진실, 선함, 아름다움을 널리 알리고 거짓과 추악함과의 싸움을 장려한다. 예를 들어 사회적 신뢰, 비즈니스적 신뢰(상업성신), 바른 정신을 함양하고 견의를 장려하며, 법에 따른 건전한 계약제도, 사회적 신뢰 체계를 수립한다. 법률은 사람들이 법정 의무를 이행하도록 직접 보장할 뿐만 아니라 사회적 의무와 가정적 책임을 이행하도록 안내한다. 공직인의 "관덕(官德: 관리의 품성을 이르는 말)"이나 정치 책임 윤리를 법률화하여 법에 따라 "관덕"수준의 향상을 촉진하고, 관료주의, 형식주의, 과욕주의, 부패 등의 관덕을 법치에 따라 다스려야 한다.

(라) 법치는 또한 사회가 더 많은 문화 상품을 제공하고 인민의 정신생활을 풍요롭게 하도록 촉진시킬 수 있다. 법에 의한 문화 산업의 발전, 법에 의한 문화 분야의 대외 개방의 촉진, 신문출판·방송·영화(영상)사업 발전의 촉진, 법에 의한 공공 문화제도 건설의 촉진, 법에 의한 현대 전파체계 건설의 촉진, 법에 의한 문화 시장의 번영 등을 촉진한다.

따라서 "오위일체" 총 구성에서 보면 민주법치 건설의 문화 기초는 사회주의 선진 문화를 구축하고, 문화 건설이 민주법치의 건설을 적극 추진하며, 문화의 대 발전, 대 번영을 촉진한다. 우리는 이 책의 "중국 특색 사회주의 민주법치와 문화 건설" 장에서 이 문제에 대한 분석을 전개할 것이다.

5. 법치의 사회적 기반은 조화로운 사회주의 사회에 있다.

사회의 조화는 사회주의 현대화의 중요한 목표이고 조화로운 사회의 건설은 중국 특색 사회주의의 노선과 총 구성의 중요한 부분 중의 하나이다. 17대 보고서는 다음과 같이 지적했다. "사회의 조화는 중국 특색 사회주의의 본질적인 속성이다." "사회주의의 조화로운 사회의 구축은 중국 특색 사회주의 사업의 전 과정을 관통하는 장기적인 역사적 임무이며, 발전의 기초에서 여러 사회 모순을 정확하게 처리하는 역사적 과정과 사회적 결과이다."317) 조화로운 사회 건설의

---

317) 후진타오(각주286), 17면.

총 요구는 "민주·법치, 공평·정의, 성신·우애(誠信友愛), 활력, 안정·질서, 인간과 자연의 조화"이다. 18대 보고서는 거듭 다음과 같이 말했다. "사회의 조화는 중국 특색 사회주의의 본질적 속성"[318]이고 중국 특색 사회주의 건설을 추진하는 기본 임무의 하나로 사회의 조합을 꼽았다.

조화로운 사회의 건설은 민주법치 건설을 강력하게 촉진할 수 있으며, 조화로운 사회의 건설은 그 자체로 법치에 대한 요구를 내포하고 있다. 이것은 바로 사회의 건설은 내재적으로 법치가 필요하며, 법치에 의한 사회의 조화, 사회의 건설에 필요한 질서의 실현, 관리, 자유, 평등·정의 등이 필요하다. 법치는 조화로운 사회의 건설을 위해 당연히 필요한 것이다. 법치를 떠나면 조화로운 사회는 건설되고 유지되기 어렵다. 이러한 의미에서 조화로운 사회의 건설과 법치 건설은 내재적으로 상호 촉진하고 상호 지지된다고 볼 수 있다.

조화로운 사회의 건설이 민생의 개선, 사회 관리의 혁신, 사회의 관리 등의 방면에서 이룬 성과는 바로 법치화한 관리의 품질을 향상시키는 것이다. 조화로운 사회 건설의 발전은 보다 많은 사회의 공평·정의, 보다 안정된 사회의 질서, 보다 알맞은 기본 생활수준, 약한 자의 존엄에 대한 보다 많은 존중, 보다 역동적인 사회관계, 민주적 관리 수준을 끊임없이 향상시키고, 기본적인 공공 서비스 수준을 가져다줄 것이다. 요약하자면, 조화로운 사회의 건설은 질서, 자유, 공정·정의 등의 기본적인 사회적 가치의 실현을 촉진할 수 있다. 이와 같은 모든 가치 이념과 구체적인 관행은 분명히 사회의 법률(적)관리 수준과 법률에 따라 국가를 다스리는 수준의 향싱을 크게 촉진시킬 것이다.

법치화의 사업 역시 원칙에 기초한 사회의 평화, 안전과 질서, 개인의 자유에 기초한 사회활동의 유지, 경제사회 보장에 기초한 공평·정의 등을 같이 추구한다. 그 가치 추구 방면에서 조화로운 사회의 건설과 법치 건설은 고도의 일치성이 있으며 상호 지지된다.

따라서 "오위일체" 총 구성에서 볼 때 민주법치는 조화로운 사회 건설에 내재적 필요이며, 민주법치의 사회 기반은 중국 특색 사회주의의 조화로운 사회 건설은 민주법치 과정을 추진한다. 우리는 이 책의 "중국 특색 사회주의 민주법치와 사회 건설"의 장에서 이 문제에 대하여 상세하게 논술하고자 한다.

---

318) 후진타오(각주287), 15면.

6. 법치의 자연생태학적 기초는 사회주의 생태문명에 있다.

당의 17대는 처음으로 생태문명 건설을 국민 생활수준이 중류 정도가 되는 사회를 전면적으로 건설하는 것을 새로운 목표 중의 하나로 명시하고, 과학 발전을 관철하기 위하여 "생산의 발전, 생활의 부유, 양호한 생태문명 발전의 노선을 견지하고, 자원 절약형, 환경친화형 사회를 건설하고, 속도와 구조의 질적이익이 서로 하나로 통일 되는 것을 실현하고, 경제발전과 인구자원·환경과 조화를 이루며, 인민들이 좋은 생태환경에서 생활하게 하고, 경제사회의 영속적인 발전을 실현하자"[319]고 제기했다.

당의 18대 보고서는 정식으로 사회주의 생태문명을 중국 특색 사회주의 "오위일체"의 총 구성의 하나로 하여, 사람과 자연이 조화를 이루며 현대화 건설의 새로운 구도를 구축하자고 제안했다. 생태문명의 구축은 인민의 복지에 영향을 미치고 민족의 미래에 관한 장기간의 계획이다. 따라서 18대는 "자연을 존중하고, 자연에 순응하고, 자연을 보호하는 생태문명의 이념을 수립하고, 생태문명 건설을 두드러진 위치에 놓고, 경제 건설, 정치 건설, 문화 건설, 사회 건설의 모든 측면과 과정에서 통합하는 생태문명의 개념을 확립하고, 중화민족의 영원한 발전을 위해 노력"[320]할 것을 요구했다.

분명히, 민주법치 건설은 항상 특정 자연과 인간 환경에서 전개되며, 자연생태학적 전제가 있어야 한다. 법치 건설은 필연적으로 인간과 자연의 관계를 포함한다. 후진타오는 다음과 같이 말했다. "많은 사실들은 인간과 자연의 조화로운 관계가 종종 사람들 간의 관계에 영향을 미친다는 것을 보여준다. 만약 생태환경이 심각하게 파괴되면 사람들의 생산과 생활환경이 악화되고, 자원과 에너지 공급이 긴장하게 되고 경제발전이 자원과 에너지 사이의 모순이 있을 경우 사람과 사회의 조화를 이루기가 어렵다."[321] 인간과 자연 사이의 긴장이 사회 갈등과 분쟁이 급격히 증가하는 중요한 이유 중 하나임을 알 수 있다. 인간과 자연의 조화로운 관계는 사회 조화의 중요한 표현일 뿐만 아니라 사회 조화의

---

319) 후진타오(각주286), 16면.
320) 후진타오(각주287), 39면.
321) 후진타오, 성부급(省部級) 주요 지도 간부의 사회주의 조화로운 사회 건설 능력 향상에 관한 전문문제 토론반에서의 발언(2005년 2월 19일), 인민일보, 2006년 6월 26일.

중요한 전제 조건 중의 하나이다. 생태문명의 정도를 높이면 해당 사회분쟁이 줄어든다. 만약 자연 생존의 고리가 심하게 손상되고 자원이 부족하고 사람들이 논의하지 않는다면, 높은 수준의 민주법치의 건설을 기대하기는 어렵다. 우리나라가 발전하는 동안 생태와 자원의 심각한 상황이 생겨났고, 이 상황은 법치 건설을 위한 새로운 문제와 과제를 제기하며, 법치 건설은 반드시 이러한 문제에 대응해야 한다. 법률과 법치의 관점에서 생태환경을 보호하기 위한 대책을 제시하는 것은 이미 생태 관리의 보편적 경험이다.

법치는 생태문명의 발전에 큰 의미가 있으며 생태환경의 보호는 반드시 제도에 의존해야 한다. 법률을 통하여 자원 소비, 환경 피해 및 생태 혜택을 경제 및 사회의 개발 평가제도에 통합해야 한다. 토지 공간개발 보호제도를 구축하고, 경작 가능한 토지 보호제도와 수자원 관리 및 환경 보호제도를 엄격히 개선하고, 자원 유료 사용제도 및 생태 보상제도를 구축해야 한다. 에너지 절약, 탄소 배출권, 오염(물질) 배출권, 용수권(水權) 거래를 적극적으로 수행해야 한다. 전체 생태환경 보호책임제도 및 환경 피해 보상제도를 구축하고, 생태문명제도의 홍보 및 교육을 법제 교육에 통합하고 전체 인구의 보존, 환경 보호 및 생태에 대한 인식을 강화해야 한다.

따라서 "오위일체"의 총 구성의 관점에서 생태문명의 건설에는 법치가 필요하며 법치의 건설은 반드시 생태환경의 악화에 따른 도전 과제를 충족시켜야 한다. 이러한 문제는 이 책의 "중국 특색 사회주의 민주법치와 생태문명 건설" 장에서 자세히 논의될 것이다.

7. 소 결

우리나라의 민주법치의 과정은 일반적으로 사회주의 경제, 정치, 문화, 사회 및 집권당의 건설 과정과 일치하고, 그로부터 제약을 받아 왔다. 법치 건설은 사회의 경제적, 정치적, 문화적, 사회적 조건과 독립적으로 발전하는 것은 불가능하다. 오직 법치의 경제적, 정치적, 문화적 토대가 기본적으로 구비된 경우에만 법치의 원칙을 완전히 이행할 수 있다. 이와 관련하여 법치와 그에 따른 순서는 다소 지연된다. 우리나라 사회주의의 시장경제, 민주정치, 문화 건설, 사회 건설과 당의 건설은 큰 성과를 거두었지만 성숙한 제도를 새로 만들고 성공을 위한 새로운 노선을 가기 위해서는 여전히 장기적인 노력이 필요하며, 이를 위해 약간의 왜곡과 변화를 경험하게 될 수도 있다. 사회의 모든 영역에서 개발 과정은 복잡하고 장기적이며 법치국가의 건설 역시 복잡하고 힘들며 장기적이다. 이로부터 우리는 경제 건설, 정치 건설, 문화 건설, 사회 건설 및 생태문명 건설의 오위일체 총 구성에서 법치의 사회적 기초와 법치의 역할 발휘에 대한 총체적인 내용들을 종합적으로 이해하고 법치 건설과 다섯 가지 건설의 조화로운 발전을 촉진해야 한다. 이 주요 주제는 다음 몇 장의 주제이기도 하다.

제3절 초급 단계 사회주의 법률 가치관의 형성

법률 가치관은 사회주의 법치의 내재적 규정성의 중요한 측면이다. 모든 성숙한 법치 이론은 자신의 성숙한 법률적 가치관을 가지고 있다. 소위 성숙한 법적가치, 즉 법적가치의 정의는 사회 발전의 실제 요구에 부합하고, 법적문명의 발전 방향을 나타내며, 법률 시스템 구축의 방향을 안내할 수 있으며, 일반 군중에 의해 널리 인식될 수 있다. 실제로 법적가치는 일반 군중의 법적신념을 증진시키는 데 가장 중요한 요소 중 하나이다.

1. 법치 중심의 법률 가치관의 부상

혁명 시대를 거쳐 온 정치인으로서, 덩샤오핑은 과거 시대부터 쭉 이어져 온 계급 담론과 독재 담론으로 법제의 본질과 작용, 기능을 이해하는 것에 비교적 익숙하였다. 사회 개혁의 주요 문제로서 개혁・개방 원인의 지속적인 발전과 다양한 이해, 이해의 상충 및 이해의 균형의 시대가 도래함에 따라 계급 독재 담론의 완화가 추세가 되었으며 사회 관리에 대한 이데올로기 담론 또한 새로운 변화를 이룰 필요가 있었다. 법치라는 개념은 사회 문명과 진보의 요구 사항을 더 잘 반영하는 보다 세련되고 설득력 있는 법적 이념이다. 법치는 또한 사회 정의와 조화를 촉진하는 효율적이고 권위 있는 관리 방법이며, 그것은 국정운영 현대화의 요구 사항을 반영하고 진보된 인간 문화의 성취를 보여준다. 사회주의 정치 문명을 발전시키기 위해서는 법치문명과 관련된 이념과 제도를 수용해야 한다.

물론 오늘날 중국에서 법치라는 개념을 받아들이기 위해서는 반드시 중국 특색 사회주의 이론에 이를 통합시켜야 한다. 이것은 이론적으로 사회주의와 법치 사이의 내재적 관계, 그리고 중국 특색 사회주의 이론과 법치 이론 사이의 관계를 설명하기 위한 것이다. 당의 선진성을 반영하는 "3개 대표론" 이념, 사회주의 조화로운 사회의 이념, 사회주의 핵심 가치 체계, 사회주의 법치 이념, "3개 지상(三個至上)" 이념, 사회주의 정치 문명의 "3자 통일" 이념 등 모두 각 방면에서 사회주의의 법률 가치관을 풍부하게 했다. 이러한 이론의 구성을 통하여 헌법의 지위가 법률 위에 있다는 법치의 원리는 중국 특색 사회주의 이론에 통합되었으며 사회주의의 주류 이데올로기와 함께 "교재, 교실, 마음으로", "향촌, 지역사회, 학교, 기업, 단위로" 빠르게 확산되고 정교화되었다."322) 당의 18기 4중 총회에서 강조한 바에 따르면, "중국 특색 마르크스주의 법학 사상과 사회주의 법치 이론은 대학과 연구 기관에서 법학 교육과 연구의 모든 직책을 차지해야" 하며, "중국 특색 사회주의 법치 이론을 교재, 교실로, 마음으로 발전"323)시켜야 한다. 이 작업은 법 지배의 핵심에서 법적가치의 형성과 보급을 더욱 촉진할 것이다.

2. 더욱 풍부해진 법적 발전 가치

덩샤오핑 민주법제 이론은 항상 법이 경제 건설에 기여하고 생산력의 해방과 발전에 기여해야 하며 "발전이 확고한 도리"라고 강조했다. 이 사상은 "3개 대표론"의 중요한 사상과 과학적 발전관에서 이어받아 개발되었다. 16대 보고서는 "경제 건설을 중심으로 하고 개발 방법으로 진행 중인 문제를 해결해야 한다." 개발을 강조하는 것은 국가를 관리하고 흥성하게 하는 당의 최우선 과제이다. 과학적 발전관에서 개발이 최우선이다. 17대 보고서에서는 다음과 같이 제기했다. "개발은 국가를 관리하고 흥성하게 하는데 최우선 과제가 되어야 한다. 발전은 국민 생활수준이 중류 정도가 되는 사회를 전면적으로 건설하고 사회주의 현대화의 가속화에 결정적인 의미를 지니고 있다. 경제 건설의 중심을 단단히 잡고 건설에 계속 집중하고 개발에 전념하며 사회적 생산력을 지속적으로 해방

---

322) 이 "**에 들게 하는" 논법에 관하여 중공중앙 조직부(組織部), 중앙 선전부, 중앙정법위원회, 교육부의 "'사회주의 법치 이론 독본'의 성실한 학습에 관한 통지"를 인용함, 2009년 9월.

323) 시진핑(각주299), 2014년 10월 29일.

하고 발전시켜야 한다."[324] 과학적 발전의 개념에서 개발은 더 이상 경제 개발이 아니라 포괄적으로 조율되며, 지속 가능한 개발로써 사람 중심 개발에 더 중점을 둔다. 18대 보고서는 이것 재확인하고 개발의 의미와 확장을 더욱 확대했다. "오위일체"의 총 구성의 관점에서의 "5가지 건설"(경제 건설, 정치 건설, 문화 건설, 사회 건설 및 생태문명 건설)의 관점에서 과학적 발전을 이해하고 과학적 발전, 조화로운 발전, 친환경적 발전 등을 실현하는 것이 요구된다. 과학적 발전은 특히 사람 중심의 개발 관점을 강조한다. 2005년 10월, 중공 16차 5중 전회에서 후진타오는 사람 지향의 과학적 의미를 "인민을 위한 개발을 지속하고, 개발을 위해 인민들을 의지하며, 개발 결과를 인민들과 공유한다."고 요약했다. 17대, 18대의 보고서 및 기타 중요한 문서에서 이 개발 개념이 다시 확인되었다.

발전된 이념의 내포가 더욱 풍부해지고, 법치 건설의 초점과 중심에 대한 방향을 분명히 하였다. 법치 건설의 발전은 과학적 발전의 일부이며 동시에 다른 측면의 발전을 촉진하는 데 직접적인 역할을 한다. 법치 건설은 반드시 인간 중심적이고 종합적이며 협조적이며 지속 가능한 과학적 발전을 촉진하는 데 도움이 되어야 한다. 실제로 법치는 개발 도구로서 경제 건설을 촉진하고 시장경제를 발전시키는 동시에 모든 측면에서, 특히 발전의 기본 목적을 보장하는 데 있어 개발을 종합적으로 촉진해야 한다.

3. 한층 더 전개된 법률의 평등 가치

마오쩌둥 사상과 덩샤오핑 이론에서 법률 앞에서 모든 사람은 평등하다는 법률원칙의 중요성을 인식했다. 1954년 헌법과 1982년 헌법에서 모두 법률 앞에서 모든 사람은 평등하다는 원칙이 확립되었다. 개혁개방의 새로운 역사적 단계에서 당은 법률 앞에서 모든 사람은 평등하다는 원칙을 지속적으로 견지했고 지속적으로 재확인했으며, 사회 발전의 새로운 문제와 결합하여 여러 측면에서 법률 평등 원칙에 대한 이해를 심화시켰으며, 제도상에서 평등 원칙의 심화 및 이행을 지속적으로 추진했다.

개혁개방 이래 계획경제 시대의 "평등 분배주의(大鍋飯)"식의 평등주의 개념은 버려졌으며, 사회적 차별이 사회 발전과 진보의 요구 사항으로 인식되었다.

---

324) 후진타오(각주286), 15면.

이런 평등주의의 평등 개념은 사회주의의 초급 단계에서 보호해야 하는 사회적 평등이 아니다. 사회주의 초급 단계에서 평등을 추구하려면 평등에 대한 견해를 버려야 한다. 그것은 불공평한 평등이며, 도시와 농촌 지역의 이중 구조로 인한 엄청난 불평등이 동반된다. 진정한 사회적 평등의 추구는 사회적 차이를 배제하지 않는다. 사회 발전에는 합리적인 사회적 차이가 필요하다. 그러나 우리는 과도한 사회적 차이도 국가에 의해 적극적으로 규제될 필요가 있음을 알아야 한다. 동시에 국가는 특권, 독점, 부패, 제도적인 차별로 인한 모든 불평등을 없애기 위해 특별한 주의를 기울이고 노력해야 한다. 평등은 사회적 공정성과 정의의 사업의 일부이며, 사회적 공정성과 정의의 개념에 대한 전반적인 관점에서 다양한 사회적 차이를 고려해야 한다.

평등은 사회주의 법률의 기본 속성이다. 당의 18기 4중 회의는 "법률 앞에서 모든 사람은 평등하다는 것을 견지"하는 것을 의법치국을 전면적으로 발전시키는 기본 원칙으로 간주했다. 평등의 원칙은 평등을 다루는 모든 법률 영역에서 구체화된다. 주로 다음과 같은 것을 포함한다. ① 법률 평등 원칙은 의법치국의 기본 원칙이다. 16대, 17대와 18대의 보고서에 따르면 "공민은 법률 앞에서 평등해야 한다."고 한다. 법률 평등 원칙은 모든 공민은 법에 의해 동등하게 존중되고 관심을 갖도록 요구하며 법률 앞에 특별한 공민이 없다. ② 당의 16대, 17대와 18대는 민족 평등을 촉진하고, 모든 민족 집단의 공동 번영과 진보를 촉진하기 위해 평등, 연대, 상호 작용의 사회주의 민족 관계를 통합하고 발전시킬 것을 요구했다. 이것들은 헌법 원칙에 의해 거듭 확인되었다. ③ 인민의 평등한 참여와 동등한 발전의 권리를 강조했다. 17대와 18대는 모두 "법에 따라 모든 사회 구성원의 평등한 참여와 발전을 보장할 권리"를 요구했다. 이것은 사회의 공정성과 정의의 관점, 사람들의 주관적 지위, 보편적인 인권의 관점, 사람들의 평등과 발전을 확인하며 개혁의 열매를 동등하게 누릴 권리에 관한 것이다. ④ 경쟁은 평등하고 공정하다. 예를 들어, 16대는 "모든 유형의 시장 주체가 생산 요소를 동등하게 사용하는 환경의 조성"을 촉구했다. 17대는 "재산권의 동등한 보호를 준수하고 모든 형태의 경제적 소유권에서 동등한 경쟁을 형성하라"고 제기했다. 18대 보고서는 "모든 형태의 소유권의 경제가 생산 요소는 동등하고, 공정한 방식으로 시장 경쟁에 참여하는 것은 법에 의해 동등하게 보호"될 것을 요구했다. 이는 서로 다른 소유권 경제 간의 평등에 대한 이해의 지속적인 심화와 중국의 시장 지향적 경제 개혁의 지속적인 심화를 반영한다. ⑤ 남녀평등이다. 17대와 18대 보고서에 따르면 남녀평등을 지지하고 장려한다. ⑥ 도시와 농촌 지역의 평등이다. 17대와 18대 보고서는 고용 및 교육에서 이주 노동자의 평등한 권리와 도시 및 농촌 지역의 평균 개발에 중요성을 부여한다. 17대는 "이주 노동자의 자녀는 동등하게 의무 교육을 받으며", "도시 및 농촌 노동자에 대한 동등한 고용제도"를 수립해야 한다고 제안했다. 18대는 "대부분의 농민들이 현대화 과정에서 동등하게 참여하고 현대화의 결과를 함께 공유해야 한다."고 제안했다. 우리는 "도시와 농촌 개발의 통합 체제를 가속화하고 개선해야 하며, 도시와 농촌의 계획, 기초 시설 및 공공 서비스 등의 통합을 촉진하는 데 중점을 두어야 하며, 도시와 논총 요소의 동등한 교환과 공공 자원의 할당을 촉진"325)해야 한다. ⑦ 평등하려면 특권과 차별에 맞서 싸워야 한다. 16대 보고서는 "어떠한 조직이나 개인도 헌법과 법률을 능가할 특권을 가질 수 없다."326)고 요구했다. 18대 보고서는 "어떠한 조직이나 개인 모두는 헌법과 법률을 능가할 특권을 가져서는 안 되고, 절대로 지도 간부의 말로 법을 대체하고(以言代法), 권력으로 법을 누르고(以權壓法), 사리사욕에 눈이 멀어 법을 어기는(徇私枉法) 것은 허용해서는 안 된다."327)고 강조했다.

17대는 전체 사회가 사회주의 민주·법제, 자유·평등, 공평·정의 이념을 수립할 것을 요구했고 자유와 평등을 공민의식 교육의 중요한 구성 부분으로 했다. 18대는 더 나아가 자유와 평등을 사회주의 핵심가치 이념으로 했다. 이는 현대 공민 의식과 선진 문화적 가치를 형성한다는 관점에서 평등의 가치를 확인하는 것이다.

법률 앞에서 모든 사람은 평등하다는 원칙을 고수하기 위해서는 반드시 초기 단계에서 사회주의의 기본 국가적 조건에서 나아가야 하며, 모든 종류의 차별적 특권을 제거하기 위한 시급함이 있어야 하며, 실사구시 정신이 있어야 하며 국가 조건에 관계 없이 평등에 대한 비현실적인 요구를 제기해서는 안 된다. 이 경우 평등한 사회를 추진하는 과정에 영향을 미친다.

---

325) 후진타오(각주287), 23-24면.
326) 지앙쩌민(각주284), 32면.
327) 후진타오(각주287), 28면.

4. 권력 제약에 중시된 법률의 가치

권력에 대한 감독과 제약을 강화하는 것은 의심할 여지없이 현대 법치의 중요한 가치이다. 법치 원칙을 현대 국가 관리의 기본 원칙으로 하여 권력 운영의 실행의 법정화, 규범화, 절차화, 공개화 등을 요구하고 인민의 알 권리, 참여권, 표현권, 감독권 등의 확인을 요구한다. 법치는 현대 국가에서 권력을 단속하고 제약하는 효과적인 방법이라는 것은 의심의 여지가 없다. 법치가 추구하는 가치 목표에 비추어 볼 때, 가장 중요한 것은 권력의 운행 효율을 제고하는 동시에 권력의 운행을 규범하고 제약하며 감독하는 것이다.

개혁개방 초기 덩샤오핑은 이미 권력의 감독 문제를 제기했다. 그는 국가 권력의 제도적 제약이 효과적으로 실현되지 않았음을 인식했으며, 이는 국제 공산주의 운동의 좌절과 "문화대혁명"과 같은 비극에서의 중요한 교훈이다. 그는 우리나라의 당과 국가 지도제도의 주요 문제는 과도한 권력의 집중으로 부패, 가부장제, 관료주의, 감독되지 않은 권력과 같은 문제를 야기한다는 점을 밝혔다. 덩샤오핑은 개혁개방의 착수시기에 권력 감독의 법제 문제에 대해 이야기했으며, 어떻게 중앙의 집체 권위를 수립하고 공고히 할 것인지, 권력의 지나친 집중이 간부의 말로 법을 대체하게 하거나 봉건 가부장제 등의 문제가 일어나는 것을 어떻게 해결할 것인지, 어떻게 법제 통일, 정부 명령 통일 등의 문제를 해결할 것인지에 중점을 두었다. 그의 주요 관심사는 효율적인 국가 관리의 효율성과 민주를 달성하는 방법에 관한 것이다. 제도적 접근을 통한 권력의 제한에 관한 것이지만 주로 민주집중제도를 개선한다는 관점에서 볼 때 서양 분권화 제도에 동의하지 않으면 비효율과 같은 문제가 발생할 것이라고 생각했다. 특히 그는 사회주의의 가장 큰 정치적 장점은 그것의 효율성이 매우 높다는 점을 강조했다. 덩샤오핑은 다음과 같이 강조했다. "사회주의 국가의 가장 큰 장점 중의 하나는 한 가지 일을 처리함에 있어 결심을 하고 결정을 내리면 바로 집행하며 아무런 견제를 받지 않는다. …… 그리 많은 상호 견제는 없고 논의를 하고 결정하지 못할 수는 있으나 결정을 한 후에는 못 하는 일이 없다. 이 범위만 놓고 보면 우리의 효율은 아주 높고, 내가 말하는 것은 총체적인 효율이다. 이 방면에서 우리는 우세가 있고 우리는 이 우세를 유지해야 하며 사회주의의 우월성을 보증해야 한다."[328]

부패 문제가 심각해지고 개혁개방 사업이 계속해서 심화됨에 따라 국가 권력의 운영은 새로운 많은 문제에 직면하게 되었는데, 당이 해결해야 하는 중대한 현실적인 정치문제는 어떻게 국가 관리의 현대화, 법치화, 민주화 등의 문제를 실현할 것인지, 다시 말해 어떻게 현대 국가 권력체계(제도)의 정상적인 관리 구조를 건립해서, 부패를 극복하고 국가의 권위와 공신력을 공고히 할 것인지에 관한 것이다. 이러한 의미에서 국가 권력에 대한 제약과 감독의 문제는 하나의 중대한 정치 문제가 되었다.

16대 보고서는 다음과 같이 명확히 지적했다. "권력에 대한 제한과 감독을 강화해야 한다. 구조가 합리적이고, 과학적으로 배치하고, 절차가 엄격하고, 제약이 유효한 권력 운영 기구를 건립하고, 정책과 집행 등의 부분에서 권력에 대한 감독을 강화하며, 인민이 부여한 권력이 진정으로 인민을 위하여 이익을 모색하는 데에 사용할 것을 보장"[329]해야 한다.

17대 보고서는 다음과 같이 지적했다. "인민들이 부여한 권한이 항상 인민들의 이익을 위해 사용되도록 제약과 감독제도를 개선해야 한다. 권력이 제대로 행사되도록 하려면 권력이 반드시 공개적으로 운영되어야 한다."[330]

18대는 권력 운영 제약과 감독제도를 개선할 것을 요구했다. 주요 조치로는 다음과 같다. 첫째, 인민의 알 권리, 참여권, 표현권, 감독권을 보장한다. 둘째, 권력의 분업과 운영을 절차화 한다. 결책권, 집행권, 감독권이 상호 제약적이면서도 서로 조화되는 것을 보장하고 국가 기관이 법적 권한과 절차에 따라 권한을 행사하도록 보장해야 한다. 셋째, 과학적, 민주적 및 법적 결책을 달성하기 위해 결책 체제 및 절차를 개선해야 한다. 넷째, 권력 운용의 공개화, 규범화를 추진한다. 당의 업무의 공개, 공공 업무의 공개, 사법 업무의 공개와 각 영역의 업무를 공개하는 제도를 보완하여 결책 공개, 관리 공개, 복무 공개, 결과 공개를 추진해야 한다. 다섯째, 감독을 강화하기 위해서는 "당 내부의 감독, 민주에 의한 감독, 법에 의한 감독, 여론에 의한 감독, 인민에 의한 감독 및 권력이 공개적으로 운용"되도록 해야 한다. 특히 "지도 간부에 대하여 강화하고 주요 지

---

328) 덩샤오핑 문선(각주138), 240면.
329) 지앙쩌민(각주284), 36면.
330) 후진타오(각주286), 32면.

도간부들에 의한 권력 행사에 대한 감독이 강화되어야 한다."[331]

이를 통해, 당은 지속적으로 권력의 감독과 제한 문제를 탐구하고 강화했음을 알 수 있고, 기본 개념은 보다 명확해지고 분명해졌으며 조치는 더욱 완전해졌다. 오늘날 국가 권력의 운영을 엄격히 제한하고 감독하는 것은 점차 인민들 사이에서 대중적인 합의가 되었다고 말할 수 있다. 권력을 엄격히 제한하고 감독하고 제도적 체계를 개선함으로써만 권력의 부패나 권력이 이화(異化)되는 것을 효과적으로 방지할 수 있고, 당과 국가를 잃는 비극을 피할 수 있다. 이것은 중대한 사회적 진보이다.

5. 부각된 법적 인권 가치

마오쩌둥 사상과 덩샤오핑 이론에서는 모두 인민의 근본적인 이익, 인민이 주인이 되는 것 등을 중시하여 인민의 이익과 요구를 모든 작업의 기본 시작점과 끝점으로 한다. "3개 대표론"의 중요한 사상은 이 사상을 승계하여 더한층 명백히 했고 새로운 내용을 주입했다.

새로운 시기의 법률 가치관의 중요한 특징은 법률이 사람을 근본으로 하고 인권을 존중하고 보장하며, 인민의 주체이어야 한다는 점을 강조한다. 16대, 17대와 18대의 정치 보고서는 모두 "사람의 전면적 발전"을 국민 생활수준이 중류 정도가 되는 사회의 중요한 지표 중의 하나로 했다. 18대 보고서는 나아가 "사람의 전면적 발전"을 중국 특색 사회주의 노선의 주요 목표 중의 하나로 강조했다. 15대 보고서에서는 처음으로 "인권 존중과 보호"가 제안되었다. 그 이후로 인권 존중과 보호는 당의 기본 정치 제안 중의 하나가 되었다. 이는 인민민주에서 인권까지 이르는 것은 중국의 이데올로기 담론 체계에서 사회주의와 현대문명의 가치를 상호 융합하는 하나의 노력이고, 마르크스주의 인본주의 발전 사상을 재발견하고 재개발하려는 일종의 노력이기도 하다.

(1) "3개 대표론"의 중요한 사상 관점에서의 인민과 인권

"3개 대표론"의 중요한 사상의 이론적 틀 안에서 인민, 민주와 인권은 서로 연결되어 있고, 인민과 개인은 서로 연결되어 있다. "가장 많은 인민의 근본 이

---

331) 후진타오(각주287), 55면.

익", "사람의 전면적인 발전"을 실현하고, 군중을 위한 당의 건설, 집권 이념을 개인의 기본적 인권, 권리와 자유의 존중과 보장과 연계하며, 민주와 법치를 항상 연결시킨다. 민주와 법치를 결부시켜 법치는 언제나 민주적인 법치이며, 인민의 법치는 인민의 주체적 지위를 견지하는 법치이다.

"3개 대표론"의 중요한 사상의 요구에 따라, 당은 반드시 "당의 선진성과 사회주의제도의 우월성을 견지하여 선진 생산력을 발전시키고 선진 문화를 발전시키며, 가장 많은 인민의 근본적인 이익을 실현함으로써, 사회의 전면적인 진보를 촉진하고, 사람들의 전면적인 발전을 촉진해야 한다.[332] "3개 대표론"을 구현함으로써 당의 사명, 성격, 노선·강령, 방침·정책 등을 규정함으로써, "3개 대표론"의 중요한 사상은 중국 사회 발전의 기본 방향을 설계하고, 또한 선진 사회주의를 위하여 반드시 생산력을 발전시켜야 한다는 것을 명시하였다. 법치 건설의 가치 지향과 초점을 사실상 정한 것이다.

"3개 대표론"의 중요한 사상에서는 인민의 민주, 인민의 근본 이익, 인민의 주체성 등이 "인민 지상"의 주제를 계속 강조하여 발전시켜 왔다. 16대 보고서는 "모든 긍정적인 요소가 가장 광범위하고 포괄적인 방식으로 동원되어야 한다."는 요구 하에 인민의 정치적 개념의 범위를 확대했다. "사회 변혁에 나타난 민영과학기술기업의 창업인원부터 기술인까지, 외자기업의 임원, 자영업자, 사기업주(사영기업주), 중개조직의 종사자, 프리랜서(자유직업인원) 등 사회 계층은 모두 중국 특색 사회주의 사업의 건설자이다."[333] 새로운 사회 계층을 "사회주의 사업 건설자"의 범주에 포함시킴으로써 인민의 범위를 확대하여 시대와 함께 나아가는 시대정신을 구현하였다. 이 중요한 이론의 혁신은 법의 기초를 정치적으로 확대하고 법의 본질과 기능에 대한 새로운 정치적 입장을 부여했다. 이것은 법이 반드시 가장 광대한 인민의 근본적인 이익을 나타내야 하며, 반드시 사람의 전면적인 발전을 촉진할 수 있어야 한다는 것이다. 동시에, 법률도 각 방면의 이익 관계를 모두 고려하여, 이를 인민의 근본적인 이익 하에 통일시켜야 한다." 당의 방침·정책을 수립하고 관철하는 것은 기본적으로 가장 많은 인민의 근본적인 이익을 대표하고, 다른 방면의 이익을 정확하게 반영하고 아울러 전체 인민이 공동 부유의 방향을 향해 안정적으로 나아갈 수 있도록 하는 데 초점을

---

332) 지앙쩌민(각주284), 14면.
333) 지앙쩌민(각주284), 15면.

맞추고 있다."[334] 법은 가장 광대한 인민의 공통적이고 근본적인 이익을 나타내야 한다. 즉, 법은 진정한 공공성, 인민성을 가져야 한다.

"3개 대표론"의 중요한 사상이 법률적 가치 지향에 있어서 중요한 발전 중의 하나는 인민의 근본적인 이익의 실현을 인권, 인간의 자유로운 발전 등과 연결시키는 것이다. 20세기 초, 우리나라는 자산계급 독점 권리인 제한된 연구 영역을 뚫고 인권을 사회주의의 이론과 실천에 포함시켰으며, 인권 개념을 사회 전체에 신속히 보급하여 "국가가 인권을 존중하고 보장한다."는 조항을 헌법의 기본 체계 중에 포함시켰다. 이것은 중대한 이론적 혁신이자 실질적인 혁신이다. 그 이후로 중국의 발전 문제를 고려하고 측정하고, 중국의 법치 건설의 상황을 고려하는 데는 반드시 인권 관점과 인권 지표가 있어야 한다.

(2) 과학적 발전관의 관점에서 인본주의와 인권

과학적 발전관의 이론 체계에서 인민, 민주와 인권은 더욱 중요하게 받아들여져 새로운 정치적 높이로 올라갔다. 과학적 발전관의 핵심은 사람을 근본으로 하는 것이다. 17대 보고서는 다음과 같이 재확인했다. "사람을 근본으로 하는 것을 견지해야 한다. 전심전력으로 인민을 위해 봉사하는 것은 당의 근본 취지이고, 당의 모든 분투와 업무는 인민을 행복하게 하기 위함이다. 언제나 가장 광범위한 인민의 근본 이익뿐만 아니라 당과 국가의 모든 작업의 시작과 끝을 고려하고, 인민의 주체적 지위를 존중하며, 인민의 첫 창조 정신을 발휘하여, 인민의 권리와 이익을 보호하고, 공동이 이익을 도모해야 한다. 사람의 전면적인 개발을 촉진하고, 인민을 위한 개발을 달성하며, 인민을 개발에 의존하고, 개발 결과를 인민들과 공유한다."[335] 그 후 후진타오는 또 다음과 같이 말했다. "모든 인류의 해방, 인류 해방의 실현 및 인류의 자유롭고 포괄적인 발전은 마르크스주의가 인간의 사회적 진보를 추구하는 가장 높은 가치이다. 당이 제시한 '사람을 근본으로 삼는다.'는 근본적인 함의는 인민을 위해 봉사하고, 당을 세워 인민을 위하고, 가장 많은 인민의 근본 이익을 당과 국가의 일의 시작점과 끝점으로 삼아, 사회 발전의 법칙에 대한 존중과 인민의 역사적 주체로서의 지위에 대한 존중, 고귀한 이상에 대한 투쟁의 준수, 가장 광범위한 인민의 이익에 대한 준

---

334) 지앙쩌민(각주284), 16면.
335) 후진타오(각주286), 15면.

수, 당의 작업 완료에 대한 준수, 인민의 이익의 실현에 대한 준수, 인민을 위한 발전과 인민에 의한 개발에 대한 준수, 개발 결과는 인민들이 공유한다. 사람을 근본으로 하는 것은 마르크스주의 역사적 유물론의 기본 원칙이며, 인민을 위하여 봉사하는 기본 목적 및 경제와 사회 발전을 촉진하는 당의 기본 목적을 반영한다."[336]

따라서 사람을 근본으로 하는 개발 이념에서 당과 인민, 인민과 인권, 개인과 집단, 경제 개발과 인간 개발, 사회 개발과 인간 개발, 안정성과 조화, 개혁과 개발 등의 관계 모두는 새로운 이론적 해석을 받았고 개혁과 사회 발전을 심화시킬 수 있는 새로운 기회를 제공했다.

과학 개발의 기초는 사람을 근본으로 하는 완전한 실현을 위한 것이다. 다시 말하자면 경제 및 사회 발전의 목표, 방법 및 접근 방식은 사람의 전면적인 발전을 중심으로 수행되어야 하며, 인민의 주체적 지위가 존중되어야 하며, 인민들의 자각성과 적극성 및 창의성이 완전히 발휘되어야 한다. 각 개인의 기본 권리를 존중하고, 인권을 보장하는 것을 발전의 수단으로 하고, 인민의 주체적 지위의 가장 기본적인 표현 중의 하나가 모든 사람의 인권을 인식하고 실현하는 것임을 확인해야 한다. 국가 관리제도의 관점에서 볼 때, 과학적 발전은 권리 사유를 잘 다룰 것을 요구한다. 즉, 국가 관리 역량의 근대화 목표 중에는 중요한 관리 방법으로 권리 또는 인권을 최대한 활용하는 것이 포함되어야 하며, 인권 사고를 사용하여 가장 광범위한 방법으로 국가 및 사회 문제, 경제 및 문화 사업 문제를 관리하고 사회주의 현대화 등에 적극적으로 참여하는 사람들을 동원하고 조직하는 데 능숙해야 한다.

따라서 과학적 발전관의 사람을 근본으로 하는 인간 중심 개념은 경제 및 사회 발전을 측정하기 위한 인권 차원을 제공하며 인권 상황을 인민의 주체적 지위를 측정하는 기본 지표 중의 하나로 간주한다. 18대의 요구에 따르면 "인권이 확실히 존중되고 보장된다."는 인민의 민주수준을 가늠하는 기준 중 하나이고 국민 생활수준이 중류 정도가 되는 사회에 도달했는지 여부를 가늠하는 기본 기준 중 하나이기도 하다.

---

336) 후진타오, 신진 중앙위원회의 위원, 후보위원이 당의 17대 정신을 학습 관철하는 연구·토론반에서의 발언(2007년 12월 17일), 중공중앙 문헌 연구실편, 17대 이래 중요한 문헌선집(상), 베이징, 중앙문헌출판사, 2009년, 107면.

사람을 근본으로 하는 과학적 발전관은 법치의 가치에 대한 명확하고 정확한 지침을 제공하며 인권, 자유, 인간 개발의 관점에서 법과 법치를 이해하기 위한 이론적 지침을 제공한다. 인권이 효과적으로 존중되는지 여부는 법치 건설의 규칙수준을 측정하고 사회주의 법치국가를 완전히 설립했는지를 결정하기 위한 기본 표준 중 하나가 되었다.

(3) 인권발전에 고려되는 국정 조건

민주와 인권의 발전은 반드시 사회주의 초기 단계에 있는 중국의 기본적인 국정에 입각하여, 인민 군중의 권리 기대에 부응하기 위해 최선을 다해야지, 시간을 지체해서도, 실제를 벗어나서도 안 된다. 지앙쩌민은 다음과 같이 지적했다. "중국으로서는 인민의 생존권리와 발전권리를 확보하는 것이 우선이자 최대의 인권보장이다. 중국의 인구는 12억 명이며, 매년 1,400만 명이 증가하고 일부 국가에서는 인구가 매우 적으며 일부 국가에서는 인구 증가가 매우 느리거나 심지어 감소하고 있다. 분명히 우리는 그들과 같은 인구 정책을 추진할 수 없을 것이다. 그렇지 않으면 먹고 사는 문제조차 해결할 수 없고, 다른 권리는 더 말할 나위가 없다. 따라서 중국의 사회 안정, 경제발전과 인민 생활수준의 향상은 인권상황의 끊임없는 개선을 위한 기본 조건과 중요한 내용이다."[337]

6. 향상된 법적 공평·정의 가치

사회주의가 자본주의보다 우월한 이유는 가치의 관점에서 볼 때 사회주의가 더 평등하고, 공정하고, 더 정당하고, 더 인간적이고, 덜 착취적·억압적이고, 사회와 사람들의 전면적인 발전을 더 잘 촉진할 수 있기 때문이다. 공정성과 정의가 평등, 자유, 효율성 및 인류와 같은 가치를 더 넓은 의미로 다룰 수 있다는 점을 감안할 때, 어떤 의미에서, 공정성과 정의는 사회주의제도가 추구하는 주요 가치이다. 신 중국에서 기본 사회주의 체제를 확립하는 것은 착취와 억압을 제거하는 데 큰 진전이 있었으며 제도적 정의의 관점에서 보면 사회주의 체계의 긍정적 가치를 확인하는 것이다. 그러나 사회주의 제도적 정의는 고도로 계획된 경제제도(계획경제)와 고도로 중앙 집중화된 정치 지도 체제와 실제로 광

---

337) 지앙쩌민, 신세기로 나아가는 중국과 미국의 관계(1995년 10월 23일), 중공중앙 문헌 연구실 편, 14대 이래 중요한 문헌선집(중), 베이징, 인민출판사, 1997년, 1548면.

범위하게 존재하는 봉건 가부장제 등에 의해 그 우월성과 정의성, 그리고 감각을 충분히 발휘하지 못하고 있다는 점을 지적하지 않으면 안 된다. 정치적으로 민주를 중시하고 인민의 주체를 말하는 것은 물론 인민의 창조성과 적극성을 자극했지만, 계획된 경제체제 자체는 사회의 자유를 크게 억제하고 생산력의 발전을 제한했다. 이는 제도와 실천 사이의 큰 격차를 증가시키고, 개혁개방의 큰 변혁을 재촉했다.

개혁개방 이래 보편적으로 빈곤한 사회의 현실에 직면하여 중국의 제도의 혁신과 개혁은 모두 경제를 발전시키고 생산력을 해방시키기 위해서이며, 국가 의 부강함과 사회적 부유와 인민의 생활수준의 향상을 실현하는 것이었다. 빈곤의 퇴치, 경제의 발전, 삶의 개선의 실현은 바로 개혁개방 초기에 공정성과 정의를 추구하는 가장 기본적인 목표이다. 이는 주로 경제 분야의 공정성과 정의 문제를 고려하기 위한 것이다.

당과 국가가 추구하는 공평하고 정의로운 이념에 대한 것은 일련의 발전 과정이 있다. 오랜 탐색을 거쳐 마침내 공평·정의를 사회주의의 본질적인 속성으로 확인하고, 공평·정의의 기치 아래 여러 가지 이익 관계를 포괄적으로 조화시키는 것을 점차적으로 습득했다.

경제 분야의 공평·정의의 문제는 우선 소득분배의 개혁에서 처음 제기되었다. 1987년, 당의 13대는 "효율성 향상을 촉진한다는 전제하에 사회 공평을 구현할 것"이라고 명시했다. 1993년 14기 3중 전회에서 채택된 "중공중앙 사회주의 시장경제체제의 수립에 관한 몇 가지 문제에 관한 결정"에서 공식적으로 "효율성을 우선 고려하여 공정성을 고려한다."는 원칙, 즉 사회주의 초급 단계에서 반드시 "노동에 따른 분배에 기반하고, 효율성을 우선시하고 공정한 소득 분배 제도를 고려해야 하며, 일부 지역의 일부 사람이 먼저 부유하게 되어 공동 번영의 노선을 택하도록 격려해야 한다." 당의 15대는 계속적으로 이 방식을 사용하고 "노동에 따른 분배와 생산 요소에 따른 분배를 결합시켜, 효율 우선을 견지하고 공평을 도모한다."고 제안하는 동시에 합법적으로 부유해지는 것을 보호하고 불법 수입은 금지하고 지나치게 높은 수입은 조정하는 등을 강조했다.

16대 보고는 계속적으로 "효율 우선, 국가 공평성"이라는 표현을 계속 활용하면서도, 처음으로 분배의 다른 차원으로부터 양자의 부동한 지위를 정했다. 즉 "효율성에 초점을 둔 초기 분배", "재분배는 공정성에 중점을 둔다."이다. 16대는 새로운 사회 계층의 정치적 지위를 재확정했다. 이는 새로운 시기에 공평·정의를 실현하는 데에 중요한 의미가 있다.

개혁개방이 새로운 단계로 발전함에 따라 여러 원인에 의한 사회적 불의의 문제가 더욱 부각되면서 공정성과 정의에 대한 사회의 목소리가 높아졌다. 이것은 이론적 구성, 즉 사회주의의 조화로운 사회 이론에 반영되며, 공정성과 정의는 공식적으로 조화로운 사회의 기본 요구 사항 중 하나로 정의된다. 이런 식으로 공정성과 정의의 문제는 당의 집권 이념에서 새로운 차원으로 높아졌다. 2005년 후진타오는 다음과 같이 지적했다. "사회의 공평과 정의를 유지하고 구현하는 것은 가장 많은 인민의 근본적인 이익에 관계되는 것이며, 우리 당이 당을 세워서 공적으로, 집권하여 백성을 위하는 필연적인 요구이자 우리나라의 사회주의제도의 본질적인 요구이다. 사회적 공정성과 정의를 효과적으로 유지하고 실현해야만이 사람들이 편안하게 느끼고 모든 측면에서 사회적 관계를 조정할 수 있으며, 사람들의 적극성, 능동성, 창의성을 최대한 활용할 수 있다. 가장 많은 인민의 근본 이익을 당의 방침·정책 수립과 관철의 기본적 착안으로 삼아 지역별, 부문별, 군중별 이익을 정확하게 반영하고, 발전을 촉진하는 동시에 사회의 공평을 더욱 돋보이게 해야 한다. 다양한 수단을 종합적으로 운용하고, 법에 따라 권리의 공평, 기회의 공평, 규칙의 공평, 분배의 공평을 주요 내용으로 하는 사회의 공평 보장체계를 수립하여, 개혁 발전의 성과를 전 인민이 공유하고, 모든 인민이 함께 부유해지는 방향을 향해 안정적으로 나아갈 수 있도록 한다." "법률적, 제도적, 정책적으로 공평한 사회 환경을 조성하기 위해 노력해야하며, 소득분배, 이익조절, 사회보장, 시민권리의 보장, 정부시정, 사법집행 등의 방면에서 확실한 조치를 취하여 모든 사회 구성원이 평등하게 시장 경쟁에 참여하고 사회활동에 참여하고, 모두 법률과 제도에 의하여 자신의 정당한 권익을 보호하게 한다."338) 이는 공정에 대한 당의 인식이 사회주의제도의 본질과 연계되어 공평·정의와 다원적 이익의 조절과 형평이 연계되고 공평·정의가 인민민주와 연계된다는 것을 보여준다. 이로써 공평·정의의 위상은 크게 높아지고 그 내포(내용)는 크게 넓어지게 되었다. 의심할 여지없이, 이것은 중국의 발전 방향에 중요한 영향을 미치고 있는 중대한 이론적 혁신이다.

---

338) 후진타오, 성부급(省部級) 주요 지도 간부의 사회주의 조화로운 사회 건설능력의 향상에 관한 전문문제 토론반에서의 발언(2005년 2월 19일), 베이징, 인민출판사, 2005년, 21면.

2006년 중공 16기 6중 전회에서 "중공중앙 사회주의 조화로운 사회의 구축에 관한 몇 가지 중대한 문제의 선정"을 승인했다. 이는 공평·정의의 이념을 정치적 지위로 더한층 상승시킨 중요한 문서이다. 이 결정은 공평·정의를 사회와 조화롭게 연결시키고, 공평·정의는 조화로운 사회를 구축하기 위한 기본적 요구의 하나로서 또한 조화로운 사회를 실현하기 위한 기본적 요건의 하나로 삼았다. 이 결정은 "경제발전의 기초에서 사회 공평을 더욱 중요시"할 것을 강조했고 공평·정의와 경제발전을 초월한 전면적인 조화 발전과 연결시켰으며 "사회 공평·정의는 사회 조화의 기본 조건이고 제도는 사회 공평·정의의 근본적인 보증이다. 반드시 사회 공평·정의의 보장에 대해 중요한 역할을 하는 제도를 서둘러서 건설하고, 정치, 경제, 문화, 사회 등에서 국민의 권리와 이익을 보장하며 국민의 법적인 권리 행사와 의무 이행을 이끌어내야 한다."[339]고 제시했다. 여기서 드러난 공평·정의 이념은 사회적 공평이 명백히 경제적 분배에만 국한된 것이 아니라 "정치, 경제, 문화, 사회 등 측면의 권력과 이익"을 포함하는 것이며, 사회적 공평의 범위는 단순한 경제적 분배의 공평함에서 정치, 경제, 문화로 확장되었다는 것을 보여준다. 사회 통합을 촉진하는 관점에서 공평·정의를 이해하는 것은 조화의 실현에 공평·정의가 중요하다는 의미를 부각시킬 뿐만 아니라 조화가 공평·정의 가치의 한 부분임을 동시에 부각시킬 수 있다. 즉 사회의 공평·정의 수준을 측정할 때 사회가 진정으로 조화로운지, 사회가 안정적으로 결속되어 있는지, 질서가 있고 활력이 있는지 등을 보아야 한다.

당의 17대 보고서는 중국 특색 사회주의의 고도에서 공평·정의의 중요성을 특히 강조했다. "사회의 공평·정의를 실현하는 것은 중국 공산당의 일관된 주장으로 중국 특색 사회주의를 발전시키는 중대한 임무이다." "인민 이익과 사회의 공평·정의를 더욱 잘 보장"하는 것을 국민 생활수준이 중류 정도가 되는 사회를 전면적으로 건설하는 새로운 목표의 하나로서, "첫 분배와 재분배는 모두 효율과 공평의 관계를 잘 처리하고 재분배는 공평을 더욱 중요시"[340]할 것을 명확하게 제기했다. 이 보고서에서 공평·정의와 효율성의 제고, 사회주의 민주의 확장, 현대 시민 의식의 구축, 헌법과 법률 실현의 강화, 사회 관리의 보완,

---

339) 중공중앙 사회주의 조화로운 사회의 건설에 관한 여러 중대한 문제에 관한 결정, 베이징, 인민출판사, 2006년, 16면.
340) 후진타오(각주286), 39면.

사회 통합의 촉진 등이 연계되어 그 중요성이 충분히 중시되었다.

18대 보고서는 공평·정의를 중국 특색 사회주의의 내재적 요구로 확립했으며, 이는 다시 공평·정의 이념의 정치적 위상과 사회적 중요성을 향상시켰다. 이 보고서는 다음과 같이 지적했다. "인민 모두가 함께 분투하여 경제사회 발전의 토대 위에서 사회 공평 정의가 중대한 작용을 하는 제도를 조성하는 것에 힘을 싣고, 더 나아가 권리 공평, 기회 공평, 규칙 공평을 주요 내용으로 하는 사회 공평 보장체계를 건립하고, 공평한 사회 환경의 조성에 노력하고, 인민의 평등한 참여와 평등하게 발전할 권리를 보장해야 한다."341) 이 보고서는 또한 다양한 측면에서, 특히 조화로운 사회의 구축, 민생 개선, 평등 발전의 촉진, 소득분배의 측면에서 사회의 공평·정의의 발전을 위한 구체적인 제도와 조치들을 전반적으로 계획했다. 예를 들면, 소득분배의 경우 "첫 분배와 재분배 모두 효율과 공평을 겸비해야 하며, 재분배는 공평함을 더 중시해야 한다."고 거듭 말했다. 또한 노동, 자본, 기술, 관리 등의 요소를 기여에 따라 배분하는 첫 분배제도를 보완하고 세수, 사회보장, 이전지급을 주요 수단으로 하는 재분배 조정제도를 신속히 건립할 것을 요구했다.342) 이 보고서는 사회의 공평·정의를 보호하는 것을 정부 기능 전환의 기본 방향 중의 하나로, 평등과 공정을 사회주의 핵심 가치 중의 하나로 제시했다.

법치 건설에서 공평·정의를 추구하는 것은 법치와 법제의 진보를 실현하는데 근본적인 의미를 가지고 있으며, 전 국가의 기본 제도의 공평·정의에 대해서도 중요한 의미가 있다. 최근 몇 년 동안, 법률 영역에서 공평·정의의 중요성은 더욱 중요시되었다. 17대와 18대 보고서에서는 모두 "사회주의 법치 이념을 수립"할 것을 제기했다. 그러나 공평·정의는 사회주의 법치의 가치를 추구한다. 이는 법치의 관점에서 공평·정의에 대하여 확인하는 것이다. 동시에 예로 18대 보고서에서는 공정한 사법, 공정하고 문명한 사법, 독립적이고 공정하게 심판권과 검찰권을 행사할 것 등도 강조했다. 이는 모두 법적 관점에서 공평·정의에 대해 추구한다. 시진핑은 한층 더 "사회주의 공평·정의를 추구하는 것은 정법작업의 핵심 가치를 추구하는 것이다. 일정한 의미에서 공평·정의는 정법 업무의 생명선이고 사법 기관은 사회의 공평·정의를 보호하는 최후의 방

---

341) 후진타오(각주287), 14-15면.
342) 후진타오(각주287), 36면.

어책이다. 정법 전선은 공평한 천평을 짊어지고 사회의 공평·정의를 보호하고 인민 군중으로 하여금 공평·정의가 바로 곁에 있음을 실감하게 해야 한다."[343] 고 강조했다. 공평·정의의 법치에 대한 중요성은 여기에서 충분히 중시된다.

과학적 발전관의 중대한 이론적인 공헌은 공평·정의가 사회, 정치, 법치 등의 영역에서의 중요성과 중요한 지위를 확립하고 공평·정의와 사회 발전, 법치 진보라는 큰 방향과 연결시키는 것이다. 법치의 관점에서 보면 과학적 발전관의 시야에서 공평·정의는 입법, 집법과 사법 업무의 핵심 위치로 향상시키고 동시에 사회의 화합은 공평·정의를 고려하는 중요한 선택 사항이 된다.

제4절 법치이념의 수립과 법치신앙의 배양

중국의 민주법치 건설은 민주법치의 계몽과 쇄신으로 이어져 왔다. 제도의 혁신과 관념의 갱신은 동일한 과정에서 동시에 전개되는 두 측면이다. 이 두 측면은 서로 영향을 주고, 지지하며 서로 촉진한다. 이는 법치중국의 건설에서 말하는 "법치국가", "법치사회"가 하나 되는 것이다. 법치국가 건설에서 법치사회 건설 차원에서의 전개, 국민관념 계몽, 보법(普法: 법률 상식의 보급을 이르는 말)에 의한 홍보교육, 이상적 신념 교육, 도덕 수양을 통한 준법 관념 강화를 중요시하는 것이 중국 법치노선 특색 중의 하나이고, 이것은 또한 우리나라 법치 건설의 "양손으로 잡는" 것 중 하나이다. 이 두 분야의 적극적인 협력 관계는 오늘날 중국의 법치 건설이 직면한 "시공간 압축(時空壓縮)"의 딜레마임을 잘 보여주고 있다. 당은 법치이념, 법치정신, 법치문화, 법치관념, 법치의식, 법치신앙 등 중요한 범주를 차례로 제시했다. 이런 관념을 핵심으로 하는 여러 범주를 법률의 이데올로기로 법치 건설의 전 과정을 관통하여 법을 집행하는 인원과 국민 전체의 높은 수준의 법률 의식을 형성하는 것은 법치국가 건설에서의 "소프트파워" 건설이며 법치 사회 건설의 기본 내용 중 하나이다.

1. 사회주의 법치이념의 수립

사회주의 법치이념은 중국 특색 사회주의 민주법치 이론의 중요한 부분으로

---

343) 시진핑, 시진핑 국정운영 담화, 베이징, 인민출판사, 2014년, 148면.

마르크스주의 법률관 중국화의 최신 성과이다. 사회주의 법치 이념은 의법치국 방략의 관철을 위한 구체적 구현이자 의법치국 방략의 풍부함에 대한 발전이다.

(1) "사회주의 법치이념" 개념의 제시

법치이념은 법치의 성격과 기능, 가치의 방향, 그리고 실현 경로 등 법치의 가장 일반적인 문제에 대한 집중적인 개괄적 표현이다. 법치 이념은 한 국가의 법치 사업 발전에 대해 "지향 표준"과 "위치 추적" 역할을 할 수 있다. 법치 이념의 구체적 특성은 한 국가의 정치제도, 경제발전 상황, 문화 전통 등 다방면에 걸쳐 영향을 받는다. 법치 이념은 한 국가의 사회와 법률제도의 현대화 특징을 단적으로 보여준다. 이론의 틀에서 볼 때 법치 이념은 법치 이론의 핵심 사안 중 하나이다.

2005년 11월, 후진타오 동지는 정법 업무의 불법, 비엄격, 비문명 및 불공정과 같은 법 집행의 다양한 문제에 대응하여 정법기관에 "사회주의 법치 이념의 교육"을 수행하도록 지시했다. 당 중앙에서 "사회주의 법치 이념"이라는 개념을 명시적으로 언급한 것은 처음이다. 2006년 1월, 후진타오는 또 "사회주의 법치 이념 교육은 정법 대오 사상정치 건설을 강화하는 중대한 조치"라고 지시했다.

중앙정법위는 2006년 4월 전국에 정법 기관을 배치해 사회주의 법치 이념 교육을 실시했다. 당시의 공식적인 표현법에 따르면 사회주의 법치 이념은 의법치국, 집법위민(執法為民: 인민을 위하여 법을 집행함을 이르는 말), 공평·정의, 대국봉사(服務大局), 당의 지도인 다섯 가지로 요약할 수 있다. 그중에서도 의법치국은 사회주의 법치의 핵심이고, 인민을 위한 법의 집행은 사회주의 법치의 본질적인 요구이고, 공평·정의는 사회주의 법치의 가치 추구이며, 대국봉사는 사회주의 법치의 중요한 사명이며, 당의 지도는 사회주의 법치의 근본적인 보증이다.[344]

당의 17대 보고서는 의법치국의 기본 방략을 견지하고, 사회주의 법치 이념을 수립하고, 국가 각 사업의 법치화를 실현해야 한다고 명시했다. 18대 보고서는 사회주의 법치 이념을 수립하고, 전 사회는 법을 배우고 법을 존중하고 법을 준수하고 법을 사용(學法尊法守法用法)하는 의식을 강화해야 한다고 거듭 밝혔

---

344) 뤄간(羅幹), 사회주의 법치 이념 교육을 깊이 전개하고 - 정법대오 사상정치 건설을 확실히 강화하자, 구시(求是), 2006(12).

다. 18기 4중 전회는 이상적인 신념 교육을 강화하고 사회주의 핵심 가치관과 사회주의 법치 이념 교육을 심화시켜야 할 것을 제기했다.

사회주의 법치 이념의 재해석에 따라 법치 이념의 교육은 주로 정법 공안간부와 경찰(幹警)의 교육에 중점을 둔 초기 문제에서 전체 사회의 법치정신의 대중화의 수준까지, 모든 인민의 법적 인식을 높이는 수준까지 향상되었으며 인민 교육의 중요한 부분으로 자리 잡았다. 이것은 사회주의 법치 이념의 개념의 확장이다.

사회주의 법치 이념의 형성과 제기는 우리 당과 국가가 중국 초급 단계 사회주의 사업의 발전 법칙에 대한 이해를 심화시키고, 중국 특색 사회주의 법치국가의 건설에 대한 보다 포괄적이고 체계적인 인식을 가지게 하였다. 또한, 현대 정치 문명과 현대 세계의 구도에 대한 보다 정확한 통찰로 이어졌을 뿐만 아니라 중국 공산당의 집권 규율과 집권 방식에 대해 더 심도 있는 파악을 할 수 있게 하였다.

사회주의 법치 이념의 요구는 고립되어 법치만 취급하지 말고, 법치를 사회주의 사업에서 하나의 유기적인 부분으로 보고, 법치를 사회주의 사업의 진보와 사회 발전의 전 국면에 놓고, 법치를 현재 중국 사회가 전환하는 구체적인 역사 과정에 놓아야 한다. 사회주의 법치 이념은 법치화의 노선선택, 법률제도 건설의 방향, 법치 이론 혁신의 발언권 등 여러 방면의 내용을 포함한다. 사회주의 법치 이념의 확립은 중국이 중국 특색 사회주의를 건설하는 역사 과정에서 노선에 대한 믿음, 제도에 대한 믿음, 이론에 대한 믿음을 보여주는 측면도 있다.

(2) 사회주의 법치이념의 중심인 "3개 지상(至上)"

중국 특색 사회주의 법치의 뚜렷한 특색 중의 하나는 앞에서 언급한 "3자 통일", 즉 "당의 지도와 인민이 주인이 되어 법에 따라 나라를 다스리는 유기적 통일"이다. 이는 사회주의 법치 이념에서 나타나며 구체적으로 "3개 지상"으로 표현된다.

2007년 12월, 전국 정법작업회의 대표와 전국 대법관, 대검찰관의 간담회에서 후진타오 동지는 처음으로 "3개 지상", 즉 "당의 사업 지상, 인민의 이익 지상, 헌법·법률의 지상"이라는 주요 개념을 공식화했다.

2014년 1월, 시진핑은 중앙 정법작업회의에서 "3개 지상"의 개념에 대해 재확인 작업을 하였다. 그리고 정법 대오에게 이상과 신념 교육의 관점에서 "당의 사업 지상, 인민의 이익 지상, 헌법·법률의 지상을 견지하고, 당에 충성, 국가에 충성, 인민에 충성, 법률의 정치적 본색에 충실"[345]하도록 요구하였다. 당의 18기 4중 전회는 "3개 지상"을 재확인하고, "사상정치 건설을 우선으로 하여 이상·신념 교육을 강화하고, 사회주의 핵심 가치관과 사회주의 법치 이념 교육을 깊이 전개하고, 당의 사업과 인민의 이익 및 헌법·법률의 지상을 견지하고", "의법치국을 전면적으로 추진하려면 반드시 법치 작업 대오의 사상 정치적 자질과 업무 능력, 직업윤리 수준을 획기적으로 높이고, 당에 충실하고, 국가에 충성하며 인민에 충성하며 법에 충실한 사회주의 법치 작업 대오를 만드는 데 주력"해야 한다고 하였다.

"3자 통일", "3개 지상"은 사회주의 법치 이념의 핵심적인 내용으로 볼 수 있다. "3자 통일", "3개 지상"은 중국 특색 사회주의 법치 노선, 제도와 이론의 본질적 속성을 부각시킨다. "3개 지상"과 "3자 통일"은 서로 연결되어 있다. "3개 지상"은 "3자 통일"을 위한 내재적 요구이다.

"3개 지상"의 이론적 혁신과 중요성을 이해하려면 오늘날 중국의 사회적, 정치적 현실과 이론적 혁신 공간과 그에 의해 결정된 잠재력을 결합해야 한다. "3개 지상"의 정수(精髓)는 국가 이데올로기의 차원에서 헌법·법률의 지상성과 권위를 명확하게 수립하는 데 있다. 이것은 현대 중국 정치·법률의 맥락에서 현대법치와 현대 국가 관리의 기본 이념과 경험을 인정하고 받아들이는 것이다. 그러나 이에 국한되지 않고 법률로 법률을 논의하거나 법치로 법치를 논의하는 것이 아니라 중국의 정경(情景) 속에서 법치를 보다 넓은 시야에서 바라보고 헌법·법률의 지상과 법치의 지도력(즉, 집권당의 지도)을 연결시키고, 법치의 근본 취지(즉, 인민의 이익 실현)와 연결시킨다. "3개 지상"은 당 사업의 근본은 인민의 근본 이익을 최대화하는 것이고, 헌법·법률의 지상을 존중하는 것은 바로 당의 사업과 인민 이익의 지상을 실현하는 최적의 방식임을 설명한다. 당의 사업 지상과 인민의 이익 지상이 유기적으로 통합된 공식적인 제도체제는 법치를 엄격히 하고 헌법으로 나라를 다스리는 것이라고 할 수 있다. 이는 "3자 통일"과 "3개 지상"이 내재적으로 당의 사업과 인민의 근본 이익을 법으로 다스리고 헌법

---

345) 시진핑이 중앙 정법작업회의에서 발표한 중요한 발언, 인민일보, 2014년 1월 9일.

으로 다스리는 것의 통일을 의미한다. 당의 사업 지상과 인민의 이익 지상은 헌법·법률의 지상을 부정하기는커녕 헌법·법률의 지상을 존중하는 데서 비롯된다. 헌법·법률은 당과 인민의 공동 의지를 집약하여 구현한다. 헌법·법률적 권위를 지키는 것은 당과 인민의 공동 의지로서의 권위를 지키는 것이다. 헌법·법률의 존엄을 지키는 것은 당과 인민의 공동 의지로서의 존엄을 지키는 것이다. 헌법·법률의 효과적인 실시를 보장하는 것은 인민의 근본적인 이익과 의법집권을 실현하는 것을 보장하는 것이다. 따라서 반드시 법치를 통해 당의 지도와 인민민주를 유기적으로 통일하고, 법치를 통해 당의 지도가 인민민주의 과정에 관철하는 데 능하며, 법치를 통해 집권당이 인민민주의 촉진과 인민의 이익을 보장한다는 근본 취지와 원칙을 지켜야 한다.

2. 사회주의 법치정신의 배양

당의 지도자들은 법치 전통의 부재와 국민의 법률의식 향상 등 문제점에 대한 깊은 성찰을 바탕으로 덩샤오핑 이래 법치 선전 교육의 강화, 국민의 법률적 자질 제고, 법치교육과 정신문명의 제고 등을 강조해 왔다. 덩샤오핑의 조언에 따라 우리나라는 1980년대에 보법 교육을 시작했다. 법치에 대한 인식 수준이 높아지고 법치에 대한 국가 관리의 기대가 더욱 절실해지면서 법제 홍보교육의 내용이 심화되고 확장되었다.

법률 상식의 보급에서부터 법치정신이 선전, 사회주의 법치 이념의 발양에 이르기까지 우리나라 법제 교육의 발전적 특성을 보여준다. 16대 보고서는 "법제선전 교육을 강화하고[346] 전 인민의 법률적 자질을 제고하며 특히 공직자의 법제 관념과 법에 따라 일을 처리하는 능력을 강화"해야 한다고 주장했다. 지앙쩌민은 다음과 같이 지적했다. "많은 간부와 군중의 법률 수준의 높낮이는 법에 따라 나라를 다스리는 과정에 직접적인 영향을 미치고 있다. 법률도 부실하고 제도에 심각한 허점이 있으면 나쁜 사람들이 기회를 틈타 활개치고 좋은 사람도 충분히 일을 할 수 없다는 것이 실천에서 얻은 경험이다. 실천의 경험도 비교적 건전하고 완벽한 법률과 제도가 있는데, 사람들의 법률 의식과 법제 관념이 희박하고 사상 정치적 자질이 낮으면 아무리 좋은 법제와 제도도 지켜지지

---

346) 지앙쩌민(각주284), 34면.

않아 제 기능하지 못할 뿐 아니라 심지어는 없는 것과 마찬가지가 될 것이다. 따라서 사회주의 법제 건설은 두 가지 측면에서 입법 작업을 병행해 꾸준히 법제를 건전하고 완벽하게 하고, 법률 지식을 보급하는 교육을 강화해 간부와 군중의 법률 준수와 법률 집행의 자질과 자각을 끊임없이 높여야 한다. 둘 중 하나라도 없어서는 안 되며, 절대 소홀히 해서는 안 된다."347)

2007년 6월, 후진타오 동지는 중앙 당교 성부급 간부 연수반 학위 수여식 연설에서 "의법치국 기본 방략을 전면적으로 실행하고 법치정신을 발양하며 사회 공평·정의를 보호해야 한다."고 말했다. 이는 당과 국가의 최고 지도자가 중요한 회의에서 "법치정신을 고취하자"는 취지로 언급한 것은 처음이다. 17대 보고서는 "법제 선전 교육을 깊게 하고 법치 정신을 발양해 자각적으로 법을 배우고, 법을 준수하고, 법을 이용하는 사회 분위기를 조성하라"며 "공민 의식 교육을 강화하고 사회주의 민주·법제, 자유·평등, 공평·정의 이념을 수립하라"348)고 제안했다. 18대 보고서는 "사회주의 법치정신을 발양하고 사회주의 법치 이념을 수립하며, 사회 전체가 법을 배우고, 법을 존중하고, 법을 준수하고, 법을 이용하는 의식을 강화해야 한다."349)고 덧붙였다.

시진핑은 18기 중앙정치국 제4차 집단학습 연설에서 다음과 같이 지적했다. "법제 선전 교육을 깊이 있게 전개하고, 사회 전반에 사회주의 법치정신을 발양시키고, 온 국민이 법을 준수할 수 있도록 인도하며, 문제가 있으면 법률에 의하여 해결되도록 하여 법을 지켜 영광을 누리는 좋은 분위기가 조성되어야 한다."350) 18기 4중 전회에서 법치 사회 건설을 추진하는 과정에서 사회 전반의 법치의식 확립을 추진하자고 제안했다. 전회는 "반드시 사회주의 법치정신을 발양하고, 사회주의 법치문화를 건설하고, 전 사회에서 법치를 엄격히 하는 적극성과 자각성을 강화하고, 법을 준수하는 것을 영광스러워하고 법을 위반하는 것을 수치스러워하는 사회 분위기를 형성하고, 모든 인민이 사회주의 법치의 충성스러운 옹호자, 의식적인 지지자, 사회주의 법치주의 수호자로 되게 하라"351)고 요구했다.

---

347) 지앙쩌민 문선(각주282), 512-513면.
348) 후진타오(각주286), 30면.
349) 후진타오(각주287), 28면.
350) 시진핑(각주343), 145면.
351) 시진핑(각주299), 2014년 10월 29일.

사회의 사회주의 "법치정신", "법치의식"과 "법치이념" 이 3가지 개념은 서로 연결되며 서로를 촉진한다. 법치정신의 핵심은 법치이념이고, 법치정신은 법치이념이 국가를 다스리는 과정에서 더욱 강조되고, 특히 사회 전반에서 국민의 일상생활에서 전면적으로 관철되는 것을 더욱 강조한다. 법치정신을 발양하는 것은 법치정신을 고리로 한 사회 전반의 정치적 법적 공감대를 형성하고 사회 화합과 공평·정의를 촉진하는 것이다. 전 인민에게 법치정신 교육을 하는 것은 전 인민의 법률 신앙심을 고취시키는 중요한 조치이다. 법치정신은 단지 법 상식을 알게 하는 것이 아니라, 국가 공직자가 법치에 따라 일하도록 하는 것이 아니라, 새로운 "국민성"을 형성하거나 새로운 민주정신을 정착시켜 대중화된 법치문화를 조성하는 것이다. 따라서 법치이념이 중국에서 뿌리를 내리고 결과를 맺게 한다. 법률의 진정한 힘은 법에 대한 국민의 진실한 믿음에 담겨 있고, 법률의 권위는 법을 준수하고 법을 존중하는 의식이 진정으로 사회의 일상윤리가 되는 것을 보여준다.

3. 사회주의 법치신앙의 배양

헌법·법률의 지상, 사회주의 법치정신의 배양, 전 인민의 법치관념의 강화, 사회주의 법치문화의 건설 등의 중요한 명제를 제시하면서 법치신앙을 함양하고, 의법치국으로 법치사회의 건설을 추진하는 핵심 내용이 되었다. 사회적으로 법률신앙이 형성되는 것은 법률 지상성과 권위성 등의 관념이 점차 내면화되어 보편적 국민감정이 되는 것을 의미하고, 국민이 스스로 법률을 인정하고, 신뢰하며, 법률을 준수하고 법률을 수호하는 것을 의미한다. 법치국가와 법치사회를 건설한다는 것은 법치를 모든 집행자의 보편적 직업 신념으로, 법치를 국민의 보편적 믿음이 되게 하는 것이다.

18대 이래 당 중앙은 법치신앙 문제를 명확하게 제기해 왔다. 시진핑은 정법 대오에 다음과 같이 요구한 적이 있다. "법치를 믿고 법치를 견지하고, 법을 알고 법을 이해하고 법을 준수하고 법을 보호하는 집행자가 되고, 입장을 확고히 하고, 의지를 바르게 하고, 사실에만 복종하고, 법률에만 복종하고, 인정에 구애됨이 없이 공평무사하고, 공정하게 법을 집행해야 한다."[352] 시진핑은 또 "헌법

---

352) 시진핑(각주345), 2014년 1월 9일.

의 근간은 인민의 마음에서 우러나서 옹호하는 데 있으며, 헌법의 위력은 인민의 진심에서 우러나온 신앙에 있다."353)고 제기했다. 18기 4중 전회는 "법률의 권위는 인민의 내면 옹호와 진실한 신앙에서 나온다."354)고 주장했다. 이러한 논술에는 "신앙"이라는 용어가 명시되어 있어 법치신앙의 육성이 법치국가 건설의 내재적 요구 중의 하나가 되었다.

국민의 헌법개념, 법치개념, 법률신앙을 어떻게 육성할 것인가? 중요한 것은 국가가 인권을 존중하고 보장하고, 국가가 입법, 법의 집행, 사법 활동 중에 법치이념을 충분히 관철하고, 법을 엄격히 집행하고 법률정의를 실행하는 등에 있다. 시진핑이 지적한 것과 같이 "오직 모든 국민이 법률 앞에서 평등하고 인권을 존중, 보장받고 인민이 법에 따라 광범위한 권리와 자유를 누릴 수 있도록 보장해야 헌법이 국민의 마음속을 파고 들어가고, 군중 속으로 들어갈 수 있으며, 헌법의 실현이 진정으로 전체 인민의 자각행동이 된다."355)

18기 4중 전회는 전 인민의 법률 지식을 보급하는 교육과 법을 준수하는 것을 의법치국의 장기적이고 기초적인 사업이 될 것을 견지하였다. 더 심도 있는 법치선전교육을 실시하여, 모든 인민이 자각하여 스스로 법을 지키는 것과 어떤 일이 발생하면 법을 찾아 법에 근거하여 문제를 해결하도록 요구하였다. 지도 간부가 앞장서서 법을 배우고 모범적으로 법을 지키는 것을 법치의식 확립의 관건으로 삼겠다는 것이다. 몇십 년 동안의 탐색을 통해 우리나라는 이미 점차적으로 비교적 성숙된 법률 지식을 보급하는 선전과 교육 기관을 수립했다. 전국 인민대표대회 상무위원회는 여러 차례의 결정을 거쳐 보법 업무를 전담 배치했다. 온 국민에게 법률 지식을 보급하는 선전 교육은 여러 부처가 함께 참여해 서로 협력하고 전체적인 힘을 형성하는 종합적인 관리 작업이다.

제5절 법치중국의 건설

당의 18대 이래로 우리나라의 법치국가 건설은 더욱 가속화되었다. 시진핑을

---

353) 시진핑, 수도 각계 현행 헌법 공포 및 실행 30주년 기념 대회에서의 발언, 인민일보, 2012년 12월 5일.
354) 시진핑(각주299), 2014년 10월 29일.
355) 시진핑(각주353), 2012년 12월 5일.

총서기로 하는 당 중앙은 국가 관리체계와 관리기능을 현대화하고, 전면적으로 심화된 개혁을 하고, 국민 생활수준이 중류 정도가 되는 사회를 전면적으로 격상하는 것을 실현하고, 의법치국을 전면적으로 추진하는 중대한 문제에 일련의 중요한 사상을 제기하고 전체적인 배치를 했으며, 법치중국을 건설하는 위대한 목표를 제기했고, 법치중국을 건설하는 "노선도"를 기획하고, 의법치국을 전면적으로 건설하는 "총 손잡이(总抓手)"를 명확히 했다. 당은 의법치국의 총체적인 배치는 18기 4중 전회의 "중공중앙법규에 의거한 몇 가지 중대한 문제를 전면적으로 추진하기 위한 결정"에 집중되어 있다. 18기 4중 전회는 의법치국의 중요성과 역할을 하나의 새로운 수준으로 격상했다. "의법치국은 중국 특색 사회주의의 본질적 요구와 중요한 보장을 견지하고 발전시키는 것이며, 국가 관리체계와 관리능력을 현대화하는 것은 필연적이다. 이는 우리 당이 집권하여 나라를 흥성하게 하는 것과 연관되며, 인민의 행복 및 편안한 삶과 연관되며, 당과 국가가 장기간 태평하고 사회 질서와 생활이 안정되는 것과 연관된다. 국민 생활수준이 중류 정도가 되는 사회를 전면적으로 건설하고, 중화민족의 위대한 부흥인 중국의 꿈을 실현하고 중국 특색 사회주의제도를 전면적으로 심화·개혁·발전시키고, 당의 집권능력과 집권수준을 제고하며, 반드시 의법치국을 전면적으로 추진해야 한다."[356] 15대에서 제기한 의법치국을 견지하고 사회주의 법치국가를 건설하는 것은 18대 이르기까지 법치국가를 전면적으로 건설하고 의법치국에 대한 총체적 배치는 당대 중국의 정치적인 과정에서 이미 굳건한 노선을 걷고 있음을 말해주며 중대한 역사적 의미가 있는 전략적인 선택을 하였음을 보여준다.

1. "법치중국" 개념의 제시

"법치중국"이라는 개념과 이론 체계는 집권당의 법치이론과 집권이념에서 또하나의 중대한 혁신이다. "법치중국"이라는 개념은 중국 특색 사회주의 법치 이론에서 하나의 통솔적인 개념이다. "법치중국의 건설"은 중국 특색 사회주의 법치의 노선을 가는 "표준지향점"이 될 것이다. "중국 특색 사회주의 법치체계 건설"이라는 중대 배치는 중국 특색 사회주의 법치제도를 보완하는 "내비게이션

---

356) 시진핑(각주299), 2014년 10월 29일.

(導航儀)"역할을 하게 될 것이다.

2012년 12월 시진핑은 수도 각계에서 열린 현행 헌법 공포 및 실행 30주년 기념대회에서 "의법치국, 의법집권, 의법행정을 공동으로 추진하고 법치국가, 법치정부, 법치사회의 일체화 건설을 견지"하자는 논리를[357] 처음으로 분명히 했다. 2013년 2월 18기 중앙정치국 제4차 집단학습에서 시진핑은 "과학입법, 엄격집법(嚴格執法), 공정사법, 전민수법(全民守法), 의법치국, 의법집권, 의법행정을 공동으로 추진하고 법치국가, 법치정부, 법치사회의 일체화 건설을 견지하고 법치국가의 새로운 국면을 부단히 창립해야 한다."[358]고 거듭 주장했다.

2013년 1월 시진핑 동지는 새로운 형식 하에 정법작업에 중요한 지시를 내렸고 법치중국 건설 문제를 처음 제시했다. 그는 전국 정법 기관들이 공공안전, 사법공정, 권익보장에 대한 인민 군중의 새로운 기대에 부응하여 평안한 중국, 법치적 중국, 탄탄한 대오의 건설에 전력을 다할 것을 요구했다.[359] 이로써 법치중국이라는 개념이 급부상하였다. 2013년 당의 18기 3중 전회는 전면적인 심화 개혁의 차원에서 법으로 나라를 다스리는 "법치중국 건설"을 새롭게 요구했다. "법치중국의 건설은 반드시 의법치국, 의법집권, 의법행정의 공동추진을 견지해야 하고 의법국가, 의법정부, 의법사회의 일체화 건설을 견지해야 한다."[360] 여기서 법치중국의 총체적 요구와 기본적 기준을 처음으로 명확히 했다.

당의 18기 4중 전회는 의법치국의 전면적인 추진에 대해 체계적이고도 전반적인 배치를 했고 의법치국의 실현 "노선도"를 그려냈으며, 의법치국을 전면적으로 추진할 총 목표와 각종 중요한 개혁 조치를 제시했다. "의법치국을 전면적으로 추진하는 것은 중국 특색 사회주의 법치체계를 건설하고 사회주의 법치국가를 건설하는 것을 목표로 한다. 이는 중국 공산당의 지도하에 중국 특색 사회주의제도를 견지하고, 중국 특색 사회주의 법치이론을 관철하며, 완전한 법률법규체계, 효율적인 법치 실시 체계, 엄밀한 법치 감독제도, 강력한 법치 보장 체계를 형성하고, 완벽한 당내 법규체계를 형성하고, 의법치국, 의법집권, 의법행

---

357) 시진핑(각주353), 2012년 12월 5일.

358) 시진핑(각주343), 145-146면.

359) 인민의 공공안전, 사법공정, 권익보장에 대한 새로운 기대에 순응 - 평안중국, 법치중국, 탄탄한 대오 건설에 전력을 다한 추진, 인민일보, 2013년 1월 8일.

360) 중공중앙 전면적인 심화 개혁에 관한 여러 중대한 문제에 관한 결정, 베이징, 인민출판사, 2013년, 31-32면.

정의 공동 추진을 견지하고, 법치국가, 법치정부, 법치사회의 일체화 건설을 견지하고, 과학적 입법, 엄격한 집법, 공정한 사법, 전 인민이 법을 준수하는 것을 실현하고, 국가 관리체계와 관리능력의 현대화를 촉진해야 한다."361)

2. 법치중국 건설의 방법론 원칙

시진핑은 다음과 같이 말했다. "국가의 정치제도를 설계하고 발전시키기 위해서는 반드시 역사와 현실, 이론과 실천, 형식과 내용이 유기적으로 통일되어야 한다. 국정에서 출발하고 실제적으로는 오랜 세월에 걸쳐 형성된 역사적 전승을 파악하고, 또 걸어온 발전의 노선, 축적된 정치 경험, 형성된 정치 원칙을 파악해야 하며, 현실의 요구를 파악하여 현실 문제의 해결에 착안해야 한다. 역사를 단절시켜서는 아니 되고, 갑작스럽게 정치제도 한 채를 옮겨오는 '비래봉(飛來峰)'을 상상해서도 아니 된다. 정치제도는 정치관계의 조절, 정치질서의 확립, 국가의 발전, 국가 안정의 유지, 특정한 사회 정치적 여건에서 벗어나 추상적인 평가를 해서는 아니 되고, 천편일률적이거나 하나에 기인(歸於一尊)해서는 아니 된다."362) 이 중요한 논술은 법치중국의 노선을 모색하는 데 중요한 시사점을 갖는다. 또 법치중국 건설의 기본 방법론 원칙도 포함된다.

(1) 법치로 추진하는 올바른 정치 방향을 견지해야 한다.

당의 18기 4중 전회는 "중국 특색 사회주의 노선, 이론 체계의 제도를 전면적으로 추진하는 것은 의법치국의 근본 준수"363)라고 지적했다. 법치의 정치적 방향이 올바른지 여부는 법치 건설의 성패를 좌우한다. 법치의 올바른 정치 방향을 견지하면서 중대한 법치 문제는 중국 특색 사회주의 총 배치 아래, 계획을 진행할 것을 견지하고, 중국 특색 사회주의 이론의 인도 하에 제도 건설을 진행할 것을 견지하고, 당의 지도하에 각 방면의 작업을 전개할 것을 요구한다. 시진핑의 말처럼 "법대로 나라를 다스리는 이 큰일을 전면적으로 추진할 수 있느냐 할 때, 가장 중요한 것은 방향이 옳은가, 정치적 보증이 강한가, 구체적으로는 당의 지도를 고수하고 중국 특색 사회주의제도를 관철하는가 하는 것이다.

---

361) 시진핑(각주299), 2014년 10월 29일.
362) 시진핑 전국 인민대표대회 성립 60주년 경축 대회에서의 발언, 인민일보, 2014년 9월 6일.
363) 시진핑(각주299), 2014년 10월 29일.

당의 지도는 중국 특색 사회주의의 가장 본질적인 특징이며 사회주의 법치의 가장 근본적인 보증이다. 중국 특색 사회주의제도는 중국 특색 사회주의 법치체계의 근간이며, 의법치국을 전면적으로 추진하는 근본적인 제도보장이다. 중국 특색 사회주의 법치 논리는 중국 특색 사회주의 법치체계의 이론적 지도와 합리적 뒷받침이며, 의법치국을 전면적으로 추진하는 행동 지침이다."[364]

(2) 중국의 현실에 충실해야 한다.

(가) 중국의 국정, 민정, 사정(社情)에 기초해야 한다. 현재 중국은 인구가 많고, 기초가 약하고(底子薄), 사회 발전이 극히 불균형하고, 경제발전이 미흡하며, 국민의 생활수준이 아직 높지 않고, 문화적 전통이 오래된 데다 개혁 발전과 사회 전환이 관건이며, 장기적으로 사회주의 초급 단계에 있다. 사회주의 법치이론은 우선 중국의 법치이론에 맞서 중국처럼 발전하고 있는 동방대국이 어떻게 폭풍처럼 거세게 일어나 현 세계의 구도에서 자신의 발전과 관리의 노선을 빠져나갈 수 있는지에 대한 답을 얻어내려는 것이다. 법치중국의 건설은 우리나라의 국가 성격과 실정을 떠나 맹목적으로 서양 법치와 사회 이념의 잘못된 관념과 경향을 맹목적으로 받아들이거나 단편적인 인식을 극복해야 하고, 각종 "중국문제"에 직면하고, 법치 이념과 제도상의 "중국입장"과 "중국의식"을 부각시켜야 한다. 시진핑은 "다른 나라의 정치제도를 그대로 베끼고 모방하는 것은 통하지 않고, 물과 흙에 복종하지 않으면, 호랑이를 그리려다 도리어 개를 그리게 되거나 국가의 진로를 망칠 수도 있다. 자국 토양에 뿌리를 내리고 충분한 양분을 채우는 제도만이 가장 믿을 수 있고 가장 유용하다."[365]고 지적했다.

(나) 지속적인 개혁개방의 심화에 적응해야 한다. 중국의 전반적인 개혁개방의 큰 구성, 큰 시야에서 법치중국의 흐름과 특징, 경로를 인식해야 한다. 법치의 중요성, 법치의 발전 방향을 국가 관리체계의 실현과 관리 능력의 현대화라는 관점에서 인식해야 한다. 지난 60여 년간의 신 중국 법제 건설의 성취와 경험, 교훈을 진지하게 정리해야 하며, 특히 개혁개방 30여 년간의 법제 경험을 총결산하는 데 중점을 둬야 하며 의식적으로 이러한 고귀한 경험을 운용해야 한다.

---

364) 시진핑(각주299), 2014년 10월 29일.
365) 시진핑(각주362), 2014년 9월 6일.

(3) 외국의 유익한 경험을 적극적으로 참고하고 사회 발전의 규율에 순응해야 한다.

법치중국의 건설은 인류의 법치문명의 성과에 대한 흡입을 중요시하고 법치 이념의 "서양성"을 초월하고 법치의 "현대성"을 충분히 드러내야 한다. 국가 관리체계와 관리능력의 현대화는 전면적인 개혁 심화의 기본 방향이며, 이에 걸맞게 법치도 "현대화"의 방향을 보여야 한다. 법치 현대성의 핵심은 사회문명 발전의 법칙에 순응하고, 인류 정치·법률 문명의 우수한 경험을 참고하여 제 손으로 자기를 얽어매게(作繭自縛) 하는 경직된 이데올로기를 타파하는 데 있다. 법치 건설에 박차를 가해야 한다는 것은 서양 근·현대 정치·법률 문명의 발전을 본받는 진보적 법률 이념을 거부할 수 없음이 분명하다. 그 진보된 정치법률 이념에는 인민 주권론, 기본 인권론, 법률 평등론, 권력분공 제약론, 사회의 공평·정의론, 헌법·법률의 지상론 등이 있고 일찍이 근·현대 문명의 행보에 영향을 미쳤다. 법치 건설은 인권보장제도, 감독제약제도, 반부패 법체계, 반테러 법제, 시장경제 법제, 사법 공정제도 등 서양의 제도 수립에서 축적된 경험을 거울로 삼아야 할 것이다. 현대국가의 통치에 관한 기본 이념과 경험을 스스로 적극 수용해야 하고, 서양 현대 법치 이론에 대한 비판 의식과 초월의식이 있어야 하며, 서양식 불화, 맹목적 숭배를 그대로 답습해서는 안 된다.

(4) 중화 전통 법률문화의 정수를 흡수해야 한다.

법치중국의 건설은 중국 전통 법률문화에서 영양을 흡수해 법치 이념을 드러내는 문화 "본토성(本土性)"을 중시해야 한다. 시진핑은 "역사는 최고의 스승이다. 긴 역사 속에서 중화민족은 독보적인 찬란한 문화를 창조하였고, 나라를 다스리고 정치를 다스리는 것과 관련한 풍부한 경험을 쌓았다. 이 경험은 태평시대 속에서 사회의 발전, 진보적 성공경험뿐 아니라, 정세가 기울어지는 쇠란지세 때의 혼란에 관한 깊은 교훈을 모두 포함한다. 우리나라는 고대에 백성은 오직 나라의 근본만을 주장하고(民惟邦本, 민유방본), 정사는 그 백성을 얻는 것이고(政得其民, 정덕의민), 예법은 합치되어야 하고(禮法合治, 예법합치), 덕이 "주"가 되고 형벌이 "부"가 되는(德主刑輔, 덕주형보) 것을 주장하였고, 정치를 하는 것의 요점은 사람을 얻는 것보다 먼저가 되어서는 안 되고, 정치를 하려면 관리를 먼저 다스려야 하고, 정치는 덕으로서 하고, 자신을 바르게 하고, 편안한 처지에 있을 때에도 위험할 때의 일을 미리 생각하고, 더욱 변화해 가야 하는 것 등등, 이 모든 것은 모두 사람들에게 중요한 시사점을 줄 수 있다. 국정운영과 사회, 그리고 오늘날의 많은 일들은 역사 속에서 그림자를 찾을 수 있고, 역사적으로 발생했던 많은 일들은 오늘날의 귀감이 될 수 있다. 중국의 오늘은 중국의 어제와 그제에서 발전했다. 오늘의 중국을 잘 다스리려면 우리나라 역사와 전통 문화에 대한 깊은 이해가 필요하고, 우리나라 고대의 국정운영에 대한 탐구와 지혜에 대한 적극적인 총화가 필요하다."366)

중국의 전통문화에 담긴 "민유방본", "법불아귀(法不阿貴: 법의 공평함을 이르는 말)", "예법병용(禮法並用: 예의와 법을 상호 결합함을 이르는 말)", "숭덕중예(崇德重禮)", "이화위귀(以和爲貴: 화목을 으뜸으로 생각함을 이르는 말)", "송기무송(訟期無訟)", "중용(中庸)"사유, 정리법(情理法: 정은 세계에 존재하는 본원동력, 리는 우주자연의 최종 법칙, 법은 인류가 정을 다하고 리에 적응 하는 것을 이르는 말)통일, "위정이덕(爲政以德: 덕으로 정치를 함을 이르는 말)", "수제치평(修齊治平: 수신, 제가, 치국, 평천하를 이르는 말)" 등을 정치법치 이념과 전통 관념의 접점을 발굴하는 것은 사회주의 법치이론에 토종 문화의 접목을 꾀하고, 전통 관념과 현대적 관념을 융합하기 위한 기틀을 마련하기 위한 것임은 분명하다. "국정과 달리 나라마다 정치제도가 독특하고, 그 나라의 국민이 결정하는 것은 그 나라의 역사적 전승, 문화적 전통, 경제사회 발전의 기초에서 장기간 발전, 점진적 개선, 내재적인 발전의 결과이다. 중국 특색 사회주의 정치제도가 통하고 생명력이 있고 효율적으로 작동하는 것은 중국의 사회 토양에서 자라기 때문이다."367)

3. 법치중국 건설의 "총 구성"인 중국 특색 사회주의 법치체계

중국 특색 사회주의 법치체계는 중국 특색 사회주의제도의 중요한 구성 부분이다. 중국 특색 사회주의 법치체계를 구축하는 것은 "법치중국"의 "총 손잡이(総抓手)"와 "총 배치"를 건설하는 것이다. 의법치국의 각 사업들은 "총 손잡이"를 둘러싸고 기획되고 추진되어야 한다. 사회주의 법치체계 건설의 주요 내용은

---

366) 신화사, 역사의 경험 역사의 교훈 역사의 경고를 명심하고 - 국정운영 능력의 현대화를 위하여 유익한 참고 내용을 제공, 인민일보, 2014년 10월 14일.
367) 시진핑(각주362), 2014년 9월 6일.

다음과 같다.

(1) 완전한 법률규범 체계

중국 특색 사회주의 법치체계를 건설하려면 입법이 선행되고 입법이 선도적으로 추진되어야 한다. 인민을 기본으로 하여, 입법을 인민을 위하는 것이라는 이념으로 입법체제의 제도를 정비하고, 과학입법, 민주입법을 깊이 추진하고, 중점 분야의 입법을 강화하며, 입(立), 개(改), 폐(廢), 역(釋)의 병행을 견지하고, 입법의 적시성, 체계성, 지향성, 유효성을 강화해야 한다. 중점분야의 입법강화는 법으로 나라를 다스리는 것과 중국 특색 사회주의 사업의 총체적 배치와 밀접한 관계가 있음을 보여준다.

(2) 효율적인 법치 실시제도

법률의 생명력은 실행에 있고 법률의 권위도 실행에 있다. 헌법에 위배되는 모든 행위를 바로잡고 헌법의 권위를 수호하며, 집법, 사법, 준법 등의 체제를 가속화하며, 엄격한 법의 집행과 법에 의한 행정, 공정한 사법 등을 견지하는 헌법 감시 체제를 강화해야 한다.

(3) 엄밀한 법치 감독제도

감독제도는 우리나라에서 국가 권력체계에서 중요한 위치에 있다. 법치 감독제도는 법이 효율적으로 시행되도록 하는 기본적 보장이자 공권력을 효과적으로 구속하는 기본 방식이기도 하다. 권력을 효과적으로 단속하는 근본적인 방법은 "인민들이 권력을 감시하게 하고 권력이 공개적으로 운행되게 하고 권력을 제도의 우리에 가두는 것이다."[368] 이는 "인민의 안목은 뛰어나고 인민은 어디든 존재하는 감시자이다. 오직 인민들이 정부를 감시하도록 해야 정부가 게을리 하지 않을 것이고, 모든 사람들이 책임을 져야만 사람들이 정권을 잃지 않을 것이다. 인민대표대회제도의 중요한 원칙과 제도설계의 기본적 요구는 어떤 국가 기관과 그 작업 인원의 권리가 제약되고 감독되어야 한다는 것"[369]이라고 말했다. 공권력의 감독과 단속에 중점을 두고 당내 감독, 인민대표대회감독, 정협(政協)감독,

---

368) 시진핑(각주362), 2014년 9월 6일. 그는 또 다른 장소에서 "권력 운행의 제약과 감독을 강화해야 하고 권력을 제도의 우리에 넣고, 부패하지 못하는 징계체제, 부패 못하는 방비체제, 부패가 쉽지 않은 보장체제를 형성해야 한다."고 말했다(시진핑(각주343), 388면 참조).

369) 시진핑(각주362), 2014년 9월 6일.

행정감독, 사법감독, 회계감사감독, 사회감독, 언론감독 등의 제도를 정비하고 과학적으로 효과적인 권력 운영의 제약과 감독체계를 형성해야 한다. 감독을 증강하고 실효를 거두어 권한을 가지고 감독을 받으면 반드시 책임을 져야 하며, 법을 어기면 반드시 책임을 물어야 한다.

(4) 강력한 법치 보장제도

법치 사업대오의 건설을 강화하고, 직업적 특성에 맞는 법치 작업자 관리 제도를 만들고, 법치 작업 대오의 종합적 자질을 제고하며, 법조 봉사단 건설과 법치인재 육성제도의 혁신, 법치에 대한 강력한 조직과 인재 보장을 해야 한다.

(5) 당내 법규제도 체계의 개선

당은 의헌·의법으로 국정운영을 해야 하고 당내 법규에 의하여 엄격하게 관리하고 다스려야 한다. 당내 법규는 당을 다스리는 중요한 근거이자 사회주의 법치국가 건설을 위한 강력한 보장이다. 당장(黨章)은 가장 근본적인 당내 법규이므로 당 전체가 일체가 되어 엄격하게 집행해야 한다. 당내 법규와 국가의 법률이 맞물리고 조화를 이뤄 당내 법규 집행력을 높여야 한다. 당내 법규를 활용해 당을 관리해야 하고, 당을 엄격히 다스려야 하고, 당원과 간부가 앞장서서 국가의 법률·법규를 준수하도록 해야 한다.

4. 법치중국을 건설하는 4대 핵심 임무

중국 특색 사회주의 법치체계의 전체 구도에서 중점을 두는 분야나 핵심 임무는 과학입법, 엄격집법, 공정사법, 전민수법이다. 이 4대 목표를 달성하는 것도 의법치국의 네 가지 기본적 요무(要務)를 전면적으로 추진하는 것이다.

(1) 과학입법

양법(良法)은 선치(善治: 잘 다스리는 것을 이르는 말)의 전제이다. 과학입법의 핵심은 객관적 규율을 존중하고 구현하는 데 있다. 과학입법의 목표는 입법의 질을 높이는 것이 관건이고, 중국 특색 사회주의 법률체계를 꾸준히 보완하는 것이다. 과학입법의 실현은 그 방법에서 공정, 공평, 공개 원칙이 입법의 전 과정을 관통해야 하며, 내용상 입법은 인민을 근본으로 하여 인민의 의지를 반영하고 인민의 옹호를 받아야 한다. 체제적으로 입법체제와 업무체제를 보완해야 하며 부처의 이익과 지방 보호주의 법률화를 방지하고, 외부 사회 요인의 고려에 있어서는 개혁 여정과 밀접한 관련이 있어야 하며, 중국 특색 사회주의 총구도와 밀접하게 관련되어야 한다.

(2) 엄격집법

엄격집법은 정부에 의법행정을 요구하고 법치정부 건설을 가속화한다. 법치정부의 기본 요구는 정부의 기능이 과학적이고, 권리와 책임은 법으로 정하고, 법의 집행은 엄격하고 공정해야 하며, 공정·공평하고, 청렴결백하고 효율적이어야 하며, 법을 준수하고 신용을 지키는 것이다. 법치정부의 건설은 법에 의하여 정부 기능의 전면적 이행, 법적 의사 결정제도의 건전화, 행정집행 체제 개혁의 심화, 엄격·규범·공정·문명한 법의 집행을 고수, 정권에 대한 제약과 감독을 강화, 공무 공개의 전면적인 추진 등의 모든 측면에서 이뤄져야 한다.

(3) 공정사법

공정사법은 사법행위를 엄격하게 규범화 할 것을 요구하고, 인민 군중의 사법 소구를 법에 따라 공정하게 대우하며, 모든 사법 사건에서 공평·정의를 느끼도록 노력해야 한다. 공정한 사법을 보장하고, 사법 공신력을 향상하고, 법에 따라 심판권과 검찰권의 독립적이고도 공정한 행사를 보장하고, 사법 기능의 배치를 최적화하고 엄격한 사법을 추진하고, 인민의 사법 참여를 보장하고, 인권의 사법 보장을 강화하고, 사법 감독의 강화 등을 전개해야 한다.

(4) 전민수법

전민수법은 사회 전반에 법치 정신을 발양하고, 사회주의 법치문화를 건설하고, 법률에 대한 국민의 진실한 믿음을 확립하고, 법을 배우고 법을 존중하고 법을 준수하고 법을 사용하는 좋은 사회 분위기를 조성해야 한다. 전 인민의 법치관념의 강화, 법치사회 건설의 추진, 사회 전반의 법치의식의 확립, 복합적이고도 다양한 영역의 의법치국의 추진, 법률서비스 체계의 완비, 의법권익의 보호와 분쟁을 해결하는 체제를 완비하는 등 이러한 것들을 추진한다.

5. 법치중국 건설의 추진 방식

의법치국을 전면적으로 추진하고 법치중국을 건설하는 위대한 사업은 전체적인 계획, 최상층 설계(頂層設計: 전략적인 차원에서 전체 국면을 기획함을 이르는 말)가 필요하고 세부 사항을 중요시하고 구체적인 제도를 정착시키고, 함께 나아가야 하며, 중점적인 돌파도 필요하다. 상층의 관리 이념으로 보면 법치중국 건설의 추진은 적어도 다음과 같은 몇 가지 측면에서 전개되어야 한다.

(1) 의법치국, 의법집권, 의법행정의 공동 추진을 견지

전반적으로 보면, 의법치국은 의법집권과 의법행정을 포함하고 의법치국은 반드시 의법집권과 의법행정을 적극적으로 추진할 것을 요구한다. 이 3자의 "공동 추진"에서 두드러진 것은 집정권과 행정권의 법치화의 관점에서 법치의 추진 방향과 중심을 이해해야 한다. 당의 지도를 의법치국의 전 과정과 각 방면에 관철시킨 것은 우리나라 사회주의 법치 건설의 기본 경험이다. 오늘날 중국 당의 지도의 핵심적 지위를 감안할 때 당의 집권이 국가를 안정시키는 중요성은 당의 의법집권, 의헌집권을 강조하는 것이 필요하고 당은 헌법과 법률의 범위 내에서 활동하는 것을 보장해야 한다. 이는 당 집권의 합법성을 향상시키고 의법치국의 추진을 가속화하는 지극히 중요한 의미를 갖는다. 행정 권력에 대한 효과적인 단속과 감독의 실현은 의법치국의 어려운 점이자 국가 관리의 현대화를 실현하는 관건이다. 따라서 의법집정과 의법행정 모두는 의법치국을 추진하는 데 있어서 중요한 작용점이다. 3자의 "공동 추진"은 중국의 법치 건설을 사로잡은 "중요한 부분(牛鼻子)"이다. 3자의 공동 추진은 법치의 협력추진을 형성하고, 중점을 둬야 하며, 3자가 서로 조화를 이뤄 서로 촉진해야 한다.

(2) 의헌치국, 의헌집권을 견지하고 헌법의 권위를 수립

"헌법은 국가의 근본 대법이다. 법치의 권위를 수립하지 못한다면 우선 헌법이 권위가 있는지의 여부를 확인해야 한다."[370] 의법치국의 핵심은 헌법의 지상성(至上性), 권위성, 유효성을 확립하는 데에 있고 헌법의 통솔과 핵심적 지위를 확립하는 데 있다." 헌법의 권위를 지키는 것은 당과 인민의 공동 의지로서의

---

370) 시진핑(각주299), 2014년 10월 29일.

권위를 지키는 것이다. 헌법의 존엄을 지키는 것은 당과 인민이 함께 의지하는 존엄을 지키는 것이다. 헌법의 실시를 보증하는 것은 곧 인민의 근본 이익 실현을 보장하는 것이다. 우리가 헌법을 확실하게 존중하고 효과적으로 시행하면 인민이 주인이 된다는 보장이 있고, 당과 국가의 사업이 순조롭게 발전할 수 있다. 반대로 헌법이 무시당하고 약화되거나 파괴되면 인민의 권리와 자유가 보장되지 않고 당과 국가사업이 좌절된다. 오랜 실천에서 얻은 소중한 시사점들을 더욱 소중히 여겨야 한다."371) 당의 18기 4중 전회는 의헌치국과 의헌집권을 의법치국의 핵심으로 삼겠다는 것을 재차 확인했다.

(가) 의법치국은 우선 의헌치국을 견지해야 한다. 헌법은 당과 인민의 의지가 집약된 국가의 근본법이고 국가를 안정시키는 전반적인 방법이며 최고의 법적지위, 법적권위, 법적효력을 가지고 있으며, 근본성, 전면성, 안정성, 장기성을 가지고 있다. 헌법의 전면적인 관철은 사회주의 법치국가 건설의 최우선 과제이자 기초 작업이다. 의법치국의 추진은 반드시 의헌치국을 우선적으로 견지해야 한다.

(나) 의법집권의 관건은 의헌집권이다. 의법치국은 의법집권을 요구하고 의법집권의 관건은 의헌집권이다. 집권당이 헌법·법률 범위 내에서 활동하는 것을 보증하는 것은 의법치국의 내재 요구를 실현하는 것이고 법치를 엄격히 하는 관건이다. 따라서 의법치국은 반드시 의법집권을 요구하고 당이 헌법·법률에 의거해 국정운영을 하는 것을 요구하며 당이 선도적으로 헌법의 권위와 존엄을 유지하고 보호하는 것을 요구한다. 이 또한 의법집권이 의헌집권의 관건임을 보여준다. 의헌집권은 의법치국과 의법집권의 공동의 요구이다.

(3) 법치국가, 법치정부, 법치사회의 일체화 건설을 견지

넓은 의미에서 법치국가의 건설에는 법치정부와 법치사회의 건설도 포함된다. 3자 "일체화 건설"의 제기는 행정권과 사회관리의 법치화 관점에서 법치 건설의 발상과 추진 방향을 이해하는 것이다. 법치 건설에서 중요한 역할을 하는 사회, 특히 정부 관리와 사회 관리 간의 적극적인 연대를 강조한 것이다. 법치정부 건설과 법치사회 건설을 통한 전면적인 의법치국의 추진에 치중하는 것이 중국 법치의 노선이다.

---

371) 시진핑(각주353), 2012년 12월 5일.

(4) 의법치국과 이덕치국의 상호 결합을 견지

시진핑은 "의법치국과 이덕치국을 상호 결합할 것을 견지해야 하고, 법치 건설과 도덕 건설을 긴밀하게 연결해야 하고, 타율과 자율을 긴밀하게 연결해야 하고, 법치와 덕치가 상호 협력하고 보완하고 상호 촉진하게 해야 한다."372)고 지적했다. 일정한 의미에서 법률은 성문화된 도덕이고 도덕은 내면의 법률이다. 국가와 사회 관리는 법률과 도덕이 함께 기능해야 하고, 타율과 자율, 교화와 강제가 결합돼야 한다. 이 둘의 결합은 법치사회 건설의 중요한 측면이기도 하다. 법치와 덕치의 결합은 중국 전통의 지혜와 경험의 정화이다. 의법치국은 도덕의 교화 작용을 충분히 발휘해 법치문화에 대한 도덕적 뒷받침을 강화하고, 도적으로 법치정신을 자양함으로써 법치와 덕치가 상호 협력하고 보완하고 상호 촉진하고 상부상조하여 서로의 장점을 더욱 잘 나타낸다. 18기 4중 전회는 "의법치국과 이덕치국의 상호 결합을 견지"하는 것은 의법치국을 전면적으로 추진하는 기본 원칙이고 "반드시 한 손으론 법치를 잡고 다른 한 손으론 덕치를 잡는 것을 견지하고, 사회주의 핵심 가치관을 힘껏 발양하고, 중화 전통 미덕을 발양하고, 사회공덕, 직업도덕, 가정미덕, 개인품덕을 배양하고, 법률의 규범 작용의 발양을 중요시하고, 도덕의 교화 작용의 발휘도 중요시하고, 법치로 도덕 이념을 체현하고, 법률이 도덕 건설에 대한 촉진 작용을 강화하고, 도덕으로 법치정신을 자양하는 것을 강조하고, 법치문화에 대한 도덕적 지지 작용을 강화하고, 법률과 도덕이 상호 협력하고 보완하는 것을 실현하고, 법치와 덕치가 상부상조하여 서로의 장점을 더욱 잘 나타나게 해야 한다."373)고 제기했다.

이덕치국의 이념은 의법치국과의 상호 배합을 통하여 사회 관리와 국가 관리를 상호 결합하고 개인의 덕목과 국가관리 체제와의 상호 통합은 법률을 외부의 국가에서 자발적 복종으로 강제하는 데 도움이 되며, 법치이념을 마음속에 내재화하고 보편적 도덕 신념으로 승화하는 데에 이롭고, 법치정신을 국민의 진실한 믿음으로 바꾸는 데 이롭고, 권리와 의무의 통일에도 이롭다. 따라서 사상도덕적 신념과 관념의 제고를 의법치국의 기초적인 공정으로 보아야 하며, 사회주의 핵심 가치관 교육 등을 법치 건설에 통합하는 전 과정으로 보아야 한다.

---

372) 시진핑(각주343), 145-146면.
373) 시진핑(각주299), 2014년 10월 29일.

제4장

중국 특색 사회주의 민주법치의
기본 요구와 핵심 입장

    앞의 두 장이 중국 특색 사회주의 민주법치 이론의 형성과 발전 과정을 논했다면, 우리는 이 이론의 기본 내용과 핵심 문제를 이미 다루었음이 분명하다. 본 장에서 우리는 중국 특색 사회주의 이론과 제도를 구축하고 중국 특색 사회주의 노선을 걷는 과정에서 시대 발전의 진보가 민주법치 이론의 틀을 짜는 데 어떤 요구를 제기했는지에 대해 좀 더 체계적으로 논술하고자 한다. 중국 특색 사회주의 민주법치라는 개념을 어떻게 적절히 정립하고, 오늘날 중국 법치의 중국적 특색과 사회주의적 특색을 어떻게 인식하며, 민주법치의 핵심 이념과 제도를 어떻게 인식하느냐가 중국 특색 사회주의 민주법치 이론의 가장 기본적인 문제점이다. 중국 특색 사회주의 법치 이론을 이해하고 중국 특색 사회주의의 노선과 제도, 이론 전체를 연계해 인식해야 한다. 이는 법치의 중국적 특색과 사회주의적 특색을 보여주는 제도이다. 사회주의 법치의 기본적 요구와 핵심적 입장은 법치의 형식적 요구와 그에 상응하는 제도적 장치가 주로 나타나는데, 상대적으로 현대 법치 문명의 공통성이 우리 이론의 서양 선진정치의 법률 문명에 대한 흡수와 융합을 더 잘 보여주고 있다. 물론 이러한 기본적 요구에는 중국 특색 사회주의의 민주법치 제도적 특색도 잘 나타나 있으며, 이러한 제도에는 중국의 특색이 뚜렷하게 나타나 있다.

제1절 중국 특색 사회주의 법치의 기본 요구

중국 특색 사회주의 법치의 기본적 요구는 우리나라의 법치를 형식적 관점에서, 법치의 국가 관리 현상 차원에서의 요구와 특징을 인식하는 것이다. 중국 특색 사회주의 법치의 이러한 형식적 요구는 현대 정치·법률 문명의 일반적인 특징을 공유 및 구현하는 한편, 제도의 틀 조성 등에 있어서도 뚜렷한 중국 특색을 나타내고 있다. 현대 법치의 일반적인 특징을 쪼개 우리 법치의 요구를 고립적으로 인식하거나, 법치에 대한 서양의 경계로부터 우리 법치의 개념을 완전히 한정할 수는 없다.

1. 현대 법치개념의 기본 내용

중국어에서 "법치(法治, rule of law)", "법치국가", "의법치국" 용어는 종종 서로 바꿔서 사용된다. 중국에서는 한동안 "법치"와 "법제"라는 용어가 혼용되었다. 현재 학계에서는 "법치(法治)"와 "법제(法制)", "의법치국(依法治國)"과 "이법치국(以法治國)" 등의 용어를 구별해 사용하고 있다.[374]

현대 법치이론은 유럽문명 속에서 먼저 발전했고, 근대 이후 유럽에서 사회실천으로 정착해 유럽은 물론 세계 전체의 정치적 법률문화와 실천발전에 큰 영향을 미쳤다. 현대 법치에는 최소한 두 가지 연원이 있다. 영국에서 법치의 원칙은 "법의 지배(rule of law)", 즉 법을 제외한 누구도 다른 통치를 받지 않는다는 말로 표현된다. 이런 법은 자연 정의의 관념과 연계되어 있으며, 형평정신과 권리존중 등의 이념을 구현하고 있다. 이를 "실질주의 법치관"이라고도 한다. 독일에서 법치는 "법치국가(法治國, Rechtsstaat)"로 이해되고 있다. 독일의 법치국가 이론은 임마누엘 칸트(Immanuel Kant), 요한 고틀리프 피히테(Johann Gottlieb Fichte) 등의 정치적 법률 학설에서 비롯됐다. 이러한 법치관은 법의 중심을 공공 의지, 공권력과 연계시켜 법률, 국가, 공권력과 의지의 사위일체를 강조한다. 이는 특히 행정 권력의 행사에서 형식적 합법성을 주목하는 반면, 법에 대한 정의 내용은 비교적 적게 고려된다. 이 또한 "형식주의 법치관"[375]으로도

---

374) 국내 법치와 법제에 관한 구분과 상응하는 쟁론은 리뿌윈(李步雲), 리칭(黎靑), "법제"에서 "법치"로: 20년간 한 글자를 변경, 법학, 1999(7) 참조 바람.
375) 법치에 관한 이론 연원은 브라이언 타마나하(塔瑪納哈, Brian Z. Tamanaha), 법치: 역사, 정

불린다.

(1) 법치 개념의 지칭 범위

법치라는 용어는 법치의 개념에 대한 이해와 법치의 내포를 달리하는 말이다. 법치란 일종의 치국방략, 일종의 국가 관리의 기본 원칙, 일종의 "양법"지치(良法之治: 양법으로 다스리는 것을 이르는 말), 또는 사회생활 질서, 또는 정신신앙의 형식을 가리키는 말로 쓰인다. 우리의 이해에 따르면 법치라는 단어는 그 기본 함의에 관하여 다음과 같은 몇 가지[376]를 지칭할 수 있다.

(가) 현대 법치는 "법률의 지배"를 받는 치국방략이다. 법치는 사회관리 실현과 국가관리에서의 법률의 권위와 지상성을 확인하고 법률을 사회조정의 기본으로 삼을 것을 요구하고 있다. 이런 의미에서 법치는 우선 국가를 다스리는 기본 방략이며, "인치"보다 나은 치국방략이다. 이러한 치국방략은 법률을 통하여 국가 권력을 제한하고, 법치를 실행 또는 실행하지 않는 것을 국가 권력의 정치적 합법성을 판단하는 기본 기준으로 삼는다. 현대 사회에서 "법치는 일인지치(一人之治: 한 사람이 다스리는 것을 이르는 말)보다 낫다."는 인식이 공감대를 형성하고 있다.

(나) 법치는 "양법"에 따라 다스린다. 의법치국 방략에 따라 정치와 사회생활에서 법의 위상과 기능에 대한 기본적 위치를 정했다. 의법치국의 방략에 따른 사회정착을 위한 구체적 제도 배치(민주입법제도, 정부책임제도, 상대독립적인 심판제도, 엄격한 법률 감독제도, 완벽한 인권보장제도 등)는 특정한 사회적 가치를 제도적으로 구현해야 한다. 이는 법의 가치 속성, 법의 이념적 특징 등을 보완해 의법치국은 곧 "양법"치국이고 법치가 곧 "양법지치"[377]이다. "양법"은 형식적인 규정성, 즉 비교적 완비된 법률체계(입법의 내용 개선, 구성 합리, 내부 조화, 사무 규칙 합리, 문장의 엄밀 등)를 요구한다. 또 입법, 집법, 사법, 준법 등 각 방면에

치와 이론, 리꾸이린(李桂林)역, 우한, 우한대학출판사, 2010년 참조 바람.

376) 법치 개념에 대한 상세하고 명백히 논술은 예추완씽(葉傳星), 사화와 법률관리의 전환, 제1장, 베이징, 법률출판사, 2012년 참조 바람.

377) 법치 이론의 역사에서는 아리스토텔레스(亞里士多德, Aristoteles)가 제일 먼저 제기했고 양법지치의 법치 이론을 논증했다. 이 이론의 영향은 장구하고 광범위하다. 그는 법치 정의에 관한 경전적인 서술은 "법치는 응당 두 가지 함의를 포함한다. 이미 성립한 법률로 보편적인 복종을 획득하고 모두가 복종하는 법률은 또 응당 그 자체가 제정된 양호한 법률이다." [고 그리스] 아리스토텔레스 저작, 우써우펑(吳壽彭)역, 정치학, 베이징, 상무인서관, 1965년, 199면 참조.

서 법에 의하여 일을 처리해야 하며, 이것은 행위가 규칙에 부합되도록 하는 것이다. 더욱 중요한 것은 "양법"도 내용면에서의 규정성이 있는데, 이것은 근본적인 것, 즉 시대의 필요, 인민의 필요, 생활의 필요를 법으로 요구하는 것이다. 법치가 요구하는 "양법"은 현대적 이념을 먼저 구현하고 있다. 이러한 현대적 이념은 인민의 주권, 인권 존중과 보장, 권리의 제약, 법률 앞에서 모든 사람의 평등, 공평·정의(실체 정의와 절차 정의 포함) 등이다. 동시에 양법은 구체적인 국정, 사정, 민정에 요구되는 가치 이념을 구현해야 한다.

(다) 법치는 의법치국의 기초 위에 안정적이고 조화로운 사회질서의 형성을 요구한다. 의법치국은 양법을 장악하여 법을 엄격하게 지키어 일종의 법률이 주도하는 사회질서를 형성하고, 즉 "법치국가"에서 "법치사회", 조화로운 사회에 이르는 것을 요구함을 말한다. 의법치국은 단순히 국가의 정치생활 분야에서 권력을 엄격히 제한하는 원칙일 뿐 아니라 사회 분야에서도 사회관리의 유효성과 사회생활의 자율성을 보장하는 원칙이다. 의법치국 원칙의 보급은 사상교육, 윤리도덕과 인격의 양성 등 개인의 사회화를 위한 각종 수단을 배제하지 않을 뿐만 아니라, 이러한 사상, 도덕과 각종 사회규범을 충분히 기능하도록 내적 요구해야 하지만 이러한 수단의 운용은 법률을 위배해서는 안 되고 반드시 법률의 범위 내에서 행사되어야 한다. 이러한 의미에서 법률은 지극히 지적인 것뿐만 아니라 배타적인 것, 즉 모든 것을 배제하는 것은 법적인 수단의 운용에 위배되는 것이다. 이는 인권을 보장하고 사회 구성원이 법률에 대한 믿음을 함양하는 데 도움이 되며, 헌법적·법률적·지상적 사회 분위기를 조성하고 이를 바탕으로 새로운 형태의 조화로운 법률질서를 형성하는 데 도움이 된다.

이러한 법률질서는 민주적인 제도와 연계되어, 독재와 양립하는 것으로, 강박적인 명령만으로 유지되는 것이 아니다. 이러한 법률질서는 많은 인민 군중의 적극적 참여에 의해 형성되고 있으며, 시대적 요구에 부합하고, 생활 요구에 부합하고, 인민의 뜻에 맞는 질서이기 때문이다. 이러한 법률질서는 적극적이고 개방적인 질서로서 이상과 현실의 통일, 자유와 규율의 통일, 공평과 효율의 통일, 안정과 발전의 통일, 합리적 권력운용과 권력남용의 제한과의 통합, 법률신앙과 자유 비판의 통일 등이다. 이러한 법률질서는 법이 엄격히 준수되고 적극적으로 이용되고, 공권력이 합리적이고 효과적으로 구속되고, 개개인이 충분한 자유와 존엄성을 향유하며, 사회관계, 자연과의 관계가 조화롭게 발전하며 법률 지상 신념이 사람의 마음을 파고드는 상태이다.

(2) 법치와 법제의 차이

우리 학계에서는 "법치"와 "법제"라는 두 개념을 분리해 사용한다는 공감대가 이미 형성돼 있다. 중공 15대 이래 정부 당국의 문서에는 "법치국가"라는 용어가 점차 사용되고 있다. "법치국가"와 "의법치국"이라는 두 개념은 이미 헌법의 공식적인 용어가 되었다. "법제"에서 "법치"까지의 전문용어의 변화는 국가치국방략의 근본 변형을 단적으로 보여준다. 실제로 이 두 전문용어는 사람들이 속성하기로 약속한 용법에서도 일찍이 다른 것이 있었다. 법제와 법치 이 두 개념의 차이는 주로 다음과 같다.

(가) 양자가 가리키는 바와 관심의 무게 중심이 다르다. 법제는 법률제도 (legal system)의 약어로 한 나라 또는 한 지역의 법률 상부 구조를 가리키는 제도이다. 이에 상응하는 것은 정치제도, 경제제도, 문화제도 등의 개념이다. 법치는 우선 치국의 일종인 방략과 원칙을 말하고, 상대적 치국주의의 일종이다. 법제는 우선 법을 제도화한 구성물로서 형성된 통일체를 강조하고, 법치는 사회통제와 치국의 여러 방식에서 법의 주도적 지위와 기능을 우선 강조한다.

(나) 양자는 민주정체(民主政體, 민주정치체제)와의 연계가 다르다. 국가가 있으면 법제는 있으나 반드시 법치가 있는 것이 아니다. 민주정체가 존재하는 나라 안에서만 법치가 있다. 법제가 있다고 해서 법치가 반드시 있는 것은 아니고 법치가 시행되는 것은 민주정치를 전제로 할 수밖에 없다는 것이다. 그러므로 법치는 제도적인 실천으로 현대적인 사안인 반면 법제는 오래된 것이다.

(다) 양자의 가치 추구도 다르다. 법치는 엄격한 의법관리를 요구하고 법률은 각종 사회의 조정 조치에서 지상성, 권위성을 구비하며 법률은 "양법", "선법"이어야 한다. 법제에는 엄격한 법의 집행이 반드시 담겨 있지 않으며, 법의 집행을 엄격히 제한하는 내용도 반드시 포함돼 있지는 않다. 대체로 법치는 항상 독재, 특권, 제멋대로 하는 것과 대립하는데, 법제는 반드시 이러한 대립을 의미하지 않으며, 법제는 독재, 특권의 도구로서 기능할 수 있다. 법치는 국가 권력을 제한하고 법률 평등을 추구하며, 인권을 존중해야 한다는 것을 의미하지만, 법제는 이러한 요구 조건들을 반드시 따라야하는 것은 아니다.

2. 중국 특색 사회주의 법치의 기본 요건

오늘날 사회주의 법치는 우선 현대 법치의 일반적인 특징을 지니고 있다. 법치와 의법치국은 서양에서 참조한 일종의 기본 관리 이념과 국가 관리 원칙으로 현대 법치 문명의 일반적인 형식적 특성을 갖고 근·현대 정치·법치 문명의 발전 과정에서 축적된 제도 및 가치 등을 공유해 나갈 것이다. 물론 중국이 법치국가의 건설을 모색하는 과정에서 중국의 특색이 있는 제도와 이념이 조금씩 형성되면서 서양 주류의 자유주의 법치관과 법률관에 대하여 비판을 했다.

현대 법치 이념의 가장 기본적인 형식적 요구는 법의 지상성과 권위성을 확립하고 존중하는 것이다. 법의 형식적 합리성의 여러 품질의 확립은 국가 권력을 법률 아래에 두고, 법에 따라 권력을 사용하며, 법에 따라 권력을 제한하는 것이다. 다시 말하자면 현대 법치의 형식적 합리성 요구의 핵심은 제도상, 이념상, 관념상 헌법·법률의 지상성을 확립하는 데에 있다. 후진타오가 제안한 "3개 지상"에서 헌법·법률 지상 이념을 확립했다. 이로써 중국 특색 사회주의 법치는 헌법·법률 지상 이념을 수용하고 이를 보다 넓은 사회 정치적 배경으로 인식하게 되었다.

현대 법치의 헌법·법률 지상적 이념은 구체적인 제도 설계를 통해 전개되고 정착되어야 한다. 법치나 법률 지상성 이념은 입법, 집법, 사법, 수법, 법률 감독 등의 전반적인 법률 조정과정을 둘러싸고 전개된다. 18대 보고서는 "과학입법, 엄격집법, 공정사법, 전민수법을 추진"하고 "법이 있으면 반드시 법에 의거하고, 법의 집행은 반드시 엄격하게 하고, 법을 어기면 반드시 처벌한다."고 밝혔다.[378] 이것은 주로 형식적 관점에서 중국 법치 건설에 대한 기본적인 요구이다.

(1) 헌법·법률 지상

현대 법치의 기본은 헌법의 확립과 법률의 지상성을 요구한다. 의법치국의 핵심은 바로 의헌치국이다. 이는 의법치국 방략이 헌법과 법률이 사회 조정체계에서 가장 높은 권위성과 존엄을 요구하고 있음을 말한다. 이는 의법치국과 의헌치국의 통일을 강조하고 이 요구는 헌법이 법률체계에서의 핵심적인 지위를

---

378) 후진타오(각주287), 27면.

확실하게 유지하고 보호하고 보장하며, 헌법이 효력 측면에서 지고(至高)성을 확실히 보장하고, 전체 법률체계의 완전성과 내부 조화성을 보장하고, 특히는 공권력이 헌법과 법률에 엄격하게 복종할 것을 보장하고, 권력이 법률의 유효한 제약을 받도록 해야 한다.

헌법·법률 지상 이념은 현대 법치의 가장 기본적인 이념이자 중국 사회주의 법치국가의 기본 이념 중 하나이다. 헌법·법률 지상 이념은 헌법·법률이 사회생활에 있어 지상적이고 권위적이며 당권과 모든 국가의 모든 권력이 헌법·법률에 따라 엄격히 행사되어야 하며, 어떠한 조직과 개인도 법률을 초월하는 특권이 없으며, 어떤 다른 비법률적인 규범과 조치 모두는 위헌, 위법이 되어서는 안 된다.

중국 특색 사회주의 법치 이념은 헌법·법률의 지상성을 강조하면서도 헌법의 법률을 논하는 데 그치지 않고 법치를 넓은 시야에서 바라보는 헌법·법률 지상과 당의 사업 지상, 인민 이익 지상으로 연결한다. 법률과 정치 사이의 밀접한 연계, 법률과 민주 사이의 밀접한 연계, 법률 조정과 사회 전반의 관리와의 밀접한 연계, 법률 개혁과 사회 전반의 발전과 밀접한 연계에서 헌법·법률 지상 이념을 보다 정확하고 포괄적으로 이해할 수 있다.

이러한 대국관이 있어야 우리나라 법치의 이념에 대해 깊이 인식할 수 있고, "3개 지상"의 내적 통일성에 대해 보다 포괄적으로 인식할 수 있다. 첫째, 인민의 이익이 지상적이고, 인민민주를 실현하는 것이 법치의 근본 가치를 지향하는 것이다. 인민의 이익 지상 이념은 사회주의 법치가 마땅히 최대한도로 인민의 이익을 실현하기 위해 봉사하고, 인민의 참여를 통해 국가를 관리함으로써 법치를 촉진할 것을 요구한다. 둘째, 당의 사업의 근간은 가능한 광범위하고, 충분하며, 건전한 인민민주의 실현이어야 한다. 당의 사업 정착과 귀착점은 인민의 이익을 실현하고, 양자는 통일된 것이다. 셋째, 인민의 이익 지상 이념을 더 충실하게 실현하기 위하여 의법치국이 요구되고 헌법·법률 지상적 지위를 요구해야 하며, 그렇지 않으면 인민의 근본 이익도 전면적으로 유지될 수 없다. 헌법·법률은 인민이 주인이 되어 자기관리를 할 수 있는 효과적인 수단이자 당의 주장이 인민의 의지와 결합된 것이다.

따라서 헌법·법률의 지상과 인민의 이익 지상, 당의 사업 지상은 통일된 것이다. 시진핑의 말처럼 "헌법의 권위를 유지하고 보호하는 것은 당과 인민의 공동 의지로서의 권위를 유지하고 보호하는 것이다. 헌법의 존엄을 수호하는 것은 당과 인민의 공동 의지의 존엄을 수호하는 것"[379]이라고 말했다. 헌법의 실시를 보증하는 것은 인민의 근본적인 이익 실현을 보증하는 것이며, 당의 사업을 수호하는 것이다. 인민의 이익을 떠나 헌법·법률 지상을 논하는 것은 중국 법치 사업의 방향과 군중의 기반을 잃기 쉽고, 법률로 법률을 논하는 교조주의(教條主義)와 법조주의에 빠지기 쉽다. 그러므로 헌법·법률 지상은 오히려 실현될 수 없게 되는 것이다.

(2) 과학적·민주적 입법

법치는 법률이 형식상 어느 정도의 품격을 갖도록 요구하는데, 이것은 법률이 형식상 합리적이고, 현대사회가 다스리는 형식적 이성 원칙에 부합할 것을 요구하는 것이다. 이는 구체적 규범의 구조부터 법률체계의 건립에 이르기까지 형식적인 합리성을 요구한다. 법의 형식적 합리성은 법률이 일반성, 공개성, 명확성, 안정성, 실행 가능성, 가소성, 완전한 체계성 등 어떤 형식적 특징과 품격을 가져야만 법치의 원칙에 부합한다. 법의 형식적 합리성은 과학적 입법, 민주적 입법을 통해 이뤄져야 한다. 게다가, 법의 이러한 형식적 합리성의 특성은 현대 법의 과학적 특성을 나타낸다.

(가) 법은 일반성을 가지고 있다. 법률규범의 일반성은 법률이 특정인이 아닌 사회에 있는 일반인을 대상으로 하는 행위의 유형을 설정하여 동일한 경우 법률에 의해 똑같이 취급되어야 한다. 따라서 이러한 행위 유형은 개별적이고 구체적인 행위를 일반적인 권리, 의무와 책임 규칙으로 요약하여 이를 일반화하여 반복적으로 적용할 수 있다.

(나) 법은 공개성을 가지고 있다. 법의 공개성은 법률은 모든 사람들이 법의 내용을 알 수 있는 기회를 가질 수 있도록 공표되어야 한다는 것이다. 사람들은 법이 내용과 형식을 이해할 기회가 있어야만 그들이 법을 준수하기를 기대할 수 있다. 입법의 공개성은 법률이 공정해야 한다는 가장 기본적인 요구 중 하나이다. 공개성이 없고 법이 알려져 있지 않으면 그 운용의 정당성을 말할 수 없다.

---

379) 시진핑, 수도 각계 현행 헌법 공포 및 실행 30주년 기념 대회에서의 발언, 베이징, 인민출판사, 2012년, 4면.

(다) 법은 명확성을 가지고 있다. 법은 조정된 사회적 관계나 행위에 대한 규정이 분명하고 명확해야 합법행위와 불법행위의 한계를 인식해 효과적으로 사람의 행동을 가리킬 수 있고, 법의 시행 중의 우발적, 임의성을 제한하는 데도 도움이 된다는 것이 법의 명확성이다.

(라) 법은 안정성을 가지고 있다. 법의 안정성은 법률이 지나치게 빈번히 변동되어서는 안 되고 조령모개(朝令暮改: 아침에 공포한 법령이 저녁에 바뀌는 것을 이르는 말)해서도 안 되며, 그래야만 사람들의 행위의 예측이 안정적이게 되고, 사회적 신뢰 수준을 향상시킬 수 있다. 법은 고정불변할 것이 아니라 사회 발전에 따라 변동하고 혁신해야 하며, 그렇지 않으면 법도 좋은 역할을 할 수 없다. 그러나 법의 변동 과정에서는 법의 안정성과 연속성을 최대한 유지해야 한다. 법의 안정성과 변동성 사이의 관계를 어떻게 처리할 것인지는 법제구축의 중요한 과제가 되어 왔다.

(마) 법은 실행 가능성을 가지고 있다. 법률은 사회 대다수가 할 수 있는 일을 규정하고 요구할 뿐, 사람들이 사실상 할 수 없거나, 절대 다수가 하기 어려운 일을 현실에 맞지 않게 국민에게 규정해서는 안 된다는 것이다.

(바) 법은 가소성을 가지고 있다. 법률의 가소성(Justiciability of law)이란 법률에 규정된 권리가 침해되거나 남용되고 의무가 위반될 경우, 법률은 반드시 적절한 구제 절차와 수단을 제공해야 하며, 특히 청구인들은 법원과 같은 사법기관을 통해 적법한 권리나 정당한 이익을 보장받을 수 있도록 법적 장치를 제공해야 한다.

(사) 법은 체계적인 완전성을 가지고 있다. 법률체계의 구조를 보면 한 나라의 법률제도는 전체적으로 체계의 완정성, 통일성, 과학성을 갖추어야 한다. 이것은 바로, 법의 각 부문 간에, 법률의 효력 등급 간에, 실체법과 절차법 간에 서로 연결되고, 경계가 명확해야 하며, 법의 각 부문마다 각각의 자(子) 부문, 각종 구체적인 제도, 각종 규칙 간에 서로 조화를 이루어야 하며, 서로 중복되거나 모순되어서는 안 된다. 법률 조정이 필요한 사회관계는 모두 각 법률부문에 분류별로 포함시켜야 하며 중대한 것을 누락해서는 안 된다. 법률의 용어는 가능한 엄밀해야 하고 체계는 과학적이어야 한다.

법률 및 법체계의 형식 방면의 합리성의 달성과 법률을 "양법", "선법"으로 만들기 위하여 입법제도를 건전하게 정착시키고, 입법의 민주성과 과학성을 촉진하는 사회주의 법률체계를 구축하는 노력이 필요하다. 제도의 합리성을 가지는 입법제도는 대체로 다음과 같은 측면을 포함한다. 입법권의 분배제도, 법률법규의 위헌심사제도, 입법감독제도, 군중의 참여 입법제도, 대표선거제도, 대표의사(議事: 공무 논의를 이르는 말)제도, 대표와 선민연결제도, 정당이 입법기관의 활동에 참여하는 제도 등이다. 엄격한 절차설계를 통하여 이러한 제도가 제대로 운영되도록 하는 데 주요시해야 하고, 입법의 각 부분을 보완하는 절차와 설계를 통해 과학적이고 민주적인 입법 요구가 입법 전 과정을 관통해야 한다. 그러므로 과학입법의 기본 요구는 과학적이고 합리적인 입법 과정에 기초하여 체계적이고 형식이 합리적인 법체계를 구축하는 것이다.

(3) 행정집법(行政執法)의 공정과 엄격

국가 권력체계에서 행정기관은 가장 중요한 법의 집행 기관이다. 좁은 의미에서 엄격한 집법이 요구되는 주요 요구 사항은 행정기관이 엄격하게 법에 따라 행정권을 행사하는 것이다. 법치정부의 건설도 기본적으로 엄격한 의법행정이 요구된다. 물론, 반드시 짚고 넘어가야 할 것은 "집법"이라는 개념으로 이는 다의어이다. 넓은 의미에서는 모든 국가 기관과 권한을 부여받은 기관의 법 운용을 가리키며 사회관계를 조정하고 사회 주체의 활동을 규범할 수 있으며, 입법기관, 행정기관, 사법기관 등을 포함해 모두 법의 집행 기관이다. 우리는 좁은 의미에서 이 개념, 즉 행정기관의 집법이다. 집법 개념의 이러한 다의적 용법을 피하기 위해 우리는 바로 "행정집법"의 개념을 적용하거나 "의법행정"이라는 개념을 사용한다.

의법행정은 법치국가가 정부 행정활동에 대한 기본적 요구이자 법치국가 건설의 중요한 일환이다. 엄격한 의법행정은 우리나라 행정관리의 수준과 효과뿐 아니라 우리나라 의법치국 방략의 정착에도 큰 영향을 미친다. 엄격한 의법행정은 행정권을 효과적으로 제약하는 기본 방식이다. 그러나 행정권의 광범위성, 주도권 및 자발적 확장과 특정 측면에서의 당권(黨權)과 행정권의 우연성은 법치국가 건설에서 가장 어려운 과제 중 하나가 될 수 있도록 집행권을 제한하고 있다. 행정권이 엄격히 법에 따라 운영되어야 하는 주요한 요구 사항은 대체로 다음과 같다.

(가) 직권은 법으로 정하고 권리와 책임은 통일한다. 즉, 국가 기관 및 공직

자의 권력은 명확한 법적 근거와 법적 권한이 있어야 하며, 행정기관 활동이 이를 넘어서는 권한은 위법으로 간주되어야 하며, 권리를 초월하면 법적 책임을 져야 한다. 행정기관 및 구성원의 권한과 책임을 과학적 입법을 통해 합리적으로 배치하고 권력과 책임의 대응을 유지하고 직권과 책무를 동일시해야 한다. 다시 말하자면 행정기관은 반드시 "법률 우선" 원칙을 존중하고 "법률 보류" 원칙 및 "책임 있는 행정" 원칙을 실천해야 한다.

(나) 행정절차는 공정해야 한다. 절차성은 행정권력을 구속하는 중요한 방식이다. 행정행위는 청문제도, 인지제도(知情制度), 변론제도, 재결재의제도(裁決复議制度), 허가절차제도 등과 같은 행정절차에 따른다. 행정절차는 공정, 공개, 공평, 고효율, 합법 등이 요구된다. 행정의 공개성은 특히 강화되어야 한다.

(다) 행정재량은 적당해야 한다. 행정행위의 자유재량권은 법률이 허용하는 범위 내에서 행사해야 하며, 합리성 원칙에 따라야 하며, 자유재량권을 남용해서는 안 되며, 권리행사를 게을리해서는 안 된다. 합리성 원칙을 실현하려면 공평성, 객관성, 비례성을 존중하는 등 구체적인 원칙을 관철해야 한다.

(4) 사법의 독립과 공정

사법 기관은 사회적 충돌과 분쟁의 마지막 심판소로서 사회공정의 가장 뚜렷한 상징이다. 사법의 독립과 공정은 현대 법치국가의 기본 요구 중 하나이다. 사법의 독립과 공정은 법의 권위와 지상성 및 공신력을 보장하는 필연적인 요구이다. 사법의 독립을 통해 사법의 공정에 이르고 사법의 공정을 통해 사회의 공정에 이르는 것은 현대 법치국가의 효과적인 기본 경험이다. 물론 각국의 정치제도, 문화 전통과 사회 발전 정도 등의 국정·민정이 다르기 때문에 사법체제, 사법독립과 공정의 구체적 제도설계, 사법의 구체적 목표 달성 등에서도 차이가 있다. 우리나라에서의 사법 독립과 공정, 즉 사법 기관이 재판권, 검찰권을 독립적으로 공정하게 행사한다. 헌법은 재판권과 검찰권의 기본 사법 원칙을 법에 따라 독립적으로 행사해야 한다는 점을 분명히 하고 있다.

사법 독립과 공정의 기본 요구 사항은 최소한 다음과 같은 내용을 포함한다.

(가) 사법 활동은 임의의 간섭을 받지 않는다. 사법권은 국가 권력체계에서 상대적으로 독립된 부분으로 사법 기관은 독립성을 갖고 있으며 법원 재판은 어떤 행정기관이나 사회단체, 개인의 간섭을 받지 않는다. 사법의 독립성, 자치

성을 통해 사법의 공정성과 권위를 높이는 데 치중한다.

(나) 정당한 절차를 거쳐 사법의 공정함을 달성하는 것을 중시한다. 사법 재판과정의 공정함은 절차의 공정함과 실체의 공정을 포함하므로 양자를 통일해야 한다. 현재, 특히 사법의 절차가 공정하고, 절차를 통해 공정하게 실체적 정의를 달성하고, 실질적인 절차를 강조하는 사법적 사상을 바로잡는 데 초점을 맞춰야 한다. 사법과정의 정당한 절차는 사법결과의 정당성의 필요조건이고 사법의 독단(專斷: 독단적인 결정을 이르는 말)을 강력하게 제한할 수 있다. 사법 절차는 사법공개, 판사(법관)중심재판(法官居中裁判), 판사와 사건의 이해관계가 없고, 소권의 충분한 보장, 법정참여의 동등한 기회, 증거규칙이 합리적이며 증거재판에만 의존하는 등 광범위하다.

(다) 재판은 합리적이고 합법적이며 근거가 있다. 사법행위는 반드시 엄격한 법적 근거를 가지고 사실을 근거로 하여 법률을 기준으로 심판을 해야 하며, 억울하게 해서는 아니 되고 방임해서도 아니 되며(不枉不縱), 치우치지 않으며, 아울러 판사는 재판을 함에 있어 관련된 각종 사회적 효과를 가능한 확실하게 하여 사건에 관련된 각종 이익 관계를 적절하게 처리하고, 분쟁을 효과적으로 해결하며 사법의 법적 효과와 사회적 효과의 통일에 주목해야 한다.

(라) 법률 직업의 전문화이다. 현대 사법 문명과 법치의 한 가지 기본적인 경험은 법률의 직업화를 통해 사법의 독립과 공정을 촉진하는 것이다. 법률 직업이란 전문적인 법학적 학식과 수양 및 법률을 운용하는 기술에 기초하여 사회군중을 위해 봉사하고, 사회의 공정을 추구하는 일에 주력하는 것을 말한다. 법률 직업에 종사하는 사람들은 일반적으로 판사, 검사, 변호사와 법학 교사 등을 포함한다. 법률 직업의 전문화는 사회 분업 발전의 표현이며 법치화의 형식적 요구이다. 전문화된 바탕 위에서 법조인들은 독립된 집단을 형성하고 법치를 추진하는 강력한 동력이 되어야 한다. 법률 직업 공동체는 직업의 존엄을 지키고, 자기관리를 강화하며, 자신의 역량을 강화할 수 있다. 법률 직업 공동체의 자치는 법에 따라 일을 처리함에 있어 불법적인 간섭의 제압이 가능하고 집법(執法)과 사법(司法)의 부패를 억제하며 법률 직업윤리를 강화할 수 있다.

(마) 사법은 인민에게 편리하고 이롭다. 사법 기관은 정당한 절차라는 전제하에 합리적으로 사법자원을 배치하고, 가능한 당사자의 부담을 최소화하며, 불필요한 부분은 줄이고, 가능한 사법이 간편하고 쉽게 행해질 수 있도록 하여 모든

사람이 사법 자원을 이용할 수 있도록 해야 한다. 경제적 어려움이 확실한 당사자에게 사법적 지원을 하여 법적 권리를 구제하는 등 사법적 보장을 받도록 해야 한다. 사법의 행태를 확실하게 개진해 사법의 효율성을 높이고, 사법의 지연에 따른 정의롭지 못한 관행을 피해야 한다. 사법의 전문화, 기술화, 형식화와 사법의 대중화를 결합시켜 사법의 중립성과 사법적 주동성도 결합하는 것 등을 고려해야 한다.

사법의 독립과 공정을 실현하기 위해서는 제도설계에서 보장해야 한다. 예를 들면, 사법 기관과 인민대표대회 간의 관계의 제도설계, 사법 기관과 당의 지도와의 관계의 제도설계, 사법 기관 상하급간의 관계의 제도설계, 여러 가지 감독제도(검찰 감독제도, 재판 감독제도, 사법 기관의 내부 관리제도 등)의 설계, 법률 직업에 관한 제도(판사 재직자격 및 임용제도, 판사의 행위규범, 판사의 상벌, 판사의 대우 규칙), 그리고 절차의 공정한 기타 각종 제도 등이다.

(5) 감독의 높은 효율과 효과

권력체계의 내부 분업은 권력이 잘 작동하는 기반이 되고, 분업의 기초 위에 권력의 제약 감독체제를 건립하여 권력을 제약하고, 사욕과 야망에 제도적으로 맞서고, 감독함으로 부패와 제멋대로 하는 행위에 맞서야 한다. 도덕적 수양과 단속도 중요하지만 권력의 제도적 감시와 제약이 더 근본적이고, 제도적으로 법의 시행을 촉진하고, 법의 시행 중 법의 집행 비리와 사법 비리를 극복해야 한다. 국가 권력과 법의 집행에 대한 제도적 감시체제는 법치국가 건설에 없어서는 안 될 중요한 부분이다. 법적감독은 법제의 존엄, 통일과 권위를 지키고, 엄격한 법의 시행에 대해서는 권력 운영의 효율성을 높이는 것 등에 중요한 의의를 가지고 있다. 18대 보고서는 "권력 운행의 제약과 감독체계를 건전"하게 하고 "당내 감독, 민주감독, 법적감독, 언론감독을 강화하고 인민들이 권력을 감시하고 권력을 공개적으로 운행"하게 하고 특히 "지도간부를, 주요 지도간부의 권력행사 감독을 강화"[380]해야 한다고 주장했다.

법적감독체제는 국가 권력의 총체적 목표를 둘러싸고 각종 권력의 배치를 한층 더 완벽하게 하고, 과학적이고도 합리적으로 각종 권력의 범위를 확정하고, 각종 권력의 관계를 적절하게 구축하여 명확한 분업, 상호 제약적이며, 원활하

---

380) 후진타오(각주287), 55면.

게 운영되고, 권위 있는 것을 전제로 한다. 법률의 중요한 사명 중의 하나가 헌법과 법률로 권력체계를 확인하고 권력체계의 법률 기초를 건립하는 것이다.

나아가 법적감독제도의 설계와 그 운영에서 기본적인 요구는 법적감독체제가 과학적, 합리적, 효율적이며 권위적이어야 한다. 대체로 권위적이고 효과적인 법적감독제도의 기본 구조는 ① 전담 법적감독체제를 수립해야 한다. 국가 권력기관의 감독, 전문 법적감독 기관의 감독, 인민법원의 감독, 행정기관 내부의 감독체제를 보완해야 한다. ② 사회적 감시를 강화해야 한다. ③ 인민의 알권리, 참여권, 표현권, 감독권 등을 확실하게 보장하고 인민의 감독 능력, 감독 기회, 감독 의식을 향상시켜야 한다.

(6) 전체 인민의 준법과 존법(尊法)

수법(守法: "수법" 또는 "준법"로 번역이 될 수 있으나 이하 "수법"로 통일하여 사용함)이라는 단어는 인민의 일상생활에서 여러 의미가 있다. 넓은 의미에서는 집법(执法), 사법(司法) 등은 수법의 요구로 볼 수 있다. 우리가 여기에서 강조하는 것은 국가 기관의 집법, 사법 활동이 법치의 정신을 나타내야 함과 동시에 전체 인민이 수법·존법 의무가 있다는 것이다. 여기에서 말하는 "전체 인민의 수법·존법"이라는 표현은 사회 보편적인 국민의 법률의식, 법치의식과 수법상황이 법치의 틀에 중요한 의미를 갖는다는 점을 강조한다.

법치 건설의 핵심 부분은 국가 권력 운용의 법치화, 즉 법에 의한 권력의 부여, 법에 의한 이용권, 법에 의한 제한이다. 그러나 법치 건설은 사회 전체의 사업이고, 법치는 국민 개인의 사업이며, 법치의 원칙이 얼마나 잘 지켜지는지는 법률에 대한 사회적 존중과 운용 상황을 살펴봐야 한다. 법치관리가 진실 된 사회질서의 형태를 형성하려면 반드시 사회 전반의 법치의식이 높아져야 한다. 법치의 원칙이 사회 구성원 모두의 관념에 보편화되어야만이 사람들이 법을 보다 자각적으로 존중하고 이러한 기초하에 완전한 법치질서가 형성될 수 있다. 바로 이러한 의미에서 중앙은 법제선전 교육을 실시하여 사회주의 법치정신을 발양하고 사회주의 법치이념을 수립해야 한다는 중요한 의미가 있다.

법치의 정도를 가늠할 수 있는 중요한 지표 중 하나인 일반 군중의 법률의식이나 법률 관념의 수준이 사회관계의 실상을 보여주고 사람들의 관념 속에서 보편적으로 인정과 지지를 받아야 법치국가가 현실로 다가온다. 따라서 법제 교육을 보급하고 법치정신을 키우는 것이 법치국가 건설의 기반이 되는 사업이다. 법치국가 건설의 역사적 흐름 속에서 사회 전반에서 법치정신을 발양하고 법치의 이념을 정립함으로써 군중이 법률에 대한 믿음을 길러야 한다. 그래야 법치정신이 사회에서 대중화되고 인민이 법을 알고, 법을 사용하고, 법을 숭배하고, 법을 믿고, 법을 존중하는 법률신앙을 지녔다고 할 수 있는 것이다.

전체 인민의 수법·존법의 법치 요구는 여러 수준에서 법에 대한 시민의 존중과 믿고 이행하는 문제를 이해하는 것이다.381) 우리는 전체 인민의 수법·존법에 대한 법치 요구는 크게 다음과 같은 측면이 있다고 생각한다.

공민들이 수법하는 가장 기본적인 것은 공민들이 "법을 두려워하는" 태도로 법을 어기는 것을 두려워한다는 것이다. 즉, 법을 수동적으로 준수한다는 의미에서 법의 금지 조항을 준수하며 법의 형벌을 두려워하기 때문에 법을 위반하지 않는다. 이러한 사고방식에서 법률은 일종의 강압 처벌을 위한 국가 도구로, 공민들은 법을 실제로 존중하지는 않지만 종종 법에 복종하여 피하는 것이다. 그렇지 않다면, 이것은 가장 기본적이고 가장 낮은 수준의 법규 준수이다. 법률은 의무적이며 법은 강제적 처벌의 기능을 가진다. 그러나 법의 지배하에 시민의 법을 준수하는 태도가 거기서 멈추지 않아야 한다는 것은 명백하다.

수법의 두 번째 수준의 의미는, 즉 공민이 자각적으로 법률의 강제성 규정에 복종하는 "종법(從法)"의무이고 따라서 이에 따라 수법한다. 공민이 법률의무를 준수하는 많은 경우에 법률의 징벌이 두려워서가 아니라, 속마음을 따져본다면, 이는 응당 국가에 복종하고 공공 권위에 복종해야 하기 때문이다. 따라서 이러한 태도는 법률이 두려워서 소극적으로 피하는 것이 아니고 "규칙이 없이는 일을 이룰 수 없다(不成方圓)."는 것을 인식한 것이고, 이것으로 법률의 징벌이 응당한 것이고 타당한 것임을 인식하게 하여 자각적으로 법률에 복종하게 된 것이다. 여기에서는 기존 법률, 기존의 집법과 사법제도에 대한 가장 기본적인 신뢰가 수립되었으며, 국민과 국가 간의, 사람과 법 간의 기본적인 신뢰 태도를 확인하였다. 이는 일종의 저차원적인 "법을 믿는" 태도이다.

수법의 세 번째 단계는 공민들이 적극적으로 법을 이용하여 자신의 권리와 이익을 보호한다는 뜻으로, 이는 일종의 적극적으로 "법을 사용하고", "법을 믿

---

381) 이 문제에 관한 논술은 리린(李林), 공민수법의 네 가지 경계, 법제일보, 2013년 11월 11일 참조 바람.

는” 태도이다. 수법을 하는 것은 자신의 법적 의무를 준수하는 것이 아니라 법을 적극적으로 사용하여 자신의 이익을 추구하고 보호하는 것, 즉 법적 자유와 평등, 공정성과 정의를 적극적으로 추구하는 것이다. “법의 사용”의 차원에서 수법은 더 이상 자신을 제한하는 외부 수단이 아니라 자신의 이익을 실현하는 도구이기도 하다. 이러한 “법의 사용”은 일종의 긍정적인 수법이며, 그 전제는 “법을 배우고”, “법을 이해”하는 것이다. 이런 의미에서 법률은 일상생활에 대한 중요성이 대두되며 법률은 처벌적일 뿐만 아니라 정상적인 사회생활에 꼭 필요한 것이기도 하다. 사람들은 점차 법치사유를 운용하는 것을 배우고, 점차 법치방식으로 모순과 분쟁을 처리하는 것을 중요시하는 것으로 일상생활을 이해한다. 다만 이러한 심리상태하에 법률의 운용에 대하여 여전히 어떤 종류의 기회주의(機會主義) 심리상태를 나타낸다.

수법의 네 번째 수준은 법의 지배 정신이 일상생활의 국가 윤리에 진정으로 통합된다는 것인데, 이것은 “법의 숭배”, “법의 공경”, “법의 존중”이라는 진정으로 높은 수준의 태도이다. 여기에서 법치 이념은 더 이상 국가 관리 이념이 아니고 보편적인 사회관리 개념이다. 법을 옹호하고 법을 존중하는 이러한 의식적인 태도에 기초하여, 그것은 자기 이익을 넘어 법치원칙의 전반적인 존엄성을 지킬 것이다. 이 법률은 심지어 자신의 이익 중 일부에 해를 끼칠 수 있지만, 시민의 공공 책임 또는 미덕은 여전히 법치를 방어해야 한다. 동시에 시민들이 법의 위엄을 지키겠다는 인식에 근거하여 불법행위에 대항하여 적극적으로 싸우는 “법의 보호”에 대한 감각을 갖고 기존 법의 개선에 대한 건설적인 비판 의식을 가지는 것이 중요하다. 이런 의미에서 국민의 법률에 대한 신앙은 실제로 형성된다. 여기에서 법률신앙은 법률에 대한 맹목적인 순종이나 맹목적인 믿음이 아니라 합리적 식별을 기반으로 법을 변호하는 것에 대한 존중과 열정을 말한다. 시진핑이 지적한 바와 같이, “헌법의 근본은 국민의 진실한 지지에 있으며 헌법의 힘은 국민에 대한 진실한 신념에 있다.”[382] 이런 차원에서 진정으로 자각하는 보편적 준법 태도가 있으면 법치국가와 법치사회가 일체적으로 건설되는 사업이야말로 중대한 돌파구가 될 수 있다.

---

382) 시진핑(각주379), 10면.

제2절 중국 특색 사회주의 민주법치 이념의 핵심 입장

중국 특색 사회주의 민주법치의 핵심적 특징이나 특색은 그 기본적 요구 면에서 드러나지만 법치의 기본 이념에서 더 많이 드러난다. 우리 법치의 기본 이념은 법치의 발전 방향을 결정하는 핵심 요소이자 중국 특색을 드러내는 포인트로 중국 사회주의 법치와 서양 자유주의 법치 사이의 경계를 가르는 기본 징표다. 중국의 민주법치 이론은 이론적 자신감을 가져야 하며, 근본적인 것은 법치의 기본 이념의 관점에서 중국 법치의 특징과 특색을 설명하는 것이다. 법치의 기본 개념을 올바르게 파악하는 것은 중국의 법치 개념이 현대 서양 법칙의 개념이나 체계를 발전시키거나 훼손한 측면을 이해하는 데 도움이 되며, 오늘날 중국 법치를 인식하는 이러한 특징들이 특정 개발 단계의 "진정한 특징"인지 또는 "인위적인 특징"인지, 아니면 발전 단계상의 이념 혹은 제도의 "괴태(怪胎)"인지를 이해할 수 있다. 우리는 주요하게 4가지 측면으로 중국 특색 사회주의 민주법치 이론의 핵심 입장을 논술한다. 그 핵심 입장은 "4가지 견지"에 있다. 즉, 의법치국과 기본 국정의 상호 결합을 견지하고, 의법치국과 인민민주의 상호 결합을 견지하고, 의법치국과 의법집권의 상호 결합을 견지하고, 의법치국과 공평·정의의 상호 결합을 견지하는 것이다. 아래에서는 이러한 측면을 개별적으로 살펴본다.

1. 의법치국과 기본 국정의 상호 결합을 견지

중국 특색 사회주의 민주법치에 대한 논의는 현대 중국의 개혁과 발전의 실천과 오늘날 중국의 기본 국정과 연결되어야 한다. 오직 중국의 기본 국정에서 출발해야만이 이론상 현재 중국의 민주법치 건설의 중심 및 특징과 기본 이념 등의 기본 문제를 규명할 수 있다. 따라서 사회주의 초급 단계는 중국 특색 사회주의 민주법치의 국정을 전제로 하고 법치는 이로써 "초급 단계"성을 나타내기도 한다고 말할 수 있다. 이는 보기에는 평범한 명제 같아 보이지만 실제로는 풍부한 함의가 내포되어 있다.

(1) 초기 단계 사회주의의 기본 국정 특성

덩샤오핑은 오늘날 중국은 오랫동안 사회주의 초기 단계에 있다는 중국의 기본 국정을 설명했다. 당의 13대는 처음으로 사회주의 초기 단계의 이론에 대해 자세히 설명했다. 당의 15대는 더 나아가서 이 이론을 설명하고, 그것을 우리의 모든 업무의 출발점으로 삼았다. 18대에는 사회주의 초기 단계를 중국 특색 사회주의 건설의 총 근거로 삼았다.

당의 15대 보고서에서 다음과 같이 요약했다. "사회주의 초기 단계는 점진적으로 저개발을 없애고 기본적으로 사회주의 근대화를 실현하는 역사적 단계; 농업 인구가 큰 비중을 차지하고 주로 수작업에 의존하는 농업 국가에서 현대 농업 및 현대 서비스 산업을 포함한 비농업 인구가 대다수를 차지하는 선진국으로 전환하는 역사적 단계; 자연경제와 반 자연경제가 큰 비중을 차지하는 데에서 점차 높은 수준의 경제 시장화로 전환하는 역사적 단계; 문맹(文盲)과 반 문맹 인구가 큰 비중을 차지하고 과학기술 교육문화가 낙후되어 있는 데에서 과학기술 교육문화가 비교적 발달한 단계로 전환하는 역사적 단계; 빈곤층이 큰 비중을 차지하고 인민 생활수준이 상대적으로 낮은 데에서 점차 부유한 단계로 전환하는 역사적 단계; 지역 경제문화의 균형이 불균형에서 개발을 통해 격차를 줄여나가는 역사적 단계; 개혁과 탐색을 통하여 비교적 성숙하고 활기찬 사회주의 시장경제를 건설하고 사회주의 민주정치체제와 기타 방면의 체제를 보완하는 역사적 단계; 많은 인민들이 중국 특색 사회주의를 건설하는 공동의 이상을 확립하는 동시에 영적인 문명을 세우기 위해 노력하면서 물질적 문명을 세우는 역사적 단계; 세계 선진국과의 격차를 점차 줄이고 사회주의의 기초에서 중화민족의 위대한 부흥을 실현하는 역사적 단계"[383] 등이 있다.

당의 17대 보고서에 따르면, 오랫동안 사회주의의 주요 단계에 있는 중국의 기본 국가 조건은 변하지 않았으며, 사람들의 물질 및 문화적 요구의 증가와 후진 사회생산 사이의 주요 사회적 모순은 변하지 않았다. 중국이 발전하는 현재 단계의 특성은 새로운 세기와 새로운 단계에서 사회주의의 초기 단계의 기본 국가 조건의 구체적인 표현이다. 사회주의 주요 단계의 기본 국가 조건에 대한

---

383) 지앙쩌민, 덩샤오핑 이론의 위대한 깃발을 추켜들고 중국 특색이 있는 사회주의 건설 사업을 21세기로 전면적으로 끌어올리자, 베이징, 인민출판사, 1997년, 17면.

인식을 강조하는 것은 자신을 소홀히 하거나 구식이 되거나 현실을 벗어나 성급하게 성취하려는 것이 아니라, 개혁을 추진하고 발전을 도모하는 근본 근거로 삼으려는 것이다.[384] 18대 보고서는 "우리나라는 여전히 사회주의 초기 단계에 있는 기본 국정에는 변함이 없다." "사회주의 초기 단계라는 가장 큰 국정을 어떤 경우에도 확고히 파악하고 어떤 면에서든 개혁 발전을 추진하려면 사회주의 초기 단계에 충실해야 한다."[385]고 거듭 밝혔다.

(2) 기본 국정의 법률 요구

사회주의 초기 단계의 기본 국정이 법률의 성격, 법치의 발전 방향, 발전 방식 등을 인식하는 데 미치는 영향은 크고 포괄적이며, 중국 특색 사회주의 법치 이론의 구축에 미치는 영향도 크고 포괄적임이 분명하다. 초기 단계의 국정은 우리에게 민주법치 이론의 구성에서 파악하고 다루어야 할 주요 문제를 알려준다. 우리나라의 사회주의 법제를 이해하기 위해서는 어떤 상황에서도 사회주의 초기 단계의 가장 큰 국정을 확고히 파악해야 하며 민주법제의 개혁을 촉진하기 위해 사회주의 초기 단계의 가장 큰 현실을 확고히 준수해야 한다. 우리나라의 사회주의적 성격은 비현실적인 표준으로 측정되어서는 안 되고, 소위 사회주의를 발전시키기 위한 비현실적인 조치도 법으로 시행되어서는 안 된다. 중국의 사회주의 법은 사회주의 사회 초기 단계와 전체 국가 및 국가 기본 제도에서 경제 구조의 생산력 수준을 결정하고 국가의 기본 제도를 규정하며 사회관계 참여자의 법적 권리와 의무를 더 잘 규정해야 한다. 인민 군중의 권리와 자유를 보호하고 확대해야 한다. 과거 "규모가 크고 집단화 수준이 높은(一大二公)" 형식을 지나치게 추구했던 사회주의가 불러일으킨 사회적 재앙에 대한 교훈이 크다.

(가) 초기 단계 법치의 경제적 전제와 정치적 전제를 충분히 인식해야 한다. 사회주의 초기 단계에서 사회주의 법은 기본 경제제도 방면에서 사회주의 공유제를 주체로 하고 다양한 소유제가 함께 발전하도록 보장해야 하며, 특히 비공유제경제의 중요성과 정당성을 인정하고 사유재산권을 충분히 보호해야 하며 각종 소유제의 평등 경쟁을 보호해야 한다. 사회주의 민주정치를 추진함에 있어 법률은 민주정치의 제도화, 규범화, 절차화를 적극 추진하고, 중국의 국정과 결

---

384) 후진타오(각주286), 14면 참조.
385) 후진타오(각주287), 16면.

합해 민주정치 발전과 의법치국의 구체적 노선을 모색해야 한다.

(나) 민주법치 발전의 불균형을 충분히 인식해야 한다. 오늘날 중국의 법치발전은 지역 간, 도시와 농촌 간, 사회 각 계층 간에 법치에 대한 수요와 기대, 법치의식이나 법치정신의 정착 정도 등에 큰 차이가 있다. 이는 중국의 법치과정에서 반드시 장기적인 관심을 기울여야 할 중대한 과제이다.

(다) 사회 전환의 특성에서 법치의 노선과 이론을 이해해야 한다. 초기 단계의 특징은 오늘날 중국에서 법치 건설의 과도기 사회의 법치로 결정되며, 급속히 전환되는 사회의 맥락에서 국가가 건설한 법치이며, 이는 과도기 사회의 비전통적 관리에서 안정적 사회의 규칙적인 관리까지의 과정이다. 이러한 맥락에서 법치의 이념, 제도, 노선, 실천 등은 변혁적 특성을 제시해야 한다. 현재 중국은 전환해야 하는 중요한 시기이고 우리는 중국의 사회 전환의 새로운 특성을 결합하고 사회적 정의와 사회적 조화를 촉진하는 이념과 제도에 더 많은 관심을 기울여야 한다. 법치 전환의 특징은 우리가 서양의 민주법치의 노선과 이론의 합리성과 한계를 인식하는 데 이롭고, 서양의 법치 이념과 제도에 의해 야기되는 상상력의 부족을 보다 효과적으로 깨뜨리는 데 도움이 된다. 법치의 전제는 우리가 법치를 행하고 법치의 서양의 노선과 경험과 이론을 숭배해서는 안 되며, 서양 숭배의 주체 의식을 타파하고, 중국에 적합한 대국 전환의 법치 노선을 나아가는 자신이 있어야 한다는 것을 늘 일깨워준다. 그러나 인류의 법치문명의 성과를 경멸시할 수 없으며, 또한 넓은 마음으로 자신감, 편견에 기반한 "졸부적" 마음가짐, 폐쇄적인 극"좌"적 이념을 가져서는 안 된다.

(라) 우리는 전반적인 계획과 균형의 원칙에 주의를 기울여야 하며 법치발전의 전반적인 상황을 파악해야 한다. 당의 17대가 공식적으로 과학적 발전의 근본적인 방법을 통일적으로 계획한 데 이어, 18대 보고서는 "더욱 자발적으로 과학적 발전관의 실천을 위한 근본 방법으로서 모든 것은 현실에서 나아가야 하며, 중국 특색 사회주의 사업의 주요 관계를 정확하게 이해하고 적절하게 처리해야 한다. 개혁 발전의 안정, 내정·외교·국방, 당을 다스리고 나라를 다스리고 군대를 다스리는 구조 조정, 전체 도시와 농촌의 발전, 지역 발전, 경제사회 발전, 인간과 자연의 조화로운 발전, 국내 발전과 대외 개방을 조정해야 한다. 각 방면의 이익 관계를 조정하고, 각 방면의 적극성을 충분히 동원하여 모든 인민이 각자의 능력을 다하고, 각자의 위치를 얻을 수 있고, 또 조화롭게 지내는

국면을 형성하려고 노력해야 한다."[386]고 제기했다. 전반적인 계획 및 고려의 원칙은 또한 법치를 발전시키기 위한 기본 원칙 중 하나이다. 법제 업무의 모든 측면을 종합적으로 고려해야 하며, 전반적인 상황에 대한 이해와 집중된 방식으로 발전해야 한다. 즉, "전반적인 상황을 파악하고 전반적인 계획을 세우는 것뿐만 아니라 전반적인 상황에 영향을 미치는 주요 과제, 군중의 관심사와 관련된 주요 문제를 파악하고 발전과 혁신을 위한 노력을 기울여야 한다."[387] 모든 측면에서 전반적인 계획 및 고려 원칙에 대한 많은 요구 사항이 있다. 예를 들어, 개혁과 혁신을 사회주의 기본 제도의 견지와 결합하고, 당과 국가의 권위 유지와 인민 군중의 창조적 정신을 존중하는 것을 결합하고, 해방과 사회생산력 발전을 민주법치 의식의 발양과 결합하고, 민주의 촉진을 법치의 촉진과 결합하고, 기본 인권의 촉진을 국가 관리능력의 향상과 결합하고, 효율의 향상과 사회의 공평을 촉진하는 것을 결합하고, 개혁 발전의 촉진과 사회 안정의 유지를 결합하고, 사회 각 방면의 이익들이 균형을 이루는 것과 법치를 견지하는 원칙성이 상호 결합하는 것 등등이다.

요컨대 초기 단계의 국정은 우리나라 법제 건설과 의법치국 사업의 출발점이다. 중국의 법률발전과 법치진보가 폐쇄적이고 경직된 노선을 걸어서는 안 되고 깃발을 쉽게 바꾸는 사로(邪路: 잘못된 길에 들어섰다는 것을 이르는 말)로 가서도 안 되며, 반드시 중국 특색 사회주의 법치의 노선을 가야 한다.

2. 의법치국과 인민민주의 상호 결합을 견지

우리나라에서 법치 문제는 민주정치의 틀 안에서 인식되고 있으며 법치작업도 정치 건설의 일부이기도 하다. 특히 이론적으로는 우리나라 민주법치의 근본적인 특징인 인민민주, 당의 지도와 의법치국의 유기적 통일이라는 명제를 제시하고, 의법치국과 인민민주의 관계를 논리적으로 규명해야 한다고 요구했다. 민주와 법치를 밀접하게 연결하는 것은 신 중국 민주정치의 탐구에서 얻은 기본 경험이다. 의법치국의 시각에서 보자면 법치와 민주의 공동 추진은 중국 법치의 기본 특징이자 유일한 방법이며, 인민민주는 중국 특색 사회주의 법치의 정치적 근간이다.

---

386) 후진타오(각주287), 9면.
387) 후진타오(각주286), 16면.

(1) 의법치국과 인민민주의 밀접한 연계

우리나라에서 국가의 모든 권력은 인민에게 있으며, 인민이 이 나라를 소유하고 관리하고 다스린다. 국가의 소유권, 관리권과 수익권은 근본적으로 인민에게 귀속한다. 인민민주 혹은 인민이 주인이 되는 것은 사회주의 민주정치의 본질이자 핵심이며 사회주의 민주정치 건설의 출발점이자 종점이다.

의법치국은 인민이 법에 따라 다스리는 것이고, 인민의 민주 원칙에 따르는 것은 의법치국의 핵심이다. 의법치국의 궁극적인 주체는 인민이고 의법치국은 곧 인민의 의법치국이며 법치는 인민의 법치, 민주의 법치이다. 인민민주는 의법치국을 위한 확실한 정치적 전제 조건을 제공하고, 광범위한 군중 기반을 제공하며 가치 목표를 명확히 지적하고, 법제 진보를 위한 추진력을 강화한다. 따라서 반드시 사회주의 민주정치의 건설이라는 관점에서 의법치국 방략을 전면적으로 실행해야 한다.

의법치국은 사회주의 민주정치의 본질적인 규정성 요건이다. 인민민주는 의법치국과 내재 공생성(共生性)을 가지고 동고동락한다. 민주가 발전할수록 법치도 발전하고 민주가 좌절되면 법치도 진보하기 어렵다. 법치는 또 민주의 구현과 보장이며, 법치가 훼손되면 민주는 보장되지 않는다. 민주와 법치가 밀접하게 연결돼 조화롭게 발전하고 서로 촉진하는 것이 둘 다 건강하고 영속적인 발전 방식이다. 다만 전반적으로 볼 때, 인민이 주인이 되는 것을 떠나서는, 사회주의 법치가 전제와 기초를 잃으면 사회주의 법치 원칙의 관철과 실행은 동력과 방향을 잃게 된다.

의법치국과 인민민주가 결합되어야 한다는 주장은 다음과 같다. ① 의법치국의 근본 목적은 인민민주를 더 잘 실현하기 위함이며, 의법치국은 반드시 인민민주의 발전을 둘러싸고 전개되어야 한다. ② 의법치국은 반드시 민주정치의 정치적 전제에 의존해야 한다. 인민민주의 발전은 의법치국 사업의 진보를 이끌고 민주는 법치를 움직이는 중요한 힘이다. 법치는 인민 군중 자신의 사업이고 민주의식의 향상과 민주제도의 정비는 입법, 집법, 사법과 준법 등의 법치의 각 부분에 긍정적인 영향을 미친다. 일반적으로 인민민주의 수준이 높을수록 의법치국의 정도도 높아진다. 의법치국 사업은 낮은 수준의 민주적 배경에서 완성될 수 없다. ③ 인민민주의 발전도 반드시 법치관리의 높은 수준에 의존해야 한다.

법치의 보장 없이는 인민민주를 더 폭넓게 구현하기 어렵고 더 충분하고 건전하게 실현하지 못한다. 의법치국 방략에 따른 착실한 추진과 전면적인 실행은 사회주의 민주에 대해 제도화, 규범화, 절차화를 실현하고 광대한 인민이 질서 있게 정치에 참여하게 하고, 민주선거, 민주결책, 민주관리, 민주감독을 실현하고, 기층 민주 발전과 민주조화 등을 이룬다. 그러므로 분명히 없어서는 안 되는 중요한 것이다. 민주사업은 반드시 법치화가 되어야만 안정적으로 발전할 수 있으며, 비로소 민주원칙의 일방적인 관철에 따른 각종 폐해를 최대한 피할 수 있다.

(2) 인민민주가 의법치국에 대한 의미

인민민주의 의법치국에 대한 중요성은 주로 다음과 같은 측면에서 나타난다.

(가) 인민민주는 의법치국의 정치적 전제이자 기초이다. 이는 노동자들이 민주를 쟁취하기 위해 사회주의 민주국가 정권을 수립하는 것이 사회주의 의법치국 방략의 가장 기본적인 정치적 전제라는 데에서 드러난다. 인민민주의 국가정권제도는 의법치국의 사회주의 성격과 그 기본 내용, 즉 사회주의제도 하에서 법치가 반드시 인민 군중이 주인이 되어 국가와 사회의 사무관리에 종사하고 그 공민의 각종 권리를 실현한다는 내용을 담고 있다. 인민이 주인이 된 민주정권은 그 자체의 공고함과 발전을 이루기 위해 의법치국의 방략을 확립하고 의법치국 방략을 전면적으로 관철할 것을 적극 요구한다. 민주와 법치가 결합한 현대의 산물인 헌정민주(憲政民主)의 이념과 제도이다.

(나) 인민민주제도는 "양법"을 만들고 권위를 보장하는 데 유리하다. 사회주의 법률은 반드시 많은 인민들의 공통 의지와 이익을 진정으로 반영해야 한다. 민주를 장려하면 입법의 민주화, 입법의 공공성과 입법의 인민성을 강력히 보증하고 입법의 과학화를 촉진할 수 있다. 민주적으로 제정된 법은 인민의 이익을 더 크게 나타내고, 각종 정당한 이익에 대한 보다 적절한 조화를 이루어 사회주의의 우월성과 선진성을 드러낼 수 있다. 민주를 발양하는 것은 입법과 집법의 실천 활동이 민정에 더 관심을 갖게 하고, 민생을 개선하는 데 더 많은 노력을 기울일 수 있게 한다. 입법위공(立法爲公: 대다수 사람들을 위하여 입법함을 이르는 말), 집법위민(執法爲民: 백성들을 위해 집법함을 이르는 말), 공평·정의를 보다 완전히 반영할 수 있다. 민주에 근거한 입법과 법률실시를 해야만이 법률의 권위

성을 높일 수 있다.

(다) 인민민주는 광범위한 공민권리를 확립하고 유지하며 보호할 것을 요구하고 수법의식을 배양한다. 민주는 큰 학교이며 사람들이 자기 교육을 하고 자기개발을 할 수 있는 장소이다. 사회주의 민주정치의 발전은 최종적으로 인민 군중이 주인이 되는 민주적 권리와 근본적인 이익을 실현, 보호 및 개발하는 것을 목표로 한다. 인민 군중은 정치에 적극적인 참여로 점차 국가사무를 관리하는 것을 배우고 자기관리도 할 줄 알게 되어, 군중이 주인이 되는 의식과 능력이 크게 향상될 것이다. 구체적으로는 민주를 발전시키는 과정은 공민의 권리와 역량을 인식하는 과정이며, 민주과정은 선거, 경선, 협회, 감독, 비판 및 제안에 대한 공민의 권리의식을 직접 자극하고 적절한 방식으로 자신의 권리를 행사하고 자신의 권리를 위해 싸우는 법을 배우는 것을 의미한다. 동시에 민주의 발전은 새로운 유형의 공민 수법정신을 배양하는 데 도움이 될 것이다. 새로운 인민 민주제도는 인민의 정치참여와 법률참여의 적극성을 북돋우고 이 분야에서 그들의 창의성을 자극할 것이다. 이는 사람들이 법률을 멀리하게 하는 것이 아니고 법률을 가까이하게 하며, 소극적으로 두려워서 피하게 하는 것이 아니고 적극적으로 법률을 이용하게 한다. 사람들이 법률에 엄격하게 복종하는 동시에 법률의 실천에 대하여 자유롭고 책임 있는 비평도 제기하는 것이다.

(라) 민주를 발양하여 국가 권력을 효과적으로 감시하고 단속하여 촉진한다. 인민이 주인이 되면 국가 권력의 직접 책임자를 감독하여, 그 권한과 책임을 통일시키고 권력을 이용하여 감독한다. 이러한 관점에서 법치의 실행은 실제로 민주감독의 수단이고 인민이 국가 권력을 제한하는 수단이고 없어서는 안 되는 수단이다. 국가 권력에 대한 효과적인 단속은 사회주의 법치의 핵심 요소이자, 의법치국을 실행하는 기본 목표 중 하나이다. 민주를 발양하는 과정에서 법치의 원칙은 점차적으로 사람들의 마음을 파고들고, 법을 통한 권력 장악은 점차적으로 효과를 거둔다. 동시에 정부 권력에 대한 법적 제한의 지속적인 강화를 통해서만 민주가 그 발전과정에서 나타날 수 있는 폐해를 극복할 수 있다. 이른바 "큰 민주"를 통해 무정부 상태가 되거나, 민주라는 이름으로 개인의 의지를 억압하는 데서 비롯된 "집중화는 있지만 민주는 없다."는 독재 상태를 초래하게 된다.

인민은 자신의 통일된 의지가 형성되어야 하고, 국가의 권력 행사를 관리해야 하고, 법적 절차와 법률체제에 의존해야 하며, 민주적이고 법제에 의존하는 법치의 틀에 의존해야 한다. 인민은 국가를 관리할 권리가 있고 인민도 반드시 법률에 의해 나라를 다스려야 하며, 그렇지 않으면 인민의 의지가 형성되기 어렵고 보장받기 어렵고 왜곡되거나 남용되기 쉽다. 바로 이런 의미에서 의법치국 방략은 점차 사회주의 민주를 제도화, 법률화하여 이러한 제도와 법률이 개인의 의지로 인해 바뀌지 않도록 해야 한다고 강조하는데, 이는 지도자의 견해와 관심의 변화에 의해 변하지 않도록 해야 한다.

요컨대, 우리나라의 개혁과 발전 사업에서 의법치국은 사회주의민주의 중요한 부분이고 의법치국 방략은 반드시 사회주의민주의 부단한 발전에 의존해야만 전면적으로 이루어질 수 있다. 민주가 없으면 의법치국은 가치 좌표(坐標)를 잃기 쉽고, 잘못된 노선으로 가고, 정치적 기반과 대중적 기반을 잃게 된다. 정치적 민주화의 정도가 높을수록 범위가 넓어지고, 인민이 주인 역할을 하는 능력도 더욱 강해지고 의법치국의 수준도 더욱 높아지며 사회생활에서 법치의 역할도 커진다.

3. 의법치국과 의법집권의 상호 결합을 견지

중국 특색 사회주의 법치의 중대한 특징 중 하나는 의법치국은 당 지도하의 인민치국이고 법치는 당 지도하의 법치라는 점이다. 이는 법과 당의 지도력에 따라 나라를 다스리는 통일성을 강조한다. 의법치국 방략은 공산당의 주요한 역할과 핵심 역할을 특히 강조한다.

(1) 당의 국정 운영은 반드시 의법집권에 의한다.

중국의 법치 사업은 매우 어렵고 복잡하고 장기적이며 위대한 사업이다. 오늘날의 중국은 오랜 봉건전통이 존재하고, 민주적인 법치의 전통이 결여되어 있으며, 넓고 깊은 것에서부터 사회의 근본적인 변화를 겪고 있는 이러한 거대한 나라들 가운데, 다시 말해 지극히 복잡하고 불안정한 국내외 정세 속에서 이런 영광스럽고 큰 사업을 이끌어 나가는 데에는 반드시 중국 공산당과 같은 강력한 지도력이 있어야 한다. 중국 공산당이 전체 상황을 주도하고 모든 지도를 조정하는 핵심 역할을 하는 것은 중국이 전면적으로 의법치국 방략을 실행하는 독특한 정치적 이점으로 중국 사회주의 민주와 법치 사업이 순조롭게 추진되는 객관적 요구이다.

집권당은 중국 특색 사회주의 사업의 지도적 핵심이다. 현행 헌법은 중국 공산당을 우리나라의 모든 사업의 지도 역량으로 인정해 왔다. 당의 이러한 정치적·법적 지위는 영원히 유지되는 것이 아니다. 지앙쩌민은 "장기 집권 이후 우리 간부들이 정권 탈취와 건설 초기의 활기찬 태도, 드높은 기세, 굳센 기개를 잃어버릴 것이며, 스스로 자신을 방어하고, 고결한 태도를 취할 것이며 관료주의와 형식주의가 심각하여 권력을 남용하고 당과 인민의 이익에 손해를 끼치며 최후엔 필연적으로 광대한 인민의 옹호와 지지를 잃게 될 것이다. 이것은 역사 흥망의 법칙으로 동서고금에 예외가 없다."388)고 말했다.

집권당은 지도의 핵심으로서 권위와 지도의 핵심 역할을 하려면 선진성과 순수성을 유지해야 한다. 당은 인민의 이익과 다른 그 어떠한 특별한 이익을 취해서는 아니 되며, 의식적으로 자신을 인민의 발전을 위한 도구로 간주해야 한다. 당의 사업은 인민을 국가의 주인으로 이끌고 인민의 이익을 보호하는 것이며, 진정으로 당을 세우고 천하를 공적으로 만드는 것이다. 당의 사업 지상을 견지하는 것은 일부 기득권 집단이 사익과 사리를 감추는 데 대한 '아름다운 구실'이 되어서는 안 되는데, 이는 본질적인 목적이 아니다. 당의 사업 지상을 견지하는 목적은 인민의 이익 지상을 유지하고 보장하기 위함이다.

당이 인민을 주인으로 이끄는 가장 좋은 방법은 입당위공(立黨為公: 대다수 사람들을 위하여 당을 건설함을 이르는 말), 의법집권, 인민의 의법치국을 지도하고 인도하는 것이다. 당의 지도력을 실현하는 가장 중요하고 기본적인 방식은 엄격한 의법집권, 의헌집권이다. 실천은 집권당이 집권방식과 집권당과 국가 권력 간의 관계를 올바르게 처리하는 방법이 당의 지도력과 집권수준을 직접 반영하고, 당의 지도력이 효과적인지 여부를 반영하며, 당의 지위는 물론 사회주의 국가의 장기적 안정성에 영향을 미친다는 것을 입증했다.

당의 지도력을 향상시키기 위해서는 당이 정치 및 법적 업무와 국가사업을 주도하기 위한 법률 사고와 방법의 규칙을 능숙하게 다루어야 하며, 국가 관리체계의 발전과 관리역량의 현대화에 대한 전략적 관점에서 당의 지도력을 이해, 개선 및 강화해야 한다. 집권당의 관점에서 볼 때, 국가 관리능력의 현대화를

---

388) 지앙쩌민 문선(각주290), 419-420면.

실현하는 데 가장 중요한 것은 진정한 의법집권을 실현하는 것이다.

(2) 의법집권의 기본 요구 사항

의법집권은 집권당의 합법적인 지위를 공고히 하고, 집권당의 집권능력을 향상시키며, 의법치국 방략의 완전한 이행을 촉진하고, 당 지도부의 유기적 통일을 달성하고, 당의 지도와 인민이 주인이 되는 것과 의법치국의 유기적 통일의 실현하고, 당의 사업 지상과 인민의 이익 지상 및 헌법·법률 지상의 삼위일체를 실현하도록 요구하며, 그 요구 사항은 광범위하고도 중요하다.

의법집권은 집권당이 헌법과 법률에 의하여 국가 정권에 진입하고 주도적 위치에 있다는 것을 의미하며, 헌법과 법률을 근거로 당의 전반을 총괄하고 각 분야의 당의 핵심 지도적 역할을 조정하여 자발적으로 당의 주장을 법률로 격상시키고 국가적 의지로 전환시킨다. 국가의 경제, 정치, 문화, 사회생활의 제도화, 규범화를 촉진하고, 국가 기관이 법에 따라 권한을 행사하도록 촉구하고 지지하고 보장하며 당과 국가의 각종 작업이 법치의 궤도에서 운행되는 것을 추진하여 당의 진정한 지도를 실현한다.

구체적으로 의법집권을 위한 기본 요구 사항은 다음과 같다.

(가) 법에 따라 국가 정권조직에 진입하고 국가 권력을 장악하고 통제한다. 집권당의 국가 조직과 지도력, 그리고 국가 권력에 대한 직접적인 참여, 법률을 통한 실현을 더욱 중요시해야 한다. 이는 헌법을 통해 공산당의 국가 정권기구 체계에서의 지도당과 집권당임을 확립하고, 헌법과 법률을 통하여 집권당이 전체 정권체계에서 핵심적 지위에 있도록 보장하고, 집권당은 법적절차에 따라 국가 기관에 중요한 간부를 추천하고, 국가 기관에서의 당 조직과 당원의 활동을 권장하며 추천받은 간부가 법에 따라 국가 기관의 지도업무를 담당하도록 보장한다.

(나) 입법의 지도는 입법을 통하여 당의 지도를 구현하는 데 중점을 둔다. 당은 당의 중요한 주장이 민주적 법정절차를 통해 국가의 의지가 되고 보편적 구속력이 있는 법률로 상승하는 데 능숙해야 하며, 당의 노선 방침·정책이 보다 창조적으로, 법으로 관철되어 실시되도록 보장해야 한다. 법률의 안정성, 규범성, 권위성, 절차성 등에 의해 장점과 특징을 조정하여 당의 주장이 한층 승화(昇華: 더한층 높은 단계로 높여짐을 이르는 말)되고 보완되도록 하고, 보다 광범위

한 군중 기반, 더 큰 안정성을 가지고 민주적인 제도화 및 법률화하여 지도자의 변화로 인해 변하지 않게 하고 지도자의 견해나 관심의 변화로 인해 변하지 않게 한다. 이는 당이 입법 활동을 주도함으로써 집권하는 데 능해야 함을 말한다.

중국 공산당은 집권 이래 오랜 기간 동안 자신의 정책 주장을 입법절차를 통해 인민의 의지를 표현하는 법률로 격상시키는 데 능숙하지 못했으며, 법률을 시행하는 방식을 통해 자신의 정책 주장을 관철하는 데 능숙하지 못했다. 오히려 각급 당정(黨政: 당과 정부를 이르는 말)기관이 당의 의사 결정과 지시를 직접 관철하라는 당내 문건을 배포하는 데 익숙했다. 즉, 정책으로 나라를 다스리는 데 익숙하고, 집권으로 나라를 다스리는 것에 습관화되었다. 개혁개방 이후 우리 당은 점차 법제를 중시하고, 당이 헌법과 법률 범위 내에서 활동한다는 것을 중시하며, 나아가 국정운영의 방략적인 차원에서 의법치국과 의법집권을 제기했다.

당의 올바른 주장이 법정절차를 통해 국가의 의지로 더 잘 반영되기 위해서는 집권당과 입법기관 사이의 관계를 더욱 합리화하고, 당의 지도 아래 인민대표대회제도를 더욱 보완해야 한다. 인민대표대회제도는 우리나라의 근본적인 정치제도이자 우리나라 입법체제의 핵심이다. 전국 인민대표대회와 그 상무위원회는 국가 입법 권한을 행사하는 국가의 입법 기관이다. 당은 입법 기관의 지도에 직접 관여하거나 입법 기관을 대신하여 권력을 행사하는 것보다는 주로 정치지도, 즉 정치원칙, 정책방향, 중대한 정책결정 등의 결책과 안내를 하여 국가 정권 기관에 주요 간부를 추천해야 한다. 그러므로 당은 인민대표대회제도라는 근본 정치제도에 자신들의 지도력을 잘 녹여 내고, 인민대표대회의 국가 입법권, 인사선거 파면권, 중대 사항 결정권 및 감독권 등 중요한 권한은 국가에 대한 당의 합법적 지도력을 통해 실현되어야 한다.

(다) 집법(執法)보장은 각 집법 기관이 독립적으로 책임을 지도록 조정하고 일치되게 작업을 전개한다. 당은 국가 권력 기관에 진입한 후 국가 정권의 각 기관을 대체하려는 작업이 아니라 각급 국가 기관에 헌법과 법률이 부여한 직권과 직책을 보장해야 한다. 전쟁 때 실제로 형성된 당이 정부를 대체하는 것은 당의 지도를 약화시키고 당의 집권을 해칠 수 있다. 당의 위원회는 각급 각 조직 전반을 총괄하고, 각 측의 지도적 핵심 역할을 조율하며, 대사를 잘 치루는 데 집중해야 하며, 각 국가 기관이 법에 따라 독립적이고 책임 있게 업무를 진행할 수 있도록 지원해야 한다. 당이 법의 집행 기관의 업무 보장을 통해 집권

하는 데 능해야 한다는 말이다.

집권당과 행정기관의 관계에서 당의 의법집권 능력을 향상시키는 핵심은 여전히 제도적으로 "당정(黨政) 분리"에 있다. 당정 분리는 당의 지도를 부정하는 것이 아니라 당의 지도력을 강화하고 향상시키는 것이다. 당과 정부의 분리 문제는 우리나라 정치체제 개혁에서 주요 과제이며, 구체적인 분리 방법은 지금까지 활발히 연구되고 있다. 대체적으로 당은 의법집권 이념의 지도하에 행정기관의 지도에 대해 주로 전반적인 문제에 초점을 맞추어 대정부 방침·정책을 수립하고, 행정업무의 주요 임무를 명확히 하여 방침정책을 추진 및 보증하며, 행정 권력체계를 통해 정책 및 과제가 달성되도록 촉진하고 보장해야 한다. 당의 지도력을 달성하기 위해 인민대표대회제도를 통해 자신의 의견과 정책을 합법화하는 것을 특히 강조하면서 당의 지도를 실현한다. 당의 지도는 당으로 정부를 대신하는 것이 아니고, 일이 크고 작음에 상관없이(事無鉅細) 어떠한 일이라도 반드시 직접 행하는(事必躬親) 것이 아니고, 월권행위를 하는(越俎代庖) 것이 아니고, 직접 명령을 내려서 시행하는(發號施令) 것이 아니며 응당 법률이 명확히 정한 각자의 권력범위 내로 각자 자기의 책임을 다하고(各負其責) 각자 책임을 맡도록 하고(各司其責) 당이 당을 관리해야 한다. 당의 행정작업에 대한 의법지도는 행정기관이 엄격하게 의법행정을 하는 것을 지지하고 행정기관이 법에 의해 그 직권에 따라 국가 행정사무를 지도하고 관리하는 것을 지지한다. 그러므로 엄격하게 당을 다스린다는 이념에는 당이 엄격하게 헌법 및 법률의 범위 내에서 운영해야 한다는 것이 포함되며, 행정기관의 업무를 이끌고 감독하고 촉구하기 위해 법적절차를 엄격히 준수해야 한다는 것을 포함한다고 말할 수 있다.

집권당과 사법기관의 관계도 정치 및 법적 업무에 대한 당의 지도력을 향상시키고 사법기관이 법에 따라 독립적이고 공정하게 자신의 권한을 행사할 수 있도록 지원해야 한다. 법에 따라 재판권과 검찰권을 독립적으로 행사하는 것은 헌법에 의해 확인된 원칙 중 하나이다. 우리나라 헌법은 "인민법원은 법률규정에 따라 독립적으로 재판권을 행사하며 행정기관, 사회단체와 개인의 간섭을 받지 않는다." "인민검찰은 법에 따라 독립적으로 검찰권을 행사하며 행정기관, 사회단체와 개인의 간섭을 받지 않는다."고 명확히 규정했다. 사법기관이 법에 따라 독립적으로 직권을 행사하는 것과 집권당이 사법기관에 대한 지도는 본질적으로 일치하며, 목표의 지향에도 모순되지 않으며, 모두 사법의 공정함을 보장하고 공민 합법적 권익을 보장하기 위함이다. 중국 특색 사회주의 사법제도를 구축하는 한 가지 중요한 측면은 독립적이고 공정하게 사법권을 행사하는 것과 당의 지도를 고수하는 유기적 통합을 실현하는 것이다. 우리나라의 현실적 조건 하에서, 당의 통일된 지도력과 조정하에서 사법기관은 모든 종류의 부당한 간섭을 제거하고 법을 정확하고 효과적으로 적용하며 공민의 정당한 권리와 이익의 보호를 극대화 할 수 있다. 당의 지도를 준수하면 사법 권한을 개선하고 정의를 촉진하는 데 도움이 된다. 그러나 당의 지도부는 사법부의 독립성과 공평성을 방해하지 않아야 하며, 당 위원회의 사법 문제의 처리, 특정 사건의 검토 및 승인, 또는 당내 개인의 의지로 사법 업무를 좌지우지하는 것은 아니라는 점을 분명히 해야 한다. 사법 개혁의 추진은 당의 지도력과 법에 따라 독립적으로 사법권을 행사하는 관계를 제도적으로 처리해 법에 따라 재판권과 검찰권을 독립적으로 행사할 수 있도록 보장하는 것이다. 당의 18대는 "사법체제를 더욱 심화시켜 중국 특색 사회주의 사법제도를 고수하고 보완해 재판기관과 검찰기관은 법에 따라 독립적으로 재판권과 검찰권을 행사하도록 해야 한다."[389]고 거듭 밝혔다.

(3) 의법집권의 관건인 의헌집권

의헌집권의 기본 요건은 집권당이 반드시 헌법과 법률의 범위 내에서 운영되어야 하며, 집권당이 헌법·법률의 권위와 존엄성을 의식적으로 보호해야 한다는 것이다. 다시 말해서, 당은 앞장서서 법을 준수하고, 특히 앞장서서 헌법을 준수하고 헌법의 권위와 지상성을 존중하면서, 집권을 행사하는 것에 능숙해야 한다.

중국 공산당 장정(章程)은 "당은 반드시 헌법과 법률의 범위 내에서 운영되어야 한다."고 명확히 규정했다. 우리나라 헌법은 "모든 국가 기관과 군대, 정당과 사회단체, 기관과 기업은 반드시 헌법과 법률을 준수해야 한다.", "조직이나 개인은 헌법과 법률을 능가할 특권이 없다."고 명확하게 규정하고 있다. 당의 18대 보고서에 따르면 "당은 인민을 지도하여 헌법과 법률을 제정하고 당은 반드시 헌법과 법률의 범위 내에서 운영되어야 한다. 조직이나 개인은 헌법과 법률을 능가할 특권이 없으며, 지도 간부의 말로 법을 대신하고(以言代法), 권력으로

---

389) 후진타오(각주287), 27-28면.

법을 압박하고(以權壓法), 사리사욕에 눈이 멀어 법을 어기면(徇私枉法) 안 된다."390) 중국 공산당의 집권은 반드시 헌법과 법률의 범위 내에서 이뤄져야 한다. 의법집권의 요구 사항에 따라, 국가 권력기관에 대한 당 지도부와 그에 상응하는 절차 단계는 법적 요구 사항을 준수해야 하며 각급 당의 조직과 지도자는 헌법과 법률에 의해 규정된 범위, 절차, 기한 및 수단에 따라 엄격하게 행정 권력을 행사하도록 했다.

특히, 의법집권의 관건은 의헌집권이고 의헌집권은 헌법·법률 지상의 확보하는 관건이라는 점을 분명히 해야 한다. 의헌집권 이념은 의법집권과 의법치국 이념에 대한 승화와 당의 새로운 역사적 여건에서 의법집권을 해야 한다는 핵심 요구이자 기본 방식이다. 2004년 9월 15일, 후진타오 동지는 수도 전국 인민 대표 창립 50주년 기념 대회에서 "의법치국은 우선 의헌치국을 하고 의법집권은 우선 의헌집권을 해야 한다."391)고 명시했다. 2012년 12월 4일, 시진핑 총서기는 수도 각계에서 열린 현행 헌법 공포 및 시행 30주년 기념 대회에서 "의법치국은 우선 의헌치국을 하고 의법집권의 관건은 의헌집권이다. 새로운 상황에서, 우리 당은 집권흥국의 막중한 책무를 다하려면 당장에 따라 당을 엄격하게 다스리고 헌법에 따라 국정을 다스려야 한다."392)고 지적했다.

헌법은 국가 관리의 합리성을 가장 높이고, 우리나라 모든 민족 집단의 인민 공동 의지와 근본적인 이익을 집약하며, 당과 국가의 핵심 업무, 기본 원칙, 중대 방침, 중요 정책 등을 집약하고 있다. 이는 근본 대법의 형식이고 중국 특색 사회주의 노선, 중국 특색 사회주의 이론체계, 중국 특색 사회주의제도의 발전 성과를 확립했다. 헌법에 따라 집권을 해야만 당의 올바른 지도력을 보다 완전하게 달성할 수 있고, 인민의 공동 의지를 충분히 실현할 수 있으며, 법치국가를 보다 빨리 건설할 수 있다.

이러한 관점에서 법에 따라 집권하는 과정에서 당의 지도력이 부적절하고 과도하게 강조되는 것을 방지하고 당이 정부를 대체하거나 당이 법을 대체하는 것을 방지하며, 헌법과 법률의 권위가 약화되고 훼손되는 일도 없어야 한다. 또한 실제 생활의 필요에 따라 헌법과 법률에 대한 필요한 수정 및 개선을 즉각

---

390) 후진타오(각주287), 28면.
391) 후진타오(각주285), 11면.
392) 시진핑(각주379), 11면.

적으로 제안하지 않고 당이 헌법과 법률을 엄격히 준수해야 함을 일방적으로 강조하는 것을 방지해야 하므로 당의 정책과 제안을 국가의 의지로 신속하게 전환하여 당에 영향을 미치지 않도록 해야 한다. 사회의 변혁 시기에 경제와 사회의 주요 문제를 적시에 효과적으로 해결해야 한다.393) 두 가지 모두 당의 지도와 당이 헌법과 법률의 복종 사이의 변증법적 관계에 대한 적절한 이해가 아니며, 둘 다 부적절하다.

(4) 의법집권과 의법치국의 관계

의법치국 방략에 따르면 정책만으로 나라를 다스리고 당으로 나라를 다스리는 방식은 근본적인 변화가 요구된다. 그러나 의법치국은 정책의 중요한 역할을 부정하고 당의 지도를 배제하거나 부정하는 것이 아니라, 공민의 기본 권리와 의무와 관련되는 정책이 법적인 형식을 갖추어 당이 정부를 지도하고 법에 따라 집권하도록 요구한다. 게다가 국가와 사회에서 당의 지도력과 그 중요성을 감안할 때 집권당의 의법집권은 의법치국의 핵심이다.

의법치국은 당이 나라를 다스리는 기본 방략이고 의법집권은 당이 집권하는 기본 방식으로, 법치를 숭상하고 인치를 반대하는 우리 당의 법치정신이 구현되어 있다. 양자는 모두 동일한 사회 발전적 목표를 지향하고 있으며, 국가의 장기간의 안정과 사회 질서와 생활의 안정을 촉진하는 것을 목표로 하며, 모두 사회주의 민주정치의 기본 요구이다. 그러나 의법치국과 의법집권의 실시 주체, 지배 대상, 구체적인 요구와 직접적인 목표 등에서 다르다는 점을 분명히 해야 한다. 당은 나라도 아니고 당무도 반드시 국사는 아니다. 우리가 양자의 내재적 일치성을 인정하는 것은 양자가 서로를 대신할 수 있다는 것을 의미하는 것이 아니라, 그것들이 분할될 수 없고, 서로 보완된다는 것을 의미한다.

(가) 의법집권은 의법치국의 핵심이자 관건이다. 우리나라의 의법치국 방략은 당이 인민을 지도하여 국가를 다스리는 기본 방략이고 따라서 당의 지도는 의법치국 방략의 내재적 규정성 중의 하나이다. 당의 지도는 사회주의 법치 이념의 기본 요구 중의 하나이기도 하고, 의법치국 방략이 전면적인 실행을 얻게 하는 근본적인 정치적 보증이다. 집권당이 국가와 인민을 이끄는 가장 중요한 방

---

393) 우앤홍수(袁宏曙), 당의 집권방식의 깊은 전환 - 당의 의법집권에 관한 논의, 구시(求是), 2005(22) 참조.

식은 의법집권을 실행하는 것이다. 집권당의 의법집권 여부는 국가 기관의 의법 운영과 직결되어, 과연 의법치국을 시행할 수 있느냐에 달려있다. 따라서 중국 공산당의 의법집권은 중국이 의법치국을 실현하는 중요한 단계이다. 오직 의법 집권을 견지해야만 비로소 당의 지도와 인민이 주인이 되는 것과 의법치국의 유기적 결합과 변증의 통일을 이룰 수 있다.

(나) 의법치국 수준의 향상은 의법집권을 촉진한다. 의법치국 방략이 점진적 으로 이행됨에 따라 의법치국 사업은 부단히 추진되고 당의 지도 방식과 집권 방식에 대하여 더욱 높은 요구를 제기하게 되며, 의법집권의 기본 주장은 의법 치국 이념의 추진과 계발에 의해 분명히 제시된다. 의법치국 수준의 향상은 의 법집권을 위하여 좋은 분위기와 동력을 제공한다. 우리나라가 의법치국 방략을 도입하고 이행함에 따라 당의 주도적 이데올로기는 이전의 혁명당 이념에서 집 권당 이념으로, 주로 정책 집권의 이념에서 의법집권의 이념으로 바뀌었다. 집 권과 치국, 정책과 법률, 당권과 정권, 당의 건설과 국가 건설, 당내 민주와 정 치 민주 등의 관계에 대한 인식도 깊어졌다. 의법치국 방략이 사회 전반의 공감 대로 자리 잡으면서 당의 의법집권 이념도 살아났다. 의법치국의 역사적 과정에 새로운 문제가 지속적으로 제기됨에 따라 새로운 목표, 당의 의법집권도 끊임없 이 새로운 내용을 내실화하고 있다.

4. 의법치국과 공평·정의의 상호 결합을 견지

공평·정의를 추구하는 것은 인간의 사회생활에서 중요한 요소 중의 하나이 다. 공평·정의 관념에 힘입어 사람들은 사회적 관계나 사회적 행위를 평가할 수 있고 사회제도와 사회발전 상황을 평가할 수 있다. 사회주의도 공평·정의 가치를 거부할 수 없고, 마찬가지로 공평·정의라는 가치 판단에 힘입어 사회진 보를 촉진하고 사회관리의 수준을 향상한다. 공평·정의를 사회주의 핵심 가치 체계에 포함시켜, 사회주의 법치의 요구에 포함시키고, 의법치국을 반드시 공 평·정의를 추구하는 것과 결합시켜야 한다는 것이 중국 특색 사회주의 법치 이념의 중요한 입장 중 하나이다.

공평·정의는 사회주의 법치의 가치 추구이다. 법치는 공평·정의를 실현하 기 위해 반드시 필요한 강력한 수단이다. 사회적 공평·정의를 촉진하는 것은 정법업무의 핵심 가치를 추구하는 것이다. "법치가 공평·정의에 대한 의미를 갖지 않고 법치가 전체 사회에서 공평·정의를 실현하지 못한다면, 그것은 진정한 의미에서의 법치가 아니다. 공평·정의는 법치의 실현 정도를 측정하는 중요한 척도이다. 사회 전체의 공평·정의를 사회주의 법치의 최고 가치 기준으로 삼고 사람들이 보고 느끼고 공유할 수 있는 결과를 공평과 정의로 만드는 것만으로도 사회주의 법치는 광범위한 인민 군중을 끌어들이고 단합하고 혜택을 주는 큰 매력이 될 수 있다. 실제로 의법치국과 사회주의 법치국가 건설의 기본 방략은 원활하게 진행될 수 있다."394)

법치 자체는 최소한의 평등 규칙, 즉 법은 일반적이며 규칙은 모든 사람에게 동일하게 적용되며 기본적인 절차의 적법성, 즉 입법과 법의 적용은 반드시 적법하고 중립적이어야 하며, 참여, 협상, 개방성 등의 적법한 절차를 구비해야 한다. 이런 의미에서 법치와 공평·정의는 본질적으로 연결되어 있어야 한다. 그러나 이는 단순히 형식적인 연결일 뿐 법치가 지킬 수 있는 공평·정의의 가치는 보다 광범위하고 많으며 공평·정의가 법치에 대한 기대도 훨씬 크다. 우리는 의법치국을 공평·정의와 결합해야 한다고 강조한다. 이는 의법치국의 "법"은 반드시 공평·정의에 부합되는 "양법"이어야 한다. 공평·정의의 가치는 법치의 전 과정에서 스며들어야 하고, 공정입법, 공정집법, 공정사법 등 모든 법률 사건에서 공평·정의를 느낄 수 있도록 해야 한다. 공평·정의의 제도는 정의에 대한 법치의 의미 등을 중시해야 한다.

정의는 시대별로 그 구체적 내용이 다르고, 사회 발전은 시대별로 정의에 대한 요구가 다르다. 사회주의 이념과 제도 자체도 공평·정의의 가치에 깊은 영향을 미친다. 사회주의 국가의 법치 건설에서 정의의 추구와 실현, 그리고 가장 기본적이고도 근본적인 것은 사람을 근본으로 하는 이념을 지향하여 사회제도 차원에서의 정의, 즉 사회제도의 정의를 구축하고 끊임없이 촉진해야 한다는 것이다. 제도는 사회 공평·정의의 중요한 보증이며, 현대 사회는 법치화 된 제도 없이 사회의 공평·정의의 질서를 세우는 것에 참여하는 것은 상상하기 어렵다. 법치는 사회 기본 제도의 공정을 촉진하고 사회 정의는 무엇보다 제도의 정의를 요구한다. 18대에서는 권리의 공평, 기회의 공평, 규칙의 공평을 주요 내용으

---

394) 중공중앙 정법위원회, 사회주의 법치 이념의 독본, 베이징, 중국장안출판사, 2009년, 85면.

로 하는 사회공평 보장체계를 점차 수립하여 공평한 사회 환경을 조성하고, 인민의 평등한 참여를 보장하며, 권리를 평등하게 발전시키도록 노력해야 한다는 기본 방향을 제시했다.

공평·정의는 사회주의 법치의 핵심 가치의 추구이다. 우리는 법치가 제도 정의의 요구를 충실히 구현해야 하며, 각 중요한 사회적 정의의 가치를 충분히 존중하고 최대한 실현해야 하며, 인간의 존엄성을 충분히 존중하고, 기본적 인권을 보장하고, 인민민주를 실현하고, 사회평등을 촉진하며, 개방적이고 활력 있는 사회질서를 실현해야 할 것이다. 그리고 각 가치의 목표를 최대한 실현할 것인가와 동시에 분배정의, 교환정의, 절차정의, 교정정의 등의 정의 형식을 통해 공평과 정의, 자유와 평등, 최초 분배와 재분배, 기회 평등과 결과 평등, 규칙의 정의와 사건 공정·평등 간의 적절한 균형에 도달해야 한다. 법률의 공평·정의는 가치의 측정과 그 균형에 내재되어 있다. 그중에서도 의법치국의 진행에 있어서 법치에 의해 촉진되는 공평·정의의 가치는 다음과 같은 것이 강조된다.

(1) 인간의 평등존엄과 평등인권을 확립

사회주의 법치는 인간의 존엄성을 최고의 가치 목표로 간주해야 한다. 사회주의는 보다 인간적이고 매력적이며 인간의 자유, 해방 및 개발 잠재력을 보다 잘 증진시킬 수 있는 사회제도이어야 한다. 사회주의제도의 본질은 다른 사회제도보다 인간의 존엄성과 인권을 존중해야 한다고 결정하는데, 사회주의의 가장 큰 사명은 보편적이고 포괄적인 인간 발전을 달성하는 것이다.

인간의 존엄성을 보장하는 것은 인간을 법질서의 최고 가치로 보고, 국가의 권력행위에 대해 지도하고, 국가 권력의 임의성을 방어하는 것이다. 구체적으로 국가는 모든 국민을 평등하게 존중하고 배려해야 하며, 모든 사람의 평등한 자유와 기본적 인권을 최대한 존중해야 하며, 모든 사람에게 최대한의 평등 발전의 기회를 주어야 하며, 어떤 사람의 존엄성을 희생하는 대가로 소위 말하는 발전과 바꿔서는 안 되며, 국가의 모든 활동을 인간의 존엄을 보장하는 데 도움이 되는가에 대해 고려해야 한다.

인간 존엄성과 기본적 인권을 확립하고 보장하는 것은 일련의 권리보장과 실현체제를 의미한다. 즉, 효과적인 제도적 장치가 뒷받침돼야 인권이 정당한 권리 확인이나 정치적 선언뿐만 아니라 효과적으로 실현될 수 있는 정치적 - 법적 주장보다 더 잘 만들기 위해 사용되어야 한다.

법률체계에서 기본적 인권과 기타 권리의 확립은 인민의 민주를 이행하고, 국가 권력의 운행을 규범화하며, 권력의 구속과 감독을 보완하는 가장 중요한 제도 안배 중 하나로 볼 수 있다. 헌법·법률을 통해 기본적 인권의 불가침이 확인되고 보장되며, 특히 인권에 의한 민주 추진을 촉진하여 권리로 권력을 제한할 수 있다. 특히 인민의 알권리, 참여권, 표현권, 감독권 등은 권력 운영에 대한 민주적 감시의 중요성을 강조한다.

따라서 사회주의의 제도 정의는 모든 사람의 존엄성을 평등하게 존중하도록 요구하고, 모든 사람은 평등의 기본적 자유와 인권을 향유하며, 인민민주를 기본적 자유와 인간의 권리와 연결시켜 줄 것을 요구한다. 자유와 평등이 교차하는 이곳에서 자유와 인권은 모든 사람의 자유와 인권이어야 한다는 평등의 원칙이 구현되어 있다. 그러므로 평등 원칙은 우선 권리의 평등을 요구하며, 법은 권리와 자유를 동등하게 설정하고, 집법·사법의 모든 측면에서 자유와 인권을 동등하게 보호해야 한다.

(2) 평등 원칙의 전면적인 관철

평등은 공평·정의의 기본 요구 중의 하나이다. 평등은 사회주의 법률의 기본 속성이고 평등의 의미는 풍부하다. 법치의 관점에서 평등의 원칙을 구현하기 위한 요구는 다방면에 걸쳐 있으며, 여기에서는 다음과 같은 두 가지 점만 강조한다.

(가) 법률 앞에 모든 사람은 평등하다는 원칙을 확립하고 이행한다. 그 기본 요구 사항은 다음과 같다. ① 모든 시민은 법으로 평등하게 대우받고 동등한 권리를 부여받아야 한다. 예를 들어, 위에서 언급한 바에 따르면 모든 사람은 기본적인 자유와 권리를 가져야 한다. 즉, 법에 대한 자유와 권리의 평등이 있어야 한다. 법의 집행과 정의에서 법은 모든 사람에게 동일하게 적용되며 동일한 상황에서 동일하게 적용된다. 이것이 바로 법을 적용할 때 규칙의 평등이다. ② 각종 특권을 반대하고 법률상 특별 공민은 허용되지 않는다. ③ 평등의 원칙에 위배되는 것이 아니라 평등의 원칙에 의해 요구되는 차별에 반대하고 사회의 불리한 점에 특별한 관심을 기울일 필요가 있다. 예를 들어 미성년자, 장애인, 여성, 노인 및 소수민족의 권리와 이익에 대한 특별한 보호는 그들에게 진정으

로 동등한 권리를 누릴 수 있는 기회를 제공하는 것이다. 이것은 공정한 기회의 한 측면이다.

(나) 국민의 평등한 참여와 발전할 권리를 보장한다. 사회적 불평등은 사회적 조화에 대한 주요 도전이 되었다. 현재 일부 지역은 경제 성장을 추구하면서 전면적인 발전을 소홀히 하고, 소득분배의 격차가 지나치게 커 이익 갈등이 두드러지고, 빈부격차가 심해지고, 지역 발전의 극심한 불균형으로 지역 발전의 지나친 격차를 야기했고 민생 등의 사회사업이 상대적으로 부진하다. 각종 사회의 불평등과 사회 불균형에 직면하여 사회는 더욱 열렬하게 공평·정의를 외치며, 인위적인 요인에 의한 공평·정의에 어긋나는 각종 현상을 극복하도록 노력할 것을 요구하였다. 사회의 공평·정의를 촉진하고 인민 복지를 증진하는 출발점과 정착점을 마련하여 사람의 전면적인 발전을 근본으로 한다. 발전을 평등과 권리의 관점에서 바라보면 발전하는 인간 본성과 정의성을 더 잘 인식할 수 있다. 법률은 평등한 참여와 평등한 발전권의 촉진함으로써 공평·정의를 촉진할 수 있다.

① 농민의 제반 권리를 보장하고 도시와 농촌의 조화로운 발전을 촉진한다. 농민들이 평등한 시민권을 누리는 것을 가로막는 도시와 농촌의 이원 구조와 체제를 변경해야 한다. 농민이 토지에 대한 권리를 확실하게 보장하고, 토지 수용 농민의 고용 및 사회보장 문제 등을 잘 해결하며, 농민의 토지 계약 관리에 관한 제반 권리를 보장하며, 농민의 전문적인 협력 조직을 발전시키는 결사권리를 보장하고, 빈곤 퇴치 구조를 통해 빈곤한 농민의 생활 조건을 개선한다. ② 지역의 조화로운 발전을 촉진한다. 전국 각 지역 간의 공동 발전을 이룩해야 비로소 전반적인 안정을 얻을 수 있다. 지역 간 불균형은 이미 민생 발전을 제약하는 중요한 문제이다. 온 국민이 발전의 성과를 공유할 권리가 있고 발전의 공정한 기회를 얻는다. 특히 빈곤하고 낙후된 중서부지역과 소수민족 거주지역 등 국민에게는 교육, 위생, 문화 등 공공 서비스를 받을 권리를 강조해야 한다. ③ 국민이 개혁 발전의 성과를 공유할 권리를 보장한다. 사회의 공평을 보장한다는 차원에서 소득분배제도를 보완하고 소득분배질서를 규범화하자는 것이다. 이는 국민의 합법적 재산권을 보장하고, 주민의 재산적 소득을 증가하고, 국민소득의 비중을 향상하고, 기업 임금의 집단협상제도를 추진하고, 특히 최저 임금제도를 건전화하고, 임금의 정상적 성장체제를 보완하고, 조세 등의 방법으로 임금을

조절하며, 특히 국유기업경영진의 소득을 규제해야 한다.

(3) 절차는 정의에 부합해야 한다.

절차는 정의를 운영하는 방식이다. 현대 법치가 내재적으로 공평·정의와 연결된 가장 기본적인 이유 중 하나는 법치가 내재적으로 절차적 정의를 요구하기 때문이다. 의법치국이 우선 "의법치관(依法治官)"으로 자리매김한 것도 정당한 절차를 통해 권력을 제약하고 부패를 방지하는 것이 바람직하다는 인식에 의해서이다. 절차정의의 기본적 요구는 입법, 행정법 집행과 사법기관의 활동은 반드시 엄격하게 법정절차를 따라야 하며, 나아가 입법의 과학성과 민주성을 보장하고 사안을 적시에 정확히 처리하고 민주성, 효율성, 권력의 제약, 인권 보호와 같은 중요한 실질적인 정의 목표의 실현을 보장하기 위해 사건이 적시에, 적절하고 올바른 방식으로 처리되어야 한다.

대체로 법치의 관점에서 절차 정의의 요구 사항은 다음과 같다.

(가) 절차의 법정성이다. 즉, 법 자체를 준수하는 것이 적법절차의 기본 요구 사항이다. 법적 근거가 없고 법에 따라 권한이 부여되지 않은 경우 법과 일치하는 과정이라고 말하기 어렵다. "법을 지키는 것이 곧 정의"라는 관념이 정당한 절차적 설계에서 활용된 것이다. 절차는 합법적이며 법체계가 과학적이고 내부적으로 조화를 이루도록 요구한다.

(나) 절차의 참여성이다. 이는 정의에 부합하는 절차가 모든 참여자들에게 평등한 참여권을 부여하고, 그들에게 동등한 상담 기회를 부여하며, 그들의 권리 행사에 필요한 보장 등을 제공해야 한다는 것이다. 예컨대 입법과 행정과정에의 공적 참여제도, 사법과정에서 당사자들의 알권리, 고소권, 진술권, 변호권 및 기타 일부 공평한 심사를 받을 권리 등은 모두 절차 정의의 요구 사항을 보여준다.

(다) 절차의 중립성이다. 이는 심판이 재판에 회부되어야 하며, 편파적이지 않아야 하며, 분쟁의 각 당사자와 그 쟁의 처리 결과 사이에 이해관계가 없어야 하며, 누구도 자신이 관련된 사건의 심판자가 되어서는 안 된다는 등의 요구이다. 행정이나 사법에서의 회피제도, 관할권 이전제도, 독립청문제도, 재판과 검찰 업무의 분업, 수입과 지출의 2선제도 등은 절차의 중립적인 요구를 나타내고 있다.

(라) 절차의 공개성이다. 공개는 공정성의 기본 요구 중 하나이다. 절차 공개

는 권력의 부패를 사전에 차단하고 "밀실담합(暗箱操作)"의 "비장의 무기(殺手鐧)"이다. 절차의 공개는 참여자나 군중의 알권리, 감독권, 표현권을 보장함으로써 권력의 부패, 공권력의 사적 운용을 방지하고 행정·사법 등 공권력의 공신력을 높이는 데 도움이 된다.

　절차적 정의의 가치를 중요시하는 것은 절차적 정의와 실체적 정의를 대립시키려는 것이 아니라 절차 정의가 실체 정의에 도달하는 기본 방식임을 강조하는 것이다. 오늘날 전환기에 있는 법치 건설에는 특히 실체적 정의와 절차적 정의의 조화가 중요하다. 절차를 위반하거나 파괴하는 대가로 결과만 묻고 과정을 묻지 않는 실체적 정의를 추구해서는 안 되고, 실체를 떠나 공정하고 일방적으로 소위 말하는 "절차 우선"을 강조해도 안 된다.

5. 소 결

　위에서 우리는 4가지 측면에서 중국 특색 사회주의 법치의 핵심 입장을 논의했고, 법치 이론의 중국 특색과 그 사회주의적 특징을 강조했다. 이 "4가지 견지"는 중국이 중국 특색 사회주의 법치의 노선을 걷는 "4가지 기본 원칙"으로도 볼 수 있다. 이는 법치적 중국 노선의 기본 방향, 핵심 이념, 지도력, 결책 기반과 같은 주요 문제를 지적한다. 물론 이 "4가지 견지"는 중국 특색 사회주의 법치 이론의 일부일 뿐이며, 다른 측면에서 법치의 핵심 위치를 요약할 수도 있다는 점에서 우리는 한 가지 방법을 제공할 뿐이다.

제5장

중국 특색 사회주의 민주법치와 경제 건설

마르크스주의의 기본 원리는 물질은 1차적이며 의식은 2차적이며 존재가 의식을 결정한다고 여긴다. 법과 법률 현상의 연구 그 자체로 설명할 것이 아니라, 사회의 물질적 생활 조건에서 답을 찾아야 한다. 사회주의의 민주법치는 사회주의 경제의 기초 위에 세워졌다. 사회주의 법은 사회주의 상층 구조의 중요한 구성 부분으로서 자신의 경제 기반을 위해 봉사하고 사회주의 생산관계의 수립, 공고화 및 발전을 위해 봉사해야 한다. 사회주의 법치는 고립된 법률현상이 아니며, 사회주의의 경제, 정치, 문화와 불가분의 관계에 있다. 강력한 사회주의 경제가 없다면 법치 건설은 경제 자원을 잃을 것이며, 경제 건설의 발전이 없이는 종합적인 국력이 강해지지 않으며, 인민의 생활수준이 빨리 개선되지 않으면 사회의 안정과 진보는 없다. 사회주의 경제 기반의 개발은 인간의 의지에 의해 이전되지 않는 객관적인 법칙을 가지고 있으며, 사회주의 법치 건설은 이런 객관적 경제 규율의 요구에 부합해야 하며, 법치의 발전은 경제제도와 사회주의 문화의 발전을 초과해서는 안 되며, 객관적 규율을 위배해서도 안 된다.

제1절 사회주의 본질과 사회주의 시장경제의 특징

사회주의 민주법치 건설은 법치 자체의 경험을 연구해야 하지만, 관건은 "무엇이 사회주의이고, 어떻게 사회주의를 건설하고 발전시킬 것인가?"에 대한 정확한 문제인식에 있고, 그래야지만 더 나아가 어떻게 치국방략을 선택할 것인가 하는 문제에 정확히 답할 수 있다.

1. 사회주의 본질 이론의 혁신

덩샤오핑 이론은 "사회주의를 어떻게 건설하고 발전시킬 것인가?"라는 1차적 문제를 놓고 전개됐다. 경제가 상대적으로 낙후된 사회주의 국가들이 경제 건설을 어떻게 할 것인지는 처음부터 분명하게 알 수 있는 문제는 아니다. 덩샤오핑 동지는 "사회주의란 무엇인가? 이 문제 또한 사상을 해방시켜야 한다. 경제가 장기간 침체 상태에 처하면 사회주의라고 할 수 없다."[395]고 지적했다. "우리가 설립한 사회주의제도는 좋은 제도이므로 반드시 견지해야 한다. 우리 마르크스주의자들은 과거에 혁명을 일으켜 사회주의와 공산주의의 숭고한 이상을 위해 분투했다. 지금 우리는 경제 개혁을 수행할 때 여전히 사회주의 노선을 견지하고 공산주의의 원대한 이상을 견지해야 한다. 젊은 세대는 특히 이를 알아야 한다. 그런데 무엇이 사회주의이냐가 문제이다."[396]고 말했다.

1992년 중국의 개혁개방은 12년의 세월을 거쳐 전 세계가 주목하는 성과를 거두었고, 덩샤오핑 동지의 사회주의 본질에 대한 사고도 한층 성숙해졌다. 1992년 봄 제2차 남행연설에서 그는 사회주의 본질에 대한 개괄적인 표현을 제시하며 "사회주의의 본질은 생산력을 해방시키고, 생산력을 발전시키며, 착취를 없애고, 양극화를 제거하고, 결국 공동의 부유함에 달성하는 것"이라고 했다.

같은 해 10월, 중국 공산당 14대 정치보고서는 덩샤오핑 동지가 사회주의 본질에 관한 이 새로운 요약을 명확히 인정하고 채택한 것은 이 문제에 대한 우리 당의 인식이 전반적인 공감대에 도달했고 당의 기본 노선, 기본 방침, 기본 정책이 확립되는 토대가 되었다는 것을 보여준다. 사회주의 본질에 관한 덩샤오

---

395) 덩샤오핑 문선(각주139), 312면.
396) 덩샤오핑 문선(각주138), 115-116면.

핑 동지의 이론은 마르크스주의에 대한 중대한 혁신이자 발전이다. 사회주의 법의 심도 있는 사회 본질도 여기에 있다.

(1) 생산력을 해방시키고 생산력을 발전시키는 경제 건설을 중심으로 한다.

덩샤오핑 동지가 사회주의 본질에 대한 논술의 첫 번째 의미는 사회주의의 본질로, 생산력을 해방시키고 생산력을 발전시키는 것이다. 덩샤오핑 동지는 과학사회주의 사상, 처음으로 생산력의 해방과 생산력의 발전을 사회주의 본질의 높이로 격상시키고, 생산력의 해방과 생산력의 발전을 사회주의의 근본 임무로 하였으며, 전체적인 사회주의 단계에서 시종 일관하게 경제건설을 중심으로 하였는데 이는 덩샤오핑의 사회주의 본질 이론에서 가장 두드러진 현실적인 의미이다.

경제 기반은 마르크스주의 역사적 유물론의 기본 원칙인 상부 구조를 결정한다. 사회주의가 자본주의보다 우월하다면, 사회주의제도가 생산력을 보다 효과적으로 해방시키고 생산력을 보다 신속하게 발전시키며 가능한 빨리 총 생산력을 증가시킬 수 있다는 사실에서 드러나야 한다. 이것은 사회주의의 존재와 사회주의의 필수 요건의 기초이다. 레닌은 경제문화가 비교적 낙후된 러시아(俄國)에서 사회주의를 수립하고 건설하면서 "노동생산성의 귀결은 결국 새로운 사회제도의 승리를 위해 가장 중요한 것이다."[397] 이는 마르크스주의에 대한 발전이다.

덩샤오핑 동지는 정치적으로 큰 용기를 가지고 새로운 역사적 상황에서 마르크스주의를 견지하고 발전시켰다. 그는 "우리는 마르크스에게 그의 사망 이후 100년, 수백 년 동안 발생한 문제에 대한 해답을 제공하도록 요구해서는 안 된다. 레닌도 사망 이후 50년 또는 100년 동안 발생한 문제에 대한 해답을 제공할 의무는 없다."[398] 현실적인 사회주의는 생산성이 고도로 발전된 기초 위에 세워진 전형적인 사회주의가 아니다. 정반대로, 그것은 후진국에서 이루어졌다. 생산력 발전 수준에서는 근대적 산업문명 과정의 뒤로 한참 떨어졌고 자본주의의 방식으로 따라잡기 어렵다. 그러나 사회주의는 이들 후진국이 급속한 생산력 발전을 통해 인민을 빈곤에서 해방시키고, 국가와 인민을 현대 문명의 노선으로 인도하는 또 다른 방법이다.

---

397) 레닌 선집, 제3판, 제4권, 베이징, 인민출판사, 1995년, 16면.
398) 덩샤오핑 문선(각주138), 291면.

생산력을 보다 빠르게 해방하고 발전시킬 수 있는 것은 사회주의제도가 자본주의제도보다 우수한 제도임을 보여주는 특징 중의 하나이다. 생산력의 발전은 인류사회 발전에 가장 적극적이고 혁명적인 요소이며, 사회의 역사적인 발전을 위한 궁극적인 결정력이기 때문이다. 덩샤오핑 동지는 다음과 같이 말했다. "마르크스주의는 생산력의 발전에 가장 중점을 둔다."[399] "마르크스주의 또 다른 명사는 공산주의이다. 우리가 여러 해 동안 분투한 것은 바로 공산주의를 위한 것이었고, 우리의 신념 이상은 공산주의를 이행하는 것이다. 우리가 가장 어려웠던 시기에 공산주의의 이상은 우리의 정신적 지주(支柱)였고 얼마나 많은 사람들이 희생되었는지는 바로 그 이상을 실현하기 위한 것이었다. 공산주의는 그 누구도 사람을 착취하지 않는 제도로, 제품은 매우 풍부하고 각자의 능력을 다하여 수요에 따라 분배한다. 매우 풍부한 물질적인 조건 없이는 수요에 따른 분배가 불가능하다. 공산주의를 실현하려면 사회주의 단계의 임무를 반드시 완수해야 한다. 사회주의의 임무는 많지만, 근본적으로 하나는 생산력을 발전시키는 것이고 생산력을 발전시키는 기초 위에서 자본주의보다 우위를 나타내고 공산주의를 실현하기 위한 물질적 기반을 창조하는 것이다."[400] "사회주의의 우월성은 결국 그것의 생산력이 자본주의보다 발전이 좀 더 빨리, 더 높게, 그리고 생산력의 발전에 기초하여 사람들의 물질과 문화생활을 지속적으로 개선한다는 사실에서 드러난다. 중화인민공화국이 설립된 후 우리에게 결점이 있다면 그것은 생산력 개발에 소홀했다는 것이다. 사회주의는 빈곤을 퇴치해야 한다. 빈곤은 사회주의도 아니고 공산주의도 아니다."[401]

사회주의가 자본주의를 진정으로 이기려면 반드시 생산력을 해방하고 발전시키고, 사람들의 물질과 문화생활을 지속적으로 개선하고, 사회주의의 우월성을 보여줄 수 있는 본질이 있어야 한다. 그렇지 않으면 인민의 지지를 받지 못하고 사회주의는 존재할 근거가 없으며, 사회주의 사업은 실패하며 자본주의사회를 대체할 수도 없다. 이런 의미에서 덩샤오핑 동지는 "지금은 우리도 사회주의를 하고 있다고 하지만 실제로는 조건이 못 된다. 다음 세기 중반까지 개발도상국 정도의 수준에 도달했을 때, 우리는 진정으로 사회주의를 이행한다고 말할 수 있

---

399) 덩샤오핑 문선(각주138), 63면.
400) 덩샤오핑 문선(각주138), 137면.
401) 덩샤오핑 문선(각주138), 63-64면.

으며 사회주의가 자본주의보다 우월하다고 당당히 말할 수 있다."[402]고 말했다.

과학기술은 주요 생산력이며, 선진 생산력의 집중된 구체화와 주요 상징이다. 인간은 생산력에서 가장 활발한 요소이다. 지식인을 포함한 노동자 계급과 많은 농민 계급은 언제나 우리나라의 선진 생산력의 발전과 사회의 전면적인 진보를 촉진하는 근본 역량이다. 사회 변혁에서 나타난 새로운 사회 계층은 중국 특색 사회주의 사업의 건설자이다.

개혁은 중국의 제2의 혁명이다. 역사적 유물론은 생산력과 생산관계를 사회 생산방식의 두 가지 불가분의 측면으로 보고 있다. 생산관계는 반드시 생산력 발전의 요구에 부응해야 한다. 사회제도를 변화시킨다는 전제하에 생산력의 해방은 혁명이다. 예를 들어, 중국 공산당 지도하의 중국 혁명은 구 중국 국민당의 반동 통치를 무너뜨리고 독립 통일의 신 중국을 건설함으로써 생산력을 해방시켰다. 사회제도를 바꾸지 않고 생산력을 해방하는 것은 개혁이다. 덩샤오핑 동지는 "개혁은 중국의 제2의 혁명이다."[403]고 강조했다. 사회주의 사회의 이런 개혁은 생산력 해방에 큰 역할을 한다는 점에서나, 그것이 중국 사회관계와 사회생활 변혁을 일으키는 깊이와 폭에서 새로운 혁명이라고 할 수 있다. 사회주의의 기본 제도는 좋은 것이고 생산력의 발전을 촉진할 수 있지만 사회주의의 이러한 촉진 작용은 반드시 구체적인 제도로 구현되어야 한다. 사회주의 사회의 가장 큰 문제는 경제체제, 정치체제, 과학기술체제, 교육문화체제 등의 각종 구체적인 제도 미비로, 개혁하지 않으면 사회주의 생산력의 발전을 저해할 수 있다.

덩샤오핑 동지는 "사회주의 기본 제도가 확립되면 생산력 발전을 제한하는 경제체제를 근본적으로 변화시키고, 생기와 활력이 넘치는 사회주의 경제체제를 확립하여 생산력의 발전을 촉진해야 하는 개혁이 필요하다. 이는 개혁이기 때문에 생산력도 해방시킨다. 과거에는 사회주의 조건하에서 생산력을 발전시켜야 한다는 것에 대해서만 이야기했지만, 개혁을 통해 생산력을 해방시키는 것에 대해서는 이야기하지 않았으므로 불완전하다고 할 수 있다. 생산력의 해방과 생산력의 발전을 모두 다루어야 한다."[404]고 말했다. 사회주의 각종 구체적인 제도의 수립과 보완은 오랜 우여곡절을 겪어야 하며, 이미 만들어진 제도는 실천이 진

---

402) 덩샤오핑 문선(각주138), 225면.
403) 덩샤오핑 문선(각주138), 113면.
404) 덩샤오핑 문선(각주138), 370면.

전됨에 따라 새로운 폐해가 나타나기 때문에 생산력의 발전을 제한하게 된다. 따라서 사회주의 조건하에서 확립된 제도의 지속적인 개혁과 개선 과정도 있다. 이러한 지속적인 개혁을 통해 사회주의제도는 강력한 생명력과 활력을 갖게 된다.

생산력의 해방과 발전은 우리나라 사회주의 민주법치 건설에 강력한 물질적 기반을 제공한다. 사회주의 법은 사회주의 경제 기반의 상부 구조이고 이는 사회주의 경제 기반에 의해 결정된다. 사회주의 경제 기반의 범위 내에서 입법자들은 경제, 정치, 문화 등의 조건에 따라 법률 조정을 자유롭게 선택할 수 있다. 지속적으로 생산력을 해방하고 발전시키는 것은 노동 계급이 이끄는 광범위한 사람들의 이익과 일치하며 사회주의 법의 본질적인 요구에 부합된다. 덩샤오핑 동지는 다음과 같이 여겼다. "경제와 정치, 법률 등은 상호 의존적인 관계이므로 이를 소홀히 해서는 안 된다." "모든 측면은 단일이 아닌 종합적으로 균형을 이루어야 한다. 그러나 우리는 결국 경제 건설을 여전히 중심으로 해야 한다. 경제 건설이라는 중심을 벗어나면 물질적 기반을 상실할 위험이 있다. 다른 모든 임무는 이 중심에 따라야 하며, 이를 방해하고 영향을 주어서는 안 된다."[405] "사회주의 현대화는 현재 우리의 가장 큰 정치이고 이는 인민의 가장 큰 이익이며, 가장 근본적인 이익을 대표하기 때문이다."[406]

중국 공산당은 항상 진보된 생산력, 즉 생산력 개발법에 따라 당의 이론, 노선, 강령, 지침 및 정책을 수립하고 생산력의 해방 및 발전을 촉진하기 위해 발전된 생산력의 개발 요구 사항을 대표한다. "3개 대표론"의 중요한 사상과 과학적 발전관은 덩샤오핑 이론의 풍부함과 발전에 대한 당의 최고 강령과 최저 강령의 통일을 견지하면서 공산주의의 원대한 이상을 내세우면서도 공산주의가 사회주의 사회의 생산력에서 충분히 발전하고 발달할 수 있음을 강조한다. 공산주의의 실현은 매우 긴 역사 과정으로, 우리나라는 지금 사회주의 초기 단계에 있고 오랫동안 있을 것이라는 사실에 근거하여, 이 단계에서 당의 기본 강령을 실현하기 위해 끊임없이 노력을 해야 한다. 생산력의 발전을 당의 근본적인 임무로 삼고, 건설에 집중하고 한마음 한뜻으로 발전을 도모해야 하며, 이러한 발전은 당 집정흥국의 첫 번째 중요한 임무이다. 생산력의 발전을 촉진하는 것은 우리 당이 시대의 최전선에 서서 선진성을 유지하기 위한 기본적 표현 및 요구

---

405) 덩샤오핑 문선(각주139), 250면.
406) 덩샤오핑 문선(각주139), 163면.

사항이다. 사회주의 법치 건설은 바로 "3개 대표론"의 중요한 사상과 과학적 발전관을 한 가지 방면, 한 가지 측면에서 파악하는 것이고, "3개 대표론"의 중요한 사상과 과학적 발전관에 대한 충실한 관철과 정착이다.

(2) 착취를 소멸하고 양극화를 제거한다.

덩샤오핑 동지의 사회주의 본질에 대한 과학적 요약의 두 번째 의미는 착취를 소멸하고 양극화를 제거하는 것이다. 이는 생산관계의 관점에서 사회주의의 본질을 드러내기 위한 것이며, 생산력 해방과 생산력 발전의 결과를 인민에게 귀속되게 하며, 최종적으로 공동 번영을 이룰 수 있는 조건이 된다.

착취의 소멸과 양극화를 제거하는 것은 사회주의제도가 모든 착취제도와 구별되는 본질적인 특징이다. 사유제도는 착취와 양극화를 초래한 경제적 근원이다. 역사상 착취제도는 이미 노예사회, 봉건사회, 자본주의사회의 세 가지 사회적 형태를 거쳤으며, 이들의 공통된 특징은 노동자의 생산 및 착취 수단에 대한 사유 소유권이다. 개인 사유제도에 의한 착취는 착취된 노동자들에게는 불합리한 현상으로 착취제도 하에서 생산 수단은 소수의 사람들에 의해 이루어지며, 생산의 목적은 소수의 사적인 이익에 종속될 수밖에 없다. 사회경제 생활의 가장 기본적인 측면에서, 일부분의 사람이 생산 자료의 점유로 노동을 하는 사람들의 잉여노동이나 잉여생산품의 잉여가치를 착취하면, 이는 부유할수록, 가난할수록 사회적 부의 큰 격차를 만든다. 현대 자본주의 사회가 여전히 생산력을 발전시킬 수 있다고 해도, 그 성과는 노동자 계급과 많은 노동 인민에게 해당되지 않으며, 사회적 부의 절대 대부분은 소수의 부유한 자들의 소유로 귀속된다. 자본주의가 아무리 발달해도 그것은 합리적인 사회가 아니며 노동자 계급과 많은 노동 인민들이 추구하는 사회적 목표가 아니다. 그러므로 사회주의는 사유제도와 계급착취, 양극화에 기반을 둘 수 없다. 덩샤오핑 동지는 "사회주의는 생산력을 발전시키고 그 성과는 인민의 몫"[407]이라고 지적했다.

개혁은 앞으로 나갈수록 양극화 방지에 더 많은 주의를 기울여야 한다. 덩샤오핑 동지는 다음과 같이 지적했다. "우리는 개혁에서 두 가지를 견지했다. 하나는 공유제 경제가 항상 주체적 지위를 차지하고, 다른 하나는 경제발전이 공동 번영의 노선을 가고 항상 양극화를 피해야 한다는 것이다. …… 우리 경제에

---

407) 덩샤오핑 문선(각주138), 255면.

서 공유제가 주체적 지위를 차지한다면 양극화는 피할 수 있다."[408] "양극화가 발생하면 상황이 달라지고 민족 간의 갈등, 지역 간의 갈등, 계급 간의 갈등이 발생하며 이에 따라 중앙 및 지역 간의 갈등이 발생하여 혼란이 발생할 수 있다."[409] "사회주의의 목적은 전국 인민이 양극화되지 않고 함께 번영하도록 하는 것이다. 만약 정책이 양극화로 이어지면 우리는 실패한다."[410] "양극화가 없으면 정책을 제정하고 집행할 때 이 점을 주목한다. 양극화가 발생하면 개혁은 실패한 셈이다."[411] 1992년 남행연설에서 덩샤오핑 동지는 "부유한 자는 갈수록 더 부유해지고 가난한 사람은 더 가난해지면 양극화가 생겨난다. 사회주의제도는 양극화를 피할 수 있어야 한다."[412]고 말했다.

덩샤오핑 동지는 양극화를 피할 수 있는 방법, 즉 생산 수단에 대한 군중의 소유권을 주체로 하여 소유제 구조를 견지하고 노동 분배 중심의 분배 원칙을 실행함으로써 과도한 양극화를 일으키지 않는다는 점을 분명히 했다. 만약 빈부의 격차가 너무 크면 사회주의 국가들은 행정적, 경제적, 법률적 수단을 사용하여 고소득자에 대한 필요한 조정과 제한을 수행함으로써 양극화의 확대를 피할 수 있다. 우리의 공유제와 노동에 따른 분배라는 두 주체의 지위가 흔들린다면, 양극화가 발생할 가능성은 충분하다. 그러면 우리의 개혁은 실패한다. 따라서 우리는 개혁에서 항상 공유제 경제와 노동에 따라 분배제도의 주체적 지위를 차지하고, 공동 번영의 노선을 항상 준수해야 한다.

중국 사회주의 시장경제 여건에도 사유제 경제와 착취의 문제가 있음을 직시해야 한다. 착취와 양극화를 제거하는 것은 생산력이 고도로 발전하는 기초 위에 세워진 것이다. "사회계급의 소멸은 생산이 고도로 발전하는 단계를 전제로 한다."[413] 그것을 실현하는 데에는 점진적이고 장기적인 과정이 필요하며, 생산력의 높은 발전은 착취와 양극화를 제거하는 조건이다. "생산력의 이러한 발전은 …… 절대적으로 필요한 실질적인 전제 조건이다. 그러한 발전이 없다면 빈곤도 극심한 빈곤의 일반화만 있을 것이다. 극심한 빈곤의 경우, 우리는 다시 시작해

---

408) 덩샤오핑 문선(각주138), 149면.
409) 덩샤오핑 문선(각주138), 364면.
410) 덩샤오핑 문선(각주138), 110-111면.
411) 덩샤오핑 문선(각주138), 139면.
412) 덩샤오핑 문선(각주138), 374면.
413) 마르크스·엥겔스 선집, 제2판, 제3권, 베이징, 인민출판사, 1995년, 632면.

야 한다. 생필품을 위한 투쟁, 모든 오래되고 더러운 것들이 반복될 것이다."[414] 사회주의 초기 단계에서는 생산력 발전 수준은 여전히 상대적으로 낮기 때문에 필요한 단계를 통해 생산력의 착취를 제거하는 것은 불가능하다. 사회주의 초기 단계에서는 중국의 현재 생산력 발전 수준과 일치하는 사회주의 시장경제, 즉 공유제를 주체로 삼고 다양한 경제 구성 요소를 개발하는 것만이 가능하다.

사회주의 시장경제는 사회주의 경제와 동일하지 않다. 그중에서 공유제경제는 사회주의 경제이고 민간경제와 외국투자기업은 비사회주의경제이다. 사회주의 시장경제는 사회주의 경제 구성 요소와 비사회주의경제 구성 요소를 모두 포함한다. 덩샤오핑 동지가 사회주의 시장경제와 사회주의경제의 차이를 지적했다. 그는 "'3자(三資)'기업은 우리나라의 전반적인 정치 및 경제적 조건에 의해 제약을 받고 사회주의경제를 보완하는 수단으로 결국 사회주의에 유리하다."[415] 고 말했다. 이것은 사회주의 시장경제가 자본주의경제 구성 요소의 사용이 사회주의 사회에서 생산력의 발전에 기여할 수 있음을 보여주며, 반면에 사회주의 시장경제에서도 사유제경제가 허용되고, 법으로 정한 범위 내에서 비공유제경제는 사회주의 시장경제의 중요한 구성 부분임을 설명한다. 우리나라 헌법 제11조는 법의 규정된 범위 내에서 개인경제 및 민간경제와 같은 비공유제경제가 사회주의 시장경제의 중요한 구성 부분이라고 규정하고 있다. 국가는 개인경제 및 민간경제와 같은 비공유제경제의 합법적인 권리와 이익을 보호한다. 국가는 비공유제경제의 발전을 장려, 지지 및 선도하며, 법에 따라 감독과 관리를 실시한다. 이러한 중국 특색 사회주의 시장경제체제는 우리나라 현재의 생산력 발전 상황에 의해 결정된다. 민간경제와 외자투자기업이 착취 관계에 있다고 해도, 그것들이 우리 사회주의 사회의 생산력을 발전시키는 데 이롭고, 우리나라의 종합국력을 신장시키는 데 이롭고, 인민의 생활수준의 향상에 이로우면 우리는 정책적, 법률적으로 이들의 존재와 발전을 허용하고 장려한다.

우리나라 현재의 생산력 발전수준에서 사회주의 공유제경제를 완전히 실행하는 것은 불가능하며 즉시 구현되어서도 안 된다. 공유제경제와 비공유제경제 둘 다 사회주의 초기 단계의 시장경제에 통일될 수 있으며, 공유제경제를 주체로 하고 있으며, 법으로 정한 범위 내에서의 비공유제경제는 중요한 구성 부분이

---

414) 마르크스 · 엥겔스 선집, 제2판, 제1권, 베이징, 인민출판사, 1995년, 86면.
415) 덩샤오핑 문선(각주138), 373면.

다. 공유제경제를 견지하고 발전시키는 것이 주체가 되어야만 착취를 없애고 양극화를 없애는 방향으로 나아갈 수 있다. 만약 민간경제가 주체로서, 그리고 공유제경제가 보충제로서 반대되는 경우, 사회주의 경제제도는 비사회주의 경제제도로 변형될 것이며, "착취와 양극화를 제거하는 것"은 빈말에 지나지 않을 것이다. 중국과 외국자본주의의 경제 구성 요소는 이 단계에서 사회적 생산력의 발전을 촉진시키기 때문에 오랜 기간 동안 생산력의 발전을 수용할 수 있는 충분한 여유가 있으며, 사회주의 법률이 허용하는 범위 내에서 존재하고 발전할 수 있는 일종의 경제 요소로 우리나라의 법률과 정책은 오랜 기간 동안 이러한 경제 요소의 존재와 발전을 허용할 것이다. 그들의 합법적인 행동은 법으로 보호되어야 한다.

경제발전과 사회주의 민주법치의 범위 내에서 착취와 양극화를 점차적으로 제거해야 한다. 우리나라의 1954년 이전의 민족자산 계급과 노동자 계급의 모순은 예로부터 모두 인민 내부의 모순에 속한다. 현재 우리나라 사회주의 초기 단계의 역사적 조건하에서 우리는 생산력의 발전 수준에 따라 정책과 법률을 제정하여 합법적인 비 노동소득을 허용하고 보호해야 하며, 사회주의 법치의 범위 내에서 합법적으로 운영되고 정직한 노동이 이루어지는 한, 사회주의 법률이 자본 혹은 생산 수단의 소유권을 인정하는 한, 이들은 합리적인 수익을 얻을 자격이 있다. 그들의 합법적인 사유재산은 곧 법률의 보호를 받는다.

사회주의가 착취를 없애고 양극화를 없애는 것은 자본주의 착취제도가 더이상 생산력의 발전에 적합하지 않을 때, 사회주의 공유제가 자본주의 사유제도를 대체하는 데 사용되어 생산 요소가 사회 혹은 노동자에 의해 완전히 소유되고 착취 현상이 더 이상 존재하지 않음을 의미한다. 우리나라 현재의 생산력은 고도로 발전하지 않아 착취를 완전히 없앨 수 있는 여건이 아니어서 착취와 양극화를 제거하는 사회주의 본질적인 부분에 대해서는 사회주의 발전 추세와 최종 결과가 있어야만 비로소 큰 발전을 이룰 수 있다. 생산력이 크게 발전하고 물질적 기반이 튼튼한 경우에만 사회주의 법치의 범위 내에서 점진적으로 이루어질 수 있다.

사유제도를 시행한다고 해서 중국이 빈곤과 낙후를 벗어버릴 수 있는 것은 아니다. 구 중국에서는 봉건토지사유제도, 외국자본사유제도, 관료자본사유제도, 민족자본사유제도, 개인경제사유제도 등 여러 가지 사유제가 시행되었다. 이렇게 많은 사유제가 중국을 가난하고 낙후된 모습에서 벗어나게 하지는 못했다. 따라서 덩샤오핑 동지는 다음과 같이 말했다. "이야기 할 것이 두 가지가 있다. 첫째, 중국은 사회주의 노선을 갈 수밖에 없다. 둘째, 중국은 네 개의 현대화를 추구해야 하며, 안정된 정치 형세가 없으면 안 된다. 몇몇 지식인들은 학생들이 문제를 일으키도록 강요했고, 그들의 주장은 실제로 사회주의제도를 반대하고 자본계급 자유화를 이행하는 것이다. 소위 자본계급 자유화는 중국의 전체 서양화의 자본주의를 의미한다. 중국은 자신의 경험에 비추어 보더라도 자본주의 노선을 따라갈 수 없다. 이치는 간단하다. 중국은 십 수억의 인구가 여전히 낙후된 상태에 있다. 만약 자본주의 노선을 간다면, 일부 지역에서 소수가 더 빨리 부유해지고 새로운 자산계급을 형성해서 백만장자들이 생겨날지도 모르지만, 기껏해야 인구의 1%도 되지 않을 것이고 많은 사람들이 여전히 가난에서 벗어나지 못하고 있고 심지어 먹고사는 문제조차 해결할 수 없을 것이다. …… 따라서 우리는 일부 사람들이 사회주의에 반대하는 것을 용납하지 않을 것이다. 우리가 말하는 사회주의는 중국의 특색이 있는 사회주의이고, 사회주의를 건설하려면 공산당의 지도가 없어서는 안 된다. 우리의 역사는 이를 증명했다."[416]

(3) 궁극적으로 공동 번영을 달성하다.

덩샤오핑 동지가 제시한 사회주의 본질의 세 번째 의미는 사회주의의 궁극적인 목표는 "공동 번영"이라는 것이었다. 덩샤오핑 동지는 "사회주의의 가장 큰 우월성은 함께 잘 사는 것이며, 이는 현대 사회주의 본질을 보여주는 것"[417]이라고 지적했다. 사유제의 노예사회, 봉건사회, 자본주의 사회, 특히 자본주의가 발전한 몇백 년 동안 창출한 생산력은 이전의 인류사회가 달성한 생산력의 총화를 능가하지만, 모두가 함께 부유하게 살지는 못하고 있다. 착취제도 하에서는 공동 번영에 도달할 수 없다. 착취제도 하의 생산력은 더 이상 일하는 사람들에게 합리적인 사회가 아니다.

공동 번영은 사회주의가 과거 어떤 사유제도 사회와 구별되는 사회주의 본질을 나타내는 것이다. 사회주의는 모든 사람이 평등하게 사회적 부를 향유하고, 인민이 주인이 되어 함께 부유해지는 이상적인 사회를 지향한다는 목표를 갖고

---

416) 덩샤오핑 문선(각주138), 207-208면.
417) 덩샤오핑 문선(각주138), 364면.

있다. 이는 사회주의가 인민 군중이 최대의 복지를 얻는 것을 가치 목표로 한다는 것을 보여주는데, 이것은 사회주의 국가가 꾸준히 추구해야 하는 것이기도 하다. 덩샤오핑 동지는 "사회주의의 부는 인민에게 귀속되며 사회주의의 번영은 모든 사람들의 공통된 번영이다."[418]고 말했다. 공동 번영과 노동 인민의 근본 이익을 떠나 생산력을 발전시키면 사회주의의 근본 방향에서 벗어난다. "함께 부유해지려면 개혁의 시작부터 논해야 하고, 언젠가는 중심 과제가 될 것이다. 사회주의는 소수의 사람들이 부유해지는 것이 아니며, 대부분의 사람들이 가난하고 그런 모습이 아니다. 사회주의 가장 큰 장점은 공통의 번영이며 사회주의의 본질을 구현하는 것이다."[419] "사회주의의 목적은 전국 인민이 함께 부유해지려는 것이지 양극화가 아니다."[420] "요컨대, 하나의 공유제가 주체를 차지하는 하나의 공동 부유함은 우리가 반드시 견지해야 하는 사회주의의 근본적인 원칙이다. 우리는 이러한 사회주의의 원칙을 단호하게 구현하고 실현하기를 원한다. 장기적으로 이것은 공산주의로의 궁극적인 전환이다."[421]

경제제도는 공동 번영을 보장해야 한다. 새로운 사회제도는 생산력을 개발하고 발전시키는 역할을 하지만, 노예제도, 봉건제도 특히 개인 소유에 기반한 자본주의제도는 생산력이 어떻게 발전하든 양극화를 제거하고 공동 번영을 달성하는 것이 불가능하다. 공동 번영은 착취와 양극화를 제거하는 것을 의미하며, 이는 곧 생산수단 공유제를 요구한다. 마르크스와 엥겔스는 공유제를 "사회적 소유제"라고 불렀는데, 이는 생산 수단이 사회의 사람들에게 속한다는 것을 의미한다. 그러나 공유제경제와 그 운영은 특정 사회 기관이 그것을 지배하고 관리할 것을 요구한다. 국가 기관이 존재하는 조건하에서는 노동 인민이 장악하는 국가가 전체 인민을 대표하여 생산재를 점유하며 이것이 국유경제이다. 생산력이 아직 고도로 발전되지 않은 사회주의 국가에서는 여전히 다양한 형태의 공유제가 존재해야 함을 사회주의 실천에서 증명하고 있다. 주로 전체 국민이 소유하고 국가 소유권으로 대표되며 일부 일하는 사람들이 공동으로 소유하는 것이다. 공유제의 존재와 개발은 착취와 양극화를 제거하기 위한 제도적 보증일 뿐만 아니라 생산력을 빠르게 발전시키는 사회적 조건이기도 하다.

---

418) 덩샤오핑 문선(각주138), 172면.
419) 덩샤오핑 문선(각주138), 364면.
420) 덩샤오핑 문선(각주138), 110-111면.
421) 덩샤오핑 문선(각주138), 110-111면.

공유제는 금융과 경제위기를 끊임없이 야기하는 자본주의의 내재적 갈등을 해소하는 동시에 구 중국의 봉건주의, 제국주의, 관료 자본주의가 생산력 발전에 미치는 장벽을 제거한다. 신 중국 창립 60여 년 동안 세운 큰 성과는 바로 국유경제를 핵심으로 하고, 공유제를 기반 혹은 주체로 하는 경제제도 하에서 이룬 것이다. 공유제가 없으면 마르크스주의 과학사회주의도 없다. 국유경제가 주도적이고 공유제가 주체가 아니면 중국 특색의 사회주의도 없다. 개혁을 통한 국유경제의 활성화와 집단 경제의 활성화, 다양한 소유제경제의 발전, 대외개방의 확대, 경제발전 방식의 전환, 과학발전에 주력하는 것 등은 모두 사회주의의 두 가지 필수 요구 사항의 대상이다. 하나는 생산력을 빠르게 발전시키는 근본적인 과제이고, 다른 하나는 근본적인 목적이 공통된 번영이다. 이 모든 것은 국유경제의 핵심으로 하는 공유제경제의 개발, 성장 및 개선을 위해 제도적으로 구성되어 있다.

공동 번영은 생산력의 지속적인 발전을 전제로 점차적으로 실현된다. 우리는 한 번에 공동 번영을 달성할 수 없으며, 그 실현에는 점진적이고 장기적인 과정이 필요하다는 것을 알아야 한다. 중국은 국토 면적이 넓고 인구가 많고 생산력 수준이 불균형하므로 즉시 동시적으로 발전하고 동등하게 부유해지는 것은 비현실적이다. 덩샤오핑 동지는 공동 번영을 달성하는 방법에 대해 두 가지 중요한 구상을 제시했다. 첫째, 일부 지역, 일부 기업, 일부 노동자와 농민이 먼저 부를 얻은 다음 먼저 부유해진 것으로 후에 부유해지는 것을 이끌어 나아가고 결국 공동 번영을 달성한다. 둘째, 세 단계로 나누어 사회주의의 경제, 정치, 문화 및 사회의 발전에 박차를 가하여 결국 공동 번영을 달성하는 것이다.

먼저 부유해진 것으로 후에 부유해지는 것을 이끌어 나아가고 결국 공동 번영을 달성한다. 덩샤오핑 동지는 다음과 같이 지적했다. "사회주의 노선을 걷는 것은 점차 공동 부유를 실현하는 것이다. 공동 부유의 개념은 다음과 같이 제시되었다. 일부 지역은 먼저 발전할 수 있는 조건이 있으면 먼저 발전하고 일부 지역은 천천히 발전하며 먼저 발전한 지역이 나중에 발전하는 지역을 이끌어나가 최종적으로 공동의 부에 이르게 된다. 만약 부유한 사람이 점점 더 부유해지고 가난한 사람이 점점 더 가난해지면 양극화가 일어나고, 사회주의제도는 이러한 양극화를 피할 수 있어야 한다. 해결 방법 중 하나는 먼저 부유해진 지역이 약간의 이윤과 세금을 더 내고 빈곤 지역의 발전을 지원하는 것이다. …… 금세기 말에 국민 생활수준이 중류 정도가 되는 사회의 수준에 도달하면 이 문제가 두드러지게 제기되고 해결될 것으로 생각된다. 그때가 되면 선진지역은 계속 발전해야 하고, 부가가치세 과다 납부와 기술 이전 등을 통해 저개발 지역을 적극적으로 지원해야 한다. 저개발 지역은 대부분 자원이 풍부한 지역이며 개발 잠재력이 높다. 요컨대, 우리는 전국적으로 해안과 내륙을 따라 빈부격차 문제를 점차 순조롭게 해결할 수 있을 것이다."[422)

경제발전의 과정에서 먼저 부유해진 일부 개인, 기업과 지역은 나중에 부유해질 사람들에게 확실히 추진적인 효과가 있다. 덩샤오핑 동지는 다음과 같이 말했다. "나는 일부 지역, 일부 기업, 일부 근로자와 농민들이 그들의 노력으로 더 많은 수입을 얻고, 더 나은 삶을 살 수 있도록 해야 한다고 생각한다. 일부 사람들이 먼저 잘살게 되면, 필연적으로 엄청난 시범 역량이 발생하게 되고, 다른 지역과 다른 부서의 사람들은 이를 통해 배우게 된다. 이런 식으로 국가 경제 전체가 계속 파동적인 방식으로 발전할 것이며, 국가의 모든 민족 집단의 사람들은 비교적 빨리 부유해질 것이다."[423) "소득세와 같이 먼저 부유해진 일부 개인에 대한 규제도 있어야 한다."[424) 덩샤오핑 동지가 제안한 이 노선은 정부의 역량과 국가의 투자에 의존하지 않고 생산에 대한 국민과 기업의 열정을 동원하여 사회에 더 많은 부를 창출하고 사회주의의 종합적인 국가적 힘과 생산성을 빠르게 증가시킬 수 있다. 따라서 이는 "공동으로 부유해지는 지름길"이라고 불리기도 한다.

세 단계로 나누어서 진행하고 사회주의의 발전을 가속화하여 결국 공동 번영을 달성한다. "발전이야말로 확실한 도리다."라는 사상은 덩샤오핑 동지의 전체 논술에 관통되어 있다. "우리는 빈곤을 없애기 위해 수십 년을 분투했다." "우리의 원래 목표는 첫 단계인 1980년대에 두 배로 늘리는 것이다. 1980년을 기준, 당시 국민 총생산액 1인당 250달러가 두 배가 되어 500달러에 이르는 것이다. 두 번째 단계는 세기 말까지 두 배로 증가하여 1인당 1,000달러에 이르는 것이다. 이 목표를 달성한다는 것은 우리가 국민 생활수준이 중류 정도가 되는 사회에 진입하고 가난한 중국을 국민 생활수준이 중류 정도가 되는 사회인 중국으

---

422) 덩샤오핑 문선(각주138), 373-374면.
423) 덩샤오핑 문선(각주139), 152면.
424) 덩샤오핑 문선(각주138), 111면.

로 탈바꿈시킨다는 것을 의미한다. …… 우리가 설정한 목표 중 더 중요한 것은 역시 세 번째 단계로서, 다음 세기에는 30년에서 50년 사이에 4배가 되고 일반적으로 1인당 4,000달러에 이르게 하는 것이다. 이를 통해 중국은 중진국(中等發達國家)수준에 도달할 것이다."[425]

1987년 10월에 열린 당의 제13차 대표대회는 덩샤오핑 동지의 "3단계 전략"의 전략적 구상을 당 문서 형태로 사용했다. 내부적으로 중국 공산당이 중국 인민을 이끌고 당의 "하나의 중심, 두 가지 기본 점"인 기본 노선의 안내를 받아 경제 건설에 집중하면서 경제를 발전시켰다. 외부적으로는 독립적이고 자주적인 평화 외교 정책을 시행하여 세계 평화를 유지하고 국내 현대화 건설에 비교적 장기적으로 평화 환경을 조성할 수 있도록 하였다. "이제 우리는 대규모 전쟁의 발발을 제외하고는 이 문제에 대해 일관되고 한결같이 참여해야 하며, 모든 것이 방해 없이 이 문제와 관련되어 있어야 한다. 대규모 전쟁이 발발하더라도 우리는 전쟁을 계속하거나 전쟁 후에도 다시 시작해야 한다. 우리의 당 전체와 인민은 이 야심을 확고히 하고 완고하고 흔들리지 않아야 한다."[426] 개혁개방 30여 년의 끈질긴 노력과 분투를 통해 우리나라의 사회생산력은 급격히 발전하였다. 덩샤오핑 동지가 설계한 "3단계"라는 전략적 배치에 따르면, 국민 생활수준이 중류 정도가 되는 사회를 전면적으로 건설하는 목표를 달성한 후에는 인민의 삶은 더 행복해지고 나아질 것이며, 중국 특색 사회주의가 공동 번영으로 가는 노선은 우월성을 더욱 잘 보여줄 것이다.

(4) 사람을 근본으로 하는 발전

과학적 발전관의 첫 번째 필수 요소는 발전이고, 그 핵심은 사람을 근본으로 하는 것이며, 기본 요구 사항은 포괄적인 조정 및 지속 가능성이며, 기본 방법은 일괄적으로 계획하고 고려하는 것이다.

과학적 발전관의 첫 번째 필수 요소는 발전이다. 인구가 많고 기초가 약하고 발전이 불균형하여 중국은 발전과정에서 여전히 두드러진 모순과 문제에 직면해 있다. 주된 문제는 경제 구조가 비합리적이며 경제 성장방식이 근본적으로 바뀌지 않은 점, 도시와 농촌, 지역, 경제사회의 발전이 조화롭지 못한 점, 인구자원

---

425) 덩샤오핑 문선(각주138), 226면.
426) 덩샤오핑 문선(각주139), 249면.

의 환경압력이 커진 점이 있고, 고용, 사회보장, 교육, 의료 등 민생 문제는 더 두드러진 문제점이다. 이러한 두드러진 모순과 문제를 더 잘 해결하기 위하여 우리는 사람 지향적이고 지속 가능한 발전을 전면적으로 조화시키는 과학적 발전관을 실천하고, 발전 관념을 전환하며, 발전 형식을 혁신하고, 발전의 질을 높이고, 발전과 개혁의 방법으로 발전 중의 문제를 해결하여 발전성과가 전체 인민에게 혜택이 미치도록 해야 한다.[427] 사회주의 초기 단계의 기본 국정을 인식하는 것은 자신을 소홀히 하고 거만하고 후진하지 말고, 현실을 벗어나 성급하게 성취하려는 것이 아니라 개혁을 추진하고 발전을 도모하는 근본 근거로 삼으려는 것이다. 우리는 사회주의 초급 단계라는 가장 큰 실제적이고 과학적인 분석에 입각하여 경제 세계화의 새로운 도전에 전면적으로 참여하여 공업화, 정보화, 도시화, 시장화, 국제화라는 새로운 발전의 새로운 과제를 전면적으로 인식하고 깊이 있게 해야 한다.[428] 오로지 잘 발전해야만 근본적으로 국민의 염원을 파악하여 사회주의 현대화 건설의 본질을 파악하고 우리 당의 집권 흥국의 관건을 파악할 수 있다.

과학적 발전관의 핵심은 사람을 근본으로 하는 것이다. 우리 당은 인민으로부터 유래하여 인민에 뿌리를 두고 인민을 위해 봉사한다. 어떠한 경우에도 인민 군중과 함께 호흡하고 운명을 함께 하는 입장은 변하지 말아야 하며, 전심전력으로 인민을 위하여 봉사해야 한다는 취지를 잊어서는 안 되며, 인민 군중이 진정한 영웅의 역사적 유물주의라고 굳게 믿어야 한다. 군중의 염원을 실현하고 군중의 요구를 만족시키고, 군중의 이익을 수호하는 것은 동적이고 끊임없이 발전하는 과정이다. 우리는 군중의 소망과 이익 요구의 변화를 세심하게 살펴서 우리의 정책 조치가 좀 더 포괄적이고 정확하게 군중의 이익을 반영하도록 해야 하며, 우리가 하는 일이 더 낫고 힘 있게 군중의 이익을 나타내도록 해야 한다. 사람을 근본으로 하는 것은 바로 인간의 전면적인 발전을 목표로 하고 인민 군중의 근본적인 이익에서 출발하여 발전을 도모하고 촉진하여 인민 군중의 증가하는 물질적 및 문화적 요구를 지속적으로 충족시키고, 인민 군중의 경제, 정치와 문화적 권리와 이익을 효과적으로 보호하는 것이다. 개발의 결실이 모든

---

427) 후진타오, 평화 발전의 견지와 공동 번영의 촉진(2006년 11월 17일), 인민일보, 2006년 11월 18일 참조.
428) 후진타오(각주286), 13-14면.

사람에게 이익이 되도록 해야 한다.[429]

　과학적 발전관의 기본 요구는 전면적인 조화의 지속이다. 지속 가능한 발전 능력을 끊임없이 증강하고 생태환경을 개선하며, 자원 이용의 효율성을 현저히 높이고 사람과 자연의 화목을 촉진하며, 사회 전반을 생산적인 개발, 부유한 삶, 생태가 좋은 문명 발전의 노선으로 나아가게 한다. 경제 성장은 자원을 낭비하고 환경을 파괴하며 후손들의 이익을 희생시키는 대가로 해서는 안 된다. 발전 과정에서 경제규율은 물론 자연법칙을 존중하고 자원과 환경의 적재 능력을 충분히 고려하여 토지, 물, 산림, 광산 등 자연자원의 합리적인 개발 및 이용을 강화하고 생태환경의 지속적 발전을 보호하며 사람과 자연이 조화를 이루도록 촉진해야 한다.[430] 경제 건설을 중심으로 경제, 정치, 문화의 건설을 전면적으로 추진해 경제발전과 사회 전반적 진보를 이루겠다는 것이다. 조화로운 발전이란 도시와 농촌의 발전, 지역발전, 경제사회의 발전, 사람과 자연의 조화로운 개발과 조정, 국내 발전과 대외 개방을 모두 아우르는 발전이다. 생산력과 생산의 관계, 경제 기반과 상부 구조를 조화시키는 것을 추진하여 경제, 정치, 문화 건설의 각 부분을 추진하며 여러 면에서 조화를 이룬다. 지속 가능한 발전은 사람과 자연의 조화를 촉진하고 경제발전과 인구, 자원, 환경의 조화를 이루며, 생산의 발전, 생활의 부유, 양호한 생태문명 발전의 노선을 견지하며, 한 세대에 걸친 영속적인 발전을 보증해야 한다.[431]

　과학적 발전관의 근본적인 방법은 일괄적으로 계획하고 아울러 돌보는 것이다. 도시와 농촌의 발전을 총괄하고, 지역발전을 통일하며, 경제사회의 발전을 총괄하며, 사람과 자연이 조화롭게 발전하고, 국내 발전과 대외 개방에 대한 요구를 총괄하여 자원배치에 있어서 시장의 기초적인 역할을 보다 크게 하여 기업의 활력과 경쟁력을 증진하고 국가의 거시적 통제를 건전하고 정부의 사회관리와 공공 복무기능을 보완하며, 국민 생활수준이 중류 정도가 되는 사회의 전면적인 건설을 위한 체제를 제공한다. 주요 임무는 공유제가 주체이고, 다양한 소유제경제가 함께 발전할 수 있는 기본 경제제도의 정비, 도시와 농촌의 이원적 경제 구조를 점진적으로 바꾸는 데 도움이 되는 체제를 건립하고, 지역경제

---

429) 후진타오, 중앙 인구자원 환경 작업 좌담회에서의 발언(2004년 3월 10일), 16대 이래 중요한 문헌선집(상), 베이징, 중앙문헌출판사, 2008, 850면 참조.
430) 후진타오, 중앙 경제작업회의에서의 발언(2003년 11월 27일) 참조.
431) 후진타오(각주429), 850면 참조.

의 조화로운 발전을 촉진하는 체제를 형성하고, 경쟁적이고 질서 있는 현대 시장체계를 통일하여 거시적 조정체계, 행정관리체제 및 경제법률제도를 보완하며, 건전한 고용과 소득분배와 사회보장제도를 조성하여 경제사회의 지속 가능한 발전을 촉진하는 체제를 수립한다.[432]

광범위한 관점으로 세계를 관찰하고 국제 상황과 전략적 사고에 대한 과학적 판단 수준을 향상시킨다. 전반적인 국내외 상황, 내무 및 외교 간의 밀접한 관계를 깊이 이해하고, 세계의 중대한 변화와 특성을 과학적으로 파악하고, 평화를 보호·유지하고 발전을 촉진하는 시대의 추세에 능동적으로 대응하며, 세계의 다극화, 경제의 세계화 및 과학·기술진보의 흐름에 정확하게 대응해야 한다. 시기와 형세를 판단하고(審時度勢), 상황을 이용하며 내부 및 국제 조건의 개발 및 변화로부터 개발 방향을 파악하고, 발전 기회를 잘 활용하고 발전조건을 만들어 전체 개발 상황을 파악해야 한다.[433] 국민 모두의 근본 이익을 바탕으로 각종 구체적인 이해관계와 내부 갈등을 잘 조화시켜 개인의 이익과 집단의 이익, 부분적 이익과 전체의 이익, 현재의 이익과 장기적 이익의 관계를 정확하게 처리해야 한다.[434] 소수민족과 민족지역 경제사회의 발전을 가속화하고 발전 격차를 줄여나가며 지역의 균형발전을 이뤄내며 궁극적으로 전국 각 민족의 공동 번영을 실현해야 한다.[435]

2. 사회주의의 초기 단계에서 시장경제의 특성

전통적 사회주의 이론은 오랫동안 계획경제를 사회주의와 동일시했고, 시장경제를 자본주의와 동일시하고, 계획과 시장을 대립시켜 왔다. 이는 기본적으로 초기의 자본주의와 사회주의 경제체제의 실제 상황과 일치한다. 그러나 자본주의와 사회주의 경제체제가 발전하고 변화함에 따라 이러한 인식은 갈수록 실제

---

432) 중공중앙 사회주의 시장경제체제의 완비에 관한 여러 문제에 관한 결정(2003년 10월 14일), 16대 이래 중요한 문헌선집(상), 베이징, 중앙문헌출판사, 2008년, 465면 참조.
433) 중공중앙 당의 집권 능력의 강화 건설에 관한 결정(2004년 9월 19일), 16대 이래 중요한 문헌선집(중), 베이징, 중앙문헌출판사, 2008년, 288면 참조.
434) 후진타오, 성부급(省部級) 주요 지도 간부의 사회주의 조화로운 사회 건설능력의 향상에 관한 전문문제 토론반에서의 발언(2005년 2월 19일), 16대 이래 중요한 문헌선집(중), 베이징, 중앙문헌출판사, 2008년, 712면 참조.
435) 후진타오, 중앙 민족작업회의와 국무원 제4차 전국 민족단결진보 표창대회에서의 발언(2005년 5월 27일), 16대 이래 중요한 문헌선집(중), 베이징, 중앙문헌출판사, 2008년, 902면 참조.

상황을 반영하지 못하고 있다. 덩샤오핑 동지가 제기한 계획과 시장도 수단이고 사회주의도 시장경제를 해야 한다는 논리는 근 100년 동안 사회주의 경제의 이론과 실천에 대한 과학적 총결산이며, 마르크스·레닌주의 경제 이론에 대한 중요한 발전으로 덩샤오핑 이론 중 가장 독창적이다.

(1) 계획과 시장은 수단이고 사회주의는 시장경제가 필요함

덩샤오핑 동지는 1979년부터 계획경제와 시장경제의 성격에 대해 생각해 왔다. 그는 외국 지인들과의 대담에서 다음과 같이 말했다. "시장경제는 자본주의 사회에만 존재하고 자본주의의 시장경제만 있다고 말하는 것은 옳지 않다. 사회주의는 왜 시장경제에 관여하지 않는가? 이것은 자본주의라고 할 수 없다. 우리는 계획경제를 중심으로 시장경제와 결합하지만 사회주의의 시장경제 …… 사회주의도 시장경제에 관여할 수 있다. …… 이것은 사회주의가 사회생산력을 발전시키기 위해 이 방법을 사용하는 방식이다. 이 방법은 전체 사회주의에 영향을 미치지 않으며 자본주의로 되돌아가지 않을 것이다."[436] "왜 시장이 자본주의이고 계획만이 사회주의라고 말하는가? 계획과 시장은 둘 다 방법이다. 생산력 발전에 좋은 것이라면 이용할 수 있다. 그것은 사회주의를 위해 봉사하면 사회주의이고, 자본주의를 위해 봉사하면 자본주의다."[437] 계획경제와 시장경제는 모두 경제 운영방식, 즉 자원분배와 경제활동이 조절되는 방식이다.

계획경제의 자원분배는 국가의 계획을 기초로 하고 그 전형적인 운영방식은 계획기구(계획위원회)가 일정한 사회적 수요에 따라 구체적인 지시적 지표(생산, 소비, 원자재 지표)를 수립하여 계획문서의 형태로 각 계층의 부속 단위에 하달하며, 이들 산하기관의 경제행위를 조정하고 계획기관이 관련 계획의 이행을 안내하도록 적절한 장려를 설계한다.

시장경제에서의 자원의 배분은 시장규제에 기반을 두고 있으며, 전형적인 운영방식은 다양한 시장 주체인 기업법인이 존재한다. 생산과 소비 등에서의 주요 결책은 이들 주체가 생산요소, 제품과 용역의 시장 수급 상황에 따라 독립적으로 이루어진다. 시장의 수급 상황과 수급 변화는 가격 변화에 의해 반영되는데, 이는 시장경제에서 자원 할당의 지표이다. 시장경제의 자원 배분은 통일된 계획

---

436) 덩샤오핑 문선(각주139), 236면.
437) 덩샤오핑 문선, 제2권, 베이징, 인민출판사, 1993년, 203면.

자가 아니라 시장 수요 및 시장을 통한 다각화된 시장 주체에 의해 이루어지기 때문에, 수요 변화에 대한 정보를 시장 주체가 적시에 수집하여 자원 조달을 원활하게 하여 낭비와 방치를 피하고 경제활동을 보다 효율적으로 만든다. 시장경제는 경제운영에서 법의 지배를 보장하기 위해 보다 완전한 법률과 법규를 갖추어야 한다. 그러나 시장경제에도 단점이 있다. "시장실패(市場失靈: 시장경제에서 자원 배치의 효율성이 결여된 상태를 이르는 말)" 현상은 시장경제의 실제 운영에서 아래와 같이 나타난다.

① 미시경제(微觀經濟)는 때때로 비효율적이다. 정보가 정확하지 않으며 맹목적으로 시장을 따른다.

② 거시경제(宏觀經濟)는 불안정하다. 때로는 경제과열, 통화팽창, 경제위기를 조성하고 때로는 경제침체, 통화수축(通貨緊縮), "정체"를 조성한다.

③ 사회는 불공평하다. 소득 불공평, 부(富)의 분배 불공평 및 기타 불공평이다(인종, 성별, 교육, 지역, 업종 등).

중국의 사회주의 초기 단계에서 시장경제의 이행은 깊은 경제적 기반을 가지고 있다. 사회주의의 초기 단계에서 중국은 다양한 형태의 소유제를 가지고 있었으며, 이러한 서로 다른 소유자들 사이의 재산 양도는 분명히 상품 경제 관계이다. 사회주의 시장경제는 우선 현대 시장경제의 공통된 특징과 공통 운영 규칙을 가지고 있다. 덩샤오핑 동지는 "사회주의 시장경제는 기본적으로 방법론적 측면에서 자본주의와 유사하다."고 말했다. 그것은 시장경제 자체의 일반적인 측면을 가리킨다. 이러한 공통성이 있으면 우리는 다른 시장경제 국가의 모든 유용한 지식과 경험을 흡수하고 참고할 수 있다. 계획과 시장은 자원 배치의 두 가지 다른 방식에 불과하며 경제운영의 두 가지 다른 조절체제이지 사회주의와 자본주의를 표준으로 나누는 것은 아니다. 계획경제와 시장경제는 모두 사회화된 생산을 위한 자원 배분의 수단이며, 사회제도와 자원 배분에 사용되는 방법에 관계없이 경제발전에 이로울 수 있다면 어떤 것을 사용하든 생산력 발전에 유익하면 이용이 가능하다.

(2) 우리나라 시장경제의 사회주의적 특성

사회주의 시장경제와 자본주의 시장경제는 위에서 언급한 유사점을 가지고 있지만 여전히 다른 점이 존재하며 사회주의 시장경제의 이행이 사회주의 원칙을 위반해서는 안 된다. 우리나라 시장경제의 사회주의적 특성은 주로 다음과 같은 여러 가지 측면에서 나타난다.

(가) 소유권 구조에서 공유제를 주체로 하고 국유 경제를 주도하며, 기타 다양한 경제 요소가 공존 및 공통 발전하는 원칙을 시행한다. 공유제경제는 사회주의 성격의 경제이며 인민민주독재의 사회주의 국가 정권의 강력한 물질적 기반이며 사회주의 시장경제는 사회주의 경제 구성 요소가 있는 공유제경제뿐만 아니라 비사회주의 경제 구성 요소가 있는 민간경제도 포함한다. 비공유제경제 구성 요소는 사회주의 시장경제의 중요한 부분이다. 이것으로 중국 특색 사회주의 시장경제체제를 구성한다.

사회주의 초기 단계에서 공유제를 주체로 해야 자본주의 생산방식에서 생산자료의 사적 점유와 생산사회화라는 기본 모순을 근본적으로 극복하고 생산의 무정부 상태를 피하고 거시적으로 생산, 유통, 분배를 사회로 유도할 수 있다. 국가는 사회 전체 이익의 관점에서 어떤 중점 공기업의 경영 규모와 그 투입산출을 직접 조절함으로써 국가 계획 목표를 달성할 수 있다. 경제구조의 조정과 산업구조의 최적화도 가능하고, 국유경제의 주도적 역할을 통해 이루어져야 한다. 우리나라 사회주의 초기 단계에서는 생산력에 불평형이 있고 많은 차이가 있기 때문에 공유제가 주체적 지위를 차지하는 조건에서 다른 경제적 요소를 발전시킬 필요가 있다. 그러나 이것은 공유제경제의 주체적 지위와 국유경제의 주도적 역할을 부정하거나 약화시킨다고 해서 총체적으로 사유화할 수는 없다.

(나) 분배관계 측면에서 노동 분배 위주의 다양한 분배 형식을 병존시켜 각종 수단을 활용해 소득분배의 양극화를 방지하고 공동 부유의 노선을 걷는 사회주의 원칙을 고수하고 있다. 노동에 따른 분배는 사회주의 전반에 걸쳐 존재하는 분배방식으로 사회주의 공유제의 기반 위에 세워진 사회주의 생산력의 발전 수준에 맞는 분배 방식이다. 사회주의 초기 단계에서는 공유제 이외의 다양한 경제적 요소가 존재하기 때문에 분배형식도 단일할 수 없다. 노동에 따른 분배는 오직 공유제경제에서만 존재하고 사유제 기반 경제는 생산 요소에 따르는 분배형식을 취한다. 사회주의 시장경제는 사람들이 열심히 생산하고 합법적 노동으로 합법적 소득을 얻고, 합리적으로 소득 격차를 벌리도록 장려하는 동시에 경제, 법률, 정책, 행정 등의 조절 수단을 통해 사회 분배의 불공평을 완화하고 양극화를 방지하며 사적 자본의 과도한 팽창을 막아야 한다. 정부는 일정한 사

회보장조치를 마련함으로써 소득 불균형의 과도한 격차를 방지하고 사회적 형평성을 보장하고, 사회의 불법적 이익에 대한 제재를 심각하게 단속하고 처벌하기 위해 특정 사회보장 조치를 마련했다.

(다) 사회주의 시장경제는 강력한 국가 거시경제 조정체제를 가지고 있다. 사회주의 시장경제의 거시경제 조정은 자본주의 국가들의 경제 개입과 규제보다 더 분명한 의식적 행동이다. 사회주의 시장경제는 공산당 지도부의 정치적 권력, 공유제를 기반으로 하여 공동 번영의 목표가 있으며, 시장 자체에서 소위 "보이지 않는 손"의 약점을 극복할 수 있고, 국가 거시적 조정경제에서 국가의 역할을 충분히 수행하도록 보장하며, 거시적 균형 유지, 산업구조의 조정과 최적화, 경제 운영의 사회적 효과성 확보, 사회분배의 공평성, 자원의 집중, 국민 경제의 총체적 발전전략 등을 통해 사회주의제도의 우월성을 드러냈다. 국가는 일정한 경제 조정체제를 가지고 있고 시장운영에 대하여 일정한 유도와 통제를 실시한다.

(라) 시장경제를 살리면서 사회주의 정신문명 건설을 잘하고 자본주의의 극단적인 개인주의를 반대해야 한다. 도덕, 법률, 문화, 이상과 교육 등 여러 측면에서 사회주의 원칙을 통해 먼저 부유해진 것으로 후에 부유해지는 것을 이끌어 나아가는 것을 선전하고, 공동 번영의 사회 이념을 장려하고 사회주의제도의 우월성을 선전한다.

(마) 인민민주독재의 국가 정권은 시장경제가 사회주의적 방향을 따라 발전하는 중요한 보장이다. 덩샤오핑 동지는 "우리 사회주의 국가 기구는 강력하다. 사회주의 방향에서 벗어난 것이 드러나면 국가 기구가 나서서 이를 바로잡는다. 개방정책은 위험하고 자본주의의 부패 현상을 가져다준다. 하지만, 우리 사회주의 정책과 국가 기구는 그것들을 극복할 힘을 가지고 있다. 따라서 이 사실은 그렇게 두렵지 않다."[438] 국가 정권이 공산당 지도부 아래 있는 인민의 손에 장악된다면, 시장경제의 운영에서 나타나는 부패 현상에 대해서는 예로, 부정부패, 조직폭력배 범죄, 그리고 각종 경제범죄와 같은 현상들이 장기간의 꾸준한 투쟁을 걸쳐 억제될 것이다.

요컨대 중국 현재 단계의 시장경제는 사회주의 기본 제도와 결합해 시장경제

---

438) 덩샤오핑 문선(각주138), 139면.

의 장점을 살리면서도 사회주의제도의 우월성을 발휘할 수 있다. 덩샤오핑 동지의 말처럼 "대외 개방정책을 시행하고 …… 일련의 체제개혁을 하는 것은 옳은 노선이다. 이렇게 하는 것이 사회주의 원칙에 위배되는 것일까? 아니다. 그 이유는 우리는 개혁에서 두 가지를 주장했는데, 즉 공유제경제가 항상 주체적 지위를 차지하고, 경제를 발전시키기 위해서는 함께 부유해지는 노선을 가야 하며, 양극화를 피해야 한다는 두 가지를 버텨 왔기 때문이다."439) 지앙쩌민 동지는 "사회주의 시장경제의 근본적인 방향을 견지하여 시장이 국가의 거시경제 조정 아래 자원배치에 기초적인 역할을 할 수 있도록 해야 한다. 우리가 사회주의 시장경제를 하는데 '사회주의'라는 단어가 없어서는 안 되며 이는 불필요한 것이 아니라, 불필요한 일을 하여 사족을 붙이는 것이 아니라, 그 반대로 화룡점정(畫龍點睛)이다. '점정(點睛)'이란 우리 시장경제의 성격을 밝히는 것이다."440)고 말했다.

제2절 사회주의 시장경제와 민주법치

시장경제는 법치경제이다. 시장경제는 고도의 사회분업과 연계되어 있으며, 현대화된 대규모 생산은 지역과 국경에 걸쳐 있으며, 생산, 교환, 분배 및 소비 간에 분업이 미세하고, 밀접한 관련이 있어 사회 경제적 관계가 매우 복잡하다. 따라서 현대화 대규모 생산은 필연적으로 경제운용의 법치화가 요구된다.

1. 시장경제발전에 대한 사회주의 민주법치의 역효과

(1) 사회주의 법으로 시장 주체의 법적 지위와 합법적인 권리를 확립하고 보호한다.

사회주의 시장경제는 시장 운영에 참여하는 주체가 독립적인 지위를 가져야 하며, 이는 시장경쟁에 동등하게 참여하기 위한 전제 조건이다.

사회주의 법치는 시장 참여자들의 소유제의 성격, 행정적 지위의 높고 낮음, 경제력의 크기를 가리지 않고 평등한 법적 지위를 가질 수 있도록 독자적인 재산권 및 의지의 자유를 보장한다. 이러한 독자적인 재산권 및 의지의 자유는 그

---

439) 덩샤오핑 문선(각주138), 149면.
440) 중공중앙 선전부, "3개 대표론"의 중요한 사상 학습강요, 베이징, 학습출판사, 2003년, 38면.

들이 동등하게 시장에 진입하고 국내외 시장경쟁에 참여할 수 있게 한다.

전통적인 계획경제체제에서는 기업이 독립적인 지위를 가지지 않지만, 행정 부서와 연계되어 있으며 재산을 무상으로 균등하게 조정할 수 있으며, 기업경영이 많은 행정 간섭을 받아 많은 기업의 부실 파산을 초래했다. 사회주의 시장경제체제에서는 현대 기업제도로 공기업을 개조해 국가와 기업의 관계를 바로잡고, 이들 기업이 법률의 요구에 따라 진정한 독립법인으로 거듭나 독자적인 재산적 지위와 법적 지위를 얻어 평등하게 시장에 진입하고 시장경쟁에 참여하여 경제 효율성을 향상시킬 수 있다.

사회주의 시장경제는 평등, 공정성, 동등한 보상 및 선의의 원칙에 기초한 경쟁이어야 한다. 이러한 원칙은 시장경제의 경제적 원칙과 시장경제의 법률적 원칙이며 우리나라의 민법을 준수하여 우리나라의 사법 관행에 따라 시행된다. 사회주의 시장경제에서 법치를 지속적으로 개선함으로써 이러한 원칙들이 사회 현실로 변화되고 시장 주체의 법적 지위와 합법적 권리를 보장하며 시장경제의 신속한 발전을 촉진할 수 있다.

(2) 사회주의 법치는 시장체계를 육성하고 시장운영의 법적 질서를 보장한다.

첫째, 사회주의 시장경제는 시장 통합 및 지역 보호주의와 같은 통일 시장의 발전을 저해하는 행동을 방지하고, 기업과 상품이 자유롭게 시장에 진입하고 경쟁에 참여할 수 있도록 국내 통일 시장의 설립을 요구한다. 다양한 국내 시장을 육성하기 위해서는 법률의 개입이 필요하며, 다양한 시장 규칙 및 제도를 확립 및 개선하고, 시장운영을 위한 법적 질서를 확립하고, 시장의 정상적인 운영 및 관리를 보장하며, 국가의 힘으로 정상적인 시장경제질서를 유지하기 위한 법적 수단을 사용해야 한다.

둘째, 사회주의 시장경제는 국내 시장이 국제 시장과 일치하고 국제 경제순환에 합류할 것을 요구한다. 이를 위해서는 법치를 수단으로 운용하여 공인된 국제 관행을 도입 및 해당 국제기구 및 협약에 가입해야 한다. 동시에 중국의 국가 및 기업 이익을 보호하기 위해 국제무역과 투자 활동의 관리를 강화하고 국제무역 참가자의 경쟁행동을 규제하며 반덤핑소송과 같은 국제무역법 활동에 적극 참여해야 한다.

셋째, 시장주체의 합법적 권익은 법치의 보장이 필요하다. 국가가 입법을 통해 시장경제를 조정하는 법률, 법규를 제정하고, 시장주체의 합법적 권익을 확립하며, 시장주체의 권익을 법률화하여 시장주체의 행위는 법에 의할 수 있도록 한다. 국가는 법의 적용을 통해 각종 민사, 경제, 노동, 경제행정 분쟁을 정확하고 합법적이며 적시에 공정하고 합리적으로 처리함으로써 시장주체의 합법적 권익을 강력하게 보호한다.

넷째, 시장주체들의 행위는 법치가 규범화하고 감시할 필요가 있다. 국가는 민법, 경제법, 세법, 노동법, 형법 등의 실체법과 민사소송법, 형사소송법, 행정소송법 등의 절차법을 통해 시장주체에게 일정한 권리와 의무를 부여하고, 이에 따른 법적 책임을 규정하여 시장주체의 행위를 표준화하고 사회주의 법치에 포함시킨다. 국가 기관은 시장주체의 행위가 법에 따라 합법적이며 모든 종류의 불법 행위를 단호히 단속하고 다양한 경제범죄를 엄격하게 단속하며 시장경제의 정상적이고 질서 있는 운영을 위한 안정적이고 안전하며 조화로운 사회의 환경을 조성하는지 감독한다.

다섯째, 사회주의 시장경제의 거시경제 조정에는 법치가 필요하다. 오늘날 세계의 다양한 시장경제 국가에서 경제의 운행은 일반적으로 완전히 자유방임적인 자유시장경제가 아니며, 국가의 시장에 대한 거시적 조정은 시장경제에 없어서는 안 되는 측면이다. 법치는 보편성, 규범성, 공평성과 국가의 강제성을 지닌다. 거시적 조정과 사회주의 법치의 결합은 시장경제에 대한 선도, 촉진, 조정의 역할을 더 충분히 발휘하고 거시적 조정의 무작위성을 감소시키며, 국가의 시장 규제가 효과적이면서도 일정한 한계를 넘지 않도록 보장한다. 장기적으로 볼 때, 국가는 거시적 조정의 방식과 범위를 법으로 규정하여 거시적 조정을 사회주의 법치의 궤도에 포함시켜야 한다.

2. 우리나라 사회주의 초기 단계의 소유제 구조와 법치

합리적인 소유제도 구조를 건립하는 것은 생산력의 급속한 발전을 촉진하는 데 극히 중요한 의미를 가진다. 덩샤오핑 동지는 우리나라가 오랫동안 사회주의 초기 단계에 놓이게 된 중국의 가장 실질적인 상황에서 우리의 소유제도 구조가 공유제를 주체로 하고, 다양한 소유제도 경제가 공동으로 발전하는 제도를 과학적으로 요약했다.

(1) 공유제경제의 주체적 지위를 확인하고 보장한다.

우리나라 헌법 제6조는 중화인민공화국의 사회주의 경제제도의 기초는 자료 생산을 위한 사회주의 공유제, 즉 전체 인민 소유제와 노동군중 집체소유제라고 규정하고 있다. 제7조는 국유경제, 즉 사회주의적 전체 인민 소유제경제를 국민 경제의 주도적 역량으로 규정하고 있다. 국가는 국유경제의 공고함과 발전을 보 장한다.

공유제를 주체로 하는 것은 사회주의 시장경제의 중요한 특징이다. 사회주의 경제제도 성격을 결정하는 징표이자 양극화를 피하고 공동 부유를 이루겠다는 다짐이다. 사유제도의 기초 위에서는 사회주의제도를 만들 수 없다. 또 공유제 를 주체로 하는 경제도 사회화 대규모 생산의 발전 방향에 맞춰 자본주의의 기 본 모순을 극복하는 데 유리하고, 국가가 거시경제 조정을 실시해 시장경제의 효율성을 향상시키는 데 유리하다. 덩샤오핑 동지는 "사회주의는 자본주의와 비 교했을 때 전국을 한 판으로 묶고 힘을 모아 중점을 두는 데 있다."441)며 이 문 제를 통속적으로 설명했다. 이것은 우리나라가 사회주의 초기 단계에서 국민경 제가 충분히 강하지 못한 상황에서 중점 건설 항목을 완성하는 데, 집중하는 데 매우 필요하다.

공유제경제는 주로 공유 자산이 사회 총자산에서 우세함을 나타내며, 국유경 제는 국민경제의 명맥을 통제하여 경제발전의 주도적인 역할을 한다. 그러나 공 유제 기업이 다른 경제 요소를 가진 기업들과 불평등한 경쟁적 지위에 있을 수 있고 사회주의 시장경제에서 다른 모든 공유제 형식이 시장에서 동등하게 경쟁 하고 함께 발전할 수 있다는 것을 의미하지는 않는다. 공유제의 주체적 지위와 국유경제의 주도적 역할을 훼손하고 부정하면 사회주의적 우월성을 발휘한다는 것도 빈말이 된다.

당의 16대 보고서에 따르면 "공유제경제를 흔들림 없이 공고히 하고 발전시 켜야 한다. 국유경제를 발전시켜 국민경제의 명맥을 조정하고 사회주의제도의 우월성을 발휘해 우리나라의 경제력, 국방력과 민족의 응집력을 강화하는 데 결 정적 역할을 해야 한다. 집단경제는 공유제경제의 중요한 구성 부분이며, 공동

---

441) 덩샤오핑 문선(각주138), 16-17면.

부유를 실현하는 데에 중요한 작용을 한다."442) 당의 18대 보고서에 따르면 우리는 공유제경제를 확고하게 통합하고 발전시켜야 하며 다양한 형태의 공유제 실현을 장려해야 한다고 지적했다. 국유기업의 개혁을 심화하고 다양한 형태의 국유자산 관리체제를 개선하며 국유자본이 국가 안전과 국민경제 명맥이 걸린 중요한 업종과 주요 분야로 더 많이 투입하고, 국유경제의 활력과 통제력, 영향력을 끊임없이 증대시킨다.

공유제의 구체적 실현은 개혁을 통해 지속적으로 개선이 가능하다. 공유제의 본질은 모든 근로자 또는 근로자의 일부가 생산수단을 공유하고 개인이 근로자의 잉여노동을 통제하고 점유하기 위해 생산수단을 소유하는 것에 의존하지 않는다는 것이다. 특정 형태에 관계없이 이러한 속성과 특성을 가진 모든 소유제는 공유제경제의 범위에 속한다. 국유자산의 가치를 유지하고 증가시킬 수 있는 실현의 한 형태로 사용될 수 있다. 공유제경제의 형태는 다양할 수 있다. 국유소유제와 집체소유제를 제외한 각종 혼합 소유제경제에서 국가지분과 집단지분은 공유제경제 성분으로 분류된다. 중국과 외국의 합자기업 중 일부는 국가나 집단에서 지배하여 공유제경제 성분의 범위를 확장했다. 어떤 경제 분야(특정 서비스 산업)에서도 공유제가 주제적 지위를 차지하지 않는 것을 배제하지 않는다. 국유경제의 주도적 역할은 주로 국가 경제 전체에서 국유 경제의 사회주의 지도 역할을 말하며, 이는 통제에 반영된다. 국유산업 기업의 생산 가치가 산업 생산 가치의 50% 미만(예: 30%)을 차지하더라도 여전히 전체 경제발전을 안내하고 통제할 수 있다.

(2) 다양한 소유제 형태의 공존을 확인하다.

우리나라 헌법 제6조는 사회주의 초기 단계에서 국가는 공유제가 주체이며 다수의 소유제경제가 공동으로 발전하는 기본 경제제도를 유지해야 한다고 규정하고 있다.

사회주의 초기 단계에서 다양하게 시행되는 소유제 구조는 우리나라의 생산력과 다른 경제 상황의 발달 수준에 의해 결정된다. 첫째, 우리나라는 현 단계에서 전반적인 생산력 수준이 비교적 낮으며, 선진 기술은 생산 도구와 공존한다. 덩샤오핑 동지가 말했듯이 "현재 중국은 여전히 세계에서 가장 가난한 나라

---

442) 지앙쩌민(각주284), 25면.

중 하나이다. 중국의 과학·기술력은 매우 부족하고 과학·기술수준은 전반적으로 세계 선진국보다 20~30년 뒤처져 있다."[443] 중국의 전반적인 경제력은 30년이 넘는 개혁개방 이후 크게 개선되었지만, 선진 자본주의 국가에 비해 여전히 상대적으로 후진 상태이다. 이러한 생산력의 불균형과 다층적 상황에 적응하기 위해서는 우리나라의 소유제 형태가 다양화되어야 한다. 둘째, 세계 경제체제 관계의 개혁개방 및 참여의 결과로 여러 형태의 소유제가 있어야 한다. "3자"기업의 외국 자본은 일반적으로 민간자본이다. 외국 자본을 도입하기 위해서는 정책과 법률에서 사유 재산 소유제의 존재와 발전을 허용해야 한다. "'3자'기업들은 현행 법규·정책에 따르면, 외국 상인들은 항상 약간의 돈을 벌어야 한다. 하지만 국가는 세금도 돌려받고 근로자들의 월급도 돌려받으며 우리는 기술과 관리를 배울 수 있고 정보를 얻으며 시장을 개척할 수 있다. 따라서 '3자'기업들은 우리나라의 전반적인 정치·경제적 여건의 제약을 받고 있으며 궁극적으로 사회주의에 유리하다."[444]

사회주의 초기 단계에서 우리나라는 여전히 고용 관계와 비 노동소득을 가진 많은 민간경제를 가지고 있으며, 민간경제는 규모를 형성하였다. 중국의 민간기업은 자본주의제도의 민간기업과 다르다. 첫째, 그들은 당과 국가 정책의 격려와 도움으로 발전되었고, 사회주의 국가의 법에 의해 허용되었으며, 사회주의 시장경제의 중요한 부분이다. 둘째, 사회주의 경제와 밀접한 관련이 있으며 사회주의 경제에 의해 제약을 받는다. 셋째, 사회주의 국가들은 민간경제를 관리, 지도, 감독한다. 따라서 사적 경제 요소는 사회생산력 및 고용배치의 발전에 중요하고도 긍정적인 역할을 한다. 우리나라 헌법의 1988년 4월 개정안은 "국가는 민간경제가 법으로 규정된 범위 내에서 존재하고 발전할 수 있게 한다. 민간경제는 사회주의 공유제경제를 보완한다. 국가는 민간경제의 합법권리와 이익을 보호하고 민간경제를 인도, 감독 및 관리한다."고 규정했다. 1999년 3월 헌법 개정안은 민간경제가 사회주의 시장경제의 중요한 부분이라고 규정했다. 헌법 개정 후, 국가는 민간 부문이 진입할 수 있는 산업과 분야를 완화시켰으며, 민간 부문이 고용 기회를 창출하고 경제발전을 촉진하는 데 중요한 역할을 발휘했다는 점을 인정했다. 민영기업은 이미 중국의 경제 성장에 중요한 힘이 되어 왔으

---

443) 덩샤오핑 문선(각주139), 163면.
444) 덩샤오핑 문선(각주138), 373면.

며 오랫동안 중요한 역할을 수행할 것이다.

3. 사회주의 초기 단계에서 시장경제의 조건에 따른 분배제도와 법치

생산은 분배를 결정한다. "소비재의 모든 종류의 분배는 생산 조건 자체의 분배의 결과에 불과하다."[445] 분배 관계를 정리하는 것은 많은 인민 군중의 실질적 이익과 적극성의 발휘에 관계된다. 우리나라 헌법 제6조는 사회주의 공유제가 인간의 인간 착취를 소멸시키고, 각자의 능력을 다하여 노동에 따른 분배원칙을 이행한다고 규정하고 있다. 국가는 사회주의 초기 단계에서 공유제를 주체로, 다양한 공유제경제를 공동으로 발전시켜 기본 경제제도를 견지하고 노동에 따라 주체로 분배하고, 다양한 분배방식이 공존하는 분배제도를 견지했다.

당의 18대는 "노동에 따라 분배하는 주체, 다양한 분배방식이 공존하는 분배제도를 정비한다."고 했다. 우리나라는 현재 사회주의 초기 단계에 있으며, 주체로서의 공유제와 다수의 소유제가 공존하는 사회주의 시장경제체제를 실행하므로 사회적 부의 분배는 노동만을 기반으로 할 수는 없다. 이 단계에서 중국의 분배방식은 크게 세 가지 범주로 나눌 수 있다. 첫 번째 유형은 노동에 따라 분배되고, 두 번째 유형은 투입되는 요소에 따라 분배되며, 세 번째 유형은 다른 방식으로 분배된다. 위의 내용은 주로 노동 분배 위주의 다양한 분배 형태가 공존하는 것은 우리나라의 소득분배제도의 중요한 특징으로 사회주의 초기 단계의 생산력과 생산관계의 특수성을 나타내며 사회주의 시장 경제발전의 객관적인 요구를 보여주는 것이다.

(1) 노동에 따른 분배

우리나라에서 노동에 따른 분배는 공유제경제와 호환되는 분배의 형태이며, 공유제경제가 분배 관계를 실현하는 형태이다. 우리나라의 소유제 구조는 공유제가 지배하고, 분배 구조는 또한 노동에 따른 분배를 중심으로 해야 한다. 노동에 따른 분배는 사회주의의 모든 역사적 단계에 존재하는 주요한 분배방식이다. 노동에 따른 분배는 공유제경제에서만 존재한다. 사회주의적 공유제의 조건하에서 모든 사회의 각 구성원은 더 이상 토지나 자본에 의존하여 임대료나 이

---

445) 마르크스·엥겔스 선집(각주413), 306면.

윤을 얻거나 다른 생산 수단을 소유함으로써 수입을 얻는 것이 아니라 자신의 노동으로만 얻을 수 있다. 노동에 따른 분배는 사회주의 공유제 조건하에서 노동량에 따른 분배이며, 동일한 보수는 곧 동일한 양의 노동이다. 따라서 노동에 따른 분배는 단순히 많이 일하면 많이 받고, 적게 일하면 적게 받는 것으로 해석해서는 안 되며, 반드시 사회주의 공유제를 조건으로 해야 한다.

사회주의 경제 중에서 노동에 따른 분배를 실시하지 않으면, 평균주의의 분배방식을 실행할 수밖에 없다. 평균주의 분배방식은 실제로 게으름을 보호하고, 많은 일을 하고 잘한 일꾼의 열의를 막고 생산력의 발전을 방해한다. 과학적 사회주의는 평균주의와 양립할 수 없다. 마르크스와 엥겔스는 "공산당 선언문"에서 원시적 공상 사회주의(原始空想社會主義, 유토피아 사회주의)의 "비천한 평균주의"를 비판했다. 노동에 따른 분배의 실행은 노동을 많이 하면 많이 얻고 노동을 적게 하면 적게 얻고, 근면과 게으름에 대한 보상, 우수성과 열등함에 대한 보상, 정신 및 육체노동, 복잡하고 단순한 노동, 숙련 및 비숙련 노동, 번거로운 노동과 번거롭지 않은 노동 간의 차이를 나타내며, 선진을 장려하고 낙후를 채찍질하며 사회주의를 위한 사회적 부를 창출하기 위해 모든 단계에서 공유제 기업과 근로자의 적극성, 자각성과 창의성을 동원하고 진취적으로 추진하고 격려한다.

(2) 생산 요소에 따른 분배

자본주의 조건하에서는 완전히 생산 요소에 따라 분배하고 노동자는 임금을 받고, 자본은 이윤과 이자를, 토지는 임대료를, 지식재산권과 기술지분은 배당금을 받는다. 역사적 발전의 관점에서 노예제도, 봉건주의의 분배제도와 비교할 때 자본주의의 생산요소에 따른 분배는 또 다른 진보이며, 이는 생산력의 발전에 도움이 된다. 당의 16대는 "노동, 자본, 기술과 관리 등 생산요소를 참여 공헌도에 따라 배분하는 원칙을 확립하고, 노동에 따른 분배가 주체가 되게 하면서도, 다양한 분배방식이 병존하는 분배제도를 완전하게 한다."는 것을 제기하였다.

우리나라 사회주의 초기 단계의 생산요소에 따른 분배는 두 가지 유형으로 나뉜다. 하나는 우리나라 민영기업과 외자기업에 존재하는 자본에 따른 분배와 노동력의 가치 또는 가격에 따라 분배하는 것, 다른 하나는 우리나라 혼합 소유제의 주식회사(股份制公司)와 유한책임회사와 같은 기업에 존재하는 생산요소에 따른 분배이다.

첫 번째 경우는, 자본에 따른 분배와 노동력 가치 혹은 가격에 따른 분배이고, 이러한 분배방식은 우리나라 시장경제의 민영기업과 외자기업에 존재한다. 민영기업과 외자기업에서 사업주의 소득은 두 부분으로 나뉘며, 그중 하나는 생산 수단의 소유권으로 인한 이익과 노동자의 노동으로 창출되는 잉여가치이다. 다른 부분은 기업경영을 관리하고, 생산을 지휘하는 노동으로 창조한 가치로, "이러한 착취와 결합되는 노동(이러한 노동은 관리자에게 이전될 수도 있음)은 당연히 고용된 노동자의 노동과 마찬가지로 제품 가치에 더해진 노동이다."446) 이런 종류의 사업주 노동은 일종의 복잡한 노동이며, 수입은 일반 직원보다 높아야 한다. 그러나 이 부분의 수입은 그 수입의 일부에 불과하며, 그 수입의 대부분은 이윤(비 근로소득)이어야 한다. 또한 고용주의 소득에는 기회소득, 위험소득과 같은 비 근로소득도 포함된다. 민영기업과 외자기업의 고용 노동자는 노동력을 팔아서 임금을 받는 사람이다. 그들이 받는 임금의 노동에 의한 분배가 아니라 노동의 가치나 가격에 따른 분배의 결과이다. 노동자의 노동결과의 많은 부분이 개인에게 착취당하는 상황일 경우, 노동에 따라 분배된다는 그러한 관계는 존재하지 않는다. 물론 여기에서 말하는 착취는 합법적이다. 사회주의 법률의 범위 내에서 합법적인 소득이라면 노동소득인지 여부에 관계없이 법에 의해 보호되어야 한다.

두 번째 경우는, 생산요소에 따른 분배방식은 혼합소유제의 주식회사와 유한책임회사 등의 기업에도 존재하며, 내자기업과 합자기업을 포함한다. 투자자는 현금, 기계설비, 자연자원용익권, 동산, 부동산, 기술, 지식재산권, 경영관리, 노동력 등의 형태로 투자가 가능하다. 이러한 혼합소유제 기업이 생산요소별로 분배하는 것과 자본주의 기업의 생산요소에 따른 분배의 가장 큰 차이점은 생산요소 중의 많은 요소가 사유재산이 아닌 공유재산이라는 점이다. 기업 내에서는 노동에 따른 분배와 노동에 따른 분배가 아닌 분배가 공존하고, 사회 전체에서는 노동에 따른 분배와 생산요소에 따른 분배가 공존한다.

각종 생산요소의 경제발전 기여를 인정하는 것은 다양한 소유제경제의 존재

---

446) 마르크스 · 엥겔스 전집, 제1판, 제26권, 북경, 인민출판사, 1972년, 551면.

에 걸맞는 것으로 "세 가지 이점"에서 출발한 것이며, 희소자원(稀缺資源)을 합리적으로 활용해 우리나라 경제를 신속하게 발전시키는 데서 출발한 것이며, 각 요소의 소유권이 갖는 법률상의 정당성을 인정하자는 것이다. 만약 생산요소가 보상을 받지 못한다면 생산요소의 법적 소유권도 부정되는 것이다.

(3) 기타 분배방식

기타 분배방식은 주로 두 가지 유형으로 나타낸다. 첫 번째는 기업의 주식 및 채권을 구매하여 직원과 주민이 얻은 소득이며, 소규모 상업용 주택임대료에 대한 은행 예금으로 지불한 이자는 노동 소득이나 착취 소득이 아니다. 두 번째는 개인 경제의 개별 산업 및 상업용 가구와 농촌 가구는 공동 계약 가구이며, 일반적으로 생산 및 관리에 참여하기 위해 자신과 가족의 노동에 의존한다. 그들은 일반적으로 타인을 착취하지도 않고 타인의 착취를 받지도 않는다. 이들의 소득은 일반적으로 자신의 근로소득(세금 공제 등)이다. 그러나 이것은 노동에 따른 분배가 아니다. 노동 소득은 비 노동소득에 대한 개념으로, 개별 산업 및 상업 가구의 노동 소득 금액은 개별 노동량에 의해서만 측정될 뿐만 아니라, 자산 투자 소득 및 생산 재료의 품질과 같은 요소를 포함한다. 개별 산업 및 상업용 가구는 생산의 모든 투입과 산출에 책임이 있다.

제3절 경제발전 방식의 전환과 민주법치의 가속화

당의 18대는 과학적 발전을 주제로 경제발전 방식의 전환을 가속화하는 것이 중국의 전반적인 발전에 영향을 미치는 전략적 선택이라고 제안했다. 국내외 경제 상황의 새로운 변화에 적응하고, 새로운 경제 개발 방식의 형성을 가속화하고, 개발 촉진의 관점을 품질과 효율성 향상으로 전환해야 한다. 다양한 시장 주체의 새로운 활력을 북돋우고, 혁신과 개발을 위한 새로운 원동력을 강화하는 데 주력하고, 현대화 산업발전의 새로운 체계를 구축하는 것과 개방형 경제발전의 새로운 이점을 배양하는 데 주력해야 한다. 국내 수요, 특히 소비자 수요, 현대 서비스 산업 및 전략적 신흥 산업이 주도하는 경제발전을 과학적, 기술적 진보에 더 의존하고, 노동자의 품질을 개선하고, 관리 및 혁신을 주도하며, 자원

절약 및 순환경제에 더 의존하고, 도시 및 농촌 개발의 조정된 상호작용에 더욱 의존하고 장기 개발 잠재력을 지속적으로 향상시킨다. 중국 특색의 신형 산업화, 정보화, 도시화, 농업 현대화의 노선을 견지하고 정보화와 공업화의 깊이 있는 융합, 공업화와 도시화 간의 긍정적인 상호 작용, 도시화와 농업 현대화의 상호 조화를 도모하여 산업화, 정보화, 도시화 및 농업 현대화의 동시 개발을 촉진한다.

1. 중국은 경제발전 방식의 전환을 가속화해야 한다.

과학적 발전관을 철저히 이행하고, 국내외 상황의 새로운 변화에 적응하고, 각 민족이 더 나은 삶을 살 수 있다는 새로운 기대에 부응하고, 개혁개방을 계속 심화하며, 국제 금융위기의 영향에 대한 대응 결과를 통합 및 확대하며, 장기적으로 안정적이고 빠른 경제발전과 사회적 조화와 안정성을 촉진해야 한다. 이를 위해서는 6가지 핵심 영역에서 실질적인 돌파가 이뤄져야 한다.

(1) 장기적인 경제성장을 이끌 수 있는 신흥 전략산업의 육성 및 개발

우리나라가 경제구조 조정과 구 개발 방식의 전환을 제기한 지 10년이 지났지만 경제발전 방식의 전환과 경제구조 조정으로 인한 발상의 전환은 물론, 자금의 투입, 기술의 진보, 산업의 연결, 일자리 창출 등 일련의 문제들은 관련된 범위가 넓고, 이익 조정이 복잡하기 때문에 추진 난이도가 비교적 높고 진행이 더디며 성과가 크지 않다. 투자와 수출에 대한 경제성장의 편향은 근본적으로 바뀌지 않았다. 다수의 기업에는 핵심 기술, 독립적인 지식재산권과 브랜드 제품(品牌産品)이 부족하다. 일부 가공·수출기업은 해외 가공 또는 조립 작업장에 불과하다. 중국은 세계 산업체인 노동부문에서 산업 가치 사슬의 최하단에 위치하고 있으며 저렴한 노동력과 자원을 대가로 엄청난 투입으로 매우 낮은 수익률을 달성했다. 이러한 방식으로 촉진된 경제성장은 에너지, 자원과 환경의 제약을 받아 지속 가능한 발전에 한계를 겪게 될 것이다.

경제발전 방식을 전환하여 경제구조의 전략적 조정을 경제발전 방식의 전환을 가속화하기 위한 주요 방향으로 하고, 자금과 정책은 새로운 전략 산업으로 향해야 한다. 예를 들면, 신에너지, 에너지 절약과 환경 보호, 전기 자동차, 신소재, 신약, 생물학적 육종과 정보산업에 노력을 기울여야 한다. 주요 산업의 조정 및 활성화를 촉진하고 산업의 집중도를 향상시킨다. 산업구조 조정은 소비의 경제성장 촉진에 있어 소비의 역할을 향상시키기 위해 주민의 소비 수요를 충족시켜야 한다. 과학기술의 진보와 혁신을 경제발전 방식의 전환을 가속화하는 중요한 지원으로 계속하여, 기업의 자주적인 혁신을 장려하고, 신기술을 보급하여 보편화하고, 기업의 기술 개량을 가속화하고, 낙후된 생산능력의 제거를 격려하고, 통합 및 재편성을 촉진한다. 중소기업의 개발을 적극 지원하고 서비스 산업의 발전을 가속화한다. 경제성장의 질과 효율성을 개선하고 개발의 포괄성, 조화성, 지속 가능성을 제고하며, 경제의 장기적인 안정을 촉진하고, 빠른 발전을 도모하며, 경제사회가 더 좋고, 빠르게 발전을 이룰 수 있게 한다.

(2) 안정적인 농업발전의 촉진과 지역 개발의 조율

경제발전 방식을 전환하려면, 농업의 안정적 발전을 촉진하고, 농업 종합 생산능력 건설을 추진하며, 수자원 보존의 건설을 강화하고, 식량 생산을 확실히 하고, 재해 방지와 감소 작업을 잘 하고, 중요한 농산물 시장의 공급과 가격의 기본적인 안정을 보장해야 한다. 농민을 과학 농업으로 인도하고, 식량 생산 증가에 대한 농업의 과학 및 기술진보의 기여율을 높이고, 고산량 시범을 시행하고, 우수한 곡물 공정, 동식물 보호, 종자 및 번식과 같은 주요 농업 건설 공정을 계속 추진하고 농업생산 조건을 효과적으로 개선해야 한다. 농지의 기본 건설을 계속 강화하고 관개(灌漑)면적을 높이고 농업의 기계화를 추진한다.

농업 경영 구조체제의 지속적인 혁신을 촉진하고 점차 전통적인 생산방법의 한계를 타파한다. 정책지도 및 시연을 통해 농민 협동조합 및 다양한 전문 서비스 조직의 발전을 계속 촉진한다. 농업 토지자원을 효과적으로 활용하고 도시 및 농촌 토지의 조정을 늘리며 중간 규모의 농업 운영을 촉진한다.

경제발전 방식을 전환하려면, 지역 간 조화로운 발전을 촉진하고 기본 공공서비스의 평등화를 촉진해야 한다. 다른 지역 개발의 비교 우위를 활용하고 지역 격차를 줄여야 한다. 주요 지역은 중국의 경제사회 발전의 선두주자이며, 구조 체제 개혁을 심화시키는 노선을 선도적으로 모색함으로써 경험을 모색하고 전국구의 조화로운 발전을 촉진하는 데 큰 기여를 할 수 있다. 서부 지역 개발(西部大開發), 동북 지역과 같은 오래된 산업 기지의 활성화, 중부 지역의 상승 및 동북 지역의 우선 개발에 대한 전반적인 지역 개발 전략을 계속 실시해야 한다. 구 혁명 지역, 민족 지역, 국경 지역, 빈곤 지역의 개발을 적극적으로 지원하고, 빈곤 완화 및 개발을 가속화하고, 군중의 생산 및 생활 조건을 개선하며, 모든 민족 인민이 개혁과 발전의 성과를 공유할 수 있도록 한다. 특히 전국의 성과, 경험을 모두 활용하여, 씨장(西藏, 티베트), 신쟝(新疆) 및 재해지역을 돕게 하고, 소수민족 지역의 경제 건설과 사회발전에 대한 지지를 계속 확대하고, 각 민족의 화합을 촉진하며, 전국 각 민족 인민의 화합을 지속적으로 추진한다.

(3) 에너지 절약 및 배출 감소를 잘 수행하고 자원 절약 및 환경친화적인 사회를 구축

우리나라는 빠른 산업화와 도시화 단계에 있기 때문에 환경 보호의 과제는 매우 어려우며, 2020년까지 GDP 단위당 에너지 소비를 40%~45%로 줄이는 목표를 달성하기 위한 어려움을 충분히 인식하고 실현해야 한다.

경제발전 방식을 전환하려면, 에너지 절약 및 배출 감소 작업, 에너지 절약과 배출 감소를 위한 목표 책임제도를 강화하고, 에너지 절약과 배출 감소를 위한 주요 공정의 건설을 강화하며, 불법 건설 공정을 정리하고, 후진 생산능력의 제거를 가속화하며 특수 에너지 보존 및 배출 감소 감독을 시행해야 한다. "녹색신용(綠色信貸)"제도를 실행하고 금융신용 분야를 통한 환경 진입 조건을 마련해야 한다. 생태보호와 환경관리를 강화하고 환경보호산업을 적극적으로 개발하며, 산림 탄소 흡수(자연산림 보호, 농지를 산림 및 잔디로 돌려보내기, 식목 조림, 초원과 자연보호구역의 건설과 관리를 강화)를 늘리고 자원 절약형과 환경 우호형 사회의 건설을 가속화한다.

에너지 절약 및 배출 감소에 관한 "제11차 5개년 계획"의 성과를 통합하고 에너지 절약과 배출 감소를 달성하기 위해 많은 노력을 해야 한다. 자원제품가격과 환경세금개혁을 추진하고 자원 부족과 환경오염비용을 반영하는 가격체제를 점진적으로 형성하며 이익을 통해 경제구조 조정을 추진한다.

(4) 도시와 농촌의 통일 계획을 추진하여 중국 특색 도시화의 노선을 간다.

경제발전 방식을 전환하여 농촌의 종합적인 개혁을 안정적으로 추진하고 새로운 농촌 건설을 가속화한다. 도시와 농촌 통합개발은 전반적인 도시와 농촌의 통합을 위한 혁신적인 제도적 구성을 요구한다. 도시와 농촌의 이중체제는 도시화를 제약한다. 농민은 중국 인구의 대다수를 차지하고 있으며, 도시화 과정에서 도시화를 위해 많은 수의 농촌인구가 도시로 옮겨져 도시로 통합되어야 한다. 현재 이주 노동자들(農民工: 농민공으로 번역이 되고, 즉 농사일을 그만두고 도시로 이주하여 임시로 노동에 종사하는 사람을 이르는 말)의 60% 이상이 1980년대 이후 출생한 신세대 이주 노동자이며 약 1억 명에 달한다. 이들은 기본적으로 농업 경험이 없고 농부의 정체성을 인식하지 못하며, 시골로 돌아갈 수 없다. 새로운 시대의 이주 노동자들에게 일어난 가장 큰 변화는 유동방향이 바뀌었다는 것이다. 다시 말해, 과거에는 주로 도시와 농촌지역 사이의 이동이었다면, 지금은 주로 도시와 도시 사이의 이동이 되었고, 이들은 도시에 통합하려는 강한 의지를 가지고 있다. 중국의 오랜 도시와 농촌의 이중 체제구조로 인한 장애로 인해 실제 상황에서 진정으로 시민권(화)을 실현할 수 있는 이주 노동자는 여전히 소수에 불과하다.

신세대 이주 노동자들은 도시에서 세대 등록이 어렵고(호적제도), 도시 진입 장벽이 높고, 복지 차별, 고용, 주택 및 자녀교육과 같은 어려운 문제에 직면해 있다. 일부 지역에서 호적제도를 개혁한 이후 이와 관련된 인력, 교육, 의료제도의 지원 개혁이 지체되었으며, 도시 이주 노동자는 도시인구와 같은 고용, 의료와 사회보장의 기회를 누리지 못하는 경우도 있다. 따라서 이주 노동자, 특히 신세대 이주 노동자의 시민권(화) 문제는 시급히 해결해야 한다.

경제발전 방식을 전환하고 중국 특색 도시화의 노선을 고수하기 위해서는 현재 중소도시와 소도시의 발전을 강화하는 데 중점을 두어야 한다. 이주 노동자의 시민화 과정을 가속화해야 한다. 도시화를 촉진하기 위한 중요한 과제로 점진적으로 도시에서 일자리를 찾고 도시와 마을에 정착하기 위해서는 적격한 농업 이동 문제를 해결하는 것이 중요하다. 도시화를 촉진하고 소도시와 마을의 발전을 장려하기 위해 원칙적으로 중소도시의 호적(戶籍)을 이미 자유화되게 하였으며, 소도시에서 주택을 구입한 안정적인 직업을 가진 신세대 이주 노동자들은 소도시에서의 호적등록을 신속히 하게 해야 한다. 대도시와 중소도시는 도시 진입 장벽을 낮추고 호적등록 조건을 백령(白領: 정신적 노동을 하는 사람을 이르는 말) 근로자에서 점진적으로 중산층 이주 노동자로 확대하고, 도시 자체는 더 큰 의무와 책임을 져야 한다. 다양한 방법을 적극적으로 탐색하고 도시와 농촌의 통합체제 전체를 혁신하며 이주 노동자의 시민화 속도를 가속화해야 한다.

(5) 민생 보장과 개선, 국민소득 분배 조정의 강화

중국의 국민소득 분배의 전반적인 상황은 아직 정립되지 않았으며, 소득 분배제도의 측면에서 도시와 농촌의 소득, 산업의 소득, 주민의 소득 간의 격차는 항상 존재했다. 2009년 중국의 1인당 GDP는 미화 3,600달러를 넘어 섰으며, 주민의 소득 수준과 사회적 부가 급격히 증가했고, 사회적 부의 양이 많고, 인민의 부유 정도가 전반적으로 향상되었으나, 부의 분배체제 문제가 부각되면서 경제사회의 관심사로 떠올랐다. 부의 분배가 불공평한 것은 도시와 농촌의 공공서비스 격차가 크다는 점, 교육, 의료, 주택 등 기초적인 측면에서 사회계층별 부의 배치가 불합리하다는 점, 주식시장이 억만장자를 만들어 한 번에 부의 격차를 급격히 확대하는 특수한 장소라는 점 등이다. 부의 격차가 확대되어 또 경제사회 문화적인 측면에 영향을 미치며, 문화, 교육, 고용, 소비, 주택 등 각종 불균형을 형성하고 사회적 조화에 영향을 미친다.

경제발전 방식을 전환하려면 과학적 발전을 견지해야 하며, 민생의 보장과 개선을 더욱 중시해야 하며, 지속 가능한 발전을 전면적으로 조화시키고 사회의 공평정의를 촉진하는 데 더욱 더 중점을 두어야 한다. 교육, 위생, 문화사업의 개혁과 발전을 가속화하고 더 많은 공공 자원을 민생분야에 투입해야 한다. 고용 안정적 성장을 유지하고, 공공 고용 서비스를 강화하고, 시장 중심의 직무기술 훈련 체제를 개선하고 실업자와 기본 생활을 보장하기 위해 기업과 정부를 결합해야 한다.

경제발전 방식을 전환하려면 국민 소득분배 조정을 늘리고, 세금 조정을 계속 늘리고, 국민 소득 분배에서 노동 소득 비율을 높이고, 저소득 및 중간소득 국민들의 소득을 늘리고, 노동자본 대비 취약계층에 대한 분배를 점진적으로 개선해야 하며, 기업 근로자를 위한 임금 지불 보장제도 구축을 강화하고, 임금 지불 감독제도와 임금 보장 제도를 개선하고, 집단 임금 협상과 임금 지불 보장 제도의 구축을 적극적으로 추진한다.

사회보장체계 건설을 추진하고 전국 연금 보험의 일괄 조달을 계속적으로 추진하여 빈곤층 사회보장 수준을 향상시킨다. 부동산 시장의 규제와 주택보장을 제대로 수행하기 위해서는 저렴한 주택 건설을 부동산산업 발전의 중요한 위치에 두고, 재정과 금융 및 토지 정책에 있어서 도시의 많은 중하층 소득자들이 편안하게 살 수 있도록 많은 지원을 해야 한다. 동시에 일반 주택상품의 공급을 늘리고, 주민들의 자숙과 주택 구입 수요 개선을 지원하며, 농촌의 위험 주택 개조의 지원도 확대한다. 재해 복구를 착실히 하고, 피해 지역 사람들의 생산과 생활을 잘 안배한다.

(6) 개방형 경제 수준의 향상

국제 환경의 관점에서 세계의 경제위험이 증가했다. 세계의 경제회복 과정은 예상보다 어렵고 복잡하다. 유럽의 경제성장은 계속적인 약세를 보이고 사회 불안은 증폭되고 있다. 미국경제도 통화팽창의 위험에 처해 있다.

중국은 국제적 위상을 높이고 세계적 규모로 더 큰 국가 전략적 이익을 도모할 수 있는 역사적 기회에 직면해 있으며, 대외 무역 마찰, 통화 전쟁 그리고 위안화 절상 압박 등 다양한 국제 문제를 적극적으로 침착하게 해결해야 한다. 국제 경제 환경의 복잡한 변화에 대응하기 위하여 반드시 대외 개방 수준을 높이고 국내 발전과 대외 개방의 두 가지 전반적인 상황을 고려하여 계획하고 조정해야 한다. 대외 무역의 성장방식의 전환을 적극적으로 추진하고 제품의 부가가치를 높이며 양적 확대에서 품질 개선으로 전환해야 한다. 내수 확대에 초점을 맞추고, 국내외 무역체제 분할 문제를 해결하며, 외국 무역업체들의 국내 시장 개척을 장려해야 한다. 위험을 분산하기 위해서는 중국의 수출시장을 다각화하고 적극적으로 신흥 경제국으로 확대하여 중국이 더 나은 세상으로 나아가고, 중화민족의 큰 부흥에 대한 중국의 꿈을 실현할 수 있는 견고한 토대를 마련해야 한다.

2. 사회주의 법치수단을 운용하여 경제발전과 사회 공평한 분배를 촉진한다.

발전해야 안정될 수 있고, 안정은 곧 발전을 촉진할 수 있다. 중국 특색 사회주의를 건설하는 과정에서 국민 전체의 근본적인 이익은 일치하고, 각종 구체적인 이해관계와 인민 내부의 갈등은 사회주의 법치의 강화와 보완이라는 기초 위에서 조절할 수 있다. 이것은 또한 "3개 대표론"이라는 중요한 사상과 과학적 발전관을 구체화한 것이다.

(1) 사회주의 법치수단을 운용하여 경제발전을 촉진한다.

첫째, 정책과 법률을 제정하는 것은 가장 많은 인민의 근본적인 이익을 대표하고, 서로 다른 방면의 군중의 이익을 정확하게 반영하고 아울러 전체 인민이 공동의 부유함을 향해 안정적으로 나아가도록 해야 한다. 사회주의 경제발전을 계속하여 선진 지역과 우수한 산업을 보호하고, 근면한 노동과 합법적 경영을 통해 먼저 부유해진 사람들의 발전 활력을 이어받아 계속 적극적으로 부를 창출하고, 모든 노동, 지식, 기술, 관리와 자본의 활력을 경쟁하게 하고, 모든 것이 사회적 부를 창출하는 원천이 충분히 신속하게 유통되도록 한다. 동시에 경제와 법치의 수단을 운용하여 사회적 소득분배 관계를 합리화하고 점차적으로 안정시키고 격차를 줄여서, 이러한 격차를 법적으로 허용되는 범위 내에서 안정시키고 제한한다.

둘째, 사회주의 시장경제의 법률, 법규를 보완하고, 사회적 이익 관계를 합리적으로 확정하고 조절하며, 충돌의 확장을 억제하고 갈등의 격화를 방지한다. 시장경제는 끊임없이 새로운 이익 관계를 만들어내고, 이익은 다원화가 되며 사회에는 필연적으로 일정한 충돌이 발생하고 잘못 처리하면 통제력을 잃어 사회 전체의 안정을 위태롭게 할 수 있다. 법치는 어느 정도 사회의 공정함을 반영하고 법치의 범위 안에서 시장주체를 규율하는 행위는 사회적으로 받아들여질 수 있다. 사회 갈등을 해결하고 조절할 때 사회주의 법치는 나라를 다스리는 기본 방략으로서 사회의 공정한 심판자이자 수호자로서 특별한 상대적 독립된 지위와 가치를 지니게 된다. 법치의 수단을 활용해 시장 주체의 활동을 법으로 감시하고 각종 위법행위를 단속하며 각종 경제범죄를 엄하게 단속하고 사회주의 시장 경제 질서를 유지하고 보호하며 시장 주체의 합법적 이익을 보호해야 한다.

셋째, 법률의 수단으로 노동자의 합법적 권익을 보호한다. 사회주의 시장 경제발전의 초기, 소득분배와 부유함의 차이가 어느 정도 나는 것은 불가피하다. 이때 근로자의 독립적 이익은 특히 법적으로 보장되어야 한다. 사회주의의 노동법과 사회보장 법률체계는 노동관계를 조정하고, 노사 분쟁을 해결하며, 근로자의 합법적 권익 보호와 기본 생활 여건에 특히 중요한 의미를 갖는다. 국가는 사회주의 노동법을 위반하고 초경제적인 수단으로 노동자들을 잔혹하게 착취하는 행위에 대해 단호히 단속해야 한다. 법의 적용 기관은 반드시 엄격한 집법과 사법을 실시하여, 법률규정을 사실에 처하게 하고, 기업 근로자의 임금과 연금이 제때에 충분히 지급하도록 하여 사회주의 국가의 정치적인 우위를 발휘하여, 시장경제체제 개혁에 있어서 노동 인민의 합법적 권익과 기본 생활 조건을 법의 적용 기관으로부터 실질적으로 보호를 받을 수 있도록 한다.

(2) 사회주의 법치수단을 운용하여 사회의 공평한 분배를 촉진한다.

시장경제의 발전은 사회분배의 불공평과 같은 문제를 야기할 수 있는데, 이것은 시장 스스로가 극복할 수 없는 결점이다. 이런 면에서 사회주의 법치는 사회의 공정한 실현을 촉진하는 중요한 역할을 충분히 할 수 있다. 사회주의 법치의 기본 가치 목표 중 하나는 시장의 효율성을 유지하는 동시에 사회의 불공평을 점차 제거하는 것이다. 법치의 촉진으로 공정한 사회 실현은 시장경제의 발전에 좋은 사회 환경을 조성하고 시장경제의 장기적이고 평온한 발전에 유리하다.

국가는 법치수단을 운용하여 공평 원칙을 근거로 국민 수입에 대하여 재분배를 진행한다. 예로, 정부는 거시경제 조정기능을 발휘하고 세금과 사회보장제도 등의 조치를 통해 지나치게 높거나 낮은 수입에 대하여 일정한 조절과 구제를 진행하여 지나친 수입격차의 형평을 유지한다. 또한 특정 기금 형태의 고정 기금의 모금 및 사회 지원 활동과 같은 대규모 사회 기금 모금을 조직하기 위해 법률 규칙을 사용하는 것도 포함된다.

국가가 국민에게 제공하는 기본적인 사회보장제도는 공평하고 합리적이다. 그러나 사회보장의 규모와 표준은 개발 수준의 생산성에 달려있다. 현재 중국의 사회보장의 주요 업무는 대다수의 농부들에게 최소한의 생계보장과 의료보장을 확립하는 것이다. 이 방면의 제도는 꾸준히 안정적으로 확립되고 지속적으로 개선되고 있다.

국가가 법치수단을 사용하여 공평한 분배를 촉진하는 것은 주로 다음과 같은 여러 가지 측면에서 나타난다. ① 일부 고소비재에 대한 높은 세금을 통해 고액 소비자의 소비지출을 규제한다. ② 고소득에 대한 누진세(累進稅)의 시행을 통해 고소득자의 부수입을 조절하고, 특수 이익계층과 대자본의 부에 대한 약탈을 제한하며, 건전하고 상응하는 법률·법규를 제정한다. ③ 독점 산업의 경우 금지법 또는 고액의 세금 징수를 통해 독점 수익을 모아 인민에게 사용한다. ④ 법률을 제정하여 특별 자금을 지출하고, 대규모의 기초 시설의 건설을 통해 내수를 확충하고 기초 시설 건설에 참여한 자들이 노동보수를 받도록 한다(以工代賑). ⑤ 자연재해가 가져오는 대규모의 구제에 대한 법률을 제정한다. ⑥ 강제적 사회보장과 사회복지제도가 구축되어 근로 기회나 근로 능력의 상실로 기초 생활 원천을 상실한 국민에게 퇴직연금보험, 의료보험, 실업보험, 근로보호 및 상해보험, 유가족위로금 등의 기초생활 보장을 제공한다. ⑦ 법을 엄격히 집행하고 징벌적인 경제적 배상을 실시함으로써 위법한 경제행위를 억제하고 이미 야기된 사회적 피해에 대해 보상한다. ⑧ 경제범죄를 엄하게 단속하고 모든 범죄소득을 몰수해 국고로 환수하고 사회보장 및 교육사업에 활용한다.

국가는 빈부격차를 효과적으로 줄이고, 사회적 부의 공평한 분배와 중산층 형성을 위해 좋은 사회 환경을 조성하고, 사회의 화합과 안정을 지키는 다양한 조치를 취할 수 있다. 당의 18대 보고서는 분배제도의 개혁을 심화하고 사회 보장 체계를 건전화하는 데 있어서 인민 생활수준의 전면적인 향상을 제시했다. 기본 공공 서비스의 균등화가 전면적으로 실현되어 전 국민이 교육을 받는 정도와 혁신적인 인재육성 수준이 현저히 향상되었다. 인재 강국과 인적자원 강국의 대열에 진입하면 교육 현대화가 기본적으로 이뤄지며, 취업을 더 충분하게 한다. 소득분배 격차는 줄어들고 중간 소득층은 계속 확대되면서 빈곤 퇴치 목표가 크게 감소한다. 사회보장은 전체 인구를 포함하고, 모든 사람들은 기본적인 의료 및 건강 서비스를 즐기고, 주택보장체계는 기본적으로 형성되며, 사회는 조화롭고 안정적이게 된다.

우리는 "3개 대표론"의 주요한 사상과 과학적 발전관, "국민 생활수준이 중류 정도가 되는 사회의 건설" 목표를 실질적인 상황에서 이행하고, 경제 및 법률제도에서 시민과 법인의 합법적인 소득에 대한 제도적 보장을 개선하고, 사회적 분배의 공정성을 유지해야 한다.

제**6**장

중국 특색 사회주의 민주법치와
정치 건설

인민민주는 사회주의의 삶이며, 인민민주는 우리 당이 항상 높이 들고 있는 영광스러운 기치이다. 중국 특색 사회주의 정치 건설의 근본 목표는 인민민주를 실현하고 인민이 국가의 진정한 주인이 되도록 하는 것이다. 정치 건설과 법치 건설 사이에는 밀접한 관계가 있다. 우리 책의 주제가 민주법치 건설이라는 것 자체가 민주와 법치를 하나로 만드는 것이고, 둘 다 조화롭게 공존해야 한다는 것을 보여준다. 민주제도는 법치화되어야 하고, 법치는 인민이 주인이 되는 것을 촉진하는 것을 목표로 해야 한다. 중국 특색 사회주의 정치제도는 인민대표대회제도, 공산당 지도하의 다당(多黨)적 정치협상제도, 민족지역자치제도와 기층 민주제도가 주를 이루고 있다. 우리는 이러한 제도의 발전과 결합하여 법치와 정치 건설 사이의 관계를 탐구하고자 한다.

제1절 중국 특색 사회주의 민주정치 발전의 노선을 견지

중국 특색 사회주의 정치발전의 노선은 마르크스주의 민주법치 이론에 대한 계승, 강화 및 발전이다. 따라서 우리는 우선 마르크스주의의 민주정치이론에 대해 전반적으로 이해할 필요가 있다.

1. 마르크스주의의 민주정치 이론의 핵심

민주정치에 관한 마르크스주의 이론은 과학적 사회주의의 중요한 부분이며 마르크스주의의 중요한 부분이다. 자산계급 민주를 분석하고 비판적으로 노출하고 마르크스주의 국가 이론을 확립하는 과정에서 마르크스와 엥겔스는 민주정치에 대한 이해를 설명하고 관련 이론과 학설을 형성했다. 레닌은 자산계급 민주의 실체를 폭로하고 무산계급의 민주 실현을 모색하는 과정에서 새로운 역사적 조건하에서 마르크스주의의 민주법치 이론을 견지하고 발전시켰다. 마오쩌둥은 중국에서 신 민주혁명의 사회주의 건설을 모색하는 과정에서 민주와 독재, 민주와 집중 등을 논술했고 중국의 국정 여건에서도 마르크스주의의 민주법치 논리를 견지하고 발전시켰다.

위에서 언급한 민주정치에 관한 마르크스주의 고전작가의 이론을 다음과 같이 5가지 측면으로 요약할 수 있다.

(1) 민주는 곧 인민의 주권이다.

마르크스는 1843년 3월 "헤겔 법철학 비판(黑格爾法哲學批判)"에서 "민주제도의 독특한 특성은 국가제도는 어디까지나 인민의 존재의 일환"이고 "…… 국가제도가 인민을 만드는 것이 아니라 인민이 국가제도를 만든다."[447]고 지적했다. 그는 또 "인민들이 자신들을 위해 새로운 국가 제도를 수립할 권리가 있을까? 이 질문에 대한 대답은 절대적으로 긍정적이어야 하는데, 그 이유는 국가 제도가 더 이상 인민의 의지를 진정으로 표현하지 않는다면 그것은 유명무실(有名無實)한 것이 되기 때문이다."[448]고 명확히 지적했다. 마르크스와 엥겔스는 또 민주제도를 일종의 "정치체제(政體)"라고 부르며 "민주정치체제"라는 개념을 제시했다.[449] 후에, 마르크스는 파리코뮌의 경험을 총결산할 때, 민주가 곧 인민주권이라는 관점을 더욱 명확하게 표현했다. 그는 파리코뮌은 인민의 것이고 인민이 집권하는 정부라고 칭찬했다.[450]

레닌은 사회주의 민주의 관점에서 마르크스와 엥겔스의 사상과 같은 견해를

447) 마르크스·엥겔스 전집(각주25), 40면.
448) 마르크스·엥겔스 전집(각주25), 316면.
449) 마르크스·엥겔스 전집(각주7), 38면 참조.
450) 마르크스·엥겔스 전집(각주7), 64면 참조.

표명했으며, "국가와 혁명"에서 "민주는 국가의 한 형태이자, 국가 형태 중 하나이다."[451]고 지적했다. 그가 보기에 소비에트민주는 모든 국민이 진정으로 평등하게, 그리고 보편적으로 모든 국가의 사무에 참여하도록 해야 한다.[452]

왜 민주가 곧 인민의 주권이며, 인민이 주인이 되는가? 사상의 연원을 보면 마르크스와 엥겔스, 레닌은 민주를 실질적으로 인민주권으로 이해했고, 인민주권에 관한 자산계급 계몽사상(啓蒙思想)의 이론을 비판적으로 계승했다. 그러나 보다 깊은 사상으로 보면 마르크스주의는 인민을 사회실천의 주체로 하고 사회주의 역사의 진정한 창조자이고 역사를 움직이는 원동력인 만큼 그들도 국가 권력을 행사할 수 있는 실질적인 주체여야 한다고 주장한다. 무산계급과 전 인류의 철저한 해방을 실현하기 위해서는 충분한 민주가 없어서는 안 된다.

(2) 민주는 대다수의 독재이다.

레닌은 마르크스주의의 국가 학설에 근거해 민주와 독재의 관계를 설명함으로써 마르크스주의의 민주정치 논리를 발전시켰다. 그는 "민주란 다수결을 인정하는 국가, 즉 한 계급은 다른 한 계급에 대해, 일부 주민은 다른 일부 주민에게 체계적인 폭력을 행사하는 조직"[453]이라고 지적했다.

민주와 독재의 관계에 대한 마오쩌둥의 논술도 심오하다. 마오쩌둥은 "이 두 가지 측면은 인민 내부에 대한 민주적인 측면과 반동파에 대한 독재적인 측면이 서로 결합되어 있는 것이고 바로 인민민주독재"[454]라고 여겼다. 그는 또 "우리의 독재는 노동자 계급이 이끄는 노동 농민연합에 기반한 인민민주독재이다. 이는 인민 내부에서 민주제도를 시행하고 노동자 계급이 전체 공민권자를 결속시키는 것은 우선 농민이며, 사회주의 변화와 사회주의 건설에 반대하는 반동계급, 반동파 요소들에 대항하여 독재를 행사한다는 것을 보여준다."[455]고 지적했다.

레닌과 마오쩌둥에 의해 풍부하게 발전한 마르크스주의의 민주정치 이론에서의 민주와 독재는 항상 연결되어 있다. 그들이 민주를 하나의 국가 형태로 보았을 때, 사실은 그들도 일정한 계급의 민주를 실행하는 동시에 일정한 계급의 독

---

451) 레닌 선집, 제3판, 제3권, 베이징, 인민출판사, 1995년, 201면.
452) 레닌 전집(각주199), 111면 참조.
453) 레닌 선집(각주451), 184면.
454) 마오쩌둥 저작 선집, 하권(각주99), 682면.
455) 마오쩌둥 저작 선집, 하권(각주99), 760면.

재를 행하고 있다고 생각한다는 것을 의미한다. 그 반대도 마찬가지이다. 그래서 레닌은 종종 무산계급독재를 무산계급민주라고 불렀다. 레닌과 마오쩌둥의 견해에 따르면 사회주의적 조건하에 무산계급독재나 인민민주독재를 견지하는 것은 무산계급민주나 인민민주에 대한 보장이며, 사회주의 민주의 발전은 무산계급독재나 인민민주독재가 통합되는 것을 의미한다. 이것이 마르크스주의의 사회주의 민주정치 발전의 변증법이다.

(3) 민주와 자유, 평등

자유와 평등의 문제는 마르크스주의의 민주정치 이론에서 중요한 내용이다. 마르크스주의는 자유라는 것은 하나의 역사이며, 발전과정이 자유롭지 못한 것에서 상대적인 자유, 그리고 궁극적으로는 진정한 자유로 발전하는 과정이라고 여겼다. 이 발전 과정을 제약하는 근본적인 요소는 사회의 물질적 생활여건이다. 따라서 엥겔스는 "자유는 환상 속에서 자연의 규칙을 이탈하여 독립적으로 존재하지 않고 오히려 이러한 규칙의 인식으로써 계획적으로 자연 규칙이 일정한 목적을 위하여 복무하게 한다."[456]고 지적했다. 마찬가지로 마르크스주의는 평등의 개념과 그에 상응하는 내용도 역사적으로 생겨났다고 생각한다. 평등은 사회적이며 현실적인 내용과 평등을 의미하며 특정 사회에서만 진실되고 신뢰할 수 있다. 따라서 엥겔스는 "추상적인 평등 이론은 오늘날뿐 아니라 미래에도 터무니없다."[457]고 말했다.

마르크스주의는 인간의 자유와 평등을 진정으로 실현하기 위하여 "모든 인류를 해방시키겠다."는 사상을 제안했다. 마르크스와 엥겔스는 "노동 계급의 해방은 노동자 계급 자체에 의해 투쟁되어야 한다. 노동자 계급의 해방을 위한 투쟁은 계급 특권과 독점을 위해 투쟁하는 것이 아니라 동등한 권리와 의무를 위해 투쟁하고 모든 계급의 통치를 없애는 것"[458]이라고 밝혔다.

마찬가지로 레닌은 자산계급의 자유와 평등의 본질에 대한 분석에서 중요한 결론을 내렸다. "인민의 자유는 전체 국가 권력이 인민에게 완전하고 진정으로 속할 때만 완전하고 진정으로 보장될 수 있다."[459] 동시에 레닌은 민주를 정의

---

456) 마르크스·엥겔스 선집(각주413), 455면.
457) 마르크스·엥겔스 전집(각주34), 670면.
458) 마르크스·엥겔스 전집, 제1판, 제17권, 베이징, 인민출판사, 1963년, 475면.
459) 레닌 전집, 제2판, 제12권, 베이징, 인민출판사, 1987년, 67면.

할 때 형식적인 민주는 법률상의 평등을 요구한다고 지적했다. 그는 민주는 "그 어떤 다른 나라와 동일하게, 체계적이고 조직적으로 사람들에게 폭력을 행사하는 것이 한 가지 측면이고, 또 다른 한편으로, 민주는 형식적으로 시민을 평등하게 인정하는 것을 의미하며, 모두가 국가 제도를 결정하고 국가를 관리할 수 있는 동등한 권리를 가지고 있다는 것을 의미한다."460)고 말했다. 레닌의 논술에서 알 수 있듯이 그는 민주정치를 특정 정치 원칙과 권리의 이행으로 요약했다. 즉 민주는 다수결 원칙에 따라 국가 정권을 조직하고 국가 공권력을 행사해야 하며, 모든 국민을 법으로 평등하게 인정해야 한다. 평등의 본질과 완전한 평등을 달성하는 방법을 이해하는 관점에서 레닌은 마르크스와 엥겔스의 견해를 계승하고 "사회민주당이 이해하는 평등은 정치적으로는 권리 평등을 말하고 경제적으로는 …… 계급의 소멸을 의미한다."461)고 지적했다. 레닌은 또 무산계급의 민주, 자유와 평등을 진정으로 실현하려면 정치상, 법률상으로 이를 확인하고 보장하는 것 외에 경제, 문화, 교육 등에서 물질적 조건을 조성하는 것이 더 중요하다고 주장했다.

요컨대, 우리는 민주와 자유, 평등의 관계에 대한 마르크스주의 사상을 다음과 같이 요약할 수 있다. 무산계급은 경제발전을 통해 권력을 장악하고 사회주의민주를 실천하며 계급을 소멸시켜야 한다. 계급 차별이 사라지면 모든 사회구성원의 자유와 평등도 진정으로 완전히 실현된다.

(4) 민주와 집중

민주집중제도는 원래 마르크스와 엥겔스가 무산계급 정당조직의 건설을 위해 제안했다. 레닌은 이후 민주집중제도 이론을 크게 강화하고 완성시켰으며, 10월 혁명 이후 민주집중제도를 사회주의 국가의 정치체제에 적용했다. 민주집중제도는 사회주의 민주제도 하에 민주적 절차를 거쳐 소수자가 다수를 대신하여 권력을 행사하고, 권력의 행사를 감독하는 집중제도, 즉 민주 기반의 집중을 말한다. 레닌은 카우츠키(考茨基, Kautsky Karl Johann)의 말을 인용해 "민주는 권력이 없는 것이 아니며, 민주는 무정부 상태가 아니며 민주는 임명된 대표자들을 지배하는 대중의 법칙이며, 사람들이 공무원을 사칭하는 것과는 달리 사실상 인

---

460) 레닌 선집(각주451), 201면.
461) 레닌 전집, 제2판, 제24권, 베이징, 인민출판사, 1990년, 391면.

민 통치자의 다른 형태의 권력"[462]이라고 지적했다.

마오쩌둥은 중국의 구체적 상황에 따라 변증법적 유물론의 관점에서 민주와 집중의 관계를 설명했다. "인민 내부에서 민주는 집중에, 자유는 규율에 대한 것이다. 이것들은 모두 한 통일체의 모순된 측면들인데, 그것들은 모순적이면서도 통일적이므로 우리는 한 측면을 일방적으로 강조해서 안 되고 다른 한 측면을 부정해서도 안 된다. 인민 내부에는 자유도 규율도 민주도 집중도 없어서는 안 된다. 이러한 민주와 집중의 통일과 자유와 규율의 통일이 바로 우리의 민주집중제도이다. 이 제도에서 인민은 광범위한 민주와 자유를 누리면서 동시에 사회주의의 규율로 스스로를 구속해야 한다."[463]

레닌과 마오쩌둥이 제창한 민주집중제가 마르크스주의 민주정치 이론에 기여한 것은 사회주의 국가들이 진정한 민주를 실행하려면 민주를 충분히 살리는 토대 위에서 국가의 집중과 통합을 이끌어 내야 한다는 점이다. 그래야만 수많은 인민 군중의 자각성, 적극성, 창조성을 동원하여 업무 효율을 높이고, 동시에 개인의 독단적인 결정과 독재를 방지하며 집중의 권력이 대다수 사람을 위하여 복무하는 것을 보증한다.[464]

(5) 민주와 법치

마르크스주의의 민주정치 이론에는 사회주의 법치를 실행하는 중요한 사상이 담겨 있다. 무산계급민주는 필연적으로 인민의 민주적 권리와 인민이 국가의 주인이 되는 것을 실현해야 하며, 무산계급독재 혹은 인민민주독재를 보호해야 하며, 동시에 민주집중제도가 요구되어 인민 전체의 형식과 사실상의 평등이 실현되어야 한다. 사회주의 국가들이 사회주의 민주를 발전시켜야 하고 사회주의 법치도 건전해야 할 것을 요구한다. 현대 사회에서 민주정치의 모든 내용은 법률에 의해 확인되고 구현되며 보장되어야 하기 때문이다. 사회주의 국가도 예외는 아니다.

레닌은 소비에트 사회주의 혁명과 건설을 직접 이끈 실천에서 이미 이 점을 인식하고 있었다. 따라서 그는 사회주의 민주를 발전시키고 사회주의 법치를 강

---

462) 레닌 전집, 제2판, 제8권, 베이징, 인민출판사, 1986년, 400면.
463) 마오쩌둥 저작 선집, 하권(각주99), 762면.
464) 마오쩌둥, 덩샤오핑과 지앙쩌민을 대표로하는 중국 공산당원은 사회주의 법제 건설 중 민주집중제도에 관하여 풍부하게 발전시켰고 이에 관하여 우리는 이하에서 다시 구체적으로 논술한다.

화하는 것에 대한 많은 중요한 논술을 했다. 레닌은 노동자 계급이 정권을 빼앗은 뒤 다른 계급처럼 소유제 변경과 새 헌법의 시행을 통해 정권을 장악하고 유지함으로써 정권을 공고히 해야 한다고 생각했다.[465] 그는 "혁명으로 쟁취한 헌법을 보장해야 한다."[466]고 강조했다. 그는 또 "권리의 준칙을 준수하도록 강제할 수 있는 장치가 없다면 권리도 없는 것과 같다."[467]고 강조했다. 따라서 레닌은 소비에트 러시아(俄國)가 "고도로 발전한 문명과 이와 밀접한 관련이 있는 법제"[468]가 있기를 간절히 기대했다. 레닌은 또 사회주의 법치를 강화하는 것은 소비에트 정권을 공고히 하는 것과 인민의 민주적인 권리를 수호하는 데 특히 중요한 의미를 지닌다고 여겼다. 따라서 "소비에트 러시아는 초기 몇 년 동안 중요 법전의 대부분은 모두 그의 지도 아래서 제정되었다. 공산당이 이끄는 국가 정권은 법률을 통하여 공인계급과 전체 인민의 민주권리를 확인하고 보장하는 것은 당연한 일이며 절대적으로 필요함을 말한다."[469]

2. 중국 특색 사회주의 정치발전의 노선을 견지

(1) 중국 특색 사회주의 정치발전의 노선의 형성과 제시

중국 특색 사회주의 이론체계는 당대의 새로운 역사적 조건하에서 마르크스주의의 민주정치 이론을 계승하고 풍부하게 하고 발전시켰다. 사회주의 민주정치를 발전시키고 사회주의 정치문명을 건설하며 네 가지 기본 원칙을 견지한다는 전제하에 개혁을 적극 추진하는 것이 이 이론체계의 중요한 내용이자 당대 중국 사회주의 현대화 건설의 위대한 실천이기도 하다. 중국 특색 사회주의 정치발전의 노선은 적어도 다음과 같은 사상 이론을 포함한다.

(가) 사회주의 민주가 없으면 사회주의의 현대화도 없다.

사회주의 민주정치를 발전시키고 사회주의 정치문명을 건설하는 것은 사회주의의 본질적 요구이자 우리나라 현대화 건설의 중요한 목표이다. 11기 3중 전회가 끝난 직후 열린 이론 학습 토론회(務虛會)에서 덩샤오핑은 "민주가 없으면

---

465) 레닌 선집(각주397), 122-123면 참조.
466) 레닌 선집(각주397), 124면.
467) 레닌 선집(각주451), 200면.
468) 레닌 선집(각주397), 704면.
469) 리티에잉(李鐵映), 민주론, 베이징, 중국사회과학출판사·인민출판사, 2001년, 33면.

사회주의도 없고 사회주의 현대화도 없다."[470]는 저명한 논단을 제기했다. 이는 국제·국내의 역사적 경험, 특히 신 중국 성립 이래, 특히 "문화대혁명" 10년의 교훈에 대한 심층적인 요약이자 고도의 요약이다. 이는 또 덩샤오핑이 우리나라 현대화 건설 사업이 직면한 중대한 문제를 해결하기 위해 신중하게 고민한 결과로서 중요하다.

지앙쩌민 동지도 1990년에 당의 11기 3중 전회 이래 중앙에서 거듭 강조하였는데, "민주가 없으면 사회주의는 없고 사회주의 현대화도 없다. 정치체제의 개혁은 이로운 것을 일으키고 해로운 것을 없애는 것이고(興利除弊) 중국 특색이 있는 사회주의 민주정치를 건설하는 것"[471]이라고 지적했다. 그는 또 "사회주의 민주정치의 발전과 사회주의 정치 문명의 건설은 사회주의 현대화 건설의 중요한 목표"[472]라고 지적했다.

중국 특색 사회주의 이론체계는 사회주의 민주가 사회주의 본질의 내재적 요구이며 사회주의 현대화의 중요한 부분으로 여기며, 중국의 사회주의 민주는 전국 각 민족 인민이 향유하는 가장 광범위한 민주이며, 그 본질은 바로 인민이 주인이 되는 것이다. 사회주의제도의 건립은 인민민주를 위한 전제 조건을 만들고 제도의 기초를 제공하며 인민이 인류 역사상 최초로 국가와 사회의 진정한 주인이 되었다. 그러나 사회주의 현대화 건설은 이제까지 그 누구도 해본 적이 없는 위대한 사업이고 사회주의 사회에서 인민들이 어떻게 민주를 누리며 어떻게 민주적인 권리를 행사하고 어떻게 민주를 공고히 발전시킬 수 있는지는 사회주의제도가 성립되는 즉시 자연히 해결될 문제가 아니다. 이 점에 대해 1985년에 덩샤오핑은 경험을 총결산하는 기초 위에서 당의 11기 3중 전회는 일련의 새로운 정책을 제시했다. "국내 정책에서 가장 중요한 것은 두 가지이다. 하나는 정치적으로 민주를 발전시키는 것이고 다른 하나는 경제적으로 개혁하는 동시에 사회의 기타 영역에서 상응하는 개혁을 진행하는 것이다."[473]라고 총괄하여 말했다. 지앙쩌민 동지도 "우리는 경제체제 개혁과 함께 정치체제 개혁을 적극적이고도 적절하게 추진하여 중국의 특색이 있는 사회주의 민주정치의 건설에

---

470) 덩샤오핑 문선(각주139), 168면.
471) 중공중앙 문헌 연구실편, 지앙쩌민의 중국 특색 사회주의에 관한 논의(전문문제의 발췌), 베이징, 중앙문헌출판사, 2002년, 298면.
472) 중공중앙 문헌 연구실편(각주471), 304면.
473) 덩샤오핑 문선, 제1판, 제3권, 베이징, 인민출판사, 1993년, 116면.

노력해야 한다. 중국 공산당의 지도하에 우리는 인민민주를 시행하고 인민이 주인이 되는 민주적 권리를 충분히 보장하는 것이 우리나라의 정권 건설과 법치체제 개혁의 근본적인 출발점이자 귀착점이다."474)고 지적했다.

"사회주의 민주가 없이는 사회주의의 현대화도 없다."는 논단은 사회주의 민주는 사회주의의 본질적 속성이자 내재적 요구이며 사회주의 민주를 견지하고 발전시키는 것은 사회주의 정치 문명 건설, 개혁개방의 건설과 사회주의 현대화 건설의 중요한 임무, 기본 내용과 위대한 목표임을 알려준다.

(나) 사회주의 민주는 반드시 제도화・법률화되어야 한다.

덩샤오핑은 11기 3중 전회 전에 앞서 열린 중공중앙작업회의 폐막식 연설에서 "인민민주를 보장하기 위하여 반드시 법제를 강화해야 한다. 반드시 민주를 제도화・법률화하고 이러한 제도와 법률이 지도자의 변화로 변하지 않도록 하고, 지도자의 관점과 주의력의 변화로 인해 변하지 않아야 한다."475)고 제기했다. 이는 덩샤오핑이 신 중국의 성립된 이래, 특히 "문화대혁명"의 경험적 교훈을 총결산하고 역사발전의 객관적 규율에 근거하여 당과 국가의 작업 중점을 경제 건설이 중심인 사회주의 현대화 건설로 이전하는 것을 확정하는 동시에 우리나라 민주와 법제 건설 작업에 대하여 중요한 결론을 얻은 것이다. 그 후 1992년 남부연설 때까지 덩샤오핑은 사회주의 민주는 반드시 법제화・법률화되어야 한다는 문제에 대해 10여 차례나 논술했다. 예를 들어, 1980년 그는 "당과 국가 지도제도의 개혁"이라는 유명한 연설에서 이 문제를 언급했다. 같은 해 덩샤오핑은 이탈리아 기자 오리아나 팔라치(奧莉婭娜・法拉奇, Oriana Fallaci)의 "'문화대혁명'과 같은 끔찍한 일을 어떻게 하면 피하거나 방지할 수 있을까?"라는 질문에 "이는 제도적 측면에서 해결해야 하는 문제이고 …… 이제 우리는 사회주의의 민주제도와 사회주의 법제를 진지하게 확립해야 한다. 그래야만 문제를 해결할 수 있다."476)고 답했다. 덩샤오핑은 또 민주와 법치에 상호 대립하는 인치의 위해성을 여러 차례 강조했다.

지앙쩌민 동지는 사회주의 민주가 의법치국의 차원에서 제도화・법률화되어야 한다는 문제를 제기했다. 그는 의법치국의 과학적인 의미를 정의하고 의법치

---

474) 중공중앙 문헌 연구실편(각주471), 299면.
475) 덩샤오핑 문선(각주139), 146면.
476) 덩샤오핑 문선(각주139), 348면.

국의 중대한 의미를 계시했다. "우리와 같이 12억 인구를 가진 나라에서 사회주의의 위대한 사업을 개척하고 추진하는 것은 인민 군중의 자각성, 적극성과 창조성을 충분히 발휘하고 동시에 통일된 법률과 제도에 따라 지도와 관리를 강화하여, 국가의 정치, 경제, 문화 등 각종 사업이 규범적이고 질서 있게 진행될 수 있도록 보장해야 한다. 그래야만 덩샤오핑 동지가 '민주를 제도화·법률화하고 이러한 제도와 법률이 지도자의 변화로 변하지 않도록 하고, 지도자의 관점과 주의력의 변화 때문에 변화하지 않도록 해야 한다.'고 요구한 것을 실현할 수 있다. 이는 당의 사업의 번창과 발전을 보장하고 국가가 장기간 태평하고 사회 질서와 생활의 안정을 보장하는 데 중요하다."[477]

요컨대 중국 특색 사회주의 이론체계는 사회주의민주가 제도화, 법률화되어야 오래 지속되고 안정될 수 있기 때문에 법치가 실행되어야지 인치를 실행해서는 안 된다는 점을 강조한다. 의법치국은 사회주의 민주를 제도화·법률화하는 기본 방략이자 인치를 방지하는 중요한 보증이기도 하다. 따라서 우리는 반드시 사회주의 법치국가를 건설해야 한다.

(2) 사회주의 민주정치를 발전시키는 가장 근본적인 것은 "3자 통일"을 고수하는 것이다.

공산당 지도부의 핵심적 지위는 역사적으로 형성된 것이며, 중국 현대 역사의 발전과 중국 인민의 장기적인 선택의 필연적 결과이다. 중국 특색 사회주의의 건설은 반드시 네 가지 기본 원칙을 견지해야 하고, 그 핵심은 바로 당의 지도를 고수하는 것이다. 덩샤오핑은 "근본적으로 당의 지도가 없으면 현대 중국의 모든 것은 없는 것과 같다."[478]고 요약했다. 덩샤오핑은 또 "우리 인민의 단결, 사회의 안정, 민주의 발전, 국가의 통일은 모두 당의 지도에 달려있다. 네 가지 기본 원칙을 고수하는 핵심은 당의 지도를 고수하는 것이다. 문제는 당이 지도를 잘 해야 하고, 지도를 꾸준히 개선해야 지도력을 강화할 수 있다."[479]고 여겼다. 마찬가지로, 사회주의 민주정치의 건설 및 법치화도 당의 지도를 고수하고 개선하는 것과 불가분의 관계가 있다. 이는 오직 당의 지도를 고수하고 개선해야만이 사회주의 민주와 법치 건설이 현대화 건설 사업에서 올바른 방향을

---

477) 중공중앙 문헌 연구실편(각주471), 328면.
478) 덩샤오핑 문선(각주139), 266면.
479) 덩샤오핑 문선(각주139), 342면.

확보할 수 있고, 법률의 제정과 실시가 노동자 계급이 이끄는 많은 인민 군중의 공동이익과 의지를 반영할 수 있다는 것을 보장할 수 있기 때문이다.

"당은 반드시 헌법과 법률의 범위 내에서 활동해야 한다."는 중국 특색 사회주의 이론 체계가 당의 지도를 고수하고 개선하려는 사상에 대한 중요한 구현이다. "당은 반드시 헌법과 법률의 범위 내에서 활동해야 한다."는 중국 공산당을 집권당으로 하고 국가와 헌법, 법률의 관계를 다룰 때 반드시 지켜야 할 준칙이고 당이 장기간 사회주의 건설의 과정에서 총결산한 중요한 경험이기도 하다. 이 준칙의 기본 요구 사항은 모든 당 조직과 모든 당원의 모든 활동이 앞장서서 모범적으로 헌법과 법률을 준수하고 그 존엄을 유지하고 보호하고 그 실시를 보증하는 것이다.

지앙쩌민 동지를 핵심으로 하는 당의 제3대 지도부는 덩샤오핑 이론의 당의 지도와 "당은 반드시 헌법과 법률의 범위 내에서 활동해야 한다."고 주장해온 사상을 계승하고 발전시켰다. 지앙쩌민 동지는 "국가와 인민과 관련된 모든 큰일은 당이 결정하고 또 국가의 법률을 형성해야 하며 당의 지도는 법에 따라 일을 처리하는 것과 일치해야 한다. 당은 인민을 지도하여 헌법과 법률을 제정하고, 당은 또 인민을 지도하여 헌법과 법률을 집행한다. 당장은 당의 조직과, 당원이 헌법과 법률의 범위 내에서 활동하도록 명확하게 규정한다. 이는 지극히 중요한 정치 원칙이다."480)고 제기했다. 의법치국의 기본 방략을 제안함에 있어 지앙쩌민 동지는 또한 "당은 인민들이 헌법과 법률을 제정하도록 지도하고 헌법과 법률의 범위 내에서 활동한다. 의법치국은 당의 지도력을 준수하고 민주의 발전 및 법에 따른 엄격한 업무 처리를 통합하며, 제도 및 법률 측면에서 당의 기본 노선과 원칙의 이행을 보장하여 당이 항상 전반적인 국면을 총괄하고 각 측의 핵심 지도역할을 조율하도록 보장한다."481)고 했다. "당의 지도를 견지하는 것은 의법치국과 완전히 일치한다. 우리 당의 주장은 우리나라의 법이 모두 국민의 뜻과 이익을 대표하고 반영한다. 당은 국가 권력기관을 통해 헌법과 각종 법률을 제정하여 당의 주장을 국가의 의지로 전환시키며, 당은 헌법과 법률의 범위 내에서 활동하며, 각급 정부는 법에 따라 행정함으로써 당의 지도를 의법치국과 통일했다."482)

---

480) 중공중앙 문헌 연구실편(각주471), 308면.
481) 중공중앙 문헌 연구실편(각주471), 327면.

　지앙쩌민 동지는 사회주의 민주의 발전을 제안함에 있어서 "사회주의 민주법치 건설을 추진하려면 당의 지도와 민주를 촉진하고 법에 따라 행동하는 것 사이의 관계를 올바르게 처리해야 하며, 당의 지도는 핵심이며 민주를 장려하는 것이 기본이며, 법에 따라 행동하는 것이 보증이며, 3자를 갈라놓고 대립시켜서는 안 된다."[483]고 했다. 그는 또 "당의 지도, 인민이 주인이 되고 법으로 나라를 다스리는 통일성은 사회주의 민주정치의 중요한 장점이다. 사회주의 민주정치를 발전시키는 가장 근본적인 것은 당의 지도와 인민이 주인이 되고 의법치국의 유기적인 결합과 변증법적 통일을 견지하는 것"[484]이라고 여겼다. 중국 특색 사회주의 이론체계에 근거하여 사회주의 민주정치를 발전시키는 가장 근본적인 것은 당의 지도를 고수하고 인민을 주인으로 삼는 것과 의법치국의 유기적인 통일을 견지해야 하는 것인데 그 이유는 다음과 같다.

　첫째, 우리나라에서 인민은 국가 정권의 주인이고 국가의 모든 권력은 인민에게 있으며 이것은 헌법에 의하여 명확히 규정된 근본 원칙이다. 인민의 광범위함은 인민의 이익을 진정으로 대변하는 정치의 핵심을 가지고 인민이 국가의 권력을 장악하는 것을 지도, 조직, 지지하는 것을 요구한다. 민주선거, 민주결책, 민주관리와 민주감독을 실행하여 인민이 법에 의하여 광범위한 권리와 자유를 향유하고 인권을 존중하도록 보장한다. 중국 공산당은 언제나 중국의 선진 생산력의 발전 요구 사항을 대표하고, 언제나 중국 선진문화의 진로를 대표하며, 언제나 중국의 가장 많은 인민의 근본 이익을 대표하며, 중국 특색 사회주의 사업의 지도적 핵심이다. 따라서 중국 공산당이 정치, 사상과 조직의 지도를 통해 수많은 인민을 사회주의 현대화 건설로 이끌고 정치적으로 우리나라 인민이 주인이 될 것을 충분히 보장해야 한다. 공산당이 집권하는 것은 인민이 주인이 되어 가장 광범위하게 인민 군중을 법에 의하여 국가와 사회 사무를 관리하는 것을 동원하고 조직하며, 경제문화사업을 관리하고 인민 군중의 근본 이익을 유지하고 보호하며 실현한다. 당 지도의 중요성을 이해하지 못하면 사회주의 민주와 법제의 진정한 의미를 이해하지 못하고, 사회주의 민주정치 건설의 방향을 파악할 수 없으며, 사회주의 현대화 국가를 건설할 수도 없다.

---

482) 중공중앙 문헌 연구실편(각주471), 328면.
483) 중공중앙 문헌 연구실편(각주471), 301면.
484) 중공중앙 문헌 연구실편(각주471), 304면.

둘째, 우리나라 헌법과 법률은 당이 인민을 지도하여 제정되었는데, 그것은 당의 주장과 인민의 의지의 국가적 통일이었다. 당의 주장은 우리나라 법률의 정치적 방향과 기본 정신을 대변하고 구현하는 데 집중되어 있으며, 어떤 의미에서 보면, 우리나라 법률은 당의 주요 주장과 정책을 조문화, 규범화한 것이다. 의법치국은 당의 지도 방식과 방법이 근본적으로 변환한 것이다. 즉, 집권 이전은 주로 정책에 의해 주도되었으며, 집권 이후에는 법에 따라 정책과 행동에 의존했다. 당의 정책은 국가의 명의로 일정한 절차에 따라 법률형식으로 확정되고, 당의 정책은 법정절차를 거쳐 국가의 의지를 나타내는 법률로 정착되며, 법률의 시행은 당의 권위성을 한층 더 높여준다. 따라서 헌법과 법률은 당의 주장과 인민 의지가 서로 하나가 된 것을 나타낸다.

셋째, 우리나라는 사회주의 초기 단계에 있으며, 이 단계에서 사회의 주요 모순은 많은 인민 군중이 나날이 증가하는 물질적 요구와 문화적 요구와 낙후된 사회 생산 사이의 모순이다. 이 모순을 해결하는 근본적인 방법은 바로 경제 건설을 중심으로 네 가지 기본 원칙을 견지하고 개혁개방을 견지하여 우리나라를 부강하고, 민주적, 문명적, 조화로운 사회주의 현대화 국가로 건설하는 것이다. 이는 사회주의 초기 단계에서 당의 기본 노선 및 헌법의 조항으로 확인된다. 의법치국은 당의 기본 노선, 방침과 정책의 관철을 제도와 법률로 보장하고 당의 지도를 보장한다.

요컨대 당의 지도를 견지하면 올바른 정치 방향을 견지할 수 있고, 인민민주의 신뢰할 수 있는 정치적 보장을 받을 수 있으며, 의법치국 방략은 당의 집중적인 인민의 의지와 요구를 수용하는 것이며, 집권한 당의 지도 방식을 개진하고 지도 수준을 높이도록 요구하는 동시에, 당을 헌법과 법률의 범위 내에서 활동하도록 하여 법률의 제약과 감독을 받아 당의 공정과 청렴성을 확보하도록 해야 한다. 따라서 당의 16대는 이러한 이론의 가치와 실천적 경험을 종합한 후 "사회주의 민주정치를 발전시키고 당의 지도를 고수하고 인민을 주인으로 삼는 것과 의법치국을 유기적으로 통합하는 것이 기본"485)이라고 공식 제안했다. 당의 17대 보고서와 18대 보고서는 모두 이 "3자의 유기적인 통일" 이론을 재확인하고 더욱 심화시켰다. 이러한 논의는 중국 특색 사회주의 이론체계가 사회주

---

485) 중공중앙 문헌 연구실편(각주471), 11면.

의 민주를 발전시키는 근본적인 보증, 본질적인 요구와 기본 방략인 3자를 유기적으로 통합한 귀중한 이론적 재부와 실천 경험을 종합적으로 반영한다.

(3) 중국 특색 사회주의 정치발전 노선의 제도 건설

사회주의 민주정치를 발전시키기 위한 중요한 보장은 각종 민주제도의 건설을 대폭 강화하고 다양한 수준과 다양한 분야에서 공민의 질서 있는 정치 참여를 확대하며, 사회주의 민주정치의 제도화, 규범화, 절차화를 추진하여 인민이 주인이 될 것을 보증하는 것이다. 이러한 민주제도의 건설은 주로 다음과 같은 것을 포함한다. ① 인민대표대회제도를 견지하고 보완한다. 인민대표대회제도는 우리나라의 기본 정치제도이며, 인민이 나라의 주인이 되는 중요한 수단이자 최고 실현 형식이며 우리나라 사회주의 정치 문명의 가장 중요한 제도적 매체(載體)이다. ② 중국 공산당이 지도하는 다당합작(多黨合作)과 정치협상제도를 견지하고 개선한다. 공산당이 지도하는 다당합작과 정치협상제도는 우리나라에서 하나의 기본적인 정치제도이고 중국 특색 사회주의의 정당제도이고, 즉 공산당의 지도와 다당파(多黨派)의 합작이자 공산당의 집권과 다당파의 참정이다. ③ 민족지역자치제도를 견지하고 개선한다. 민족지역자치제도도 우리나라의 기본 정치제도이다. 즉, 공산당과 국가의 통일된 지도하에 각 소수민족이 모여 사는 곳에서 지역 자치를 시행하고, 자치기관을 설립하며 각 소수민족 인민은 주인이 되어 민족 내부 및 지방성 업무를 관리할 민주적인 권리를 향유하며, 각 민족 간의 상호 지원, 협력 및 우호 관계를 지속적으로 강화하여 공동 번영을 달성한다. ④ 기층 대중자치제도를 견지하고 개선한다. 기층 대중자치의 실행은 기층의 집적적인 민주를 발전시키고 인민이 법에 따라 집적 민주권리를 행사하는 것을 보장하며 이는 중국 특색 사회주의 민주정치제도의 중요한 구성 부분이고 인민이 주인이 되는 가장 효과적이고 광범위한 수단이며 사회주의 민주정치를 발전시키는 기초이다. ⑤ 과학적이고 민주적인 결책을 추진한다. 결책의 과학화와 민주화는 사회주의 민주정치 건설의 중요한 임무이며, 민주집중제도 시행의 중요한 일환이며, 인민이 주인이 되어야 하는 필연적 요구이다.

요컨대 당의 18대가 지적했듯이 "인민민주는 우리 당이 항상 높이 유지해 온 영광스러운 기치이다. 개혁개방 이래 우리는 사회주의 민주를 발전시키는 긍정적이고 부정적인 경험을 요약하여 인민민주는 사회주의의 삶이며 국가의 모든 권력은 인민에게 있다는 것을 강조하며, 정치체제의 개혁을 부단히 추진하여 사회주의 민주정치 건설에 중대한 진전을 이루었으며, 중국 특색 사회주의 정치발전의 노선을 성공적으로 개척하고 견지했으며, 가장 광범위한 인민민주를 실현하기 위해 올바른 방향을 확립했다."[486]

3. 정치체제 개혁의 추진

(1) 우리나라 정치체제 개혁의 필요성

정치체제 개혁은 중국이 중국 특색 사회주의 정치발전의 노선을 고수하는 데 중요한 구성 부분이다. 우리나라가 정치체제 개혁을 하려는 까닭은, 개혁개방 이전에 점차 형성되었던, 정치체제에 의한 권력이 지나치게 집중된 것에 대한 깊은 반성 때문이며, 또한 경제영역의 변혁에 필연적으로 요구되는 정치체제의 변혁이기 때문이다.

권력의 배치는 정치체제에서 핵심 문제 중의 하나이다. 중국 공산당은 신 중국이 성립되기 이전 1942년 전쟁의 필요를 충족시키기 위해 "일원화"를 내세워 당과 정부와 군대의 대권을 당위에 집중시켰다. 해방전쟁 후반에는 근거지 분할로 형성된 분산주의를 극복하고 규율을 강화하기 위해 또 다시 대권을 중앙에 집중시켰다. 이러한 고도의 집권은 지도체제의 차원에서 중국 공산당이 각종 긴급하고 복잡한 국면과 상황에 대처할 수 있도록 보증하고 신 중국을 건립했다. 중국은 신 중국 성립 이후 개혁개방까지 고도의 집권 정치체제를 답습(沿襲)하여 거의 모든 권력을 당위에 집중시켰으며, 특히 제1서기에게 집중시켰다. 이로써 당의 일원화된 지도력은 사실상 개인 지도력으로 바뀌었고 당의 지도력은 부적절한 방식으로 부여되었다. 권력이 지나치게 집중된 것도 간부 지도직무의 종신제, 가부장제, 특권과 관료주의로 이어졌다.

"문화대혁명"의 뼈아픈 경험은 사람들이 고도로 중앙 집중화된 정치체제에 대한 반성을 촉진했다. 1978년 12월, 덩샤오핑은 중앙작업회의 폐막식에서 "해방사상, 실사구시, 일치단결하여 앞을 보라"는 중요한 연설을 하였다. 그는 "예를 들어 당의 지도력을 강화하는 것은 당이 모든 것을 도맡아 하고 모든 것을 간섭하며, 일원화된 지도를 실행하고 당정(당과 정부)을 가리지 않고 당을 대안

---

486) 후진타오(각주287), 25면.

으로 만들고, 중앙의 통일 지도를 고수하는 '모두 통일된 구경(口徑)'으로 바뀌었다."[487]고 지적했다. 그는 또한 "당내에는 권력이 지나치게 집중된 관료주의가 존재한다. 이 관료주의는 종종 '당의 지도', '당의 지시', '당의 이익', '당의 규율' 등의 모습으로 나타나는데 이것은 진정한 관리(管), 제한(卡), 억압(壓)이다. 많은 주요 문제들은 종종 한두 사람에게 맡겨져 다른 사람들은 명령에 따를 수밖에 없다."[488]고 지적했다.

고도로 중앙 집중화된 정치제도는 당내의 민주를 약화시키거나 폐지할 뿐만 아니라 우리 정치제도의 민주성도 약화시켰다. 따라서 정치제도의 개혁 과정에서 당의 지도제도와 국가 지도제도를 개혁하는 데 중점을 두어야 한다. 1980년 8월 덩샤오핑은 중공중앙정치국 확대회의에서 "당과 국가 지도제도의 개혁"이라는 중요한 연설을 했으며, 중국 정치제도 개혁의 주요 문제는 당과 국가의 지도제도의 개혁이라고 믿으며, 지도제도와 조직제도는 기본적이고 전반적이며 안정적이며 장기적인 핵심 문제이며, 기존 제도는 포괄적인 체제를 확립하기 위해 개혁되어야 한다. 이 제도는 개인의 역할보다는 다양한 제도와 체제의 조정 방법에 의존하여 사회주의 민주를 장려함으로써 당과 국가의 정치 생활의 민주화와 전체 사회의 민주화를 실현한다. 동시에 그는 사회주의제도와 계획관리제도가 경제, 정치, 문화, 사회에 대해 중앙 집중화된 관리체제를 구현한다고 지적했고, 쉽게 관료주의를 일으킨다고 하였다. 고도로 중앙 집중화된 관리체제는 사회주의와 필연적으로 연계되어 있지 않으며 사회주의제도의 고유한 특징이 아니다. 그 후 우리나라는 당과 국가의 지도 제도를 점진적으로 개혁하였다. 예를 들면, 1980년 2월 당의 11기 5중 전회는 소수의 사람들이나 개인에게 권력이 지나치게 집중된 상황을 바꾸기 위해 중앙 사무국을 재건하기로 했다. 지도직무 종신제를 바꾸기 위해 1982년 2월 중공중앙은 "원로간부(老幹部) 퇴임제도의 수립에 관한 결정"을 반포했다.

1982년 당의 12대는 최초로 "정치제도 개혁"이라는 용어를 사용했고, 이는 정치체제 개혁이 중국 개혁의 중요한 구성 부분이 되었음을 보여준다. 1986년 덩샤오핑은 정치제도 개혁에 대해 4차례 발언한 것을 근거로 당의 13대 보고서는 정치체제 개혁이 의제로 제시되어야 한다고 제안하고 정치제도 개혁에 대한

---

487) 덩샤오핑 문선(각주139), 142면.
488) 덩샤오핑 문선(각주139), 141-142면.

일련의 구상을 제기했다. 그 후 정치제도 개혁은 역대 당의 대표대회와 인민대표대회의 중요한 의제로 다뤄져 왔다.

(2) 우리나라 정치체제 개혁의 목표와 경로

정치체제 개혁의 목표와 경로에 대해 우리는 개혁개방 이래 당의 몇몇 중요한 역사 문헌, 특히 당의 역대 대표대회의 보고서를 통해 알 수 있다.

당의 11기 3중 전회는 경제체제 개혁을 추진할 때 정치제체 개혁도 추진하고 사회주의 민주를 개선해야 한다고 명시했다. 덩샤오핑은 "당과 국가 지도제도의 개혁"에서 다음과 같이 지적했다. 정치체제 개혁의 목표는 "사회주의 현대화와 당과 국가의 정치생활 민주화의 요구에 적응하는 것"이라고 지적했다. 따라서 당과 국가의 지도제도 등 제도의 대대적인 개혁과 국가 제도의 개선을 통해 당과 국가의 정치생활의 민주화, 경제관리의 민주화와 사회생활 전반의 민주화가 보장되어야 한다. 그러나 중국은 수천 년의 봉건사회의 역사가 있고 사회주의의 민주와 법제가 결여된 만큼 사회주의 민주와 법제 건설을 열심히 하여야 한다. 1981년 6월 당의 11기 6중 전회에서 "건국 이래 당의 몇 가지 역사적 문제에 관한 결의"를 채택하고, 최초로 격상된 민주적인 사회주의 정치제도를 점차적으로 건설하는 것을 사회주의 혁명의 근본 임무의 하나로 채택하였다. 따라서 정치제도에서 격상된 민주는 중국의 정치제도 개혁의 중요한 목표이다.

1982년 9월 당의 제12차 전국 대표대회는 정치체제 개혁의 임무는 격상된 사회주의 민주를 건설하는 데에 있고 경제생활, 문화생활의 민주뿐 아니라 정치생활과 사회생활 전반에 걸친 민주를 포함시켰다.

당의 13대는 우리나라 사회주의 초기 단계의 실제 상황에서 출발하여 우리나라 정치체제 개혁에 대한 단기 목표와 장기 목표를 세웠다. 단기 목표는 권력의 지나친 집중, 관료주의의 폐해를 극복하고 중국 특색 사회주의 민주를 지향하는 것이다. 장기 목표는 고도로 민주적이고 법제가 완비되어 있고, 효율적이며 활기찬 사회주의 정치제도를 구축하는 것이다. 그 후 역대 당 대표대회(黨代會)는 그에 상응하는 정치체제 개혁의 목표와 조치를 명시했다.

이러한 논술을 통해 우리나라 정치체제 개혁의 목표와 경로는 다음과 같이 요약할 수 있다.

첫째, "우리 당은 예로부터 인민민주를 실현하고 발전시켜야 할 책임을 맡았으며", "사회주의 민주정치를 발전시키는 것은 우리 당의 변함없는 분투 목표이다." 따라서 정치체제 개혁을 위한 장기 또는 근본 목표는 인민민주의 사회주의 민주법치를 실현하고 발전시키는 것이다. 동시에 경제체제 개혁과 조화를 이루어 발전해야 하며, 경제체제 개혁과 다른 제도의 개혁은 정치제도 개혁과 결합되어야 한다.

둘째, 중국의 정치체제의 개혁은 사회주의제도의 자기 개선이므로 반드시 사회주의의 방향을 견지해야 한다. 인류 정치 문명의 유익한 성과를 적극적으로 참조해야 하나 서양 정치제도의 형식을 그대로 베끼고 모방해서는 아니 된다.

셋째, 우리나라 정치제도 개혁은 민주정치의 목표를 견지하고 가장 중요한 것은 당의 지도를 견지하는 것이다. 민주정치의 실현은 당내 제도의 완비에 기인하며, 당은 당내 정치생활의 민주화를 부단히 개선하고 당내 민주를 통해 사회민주를 추진해야 한다. 정치제도 개혁에서 당은 지속적으로 지도방식을 개선하고 당과 인민대표대회, 정부, 사법기관과 기타 사회조직과의 관계를 정확하게 처리하고 인민이 주인이 될 수 있도록 지원해야 한다.

넷째, 사회주의 법치를 통해 민주정치 건설의 원활한 진행을 추진한다. 중국은 근본적인 제도상에서 정치체제 개혁이 목표를 세우고 사회주의 민주의 실현 방법과 보장체제를 개선해야 한다. 이러한 보장체제는 사회주의 법치를 실행하는 것이다.

다섯째, 정치체제 개혁의 단기 목표는 권력에 대한 감독과 균형을 통해 당과 행정기관을 개혁하는 것이다. 정치체제 개혁은 당과 정부의 관계, 당과 군중의 관계, 정부 내부의 권력분배체제(중앙과 지방의 권력분배체제를 포함함), 공민의 정치참여체제, 당과 국가의 감독체제 등에 관한 것이며, 민주고찰, 민주선거와 민주감독제도, 당의 규율검사제도와 국가감찰제도, 당·정부·입법·사법의 역할 분담 및 제약(制約)제도 등과 관련된다. 이러한 개혁은 모든 측면을 포함하며 매우 복잡하므로 서둘러서 성과를 얻으려고 하지 말고 적극적이면서도 안정적으로 진행해야 한다.

제2절 인민대표대회제도와 그 법치화

1. 인민이 주인이 되는 기본 내용 및 성질과 가치

앞서 언급한 바와 같이, 마르크스주의의 민주정치 이론에서 가장 중요한 것은 인민의 민주적 권리와 인민의 의지, 즉 인민이 주인이 되는 것을 강조하는 것이다. 따라서 사회주의 민주정치의 본질과 핵심은 인민이 주인이 되는 것이다.

(1) 인민이 주인이 되는 기본 내용

인민이 주인이 되는 기본 내용은 인민이 주인이 되는 가치와 그것을 실현하는 방법을 이해하는 것이다. 이는 인민의 구체적인 범주, 즉 무엇이 인민인지부터 밝혀야 한다. 다음으로 무엇이 주인이 되었는가를 명확하게 밝혀야 한다.

(가) "인민"의 함의

인민의 함의와 관련하여 국내외 학계에서 항상 논쟁이 있었다. 루소(Rousseau)의 관점에서 인민은 집단개념이다. 사람들은 사회계약을 통해 각각의 결합자(結合者)와 그 자신의 모든 권리를 전체 집단에 양도한다. 사람들의 결합행위는 각각의 계약자를 대체하는 도덕적이고 집단적인 공동체를 만들어낸다. 결합자로 구성된 집단은 인민이라 불리며, 각각의 단일 결합자가 주권적 권위의 참여자일 때 공민이라 부른다.[489] 칸트에게 인민은 모든 시민이 포함된다. 그는 민주는 시민사회를 구성하는 모든 사람들이 관리할 권력을 갖는 지배 구조의 한 형태라고 주장했다.[490] 마르크스, 엥겔스, 레닌은 민주가 계급 지향적이라고 지적했으며, 그들의 마음속의 인민은 노동자 계급 및 기타 많은 노동 군중으로 이루어진 사회주의 민주의 주체라고 지적하였다.[491] 조반니 사르토리(喬萬尼·薩托利, Giovanni Sartori)는 다양한 인민의 개념을 비판했으며, 특히 유기적 전체로 보는 견해를 비판했다. "인민이 유기적 전체라는 관점에서 볼 때 개인적으로 의

---

489) [프랑스] 루소(盧梭, Jean-Jacques Rousseau), 사회계약론, 허쪼우(何兆武)역, 베이징, 상무인서관, 1981년, 126면 참조.
490) [독일] 임마누엘 칸트(康德, Immanuel Kant), 법의 형의상학원리(法的形而上學原理) - 권리의 과학, 선수핑(沈叔平)역, 베이징, 상무인서관, 1991년, 177면 참조.
491) 마르크스, 프랑스 내전, 마르크스·엥겔스 선집(각주413), 58-59면 참조; 레닌, 미국공인에게 보낸 서신, 레닌 선집(각주451), 567-568면 참조.

미 없는 결론을 내리는 것은 쉽다. 전체의 이름으로 모든 사람을 한꺼번에 하나로 묶을 수 있다는 '전체는 한 사람 같다.'는 설을 통해 우리가 보는 것은 민주제도의 주장이 아니라 극권주의 독재제도의 주장이다. 민주가 이 진술을 반박하지 않는 한, 그 운행은 불가능하다." 그는 "오늘날의 '인민'은 무정형 집단, 고도로 혼란스럽고 분열된 사회를 나타내며 결국 무질서한 사회가 되었다."[492]고 이해했다.

따라서 인민은 매우 복잡한 개념이다. 중국의 여러 역사적 시대에 인민의 내포와 외연 또한 끊임없이 변화했다. 중국 공산당은 혁명과 건설의 진행 과정에서 공농(노동자와 농민)민주에서 인민민주 혹은 신민주주의 민주에 이르는 것을 경험했고, 나아가 사회주의민주와 중국 특색이 있는 사회주의 민주의 형성과 변천 과정을 거쳤다.[493] 위의 제목의 차이점에서 민주의 주체와 인민의 범위가 다른 것을 알 수 있다. 노동자와 농민이 무장한 혁명 근거지 건설 시기에 인민은 근거지의 노동자, 농민과 도시의 소자산 계급을 포함하였다. 항일전쟁 시기에 인민은 노동자 계급, 농민 계급, 소자산 계급, 민족자산 계급 및 기타 반제국주의 반봉건민을 포함했다. 신 중국 창립 이후 마오쩌둥은 인민과 적의 개념을 구분했다. 그는 "인민민주독재론"에서 "인민은 무엇인가? 중국의 현 단계에서 노동자 계급, 농민 계급, 도시의 소자산 계급, 민족자산 계급"[494]이라고 말했다. 사회주의 변혁이 기본적으로 완료된 후, 마오쩌둥은 적과 아군 사이의 모순을 해결하기 위해 인민의 개념을 다시 한번 해석했다. "현 단계에서 사회주의를 건설하는 시점에 사회주의 건설사업을 모두 찬성하고 수호하고 참여하는 계급, 계층과 사회단체는 모두 인민의 범위에 속한다. 사회주의 혁명에 저항하고 적대시하거나 사회주의 건설을 파괴하는 모든 사회세력과 사회집단은 모두 인민의 적이다."[495] 개혁개방 이후 중국 특색 사회주의를 건설하는 사업에서 인민개념의 외연은 한층 더 확대되었다. 덩샤오핑은 "사회주의 민주는 노동자, 인민, 지식인과 기타 노동자들이 공유하는 민주이며, 역사상 가장 광범위한 민주"[496]라고 지적

---

492) [미국] 조반니 사르토리(喬萬尼·薩托利, Giovanni Sartori), 민주신론, 펑커리(馮克利)·옌커원(閻克文)역, 베이징, 동방출판사, 1998년, 26면, 28면.

493) 리티에잉(李鐵映), 민주론, 베이징, 중국인민대학출판사, 2007년, 102면 참조.

494) 마오쩌둥 저작 선독, 하권(각주99), 682면.

495) 마오쩌둥 저작 선독, 하권(각주99), 757-758면.

496) 덩샤오핑 문선(각주139), 168면.

했다. 실제로 인민은 노동자, 농민, 지식인 그리고 기타 노동자로 해석된다.

　오늘까지도 인민에 대한 개념은 여전히 계속 설명되어야 한다. 마르크스주의 민주정치 이론에 따르면 우선 "인민"은 "적"과 대립되는 정치적 개념이고 사회주의 혁명과 건설의 역사적 임무는 다른 역사적 시기에 따라 변화된 것이므로 인민의 내포와 외연도 변화된 것이며, 이러한 의미에서 우리나라 현 단계에서인민은 전체 사회주의 노동자, 사회주의 사업의 건설자, 사회주의를 옹호하는 애국자, 조국 통일을 옹호하는 애국자를 가리키며 이는 인민에 관한 첫 번째 의미이다. 다음으로 인민은 공무원에 상대적이며, 사회주의 혁명과 건설 과정에서 당이 형성한 "인민을 위해 봉사"하는 훌륭한 전통과 "대중에서 나오고 대중에게로 되돌아간다."는 대중 노선은 실제로 인민의 또 다른 의미, 즉 인민은 일반 백성(老百姓, 노백성)을 말한다.

(나) 주인이 되는 것에 대한 기본적인 범주의 확정

　우리 사회의 변화에 따라 주인이 된다는 의미는 끊임없이 풍부해졌고, 그 외연은 점차 확대되고 있다. 마르크스는 파리코뮌의 경험을 요약하면서 파리코뮌을 인민에게 속하고 인민이 집권하는 정부라고 칭찬하면서 인민이 국가의 주인이라는 기본 의미를 설명했다. 마르크스가 보기에 진정한 민주는 마땅히 인민의 주권, 인민의 의지의 실현이고 인민 자신이 창조하고 스스로 수립하며 스스로 국가 제도를 규정하며, 이러한 국가 제도를 운용하여 자신의 일을 결정해야 한다.497) 마오쩌둥은 "인민의 국가는 인민을 보호한다. 인민의 국가가 있으므로 인민은 전국적으로 그리고 전체적으로 민주적인 방식으로 자신을 교육하고 변화시킬 수 있으며 스스로를 내외 반동의 영향으로부터 벗어나게 할 수 있고 …… 사회주의와 공산주의 사회를 향해 전진한다."498)고 지적했다. 동시에 마오쩌둥은 "민주는 모든 면에서 정치적이어야 하며, 군사적, 경제적, 문화적, 당의 업무 및 국제 관계적이어야 하며 모든 것이 민주적이어야 한다."499)고 강조했다. 덩샤오핑도 "당과 국가의 정치 생활의 민주화, 경제 관리의 민주화, 전반적인 사회생활의 민주화를 제도적으로 보장하자"500)고 분명히 했다. 당의 13대는 사회주의

---

497) 리티에잉(각주493), 26면 참조.
498) 마오쩌둥 저작 선독, 하권(각주99), 683면.
499) 마오쩌둥 문집, 제3권, 베이징, 인민출판사, 1996년, 169면.
500) 덩샤오핑 문선(각주139), 336면.

민주정치의 본질과 핵심은 인민이 주인이 되어 진정으로 각종 공민권리를 향유하는 것이며 국가를 관리하고 기업을 운영할 권리를 향유한다고 제기했다. 지앙쩌민 동지는 "당의 11기 3중 전회 개최 20주년 기념 대회에서의 연설"에서 민주의 구체성과 상대성을 강조했다. "우리의 사회주의민주는 전국 각 민족이 향유하는 가장 광범위한 민주이며, 그 본질은 바로 인민이 주인이 되는 것이다. 공산당이 집권하면 인민이 국가를 장악하고 관리하는 권력을 장악하는 것을 지지하는 것이며, 민주적 선거, 민주적 결책, 민주적 관리, 민주적 감독을 실행하고 인민이 법에 의하여 광범위한 권리와 자유를 향유하는 것을 보증하고 인권을 존중하고 보장한다."501)고 지적했다. 당의 15대는 인민이 주인이 되어 의법치국과 긴밀하게 결합하여 사회주의 민주를 점진적으로 제도화, 법률화해야 한다는 요구를 제기했다. 당의 16대는 "다양한 민주 형식을 풍부하게 하고 공민의 질서 있게 정치에 참여하는 것을 확대한다."는 내용이 추가되었다. 당의 17대는 인민의 알권리, 참여권, 표현권, 감독권을 보장할 것을 제창했다. 당의 18대는 민주제도의 건전화, 민주적인 형식의 풍부함을 더욱 강조하며, 인민이 법에 따라 민주적 선고, 민주적 결책, 민주적 관리, 민주적 감독을 실행할 것을 강조했다.

(다) 인민이 주인이 되는 형태

인민이 주인이 되는 것은 정치제도로서 간단하게 말하면 이것이 바로 민주이다. 민주는 인민의 통치를 대표하고 인민은 나라의 주인이며 국가 모든 권력의 소유자이다. 민주는 흔히 과두정치(寡頭政治)와 독재와 비교되는데, 후자이 두 정치제도 하에서 국가 권력은 소수에게 고도로 집중되는 반면 민주정치는 국가 권력이 많은 인민들에 의해 통제되고 행사된다는 것을 강조한다.

민주를 행사하는 형태는 직접적 민주와 간접적 민주의 두 종류로 구분된다. 직접적 민주는 또 순수 민주라고도 불리며 사람들이 직접 투표하여 국가정책을 결정하는 제도이다. 직접적이라고 할 수 있는 것은 결책의 권력은 인민에 의해 직접 행사되며 어떠한 매개체나 대표도 거치지 않기 때문이다. 역사적으로 이러한 형태의 정부는 상대적으로 드물다. 실제로 사람들을 모두 모아 권력을 행사하는 것은 상당히 어렵고, 소요되는 비용과 시간은 매우 높기 때문이다. 따라서

---

501) 지앙쩌민, 당의 11기 3중 전회 개최 20주년 기념 대회에서의 발언(1998년 12월 18일), 15대 이래 중요한 문헌선집(상), 베이징, 인민출판사, 2000년, 678면.

직접적 민주는 일반적으로 비교적 작은 공동체에서나 가능했는데, 예를 들어 고대 아테네의 도시 국가(雅典的城邦, city-states)이다. 간접적 민주는 대의제(代議制)민주라고 하는데 대의제라고 하는 것은 사람들이 직접 투표하여 국가 정책을 결정하는 것이 아니라, 민의대표(民意代表, 여론대표, 의원)를 선출하여 정부나 의회에 참여하기 때문이다. 민의대표는 전체 유권자가 선출한 것(비례대표제)일 수도 있고 특정 지역(통상 지리적으로 구분된 선거지역)만을 대표할 수도 있다. 물론 많은 대의제 민주도 시민투표와 같은 직접적 민주의 성분을 결합하고 있다.

(2) 인민이 주인이 되는 성질

우리는 오랫동안 중국 특색 사회주의 정치발전 노선을 견지해 왔으며, 당의 지도, 인민이 주인이 되는 것과 의법치국의 유기적인 통일, 인민민주의 확대, 인민이 주인이 되는 것을 보장하고 중국 특색 사회주의 민주정치의 왕성한 생명력을 보여주었다. 우리나라의 민주제도 하에 노동자, 농민, 지식인, 전체 사회주의 노동자, 사회주의를 옹호하는 애국자와 조국 통일을 수호하는 애국자를 포함한 수억 명의 사람들이 모든 국가 권력과 사회자원을 장악한다. 인민은 국가의 사무와 사회문제를 관리하고 경제와 문화사업을 관리할 수 있는 각종 정치적 권리를 누리며, 생존권과 발전권, 인신 인격권 및 경제, 사회, 문화 등의 광범위한 권리를 누리고 국가, 사회와 자신 운명의 주인이 된다. 더 중요한 것은 "사회주의 민주는 공유제를 주체로 하고, 다양한 소유제경제가 공동 발전하는 기본 경제제도를 실시하고, 노동에 따른 분배를 주체로 하는 것과 다양한 분배방식이 병존하는 분배제도를 실행하며, 인구의 절대 다수인 노동자 계급과 기타 노동인민들은 생산 자료의 다른 형식적 소유권과 지배권을 누리는 기초 위에서 주인이 된다. 경제적 지위의 평등은 사회주의 민주가 자본에 의해 통제되는 민주가 아니라는 것을 기본적으로 결정하고 보장하며, 생산 자료를 소수가 점유해 다수를 지배하는 민주가 아니라 가장 광범위한 인민이 누리는 민주이다."502)

인민이 주인이 되는 것의 내포는 끊임없이 풍부하며 그 범위도 점차 확대되었다. 첫째, 국가의 주인이 된다는 것은 인민이 국가의 주인, 즉 국가 주권은 인민에게 귀속한다는 것을 의미한다. 우리나라 헌법 제2조 제1항은 "중화인민공화

---

502) 리린(李林), 인민이 주인 역할을 하는 중국 특색 사회주의민주의 본질과 핵심, 인민일보, 2010년 4월 8일.

국의 모든 권력은 인민에게 있다."고 규정한 것은 인민이 국가의 주인이라는 것을 반영한다. 둘째, 주인이 되는 내용은 공허하지 않고, 인민의 주인 지위가 거짓이 아니며, 우리나라 헌법 제2조 제3항은 "인민은 법률규정에 따라 각종 수단과 형식을 통해 국가의 사무를 관리하고 경제와 문화사업을 관리하고 사회 문제를 관리한다."고 명확하게 규정했다. 셋째, 인민은 각종 권리를 향유하는 것은 인민이 주인이 되는 중요한 구현이며 또한 인민이 주인이 되는 것의 중요한 보장이다. 우리나라 헌법 제2장에서는 공민의 각종 기본 권리를 규정한 것은 인민이 주인이 되기 위한 것을 이행하기 위한 것이다. 넷째, 인민이 주인이 되는 것은 정치생활, 경제생활, 문화생활과 사회생활 등 여러 방면에서 나타난다.

요컨대, 인민이 주인이 되는 것은 중화인민공화국의 모든 인민이 중국 공산당의 지도하에 국가 권력을 장악하고 행사하며, 각종 국가 제도를 수립하고 규정하며, 헌법과 법률의 규정에 따라 광범위한 자유와 권리를 향유하며, 다양한 수단과 형식을 통해 국가의 정치, 경제, 문화와 사회 분야의 여러 결책에 참여하며 국가 사무를 관리하고 경제와 문화사업을 관리하며 사회 사무를 관리하며 국가 권력을 감독한다.

(3) 인민이 주인이 되는 것의 가치

앞서 서술한 바와 같이, 인민이 주인이 된다는 이론은 바로 마르크스주의의 민주이론에서 비롯되었다. 당대 중국에서 국가의 주인으로서 인민의 가치를 이해하는 것은 사회주의가 인민을 국가의 주인으로 실현해야 하는 이유를 주로 해결한다.

(가) 인민이 주인이 되는 것은 사회주의의 본질적인 요구이다.

첫째, 마르크스주의의 인민이 주인이 되는 이론의 근원은 역사적 유물주의이다. 역사적 유물주의의 원리에 따르면 인민 군중은 역사의 창조자이고 국가 권력과 제도는 모두 인민 군중 사회가 실천한 결과이다. 이는 인민이 국가의 주인이고, 인민이 주인이 되는 것이 역사 발전의 필연적 요구라는 것을 결정한다.

둘째, 사회주의는 궁극적으로 사회의 해방과 인류의 해방을 실현하는 것이고 이는 필연적으로 많은 인민 군중이 정치, 경제, 문화와 사회 각 분야에서 주인 지위를 가지고 광범위한 권리와 자유를 향유할 것을 요구한다.

셋째, 인민이 주인이 되는 것은 우리나라 인민민주독재의 국가시스템에 의해 결정된다. 인민민주독재의 국가시스템은 민주적인 주체와 독재의 대상을 규정하고 국가의 계급적 성격을 규정한다. 인민민주독재의 국가시스템은 인민을 보호하는 것이므로 인민이 주인이 되는 것을 실현해야 한다.

(나) 인민이 주인이 되는 것은 사회주의 우월성의 구체화이다.

첫째, 사회주의 민주는 역사상 새로운 형태의 민주와는 다른데, 사회주의 민주를 다른 사회민주와 구별하는 특징 중 하나는 대다수의 인민 군중이 국가의 주인이 되는 반면, 다른 유형의 민주가 소수인의 민주를 실현하는 것과는 다르다. "중국 특색 사회주의 민주는 마르크스주의 민주 이론과 중국 특색 사회주의 실천을 상호 결합한 산물로 자본주의 민주에 대한 지양(揚棄)과 초월이며 민주본의(民主本意)에 부합하는 보다 높은 유형의 민주이다."[503]

둘째, 인민이 주인이 되는 것을 실현하면 사회주의제도의 우월성을 더욱 잘 반영할 수 있다. 사회주의 사회는 자본주의 사회와 같이 모두 민주사회에 속한다. 사회주의제도는 다른 제도에 비해 우월성이 있고, 이러한 우월성은 공허한 것이 아니며 사회주의는 국가의 부강함과 인민의 부유함 외에도 인민의 권리도 충분히 보장하여 인민이 주인이 되는 이상을 실현되도록 한다.

셋째, 사회주의 민주는 진정성을 가지고 있으며 형식적인 민주뿐만 아니라 실질적인 민주도 실현해야 한다. 실질적인 민주는 진정으로 인민이 주인이 되고, 인민이 진정으로 국가 권력을 향유하고 행사하며, 인민의 각종 자유와 권리가 실현되어 진정으로 인민이 나라를 다스리는 이상을 실현할 것을 요구한다. 사회주의 민주가 자본주의 민주보다 더 진실하고 더욱 광범위한 것은 대다수 일반 공민이 국가관리에 참여할 수 있도록 제도적으로 보장했기 때문이다.

(다) 인민이 주인이 되는 것은 사회주의를 건설하는 기초이다.

레닌은 일찍이 10월 혁명 전에 "민주가 없다면 사회주의는 있을 수 없다."고 하였는데, 여기에는 두 가지 의미가 있다. ① 무산계급은 민주투쟁을 통해 사회주의 혁명을 준비하지 않고서는 이 혁명을 달성할 수 없다. ② 승리한 사회주의가 완전한 민주를 실천하지 않는다면 그 승리를 유지할 수 없을 것이며, 인류를

---

503) 리린(각주502), 2010년 4월 8일.

국가의 멸망으로 인도할 수 있다.[504] 덩샤오핑은 여러 차례 민주가 없으면 사회주의도 없고 사회주의의 현대화도 없다고 강조했다. 당의 전국 대표대회 보고서는 "인민민주는 사회주의의 사명"이라고 여러 차례 밝혔다.

사회주의 국가의 건립은 민주를 전제 조건과 기초로 하고 무산계급 정당이 민주의 방식을 적용하여 인민의 의지와 인민의 역량을 집중시킴으로써 많은 인민 군중의 혁명을 통해 달성된다. 사회주의 현대화 건설 사업도 마찬가지로 인민이 주인이 되는 형식을 통해 국가와 사회 건설에 참여하는 수억 명의 인민 군중의 적극성과 자각성을 동원해야 한다.

2. 우리나라 인민이 주인이 되는 근본적 실현 형식인 인민대표대회제도

민주의 실현은 사회주의 국가의 목표 중 하나이며, 이러한 목적은 특정 형태의 정치 조직을 통해 수행되고 보장되어야 한다. 우리나라에서 인민대표대회제도는 인민민주독재의 정권 조직의 한 형태이다. 우리나라 인민대표대회제도는 인민의 선택이자 불가피한 역사이며, 중국이라는 토양에 뿌리를 두고 있으며, 가장 많은 인민 군중이 주인이 되게 하는 것을 실현할 수 있는 가장 근본적이고 중요한 정치제도이다.

(1) 인민대표대회제도의 본질

우리나라의 인민대표대회제도는 매우 풍부한 내용을 가지고 있는데, 그 내용은 주로 다음과 같다. ① 국가와 사회의 주인은 인민이고 이는 국가 제도의 핵심 내용과 기본 준칙이다. ② 각급 인민대표대회는 인민이 법에 따라 직접 혹은 간접적인 민주선거를 통해 선출하고, 인민에 대한 책임을 지며, 인민의 감시를 받게 되며, 유권자와 선거기관(단위)은 언제든지 자신이 선출한 대표를 교체하거나 해임할 권리가 있다. ③ 인민대표대회는 국가 권력을 균등하게 행사하며, 각급 국가 행정기관, 재판기관, 검찰기관 및 그 지도자들은 모두 동급의 인민대표대회에 의해 선출되어 그 책임을 지고 감독을 받게 된다. 이 전제하에 국가의 행정권, 재판권, 검찰권과 군사권을 명확하게 구분하고 합리적으로 분업한다. ④ 각급 인민대표대회와 그 상무위원회는 민주집중제도의 원칙에 따라 권력을 행사

---

504) 레닌 전집(각주199), 168면.

하고 모든 중대한 문제는 반드시 집단 토론을 거쳐 결정해야 하며, 개인이나 소수에 의해 결정되어서는 안 된다. ⑤ 중앙과 지방의 국가 기구의 기능 분담은 중앙정부의 통일 지도하에 지방의 능동성과 적극성을 충분히 발휘한다는 원칙에 따른다.

위에서 볼 수 있듯이 우리나라의 기본 정치제도인 인민대표대회제도는 우리나라의 계급적 성격을 반영하고 사회의 다양한 정치 세력의 대조적인 관계를 반영하며 노동계급이 이끄는 공농연맹(工農聯盟, 노동자와 농민의 연맹)에 기초한 인민민주독재인 사회주의 국가의 본질을 확립하며, 우리나라의 정치 및 경제생활에서 모든 계급과 지층의 지위와 역할을 반영하며, 가장 많은 인민 군중의 근본적인 이익을 반영하는 기본적인 정치제도이다. "이러한 제도는 전체 인민이 통일적으로 국가 권력을 행사하는 것을 보장할 수 있을 뿐만 아니라, 인민 군중이 주인이 되는 적극성과 자각성을 충분히 동원할 수 있도록 보장한다. 또한 국가 정권기관의 분업 및 협력에 유리하고, 사회주의 건설을 조화롭게 조직하고 국가통일과 민족단결을 유지하고 보호하며 인민민주를 실현하는 가장 좋은 제도 형식으로 강력한 생명력과 엄청난 우월성을 지니고 있다. 인민대표대회제도는 민주집중제도의 조직원칙과 활동방식을 충분히 살리고, 민주를 바탕으로 각 방면의 의견을 정확히 모아 서로 다른 이익을 조화시키고, 집단적으로 권력을 행사하며, 과학적으로 결정을 내리고 인민의 의지와 이익의 실현을 보장하며, 사회의 공평·정의를 유지하고 보호한다. 인민대표대회제도는 민주와 집중, 민주와 효율, 민주와 법치를 결합시켜 서양 민주 정치에서 '다수가 폭정(暴政)'하지 않도록 하며, 사회주의 민주제도의 역량을 집중시켜 큰일을 하게 하고, 효율성을 높일 수 있다."505)

(2) 사회주의 민주정치 건설에서 가장 중요한 것은 인민대표대회제도를 유지하고 개선하는 것이다.

덩샤오핑은 "우리의 제도는 인민대표대회제도이고 공산당의 지도하의 인민민주제도이므로 서양의 방법으로 해서는 안 된다."506)고 말했다. 그는 또 "정치체제 개혁에서 우리가 확신할 수 있는 한 가지는 미국식 삼권정립(三權鼎立)제도

---

505) 리린(각주502), 2010년 4월 8일.
506) 덩샤오핑 문선(각주138), 240면.

가 아니라 인민대표대회제도를 견지해야 한다."507)는 것이라고 명시했다.

지앙쩌민 동지도 여러 차례 다음과 같이 지적했다. "인민대표대회제도는 우리 나라의 근본적인 정치제도이다. 이는 우리 당이 장기간 진행한 인민정권 건립 경험의 총결산이며, 우리 당이 국정 지도력의 주요 특징이자 장점이다. 건국 이래, 특히 최근 10년 동안의 관행은 인민대표대회제도는 우리나라의 본질을 반영하고 중국의 국가 조건과 일치함을 증명했으며, 모든 인민이 국가 권력을 통일적으로 행사하고 인민 군중을 충분히 동원하여 주인이 되는 적극성과 자각성을 갖추고 있으며, 국가 정권기관이 분업하고 협력하여 사회주의 건설을 조화롭게 조직하는 데도 유리하다."508) "인민대표대회제도가 사회주의제도의 우월성을 구현하고 사회주의민주의 광범위함을 보여준다는 사실이 실천으로 증명되었다. 이는 우리나라 인민민주독재의 국가 성격에 맞는 정권 조직의 형태로 우리나라의 근본적인 정치제도이다. 11기 3중 전회 이래, 당 중앙은 인민대표대회제도의 건설을 매우 중시하여 인민을 지도자로 삼고 지지하며 국가를 관리하는 중요한 수단으로 여겼다. 이런 중국 특색이 있는 근본적인 제도에 따라 진정으로 일을 하는 것은 우리나라가 사회의 안정과 질서를 잘 유지하고, 각종 사회주의 사업을 효과적으로 조직하며, 온갖 위험을 감수하면서 무적의 상태를 유지하였다는 점에서 의미가 크다."509)

동시에 우리나라의 현행 인민대표대회제도는 민주혁명 시기에 처음 도입되어 고도로 중앙 집중화된 계획 경제의 기초 위에 자리 잡고 있으며, 비록 우리나라의 민주정치 생활에서 큰 역할을 했지만, 사회주의 시장경제와 민주정치의 지속적인 발전의 조건하에서 많은 부적절함과 불완전성을 보여주었다는 것을 알아야 한다. 이 제도는 계속 개선되어야 하고 인대(人大, 인민대표대회의 약칭임)의 작업도 개선되고 강화해야 한다.

11기 3중 전회 이후 덩샤오핑은 당과 국가의 지도체제를 개혁하고 당 조직과 행정기관의 기능을 구분해 당과 인대, 정부, 사법기관의 관계를 바로잡아 점차 제도화해야 한다고 제기했다. 한편, 중국 공산당이 중국 사회주의 사업의 지도적 핵심이며, 각급 정권기관은 인대, 정부, 사법기관과 군대를 포함해 당의 지도

---

507) 덩샤오핑 문선(각주138), 307면.
508) 중공중앙 문헌 연구실편(각주471), 305면.
509) 중공중앙 문헌 연구실편(각주471), 307면.

를 받아야 한다는 점을 분명히 해야 한다. 다른 한편으로, 당의 성격과 정권기관이 다르고, 기능도 다르며, 조직의 형식과 업무방식도 다르며, 당은 인대를 대신하여 국가 권력을 행사해서는 안 되며 직접 국가 기관의 업무를 지휘할 수 없다는 점을 분명히 해야 한다. 당의 지도는 주로 정치, 사상과 조직의 지도이다. 당 국무의 지도는 주로 정치 원칙, 정치 방향, 중대한 결책의 지도와 국가 기관에 중요한 간부를 추천하는 것이다. 이 중 당 조직의 국무에 관한 중대 결책은 법에 따라 인대 혹은 인대상무위원회가 결정해야 할 사안은 인대 혹은 인대상무위원회가 법정절차를 거쳐 국가의 의지로 바꾸어야 한다. 동시에 국가 권력기관이 통과시킨 헌법과 법률은 각급 당 조직과 모든 공산당원에 의해 엄격하게 준수되고 집행되어야 한다.

지앙쩌민 동지는 구체적으로 인민대표대회제도를 어떻게 견지하고 개선할지를 제시했다. 그는 "당은 인대가 법에 따라 기능과 권한을 행사하는 것을 존중하고 지지해야 한다. 인대는 국가 권력기관이고 당이 인민 군중과 연결되는 중요한 통로이기도 하다. 각급 당 조직은 헌법과 법률로 규정된 인대와 그 상무위원회의 지위를 존중해야 하고, 인대와 그 상무위원회의 역할을 중요시해야 한다. 국무에 관한 당 중앙위원회의 주요 결책은 전국 인대에서 결정해야 할 사항이고 모두 전국 인대에 제출해 법정절차를 거쳐 국가의 의지로 바꾸어야 한다. 지방도 마찬가지다."[510] "각급 당위원회는 인대의 역할을 중요시하고 당의 의지를 국가 권력기관을 통해 국가의 의지로 바꾸는 데 능해야 하며, 모든 인민을 동원하여 준수하고 이행하도록 해야 한다. 이는 국가의 기본 제도에 따라 행동하는 문제이며 또한 지도력의 기술이기도 하다."[511] "인민의 대표 기관인 인대와 그 상무위원회도 인민 군중과의 연계를 더욱 강화해 인대가 인민을 더욱 잘 대표하고 인민의 감독을 받아들일 수 있도록 해야 한다. 인대와 그 상무위원회의 구성원은 군중 노선을 견지하고, 깊이 조사 연구하며, 각 방면의 의견을 충분히 반영하여야만, 제정한 법과 내려진 결정이 객관적이고 실제적이며 많은 인민의 이익에 부합할 수 있다."[512]고 제기했다.

따라서 우리는 당의 지도를 견지하고 개선한다는 전제하에 인민대표대회제도

---

510) 중공중앙 문헌 연구실편(각주471), 305면.
511) 중공중앙 문헌 연구실편(각주471), 307면.
512) 중공중앙 문헌 연구실편(각주471), 306면.

를 더욱 보완해 인민대표대회가 당과 기타 국가 기관이 기능 및 관리적으로 구분할 수 있도록 입법감독 기능을 강화해야 한다. "의회와 행정 권력의 일치(議行合一)"의 함의를 잘못 이해해서는 아니 되고 당의 지도의 함의를 잘못 이해해서는 더욱 아니 되며, 응당 당의 정치지도권과 인민대표대회의 입법과 감독권, 정부의 행정관리권과 사법기관의 사법재판, 검찰권을 체제적 및 제도적으로 구분해야 한다. 인민대표대회와 그 상무위원회가 직권을 행사하는 제도와 절차, 그에 상응하는 조직의 보장을 확실히 함으로써 인민이 선거한 대표 기관이 진정으로 국가의 권력 중심, 정치활동의 중심이 될 수 있도록 한다.

3. 인민대표대회제도의 법치화

우리가 주장하는 법치는 반드시 민주적 기초 위에 있는 법치로 민주적인 정치제도여야 한다. 인민대표대회제도의 법치화는 사회주의 민주의 법률화, 제도화이고, 인민대표대회제도의 개선이며, 각급 인대 작업을 엄격하게 법에 따라 처리하는 것이며, 당의 지도, 인민이 주인이 되는 의법치국의 유기적인 통일을 견지하는 것이다.

(1) 우리나라 헌법의 인민대표대회제도에 관한 주요 규정

중화인민공화국 헌법 제2조는 "중화인민공화국의 모든 권력은 인민에게 있다. 인민이 국가 권력을 행사하는 기관은 전국 인민대표대회와 지방 각급 인민대표대회이다. 인민은 법에 따라 다양한 수단과 형식을 통해 국가 사무를 관리하고 경제와 문화사업을 관리하며 사회 문제를 관리한다."고 규정하고 있다. 제3조 제2항, 제3항은 "전국 인민대표대회와 지방 각급 인민대표대회는 민주선거에 의해 발생하고, 인민에 대한 책임을 지고 인민의 감독을 받는다. 국가 행정기관, 재판기관, 검찰기관은 모두 인민대표가 배출하고 책임을 지고 감독을 받는다."고 규정하고 있다. 이러한 규정들은 실제로 우리나라 인민대표대회제도가 인민이 주인이 되는 기본 원리와 운행 방식을 실현할 수 있도록 간단명료하게 설명했다.

첫째, 우리나라의 모든 권력은 인민에게 있으며, 인민은 자신의 대표를 선출하여 전국 인민대표대회와 지방 각급 인민대표대회를 구성함으로써 국가 권력을 행사한다. 전국 인민대표대회와 지방 각급 인민대표대회는 인민에게 책임을 지고 인민의 감독을 받는다.

둘째, 인민이 국가의 사무를 관리하고, 경제와 문화사업을 관리하고, 사회문제를 관리하는 것은 헌법과 법률의 틀 안에서 구현되어야 하며 인민이 주인이 되는 수단과 형식은 다양하다.

셋째, 국가 행정기관, 재판기관과 검찰기관은 모두 인민이 직접 선출한 것이 아니라 각급 인민대표대회에서의 선거에 의해 선출되고, 이에 대한 책임을 지고 감독을 받는다.

헌법 제57조는 "중화인민공화국 전국 인민대표대회는 국가의 최고 권력기관이다. 상설기관은 전국 인민대표대회 상무위원회이다."고 규정하고 있다. 인민대표대회는 우리 인민의 대표기관이기 때문에 인민이 주인이 되기 위한 목적으로 헌법은 전국 인대에서 가장 높은 국가 권력기관의 지위를 부여하고 동시에 헌법과 관련 조직법은 전국과 지방 인대기관의 각종 직권을 명확하게 규정하고 있다. 이는 모두 인민이 주인이 되는 것을 실현하는 중요한 보장이다. 인대기관의 권력을 요약하면 주로 다음과 같다.

첫째, 입법권이다. 헌법 제58조는 "전국 인민대표대회와 전국 인민대표대회 상무위원회는 국가의 입법권을 행사한다."고 규정하고 있다. 민주법치의 제도적 틀 안에서 입법권을 행사하는 목적은 민주적 합의로 인민의 의지를 법률로 승화시켜 규범적, 강제적 준수의 효율성을 얻기 위한 것이다. 입법권은 인민이 인민대표대회를 통해 국가 사무를 관리하는 가장 중요한 권력 중 하나로 민주제도에서 인민을 대표하여 주인이 되는 기본 상징이다.[513] 전국 인대와 그 상무위원회가 효과적으로 여론을 수렴하고 이를 다시 국가의 법률로 격상시킬 수만 있다면 우리의 민주법치의 이상은 실현될 것이다. 입법권의 효과적인 행사는 인민이 주인이 되는 것을 실현하는 데 매우 중요한 일환이다.

둘째, 임면권이다. 인민대표대회는 인민의 대표기관으로 우리나라의 각급 국가 기관의 지도자와 그 구성원의 선거권, 임명권, 해임권은 각급 인대와 그 상무위원회가 행사한다. 행정기관, 재판기관과 검찰기관 등도 국가 권력기관에서 나오고, 국가 권력기관은 인민을 대표하고 인민민주 원칙을 충분히 반영한다.

셋째, 결정권이다. 인민이 주인이 되고 국가와 사회를 관리하는 등의 업무는

---

513) 리티에잉(각주493), 176면 참조.

필연적으로 국가와 사회의 중대한 문제에 대한 결책과 관련이 있으며, 인대의 결정권 행사는 인민이 주인임을 나타내는 중요한 표현이다. 예를 들어, 헌법 제62조와 제67조는 각각 열거된 형태로 전국 인대와 그 상무위원회의 직권을 규정하고 있다. 전국 인대는 특별행정구의 설립과 그 제도를 결정할 권리가 있으며, 국가의 전쟁과 평화 등을 결정할 권리가 있다. 전국 인대상무위원회는 외국과의 조약체결과 중요 협정의 비준 폐지를 결정할 권리가 있고 특별 사면을 결정하거나 전국 총동원 또는 지역 동원 등을 결정할 권리가 있다.

넷째, 감독권이다. 감독을 받지 않는 권리는 필연적으로 부패가 발생하고 각급 인대와 그 상무위원회의 감독권은 인민이 주인이 되는 것을 보장하고 실현하는 데 없어서는 안 될 중요한 부분이다. 인대감독은 법적감독과 업무감독을 포함한다. 인대의 법적감독은 국가 법률의 실시를 전면적으로 보증하고 인민의 근본 이익을 유지하고 보호하는 중요한 제도이다. 인대의 행정기관, 사법기관과 검찰기관의 업무에 대한 감독은 국가 권력의 이화(異化)에 대비하여 인민의 이익을 지키는 중요한 보장이다.

(2) 인민대표대회 각 제도의 법치화

60년에 가까운 우리 인민대표대회제도의 경험을 총결산하고, 당과 국가의 역사적 임무를 결합한 인민대표대회의 각종 제도를 다음과 같은 관점에서 더욱 법치화해야 한다고 생각한다. ① 인민대표대회의 선거제도, 회의제도, 작업제도, 감독제도 등을 완비해야 한다. ② 인민대표대회의 입법을 강화하고 민주입법, 과학입법의 원칙을 견지하고 중국 특색 사회주의 법률체계를 꾸준히 보완하며, 특히 사회입법을 가속화해야 한다. ③ 입법해석 작업을 한층 더 강화하고 이것을 우리나라 법률체계를 개선하는 중요한 작업 중의 하나로 해야 한다. ④ 각급 인민대표대회의 기능을 충분히 발휘하고, 특히 각급 행정기관, 사법기관의 기능을 감독하여 인민이 부여한 권한을 진정으로 이행할 수 있도록 한다. ⑤ 헌법감독체제를 개선하고 중국 국정에 부합하는 위헌 심사제도를 건립하여 공민이 향유하는 헌법권리가 확실한 보장을 받도록 한다. 이러한 제도의 법치화는 바로 각급 인민대표대회가 의법작업(依法工作), 의법입법(依法立法), 의법해석(依法釋法), 의법감독(依法監督), 의헌치국(依憲治國)을 엄격하게 하도록 하는 것이다.

요컨대 인민대표대회제도는 우리나라 인민의 혁명정권 건설의 경험을 총결산한 것으로 마르크스주의 국가 학설과 우리나라 국정이 결합된 산물이다. 우리나라가 인민대표대회를 우리의 정권조직으로 선택한 것은 우리 인민민주독재의 본질을 직접적이고 포괄적으로 반영하고 인민이 주인이 되는 지위를 표명함으로써 국가의 모든 권력이 인민에게 있다는 것을 보여주었기 때문이다. 그것은 인민이 국가관리에 참여하는 것을 용이하게 하여 우리나라 인민이 주인이 되어 국가를 관리할 권리를 행사하도록 보장한다. 각급 인민대표대회는 국가 권력기관으로서 국가 권력의 행사와 실현과정에서 지배적인 위치에 있으며, 이는 국가 권력의 집중적이고 통일된 수행을 용이하게 한다. 이를 위해 우리는 이 기본 정치제도를 끊임없이 법치화해야 한다.

제3절 협상민주제도와 그 법치화

협상민주는 중국 특색 사회주의민주의 중대한 특징 중 하나이다. 우리나라에서 협상민주의 기본 형태는 공산당이 이끄는 다당합작과 정치협상제도이다. 이 제도는 중국의 민주화 과정을 추진하는 데 중요한 역할을 한다.

1. 우리나라 협의민주제도의 특징

공산당이 이끄는 다당합작과 정치협상제도는 마르크스주의 정당 이론과 통일전선 학설이 우리나라 실제상황과 결합한 산물이다. 이 기본 정치제도는 우리나라 장기간의 혁명경험에 대한 요약이자 가장 많은 인민 군중의 근본 이익을 실현하는 중요한 수단이기도 하다.

중국 공산당이 이끄는 다당합작과 정치협상은 당이 중국 혁명을 이끌면서 창설되었다. 어떠한 혁명도 최후의 승리를 거두려면 그 혁명계급은 가장 광범위한 사회혁명역량을 동원해야 하며, 자신의 혁명역량을 키우면서 적을 고립시키고 그 힘을 약화시켜야 한다. 이는 마르크스와 엥겔스가 말한 것과 같다. "혁명을 진행하는 계급은 다른 계급에 대항하는 것뿐 아니라, 처음부터 하나의 계급으로서, 전체 사회의 대표로서 나타나야 한다. 그것은 엄연히 사회 전체의 입장에서 유일한 지배 계급에 반대한다."[514]

---

514) 마르크스 · 엥겔스 선집(각주414), 100면.

가장 광범위한 사회혁명역량의 동원은 중국 혁명의 실천 속에서 가장 광범위한 통일전선을 구축하기 위해 구현되었다. 마오쩌둥은 중국 혁명이 승리한 삼대 법보(三大法寶) 중 하나로 당이 지도하는 각 혁명계급과 각 혁명파별로 결합한 통일전선을 꼽았다. 중국 혁명은 중국 공산당이 이끌고 완성한 자산계급 민주주의 혁명이고, 즉 신민주주의 혁명으로 그 핵심 목적은 인민민주의 실현이다. 그러나 "이러한 신민주주의 혁명은 역사상의 구미(歐美, 유럽과 아메리카) 각국의 민주혁명과는 달리 자산계급 독재가 아니라 각 혁명계급이 무산계급의 지도하에 있는 통일전선의 독재이다."[515] 마오쩌둥은 통일전선의 각 혁명계급을 인민으로 간주했으며, 각 혁명계급이 연합한 독재를 인민민주독재라고 불렀다. 따라서 공산당이 이끄는 다당합작제도는 각 혁명계급의 연합독재(즉, 인민민주독재)라는 제도의 형식을 실현해 나가고 있는 것이 인민민주실천의 산물이다. 그러나 인민이라는 개념은 역사적 시기에 따라 내용이 다르며, 항상 다른 계급, 계층과 사회집단으로 나뉘며, 항상 기본적인 사회 군중인 노동자, 농민, 지식인이 있었다. 또한 기타 다른 측면의 군중인 각 민주당파에 의해 연결되고 모인 사람들도 있었다.

덩샤오핑은 새로운 역사적 조건하에서 공산당이 이끄는 다당합작과 정치협상 제도는 여전히 전체 인민의 의지를 형성하고 표현하는 기본 정치제도라고 여겼다. 따라서 덩샤오핑은 다음과 같이 지적했다. "중국 공산당의 지도 아래 다당파 합작을 하는 것은 우리나라 구체적 역사 조건과 현실적인 조건이 결정한 것이며 우리나라 정치제도의 한 특징이자 장점이다."[516] "우리나라도 다당제이지만 중국의 다른 당은 공산당의 지도를 인정한다는 전제 아래 사회주의 사업에 봉사하고 있다. 우리의 전국 인민은 사회주의를 건설하고 발전시키고 궁극적으로 공산주의를 달성하는 것에 대한 공통된 근본적인 이익과 숭고한 이상을 가지고 있기 때문에 우리는 공산당의 지도하에 단결할 수 있다. 우리 당은 다른 몇몇 당과 오랫동안 공존하고 서로를 감독하는 이 원칙을 준수해야 한다."[517] "이제 그들은 사회주의 노동자들의 연합과 사회주의 애국자들의 일부가 되었으며, 모두 중국 공산당의 지도 아래 사회주의를 위해 봉사하는 정치세력들이다."[518]

---

515) 마오쩌둥 선집(각주103), 648면.
516) 덩샤오핑 문선(각주139), 205면.
517) 덩샤오핑 문선(각주139), 267면.
518) 덩샤오핑 문선(각주139), 186면.

"인민정치협상회의는 공산당의 지도 아래 각 당파와 무당파(무소속)의 결속을 다지는 중요한 조직이고, 우리 정치체제에서 사회주의 민주를 장려하고 상호 감독을 구현하는 중요한 형식이며, 우리나라의 모든 민족 집단의 사람들 사이에서 높은 명성을 누리고 있다."[519] 따라서 "우리는 반드시 '장기 공존, 상호 감독' 및 '간담상조(肝膽相照: 서로 진심을 터놓고 대하는 것을 이르는 말), 영광과 치욕을 함께'하는 방침을 견지하고, 각 민주당파, 무당파(무소속) 민주인사와 애국적 당 외의 인사들과의 협력을 강화하여 우리나라 사회주의 현대화 건설의 새로운 국면을 열고 애국적 통일전선의 새 국면을 열어나가기 위해, 인민정치협상회의 사업의 새 국면을 열기 위해 함께 노력해야 한다."[520]

지앙쩌민 동지는 다음과 같이 여러 차례 지적했다. "중국 공산당이 이끄는 다당합작은 중국의 국정에 적합하고 중국 특색 사회주의의 새로운 정당제도이다. 당대 중국에서 공산당은 집권지위에 있고 언제나 인민 군중의 감독과 비판을 수용해야 하며, 물론 자신과 긴밀한 협력을 유지해온 각 민주당파의 감독과 비판도 항상 수용해야 한다. 우리는 중국 공산당과 민주당파 사이의 '장기간 공존, 상호 감독, 간담상조, 영광과 치욕을 함께'하는 방침을 견지하고, 정당에 참여하는 민주당파의 역할을 완전히 수행하고, 민주당파 및 무소속의 협력을 계속적으로 강화해야 한다."[521] "우리나라의 이러한 다당합작과 정치협상제도는 근본적으로 서양 자본주의 국가의 다당제와 양당제와는 완전히 다르다. 이는 우리 당이 오랜 투쟁에서 마르크스·레닌주의의 보편적 원리를 중국 혁명과 건설의 실천에 접목한 위대한 창안이다. 우리의 국정에 적합한 이런 좋은 제도에 대하여 계속 견지하고 부단히 보완해야 한다."[522] "우리나라 정당제도의 두드러진 특징은 '공산당 지도력과 다당파 합작, 공산당 집권과 다당파 참정(參政), 각 민주당파는 야당과 반대당이 아니라 공산당과 친밀하게 협력하는 우당(友黨)과 참정당(參政黨: 정당 정치에 참여하는 것을 이르는 말)이다. 공산당과 각 민주당파는 국가의 중대 사안에 대해 민주적인 협상과 과학적 결책을 하고, 큰일에 역량을 집중한다. 공산당과 각 민주당파는 서로 감독하고 공산당 지도부의 개선과 참정당 건설의

---

519) 중공중앙 문헌 연구실편, 덩샤오핑이 중국 특색이 있는 사회주의를 건설하는 전문문제의 논술에서 발췌(신편본), 베이징, 중앙문헌출판사, 1995년, 406면.

520) 중공중앙 문헌 연구실편(각주519), 408면.

521) 중공중앙 문헌 연구실편(각주471), 311면.

522) 중공중앙 문헌 연구실편(각주471), 309면.

강화를 촉진한다.'는 데에 있다."[523] 지앙쩌민 동지는 또 다음과 같이 요약했다. "세상은 다채로우며, 어느 곳에 놓아도 모두 꼭 들어맞는(放之四海而皆準) 보편적 정치제도의 모형은 존재하지 않으며, 또 있을 수도 없다. 중국의 정치제도와 정당제도를 가늠할 때 가장 근본적인 것은 중국의 국정에서 출발하여 중국의 혁명, 건설 및 개혁 관행의 효과에 초점을 맞추는 것이다. 첫째, 사회적 생산력의 지속 가능한 발전과 사회의 전반적인 발전을 촉진할 수 있는지 확인하는 것이다. 둘째, 인민민주가 실현되고 발전될 수 있는지, 당과 국가의 활력을 향상될 수 있는지, 사회주의제도의 특징과 장점이 유지되고 발휘할 수 있는지를 보는 것이다. 셋째, 국가의 정치적 안정과 사회적 안정과 통일성을 유지할 수 있는지 보는 것이다. 넷째, 가장 많은 인민의 근본적인 이익을 실현하고 유지할 수 있는지 보는 것이다."[524]

신 중국 싱립 이후, 특히 개혁개방 이후 중국의 사회 생산력은 지속적으로 발전해 왔으며, 사회주의 민주도 부단히 발전하여 인민의 물질문화 생활수준이 현저히 향상되었고 국가통일, 민족단결, 사회적 안정을 유지하게 되었다. 중국 공산당이 이끄는 다당합작과 정치협상제도는 중국의 국정에 부합하고 실천적 검증을 견뎌낼 수 있는 정확하고도 효과적인 기본 정치제도이자 정당제도라는 사실을 역사를 통해 충분히 입증했다. 이 제도는 우리나라 민주정치의 특징이자 장점이며 우리의 국정에 의해 결정된 것이지, 개인이나 정당의 주관적 의지의 산물이 아니다. 이 제도는 중국 인민이 장기 투쟁한 결과이며 중국 인민의 정치적 경험과 지혜의 결정체이다. 이 제도는 근본적으로 서양 자본주의 국가의 양당제 혹은 다당제에 존재하는 상호 공격과 상호 갈등의 함정을 근본적으로 극복하고 중앙 집중식 지도력과 광범위한 민주, 활력 및 효율성의 유기적 통일을 보장할 수 있다. 또한 인민정치협상회의의 정치협상, 민주감독과 참정·의정의 역할을 수행하고, 가장 광범위한 애국적 통일전선을 공고히 하고 발선시킬 것을 보장한다. 중국인의 실질적인 영향에 관계없이 사회주의 중국의 국가 상황에서 출발하여, 서양 정치제도의 형식을 복사하여 중국의 정치제도와 정당제도를 대체하려는 시도는 이론적으로나 정치적으로 매우 잘못되며 필연적으로 치명적인 결과를 초래할 것이다. 따라서 중국 공산당이 지도하는 다당합작과 정치협상제

---

523) 중공중앙 문헌 연구실편(각주471), 311면.
524) 중공중앙 문헌 연구실편(각주471), 312면.

도를 확고히 견지하고 개선하는 것은 우리나라의 사회주의제도의 강화와 전국 각 민족 인민의 근본적인 이익을 공고히 하는 중대한 정치 원칙이 걸린 문제이므로 한 치의 모호함과 흔들림도 없어야 한다.

2. 공산당의 지도하에 법에 따라 다당합작과 정치협상을 이행하다.

중국 공산당의 지도하에 있는 다당합작과 정치협상제도는 중국 공산당과 모든 민주당파는 헌법을 활동의 기본 원칙으로 삼아야 하며, 헌법의 존엄성을 지키고 헌법의 이행을 보장할 책임이 있음을 요구한다. 민주당파는 헌법에 규정된 권리와 의무의 범위 내의 정치적 자유, 조직의 독립과 법적 지위의 평등을 향유한다. 중국 공산당은 민주당파가 독자적으로 자신의 내부 사무를 처리하는 것을 지지하고, 그들의 근로 조건을 개선하도록 도우며, 그들이 각종 활동을 전개하여 본 조직의 구성원을 보호할 것을 지지하며, 그와 연계된 군중의 합법적인 이익과 합리적인 요구 사항을 보호하도록 지원한다.

새로운 역사적 시기에 민주당파의 역할은 정치적 협상과 민주적 감독이다. 정치협상은 집권하는 중국 공산당이 인민정치협상회의를 통하거나 다른 경로를 통해 각 민주당파와 국가 대사를 논의하고 중대 결책에 대한 의견을 구하는 것이다. 각 민주당파는 여당의 참고용으로 자신들의 관점, 견해, 건의를 제시한다. 정치협상은 의정이고 일종의 참정형식이기도 하다. 각 민주당파는 집권당은 아니라 중국 공산당과 장기간 공존하고 상호 감독하고 민주적으로 협상하는 형제당, 참정당이다. 민주당파가 참정하는 기본 특징은 국가 정권에 참가하고, 국가 국정방침과 국가 지도자 선거의 협상에 참여하고, 국가 사무의 관리에 참여하고, 국가 방침, 정책, 법률, 법규의 제정과 집행에 참여하는 것이다. 민주당파 정치협상과 민주적 감독기능을 발휘하는 원칙은 네 가지 기본 원칙을 바탕으로 민주와 폭넓은 언로(言路)를 발양하고, 민주당파와 무당파 인사가 당과 국가의 방침·정책과 각 사업에 대해 비판과 조언을 아끼지 않는 것을 격려하고 지지한다. 특히 중국 공산당은 장기간 집권당의 위치에 있으면서도 역사적 중책을 맡아온 만큼 다양한 의견과 비판을 듣고 많은 인민 군중의 감독을 받아들여야 한다. 각 민주당파는 인민 군중의 의견을 반영하여 감독 역할을 하는 중요한 통로로서, 민주당파의 참정과 감독을 충분히 강화하고, 공산당의 지도를 강화하고 개선하며, 사회주의 민주정치 건설을 촉진하며, 국가의 장기 안보를 유지하며, 개혁개방과 현대화의 발전을 촉진하는 데에 중요한 의미가 있다.

따라서 공산당이 지도하는 다당합작과 정치협상은 우리나라의 기본 정치제도 이자 강점이다. 이는 서양 자본주의 국가의 다당제와 양당제와는 다르고 일부 사회주의 국가에서 실행하는 일당제와도 다르다. 이는 마르크스주의를 중국 혁 명과 건설의 실제와 상호 결합한 하나의 창조로서 역사 발전의 필연적인 산물 이자 유일하게 우리나라 국정에 적합한 사회주의 정당제도이다.

11기 3중 전회 이래 중국 공산당은 "장기 공존, 상호 감독, 간담상조와 영광 과 치욕을 함께한다."는 방침에 따라 각 민주당파와의 관계, 국가 생활에서 중 대한 결책과 중대 현안을 각 민주당원들과의 정기적 혹은 비정기적으로 소통하 고 협상하는 체계를 형성했다. 또한, 민주당원들을 각급 국가 기관에서 지도직 무에 영입하고, 각 민주당파도 적극적으로 정치 의정에 참여하며, 국가의 정치, 경제, 문화와 사회생활의 중대한 문제에 대해 국가의 물질문명 건설, 정치 문명 건설과 정신문명 건설에 기여하도록 적극 건의하여 중대한 공헌을 했다.

1989년 12월 30일 채택된 "중국 공산당 중앙위원회의 중국 공산당의 지도하 에 있는 다당합작과 정치협상체제를 유지하고 개선하기 위한 의견"은 새로운 시 대 다당합작의 강령적 문헌으로 우리나라 공산당이 지도하는 다당합작과 정치협 상제도가 점차 규범화, 제도화되어 새로운 발전단계로 진입하였음을 나타낸다.

1993년 헌법 개정안은 "중국 공산당이 지도하는 다당합작과 정치협상체제는 장기적으로 존재하고 발전할 것"이라고 명시했다. 이로써 이 제도는 우리나라 근본 대법에서 확인되어 우리나라 민주제도에 없어서는 안 될 구성 부분이 되 었다. 1995년 1월 14일, 8기 정협의 9차 회의에서 "정치협상, 민주감독, 참정· 의정에 관한 정협 전국 위원회의 규정"이 통과되었다. 이 규정은 민주당파와 인 민정치협상회의 사업의 규범화에 관한 사상을 어떤 법률적 의미를 갖는 규정으 로 구체화하여 인민정치협상회의와 민주당파 정치협상, 민주감독, 참정·의정의 내용, 절차, 형식, 방법에 대해 명확히 하였다. 따라서 국가 정치생활의 규범화, 제도화에 민주당파가 참여하는 것이 정협과 민주당파의 작업을 추진하는 하나의 이정표(里程碑)가 되었다.

2004년 헌법 개정안은 헌법 서문 제10단락 제2구절에서 "긴 혁명과 건설 과 정에서 이미 중국 공산당이 지도하고 각 민주당파와 각 인민단체가 참가한 가운데 전체 사회주의 노동자, 사회주의를 지지하는 애국자, 그리고 조국 통일을 지지하는 애국자의 광범위한 애국적 통일전선을 포함하고 이 통일전선을 계속적으로 공고히 하고 발전시킨다."라는 문장을 "긴 혁명과 건설 과정에서 이미 중국 공산당이 지도하고 각 민주당파와 각 인민단체가 참가한 가운데, 전체 사회주의 노동자, 사회주의 사업의 건설자(建設者), 사회주의를 지지하는 애국자와 조국 통일을 지지하는 애국자의 광범위한 애국적 통일전선을 포함하고, 이 통일전선을 계속적으로 공고히 하고 발전시킨다."로 수정하였다. 이 개정은 중국 공산당이 지도하는 다당합작과 정치협상제도가 예전보다 더 많은 인민 군중의 근본적인 이익을 대변하고 있음을 보여준다.

제4절 민족지역자치제도와 그 법치화

1. 민족지역의 자치는 우리나라의 중요한 사회주의 민주정치제도이다.

우리나라 헌법은 "중화인민공화국은 전국 각 민족의 인민들이 공동으로 창건한 통일된 다민족 국가이다. 평등하고 단결하고 서로 돕는 사회주의 민족 관계는 이미 확립되었으며 계속 강화될 것이다. 민족단결을 유지하고 보호하는 투쟁에서 대 민족주의, 주로 대 한족주의를 반대하고 지방 민족주의도 반대해야 한다. 국가는 모든 노력을 다하여 전국 각 민족의 공동 번영을 촉진한다."고 명시하고 있다.

민족지역자치제도는 중국 공산당이 마르크스주의 민족 이론의 기본 원리를 근거로 우리나라의 구체적인 실제와 결합하여 중국의 혁명과 건설에서 점차 형성, 발전과 보완해 온 것이다. 민족지역자치제도의 기본 내용은 중국 공산당과 국가의 통일된 지도하에 각 소수민족이 모여 사는 지방에서 자치제도가 실시되고, 자치지역은 자치기관을 설립하며 각개 소수민족 인민이 주인이 되고 자기 민족 내부 및 지방성 사무를 관리하는 민주권리를 향유하고, 각 민족이 서로 돕고 합작하며, 우호관계를 부단히 강화하여 공동 번영을 실현한다.

이에 따라 당의 16대 보고서는 "당의 민족정책을 전면적으로 관철하고 민족지역자치제도를 견지하고 개선하며 평등하고 단결하고 상호 돕는 사회주의 민족관계를 공고히 하고 발전시켜 각 민족 공동 번영의 진보를 촉진한다."고 제시했다. 당의 17대 보고서는 "사회주의 민주정치의 확고부동한 발전"이라는 부분에서 "각 민족은 일률적으로 평등함을 견지함으로써 민족자치지역이 법에 따라 자치권을 행사하도록 보장한다."고 강조했다. "각 민족이 함께 단결하고 분투하고, 공동 번영과 발전을 위해 노력하고 소수민족의 합법적 권익을 보장하고, 평등하고 단결하고 상호 돕는 조화로운 사회주의 민족 관계를 공고히 하여 발전시킨다." 당의 18대 보고서는 계속하여 다음과 같이 제기했다. 당의 민족정책을 전면적으로 정확히 관철하여 이행하고 민족지역자치제도를 견지하고 개선한다. 각 민족이 함께 단결하고 분투하고, 공동 번영과 발전을 확고히 파악하여, 민족단결 진보교육을 심도 있게 전개하고, 민족자치지역의 발전을 가속화하고, 소수민족의 합법적 권익을 보장하고, 평등하고 단결하고 상호 돕는 조화로운 사회주의 민족관계를 공고히 하고 발전시키며, 각 민족의 화합을 촉진한다.

2. 민족지역의 자치는 소수민족 인민이 주인이 되는 것을 실현하는 중요한 제도이다.

민족지역자치제도는 우리나라 민족 문제를 해결하는 기본 제도일 뿐만 아니라 중국 특색 사회주의 민주정치제도의 중요한 구성 부분이고 소수민족 인민이 주인이 되는 것을 실현하는 중요한 제도와 방법이다.

(가) 민주는 자주(自主)적이다. "민주의 본질은 사회 구성원이 사회관리에 참여하는 것이며, 이는 자주적이다." "사회생활에서의 자주, 즉 민주는 순수 도덕적 관점에서 볼 때, 민주정부의 자주성은 그것의 가장 기본적이고, 가장 중요한 특징일 수도 있다. 그것은 민주정부의 내재가치이며, 그 자체의 가치를 위해 직접 가치를 부여받을 의미가 있다."[525] 민족지역자치제도 자체는 일종의 자율성을 반영하며, 본질적으로 소수민족이 헌법과 법률의 틀 안에서 지방 문제를 자율적으로 관리하고, 그 자체로 최소한 소수민족의 자율성을 실현하고 소수민족의 지위를 우리나라의 주인으로 반영한다.

(나) 진정한 민주는 다수인의 폭정을 극복하고 예방해야 한다. 한족은 소수민족에 비해 인구는 물론 경제, 정치, 문화와 사회의 발전 정도에서 우위에 있기 때문에 민족 문제를 잘 다루지 못하면 다수 민족의 패권주의를 초래할 수 있다.

---

525) [미국] 코엔(科恩, Coen) 민주론, 네충신(聶崇信)·주슈셴(朱秀賢)역, 베이징, 상무인서관, 1988년, 273면, 275면.

"결재권이 있는 다수가 항상 변하는 것은 아니다. 만약 그것이 변하지 않거나 자주 변하지 않는다면(이 부분의 문제는 정도에 관한 것임), 다수결은 점차 보편적 참여의 실현을 방해할 수 있다. 따라서 사회에 고정된 다수가 형성된다는 것은 민주에 진정한 위험이 도사리고 있는 것과 같다. 고정되거나 영구적인 다수는 변동의 유익한 견제를 받지 않는다. 그것은 이익범위 내에서 절대적인 통제를 유지할 수 있다. 그것을 반대하는 사람들은 그것을 반대할 힘이 없이 권력을 남용하거나 심지어 억압할 수도 있다. 최악의 경우에 고정 다수는 많은 대립 이익 집단들 사이의 미묘한 균형을 완전히 파괴할 수 있는데, 민주적인 근본을 이루는 것은 이러한 균형에 의해 결정된다."[526] 민주자치제도를 통해 소수민족 인민의 자치를 실현하고, 인민대표대회제도, 특히 각 민족의 광범위한 대표성으로 소수민족 인민의 이익과 의지를 포현함으로써 다수의 폭정을 예방하려는 목적을 달성할 수 있다.

(다) 민주는 사회를 전제로 한다. 미국학자 코엔(科恩, Coen)은 민주사회의 성장과 쉽게 파악하기 힘든 것들인 단결정신, 구성원들의 사회에 대한 감정에 지속적으로 의지하여 그들이 공유하는 구성원들의 자격은 그들 사이에서 발생할 수 있는 분쟁보다 훨씬 더 큰 중요성을 갖는다고 여겼다. 단결정신이 더욱 확산되고, 긴밀해질수록 민주는 더 견고해지고 최악의 내부 갈등을 견뎌낼 수 있을 것이다. 사회에 대한 애정이 강하지 않고 두텁지 않으면 다루기 힘든 내부 문제에 봉착하기 마련이다.[527] 우리나라는 지역이 넓고 여러 민족이 있으며 각 민족의 역사와 문화는 지대한 차이를 가지고 있으며, 각 민족의 문명발달 정도도 고르지 않다. 민족적 차이가 크고, 민족이 많으며 발전이 불균형한 대국에서 민주를 발전시키는 것은 참으로 어려운 문제이다. 중국 공산당원들은 언제나 민족평등, 민족단결이라는 민족정책을 고수해 왔으며, 민족지역자치제도를 통해 차이점을 극복하면서 공통점을 찾는 정치적 이상을 달성했다.

3. 법에 따라 민족지역자치를 실시하다.

우리나라 "헌법"과 "중화인민공화국 민족지역자치법(中華人民共和國民族區域自治法, 이하 민족지역자치법으로 약칭함)"은 우리나라 민족지역자치제도에 대해 명

---

526) 코엔(각주525), 77-78면.
527) 코엔(각주525), 50면.

확히 규정했고 그 운영의 법적 기반을 제공했다. 민족지역자치제도는 일련의 운영 체제를 가지고 있다.

외부적으로는 민족자치지역이 한족과의 관계는 민족자치이고, 자치를 통해 민주를 실현한다. 내부적으로도 국가와 전체의 일치된 민주제도를 시행하고 있으며 인민대표대회제도와 기층 군중자치제도가 모두 민족지역자치에 통합되어 있다.

(1) 민족자치기관

민족자치지방의 자치기관은 자치구, 자치주, 자치현의 인민대표대회와 인민정부이다. 자치구, 자치주, 자치현의 인민대표대회에는 지역자치의 민족대표를 실행하는 것을 제외하고 기타 본 행정구 내에 거주하는 민족도 적당한 정원의 대표가 있어야 한다. 소수민족 공동체의 구성원 구성에서 특정 소수민족의 인구가 유리하고 다른 소수민족이 소수를 차지하는 경우도 있고, 일부 지역에서는 한족(漢族)이 소수인 경우도 있다. 이러한 인민대표대회에서 일정한 인원을 다른 민족에게 할당하여 민주를 충분히 반영한다. 소수와 다수는 언제나 대립되는 개념이고 진정한 민주는 소수를 고려할 수 있다는 것을 의미한다.

헌법과 법률은 또 자치구, 자치주, 자치현의 인민대표대회 상무위원회에는 지역자치를 실천하는 민족의 공민을 주임 또는 부주임으로 임명하도록 규정하고 있다. 자치구 주석, 자치주 주장, 자치현 현장은 지역자치를 시행하는 민족의 공민에 의해 임명되었다. 이 규정은 소수민족에 대한 존중을 충분히 담아 민족지역 자치제도를 끝까지 관철하겠다는 의도이다.

(2) 민족자치권

전체적으로 민족자치지방의 자치기관은 자치지방의 인민을 대표하여 자치권을 행사하며, 자율적으로 본 민족 내의 사무와 자치지방의 중대한 사무를 관리한다. 구체적으로 자치 권력은 주로 다음과 같은 내용을 포함한다.

(가) 자치조례와 단행조례를 제정할 권리이다. 이것은 민족자치를 잘 보여주는 상당히 중요한 자치권이다. 민족자치지역의 입법권은 일반 지방의 입법권과 다르다. "입법법(立法法)" 제66조에 따르면 민족자치지역의 인민대표대회는 현지 민족의 정치, 경제와 문화적 특성에 따라 자치조례와 단행조례를 제정할 권리가

있다. 자치조례와 단행조례는 현지 민족의 특성에 따라 법률과 행정법규의 규정은 융통성 있게 바꾸어 규정할 수 있지만, 법률 또는 행정법규의 기본 원칙에 위배 되어서는 아니 되고, 헌법과 민족지역자치법의 규정 및 기타 관련 법률, 행정법규가 전문적으로 민족자치지방을 대상으로 한 규정에 대해서는 융통성 있게 바꿀 수는 없다. 이러한 융통성 있게 바꿀 권리는 일반적인 지방은 가지고 있지 않다.

(나) 지방성 경제 건설사업을 자주적으로 관리할 권리이다. 중앙은 지방성 내부의 사무에 대하여 민족자치기관에 충분한 관리권을 부여하고, 중앙은 민족지방의 구체적인 사무에 간섭하지 않으나 중앙과 민족 간의 관계와 연결되는 것은 제외한다. 민족자치지방의 자치기관은 본 민족의 특징, 우세와 열세를 근거로 민족경제사업을 발전시킨다. 예로 내몽골지역은 자신이 가지고 있는 풍부한 목초지(草場), 동물자원을 근거로 축산업(畜牧業), 피모업(皮毛業)과 유제품업 등등을 발전시킨다.

(다) 지방재정을 자주적으로 관리할 권리이다. 민족자치기관은 본 지방 재정을 관리하는 자치권을 가지고 있다. 국가 재정체제에 따라 민족자치지방에 귀속되는 재정수입은 모두 민족자치기관이 자주적으로 배정한다. 독립적인 재정권은 매우 중요하며, 지방의 여러 사업을 발전시키는 물질적 기반이다.

(라) 문화교육사업을 자주적으로 관리할 권리이다. 민족자치지방의 자치기관은 자주적으로 본 지방의 교육, 문화, 과학, 위생과 체육 등의 사업을 관리함으로써 민족자치권을 구체적으로 구현할 뿐만 아니라 한 민족의 문화유산을 보호하고 본 민족의 문화사업의 발전 및 번영에도 이롭다. 이것도 매우 중요한 권력이다. 각 민족은 역사의 발전과정에서 지극히 풍부하고 찬란한 문화를 축적해왔으며, 민주사회는 필연적으로 다문화의 토대 위에 세워졌다.

(마) 공안부대를 조직할 권리이다. 민족지방의 치안 유지를 위해 민족자치지방의 자치기관은 군사제도와 현지의 실질적인 필요에 따라 국무원의 승인을 받아 지방사회의 치안을 지키는 공안부대를 조직할 수 있다. 이 또한 자치권의 구현이기도 하다. 신장(新疆)7.5사건은 민족단결을 파괴하고 국가를 분열시키려는 세력이 존재하며 국방사무가 개선될 필요가 있음을 보여주었다.

(바) 현지 언어·문자를 사용할 권리이다. 언어는 문화의 매체이다. 민족자치지방의 자치기관은 직무 수행 시 본 민족자치조례의 규정에 따라 현지에서 통

용되는 한 가지 또는 몇 가지 언어·문자를 사용한다. 현지의 언어·문자를 사용하는 것은 실제 작업의 편의를 위해서뿐만 아니라 민족자치지역 문화에 대한 존중이고 민족문화를 전파하고 발전시키는 데 이롭다.

민족자치의 범위는 정치, 경제, 문화, 교육, 과학, 위생, 체육사업 등으로 자치의 내용이 광범위하다. 이 외에 국가는 종교의 자유, 각 민족의 풍속과 관습을 존중하며, 국가는 재정, 물자, 기술 등 다방면에서 민족자치지방의 경제와 문화의 발전을 육성하고, 소수민족경제사회의 발전을 가속화하는 정책을 실시했다. 국가는 또 민족자치지방을 적극적으로 도와 본 지방의 민족 중에서 대량의 각급 간부, 각종 전문 인재와 기술 공인을 배양했다.

제5절 기층민주제도와 그 법치화

1. 기층(대중) 민주는 사회주의 민주를 발전시키기 위한 기본 작업이다.

개혁개방 이후, 우리나라의 기층 민주의 발전이 급속도로 진행되어 각 지역의 군중은 끊임없이 기층 민주자치의 새로운 형식을 모색하고 있다. 우리나라에는 촌민위원회, 주민위원회, 기업의 노동자대표대회, 각종 사회단체 등 기층 조직들이 전국 각지에 분포되어 있으며, 이들의 활동은 많은 인민 군중의 생활과 밀접하게 관련되어 있다. 기층 민주의 발전은 인민 군중이 민주적 권리를 보다 광범위하게 행사하고, 자신의 업무를 직접 관리하며, 인민이 주인이 되는 것을 착실하게 전면적으로 실현한다.

현재 우리나라는 이미 도시 주민위원회, 농촌 촌민위원회와 기업 노동자대표대회를 주요 형태로 하는 기층 민주 자치제도를 수립하였으며, 국가도 "중화인민공화국 도시주민위원회 조직법(中華人民共和國城市居民委員會組織法)", "중화인민공화국 촌민위원회 조직법(中華人民共和國村民委員會組織法)", "중화인민공화국 전민소유제 공업기업법(中華人民共和國全民所有製工業企業法)" 등을 차례로 공포하여 기층 민주의 발전을 위한 제도적 뒷받침을 제공했다.

당의 16대 보고서는 다음과 같이 제기했다. 기층 민주를 확대하는 것은 사회주의 민주를 발전시키는 기초 작업이다. 기층 자치조직과 민주관리 제도를 개선하고, 업무 공개제도를 개선하고, 인민 군중이 법에 따라 직접 민주적 권리를 행사하는 것을 보장하고, 기층 공공 업무와 공공 복지사업을 관리하고, 간부들의 민주적 감독을 행사한다. 촌민자치를 개선하고 농촌 당조직이 이끄는 활기찬 촌민자치제도를 완비한다. 도시 주민자치를 개선하고 질서 있고 문명화된 새로운 지역사회를 건설한다. 기관과 기업이 근로자의 정당한 권리와 이익을 보호할 수 있도록 노동자대표대회와 다른 형태의 민주관리 제도를 고수하고 개선한다.

당의 17대는 다음과 같이 강조했다. 기층 민주를 발전시켜 인민들이 더 많고 확실한 민주적 권리를 향유하도록 보장한다. 인민이 법에 따라 직접 민주적 권리를 행사하고, 기층 공공 업무와 공공 복지관리, 자기관리, 자기봉사, 자기교육, 자기감독을 실시하며, 간부에 대한 민주적인 감독을 실시하는 것은 인민이 주인이 되는 가장 효율적이며 가장 광범위한 방법이며, 반드시 사회주의 민주정치를 발전시키는 기초 사업으로 중점적으로 추진해야 한다. 기층 당 조직이 이끄는 활기찬 기층 군중자치제도를 완비해야 하고 기층 군중자치의 폭을 넓히고, 민주관리 제도를 개선하여 도시와 농촌의 지역사회 관리가 질서 있고, 완전한 봉사 및 문명화되고 평화로운 사회생활 공동체로 건설해야 한다. 노동자 계급에 전적으로 의지하고, 노동자대표대회를 기본 형식으로 하는 기관과 기업의 민주관리 제도를 개선하고, 공장 업무의 개방성을 추진하고, 노동자의 경영 참여를 지원하며, 정당한 권리와 이익을 보호한다. 향진(鄕鎭)기관의 개혁을 심화하고 기층 정권 건설을 강화하며, 정무공개와 촌무공개(村務公開: 촌민위원회의 업무를 공개하는 것을 이르는 말) 제도를 개선하고 정부의 행정관리와 기층 군중자치 사이의 효과적인 연계와 긍정적인 상호 작용을 달성한다. 사회조직이 군중의 참여를 확대하고, 군중의 요구를 반영하는 데 적극적인 역할을 수행하며, 사회자치 기능을 강화한다. 이 보고서는 최초로 "기층 군중자치제도"를 우리나라 사회주의 민주정치의 네 가지 기본 제도 중의 하나와 중국 특색 사회주의 정치발전의 중요한 내용으로 설정했다.

당의 18대 보고서는 도시와 농촌 지역사회를 다스리고 기초적인 공공 업무 및 공공 복지사업에서 군중의 자기관리, 자기봉사, 자기교육, 자기감독의 이행이 인민이 법에 따라 민주적 권리를 직접 행사할 수 있는 중요한 방법이라고 계속 제안했다. 기층 당 조직이 이끄는 역동적인 기층 군중자치 체제를 개선하고, 질서 정연한 참여의 확대, 정보 공개의 향상, 심의의 강화 및 권력 감독의 강화에 중점을 두고 범위와 수단을 넓히고 내용과 형식을 갖춰 인민이 더 많은 민주적 권리를 향유할 수 있도록 보장한다. 노동자 계급에 전적으로 의지하고, 노동자 대표대회를 기본 형식으로 하는 기관과 기업의 민주관리 제도를 개선하고, 노동자의 관리 및 감독에 대한 민주적 권리를 보장한다. 기층 조직의 협동작용을 발휘하여 정부관리와 기층 민주의 유기적 결합을 실현한다. 이러한 요구는 모두 우리나라의 기층 민주와 그것의 법치화를 발전시키고 보완하기 위한 발상의 방향을 제시한다.

2. 우리나라 촌민자치제도의 건설과 그 법치화

(1) 우리나라 촌민자치의 내용 및 민주적 가치

우리나라 헌법과 법률은 촌민자치의 개념을 명확히 규정하지 않았고 촌민위원회에 관한 규정만이 있을 뿐이다.[528] 보다 권위적인 해석은 전국인대 상무위원회 법제 작업위원회, 국무원 법제 반공실(國務院法制辦公室) 등이 촌민자치를 다음과 같이 정의하고 있다. "농촌 기층 군중은 법률규정에 따라 촌민위원회를 설립하고 자신의 기층 업무를 스스로 관리하며, 이는 우리나라가 기층이 직접민주를 해결하기 위한 기본 정책인 기층 민주제도이다."[529] 우리는 네 가지 측면에서 촌민자치의 내용을 밝힐 수 있다.

첫째, 자치의 주체이다. 즉, 누가 자치를 하는가이다. 더 말할 것도 없이 촌민이 자치의 주체이고 촌민위원회와 기층 정권을 포함한 어떤 조직이든 모두 촌민자치의 주체가 아니다. 촌민자치의 원래 의미는 촌민이 주인이라는 것이고, 다른 조직과 기관은 촌민이라는 주체에 봉사하는 것이다.

둘째, 자치의 내용이다. 즉, 민주선거, 민주관리, 민주결책, 민주감독이다. 이것은 촌민자치의 실질적인 내용이며 농촌 기층 민주의 본질적인 특징이다. 4개의 민주의 통일은 민주적인 핵심 가치를 집중적으로 보여준다.

셋째, 자치의 방식과 수단이다. 즉, 헌법과 법률에 규정된 다양하고 복수적인 방식과 수단이다. 정치체제 개혁에 따라 앞으로의 실천에는 더 많은, 보다 나은 자치방식과 수단이 있을 수 있다.

---

528) 헌법 제111조, 촌민위원회조직법 제2조 참조.

529) 전국 인대 상무위원회 법제 작업위원회 행정법실·국무원 법제 반공실 정법노동 사회보장 법제사·민정부 기층 정권과 지역사회 건설사 연합편, 촌민위원회 조직법의 학습 독본, 베이징, 중국민주법제출판사, 1998년, 28면.

넷째, 자치의 목적이다. 즉, 촌민이 주인이 되는 것이다. 자치의 목적은 자치 방식과 수단의 근거를 검증하는 것이다.

우리나라 촌민자치의 의미를 보면, 촌민자치는 국가 기층 민주뿐만 아니라 사회주의 민주 건설을 위한 중요한 기초 공정임을 알 수 있다. 민주 유형의 관점에서 촌민자치는 촌민들의 자기관리, 자기교육, 자기봉사를 효과적으로 실현할 수 있는 직접적 민주이다. 자치의 내용을 보면, 촌민자치는 촌민의 알권리, 결책권리, 참여권리 그리고 감독권리을 가장 효과적으로 보장하고, 인민이 주인이 되는 것을 효과적으로 실현한다.

(2) 법에 따른 촌민자치의 실행

촌민자치는 우리나라 기층 민주발전의 돌파구이고 우리나라 수억 명의 농민이 주인이 되는 새로운 국면을 열었다. 우리나라가 현재 시행하고 있는 촌민자치는 경제체제 개혁에 수반하는 가족 공동 생산 도급제도에 따라 발전한 것이고 생산력 해방의 요구에 부응했다. 그 발전은 대략 3단계로 진행되었다.

첫 번째 단계는 신진시기(1980년~1987년)이다. 1980년 이후, 인민공사(人民公社)체제가 거의 해체되면서 일부 지역의 농민들이 자발적으로 선출해 촌민위원회를 만들고[530] 자기관리, 자기교육, 자기봉사를 했다. 이 창설은 신속하게 국가 승인을 받았으며 1982년 헌법은 촌민위원회의 법적 지위를 확립했다. 이로써 우리나라 농촌은 가족 공동 생산 도급제도에 기초해 농민을 조직하고 농촌을 관리하며 농촌을 다스리는 새로운 노선으로 들어섰다.

두 번째 단계는 실험시기(1987년~1998년)이다. 1988년 "중화인민공화국촌민위원회 조직법"이 시범적으로 시행되기 시작했다. 촌민자치는 부분적 시범 탐색부터 기본 보급까지 거쳐 "민주선거, 민주결책, 민주관리, 민주감독"을 주요 내용으로 하는 제도적 틀을 점차 확립해 왔으며, 촌민자치의 형태는 다양하고 상당히 효과적이었다.

세 번째 단계는 보급시기(1998년~현재)이다. 1998년 "중화인민공화국 촌민위원회 조직법"이 공식적으로 시행되면서 촌민자치는 기본 보급에서 전면적으로

---

530) 1980년 광시좡족자치구(廣西壯族自治區) 허츠(河池)지역의 이산(宜山), 뤄청(羅城) 두 현의 농촌에서 사회관리의 필요에 따라 촌민이 자발적으로 촌민위원회를 편성하여 생산대(生産隊)와 생산대대(生産大隊)을 대신했다. 그 후 기타 지역도 이러한 실천을 시작했다.

전개되었으며 촌민자치의 지위가 크게 향상되었다.

물론 우리나라의 촌민자치와 그 제도 건설은 발전과정에서 여전히 일부 문제점을 안고 있고 그 민주적 가치의 실현을 제약하고 있다. 예를 들어, 소수의 기층 간부들은 여전히 농촌의 기층 민주정치 건설의 요구 사항을 충족시킬 수 없으며 행정명령과 호령에 익숙하다. 또 다른 예로, 자치의 정도가 높지 않으며, 일부 지역에서는 선거에서 당선되기 위해 뇌물 수수 현상이 나타나고 결책하는 민주적 성격이 크게 줄어들었으며, 일부 촌민 군중은 자신이 가지고 있는 민주적 권리를 알지 못하고 제대로 행사하는 법을 모른다. 다른 예로, 일부 지역의 촌민자치는 종족(宗族)세력의 불이익을 받기도 하였다.

이러한 문제를 해결하기 위해 중요한 방식과 수단 중 하나는 바로 법률적인 측면에서 촌민자치를 개선하고 법에 따라 촌민자치를 실행하는 것이다. 주로 다음과 같다.

첫째, 민주선거제도를 개선한다. 민주선거촌민위원회의 구성원은 촌민자치를 실현하는 전제 조건이자 가장 중요한 부분이다. 촌민선거위원회의 구성과 추천 절차, 유권자 등록 내용, 촌민위원회 위원의 파면 절차 등에서 민주적 선거제도를 개선할 필요가 있다. 또한 본격적인 후보 경선을 실시해 촌민들이 자신들의 대표를 제대로 뽑을 수 있도록 하는 경쟁도 도입해야 한다.

둘째, 민주의사(議事)제도를 개선한다. 민주의사제도는 촌민들이 민주적 권리를 행사하고 자신들의 이익을 지키기 위한 중요한 제도이며, 민주의사제도의 개선은 협상의 민주를 실현하는 데 있어서도 큰 의미를 갖는다. 의사제도의 개선을 통한 공평하고 질서 있고 민주적인 의사환경의 조성은 촌민의 참정·의정과 자기관리를 충실히 하고 실현하는 중요한 수단이다. 따라서 촌민회의의 논의 결정 사항을 충실히 하고, 촌민 대표회의의 구성과 의사 절차를 개혁하고, 촌민을 위한 소규모회의 제도를 신설해 촌민들이 적시에 적절하고 효과적인 방식으로 민주적 권리를 실현할 수 있도록 보장해야 한다.

셋째, 민주관리와 민주감독 제도를 개선한다. 민주논평 내용의 개선, 농촌업무(村務) 감독기관의 증설, 농촌업무 문서제도의 증가 및 촌민위원회 구성원의 임기와 퇴임감사제도의 보완 등을 통해 민주관리와 민주감독 제도를 개선한다. 또한 촌민의 민주관리 등의 파괴에 대해 촌민자치행위에 대한 처벌도 강화해 법적 책임을 물어야 한다.

넷째, 우리나라 기층 민주에서 촌민자치의 중요한 법적 지위를 더 명확히 한다. 예를 들어, 향진(규모가 작은 지방 도시)인민정부가 촌민위원회에 대해 영도가 아닌 지도를 어떻게 법률적으로 할 것인가를 명확히 해야 한다.

다섯째, 농촌에 민주와 법치의 지식을 보급해야 한다. 법의 대중화를 통해 촌민의 민주의식과 권리의식을 향상시키고 촌민들의 자치정신을 함양시킴으로써 민주자치의 정신을 농촌사회에 뿌리를 내리도록 한다. 이는 민주 사회가 수립될 수 있는 토양이며, 장기적인 육성이 필요하다.

3. 우리나라 주민자치제도의 건설과 그 법치화

(1) 주민자치와 그 제도의 발전 개요

주민자치는 우리나라 도시 주민 군중이 법에 따라 군중 자신의 일을 처리하고 사회의 기층적인 공공 업무를 관리하는 민주적인 형식이며 사회주의 기층 민주의 중요한 구성 부분이기도 하다. 이는 도시 사회주의 민주정치 건설을 촉진하는 데 큰 의미가 있다. 사회주의 민주정치의 발전과 도시화에는 주민자치제도의 건설과 보완, 실시가 필요하다.

신 중국 주민자치의 실천은 20세기 50년대로 거슬러 올라가, 1954년 "도시주민위원회 조직 조례(城市居民委員會組織條例)"의 반포는 중국 도시 주민자치에 대해 중요한 추진 작용을 했다. 개혁개방 이후 우리나라 사회주의 시장경제를 발전시키는 발걸음이 빨라지면서 원래 정부와 단체가 수행했던 많은 사회공공 서비스들이 점차 도시 거주자가 살고 있는 지역사회로 이전되었다.

20세기 80년대 후반에는 도시지역사회 자치 건설이 가속화되었다. 1989년 12월 "도시주민위원회 조직법(城市居民委員會組織法)"이 정식으로 통과되었고, 이 법은 도시 주민 자치의 성격, 임무, 조직형식 및 관련 제도를 규정하여 우리나라 주민자치의 발전을 위한 기본 제도적 지원을 제공했다. 이 법 제4조는 주민위원회가 인민에게 유익한 지역사회 봉사 활동을 수행할 것을 요구하고 있다. 20세기 90년대 이후, 전국적으로 도시지역사회 건설이 대폭 강화되었고, 민정부(民政部)는 전국 단위의 지역사회 건설의 시범과 실험 작업을 전개했다. 1999년 민정부는 "전국 지역사회 건설 실험지역 작업 실시 방안(全國社區建設實驗區域工作實施方案)"을 마련해 사회주의 시장경제체제에 걸맞는 지역사회 건설 관리체제와 운영체제의 육성과 수립을 제안했다. 2000년 중국 공산당 15기 5중 전회는 "공민의 질서 있는 정치 참여를 확대하고, 인민 군중이 법에 따라 자신의 업무를 관리하도록 안내하고", "지역사회 민주 건설 강화"를 요구하면서 도시 지역 사회 건설과 주민자치의 발전을 위한 중요한 지침이 될 것을 제기했다. 2001년 민정부는 또 "전국 사회지역 건설의 시범활동 강령(全國社區建設示範活動綱要)"을 발간하여 전국 지역사회의 발전을 위한 지침과 요구 사항을 제공했다. 당의 16대는 계속해서 "도시주민자치를 개선하고 질서 있는 관리와 문명이 조화된 새로운 형태의 지역사회를 건설하라"고 요구했다. 당의 17대는 도시와 농촌의 지역 사회 건설을 매우 중시했고, 우리나라의 도시와 농촌의 지역사회 건설을 질서 있는 관리, 완벽한 서비스, 문명화되고 평화로운 사회생활 공동체로 건설해야 한다고 제기했다. 당의 18대는 계속하여 도시와 농촌의 지역사회를 다스리고 기초 공공 업무와 공공 복지사업에 대한 군중의 자기관리, 자기봉사, 자기교육, 자기감독을 실행해야 한다고 제안했다.

요컨대 우리나라 주민위원회는 도시주민의 자기관리, 자기교육, 자기봉사를 위한 주민관리기관으로 도시주민의 자치조직이다. 주민자치의 기본 내용은 민주선거, 민주결책, 민주관리와 민주감독이다. 우리나라의 도시주민 자치제도는 계속 확장되고 심화되고 있으며, 민주자치의 정도가 높아져, 지역 서비스와 민주적 관리의 능력이 증대되고 있다.

(2) 법에 따른 주민자치의 실시

비록 우리나라 주민자치제도가 어느 정도 효과를 거두었음에도 불구하고, 우리 도시 주민자치의 발전은 촌민자치만큼 좋지 않으며 여전히 많은 문제가 있다. 예를 들면, 주민의 지역사회의 참여 의식이 희박하고 주민위원회가 정부에 대한 의존성이 강하며 자치기능이 약하다. 또한, 주민자치활동의 규범이 지체되고 비록 "도시 주민위원회 조직법"이 주민위원회의 성격, 법적 지위 등이 규정되어 있으나, 모두 23개 조문에 불과하며 매우 간단하고 활용성이 낮다. 이 외에도 민주선거와 파면의 절차가 아직 완비되지 못한 등의 문제가 있다.

마찬가지로, 이러한 문제를 해결하기 위하여 그중 중요한 방식과 수단은 주민자치를 법적인 측면에서 보완하고, 법에 따라 주민자치를 실행해야 하는데, 주로 다음과 같다.

첫째, 지역사회 건설에 주민의 민주적 참여에 대한 민주와 권리의식을 제고한다. 공민이 어떠한지에 따라, 그에 맞는 사회가 형성된다. 민주사회의 핵심 요소는 민주와 권리의식이 비교적 높은 공민집단의 존재이다.

둘째, 우리나라 주민자치의 법률법규를 한층 더 개선한다. 이를 위해서는 "주민위원회 조직법"에 대한 개정과 민주자치에 관한 규칙 및 규정의 재구성이 필요하다. 이 외에 국가의 법과 규정은 응당 주민위원회와 소유주위원회의 관계와 직권의 범위를 정리하고 개정해야 한다.

셋째, 주민위원회의 민주선거와 민주관리 제도를 개혁한다. 주민위원회 위원 선출 및 파면 절차를 개선하여 관리 능력이 뛰어나고 강한 봉사의식이 있는 활기찬 사람들이 선출되도록 한다.

넷째, 주민위원회의 민주결책 제도를 개선한다. 협의민주의 이론과 구체적인 방법을 지역사회 공공업무의 결정 절차 중에 도입하여 주민을 지역사회 공공업무의 토론에 적극 참여시키고, 충분한 협의와 협상을 통해 다양한 의견이 충분히 표현되도록 보장함으로써 공공 이성(理性)의 형성을 촉진하며, 주민의 민주결책과 주인이 되는 것을 실현한다.

다섯째, 민주자치에서의 민주감독 제도를 강화한다. 어떠한 권력이든 감독을 떠나면 부패하게 된다. 주민위원회는 주민자치단체이지만 감독 제도를 강화해야 한다. 주민위원회는 공무 공개제도, 특히 재무 공개제도를 시행하고 주민의 감독을 받아들여야 한다.

여섯째, 정부와 지역사회 주민위원회의 관계를 능률화하여 주민위원회의 자치 기능을 강화한다. "주민위원회 조직법"은 정부와 주민위원회의 관계를 지도와 피지도의 관계로 규정하고 있으며, 주민위원회와 정부의 관계는 협조적인 관계라고 규정하고 있다. 따라서 정부는 주민위원회와의 관계를 적절히 처리하고 주민자치에 대한 개입을 줄이고 주민자치를 위한 좋은 자치 환경을 조성해야 한다.

요컨대 주민의 민주선거, 민주결책, 민주관리와 민주감독 등 각종 민주 건설을 제도화, 법치화해야 한다.

4. 우리나라 기관과 기업의 민주관리 제도의 건설과 그 법치화

(1) 기관과 기업의 민주관리 제도의 발전

근로자대표대회제도는 우리나라 기관과 기업(企事業單位, 기·사업체)이 민주적으로 관리하는 중요한 조직 형태이다. 우리나라는 사회주의 국가이고 노동자 계급이 국가에서 주인인 지위에 있으며 근로자대표대회를 핵심으로 하는 기관과 기업의 민주관리 제도를 발전시키는 것이 매우 필요하다.

1982년 헌법은 공기업과 집단경제조직에서 근로자대표대회 등을 통해 민주적으로 관리하도록 명시했다. 1988년의 "전국민소유제 공업·기업법(全國所有製工業企業法)" 제51조는 근로자대표대회의 성격을 기업의 민주관리의 기본 형태로 근로자가 민주관리권리를 행사하는 기관이라고 명확하게 규정했고, 제52조는 근로자대표대회의 주요 직권이 규정되어 있으며, 등등을 규정했다. 1992년 "중화인민공화국 공회법(中華人民共和國工會法)"이 제정되었고, 이는 공회의 성질과 주요 직책 등에 대해서도 규정했다. 이후 공포된 "중화인민공화국 회사법", "중화인민공화국 노동법"과 같은 법률이 반포되었고 모두 근로자대표대회제도에 해당하는 규정을 제공하고 근로자대표대회제도의 발전을 위한 특정 법률제도의 기반을 제공했다.

또한, 당의 14대는 처음으로 당의 기층 조직으로서 근로자대표대회의 활동을 지원하는 임무를 당장에 포함시켰다. 당의 15대는 근로자대표대회를 기본 형태로 하여 기관과 기업의 민주관리 제도를 견지해야 하고 개선해야 하며 근로자를 조직하여 개혁과 관리에 참여하게 하고 근로자의 합법적인 권익을 유지하고 보호해야 한다고 강조했다. 당의 16대는 근로자대표대회와 기타 형태의 기관과 기업의 민주관리 제도를 견지해야 하고 개선해야 하며, 근로자의 합법적인 권익을 보장해야 한다고 지적했다. 당의 17대 보고서는 노동자 계급을 전적으로 의지하고, 근로자대표대회를 기본으로 하는 기관과 기업의 민주관리 제도를 개선하고, 공장 업무의 공개를 추진하고, 근로자의 관리 참여를 지원하며, 근로자의 합법적 권익을 유지하고 보호해야 한다고 강조했다. 당의 18대는 노동자 계급에 전적으로 의지하고, 근로자대표대회를 기본으로 하는 기관과 기업의 민주관리 제도를 완비하여 근로자이 관리와 감독에 참여하는 민주권리를 보장해야 한다고 강조했다.

우리나라는 이미 근로자대표대회를 기본으로 하는 기관과 기업의 민주관리 제도를 건립했고 기관과 기업은 적극적으로 새로운 형식의 민주관리를 모색하고 있다. 기관과 기업의 민주관리 건설은 점차적으로 추진되고 있다.

(2) 법에 따른 기관과 기업 민주관리의 행사

기관과 기업 민주관리의 기본 내용은 근로자가 기업의 관리에 참여하고 민주 관리권을 행사하며 알권리, 감독권과 건의권을 가진다는 것이다. 그러나 기관과 기업의 민주관리제도에도 많은 문제가 있다. 예를 들어, 비공유제 기업의 민주 관리는 특정한 법적 근거가 부족하다. 우리나라의 "헌법", "전민소유제 공업·기 업법"과 "도시와 읍의 집체소유제 기업 조례(城鎭集體所有製企業條例)"는 국유, 집체 및 지주기업은 응당 민주관리를 실행한다고 규정했으나 비공유제기업에 대 해서 반드시 민주관리를 실행해야 하는지의 여부는 명확한 법률규정이 없다. 또 기존 기관과 기업의 민주관리의 형식이 획일적이어서 현대 기업의 발전에 적응 하지 못하고 있다. 이 외에 일부 기관과 기업의 근로자대표대회제도가 형식적으 로 정착되어 근로자의 합법적 권익은 유효한 보장을 받지 못한다.

이러한 문제들을 해결하기 위한 법률 수단과 방식은 주로 다음과 같다.

첫째, 법률은 비공유제기업의 민주적 관리를 명확히 규정해야 하고 구체적인 요구를 제시하여 지도하고 규범화해야 한다.

둘째, 기업근로자대표대회를 기본으로 하는 기업민주관리 제도를 계속 견지 해야 한다. ① 기업 총수들이 이 제도를 중시하고 기업근로자대표대회제도 구축 을 지속적으로 강화해야 한다. ② 근로자는 자신의 권리를 적극적으로 행사하여 진정으로 자신의 권익을 대표하는 근로자대표를 선출하고 기업의 민주결책과 민 주관리 활동에 적극적으로 참여해야 한다. ③ 기업 내 민주감독제도의 건설을 강화하고 기업의 민주발전을 저해하는 행위에 대한 법적 책임을 명확히 하고 응징해야 한다.

셋째, 기업의 민주적 관리를 위한 다른 형식을 적극적으로 모색해야 한다. 예 컨대 외국의 근로자가 기업 민주관리에 참여하는 형식을 참고하고, 근로자 대표 가 결책에 참여하고, 단체협상, 공동자문, 근로자 지분, 작업설계, 정보공유 등과 같은 내용을 포함한다.[531]

5. 기타 사회조직을 발전시켜 사회 자치를 강화

(1) 우리나라 민주발전에 대한 사회조직의 가치

여기에서 사회조직은 좁은 의미에서의 사회조직으로, 법에 따라 설정 및 등록하고 경제와 사회활동에 있어서 봉사(복무), 교류, 조화, 감독, 권리 보호(維權), 자율(自律) 등의 역할을 하는 사회단체, 재단, 민간 비기업 단체 및 중개조직을 말한다.532) 사회단체, 민간 비기업 단체, 재단과 해외 재단 대표단체는 우리나라 민정부가 중점적으로 관리하는 사회조직이다. 민주발전에 대한 사회조직의 가치는 주로 다음과 같다.

첫째, 여론을 향상시키고 표현해야 한다. 인민의 전체적인 이익과 근본적인 이익은 동일하지만 시장경제의 발전에 따라 사회가 분화되어 점진적으로 다른 이익집단이 형성되었다. 이익 갈등은 해소되어야 하고, 인민의 의지는 표현되어야 하며, 각종 사회조직이 이 기능을 담당할 수 있다.

둘째, 국가와 사회, 정부와 민간을 교류하는 교량이다. 여론을 전달하기 위한 효과적인 체제와 국가와 사회, 정부와 민간의 교류를 위한 경로와 체제를 구축하는 것은 인민이 주인이 되기 위한 매우 중요한 일환이자 급선무가 되었다. 따라서 사회조직의 발전을 인도하는 것이 필요하고, 이들로 하여금 하나의 경로와 체제의 구성 부분이 되게 해야 한다.

셋째, 사회 자치기능을 강화한다. ① 사회조직의 발전은 공민의 민주자치능력을 키우는 데 도움이 된다. 사회조직 내부는 평등의 주체들로 구성되며, 내부의 다수는 민주적 통치를 위한 형식이며, 공민은 내부적으로 협상하고, 민주적인 표결을 한다. 사회조직 내의 이러한 민주적인 관리형식은 공민의 민주자치능력을 기르기 쉬우며, 이러한 능력은 민주사회의 전제이며 민주국가의 실현을 위해 반드시 필요한 품질이다. ② 사회조직은 사회 자치의 중요한 도구이다. 시장경

---

531) 공인이 참여하여 공동으로 기업의 결책에 결정하는 것은 독일의 공동결정제도가 가장 대표적이다. 집체교섭은 공회와 고용주 간에 임금, 작업조건, 복리 등의 문제에 관하여 협의하는 것이다. 공동 의논은 관리자와 공인대표가 공동으로 회사업무를 의논하는 공업민주와 종업원이 참여하는 형식을 말한다. [오스트레일리아] 하보강(何寶鋼), 협의민주: 이론, 방법과 실천, 베이징, 중국사회과학출판사, 2008년, 207-208면 참조.

532) 쎄위허(謝雨和), 사회조직이 경제발전 방식의 전환을 가속화하는 과정에서 발휘하는 큰 작용, 단체관리연구, 2010(7) 참조.

제의 발전에 따라 국가 권력이 점차 사회로 이전하고, 많은 사회 구성원이 "단위(單位)인"에서 "사회인"으로 바뀌면서 단위의 사회문제 해결 능력이 약화되어 사회조직이 사회관리의 중요한 힘이 되었다. 사회 자치수준의 향상은 다양한 사회조직에 크게 의존하고 있다.

요컨대 사회조직은 군중을 인도하여 질서 있게 민주정치에 참여하고, 사회 자치기능을 강화하고, 각종 이익 갈등을 조정하고, 사회의 안정을 유지하고 보호하는 등 측면에서 적극적인 역할을 하며, 인민이 주인이 되는 데 중요한 의미가 있다. 따라서 당의 17대 보고서는 "사회조직이 군중의 참여를 확대하고, 군중의 요구를 반영하는 적극적인 역할을 하며, 사회 자치기능을 강화한다."고 강조했다. 당의 18대 보고서는 정부의 공공 봉사방식의 개선, 기층 사회의 관리와 봉사체제 건설을 강화, 도시와 농촌의 지역사회 봉사기능의 강화를 계속 강조했다. 기관과 기업과 인민단체의 사회관리와 봉사에서의 직책을 강화하고 사회조직의 건전하고 질서 있는 발전을 유도하고, 군중이 사회관리에 참여하는 기초적 역할을 충분히 발휘한다고 강조했다.

(2) 법에 따라 발전하는 우리나라의 사회조직

우리나라 헌법은 공민이 결사의 자유가 있다고 규정하고 있다. 개혁개방 이후 우리나라의 사회조직은 급성장했고, 사회생활에서 학회, 연구소, 협회, 상회, 재단 등 사회단체 및 사립학교와 병원 등이 대거 등장했다. 우리나라의 사회조직에 관한 기본적인 법률의 틀이 확립되었다. 1986년의 "민법통칙"은 사단법인을 법인 유형의 하나로 기본 법률의 측면에서 사단(社團)의 법적 지위를 확립했다. 국무원은 1989년 "사회단체 등록·관리 조례(社會團體登記管理條例)", 1998년 "민간 비기업 단위의 등록·관리에 관한 잠행 조례(民辦非企業單位登記管理暫行條例)", 2004년 "재단관리 조례(基金會管理條例)"를 반포했다. 2006년 당의 16기 6중 전회는 "사회주의 조화로운 사회 건설의 여러 문제에 관한 중대 결정(關於構建社會主義和諧社會若干問題的重大決定)"에서 공식적으로 "사회조직"의 개념을 제안하고 사회조직의 육성·발전과 관리·감독을 둘러싸고 체계적으로 논의했다.

우리나라 사회조직의 급속한 발전에도 불구하고 다른 민주국가에 비해 사회조직의 규모, 역량의 발휘, 사회관리와 민주적 발전에 미치는 영향 등에 있어서는 아직 거리가 있다. 우리나라 사회조직의 주요 문제점으로는 첫째, 사회조직의 자율화 정도가 낮다. 예를 들어 일부 지방 행정부문의 간부가 업계 협회의 회장이나 사무총장으로 겸직한다. 둘째, 사회조직의 발전이 미성숙하다. ① 내부의 응집력이 부족한 것으로 표현된다. ② 내부의 관리가 비민주적이고 조직력이 떨어진다. ③ 사회적 신용도가 높지 않고 군중이 이에 대한 신뢰가 부족하다. ④ 사회 복지능력이 비교적 떨어지고 공공 봉사를 수행하고 제공하는 데 여러 어려움이 있다. 셋째, 사회조직에 대한 정부의 개입이 많은데 감독이 부족하다.

따라서 사회조직에 대한 당의 이념적 지도력을 준수한다는 전제하에 우리는 사회조직과 사회자치에 관한 법률, 법규와 규칙을 개선하고 법에 따라 사회의 자치를 구현해야 한다.

요컨대, 우리나라의 기층 민주 건설은 인민이 주인이 되는 것을 실현하는 데 중요한 역할을 하고, 우리나라 전체 민주발전의 성장점이므로, 매우 중시해야 한다.

인민이 주인이 되는 것은 사회주의 민주정치의 본질적인 요구이다. 사회주의 민주정치실천의 추진에 따라 당대 중국은 구체화된 인민이 주인이 되는 이론이 더 필요해졌다. 인민이 주인이 되는 이론적 연구는 반드시 추상화, 형식화된 "울타리(藩籬)"를 넘어 구체화되어야 한다. 이 절에서는 현대 사회주의 민주정치 건설의 구체적인 실천에 비추어 인민이 주인이 되는 이론을 재해석하고, 인민이 주인이 되는 실현을 위한 현황과 문제점을 분석했다. 또 인민이 주인이 되는 각 종 구체적인 제도의 실현에 대해 재검토하고 구체적인 제도를 보완하는 전략을 제시하며, 인민이 주인이 되는 이론의 구체화 연구를 통해 우리나라 인민이 주인이 되는 실천을 추진한다.

제7장

중국 특색 사회주의 민주법치와
문화 건설

오늘날 시대에는 문화, 정치, 경제가 서로 스며들어 조화를 이루며, 문화는 민족 응집력과 창의력의 중요한 원천이 되고, 한 국가의 종합적인 국력과 국제 경쟁력의 중요한 부분이 되어 가고 있다. 풍부한 정신문화 생활도 우리나라 인민의 열망이 되고 있다. 국가의 발전과 번영, 민족의 독립과 진흥, 인민의 행복과 존엄성, 모두 문화의 뒷받침이 필요하다. 민주법치사업의 진보 역시 문화의 대 발전, 대 번영에 의존한다. 이 장에서 우리는 민주법치와 문화 건설 사이의 밀접한 관계를 탐구한다.

제1절 문화 번영 발전에 의한 국가 민족의 강성

1. 문화는 인류 특유의 정신적 자산이다.

모든 민족은 자신만의 독특한 문화를 가지고 있다. 중화민족은 5천여 년의 긴 역사에서 광대하고 심오한 중화문화를 창조했다. 중화문화는 중화민족의 친화력과 응집력의 중요한 원천이 되었고, 중화민족의 신분 상징이며, 중화민족의 발전과 성장을 위해 엄청난 영적 힘을 제공해 왔으며 인류 문명의 발전에 크게 기여했다.

문화는 인류사회 특유의 현상이고 사람의 창조물이므로 사람이 없으면 문화를 말할 수 없다. 인간의 존재는 문화 발생의 전제 조건이다. 그러나 문화의 개념에 대한 사람들의 정의는 다양하고 통일하기가 어려우며 의견 차이 또한 가장 많다. 사람들의 다양한 정의에 따르면 문화의 개념을 다음 네 가지로 요약할 수 있다. ① 문화를 인간의 실천에서 창출된 물질적 자산과 정신적 자산의 총합으로 간주하며 관습, 규범 및 제도 등을 포함한다. 이것은 가장 광의의 문화개념이다. ② 문화를 인간의 실천에서 창출된 정신적 자산과 관습, 규범, 제도와 동일시한다. 이것은 관념형태와 규범형태의 문화를 포함하는 문화개념이다. ③ 문화를 정신적 자산의 총합, 즉 일정한 물질생산 방법에 기초하여 발생하고 발전하는 정신문화로 본다. 이것은 관념형태의 문화개념이다. ④ 문화를 문학예술로 간주하고 문화와 문학예술을 병용하거나, 문화를 교육과 동일시하고 문화와 교육을 병용한다. 이것은 특정 의미에서의 문화개념이다.

2. 정신문명과 문화

문명은 문화와 유사하고 관련이 있는 개념이지만 완전히 동일하지 않다. 일반적으로 문화의 저술을 연구하면서 동시에 문명의 문제도 논한다. 문화의 개념과 마찬가지로 문명의 개념도 다의성과 모호성을 가지고 있다. 우리나라에서 일반적으로 문명은 인류가 객관적인 세계와 주관적인 세계를 개조해 이룬 성과로 이해된다. 이것은 위에서 언급한 가장 광의의 문화개념과 일치한다. 동시에 우리는 오랫동안 문명을 물질문명과 정신문명으로 나누었다. 12대 보고서에 따르면 객관적인 세계에는 자연과 사회가 포함된다. 사회 개조의 성과는 새로운 생산관계와 새로운 사회정치제도의 수립과 발전이다. 자연계를 개조한 물질적 성과가 바로 물질문명인데, 그것은 사람들의 물질생산의 진보와 물질생활의 개선으로 표현된다. 객관적인 세계를 개소하면서 사람들은 주관적인 세계를 개조해 사회의 정신적 생산과 정신적 삶이 발전하였으며, 그 결과 교육, 과학, 문화지식 및 사람들의 이념적, 정치적 발전으로 대표되는 영적 문명, 도덕 수준을 향상시킨다. 사회의 개조와 사회제도의 진보는 궁극적으로 물질문명과 정신문명의 발전으로 나타난다.[533] 사회제도의 진보(즉, 제도문명)가 정신문명에 포함된다면 이

---

533) 중공중앙 문건 선집, 베이징, 중공중앙당교출판사, 1994년, 209면 참조.

러한 정신문명은 대체로 위에서 언급한 관념형태와 규범형태를 포함한 문화의 개념과 일치한다는 것을 알 수 있다. 제도문명을 단독으로 하나의 범주로 구분한다면 이러한 정신문명은 위에서 언급한 관념형태의 문명개념과 일치한다.

사회주의 정신문명은 사회주의 정신적 생산과 삶의 결실을 말하며, 사회주의의 조건하에서 역사상 모든 뛰어난 정신문명의 성과를 계승한 모든 사람들에 의해 만들어진 정신적 자산이다. 덩샤오핑의 저술과 15대 이전 당의 공식 문헌에서 정신적 분야를 다루는 재부의 문제에 대해 정신문명과 사회주의 정신문명이라는 논법을 사용해 왔다.

15대는 "중국 특색 사회주의의 문화 건설" 문제를 제기했다. 지앙쩌민이 보고서에서 말한 것처럼 "중국 특색 사회주의의 문화는 주요 내용의 측면에서 우리가 개혁개방 이후 옹호했던 사회주의 정신문명과 일치한다. 문화는 경제와 정치와 관련이 있으며 정신문명은 물질문명과 관련이 있다. 경제, 정치, 문화가 조화롭게 발전하고 두 문명이 잘 이루어졌을 때만 중국 특색 사회주의라 할 수 있다." 따라서 사회주의 정신문명 건설은 실제로 진보된 사회주의 선진문화를 건설하는 것이다. 16대 전날, 지앙쩌민은 정치 문명의 개념을 다시 제시했다. 2001년 1월 10일, 그는 전국 선전부장회의에서 법치는 정치 건설, 정치 문명에 속하며, 덕치는 사상 건설, 정신문명에 속한다고 지적했다.[534] 2002년 5월 31일, 그는 중앙 당교 성부급 간부연수반 학위수여식의 연설에서 사회주의 민주정치를 발전시키고 사회주의 정치 문명 건설은 사회주의 현대화 건설의 중요한 목표라고 제안했다.[535] 16대는 사회주의 민주정치를 발전시키고 사회주의 정치 문명의 건설이 국민 생활수준을 중류 정도가 되는 사회를 전면적으로 건설하기 위한 중요한 목표라고 공식 제안했다. 이로부터 "정치 문명"은 최초로 우리 당의 전국 대표대회보고에 기재되어 수년 동안 논의된 "두 문명", 즉 물질문명과 정신문명을 나란히 했다. 16대 보고서에서 지앙쩌민은 다음과 같이 지적했다. 국민 생활수준이 중류 정도가 되는 사회를 전면적으로 건설하기 위해서는 반드시 사회주의 문화를 적극적으로 발전시키고 사회주의 정신문명을 건설해야 한다. 문화의 힘은 민족의 생명력과 창의력, 응집력에 깊이 녹아 있다. 전체 당의 동지들은 문화 건설의 전략적 의미를 깊이 인식하고 사회주의 문화의 발전과 번영

---

534) 중공중앙 문헌 연구실편(각주471), 337면 참조.
535) 중공중앙 문헌 연구실편(각주471), 304면 참조.

을 촉진해야 한다.

사회주의 선진문화는 중국 공산당의 사상적, 정신적 기치이다. 16대 이래, 문화 건설은 당과 국가의 전반적인 업무에 중요한 전략적 위치에 놓여졌다. 2007년 10월 후진타오 동지는 17대 보고서에서 사회주의 선진문화가 나아갈 방향을 견지하고, 사회주의 문화 건설의 새로운 고조를 일으켜 전 민족문화의 창조적 활력을 불러일으키고, 국가 문화의 소프트파워를 높여 인민의 기본 문화권익을 더욱 보장하고, 사회문화 활동이 더욱 풍부하고 다채롭고, 인민의 정신적 면모를 더욱 고양시켜야 한다고 지적했다. 2012년 11월 후진타오 동지는 당의 18대에서 사회주의 문화강국 건설을 착실하게 추진할 것을 다시 한번 강조했다. 그는 문화는 민족의 혈통이고 인민의 정신적 정원이라고 강조했다. 국민 생활수준이 중류 정도가 되는 사회를 전면적으로 건설하고 중화민족의 위대한 부흥을 이룩하기 위해서는 사회주의 문화의 발전과 번영을 촉진하고, 사회주의 문화 건설의 새로운 고조를 일으키며, 국가 문화의 소프트파워를 향상하고 문화적 지도의 역할 수행과 인민을 교육하고 사회에 봉사하며 발전을 촉진해야 한다. 그렇게 해야, 13억 중국 인민을 중국 특색 사회주의 문화의 기치 주위에 굳게 단결시킬 수 있다.

당의 18대는 정치 건설, 경제 건설, 사회 건설, 생태문명 건설과 문화 건설의 "오위일체" 발전 전략을 제시해 당이 일방적인 발전보다는 중국의 전반적인 발전을 종합적이고 체계적으로 발전시킬 필요성을 잘 알고 있음을 보여줬다. 국가는 오직 정치, 경제, 문화, 생태와 사회를 체계적으로 구성하고 다섯 가지 방면 모두가 충분한 발전을 얻어야만이 국가의 전체 수준은 향상될 것이다. 지금 세계는 국가 간 치열한 경쟁으로 경제, 과학기술, 국방 등 분야의 실력뿐 아니라 문화실력과 민족정신의 경쟁까지 겸비하고 있다. 만약 한 국가나 한 민족에 경제 개발만 있고 문화 개발이 없는 경우, 그러한 개발은 불완전하며 지속 가능한 개발 추진력이 부족하다고 할 수 있다. 문화에 대한 적극적인 지도와 민족정신의 완전한 역할이 없다면 한 나라, 한 민족이 세계에 숲에 우뚝 설 수 없다. 특히 세계화의 급속한 발전으로 경제, 기술, 무역의 장벽은 완전하게 무너지고 다양한 사상의식, 가치관념, 행위방식은 물밀듯이 밀려들면서 개발도상국으로서의 우리나라는 경제적인 압력에 직면했을 뿐만 아니라 사상문화 건설에서도 심각한 도전에 직면하고 있다. 문화와 경제, 정치, 사회 등 여러 방면에서 동시 개발을 통해서만 국가와 민족의 번영을 진정으로 실현할 수 있다. 따라서 경제발전도 있어야 하고 정치발전도 있어야 하며 문화 발전도 있어야 하며 이 세 가지는 분리할 수 없다. 우리는 자발적으로 경제 건설을 발전시키는 동시에 적극적으로 문화 건설을 진행하여 사회주의 문화의 대 발전과 대 번영을 추진해야 한다.

3. 사회주의 핵심 가치관

문화는 인간의 정신적 가치를 보여준다. 국가 문화의 소프트파워를 강화하고 사회주의 문화강국을 건설하며 중국 특색 사회주의 문화 발전의 노선을 가기 위해서는 사회주의 핵심 가치체계를 구축하고, 사회주의 가치관을 배양하고 이행하며 사회주의 이데올로기의 흡인력과 응집력을 키워야 한다. 전 세계의 다양한 사상 및 문화의 얽힘과 혼란의 상황에서, 그리고 우리나라 내부 사회구조의 지속적인 변화와 지속적인 이익구조의 조정, 사상 개념의 심오한 변화의 맥락에서 다양한 사회적 사상 사이의 응집력을 극대화하고 사회주의 핵심 가치체계를 건설하는 것이 특히 중요하고 시급하다. 사회주의 핵심 가치체계는 사회주의 사상의 핵심 내용과 가장 중요한 구성 부분으로 사회주의 사상의 성격과 방향을 결정한다. 이는 전체 당과 전국 인민이 단결하고 분투하는 공동 사상의 기초이다. 사회주의를 건설하려면 반드시 민족적 정신, 정신적 지주가 있어야 하며, 사회주의 핵심 가치체제도 우리가 민족적 정신을 강화하고 정신적 지주를 강화하는 사상적 토대이다.

사회주의 핵심 가치체계는 마르크스주의 지도 사상, 중국 특색 사회주의 공동의 이상, 애국주의를 핵심으로 하는 민족정신, 개혁혁신을 핵심으로 하는 시대정신, 사회주의 명예와 수치의 이념 등 네 가지를 기본으로 하는 유기적 통일체이다. 마르크스주의는 중국 공산당과 국가의 기본 사상이며 사회주의 핵심 가치체계의 영혼이며 마르크스주의의 입장, 관점, 방법을 견지해야만이 복잡한 사회현상 속에서 방향을 분별하여 각종 잘못된 사상의 영향과 침식을 효과적으로 막을 수 있고, 중국 특색 사회주의 이론체계로 마음을 무장시키고 실천을 지도하는 것을 견지한다. 중국 특색 사회주의 공동의 이상은 사회주의 핵심가치체계의 주제이다. 중국 특색 사회주의 노선을 걸으며 중화민족의 위대한 부흥을 이룩하는 것은 현재 우리나라 각 민족 인민의 공동의 이상이다. 애국주의를 핵심으로 하는 민족정신과 개혁혁신을 핵심으로 하는 시대정신은 사회주의 핵심 가 치체계의 정수이다. 민족정신은 한 민족의 역사발전 과정에서 형성된 정신적 면 모와 정신의 품질이며, 민족정신은 한 민족과 국가가 생존하고 발전하는 강력한 정신적 원동력이다. 16대 보고서는 5천여 년의 발전과정에서 중화민족은 애국주 의를 핵심으로 하여 단결을 통일하고, 평화를 사랑하고, 근면하고 용감하며, 스 스로 힘쓰고 쉬지 않는 위대한 민족정신을 형성하였다고 명확하게 지적했다. 이 러한 민족정신은 여전히 당대 중국이 세계의 숲에 우뚝 설 수 있는 정신적 지 주이다.

사회주의 핵심 가치체계에서 사회주의 핵심 가치는 사회주의 핵심 가치체계 의 기본적 성격과 기본적 특성을 반영하고 사회주의 핵심 가치체계의 풍부한 의미와 실질적 요구 사항을 반영하며, 사회주의 핵심 가치체계가 아주 간결하면 서도 집중되어 있음을 표현한다.

당의 18대는 부강(제창), 민주, 문명, 조화, 자유(제창), 평등, 공정, 법치, 애국 (제창), 경업(敬業), 성신(誠信), 우선(友善)을 명시했다. 사회주의 핵심 가치관의 기본을 담고 있는 이 24자는 부강, 민주, 문명, 조화가 국가 차원의 가치목표이 고 국부민강(國富民强: 나라가 부유해야만 국민이 강성해진다는 것을 이르는 말)은 국 가의 번영과 인민의 행복을 위한 물질적 토대이며, 우리나라 인민의 염원이기도 하다. 역사는 우리에게 뒤처지면 괴롭힘을 당한다는 것을 보여준다. 사회주의는 전체 인민의 공동 번영을 특징으로 하고, 가난은 사회주의가 아니며, 양극화도 사회주의가 아니다. 사회주의의 근본적인 임무는 생산력을 해방시키고 생산력을 발전시키고 양극화를 제거하여 궁극적으로 공동 번영을 실현하는 것이다. 민주 는 바로 인민이 국가의 주인이 되고 사회주의 민주정치의 본질적 요구이자 인 민의 행복한 삶을 창조하는 정치적 보장이기도 하다. 문명은 사회진보의 중요한 상징이자 중국 특색 사회주의의 중요한 특징이며, 중화민족의 위대한 부흥을 실 현하는 중요한 지주이다. 조화는 중국 전통문화의 기본 이념으로 조화로운 사회 를 조성하여 모든 인민이 배우고자 하면 학교를(學有所教), 일하고자 하면 일자 리를(勞有所得), 병이 나면 의료를(病有所醫), 늙으면 돌보는(老有所養) 것은 중화 민족이 언제나 추구하는 사회적 이상이다.

자유, 평등, 공정, 법치는 사회적 차원의 가치 지향이다. 인간의 자유롭고 포 괄적인 발전을 이루는 것은 마르크스주의가 추구하는 목표이고, 중국 공산당이 성립한 시기부터 많은 인민 군중을 이 아름다운 목표를 향해 이끌어 왔다. 평등은 사람들이 경제, 정치, 문화 등에서 동등한 권리를 향유하는 것을 가리킨다. 공정은 사회적 공정·정의를 가리키고 인류사회의 공동 이상이며 우리나라의 사회주의 혁명과 사회주의 건설은 언제나 공평·정의의 끊임없는 추구를 통해 이루어진다. 법치는 나라를 다스리는 기본 방식으로, 사회를 다스리고 국가를 관리함에 있어 법의 권위를 인정하며, 인권의 존중과 보장을 통해 광범위한 인민 군중의 근본적인 이익을 전면적으로 유지하고 보호하며, 실현하고 발전시키며 자유, 평등, 공정한 제도적 보증이다.

애국, 경업, 성신, 우선은 공민 개인 차원의 가치 준칙이다. 애국주의는 중화민족 정신의 핵심이고 중화민족의 형성과 발전하는 전 과정을 통해 이루어지며, 인민 군중의 조국에 대한 깊은 애정을 표현하고 있으며, 시민들이 개인적 관계와 국가 관계를 다루는 기본 준칙이며, 애국은 모든 공민이 따라야 할 기본적인 도덕규범이다. 동서고금을 막론하고 나라를 사랑하거나 사랑하지 않는 것은 항상 한 사람을 도덕적으로 평가하는 중요한 기준이 되어 왔다. 경업은 공민의 직업자질에 대한 가치평가이고 모든 공민은 자신의 직무에 따라 일하고 사람들을 섬기며 사회에 봉사해야 한다. 성신은 성실과 신용을 가리키고 성실은 강직이고 신용은 근본이며 성신은 인류사회가 수천 년 동안 이어온 도덕적 전통이다. 사람은 믿음이 없으면 그 무엇도 이룰 수 없고(人無信不立), 사람은 성신을 지키지 않으면 사회에 발붙일 수 없으며, 성신을 지키지 않는 사회는 필연코 사회의 풍조를 파괴시킬 것이다. 성심성의로 대하고 신용을 중요시하고 약속을 지키는 것은 사회주의 사회가 조성해야 할 사회 분위기이다. 우선(友善)은 공민 개개인이 상호 존중하고 상호 배려하고 상호 돕고 화목하게 지내는 것을 강조하며 사회주의의 새로운 인간관계를 건립한다.

국가, 사회, 개인이라는 세 가지 차원의 사회주의 핵심 가치관은 내용이 포괄적이고 단계가 논리적이고 분명하다. 국가 차원의 가치관은 사회주의 핵심 가치관에서 지배적이며, 사회 차원의 가치관은 사회주의 핵심 가치관의 중요한 지주이며, 공민 개인 차원의 가치관은 사회주의 핵심 가치관의 기초이다. 이 세 가지 측면은 서로 긴밀하게 연결되어 있으며 상호 의존적이며 상호 촉진한다. 이는 민족, 혈연, 언어, 지역 등의 차이를 넘어 업종, 직업, 계층의 차이를 초월한다. 또한, 사회주의 가치체계의 건설을 더욱 추진하고 중국 특색 사회주의 발전

의 올바른 방향을 보장하는 데에 대하여 지극히 중요한 이론과 현실적인 의미
를 지닌다.

제2절 중국 특색 사회주의 문화 건설과 법치의
적극적인 상호 작용

1. 문화적 관점에서 본 법률현상의 특징

문화의 광범위한 정의에서 법률현상은 하나의 문화현상에 속한다. 문화적 관
점에서 볼 때, 법률현상에는 고유한 특징이 있다.

(1) 법률현상은 물질생산과 그로 인한 경제상황을 사회기반으로 한다.

다른 문화현상과 마찬가지로 법률현상이 일어나는 주체는 사람이기 때문이
다. 물질생산에 종사하고 일정한 사회적 관계(우선은 생산관계)에 있는 것이 인간
의 가장 기본적인 특징이다. 마르크스가 말했듯이 물질생활의 생산방식은 사회
생활 전반과 정치생활, 정신생활의 과정을 제약한다.[536] 따라서 우리는 물질적
삶의 모순으로부터 사회의 생산력과 생산관계의 발전으로부터 설명하여 다양한
법률현상을 설명하고 해석해야 한다. 때문에 우리는 사회의 형태에 따라 법률문
화를 노예제 법률문화, 봉건제 법률문화, 자본주의 법률문화와 사회주의 법률문
화로 나눌 수 있다.

(2) 법률현상에는 시대성이 있다.

일정한 시대에는 일정한 특징이 있는데, 이러한 특징은 필연적으로 일정한
시대의 발전법칙과 발전방향으로 이어질 것이며, 바로 일정한 시대의 발전법칙
과 발전방향에서 그 시대의 특징이 잘 드러난다. 법률현상의 시대성이란 법률현
상은 당연히 그 시대의 법률발전의 특성을 반영하고 선진 법률문화는 그 시대
의 법률현상의 발전원리와 발전방향을 나타내는 것이다. 법률현상의 시대성도
그 자체의 역사성이다. 엥겔스는 시대마다의 이론적 사고는 우리 시대의 이론적
사고를 포함해 모두 하나의 역사적 산물이며, 이는 시대별로 완전히 다른 형식

---

536) 마르크스·엥겔스 전집, 제13권, 베이징, 인민출판사, 1962년, 8면 참조.

을 가지고 있으면서도 완전히 다른 내용을 가지고 있다고 말했다.[537] 이는 각 시대는 특별한 물질 생산방식, 사람과 자연의 특별한 관계, 사람 간의 특별한 관계(계급사회에서는 특별한 계급관계)가 있기 때문이다. 따라서 이 시대의 법률현상도 특별한 성질, 즉 법률현상의 시대성을 가지고 있다. 동시에 각 시대의 다양한 법률현상에서 모든 법률현상이 그 시대성을 반영하는 것은 아니지만 반드시 시대의 낙인이 찍힐 수밖에 없다는 점도 지적해야 한다. 그러므로 문화적 의미는 시대정신을 반영하거나 시대의 진취를 반영하는 법률현상과 시대적 낙인만을 가진 법률현상을 구분해야 하며 전자는 선진적 법률문화, 후자는 후진적 법률문화에 속한다.

(3) 법률현상에는 민족성이 있다.

각 민족의 법률 활동은 다른 민족과는 다른 특징을 가지고 있다. 법률현상의 민족성은 그 민족의 물질 생산방식, 계급관계, 자연조건, 언어, 생활방식, 역사적 전통, 국제적 조건 등이 복합적으로 작용한 결과이다. 따라서 어떠한 민족의 법률문화의 특성을 연구하려면 종종 이런 문화가 의존하는 다양한 조건의 복합적 역할을 통해서만 정확하고도 포괄적으로 설명될 수 있다. 법률현상의 민족성과 계급성은 모순의 통일이다. 기본적으로 일정한 사회의 물질 생산방식에 기초하는 작용이 발생하는 여러 조건들은 계급에 따라 다른 영향과 결과가 있기 때문에 그것이 형성하는 법률문화에서 다르게 반영되고 표현될 수 있다. 동시에 여러 조건들의 복합적인 역할은 서로 다른 계급에 공통적, 제한적 영향을 미치며, 그 법률문화에서 공통적인 반영과 표현을 가지고 있다. 따라서 계급별 법률문화는 대립적일 수 있는 반면 계급별 법률문화는 서로 침투하여 영향을 받으며 공통된 민족성을 가질 수 있다. 마르크스와 엥겔스가 지적한 것처럼 한 계급은 사회적으로 지배적 지위를 차지하는 물질적 힘인 동시에 사회적으로 지배적 지위를 차지하는 정신력이다. 물질생산 재료를 지배하는 계급은 정신적으로 생산되는 재료도 동시에 지배하기 때문에 정신생산 재료가 없는 사람들의 사상은 일반적으로 지배 계급에 의해 지배된다.[538] 이러한 상황에서 모든 민족의 법률문화는 종종 지배 계급의 법률문화의 특징을 표현한다. 따라서 법률문화는 계급성

---

537) 마르크스 · 엥겔스 선집(각주2), 284면 참조.
538) 마르크스 · 엥겔스 전집(각주7), 52면 참조.

과 민족성(실질적으로는 사회성)의 통일이다.

법률현상의 민족성은 법률현상의 세계성은 배제하지 않는다는 점에 유의해야 한다. 후자도 전자를 배제하지 못하는 것과 같다. 문화적 의미에서 어떤 민족의 법률문화가 관념 형태이든 제도 형태이든 모두 세계법률문화의 일부이며, 그 발전의 기본 법칙은 다른 민족의 법률문화 발전의 기본 법칙과 동일하다. 그것은 다른 민족의 법률문화에 어느 정도 영향을 미쳤으며 현대적이고 현대에 가까울수록 더 많이 침투한다. 현대의 법률문화 발전의 기본 법칙과 동일하며, 따라서 한 민족의 법률문화의 특성이 뚜렷할수록 세계문화에 대한 가치와 중요성이 커진다. 민족적일수록 세계적이며, 세계적일수록 민족적이다. 이러한 문화발전의 규칙적인 현상은 법률문화에도 적용된다. 바로 이러한 의미에서 어떤 민족의 법률문화도 세계의 법률문화에서 벗어나 독자적으로 발전할 수 없으며, 세계 각국의 우수한 법률문화의 성과를 흡수하고 참고해야 한다.

(4) 법률현상은 계승성이 있다.

법률현상은 역사의 산물이자 표현이고 역사는 연속성이 있다. 마르크스는 사람들은 스스로 자신의 역사를 창조하지만, 그들은 원하는 대로 창조하는 것이 아니고, 그들 자신이 선정한 조건하에서 창조한 것이 아니라 직접 맞닥뜨리고 정해진 과거로부터 물려받은 조건하에서 창조한다고 말했다.[539] 인류 사유발전의 법칙도 법률현상의 연속성을 결정한다. 사람들이 법률문화를 표현하고 창조하고 발전시킬 때 옛사람이 창조한 법률문화와 맞닥뜨리고 영향을 받기 마련이다. 마르크스주의에 따르면 인류 문화유산의 중요한 계승은 인류 문화발전의 법칙이다. 따라서 어떤 시대의 법률문화이든 모두 옛사람이 창조한 성과가 담겨있으며, 계승의 관계를 비판하지 않고는 법률문화의 선택과 축적도, 법률문화의 풍부함과 발전도 없을 것이다. 같은 계급의 법률문화는 상호 계승의 관계를 가질 뿐만 아니라 다른 계급 간의 법률문화도 비판적으로 계승할 수 있다. 국가 혹은 민족의 법률문화의 발전은 해당 국가 또는 해당 민족의 과거 법률문화유산을 비판적으로 계승할 뿐만 아니라 다른 국가 혹은 민족의 법률문화도 비판적으로 계승하고 참고해야 한다. 이러한 비판적인 계승이 가능한 것은 모든 법률문화의 발전이 본질적으로 동일한 규칙을 가지고 있기 때문이며, 여러 법률문

---

539) 마르크스 · 엥겔스 선집(각주6), 669면 참조.

화는 또 그 특유의 발전형식을 가지고 있어서 서로 참고하고 보충할 수 있다. 한편으로는 모든 법률문화의 계승과 참고는 간단하지 않고 그대로 답습될 수 없으며 재창조와 재구성의 과정이다.

2. 정신문명 건설과 법제 건설의 연계

사회주의 정신문명 건설은 사회주의제도의 중요한 특징과 우월성을 구현한 것이며, 사회주의 현대화 건설의 진행 과정에서 지속적인 정신적 원동력과 사상적 보증이다. 따라서 사회주의 법제 건설은 반드시 사회주의 정신문명을 사상문화의 기초로 하고 정신문명 건설을 중요한 목적 중 하나로 삼아야 한다. 사회주의 법제 건설과 정신문명 건설은 불가분의 관계이며, 11기 3중 전회 이래 우리당과 국가는 사회주의 법제 건설을 계속적으로 사회주의 정신문명 건설의 중요한 구성 부분으로 삼았으며, 법제 건설 자체를 중시할 뿐만 아니라 전 민족의 문화적 자질을 향상시키는 데 있어서 법제를 강화하는 데 매우 주의를 기울였다.

1985년 9월, 덩샤오핑은 사상정치 작업과 사상정치 작업 대오 모두가 크게 강화되어야 하며 약화되어서는 안 된다고 강조했다. 마찬가지로 심각한 범죄 활동에 대한 예방과 단속은 계속 강화되어야 한다. 사회적 분위기를 심각하게 위협하는 부패를 단호히 막고 금지해야 한다.[540] 1985년 10월 덩샤오핑이 영국 시대회사(時代公司) 편집장 그룬왈드(格隆瓦爾德, Grunwald)을 만났을 때, 그는 "중국 공산당은 인민들에게 공정하고, 인민에게 봉사하도록 교육해 왔는데, 현재의 경제 개혁으로 당신들은 국민들에게 부자가 되도록 교육하고 있으며 소수의 부패와 권력 남용이 발생하기도 했지요. 이러한 문제들을 해결하기 위해 어떤 방법을 취할 준비가 되어 있습니까?"라고 물었다. 이에 대해 덩샤오핑은 우리는 주로 두 가지 수단을 통해 해결하는데, 하나는 교육이고 다른 하나는 법률이라고 확답했다.[541] 1986년 3월, 덩샤오핑은 다음과 같이 다시 언급했다. 우리는 현재 두 문명의 건설을 하는데, 하나는 물질문명이고 다른 하나는 정신문명이다. 개방정책의 실행은 필연적으로 나쁜 일을 가져오고 우리 인민들에게 영향을 줄 것이다. 위험이 있다고 말하자면 이것이 가장 큰 위험이다. 우리는 이 문제를 해결하기 위해 법률과 교육이라는 두 가지 수단을 사용한다. 긴장을 풀지 않고

---

540) 덩샤오핑 문선(각주138), 145면 참조.
541) 덩샤오핑 문선(각주138), 148면 참조.

열심히 한다면 반드시 방법은 있을 것이다.[542] 유명한 "남방담화"에서 덩샤오핑은 또한 다음과 같이 이야기하였다. 각종 범죄활동을 단속하고 각종 추악한 현상을 퇴치하는 데 있어서 단호해야 한다. 구왕뚱(廣東)성은 20년 만에 아시아의 "네 마리 작은 용(四小龍)"을 따라잡아, 경제는 물론 사회 질서와 사회적 분위기도 잘 다스려, 두 가지 문명의 건설이 모두 그들을 능가하였는데, 이것이 바로 중국 특색이 있는 사회주의이다.[543]

지앙쩌민을 핵심으로 하는 당의 제3대 지도부도 사회주의 정신문명 건설에서 법제 건설을 강화하는 문제를 중요시했다. 지앙쩌민은 덩샤오핑 이론을 근거로 "물질문명 건설과 정신문명 건설은 통일된 투쟁의 목표로 해야 한다."고 여러 차례 제기했을 뿐만 아니라 의법치국은 "사회 문명진보의 중요한 상징"이라고 여겼다. 1996년 10월 10일, 중국 공산당 14기 6중 전회에서 통과된 "사회주의 정신문명 건설에 관한 몇 가지 중요한 문제에 대한 중국 공산당 중앙위원회의 결의"는 재차 덩샤오핑과 "사회주의 정신문명 건설에 관한 중국 공산당 중앙위원회 지침(1986년 9월 28일 당의 12기 6중 전회를 통과)"의 사상을 표명했다. 이 결의안은 사회주의 도덕적 기풍을 형성하고 공고히 하며, 발전은 교육에 의존해야 하고 법제에도 의존해야 한다고 지적했다. 사회주의 법제는 인민의 의지를 반영한다. 전체 인민에게 헌법과 법률을 준수하도록 교육하고 법률상식을 보급하며, 민주법치의 개념을 강화하며 사람들이 자신의 업무와 생활과 관련된 법률을 이해하고, 법에 따라 행동하고 법에 따라 자신의 합법적 권익을 유지하고 보호하며, 법률이라는 무기를 잘 운용하여 위법 범죄행위와 싸우는 데 능숙해야 한다. 관련 법률, 법규와 제도를 건립하고 완비해야 하며 법으로 사회생활의 모든 측면에 대한 관리를 강화하고, 사회에 해를 끼치는 불법행위를 제재하고 단속하며, 법을 어기면 반드시 엄격하게 처벌해야 한다. 교육, 법률, 행정, 여론 등의 수단을 종합적으로 운용하여 양호한 행위습관을 규범화하고 양성하며 비 문명행위를 단속하고 제재하며, 부정을 바로잡고 악을 물리치며 선을 선양하는 사회 풍조를 형성해야 한다.[544]

---

542) 덩샤오핑 문선(각주138), 156면 참조.
543) 덩샤오핑 문선(각주138), 378면 참조.
544) 중공중앙 사회주의 정신문명 건설에 관한 여러 중대한 문제에 관한 결정, 인민일보, 1996년 10월 14일.

우리나라 사회주의 정신문명 건설과 법제 건설의 과정은 항상 연계되어 있음을 알 수 있으며, 법제 건설을 강화하는 동시에 전체 민족의 정신문명 자질을 높이는 데 주의를 기울였음을 알 수 있다. 사회주의 법제의 개선은 사회주의 정신문명 건설의 중요한 부분이다. 한편으로 정신문명 건설은 법제건설에 과학적이고 정확한 사상, 문화적 지향성 및 지적지원을 제공할 수 있으며, 또 다른 한편으로는 법제건설이 사상·도덕 건설과 과학문화 건설의 발전을 보장하고 규범화할 수 있다. 덩샤오핑의 법제교육에 관한 논술은 사회주의 정신문명 건설과 육성에 이상적이고, 도덕적이며, 문화적이고, 규율이 있는, 즉 "네 가지가 있는" 새로운 인간형의 논술과 연계된다. 이는 우리나라가 법제 현대화의 실현과 전 국민의 법률의식 수준을 향상하는 과정에서의 한 가지 특징이며, 이 특성은 계속 유지될 것이다.

덩샤오핑 이론에서 법률수단과 교육수단으로 물질문명 건설과 정신문명 건설을 보증하는 논술도, 덩샤오핑이 "한 손은 건설을 잡고, 다른 한 손은 법제를 잡는다."는 사상의 중요한 내용 중의 하나이다. 이러한 보증 기능은 사회주의 법제가 한편으로는 자신의 조정 및 보호 기능을 통해 사회주의 물질문명과 정신문명의 건설을 위해 필요한 사회적 조건과 법적 기초를 창출하는 것으로 나타난다. 다른 한편으로는 사회주의 법도 자신의 각종 기능 및 사상교육을 통해 사회주의 정신문명 건설을 직접 추진하고 있다.

요컨대 사회주의 법제 건설과 사회주의 정신문명 건설은 공존, 상호 보완 및 유기적 조정의 변증법적이고 통일된 관계라 할 수 있다.

3. 사회주의 핵심 가치관의 구축과 법치

부강, 민주, 문명, 조화, 자유, 평등, 공정, 법치, 애국, 경업, 성신, 우선 이러한 사회주의 핵심 가치관은 국가의 이상, 사회의 발전, 행동의 준칙에서 사회주의 법치정신을 구현하며 사회주의 법치정신과 일치한다. 법치자체는 일정한 사회적 기본 가치에 대한 추구를 담고 있으며 사회주의 법치정신은 사회주의 핵심 가치관과 긴밀하게 연계되어 있다.

국가 차원의 부강, 민주, 문명, 조화의 관점에서 국가의 경제발전과 번영 및 부강은 법제의 틀 안에서 수행되어야 한다. 사회주의 시장경제는 법치경제이고 법치의 목적은 국가의 번영과 국민의 행복이다. 인민이 국가의 주인이 되는 것은 주로 법적인 수단을 통해 이루어지며, 헌법은 인민 군중이 주인이 되는 법적 지위를 인정하고, 많은 인민 군중이 정치활동에 참여하는 민주적 권리와 자유를 인정하고 보장하며 법률을 통해 국가 권력을 규범화하고 제한한다. 법제 자체는 인류문명과 생태문명의 진보를 상징하고, 인간과 자연의 조화로운 공존 또한 법의 규제에 의존할 필요가 있다. 인류발전의 역사는 인류가 자신의 탐욕을 방종하고 자연에 대해 무제한으로 약탈을 한다면 생태, 환경, 자원 등의 위기를 초래하고 인간 스스로 자멸의 지경에 이르게 된다는 것을 보여준다. 그러나 법은 인간과 자연의 긴장을 완화시키는 역할을 할 수 있다. 예를 들어 관련 입법을 통해 경제의 지속 가능성을 촉진하고 자연과의 조화를 꾀할 수 있다.

사회적 차원의 자유, 평등, 공정, 법치의 관점에서 보면, 이러한 것들이 바로 사회주의 법치의 가치 추구이다. 자유는 인간의 본질적 속성에서 비롯되며, 인류의 생존과 발전의 영원한 추구이다. 우리나라의 헌법과 법률은 공민의 각종 자유 권리를 확인하고 보장하면서 동시에 공민은 자신의 자유 권리를 행사할 때 국가, 사회, 집단의 이익, 기타 공민의 합법적 권익을 훼손해서는 안 된다고 규정하고 있다. 평등은 사람들이 경제, 정치, 문화 등에서 동등한 권리를 향유하는 것을 의미한다. 역사적 단계에 따라 평등의 내용은 서로 다르다. 사회 경제가 발전함에 따라, 평등한 향유, 평등한 참여, 평등한 선택, 평등한 경쟁, 평등한 발전과 같은 권리 평등 문제에 대한 관심이 높아지고 있다. 특히 공민의 정치적 권리, 교육받을 권리, 취업할 권리, 사회보장을 받을 권리에 대한 평등에 대한 관심과 기대가 커지고 있다. 사회주의는 인간의 자유와 평등의 실현을 추구하고 있으며, 우리나라 헌법은 공민들은 법률 앞에서 일률적으로 평등하다고 규정했다. 모든 공민은 연령, 성별, 민족, 지역, 교육 수준, 직업, 지위, 빈부(貧富) 등을 불문하고 법적 지위와 권리·의무의 측면에서 일률로 평등하다. 즉, 모든 공민은 헌법과 법률에 규정된 권리를 동등하게 누리고 헌법과 법률에 규정된 의무를 동등하게 이행하며, 모든 공민은 헌법과 법률에 의해 동등하게 보호된다. 어떤 사람이든 법률을 위반하면 처벌을 받아야 하며, 그 누구도 헌법과 법률을 초월한 특권을 누리는 것을 허용하지 않는다. 공정이란 공평과 정의를 가리킨다. 공평의 기본 의미는 편파적이지 않는 이익의 균형이며, 정의의 기본 의미는 시비가 분명한 것이다. 공정은 사회적 상호 작용에 대한 사람들의 정당한 이익을 유지하는 것이며, 인간사회의 공통된 이상이며, 조화로운 사회의 중요한 내용과 기본적인 특징이며, 우리나라 사회주의 각 사업의 가치 기반이다. 공정은 추상적인 것이 아니고 법률의 실천을 통해 사회 구성원의 정당한 이익과 합리적인 요구가 평등하게 법률에서 표현되고 공평하게 법률의 보장과 보호를 받으며, 결국 법률의 지지로 실현되고 충족된다. 공정은 입법, 법의 집행, 사법과 같은 법의 관행에 반영되며, 사회주의 법치는 공평·정의를 확고하게 유지하는 구체적인 실천 활동으로 인민들의 희망과 요구에 부응한다. 공평·정의를 지키면서 사회 현실의 조건을 존중하고, 현 단계에서 공평·정의의 객관적인 한계를 직시한다. 법리와 도리의 상호 통일을 중요시하고, 법률적 효과와 사회적 효과의 통일을 중요시하고, 사회 전체에 공평·정의를 세우는 좋은 시범을 촉진한다. 적극적이고 양호한 사회적 신념의 수립을 촉진하고, 전체 사회에서 공평·정의의 실현을 추진한다.

개인 차원의 애국, 경업, 성신, 우선으로 볼 때 이것은 공민의 개별 행동에 대한 요구 사항이다. 모든 국가 또는 사회는 독립된 객체로 구성되며, 각각의 사회 구성원의 행동은 국가 및 사회 전체에 크고 작은 영향을 미친다. 애국, 경업, 성신, 우선은 중화민족의 전통 미덕이자 현시대 중국 공민의 기본 도덕의 준칙이기도 하다. 이러한 도덕준칙은 입법, 집법, 수법 모두에 긍정적인 영향을 미친다. 예를 들어 성신의 원칙이 민법의 기본 원칙이라면, "경업"은 공민이 자신의 직업적 책임을 완벽하게 이행하는 것을 요구한다. 이러한 준칙은 국가 기관 종사자의 의법행정, 사법 요원의 공정한 사법에도 적용된다. 국가 기관 종사자, 사법 요원, 수많은 인민 군중이 이러한 도덕적 규범으로 자신들의 직업 행위, 일상적인 행동을 제한할 수 있다면, 좋은 사회적 분위기가 조성될 것이다.

사회주의 법치는 사회주의 핵심 가치관을 널리 보급하는 중요한 보증이다. 어떤 관념도 자동으로 생성되지 않는다. 사회주의 핵심 가치관도 마찬가지다. 사회주의 핵심 가치관은 객관적으로 존재하지만, 그 가치가 사람들의 의식 속에 반영된 것은 주관적이다. 사회주의 핵심 가치관이 전국 인민에 의해 보편적으로 인식되고, 사회주의 핵심 가치관이 사람들의 생산, 생활 및 정신세계에 진정으로 통합되어야 한다면, 우리는 교육의 선전, 지도력의 시범, 제도적 규범 등 사회주의 핵심 가치관을 전반적으로 육성하고 실천해야 한다. 그중에서도 사회주의 법치는 사회주의 핵심 가치관을 널리 보급하는 중요한 보장이다. 사회주의 핵심 가치관을 의법치국, 의법집정, 의법행정의 실천으로 관철하고, 입법, 집법, 사법, 보법(普法: 법률 상식의 보급을 이르는 말)과 같은 법으로 여러 방면의 관리를 이행하는 것은 법률의 권위성에 의거하여 사람들이 사회주의 핵심 가치관에 대한 자각성을 배양하고 실천하는 것을 강화시켜준다. 부강, 민주, 문명, 조화, 자유, 평등, 공정, 법치, 애국, 경업, 성신, 우선 이러한 사회주의 핵심 가치관과 사회주의 법치는 본질적으로 완전히 일치한다. 따라서 사회 전반에 걸쳐 법제의 선전과 교육을 강화하고, 사회주의 법치문화를 함양하며, 사회주의 법치정신을 고양하고, 인민 군중이 법률의 학습과 법률의 존중, 법률의 준수, 법률의 운용을 통해 합법적 권익을 유지하고 보호하는 법률의식을 가져야 한다. 사회주의 핵심 가치관에 관한 요구를 구체적인 법률규정으로 격상시켜 법률의 규범, 지도, 보장, 촉진 역할을 충실히 하고 헌법과 법률의 존엄을 수호하며 사회의 공평·정의를 유지하고 보호함으로써 사회주의 핵심 가치관을 육성하고 실천하는 데 유리한 법치 환경을 조성한다.

4. 중국 전통 법률문화와 세계 법률문화에 대한 올바른 대응

(1) 중국 전통 법률문화를 계승하고 발전시키는 긍정적인 요소

중국 특색 사회주의 문화의 건설을 위해 우리는 전통문화와 현대문화의 관계를 다루는 방법에 대한 문제에 부딪히게 된다. 문화는 역사성과 계승성이 있고 어떤 종류의 문화든 일정한 경제적 토대 위에 세워진 것이기 때문에 그 시대에는 그 시대의 문화가 있다. 다만 문화의 발전은 또한 끊임없이 누적되는 과정이며, 모든 시대의 문화는 모두 옛사람이 창조한 문화의 성과를 흡수한다. 중국의 전통문화는 수천 년 동안 중화민족문화가 대대로 계승되어 온 결과이며, 그중에서도 중국의 전통 법률문화는 수천 년에 걸쳐 축적되어 왔으며 사회주의 문화 건설에 있어서 일정한 지위를 가지고 있나.

중국 전통 법률문화의 철학적 토대는 인본주의(人本主義)이고, 인본주의의 기본 특징은 사람의 가치를 중요시하는 것이다. 이는 대체로 세 가지 의미가 있다. ① 인간과 자연의 관계이다. 천지간(天地之間) 사람은 우주의 주인이고 사람은 가장 중요하다. 중국 전통 철학은 항상 "천인합일(天人合一: 하늘과 사람이 일체임을 밝히는 유교적 개념을 이르는 말)"을 옹호해 왔다. 사람들은 자연과 싸우거나 파괴하기보다는 자연을 이해하고, 활용하고, 자연과 조화를 이루며 살아야 한다. ② 사람과 신(神, 신령)의 관계이다. 중국에는 세속정권(世俗政權)에 맞서거나 심지어 세속정권 위에 군림하는 종교가 없었다. 서주(西周)시기에는 인간사를 중요시하고 귀신과 신을 멸시한다는(重人事, 輕鬼神) 사상이 나타났고 이러한 현실주의 정신은 후세가 계속적으로 본받아 왔다. ③ 국과 민(國與民)의 관계이다. 서주시기 이미 백성을 중요시하는 사상이 나타났고, 주공(周公)은 통치자는 반드시 경덕보민(敬德保民: 덕을 닦고 백성을 잘 보살피는 것을 이르는 말)해야 한다고 반복적으로 강조했고 권력자는 민심을 거울로 삼아 국정의 이해득실을 위해 자신을 살펴야 한다. 이것은 유가(儒家) 민본사상의 시초이다.

인본주의는 종법윤리(宗法倫理)와 긴밀히 통합되어 중국 전통 법률문화의 형성과 발전에 중대한 영향을 미쳤다. 인본주의는 사람의 가치를 중시하고, 종법윤리는 사람 간의 관계를 중시하며, 사회의 각 구성원은 일정한 윤리적 관계에 고정되어 있다. 부자(父慈), 자효(子孝), 형우(兄友), 제공(弟恭), 군의(君義), 신충(臣忠)은 사회 구성원들이 지켜야 할 도덕적 규범이자 의무이다. 따라서 중국 고대의 인본주의는 "도덕적 인본주의"라고도 불린다. 이에 걸맞게 중국 전통 법률문화는 인본주의를 기초로, 가족을 본위(本位)로, 혈연관계를 고리로, 종법윤리를 핵심으로 하는 기본 특징을 형성하였다. 구체적인 표현은 예의와 법도를 결합하고(禮法結合, 예법결합) 예로 법도를 통솔하고(以禮統法, 이예통법), 도덕과 형벌을 병용하고(德刑並用, 덕형병용) 도덕을 중심으로 하는(以德爲主, 이덕위주) 것이다. 인치를 중요시하고 법치를 경시하고, 형법을 중요시하고 민법을 경시하고, 황제의 권력을 가장 높이고(皇權至上) 말로 법을 대체했다. 이러한 법률문화는 중화민족 수천 년 법률실천 경험의 총결산으로, 사회 주도의 지위를 차지하고 있는 사회 구성원의 법에 대한 관념, 법의 가치, 법과 기타 사회 조정 방식과의 관계에 대한 견해와 태도를 나타내고 있다. 개인, 사회, 국가의 법적 관행에 직접적인 지침 역할을 한다.

말할 필요도 없이, 중국 전통 법률문화에는 부정적인 요소가 많다. 예를 들면, 인치관념, 황권사상(皇權思想), 이언대법(以言代法), 봉건적 위계관념, 특권 사상, 중형경민(重刑輕民) 등은 현대 법치와 맞지 않아 사회주의 법치 건설 과정에서 반드시 철저하게 제거되어야 한다. 그러나 중국 전통 법률문화의 많은 긍정적 요소들이 지금까지 그 가치를 잃지 않았고, 우리가 계속적으로 계승하고 더욱 확대하여 발전시킬 가치가 있다는 것을 알아야 한다. 예를 들면 다음과 같다.

(가) 인본주의이다. 인본주의는 중국 전통문화의 본질이며, 인본주의는 법률 분야에서 구현되며 입법, 집법, 사법 모두 백성을 근본으로 한다고 주장한다. 관자(管子)는 "밝은 법을 사용하면(明法之道) 백성의 욕망을 이루고(立民所欲) 그 공로를 얻기 위해(以求其功) …… 백성은 악행을 당하고(立民所惡) 그 사악한 것은 금한다(以禁其邪)."[545]고 제기했다. 인간을 근본으로 하는 이러한 기본적 가치 관념은 오늘날 우리가 강조하는 인간을 근본으로 하는 이념과 완전히 일치한다. 우리는 법이 사람들의 다양한 이익과 수요에 대한 조정을 위한 중요한 수단이라는 것을 알고 있으며, 사회주의 법은 많은 인민 군중의 근본적인 이익을 확인하고 보호하는 것을 목표로 한다. 따라서 사회주의 법치의 실천에서 인민 군중의 이익 요구에 관심을 가지고 존중해야 한다.

(나) 도덕교화를 중시하고 범죄 예방을 중시한다. 서주(西周)시기에 주공(周公)은 "명덕진벌(明德愼罰: 밝은 도덕으로 신중하게 벌을 내리는 것을 이르는 말)"을 제안했는데, 이는 나중에 공자(孔子), 맹자(孟子), 동중서(董仲舒) 등을 거쳐 덕주형보(德主刑輔: 도덕중심 형벌보좌를 이르는 말)로 가공해 봉건사회의 법제 원칙이 되었다. 덕주형보 이론은 인간성에 바탕을 둔 것으로, 유가(儒家)는 "인간은 본래 천성적으로 선량하게 태어난다(人之初, 性本善)."고 생각하고 범죄는 후천적으로 외부의 영향을 받아 일어난 것이라고 여겼다. 교화수단을 통해 사람은 자신의 행위를 신중하게 단속할 수 있으며 범죄는 완전히 예방할 수 있다. 도덕교화와 형벌제재를 비교하면 형벌은 범죄 후에만 처벌할 수 있는 반면 교화는 범죄를 싹쓸이 할 수 있기 때문에 도덕교화가 사회적 통제에 더 유리하다. 이 밖에도 고대 사상가들은 범죄의 근원을 백성들의 생활 조건과 연계해 분석하고, 경제적 수단에서 범죄를 예방해야 한다고 주장하는 것이 바로 유가(儒家)의 부민 사상이다. 관자(管子)는 "곳간에 곡식이 가득 차야 예절을 알 수 있고(倉廩實而知禮節), 의식이 충족해야 영욕을 알 수 있다(衣食足而知榮辱)."[546]고 말했다. 맹자(孟子)도 백성의 기본 물질적 욕구를 충족시켜야 한다고 주장하고, 백성들이 편안하게 살 수 있다면 죄를 짓지 않을 것이라고 말했다. 그러므로 중국 전통적인 법률문화는 범죄의 문제해결을 하나의 수단에 국한하지 않고, 도덕적, 법적, 경

---

545) 관자(管子) · 명법해(明法解).
546) 관자(管子) · 백성을 다스리다(牧民).

제적 수단이 동시에 채택될 것을 옹호하는 것을 알 수 있다. 이는 우리가 오늘날의 복잡한 사회 환경에서 사회적 통합을 강화하고 범죄를 효과적으로 예방하고 교정하는 데 있어 매우 중요한 현실적인 의미가 있다.

(다) 집권자의 도덕 수양을 중시한다. 유가는 집권자의 도덕성에 대한 고찰을 중시하며, 권력자는 민중에 대해 엄청난 도덕적 호소력을 가지고 있다고 여겼다. 공자는 "군자의 덕은 바람과 같고(君子之德風) 백성의 덕은 풀과 같으니(小人之德草) 풀은 바람의 방향대로 고개를 숙인다(草上之風必偃)."547)고 말했다. 권력자의 덕행은 흡사 바람과 같고 백성의 덕행은 흡사 바람과 같으며, 바람이 어디에서 불면 풀은 바람의 방향에 따라 그쪽으로 넘어간다. 권력자의 도덕성이 좋고 나쁨을 사회 대중에게 영향을 미치는 주요한 요소로 본다. 이러한 주장은 우리에게 단순히 법률제도적인 하드웨어 건설만으로는 턱없이 부족하며, 관리들의 개인적 덕목과 소양을 동시에 중시하는 소프트웨어 건설도 필요하다는 점을 시사하고 있다. 부덕하고 무능한 사람이 집정하여 권력을 장학한다면 반드시 그 나라에 해를 끼칠 것이다.

(라) 의리를 중시하고 이익을 경시(重義輕利)한다. 오늘날 시장경제의 흐름에서 많은 사람들은 유가의 의리관(義利觀)을 대수롭지 않게 여기고, 이러한 관념은 사람들의 욕망을 부인하고 제한하며 시장경제에 적합하지 않다고 생각한다. 사실 전통적인 의리관은 정의와 이익을 절대적으로 대립시키지 않았다. 공자는 스스로가 이익을 취할 마음이 있다고 고백했다. 이들은 윤리적 도덕과 물질적 삶은 사람들의 정상적인 요구라고 주장하며, 민중의 물질적 이익 추구를 제한하지 않았을 뿐만 아니라 민중의 이익 보호를 중시하고 천하의 이익을 중시하는 것이 정의라고 강조했다. 이 외에 유가의 의리관은 이익이 되는 일이 있어도 의리를 잊지 않는(見利思義) 것을 주장하고 사리사욕에 눈이 어두워 의리도 저버리는(見利忘義) 것을 반대했다. 여기에서 의리는 타인의 이익을 해치지 않는다는 것을 가리킨다. 사리사욕에 대한 인간의 욕구는 어느 정도 도덕적 구속을 요구하고, 견리망의는 사람 간의 이익 다툼과 갈등을 유발할 수 있으며 사회의 조화와 평온에 큰 해를 끼칠 것이다. 최근 몇 년간 이익주의(利己主義) 배금주의(拜金主義)가 난무하면서 의리와 이익 사이의 갈등이 점점 두드러졌다. 이와 관련하

---

547) 논어(論語)·안연(顔淵, 중국 춘추시대 노나라의 현인).

여 우리는 결코 묵과할 수 없으며 반드시 이익이 되는 일이 있어도 의리를 잊지 않는 것을 대대적으로 제창해야 하고 사리사욕에 눈이 어두워 의리도 저버리는 것을 반대해야 한다. 우리는 법이 국민의 자유를 인정하고 보장한다는 사실을 대중에게 알려 주어야 하지만, 이 자유는 타인, 집단 및 국가의 이익을 해치지 않는 것을 전제로 한다. 사회주의 시장경제의 발전을 위한 기본 출발점은 인민 군중의 물질문화와 생활수준을 부단히 향상시키는 것이며, 어느 누구도 자신의 개인 이익을 위해 타인의 이익을 해치거나 국가와 민족의 이익을 해치는 것을 허용하지 않는다.

(2) 현대 서양 법률문화의 올바른 활용

중국 특색 사회주의 문화를 건설하는 것 역시 세계문화, 특히 현대 서양의 법률문화를 어떻게 다룰 것인가 하는 문제에 직면해 있다. 1978년 당의 11기 3중 전회 이전에 당 지도자들의 인식과 정책적 괴리, 특히 극좌적 사상의 범람으로 서양 법률문화의 연구는 거의 성역이 될 정도로 위험하거나 민감한 분야였다. 현대 서양의 법률사상을 언급하면 대부분 "외국의 것(외국인)을 맹목적으로 숭배하고 외국인과 결탁하려고 한다(崇洋媚外)."와 "자본주의를 선전한다."는 말을 듣고 경악을 금치 못했다. 따라서 당시 현대 서양의 법률사상에 대해 감히 물었던 사람은 드물다. 현대 서양의 법률사상은 항상 간헐적이며, 그 목적은 학생들에게 "역학교재"를 제공하고 "혁명적 비판"에 대한 "생존 목표"를 설정하는 것이다. 교재와 강의는 "반혁명적", "반동적"과 같은 단어들로 가득 차 있으므로 여전히 불안하다. 따라서 진실된 내용도 없고 실사구시(實事求是)의 과학적 태도와 과학적 방법도 부족하다.

11기 3중 전회를 시작으로 중앙은 사상 해방과 실사구시의 사상 노선, 개혁개방의 방침을 확립했다. 개방이란 나라의 문을 열고 밖으로 나가야 하는 것이고, 또 안으로 청해 들이는 것이며, 각국의 국정과 세계 발전의 흐름을 이해하고, 선진국(發達國家)의 성공 경험과 인류의 모든 문명적 성과를 배워야 하는 것이다. 덩샤오핑은 지금의 세계를 개방의 세계로 규정하며 중국의 발전은 세계와 떨어질 수 없다고 했다. 그는 또 다음과 같이 말했다. 나라를 건설하면서 스스로를 폐쇄상태나 고립된 위치에 두지 말아야 한다. 폭넓은 국제교류를 중요시하고 누구와도 거래할 수 있으며, 서로 교류하는 과정에서 이익을 얻고 피해를 피해야 한다.[548] 사회주의가 자본주의와 비교되는 우위를 차지하려면 인류사회가 창조한 모든 문명의 성과를 과감히 흡수하고 참고해야 한다.[549]

서양을 이해하고 배우는 목적은 낙후된 것을 바꾸어 선진을 따라잡는 것이다. 덩샤오핑은 다음과 같이 말했다. "낙후함을 인식해야만이 낙후함을 바꿀 수 있고 선진을 배워야 선진을 따라잡을 수 있다. …… 어느 민족이든 또 어느 국가든 다른 민족 또는 다른 국가의 장점을 배우고 그들의 첨단 과학기술을 배워야 한다. 과학기술이 오늘날 뒤처져 있기 때문에 외국에서 배워야 할 뿐만 아니라 과학과 기술이 세계의 선진 수준에 도달하더라도 외국의 강점을 배워야 한다."[550] "우리가 개방적인 정책을 시행하고 자본주의 사회의 유익한 것들을 흡수하는 것은 사회주의 사회의 생산력을 발전시키는 하나의 보충으로 삼는 것이다."[551] 이것이 사회주의제도에 충격을 줄 것이라고 걱정할 필요는 없다.

덩샤오핑은 현대 서양문화에 대해 우리가 어떤 태도를 취해야 하는지에 대해, 경제상에서 대외 개방을 하는 방침은 정확하며, 장기적으로 견지해야 한다고 말했다. 대외 문화교류도 장기적으로 발전시켜야 한다. 경제적인 면에서 우리는 개방적이면서도 무작정 계획 없이 도입해서는 안 되며, 자본주의의 부식성 영향에 저항하고 싸워야 한다. 왜 문화적 범위의 교류는 오히려 자본주의 문화에서 우리에게 해로운 것들에 대해 거침없이 행해질 수 있을까? 우리는 자본주의 선진국에서 선진적인 과학, 기술, 경영관리방법 및 기타 우리에게 유익한 모든 지식과 문화를 배우고, 관문을 닫고 자숙하고 제자리걸음을 하는(故步自封) 것은 어리석은 것이다. 그러나 문화 분야에 속하는 것들은 반드시 마르크스주의로 이들의 사상 내용과 표현방법을 분석, 식별 및 비판해야 한다. 서양에는 여전히 정직하고 진보적인 학자, 작가, 예술가는 많이 존재하고 있으며, 그들의 작품은 당연히 우리가 중점적으로 소개해야 한다.[552] 덩샤오핑은 또 중국의 개방 정책 이행이 정확하고 큰 혜택을 받았다고 말했다. 부족한 부분이 있다면 개방이 덜 된 것이다. 우리는 계속 개방하고 더 개방해야 한다.[553] 현대 서양의 법률

---

548) 덩샤오핑 문선(각주138), 260면 참조.
549) 덩샤오핑 문선(각주138), 373면 참조.
550) 덩샤오핑 문선(각주139), 91면 참조.
551) 덩샤오핑 문선(각주138), 181면 참조.
552) 덩샤오핑 문선(각주138), 43~44면 참조.
553) 덩샤오핑 문선(각주138), 202면 참조.

사상에 대한 연구는 중앙이 대외 개방정책을 관철하는 하나의 유기적인 구성 부분이다.

덩샤오핑의 이러한 발언은 현대 서양의 법률문화 분야와 연계되어 최소한 두 가지 결론을 내릴 수 있다. 첫째, 사회주의 법학과 서양의 법률문화 간에는 반드시 "왕래"를 전개해야 하고, 반드시 이에 대하여 "흡수와 참고"를 해야 한다. 둘째, 가장 중요한 것은 이러한 흡수와 참고의 표준은 바로 이익을 따라가고 해로운 것은 피해 가야 하고, 즉 좋은 점을 골라서 따라 해보고, 반대로 나쁜 점을 찾으면 바꾼다(擇其善者而從之, 擇其不善者而改之). 따라서 흡수와 참고하기 전에 신중한 사고, 분석 및 고려하는 과정이 있어야 한다.

현대 서양 법률문화의 참고에 대한 의미는 긍정적인 측면과 부정적인 측면, 즉 비판적인 분석을 포함해야 한다. 합리적이고 과학적인 것과 우리나라에 유익한 성분은 흡수되어야 하고, 불합리하고 비과학적인 것과 우리나라에 해로운 성분들은 버려야 한다는 것은 이 둘에 대해 어느 쪽으로도 편향되는 것은 옳지 않다. 현대 서양의 법률사상과 관점을 단순히 "모방" 혹은 "적용"하는 것은 이전의 "전반적인 부정"과 마찬가지로 일방적이다. 이와 관련하여 반드시 다음과 같은 두 가지 문제에 주목해야 한다.

① 자본주의와 사회주의, 두 가지 이데올로기의 경계를 명확히 구분해야 한다. 현대 서양의 법률문화에서 지배적인 위치를 차지하고 있는 것은 자산계급 이데올로기이며, 최종 목표는 자본주의의 통치를 유지하고 공고히 하기 위해 세계발전의 새로운 정세에 적응하는 것이다. 또한 자산계급 이데올로기의 또 다른 특징은 다양한 이론 중 극히 일부만이 적나라(赤裸裸)한 자산계급 자체의 이름으로 나타나는 반면, 항상 "전 국민적" 자세를 취하며, 형식적인 것으로 실체를 가리고 인민 군중은 마르크스주의에 속한다고 생각하는 사상가들을 오해하기 일쑤였다.

이러한 상황을 감안할 때 현대 서양의 법률사상문화를 연구하고 참고하는 과정에서 우리는 본질적으로 그것과 마르크스주의 사상체계의 경계를 명확히 구분해야 한다. 이와 관련하여 덩샤오핑은 민주에 관해 이야기할 때 자산계급의 민주를 사용할 수 없다는 것을 반복해서 상기시켰다.554) 일반적으로 정치체제 개

---

554) 덩샤오핑 문선(각주138), 195면 참조.

혁은 민주화를 말하지만 민주화의 의미는 명확하지 않다. 자본주의 사회에서 말하는 민주는 자산계급의 민주이고 실제로 자본을 독점하는 민주이며 다당제경선, 삼권정립, 이원제일 뿐이다. 우리의 제도는 인민대표대회제도이고 공산당 지도하의 인민민주제도이므로 서양의 그런 방법으로 해서는 안 된다.[555] 현대 서양의 법률문화에 대해 계급을 초월하고 비 이데올로기인 관점을 취하는 것은 잘못되고 바람직하지 않다.

② 현재 우리나라의 현실과 국정에 부합해야 한다. 현대 서양의 법률문화를 그대로 "모방"해서는 안 되는 또 다른 이유는 중국의 현실과 국정을 소홀히 하는 것이고 맹목적으로 답습하는 현상에 있다. 반대로 참고는 확실한 기준과 목적이 있어야 한다. 이는 우리가 서양 법률문화를 참고함에 있어 사회주의 초급단계에 입각하여 우리나라 개혁개방 방침의 실현을 촉진하는 것을 가리킨다. 때문에 우리는 서양 국가의 발전 사유에 대하여 그 현실을 감안할 때 그대로 답습해서는 아니 되고, 다른 사회주의 국가의 발전 사유도 그대로 답습해서는 아니 된다. 덩샤오핑은 서양 자본주의 국가의 수법을 모방해서는 안 되고 다른 사회주의 국가의 수법을 모방해서도 안 되며, 우리 제도의 우월성을 더 잃을 수도 없다고 지적했다. 우리는 사회주의 국가 자신의 실천, 자신의 상황에 근거하여 개혁이 내용과 절차를 결정해야 한다. 사회주의 국가마다 개혁이 다르고 역사가 다르니 각국의 개혁이 같을 수 없다. 이와 같이 서양에서 만들어진 "보선(普選: 보통 선거를 이르는 말)"의 이론과 제도는 의심할 여지없이 우리에게 참고 가치가 있고 사회주의 국가에서 반드시 취해야 하는 것이기도 하다. 그러나 우리나라의 인구는 10억 명이 넘고 국토 면적이 넓고 복잡하며, 군중의 문화적 자질도 높지 않아 당장 전면적으로 보선을 실시하는 여건이 성숙되지 않았다. 이 문제에 있어서는, 현과 현급(縣級) 이하의 기층에서 직접 현급 이상을 선거하는 직접적 선거와 비교적 장기적인 과도기가 필요하고 너무 성급해서는 아니 된다.

예를 들어, 민족 관계를 다루는 데 있어 서양에서는 전통적으로 연방제의 주장이 있는데, 이러한 주장은 일부 사회주의 국가들에게는 적절한 방법일 수 있지만, 우리나라의 실제상황에 근거하면 헌법으로 민주지역자치를 규정한 제도는 가장 적합하고 효과적인 방식이다. 또한 현대 서양의 법치주의에서 중요한 사상

---

555) 덩샤오핑 문선(각주138), 240면 참조.

들인 의법행정, 공평사법 및 법적감독처럼 우리가 흡수해야 할 것은 사실이지만 이러한 사상을 법제화되는 과정에서 공산당의 지도력을 강조해야 한다.

설령 현대 서양의 법률문화에서 보편적 의미를 가지는 것이라 하더라도, 이를 흡수 운용하는 과정에서 중국과 실질적으로 결합되어야 하며 단순히 적용할수 없다는 결론에 도달하기는 어렵지 않다. 11기 3중 전회에서 확립한 "해방사상, 실사구시"의 사상노선과 "개혁개방"의 방침을 계속 견지하고, 현대 서양 법률문화에 대한 연구를 더 강화하며, "의법치국, 사회주의 법치국가의 건설"과 번영, 민주, 문명을 이룩한 사회주의 조국의 위대한 사업을 위해 봉사해야 한다.

5. 법률에 따른 문화체제 혁신의 추진

우리나라의 문화 건설은 주로 당대의 최신 과학기술 성취로 인민 군중의 지식수준을 높이고, 합리적이고 진보적인 교육제도를 통해 사회주의 세대의 신인(新人)을 양성하며, 시대정신을 가장 잘 반영할 수 있는 건전한 문학예술과 생동감 넘치는 군중문화 활동으로 사람들의 정서를 양성하여 사람들의 정신활동을 풍요롭게 한다. 구체적으로는 교육, 과학, 문학예술, 신문출판, 라디오 및 텔레비전 방송(廣播電視), 체육·위생, 도서관, 박물관 등 각종 문화사업을 발전시키는 활동을 포함한다.

개혁개방 30여 년 만에 우리나라 인민의 생활수준이 크게 향상되었으나 우리나라는 여전히 사회주의 초급 단계에 있고, 인민의 늘어나는 물질문화의 수요와 낙후된 사회생산 사이의 모순은 여전히 사회주의적 모순이다. 인민 군중의 아름다운 삶을 추구하는 염원은 더욱 강렬해지고, 정신문화는 더욱 왕성해질 것이다. 우리는 경제를 발전시켜야 할 뿐만 아니라 국민 생활수준이 중류 정도가 되는 사회를 전면적으로 건설하고, 사람들의 물질생활 수요를 만족시키고 인민 대중의 증가하는 정신문화의 수요에 직면하여, 각종 문화사업과 문화산업을 적극적으로 발전시키고, 사회주의 문화의 대 발전과 대 번영을 추진하고, 사람의 전면적인 발전을 위한 조건을 조성해야 한다.

문화사업과 문화산업은 서로 연결되어 있으면서, 또 서로 다르다. 양자 모두 문화영역에서 정신문화제품 생산과 문화 서비스 제공에 종사하는 조직기관이지만, 전자는 공익성과 사회성을, 후자는 경제성과 개별성을 띤다. 과거에는 각급 정부가 문화사업단위를 군중의 수요와 시장의 발전에 따라 관리하는 것이 아니라 행정지령으로 관리하다 보니 우리나라의 공익적 문화사업이 장기간의 투입부족을 야기했고 인민을 위한 복무는 활력과 원동력은 보편적으로 부족했다. 반면 경영적 문화사업은 장기간 정부에 의존해 시장에서도 발을 붙이기 어려웠다. 따라서 국민의 자질을 높이고, 국가의 문화 소프트파워를 보강하고, 중화민족의 정신가원(精神家園)을 건설해야 하며 민족부흥의 위대한 꿈을 실현하기 위한 정신적 지주와 지적 지주를 제공하려면 반드시 문화 건설을 강화하고 문화제도의 개혁과 혁신을 심화시켜야 한다.

(1) 문화관리체제의 개선

문화관리체제의 경우 정부는 문화사업과 문화산업 간의 책임 범위를 명확하게 정의하고, 정당 및 정부부서와 문화사업단위의 관계를 합리화하고, 정부부서와 기업업무의 분리 및 정부업무와 행정업무를 분리하는 원칙에 근거하여 정부부문이 문화의 처리에서 문화의 관리로 전환하는 것을 추진하고 정부의 것은 정부에 귀속시키고 시장의 것은 시장에 귀속시킨다. 문화사업은 정부에 맡겨져 있으며 공공 복지사업을 보장받기 위해 정부의 지원을 받는다. 문화공익사업은 자체 흑자로는 생존과 발전에 필요한 인적, 물적, 재력을 해결할 수 없지만, 정신적 부를 직접 창출하고 인민의 정신생활을 풍요롭게 하며, 인민의 정신적 역량을 증진시키는 중책을 맡고 있기 때문이다. 따라서 국유 문화자산을 관리·감독하는 관리기관을 만들고 문화공익사업에 대해 인사관리, 사무관리, 자산관리, 발전관리를 통합해야 한다. 국가는 강력한 지지와 보장을 하는 동시에 이들이 시장 지향을 장려하고, 그 제품과 서비스의 원가를 낮추도록 노력하며, 끊임없이 자체 발전 활력을 부단히 강화하여 문화공익 사업의 발전과 번영을 촉진해야 한다.

올바른 여론 수립을 위한 체제를 견지하고 완비하여 양호한 사회문화적 분위기를 조성하며, 양호한 여론 환경을 형성하여 양호한 인문사회 환경을 창조한다. 정보가 풍부하고, 영향을 미치는 범위가 넓고, 적시성 및 영향력을 가진 인터넷(互聯網)의 경우 정부 관련 부처는 기본 관리, 콘텐츠 관리, 산업 관리 및 사이버 범죄 예방 및 단속에서 네트워크 긴급 상황을 개선해야 한다. 사고 처리체제는 긍정적 인지도와 법적 관리를 결합한 네트워크 여론 작업구조를 형성해야 한다. 언론인을 위한 엄격한 전문 자격체제, 새로운 미디어의 사용 및 관리에 중점을 두고 전파질서를 규범화한다.

(2) 현대 문화 시장체제의 확립과 개선

문화산업의 경우 운영 특성을 명확하게 하고 명확한 재산권, 명확한 권한과 책임, 과학적 관리를 갖춘 현대적인 기업 관리체제를 실행하며 자주경영을 하여 스스로 손익을 책임져야 한다. 원래 국유경영 성질의 문화단위에 대해서는 회사제, 지분제 개조를 추진하고 법인관리 구조를 개선한다. 비공유제 문화기업 및 다양한 형태의 영세 문화기업의 발전을 장려하고 지원한다. 시장 원칙을 사용하여 각종 시장 주체와의 공평한 경쟁과 우승열패(優勝劣汰)를 장려하고 문화시장의 진입과 퇴출체제를 개선하고 문화기업이 지역과 업종을 초월하여 모든 제도를 통합 및 합병하여 문화자원의 전국적인 이동을 촉진한다. 다양한 문화 제품과 요소시장을 조성하여 금융자본, 사회자본, 문화자본의 융합을 장려하여 경쟁력 있는 중견 문화기업을 형성한다. 과거에는 문화가 이념적 안보와 관련이 있으며, 문화 분야에 시장 지향 체제를 도입하면 당이 문화에 대한 지도를 약화시키고 사상적 혼란을 야기할 것이라는 견해가 있었다. 실천은 이러한 걱정은 전혀 필요 없다는 것을 증명한다. 문화 분야가 시장으로 진출할 수 있도록 시장경쟁에서 적격한 시장 주체를 육성하고, 인민 군중이 시장을 통해 문화소비를 할 수 있도록 하며, 군중의 다양한 문화적 욕구를 충족시키고, 백성과 시장의 규칙으로 시장주체의 합격 여부를 결정함으로써 대량의 우수한 문화 작품이 나타나도록 촉진하는 것이 가능하다. 정부는 또 문화후원과 문화구매를 통해 올바른 문화의 발전방향을 형성하고 문화제품의 품격과 군중의 문화 감상 수준을 지속적으로 높일 수 있다.

현재 우리나라의 문화산업은 왕성한 발전 양상을 보이고 있다. 이미 문화 창의성, 영화 및 텔레비전 제작, 출판 및 발행, 인쇄물 재생산, 광고, 공연 및 예술, 오락, 문화전시회, 디지털 콘텐츠(數字內容)와 애니메이션(動漫) 등 문화산업체제의 구조가 형성되었다.

문화시장의 경우 관할 정부 부처는 헌법, 법률과 기타 법규에 의거하여 관리함으로써 양호한 시장 환경을 조성해야 한다. 재산권 시장의 육성을 가속화하고, 문화자산 평가체제를 개선하고 문화 재산권거래에 대한 관리를 강화한다.

국무원과 관련 부서는 "음향·영상 제품 관리 조례(音像製品管理條例)", "영업성 공연 관리 조례(營業性演出管理條例)", "오락장소 관리 조례(娛樂場所管理條例)", "인터넷 접속 서비스 사업장소 관리 조례(互聯網上網服務營業場所管理條例)" 등의 행정법규, 부서규정 및 수많은 규범성 문건을 연속적으로 발행하여 문화시장의 관리를 규범화하고 지식재산권을 보호하고 있다.

(3) 현대 공공 문화 서비스체계의 구축

인민 군중의 기본 문화권익을 실현하는 주요 방법은 공공 문화서비스이다. 이러한 서비스체계는 정부 주도로, 인민을 주체로 하여 도시와 농촌 통합의 발전목표를 실현한다. 문화적 이익 프로젝트를 적극적으로 추진하여 문화자원이 기층, 농촌, 빈곤 지역으로 기울이고, 노소변궁(老少邊窮: 혁명의 근거지·소수민족 지역·변방지역·빈곤지역을 아울러 이르는 말)과 중서부지역의 문화발전을 지원해야 한다. 공공 문화 서비스체계를 구축하고 협조체제를 구축하며 기본 공공 문화 서비스의 표준화, 평등화를 촉진한다. 민족적 특색과 국가 수준을 보여주는 중대한 문화항목과 예술단에 대한 지원, 특히 우수한 민족문화재와 민간예술 보호에 더욱 힘을 실어줘야 한다. 문화는 일반 산업과 이념적 특성이 모두 있다. 문화사업의 발전은 국가 안보와 사회 안정과 관련이 있으므로 문화체제의 개혁과 혁신은 문화 분야의 이데올로기의 특성을 충분히 고려하여 사회주의 핵심 가치체제 구축의 필요와 사회주의 핵심 가치관의 육성과 실천을 촉진해야 한다. 전체 범위, 기본 촉진, 개선 촉진, 지속 가능성의 요구 사항에 따라 기층 문화선전, 당원의 교육, 과학의 보급, 건강과 스포츠 등을 통합하고 종합적인 문화 서비스센터를 건설하여 공공 문화 서비스의 실용성과 편리성을 획기적으로 높인다.

어떤 문화의 전파도 받는 사람이 자발적으로 받아들여야 전파의 의미를 달성할 수 있다. 문화상품의 좋고 나쁨은 많은 인민 군중이 평가해야 한다. 따라서 공공 문화 서비스와 군중문화의 수요 사이의 효과적인 연결을 추진하고, 실천의 검증과 군중의 검증이 문화발전의 기준으로서 궁극적으로 인민 군중의 정신문화적 삶의 질을 충족시키고, 민생문화를 향상시킬 수 있도록 군중평가와 피드백체제를 마련해야 한다.

제3절 의법치국과 이덕치국의 결합

앞에서 의법치국 방략의 풍부함과 발전을 이야기했을 때, 우리는 의법치국과 이덕치국의 결합이 새로운 시대에 의법치국 방략을 풍부하고 완벽하게 하는 전략의 중요한 측면이라는 것을 알았다. 여기에서 우리는 양자의 결합 문제를 더 구체적으로 논술하고자 한다. 이하의 논술에서 우리는 이 둘은 편파적이어서는 안 된다는 것을 보여주고자 한다. 의법치국은 반드시 이덕치국을 배척해야 하는 것이 아니나 이덕치국은 반드시 의법치국을 기본 전제로 하고 이덕치국의 중요성으로 의법치국을 기본 치국방략으로 하는 지위를 부정하거나 경시해서는 아니 된다.

1. 이덕입인(以德立人: 덕으로 사람을 성공하게 함을 이르는 말)

인간은 사회에 사는 동물로써 타인과의 교제·협력을 해야만이 살아남을 수 있다. 이러한 사회적 상호 작용과 협력의 과정은 또한 도덕의 과정이다. 도덕은 선과 악, 아름다움과 추함, 정의와 악, 영광과 치욕, 정직과 위선에 대한 관념, 원칙, 규범의 총합이다. 사람들의 행동과 사상을 도덕적으로 평가하는 기준은 선과 악, 정의와 불의, 영광과 치욕 등이다. 그것은 사람들의 내면의 신념, 사회적 견해, 관습, 그리고 일반적인 사회적 조치의 힘에 의해 보증된다. 도덕은 일정한 경제 기반 위에 세워진 사회 이데올로기와 사회규범이다. 도덕은 이상 신념, 행동 규범, 개인적 미덕인 세 가지 측면을 포함한다. 도덕은 역사성, 계급성, 계승성 등의 특징을 가지고 있다. 계급사회에서 각 계급은 고유한 도덕체계가 있고, 사회주의 도덕 요소는 자본주의 사회에서 이미 만들어졌지만 당시에는 독립적이고 지배적인 도덕체계가 아직 형성되지 않았다. 무산계급이 정권을 잡고 무산계급독재 국가를 설립했을 때만 사회주의 도덕체계는 마침내 형성되어 주도적이고 지배적인 도덕체계가 되었다. 중국 공산당은 사회주의 도덕의 건설을 매우 중요시하고 시대의 발전변화와 실천의 요구에 따라 도덕 건설을 지속적으로 추진해 왔다. 1949년 9월, 중국 인민정치협상회의 제1기 전체 회의에서 통과된 "공동강령(共同綱領)"은 "조국을 사랑하고, 인민을 사랑하고, 노동을 사랑하고, 과학을 사랑하고, 공공 재산을 보호"하는 것을 사회 전반에 대한 도덕적 요구로 규정했다. 1982년 공포되고 시행된 헌법은 "사회주의 사랑"을 "공공 재산을 보호"하는 것으로 대체했다. 1986년 9월, 당의 12기 6중 전회에서 통과된 "사회주의 정신문명 건설의 지도 방침에 관한 결의(關於社會主義精神文明建設指導方針的決議)"는 이상적이고 도덕적이며 문화적이고 규율이 있는 사회주의 공민을 양성하여 중화민족 전체의 이념적·도덕적 자질과 과학적·문화적 자질을 향상시켜야 한다고 지적했다. 1996년 10월, 당의 14기 6중 전회에서 통과된 "사회주의 정신문명 건설을 강화하기 위한 여러 중요한 문제에 관한 결의(關於加強社會主義精神文明建設若干重要問題的決議)"는 인민을 위한 봉사를 핵심으로 하고; 집단주의를 원칙으로 하고; 조국, 인민, 노동, 과학 및 사회주의 사랑을 기본 요구로 하고; 애국주의, 집단주의와 사회주의 정신을 발양하고; 사회공덕, 직업윤리 및 가족 미덕을 강화해야 한다고 지적했다. 2001년 9월, 중앙은 "공민도덕 건설의 실시 강요(公民道德建設實施綱要)"를 발표했는데, 이는 "애국수법(愛國守法), 명례성신(明禮誠信), 단결우선(團結友善), 근검자강(勤儉自強), 경업공헌(敬業奉獻)"을 공민의 기본 도덕 규범으로 확립했다. 2006년 3월 4일, 후진타오 동지는 전국정협(인민정치협상) 10기 4차 회의에 참석한 위원들을 만나 "8개의 영광과 8개의 수치(八個為榮, 八個為恥)"라는 연설을 했다. 즉, 조국을 사랑하는 것은 영광으로 여기고, 조국에 해를 끼치는 것은 수치로 여긴다. 인민을 섬기는 것을 영광으로 여기고, 인민을 배반하는 것을 수치로 여긴다. 과학을 숭상하는 것을 영광으로 여기고, 무지를 수치로 여긴다. 부지런히 일하는 것을 영광을 여기고 일하기를 싫어하는 것은 수치로 여긴다. 단결과 공조를 영광으로 여기고, 남을 해치고 자기 이득만 취하는 것은 수치로 여긴다. 성실하게 신용을 지키는 것을 영광으로 여기고, 사리를 보고 의리를 잊는 것을 수치로 여긴다. 법이나 규율을 준수하는 것을 영광으로 여기고, 법을 어기고 규율을 어지럽히는 것을 수치로 여긴다. 고난과 시련을 이겨내면서 있는 힘을 다하여 싸우는 것은 영광으로 여기고, 교만하고 사치스럽고 방탕한 생활을 수치로 여긴다. 이 "8개의 영광과 8개의 수치"는 사회생활의 여러 측면을 관통하여 국가, 집단, 개인 간의 관계를 다룬다. 2012년 11월 18대 보고서에서 후진타오 동지는 부강, 민주, 문명, 조화, 자유, 평등, 공정, 법치, 애국, 경업, 성신, 우선의 사회주의 핵심 가치관을 창도하는 내용을 제시하며, 사회주의적 도덕을 한층 풍부하게 했다. 이는 보다 좋은 사회적 분위기의 형성을 촉진하고 문명화된 민주국가를 건설하는 데에 지극히 중요한 의미가 있다.

도덕은 국가와 모든 사람에게 없어서는 안 될 필수 요소이다. 어느 민족이든 국가와 사회는 모두 자신의 이상적 신념을 가져야 하며, 이는 모든 민족과 국가 자체의 생존발전을 위한 정신적 원동력이고 부강, 민주, 문명, 조화이며 중화민족의 공동 이상이며 우리나라 사회주의 경제 건설, 문화 건설과 사회 건설을 위한 분투 목표이며, 모든 중국인의 이상적·정신적 추구이다. 어떤 사회든 일정한 질서가 있어야 하며, 그렇지 않다면 인간은 유지되지 않고, 사회질서는 인간의 의식적이고 의도적인 활동을 통해 확립된다. 도덕적 규범은 사회질서를 유지하고 보호하는 데에 상당히 중요한 의미를 가지며, 이는 가정, 이웃, 사회공공 분야 및 국가의 정치적 상부 구조 사이에서 광범위한 지도적 행동역할을 하며 사회의 안정, 발전과 번영의 기초가 된다. 개인의 미덕은 개개인의 삶의 목표 및 개개인의 사회적 환경과 관련이 있다. 여기에는 사람들의 사회적 관계, 전문적인 업무 및 기타 측면이 포함된다. 고상한 이상과 고귀한 정신의 지주는 인간 입지의 근본적인 힘이다. 따라서 시진핑 총서기는 2013년 11월 산둥(山東)성 시찰에서 "나라가 덕이 없으면 흥하지 않고, 사람이 덕이 없으면 생존할 수 없다(國無德不興, 人無德不立)."고 말했다.

2. 이덕치국 사상의 기원

(1) 우리나라 고대 이덕치국 사상의 핵심

우리나라 고대 덕치사상은 오랜 역사를 지니고 있으며, 서주(西周)에서 제시한 "이덕배천(以德配天)", "명덕신벌(明德愼罰)"의 사상을 시작으로 춘추전국시기 공자(孔子), 맹자(孟子)를 대표로 하는 유가(儒家)에 의해 제시한 덕치사상은 중국의 역대 황제들의 추앙을 받아 2천여 년간 중국 봉건사회에 영향을 미쳤다. 우리나라 고대의 덕치사상을 살펴보면, 그 주요 내용은 다음과 같은 것을 포함한다.

(가) 민본주의를 바탕으로 사람들의 지지와 반대를 중시한다. 서주(西周)시기의 주공(周公)은 근정(勤政: 근면하게 정무를 보는 것을 이르는 말), 애민, 혜민(惠民)과 위민(裕民)을 강조했고 백성(小民, 소민)의 점유에 대하여 확보했다. 공자(孔子)는 "군자주야 서인자수야. 수즉재주 수즉복주(君者, 舟也; 庶人者, 水也. 水則

載舟, 水則覆舟: 군주는 배요, 백성은 물이다. 물은 배를 싣기도 하지만, 물은 배를 뒤엎기도 함을 이르는 말)"556)라고 말했다. 맹자(孟子)는 유명한 "민귀군경(民貴君輕: 백성이 존귀하고 사직은 그 다음을 이르는 말)"설과 "폭군방벌(暴君放伐: 포악한 국왕을 몰아내는 것을 이르는 말)"론을 제기했다. 유가(儒家)의 덕치는 통치자가 민중에 대해 임의로 폭정을 해서는 안 된다는 점을 강조하고 타인 존중, 특히 민심의 지지와 반대를 중요시할 것을 강조했다.

(나) 위정이덕(為政以德)을 주장했다. 공자(孔子)는 "위정이덕, 비여북진, 거기소이중성공지(為政以德, 譬如北辰, 居其所而衆星共之: 덕으로 정치를 하는 것은 북극성은 제자리에 있고 모든 별이 그 주위를 도는 것과 같음을 이르는 말)"557)라고 했다. 공자는 선진법가(先秦法家)들이 주장하는 법치보다 덕치의 우월성을 더 중시했다. "도지이정, 제지이형, 민면이무치; 도지이덕, 제지이례, 유치차격(道之以政, 齊之以刑, 民免而無恥; 道之以德, 齊之以禮, 有恥且格: 정령으로써 이끌고 형벌로써 통제하면 백성들이 (형벌을) 면하려 하겠지만 내면에는 부끄러움이 없다. 덕으로써 이끌고 예로써 통제하면 내면에 부끄러움이 있고 또한 바르게 됨을 이르는 말)." 그는 엄한 형벌과 준법으로 백성을 억압하는 것은 두려움 때문에 겉으로는 복종하게 만들 수는 있지만 마음으로부터는 귀순시키지 못하고 도덕적으로 백성을 교화시키는 것은 그들의 수치심을 계발하고 범죄를 마음으로부터 단념시킬 수 있다고 여겼다. 사회 속의 모든 사람이 다 품행이 좋으면 자연히 사악함과 범죄로부터 멀어져 사회 전체의 화합과 안정을 이룰 수 있다.

(다) 덕치의 수단을 실현한다. 유가(儒家)는 한편으로는 인민에 대한 도덕교화를 주장하면서, 사람들 자신의 도덕 수양을 강화하여 선은 선양하고 악을 버리는 효과를 거두는 한편, 통치자 개인의 도덕적 완벽함을 강조한다. 유가(儒家)는 모범의 힘을 강력하게 믿고 통치자의 인격이 완벽하고, 인민의 모범이 되며, 윗사람이 하는 대로 아랫사람이 따라하면 사회 전체의 보편적인 도덕 향상을 이룰 수 있다고 여겼다. 즉, "자솔이정, 숙감부정(子率以正, 孰敢不正: 자신이 거느리기를 바른 것으로 하면, 누가 감히 바르지 않겠는가를 이르는 말)"558) "군인 막불인, 군의 막불의, 군정 막부정, 일정군이국정의(君仁, 莫不仁; 君義, 莫不義; 君正, 莫不

---

556) 순자(荀子)·애공(哀公)
557) 논어(論語)·위증(爲政).
558) 논어(論語)·위증(爲政).

正; 一正君而國定矣: 군주가 인하면 인하지 않을 사람 없고, 군주가 의로우면 의롭지 않을 사람 없고, 군주가 정직하면 정직하지 않을 사람 없고, 한번 군주를 바로 세우면 나라가 안정됨을 이르는 말)."559)

(라) 현명한 사람을 임용한다. 덕치는 국가의 각급 관리들에게 반드시 도덕이 있는 사람이 되어야 한다고 요구한다. 맹자(孟子)는 "인자한 자만 높은 자리에 있는 것이 좋다(惟仁者宜在高位). 인자하지 못하고 높은 자리에 있는 것은 여러 사람에게 악을 뿌리는 것이다(不仁而在高位, 是播其惡於眾也)."560)고 말했다. 관료의 나쁜 행동은 나쁜 사회적 분위기를 가져올 것이다. 따라서 유가(儒家)는 지혜로운 사람들이 좋은 법보다 낫다고 믿는다. "양법이 있으면 무질서한 자는 없을 것이고, 군자가 있고 무질서한 자는 옛날부터 지금까지 일찍이 들어 본 적이 없다(有良法而亂者有之矣, 有君子而亂者, 自古及今, 未嘗聞也)."561)

바로 이러한 덕치의 특징들로 인해, 덕치가 주를 이루고 법률을 형법으로 보완하는 전통이 고대 중국에서 형성되었다. 그러나 유가(儒家)의 덕치사상은 통치자의 개인 및 도덕 교화가 국가 관리의 역할을 지나치게 강조하고 법치의 역할을 경시함으로써 중국 사회의 장기적인 인치가 법치를 대체하고 독재제도가 민주를 대체하는 결과를 낳았다. 동시에 통일된 봉건윤리와 도덕은 사상문화의 자유로운 발전을 심각하게 억압하고 봉건군주 집권제도를 효과적으로 유지했다. 그러나 이와 동시에 덕치사상은 군주 독재제도의 지나친 팽창을 어느 정도 억제하고 봉건사회의 안정을 유지하며 사회 경제발전에도 일정한 추진 작용을 했다. 그런 의미에서 봉건사회의 덕치사상은 중국의 봉건군주 독재제도가 2천년 이상 지속된 이유 중 하나이기도 하다.

(2) 당대 중국의 이덕치국 사상에 대한 재구성

오늘날 중국에서 의법치국이라는 치국의 이념을 보완하는 과정에서 당은 고대 덕치사상을 참고하여 다시 이덕치국을 거론했다. 우리는 중국 특색 사회주의 민주법치 이론의 형성과 발전에 대해 언급하면서 지앙쩌민 동지가 21세기 초에 이덕치국 사상을 제기했다고 설명했다. 그는 다음과 같이 제기했다. 우리가 중국 특색이 있는 사회주의를 건설하고 사회주의 시장경제를 발전시키는 과정에서

---

559) 맹자(孟子)·치누상(離婁上).
560) 맹자(孟子)·치누상(離婁上).
561) 순자(荀子)·치사(致士).

사회주의 법치 건설을 꾸준히 강화해 의법치국을 해야 한다. 동시에 사회주의 도덕 건설도 꾸준히 강화해 이덕치국을 해야 한다. 도덕 건설과 이덕치국을 법제 건설과 의법치국과 결합해야 한다.[562]

이는 지앙쩌민 동지가 국내외 치국의 경험을 깊이 있게 정리한 과학적 논단으로 중국 전통 문화의 계승, 지양과 초월에 대한 것이다. 고대 중국의 이덕치국은 현대 중국의 이덕치국과 사상의 연원이 매우 다르다. 고대 덕치 사상은 중국 역사상 일부 사상가들과 적극적인 통치 집단의 사상에 국한된 것으로, 당대 중국의 이덕치국 사상은 더욱 광범위한 이론 기초가 있고, 이는 마르크스주의, 마오쩌둥 사상, 덩샤오핑 이론, "3개 대표론"의 중요한 사상과 과학적 발전관을 지도로 삼는다. 사람을 근본으로 하여 부강, 민주, 문명, 조화, 자유, 평등, 공정, 법치, 애국, 경업, 성신, 우선의 사회주의 핵심 가치관을 더욱 중요한 지도방침으로 하여 중화민족의 우수한 문화전통과 세계 문명성과를 계승하고 발전시킨다. 따라서 현대 중국의 이덕치국 사상은 더욱 풍부하고 더욱 개방적이고 시대와 더불어 발전했다.

3. 의법치국과 이덕치국의 상부상조

도덕과 법률은 예로부터 나라를 다스리는 두 가지 가장 중요한 수단으로서, 마치 자동차의 두 바퀴와 새의 두 날개와 같이 둘 다 없어서는 안 될 요소이다. 이것은 법률과 도덕의 공통적인 기능과 성격에 의해 결정된다. 법률과 도덕은 모두 사회규범의 표현형식이고 모두 사람의 행동을 지도하기 위한 준칙이며, 모두 사회 상부 구조의 중요한 구성 부분으로서 사회 물질적 생활 조건에 의해 결정된다. 사회주의 조건하에서 법률과 도덕은 사회주의 경제 관계의 반영으로 사회주의 정신문명의 본질과 방향을 반영한다. 이는 사회주의 법률과 사회주의 도덕의 공통점이고 이들의 근본적인 목적과 사명은 완전히 일치한다.

(1) 법치와 덕치의 상관관계

법률과 도덕은 다른 사회적 조정방식과는 분명히 다르지만, 현실 생활에서 법률과 도덕의 관계는 다양한 요인에 의해 중첩(重疊), 교차, 보완 등 복잡한 동

---

562) 지앙쩌민 문선(각주290), 200면 참조.

적 대응 관계로 서로 연결되고 상호 침투하고 상호 촉진한다는 것을 보여준다. 일반적으로 다음과 같은 몇 가지 상황이 있다. ① 양자의 내용은 분명히 동일하고 일치하다. 예를 들어, 우리나라 헌법에 규정된 사회적 도덕의 준수, 공공재산의 보호 및 애국주의 등은 헌법적 및 도덕적 규범이다. 형법이 규정한 살인, 상해, 절도금지 등은 헌법의 규범이나 도덕규범이기도 하다. ② 도덕은 허락하지 않지만 법률은 허용한다. 만약 범죄자들의 법정시효가 지나 기소되지 않더라도 그는 도덕적으로 비난받는다. ③ 도덕은 허락하지만 법률은 허용하지 않는다. 특정 법적 절차인 규칙을 위반한다고 해서 반드시 비윤리적인 것으로 간주되는 것은 아니다. ④ 도덕은 허락하지 않지만 법률은 참견하지 않는다. 일반적으로 불성실한 행위는 법률은 조정하지 않고 오직 위법, 범죄가 성립되어야 법률은 간섭한다. ⑤ 도덕과 법률은 상호 관계가 발생하지 않는다. 사랑과 우정의 관계는 도덕성에 의해 조정되므로 법률은 간섭하기 어렵다. 국가 기관의 기능 구분은 법률로 규정되어 있으며 도덕적인 평가는 하지 않는다.

도덕과 법률 사이의 상호 촉진은 주로 다음과 같이 표현된다.

(가) 도덕은 법률에 대한 촉진이다. 법률에 대한 도덕의 촉진은 다음과 같이 표현된다. 입법에서 도덕은 법률 내용의 중요한 원천이고 법률을 제정하는 지도사상이며, 일부 기본적인 도덕규범은 국가적 의지로 격상되어 법률의 중요한 구성 부분이 되었으며, 도덕적인 요구에 부합되는지의 여부는 법률규범의 선악을 평가하는 기준 중의 하나가 되었다. 입법자의 비교적 높은 도덕적 수준은 입법에 대한 보증을 제공할 수 있다. 법률의 시행에 있어서 도덕은 법률 집행 행위의 사상적 기반이며, 예를 들어 법률 집행자가 일정한 자유 재량권을 합법적이고 합리적으로 운용할 수 있는지는 법률 집행자의 도덕 수준의 높고 낮음에 따라 결정된다. 법률을 준수함에 있어 도덕은 법률을 준수하기 위한 주관적인 조건이다.

(나) 법률은 도덕에 대한 촉진이다. 도덕에 대한 법률의 촉진은 다음과 같이 표현된다. 우선, 법률은 입법수단을 통해 중요한 사회주의 도덕의 기본 원칙과 요구를 법률규범으로 확정하고, 이를 사회 전체에 보급하며, 법률은 이러한 직접적인 역할 방식을 통해 공민 도덕생활의 건전한 발전을 유도하고 도덕정신을 고양시킨다. 다음으로 법률은 위법 범죄에 대한 제재와 처벌을 통하여 공민의 도덕적 의식을 간접적으로 유도한다.

위에서 언급한 법률과 도덕의 상호 연결, 상호 침투, 상호 촉진의 관계는 법치와 덕치의 상호보조를 이루는데 하나가 없어서는 안 되며, 편파적이어서도 안 된다. 법치와 덕치, 의법치국과 이덕치국은 반드시 결합되어야 하고 결합도 가능하다. 또한, 우리는 법치나 덕치가 사람들(주로 통치자, 지도자)의 역할을 부정하지 않는다는 점도 인식해야 한다. 비록 덕치에는 특정한 인적 요소가 있으나 덕치는 인치와는 다르다. 설령 법률은 사람에 의해 제정되고, 사람에 의해 집행되고, 지켜지지만 그렇다고 해서 인치가 되는 것은 아니다. 법치는 정치 건설, 정치 문명에 속하며, 덕치는 사상 건설, 정신문명에 속한다. 둘 다 범주는 다르지만, 그 위상과 기능 모두가 중요하다. 법치 건설과 덕치 건설이 긴밀히 결합하고, 의법치국과 이덕치국을 긴밀히 결합하는 데 주의를 기울여야 한다. 이 논단의 깊은 내막을 잘 깨닫고 정확하게 파악하여, 사회주의 정신문명, 특히 사회주의 도덕체계를 더욱 자각하여 전 민족의 도덕적 자질을 높이고, 법에 따라 나라를 다스리고, 사회주의 법치국가를 건설하여 나라를 다스리는 방략을 관철하며, 국가의 장기 안보를 유지하는 것은 중요한 실질적인 의미와 광범위한 역사적 의미가 있다.

(2) 이덕치국과 의법치국 결합 방식의 실현

현대 중국은 반드시 도덕과 법으로 지배하고 의법치국과 이덕치국의 상호 보완과 조화를 이루어야 하며, 단순히 어떤 치국방식에 의존해서 우리의 궁극적인 이상을 실현할 수 없다. 의법치국과 이덕치국의 유기적인 결합을 실현하는 것은 하나의 장기적이고 어렵고, 체계적인 사회 공정이며, 각 방면의 노력이 있어야만 실현이 가능하다. 우리는 다음과 같은 측면에서 착수해야 한다.

(가) 도덕적 건설을 강력하게 추진하고 사회주의 시장경제에 상응하고 사회주의 법률규범과 상호 조화를 이루고 중화전통의 미덕을 계승하는 사회주의 사상 도덕체계를 수립해야 한다. 특히, 사회주의 핵심 가치관을 적극적으로 육성하고 실천해야 한다. 사람을 근본으로 하는 것을 견지하고 사람을 존중하고 사람을 이해하고 배려하는 것을 제창한다. 인민 군중의 주체적 지위를 존중하고 중국 특색 사회주의 공동의 이상을 확고하게 수립하며, 중국 공산당의 지도하에 중국 특색 사회주의 노선을 걸으며 중화민족의 위대한 부흥을 실현한다. 올바른 세계관, 인생관과 가치관을 수립하고 청소년에 대한 사상도덕 교육을 강화하며,

대, 중, 소학교부터 인재육성을 기본으로 하고, 덕육을 우선시하며, 수업과 사회
실천, 학교문화를 다각화하여 덕, 지, 체, 미의 전면적인 발전을 도모하는 사회
주의 건설자(建設者)와 후계자(接班人)를 육성하기 위해 노력해야 한다.

동시에 도덕교육은 사회 경제발전의 현실과 인민 군중의 실제 생활에서 벗어
나서는 안 되며, 도덕교육의 형식이 다양화되어 인민 군중이 기꺼이 받아들이고
기꺼이 참여할 수 있도록 해야 한다. 인민의 이익 요구와 가치 희망에 주목하여
사람의 전면적인 발전을 촉진해야 한다. 부자(父慈), 자효(子孝), 형우(兄友), 제
공(弟恭), 부부온순(夫婦和順), 가정화목(家庭和睦)과 같은 중화민족의 전통 미덕
을 계승하고 발전시켜 공민의 개인적 가치가 사회 가치에 녹아들 수 있도록 노
력해야 한다.

도덕교육을 강화하면 내면세계의 각성을 불러일으키고, 법률의식 수준을 향
상시켜 사람들이 의식적으로 법을 준수하며 적극적으로 행동을 제한하며, 법에
따라 의식적으로 행동하며, 모든 불법 및 위법 범죄와 이에 따르는 기타 사회의
추악한 현상과 적극적이고 주동적으로 싸운다.

(나) 덕과 법을 함께 다스려 사회주의 시장경제의 건설과 발전을 촉진한다.
오늘날 세계는 다극화되고, 경제는 세계화되고, 정보 네트워크가 급속히 발전하
고 있는 충격에 의해 사람들의 사회생활의 모든 면에 커다란 변화가 생기고 있
으며, 윤리적인 도덕 관념이 특히 영향을 받고 있다. 경제적 이익을 맹목적으로
추구하는 것을 목표로 배금주의(拜金主義), 향락주의(享樂主義), 개인주의, 급공근
리(急功近利: 조급한 성공과 눈앞의 이익에만 급급함을 이르는 말), 견리망의(見利忘
義: 사리사욕에 눈이 어두워 의리마저 저버림을 이르는 말) 등의 불량행위와 현상이
급증했다. 가모위열(假冒僞劣: 가짜가 진짜를 대신하여 품질이 떨어짐을 이르는 말),
갱몽괴편(坑蒙拐騙: 남을 교묘히 속여 사취함을 이르는 말) 등의 현상이 전반적으로
금지되었으나 근절되지 않았다(屢禁不止). 한편으로 우리는 법치의 수단을 운용
하여 시장 주체의 지위와 행위를 규범화하여 그 합법적인 권익을 보호하고 위
법 범죄행위는 엄격히 단속해야 한다. 다른 한편으로는 도덕적으로 시장경제의
발전을 유지하고 보호하며 공고히 해야 한다. 경제행위와 가치 지향의 유기적인
통일과 경제의 효과와 이익, 사회효과와 이익의 유기적인 통일을 중요시하고 시
장경제와 도덕 건설의 양성적인 상호 작용을 실현한다.

사회주의 핵심 가치관의 요구에 따라 사회 전체 범위 내에서 사회적 책임,

사회적 효과와 이익, 수법경영, 공평·정의를 갖고 약속을 지키면 사회주의 핵심 가치관을 고양하는 데 도움이 되는 좋은 정책적 지향하고, 이익체제와 사회 환경을 형성해야 한다. 사람들의 생산 활동과 현실적 이익과 밀접한 관련이 있는 구체적인 정책과 조치를 제정할 때, 사회주의 핵심 가치관과 괴리되는 구체적 정책이 나오지 않도록 주의해야 한다.

(다) 덕과 법으로 부패와 싸우고 청렴을 제창한다. 이덕치국은 우선 이덕치리(以德治吏)이고 반부패에서 폭로된 사건들은 지도 간부에 대한 단속이 법치에 의지하고 도덕에도 의지해야 한다는 것을 보여준다. 부패한 사람들에 대해서는 법률은 그 범죄 이후에만 처벌될 수 있는 반면, 도덕은 부패가 일어나기 전에 예방 가능하다. 석 자의 얼음은 하루의 추위로 만들어진 것이 아니다(冰凍三尺, 非一日之寒). 관원의 부패는 결코 하루 아침에 생겨난 것이 아니고, 그들이 평소에 자신의 도덕수양을 제고하는 데 주의를 기울이지 않은 것과 밀접한 관련이 있고, 예를 들면, 일부 당원 간부의 주지(宗旨)의식, 집권의식, 대국(大局)의식, 책임의식이 희박하고 언행이 일치하지 않고(言行不一) 허세를 부리며 낭비하고 향락을 일삼다가 결국 부정부패를 야기하고 범죄로 이어진다. 따라서 반드시 당원, 간부의 사상 도덕 교육, 중화 우수문화 전통교육을 강화하고 당원, 간부가 앞장서 애국주의를 핵심으로 하는 민족정신과 개혁 창조를 핵심으로 하는 시대정신을 고취시키고, 스스로 사회주의 핵심 가치관을 이행하고, 고상한 도덕적 정서를 함양하며, 분발하여 더 나은 방향으로 발전시키는 정신 면모를 유지해야 한다. 동시에 법제도를 개선하고 감독을 강화해 부패 척결을 위한 제도화 법률화를 견지하며, 제도로 권력을 장악하고, 일을 관장하며, 사람을 통제하고, 부패 척결과 각종 정책 조치에 집중하며, 부패방지 체제를 개선하여 부패 문제를 원천적으로 예방하고 해결해야 한다.

이상을 종합해보면, 의법치국의 치국방략을 관철하기 위해서는 반드시 의법치국과 이덕치국을 긴밀하게 결합해야 한다. 그리고 법제 건설과 도덕 건설은 우리나라의 두 가지 장기적인 임무이다. 이들은 점진적인 역사발전 과정이기 때문에 단번에 성공을 이루는 것은 불가능하다. 어렵고 세밀한 작업이 필요하며, 일련의 조건을 만들고, 모든 장애물을 제거하고 거듭되는 어려움을 극복해야 이룰 수 있다. 이들의 체계는 확립되고 건전해야 하며, 제도는 완벽해야 하며, 이론은 혁신적이어야 하며, 관념은 바뀌어야 한다. 우리는 시진핑 동지를 총서기로 하는 당 중앙의 지도하에, 덩샤오핑 이론과 "3개 대표론"의 중요한 사상과 과학적 발전관의 정확한 지도 아래, 전국 인민의 장기적인 부단한 노력과 단결된 투쟁을 통해 반드시 이덕치국과 의법치국의 결합을 이룩하고, 의법치국과 사회주의 법치국가를 건설하는 국가의 방략과 목적은 반드시 실현될 것이라고 확신한다.

제8장

중국 특색 사회주의 민주법치와
사회 건설

　사회 건설은 중국 특색 사회주의 전체적인 구성에서의 중요한 부분이다. 사회적 조화는 중국 특색 사회주의의 본질적인 속성 중 하나이다. 사회 건설의 강화는 사회 조화와 안정을 위한 중요한 보증이다. 사회 건설은 민생의 더 나은 보장과 개선, 사회 공평·정의의 촉진을 위해 전개되어야 하고, 활력과 조화가 있어야 한다. 사회체제의 개혁을 심화하고 소득분배제도를 개혁하여 공동 부유를 촉진하며, 사회 분야 제도의 혁신을 추진하며, 기본적인 공공 서비스 균등화를 추진하여 과학적이고 효율적인 사회관리 체제를 신속히 형성해야 한다. 조화로운 사회 건설을 촉진하는 것은 사회주의 법치의 중요한 사명 중 하나이다. 18기 4중 전회는 다음과 같이 요구했다. "민생 보장과 개선, 사회관리 체제의 혁신적인 법률제도 건설의 추진을 가속화한다. 법에 따라 공공 서비스를 강화하고 규범화하여 교육, 취업, 소득분배, 사회보장, 의료위생, 식품안전, 빈곤 완화, 자선단체, 사회복지 및 여성, 어린이, 노인, 장애인의 합법적 권익의 보호 등에 관한 법률규범을 보완한다. 사회조직의 입법을 강화하여 각종 사회조직의 건전한 발전을 규범화하고 선도한다." 이는 사회법치 건설에 대한 구체적 요구이다. 민생 건설과 사회 혁신을 촉진함으로써 사회주의 법치는 사회 건설에 적극적이고 건설적 역할을 발휘할 수 있다. 동시에 사회 건설의 진보는 사회주의 법치 이념이 중국에서 뿌리를 내릴 수 있는 현실적인 사회적 조건을 더욱 향상시켰다.

제1절 민주법치와 조화로운 사회 건설의 적극적인 상호 작용

1. 사회 건설을 위한 기본 요구 사항

사회 건설은 중국 특색 사회주의 건설의 전체적인 구성에서의 중요한 부분이다. 당의 17대 보고서에서 경제 건설, 정치 건설, 문화 건설 및 사회 건설을 포함한 사회주의 건설 사업의 "사위일체"의 전체 구조가 처음으로 제시되었다. 당의 18대는 "오위일체"의 전체적인 구조를 추가로 제시했으며, 사회 건설도 그중 하나이다.

사회 건설의 내용과 외연에 대한 이해는 사람마다 서로 다르다. 이는 "사회"라는 개념의 다의성과 관련된다.563) 사회 건설이라는 개념에 대해 대략적으로 광의(廣義), 중의(中義)와 협의(狹義)의 몇 가지 이해가 있다. 광의의 사회 건설은 경제 건설, 정치 건설, 문화 건설, 생태문명 건설과 협의의 사회 건설 등을 포함한 사회 건설이다. 이러한 사회 건설의 범위는 가장 광범위하고 내용도 가장 번잡하다. 중의의 사회 건설은 경제 건설을 제외한 다른 측면의 사회 건설을 말한다. 협의의 사회 건설은 경제 건설, 정치 건설, 문화 건설, 생태문명 건설 등과 상호 병렬하는 사회 건설을 말한다. 사회생활의 복잡성 증가, 사회분화 정도 및 사회관리 수준의 개선으로 인해 상대적으로 독립적인 협의의 사회분야를 형성하기 위해 경제, 정치, 문화 건설과 분리되어야 한다. 우리는 여기에서 협의의 의미에서 사회 건설의 개념을 사용한다.

우리가 여기에서 사용하는 "사회 건설"이란 용어는 주로 민생개선, 사회관리의 혁신, 사회관리 수준의 향상, 사회조직체계의 확대, 사회구조 변화에 중점을

---

563) "사회"라는 이 단어는 자연에 관하여 말하자면 인류사회를 가리키는 것이 가능하고 이 의미에서 사회는 경제, 정치, 문화 등의 인적 모든 활동 영역을 포함한다; 경제사회에 관하여 말하는 사회를 가리키는 것이 가능하고, 즉 사회는 하나의 비시장 영역이다; 국가 정치관리에 관하여 말하는 사회를 가리키는 것이 가능하고, 즉 사회는 하나의 비정치 영역이다; 경제, 국가, 문화에 관하여 말하는 사회를 가리키는 것이 가능하고, 즉 사회는 하나의 비국가, 비시장, 비정신문화의 영역이다; 개인에 관하여 말하는 사회를 가리키는 것도 가능하고, 즉 사람과 사람간의 교제관계를 중심으로 하는 사회를 말한다. 사회의 이러한 다의성이 사람들이 사회 건설을 확정함에 있어 부동한 관점을 가지게 한다.

둔 협의의 사회 건설을 가리킨다. 대체로 협의의 사회 건설은 시장, 정부, 문화, 가정 등을 제외한 사회 공공분야와 공공장소에서 인민의 삶의 질을 높이고, 사회 갈등의 격화를 억제하며 사회 기본 질서를 공고히 하여 공평하게 사회 발전을 촉진하고 사회 발전의 활력을 북돋우고, 사회 조화를 촉진하며 지속 가능한 사회 발전을 실현하는 것을 가리킨다.

최근에 자주 사용되어 온 조화로운 사회를 건설한다는 개념은 더 광범위한 개념이다. 당과 국가는 사회 건설의 목표를 중국 특색 사회주의의 조화로운 사회를 건설하는 것으로 확정했다. 이것은 중대한 이론 혁신이다. 이론적으로는 조화로운 사회 건설의 범위는 협의의 사회 건설의 범위와 유사하지만 완전히 동등하지는 않다. 조화로운 사회의 전반적인 요구 사항의 정의에서 볼 때, 그것은 정확히 협의의 사회 건설은 아니다. 예를 들면 민주와 법칙의 요구, 인간과 자연의 조화도 포함한다.

조화로운 중국 특색 사회주의 사회를 구축하는 것은 사회 건설의 목표이다. 조화로운 사회 건설의 핵심은 민주법치, 공평·정의, 성신·우애(誠信友愛), 활력, 안정·질서, 인간과 자연이 조화를 이루는 전반적인 요구에 근거하여 공동으로 건설하고 공동으로 향유하는 원칙에 따라 전체 인민이 최선을 다하고, 원하는 것을 얻고 조화롭게 살며, 발전을 위한 좋은 사회적 환경을 제공하는 데 있다. 조화로운 사회주의 사회를 건설한다는 목표 하에서, 우리나라의 현재 사회 건설의 중점은 크게 두 가지이다. ① 민생을 보장하고 개선하며 각종 사회사업과 사회체제의 개혁을 추진하고 사회 공평·정의를 촉진하며, 기본적인 공공서비스의 균등화를 실현한다. ② 과학적이고 효과적인 사회관리체제의 조속한 형성을 추진하여 조화로운 요소를 극대화하고, 사회 발전의 활력을 증진하며, 인민이 평화롭게 살고 일할 수 있도록 보장하며 활기차고 조화로운 사회를 달성하는 것이다.

조화로운 사회 건설 목표의 제시는 현실적인 대응성이 강하고, 오늘날 중국의 경제사회 발전에서 직면하고 있는 중대한 문제에 대한 이론적인 대응이다. 조화로운 사회의 건설은 우리나라 경제와 사회 발전에 이미 수년간 존재해 온 "한쪽 다리는 길고 한쪽 다리는 짧다(一條腿長, 一條腿短)."는 폐해에 교정을 시도하는 것이고, 특히 GDP수치를 일방적으로 추구하고 경제성장을 중시하는 수치를 교정해 민생 개선의 적폐를 경시하려는 의도로 보인다. 경제발전은 사회 건설에 실질적인 물질적 기초를 제공하지만, 경제발전에 있어 과거와 새로운 모순의 축적으로 인해 사회 모순이 증가하고 빈부의 격차가 급격히 확대되었으며 사회제도와 사회생활에 대한 공평·정의감을 저하시켰다. 특히, 소외계층(弱勢群體)은 개혁과 발전의 성과를 공평하게 공유하지 못했고, 진정한 사회주의제도에서 얻을 수 있는 존엄과 체면을 얻지 못했으며, 권력이나 폭력, 또는 자본의 위력과 자신의 힘을 믿고 약한 자를 괴롭히는(恃强凌弱) 것이 사회 최대 윤리의 한계에 끊임없이 도전한다. 조화로운 사회 건설의 사명 중 하나는 사회 갈등을 완화하고, 사람을 근본으로 하는 과학적 발전을 실현하며, 사회의 공평·정의를 촉진하는 것이다. 모든 발전의 목적은 사람들이 더 행복하고 품위 있는 삶을 살도록 하는 것이다. 이러한 목적에서 벗어나면 발전은 장기적인 원동력을 잃고, 나아가 발전은 인민의 이익을 해치는 구실이 된다.

2. 조화로운 사회 건설과 법치 과정의 추진

조화로운 사회 건설 자체에는 법치에 대한 요구가 포함된다. 즉, 조화로운 사회 건설을 위해서는 내부적으로 법치가 필요하고, 법치의 힘을 빌려 사회의 조화를 이루고 사회 건설에 필요한 질서, 관리, 자유, 공평·정의 등을 달성해야 한다. 법치는 조화로운 사회 건설의 문제 중 당연한 것이다. 법치를 떠나 조화로운 사회는 건설되고 유지되기 어렵다. 이런 의미에서 조화로운 사회 건설과 법치 건설은 내재적으로 상호 촉진되고 상호 지지한다. 민생의 개선, 사회관리의 혁신, 사회관리의 개선에서 조화로운 사회 건설의 성과는 법치화 관리의 질을 직접적으로 향상시킬 것이다.

조화로운 사회 건설의 발전은 더 많은 사회적 공평과 정의, 보다 안정된 사회 질서, 보다 적절한 기본 생활수준, 약자의 존엄성에 대한 보다 많은 존중, 보다 역동적인 사회관계, 민주적 관리 수준의 지속적인 향상, 기본 공공 서비스 수준의 향상으로 이어진다. 요컨대, 조화로운 사회 건설은 질서, 자유, 공평·정의 등의 기본적인 사회적 가치의 실현을 촉진할 수 있다. 이러한 모든 가치이념과 구체적인 실현은 사회의 법적관리 수준의 향상 및 의법치국 수준의 향상을 극적으로 촉진할 것이 분명하다.

법치화 사업도 규칙에 기초한 사회의 평화, 안전과 질서, 개인의 자유에 기초한 지속적인 사회의 활력, 그리고 경제사회권 보장에 기초한 공평·정의 등을 추구한다. 가치 추구의 측면에서 조화로운 사회 건설과 법치 건설은 매우 양립하며 서로를 지원한다.

조화로운 사회는 우선 사회의 "안정·질서(安定有序)"를 추구한다. 조화로운 사회 상태에서 조화에 영향을 미치고 모순을 격화시키는 요소들이 효과적으로 규제될 것이며, 사회 구성원들 사이의 갈등과 분쟁은 줄어들고, 갈등이 생긴다고 하더라도 규제가 가능할 것이며 쉽게 통제 불능 상태로 격화되지 않을 것이다. 이는 안정된 평화 질서를 형성하는 데 이로울 것이 분명하다. 평화 질서는 법치화의 가장 기본적인 요구 중 하나이다. 기본적인 사회 질서가 없다면 법치는 분명히 불가하다. 사회적 조화 수준이 높을수록 평화 질서의 안정성도 높아지고 법치의 질서 요구도 더 많이 실현될 것이다. 조화로운 사회가 추구하는 사회상태는 안정적이고 질서 정연할 뿐만 아니라 "활력으로 가득"하다. 조화로운 사회가 요구하는 질서는 폭력의 억압으로 달성되는 엄밀한 공포 질서가 아니라 자유롭고 개방적이며 역동적인 사회상태에서 이루어질 수밖에 없다. 사회의 활력을 북돋우는 중요한 요소는 사회가 공정하게 경쟁할 수 있는 환경이 있어야 한다는 점, 개인이 발전할 수 있는 평등한 기회가 있다는 점, 개인이 추구하는 정당한 이익에 대한 효과적인 보장, 긍정적인 사회 흐름의 보장 및 합리적인 사회가 계층화된 공정한 사회구조 등이 있다. 요컨대, 사회의 발전을 자극하는 개인의 자유가 있어야 한다. 자유는 활력을 가져오고 자유는 창의적 열정을 북돋우며, 자유는 주요 생산력이다. 조화로운 사회를 건설하려면 질서와 활력, 자유와 평등, 효율성과 사회적 공평이 필요하다. 법치는 개인의 자유를 실행하고 보장하는 가장 강력한 도구 중 하나이다. 법치관리는 자유와 평등, 공평과 효율, 질서와 활력, 관리와 자치 등의 사이에서 정교하고 역동적인 균형을 이룰 수 있다.

사회적 조화는 사회의 "공평·정의"에 기초해야 한다. 공평·정의가 없다면 사회에는 장기적인 안정과 조화가 없을 것이다. 어떤 종류의 표면적인 사회 조화가 있더라도 그것은 종종 폭력, 거짓말 혹은 협박을 수반하는 "위조된 조화"이다. 조화로운 사회에는 기본적인 민생이 효과적으로 충족될 수 있고 사회의 불공평함은 비교적 낮으며, 사회 구성원들은 대개 긍정적인 심리상태를 가지고 있으며, 사회의 기본 구조와 제도는 정의에 부합한다고 믿는다. 즉, 이러한 사회 구조와 제도는 사회 구성원에게 상응하는 생존 조건과 발전기회를 제공할 수 있다고 생각한다. 법치관리도 공평·정의를 추구해 왔으며, 이는 법치가 반드시 추구해야 할 가치이다. 법치의 관점에서 공평·정의는 규칙의 평등한 적용뿐만 아니라 규칙이 인간의 기본적인 필요를 충족하고 개개인(특히 약자)의 존엄성과 필요를 보장할 것을 요구한다. 법치가 추구하는 공평·정의는 반드시 조화로운 사회 건설을 통해 실현되어야 한다. 조화로운 사회 건설은 공평·정의를 촉진하는 측면에서 취득한 성과이고, 법치 건설에서 기초적인 의미가 있다. 마찬가지로 법치는 사회의 공평·정의에 도달하기 위해서도 대체할 수 없는 가치를 지닌다는 점을 강조해야 한다. 즉, 조화로운 사회 건설에서 공평·정의를 촉진하려면 법치를 포함한 측면에서 착수해야 한다.

3. 조화로운 사회 건설의 구축에 유익한 법치 건설

조화로운 사회 건설은 내재적으로 법치의 원칙을 관철할 필요가 있으며, 법치는 조화로운 사회의 구성 요소 중 하나로 조화로운 사회 건설의 전반적인 요구 중 하나이다. 법치의 원칙을 보편적으로 이행하지 않고 현대의 조화로운 사회를 구축하는 것은 거의 불가능하다고 할 수 있다. 조화로운 사회 건설은 법률 조정의 문제일 뿐만 아니라 법치는 반드시 빌려야 할 하나의 방법이다. 즉, 법치의 단행은 조화로운 사회 건설의 중요한 부분이며, 법치화의 수준은 사회적 조화의 정도를 나타내는 중요한 지표라는 것이다. 이 외에도 법치는 조화로운 사회의 다른 측면을 구축하는 데 큰 의미가 있다. 따라서 조화로운 사회는 필연적으로 법치사회이고 법치가 없으면 조화로운 사회도 없다. 법치의 관점에서 사회 건설의 목표는 법률이 사회생활의 모든 중요한 영역을 효과적으로 관리하고, 법률은 전체 사회에서 높은 수준의 권위를 얻으며, 법률은 모든 사회 구성원에 의해 의식적으로 관철되고 존중되는 것이다. 또한, 이러한 기초 위에서 안정과 활력, 효율과 공정, 자유와 권위를 가진 법적 삶이 형성된다. 구체적으로는 다음과 같다.

(1) 법치는 사회의 안정과 질서를 보장함으로써 조화를 촉진한다.

조화로운 사회 건설의 가장 기본적인 요구는 사회의 안정과 질서이다. 사회의 안정과 질서는 반드시 규칙에 의존하고 법치를 존중해야 한다. 법치의 단행은 사회의 질서 유지와 사회의 안정에 도움이 된다. 법률의 가장 두드러진 특징은 평화, 안정과 질서를 가져다준다는 데에 있다. 입법에 의한 권리와 의무의 배치, 그리고 입법이 제공한 권리를 보장하는 제도적 설계는 바로 분쟁을 분별하고(定分止爭) 갈등을 예방하는 역할을 할 수 있다. 과학적인 민주의 입법과정은 사회의 다양한 이익과 가치를 조정하고 균형을 이루어 그들 사이의 충돌을 최대한 억제하는 데 도움이 된다. 조화로운 사회의 구축은 공정하고 독립적이며 권위 있고 효율적인 사법 체계가 필요하다. 공정한 사법 체계는 분쟁을 해결함으로써 모순을 직접 해결하고 사람들의 안전감을 향상시키고 사회적 신용을 구축하고 사회의 성신(誠信)을 증진시키는 데 도움을 줄 수 있다.

(2) 법치는 사회적 활력을 북돋움으로써 사회적 조화를 촉진한다.

조화로운 사회를 건설하려면 사람을 근본으로 하는 것과 활기찬 사회가 필요하다. 어떻게 사회적 활력을 북돋울 것인가? 법적인 관점에서 기본적인 방법은 기본적인 인권을 존중하고 보장하며 공평·정의의 법치 환경을 만드는 것이다. 자유는 사회적 활력의 원천이고 자유, 평등, 정의는 모두 사회적 활력을 북돋우는 기본 요소가 될 수 있다. 법치의 단행은 기본적인 인권과 제도적 정의를 보장하는 최상의 방법이다. 법치를 통해 인권을 존중하고 보장해야 개개인이 적극성과 창조성을 충분히 발휘할 수 있으며 사회 전체가 조화롭게 발전할 수 있는 생기와 활력을 가질 수 있다. 평등한 법적 권리와 평등한 기회가 없다면 사회는 안정되지 않으며, 사회적 활력이 완전히 깨어나지 못하거나 기본 사회 제도의 정의도 언급될 수 없다.

법에 따라 인권을 보장하는 것은 사회의 안정·질서와 사회 발전의 활력을 결합시키고, 자유와 평등을 상호 결합하며, 법치와 정의를 상호 결합시키는 좋은 방법이다. 예를 들어, 거래의 안전, 거래의 자유, 선택의 자유 등의 각종 법적 권리를 보장함으로써 시장의 개방, 통일, 질서와 활력을 강력하게 촉진하고 사회의 질서와 활력의 공동 발전을 촉진할 수 있다. 또 다른 예로, 안정성 유지의 근본은 권리의 유지에 있으며, 권리를 보장함으로써 사회의 장기적인 안정과 질서를 촉진한다. 인권을 무시하거나 권력의 높은 압력 하에, 이른바 안정 혹은 질서에는 큰 위험이 있다.

(3) 법치는 공평·정의와 사회의 성신을 실현함으로써 조화를 촉진한다.

조화로운 사회 건설은 공평·정의를 요구한다. 공평·정의가 있어야 사회적 조화로 이어질 수 있다. 당의 18대 보고서는 다음과 같이 명확히 지적했다. "공평·정의는 중국 특색 사회주의의 내재적인 요구이다." "권리공평, 기회공평, 규칙공평을 주요 내용으로 하는 사회의 공평 보장체제를 점진적으로 구축해 공평한 사회 환경을 조성하고 인민의 평등한 참여와 평등하게 발전할 권리를 보장하기 위해 노력"564)해야 한다. 현재 일부 지역은 경제 성장을 추구하면서, 전면적인 발전은 소홀히 하고, 소득분배 격차가 지나치게 커져 이익 모순이 두드러지고, 빈부격차가 심해지고, 지역발전의 극심한 불균형으로 지역발전의 격차가 커지고 민생 등 사회사업이 상대적으로 부진한 상태이다. 다양한 사회 불평등과 사회 불균형에 직면하여, 사회는 더욱 간절히 공평·정의를 요구하고 있으며, 공평·정의에 어긋나는 인간이 유발하는 요소를 제거하기 위해 열심히 노력해야 한다. 사회의 공평·정의를 촉진하고 인민의 복지를 증진하는 출발점과 입각점을 가지고 인간의 전면적인 발전을 근본으로 삼아야 한다.

법치의 단행은 공평·정의의 촉진에 이롭다. 제도는 사회 공평·정의의 중요한 보증이고, 현대 사회에서는 법치화가 없는 제도가 참여하여 만들어진 사회 공평·정의의 질서를 상상하기 어렵다. 법치는 사회의 기본 제도의 공정을 촉진한다. 사회 정의의 첫 번째 요구 사항은 제도적 정의이다. 대체로 법치의 원칙대로 사회의 공정과 공평에 부합하는 조화로운 질서를 촉진하고, 규칙의 설계와 이에 따라 실시되는 공평하고 합리적인 것을 중요시하고, 공평한 법치 환경을 조성해야 한다. 그 구체적인 요구는 아주 광범위하다. 예를 들어, 모든 사람은 인격 존엄성과 기본권, 자유를 가지고 있으며, 인간의 권리 평등과 기회 평등을 촉진한다. 또한, 사회적 부는 합리적으로 분배되어야 하고, "케이크(蛋糕)"는 크게 해야 되고 잘 나누어져야 하며, 인민의 사회 보장 권리, 교육 권리, 근로 권리 등 경제사회의 권리를 끊임없이 확장해야 하며, 특히 사회의 빈약자(貧弱者)에게 존엄과 체면을 부여하여 인민의 평등한 참여, 평등한 발전의 권리를 보장해야 한다. 법률가치는 민주과학적인 입법과 독립적이고 공정한 사법을 통하여 공평과 효율, 자유와 평등, 최초분배와 재분배, 기회 평등과 결과 평등, 규칙·정의와 사안의 공평함 사이에서 적절한 균형을 이룬다. 법률의 공평·정의는 가치의 판단에 따르는 균형이 내재되어 있다.

---

564) 후진타오(각주287), 14-15면.

(4) 법치는 민주관리를 추진함으로써 사회적 조화를 촉진한다.

조화로운 사회 건설은 민주관리를 요구한다. 민주관리는 "천하위공(天下為公: 온 세상은 일반 국민의 것으로 함을 이르는 말)"을 하는 데에 유리하고 협력, 협상, 타협을 통해 사회의 모순이 축적되는 것을 줄이고 사회의 충돌을 감소시키며 폭력 강권인 정글법칙(叢林法則)을 억제한다. 다양한 형태의 민주를 충분히 실현하고 인민의 주체적 지위를 충분히 존중하며, 인민의 의지를 충분히 존중하는 것은 사회적 조화를 달성하는 유일한 방법이다. "사회적 조화는 모든 사람에게 책임이 있고, 조화로운 사회는 사람마다 공동으로 향유"하며, 인민민주를 충분히 발휘해야 가능하다. 예를 들어, 현재 어떤 곳에서는 간부와 대중간의 관계는 긴장되고, 집단적인 사건이 지속적으로 발생하며 사회는 불안정하고 조화롭지 않다. 간부와 대중 사이가 긴장되는 원인 중 하나는 일부 국가 기관과 공직자의 권력 남용, 권력 부패와 제약을 받지 않는 권력이 존재하기 때문이다. 형식적인 정치적 업적이라는 것을 맹목적으로 추구하고, 민주의 감독을 받는다는 의식이 없고, 공무원의 봉사의식이 없으며, 백성의 이익을 중요한 위치에 두지 않았기 때문이다. 한마디로 민주체제와 의식이 미흡해 장관(長管)의지, 봉건 가부장제, 관원(官員, 관리) 부패 등이 사회적 불안정과 부조화를 자극하는 요인이 되고 있다.

법치를 단행하는 것은 국가의 권력을 효과적으로 제한하고 정치민주와 사회민주를 촉진하는 데 도움이 된다. 민주를 보장하고 추진하는 측면에서 헌법과 법률로 권력체계를 구축하고, 권력으로 권력을 제약하는 헌법 원칙을 확립하고 법치방식으로 권력을 행사하고 법에 의하여 인민의 각종 민주적 권리를 추진하고 법에 의하여 민주적 각종 체제(인민대표대회제도, 민주협상, 기층 민주 등 각종 민주형식의 실현은 반드시 모두 법제에 의지함)를 건립하고 운행해야 민주를 완전히 달성할 수 있다.

(5) 법치는 성신·우선을 촉진함으로써 사회적 조화를 촉진한다.

조화로운 사회는 성신·우선(우애)의 사회여야 한다. 신의를 저버리고(背信棄義), 자신의 힘을 믿고 약한 자를 괴롭히고(恃强凌弱), 남을 교묘히 속여 사취하고(坑蒙拐騙), 어려움이나 재난을 다른 사람들에게 전가하고(與鄰為壑), 인간관계가 냉담한 사회는 분명 조화로운 사회일 수 없다. 성신과 우선은 이미 사회주의 핵심 가치관으로 제창되었다. 불신, 불의, 사기(欺詐), 냉담(冷漠)은 사회의 도덕적 기초와 문화적 가치를 심각하게 손상시킬 뿐만 아니라 사회적 조화의 정신적 근원도 근본적으로 손상시킬 것이다.

법치 건설은 사회의 성신·우선에 대한 촉진에 중대한 의미를 갖고 있다. 법치사회의 구축은 국가의 정규적인 제도·규범체계에 의존해야 할 뿐만 아니라 사회의 정신적 가치체계에도 의존해야 한다. 법치 원칙의 전면적인 관철은 항상 사회의 각종 "긍정적 에너지(正能量: 건강하고 낙관적이고 긍정적인 동력과 감정을 이르는 말)"를 빌려야 하는데, 여기에는 사회의 도덕, 종교, 습관 등의 정신적인 요소가 포함된다. 이와 관련하여 법치 건설은 그 자체로도 사회의 성신·우선에 대한 기대를 포함한다. 일반적으로 성신·우선의 사회 분위기에서는 사회적 상호 작용의 비용이 감소하고, 사회적 갈등의 강도가 약화 될 것이며, 사람들 사이의 신뢰가 증가할 것이며, 법률위반의 수는 자연적으로 감소해 법률관리의 비용도 자연적으로 감소할 것이다. 이는 자연히 법치의 수준 향상을 촉진한다. 따라서 법치의 사회적, 정신적인 기초의 관점에서 법치는 내재적으로 사회의 성신·우선을 요구하고 장려한다는 것을 알 수 있다.

법치 관리자체는 분쟁을 평화롭고 질서 있게 해결하고, 규칙에 근거하여 사람들 간의 관계를 공정하게 다루고, 사회적 협력과 교류를 촉진한다. 법치는 질서를 추구하고 이러한 질서를 형성하는 사회는 성신, 신용, 우선의 사회여야 한다. 이러한 관점에서 법치의 실행은 갈등과 대립보다는 사회의 우선을 증진시키고 도덕의 부족에 대한 유념보다는 사회의 성신 교화를 촉진할 수 있다.

법치화의 제도체계와 관리체계도 사회의 성신·우선을 직접적으로 촉진한다. 예를 들어, 사회적 공덕, 직업윤리, 좋은 관습을 존중하도록 법으로 명문화해야 한다. 법률은 거래의 질서를 보장하며, 공평하고 자유로운 경쟁을 장려하며, 사기, 괴롭힘, 따돌림을 단속하고 신용을 상실한 행위를 교정하거나 처벌해야 한다. 예를 들면, 법에 따라 건전한 계약제도, 사회신용 보장체계, 반부정당경쟁제도 등을 구축해야 한다. 법에 따라 정의를 보고 용감하게 뛰어들고(見義勇爲) 남을 돕는 것을 기쁘게 생각하는(助人爲樂) 것을 격려해야 한다. 공무원의 "관리의 품성(官德, 관리의 도덕)" 또는 정치적 책임 윤리를 법제화해 법으로 "관리의 품성" 수준의 향상을 촉진해야 한다. 예를 들면, 법치에 따라 관료주의, 형식주의, 사치풍조(奢靡之風), 부패와 같은 부패 관행을 관리하는 데 중점을 두어야 한다. 또한, 존노애유(尊老愛幼, 노인을 존경하고 어린이를 사랑하고), 남녀평등, 부부화합, 이웃단결(鄰里團結) 등의 윤리원칙을 법률화하는 등 가정의 미덕을 선도해야 한다.

제2절 법치에 의한 민생 건설의 추진

1. 민생 건설을 위한 기본 요구 사항

민생 건설은 조화로운 사회 건설의 중요한 부분이다. 우리나라의 현 단계에서 민생 건설은 주로 인민 군중에게 가장 관심이 있고 직접적이고, 가장 현실적인 "인민의 생계(民之生計)" 문제를 다루고 있다. 예를 들어 취업의 촉진, 교육의 평등, 소득의 분배, 주택의 보장, 공중의 보건, 노후의 보장, 환경의 보호, 사회의 안정, 사회의 관리질서 등이다.

민생 건설은 바로 배우고자 하면 학교를(學有所敎), 일하고자 하면 일자리를(勞有所得), 병이 나면 의료를(病有所醫), 늙으면 돌봄을(老有所養), 거주하고자 하면 살 곳이 있도록(住有所居) 하는 등 이러한 것들을 위해 열심히 노력하고, 인민의 물질문화 생활수준을 지속적으로 개선하여 국민이 품위 있게 생활하고 좋은 삶을 살 수 있도록 노력하는 것이다. 민생 건설은 실질적으로 사회의 기본적인 공공 서비스, 사회의 재부(財富)분배, 국민의 생존과 발전 등의 방면에서 공평·정의를 실현하는 것이다.

개혁개방 이래 30여 년의 과정에서 우리나라의 민생 건설은 중요한 성과를 거두었지만, 전반적인 사회의 발전에는 여전히 "단점"이 존재한다. 최근 몇 년간 공공 서비스 영역의 개혁에서 공공 재정으로 부담해야 하는 사항을 국민이 스스로 부담하게 되었고, 사회적 부의 분배에서 투자 소득의 비율이 너무 커서, 근로자 보상의 비율이 심각하게 압박되어 사회관리 혁신이 불충분하다. 이로 인해 심각한 사회적 문제와 사회적 모순이 발생했다. 예를 들어 인민의 생활수준과 근로자의 소득은 보편적으로 향상되고 있지만, 빈부의 격차는 최근 몇 년 사이 급격히 벌어지고 있어 소득의 공평함은 갈수록 심각해지고 있다. 또한 국민이 교육 수준은 전반적으로 향상되었으나 교육의 불공정과 교육의 질 등이 심각해지고 있으며, 의료 서비스 시설과 서비스가 개선되고 있지만, 국민 건강권이 보장되고 공공 의료체제를 향상시켜야 하는 부분도 여전히 많다. 취업은 자유롭게 대폭 확장되고 취업방식은 날이 갈수록 다양화되고 근로자 권익의 법적 보장은 강화되고 있지만, 사회적인 취업 압박은 여전히 크고 노사관계는 더욱 긴장되고 있다. 국민 주거 여건은 전반적으로 개선되었지만, 최근 몇 년 동안 "주택 노예", "주택 졸부", "주택 제도 개혁" 등 주택 문제는 사회적으로 큰 화제가 되었다. 사회보장체계와 이에 따르는 제도는 점진적으로 완비되고 국민 최저생활 보장제도(低保는 最低生活保障制度의 약칭임), 사회구제, 국민연금 등의 수준을 점진적으로 향상되었으나 진정으로 "노년에 부양해 줄 사람이 있고(老有所養)", "노년에 즐거움이 있는(老有所樂)" 것과는 아직 거리가 멀다. 그리고 사회 공공안전, 사회 단체사건, 환경보호 등의 문제도 최근 몇 년 동안 갈수록 심각해지고 더 많은 사회적 주목을 받고 있다. 이 모든 것은 인민 군중의 생활과 발전과 직결되는 어떤 중대한 사회문제가 점차 첨예화되는 추세를 보이는 데다 생활수준 향상에 대한 국민의 기대가 커지면서 최근 몇 년간 민생의 고생과 개선에 관한 대중의 목소리는 더욱더 높아지고 있다. 국가 정치적 차원에서 조화로운 사회 건설을 위한 중대한 과제를 제기하는 것은 이런 것에서부터 문제를 풀어나가야 한다.

민생의 개선은 단순히 시장체제에 의존해서는 안 되고, 단순히 정부와 그 재정에만 의존해서도 안 된다. 지난 몇 년 동안 민생 분야 개혁의 편차 중 하나는 시장화를 하지 말아야 할 일부 사회사업을 시장화하고, 또 의료시장화, 교육 산업화 등이 서민의 민생부담을 증가시켰다는 점이다. 국가가 민생을 위한 건설을 촉진하기 위해서는 보다 효과적이고 강력한 체제를 추구해야 한다. 그중에서도 특히 법치가 민생 건설에 대한 중대한 역할을 충분히 발휘하게 해야 한다. 법치의 형태로 정부의 민생 건설 책임을 강화하고 국민의 민생권리를 정착시켜야 한다. 입법, 사법, 집법 등 다양한 차원에서 법치를 통해 민생 건설을 위한 법적 보장을 제공할 수 있다.[565] 입법 이념과 법률체계의 개선 방면에서 입법으로 인

---

565) 다음과 같이 지적하는 학자가 있다. "한편으로는 법치의 실천성 품격이 반드시 그 전환기에 반응을 요구하는 것은 중국의 민생난점이고 다른 한편으로는 법치는 민생난점을 해결함에 있어 자체의 독립적인 우세를 구비하고 있다. 민생문제는 표면적으로 보면 하나의 사회와 경제 문제이나 실질적으로는 하나의 전형적인 권력문제이고 권력은 바로 법치의 요지가 있는 이유이다. 법치가 민생에 관심을 가지고 민생법치를 구축하는 것은 여전히 민생문제와 현대화 법

민을 지도하고, 정부의 민생책임의 강화와 민생권력을 개선하는 것을 중점으로 하고, 민생영역의 입법을 더욱 중요시해야 한다. 사법 분야에서는 사법으로 인민을 지도하고 민생권리의 보장에 중점을 두며, 민생권익의 실현과 민생모순의 해결을 더욱 중요시하고 민생개선을 촉진해야 한다.

2. 민생권리의 확장을 통한 민생개선의 촉진

법치가 민생 건설을 촉진하는 가장 중요한 방식 중 하나는 민생의 권리를 인정하고 존중하며 보장하고 보완하는 것이다. 민생을 보장하는 근본은 "민권"에 있다. 민생 건설에는 "권리 확장", 즉 "국민 권리를 확장"하는 것이고 기본 권리의 보장과 확장이라는 관점에서 민생을 개선하고 민권에 대한 요구를 강화함으로써 민생 건설을 촉진한다.

민생권리는 헌법의 기본 권리의 측면에서는 사회적 권리를 직접적으로 지향하며 자유와 같은 다른 기본 권리와 밀접한 관련이 있다. 민생권리는 생존권리(예로 적절한 생활수준의 권리를 획득), 발전권리, 취업 및 고용권리, 사회보장권리, 교육권리, 건강권리 등이 포함된다. 이와 관련한 기타 기본 자유권리에는 생명권리, 인신자유권리, 표현자유권리 등이 있다.

(1) 국민의 평등 발전권리에 대한 보장

사회적 조화의 토대는 사람을 근본으로 하는 균형 잡힌 발전에 있다. 사회적 조화는 기본적으로 사회생산력의 발전수준과 발전의 조화에 따라 결정된다. 사람을 근본으로 하는 발전은 경제발전뿐만 아니라 사회, 경제 및 문화의 전반적인 발전이며, 국가의 발전뿐만 아니라 개인의 발전이기도 하며, 국가가 발전을 촉진할 정치적 책임뿐만 아니라 국민의 기본 권리이기도 하다. 권리의 관점에서 발전을 다루면 발전의 인간본성(人本性), 조화성(協調性), 전체성(整體性)을 더 잘 인식할 수 있다.

(가) 농민의 각종 권리를 보장하고 도시와 농촌의 조화로운 발전을 촉진해야 한다. 농민들이 평등한 공민권을 누리지 못하도록 하는 도시와 농촌의 이중 구조 체제와 구조를 변경해야 한다. 농민이 토지에 대한 권리를 확실하게 보장하

치 건설을 해결하는 절호의 합류점이다." 푸즈탕(付子堂)·창안(常安), 민생법치론, 중국법학, 2009(6) 참조.

고, 토지의 수용 및 농민의 취업과 사회보장 문제를 잘 해결하고, 농민의 토지 도급경영에 대한 제반 권리를 보장하며, 농민이 전문협동조직으로 발전하는 결사권리를 보장하고, 빈곤 퇴치 제도를 통해 빈곤 농민의 생활 조건을 개선해야 한다.

(나) 지역의 조화로운 발전을 촉진해야 한다. 전국 각 지역의 공동 발전을 실현해야만 전반적인 안정이 있을 수 있다. 지역 간 발전의 불균형은 이미 민생발전을 제약하는 중요한 문제가 되었다. 전체 국민 모두가 발전의 성과를 함께 누리고 발전의 기회를 획득하게 해야 한다. 특히, 빈곤층과 낙후된 중서부지역과 소수민족 거주 지역 등의 국민에게는 교육, 위생, 문화 등 공공서비스를 받을 권리가 더 강조되어야 한다.

(다) 국민이 개혁과 발전의 성과를 함께 누리는 권리를 보장해야 한다. 이를 위해서는 사회적 공평을 보장하는 차원에서 소득분배제도를 개선하고 소득분배 질서를 규범화해야 한다. 이는 국민의 합법적인 재산권 보장과 주민의 재산 소득의 증가, 국민소득 분배에서 주민 소득 비율의 증가, 기업 임금에 대한 집단 협상제도의 추진, 최저임금제도의 개선, 정상적인 성장 임금제도의 개선, 과세 등을 통해 법에 따라 과도하게 높은 소득을 규제하고, 특히 국유기업의 경영관리자의 소득을 규제해야 한다.

(2) 근로자 노동권리의 존중과 촉진

취업의 자유를 최대한 촉진하고, 성별 차별, 지역 차별, 정치양상 차별, 신분 차별 등 근로자에 대한 취업의 차별을 없애야 하며, 평등한 취업권과 자유 선택권을 확실하게 보장해야 한다.

취업은 민생의 근본이다. 사회 경제개발과 인간개발의 관점에서 취업의 권리와 자유를 다루어야 한다. 취업의 자유를 포함한 노동권은 국민의 기본 권리이다. 직장에서 근로자의 권리를 효과적으로 존중하고 보장하는 것은 노사관계의 긴장을 완화하고 노사관계의 조화를 촉진하는 가장 중요한 조치 중 하나이다. "노동법", "노동 계약법", "취업 촉진법", "직업 교육법", "민간 교육 촉진법", "노동분쟁 조정 중재법" 등이 근로자의 노동권을 보장하고 조화로운 노사관계를 발전시키는 데 중요한 역할을 했다.

근로자가 강제노동이나 노역으로부터 보호받을 수 있는 권리, 무료 취업서비스를 받을 권리, 자율적으로 직업을 선택할 권리, 공평하게 임금을 받을 권리, 단체교섭의 권리, 정당하고 적절한 근로 조건을 받을 권리, 유급휴가(帶薪休假)를 받을 권리, 공정한 보수를 받을 권리 등을 보장해야 한다. 그중에서도 특히 강조해야 할 것은 자율적으로 직업을 선택하고, 평등하게 취업하고, 충분한 취업을 보장하고 취업차별을 근절하기 위해 노력해야 한다는 점이다. 역사적 이유로 인해 도시와 농촌의 분할, 신분의 분할과 지역의 분할 등의 문제를 타파하고 인적자원 시장의 체제적 장벽을 제거하여 도시와 농촌 근로자를 위한 평등하게 취업하는 제도를 형성하기 위해 노력해야 한다. 호적, 노동취업 등의 제도개혁을 심화시킴으로써 취업의 자유와 자주를 촉진하고 도시와 농촌의 통일된 인재시장과 노동시장을 점진적으로 형성해야 한다. 재취업 지원 제도를 완비하고 각종 특수 근로자의 취업에 대해 특별한 법적 보호를 부여해야 한다. "장애인 보호법", "여성 권익 보호법", "미성년자 보호법", "여성 근로자 노동보호 규정", "아동 근로자 임용(사용)금지 규정", "장애인 취업 조례" 등의 법률, 법규에는 노무자의 권리와 이익을 보호하기 위한 특별 규정이 있지만 법에 의해 보호가 더욱 개선되어야 한다.

(3) 국민의 공평한 교육 권리에 대한 존중과 촉진

공민의 교육에 대한 권리 보장은 민생 보장에 큰 의미가 있다. 우리나라 공민의 교육권은 법률 차원에서 이미 "헌법", "교육법", "의무교육법", "고등교육법", "직업교육법" 등으로 확인하고 보장하고 있다. 그러나 교육의 공평, 교육권 보장에 대한 정부의 책임, 대학의 자율성과 같은 입법과 실천에는 여전히 많은 문제점이 있다. 최근 몇 년간의 이지고고(異地高考, 高考는 중국의 대학 입학시험을 이르는 말), 고고중고가점(高考中考加分, 加分은 가산점을 부여하는 것을 이르는 말), 고시입학정원의 분배, "초급 중·고등학교(超級中學)", 고등교육기관(高校)의 행정화, 교육 산업화와 같은 문제가 널리 주목을 받고 있다. 국민의 평등교육권을 효과적으로 이행하기에는 갈 길이 멀다. 특히, 교육의 공평, 공교육 자원의 평등한 공유를 강력하게 추진해 모든 국민, 특히 아이들이 모두 공평하게 교육을 받을 기회가 있어야 한다. 예를 들어, 교육자원은 농촌, 국경, 빈곤, 민족 지역에 중점을 두고 점차적으로 작은 도시와 농촌 지역의 교육 발전의 격차를 좁혀야 하며, 가정경제가 어려운 학생들에게 필요한 지원을 제공해주며 이주 노동자 자녀, 타향에서 공부하는 학생 및 신체장애가 있는 아이 등, 모두가 평등하게 교육을 받을 수 있도록 보장해야 한다.

(4) 국민의 사회보장 권리의 촉진

사회보장은 인민의 생활을 보장하고 사회의 분배를 조절하는 기본적인 제도이다. 국민이 사회보장의 권리를 획득하는 것은 그들의 존재에 대한 중요한 법률 기초 중 하나이다. 우리나라 헌법 제14조는 "국가는 경제발전수준과 호환되는 사회보장제도를 확립하고 개선한다."고 규정하고 있고, 제45조는 "중화인민공화국 공민은 나이가 들거나 질병 또는 노동 능력을 상실한 경우 국가와 사회로부터 물질적 도움을 받을 권리가 있다."고 규정하고 있다. 국가는 이미 "사회보험법", "실업보험조례", "산재보험조례", "도시주민 최저 생활보장조례" 등의 사회보장권리와 관련된 법률, 법규를 반포하여 시행하고, 또 각종 특별 단체의 사회보장권리에 관한 전문 법률, 법규를 반포하여 시행하고 있다. 예를 들면, "농촌 5보장 지원에 관한 작업 조례", "안전 생산법", "부녀 권익 보호법", "직업질병 예방법", "도시 생활에 의지할 곳이 없는 유랑자와 노숙자 구조 관리 방법", "미성년자 보호법", "노인 권익 보장법", "장애인 보호법" 등이다.

그러나 우리나라 현재 사회 보장법 체계의 전반적인 후진성을 고려할 때 사회 보장법, 사회 구조법, 사회 복지법, 자선(慈善)법, 주택 보장법 등 가능한 빨리 도입해야 할 중요한 법이 여전히 남아 있다. 이러한 법들은 전반적인 사회보장 체계를 점차적으로 수립하고 보완하는 데 중요한 의미가 있다. 인구의 고령화와 도시화 및 취업방식의 다양화에 적응하고 국민의 사회보장권이 법적 요구에 부응하기 위해서는 사회보험, 사회구조, 사회복지, 자선사업과 연계된 도시와 농촌의 주민을 모두 포함하는 사회보장체제를 점차 구축해야 한다. 도시와 농촌의 주민을 모두 포함하는 사회보장체제를 조속히 전면화하고 기본 국민연금제도를 전국적으로 구현하며, 실업, 산재, 의료, 위생 등 방면의 사회보장제도를 개선해야 한다. 사회구조체제를 개선하고 노인, 장애인, 고아, 빈곤 퇴치에 중점을 둔 사회복지제도를 발전시켜 자선사업의 발전을 지원해야 한다. 국민의 주택보장 권리를 실현하려면 시장 배분과 정부 보장이 결합된 주택제도를 구축하고, 여성, 아동, 노인, 장애인의 합법적 권익을 보장하며, 도시 생계 수당, 농촌 5보장 지원, 빈곤층 지원, 재난 피해자 지원, 도시 지역의 유랑자와 노숙자 지원 제도를 개선해야 한다.

(5) 국민 건강 권리의 보장과 촉진

건강은 인간의 전면적인 발전을 촉진하는 필연적인 요구이고 국민의 기본 권리이다. 건강권은 "모든 사람은 적절한 삶에 최고 수준의 건강 수준에 대한 권리를 갖는다."[566] 최근 몇 년간 의료 분야의 불공평함(예: 소수가 의료 자원을 점거하거나 낭비하는 경우), 진료 난, 비싼 의료비용, 병으로 인한 빈곤, 의료 관련 분쟁, 식품 안전, 광산 안전 등의 문제가 광범위한 사회적 관심을 불러 일으켰다. 모두 국민의 건강권과 직결된다.

국민 건강권의 구체적인 요구 사항은 다양하다. 예를 들면, 모든 국민이 의료시설을 차별 없이 이용할 수 있고 의료 서비스를 받을 권리; 기본적인 초급 위생보장 및 기본적인 약물을 받을 권리; 가장 기본적인 영양가 있는 음식, 안전한 식수, 적절한 주택 등에 대한 권리; 건강하고 안전한 환경위생과 근무조건을 획득할 권리 등등은 차별을 받지 않는다. 동시에 건강권은 음식, 주거, 노동, 교육 및 인간 존엄성에 대한 권리와 같은 많은 권리와 자유와 밀접한 관련이 있다. 또한 생명의 권리, 차별을 받지 않을 권리, 평등의 권리, 고문의 금지, 사생활 침해, 정보의 권리 및 결사, 집회와 행동 자유는 불가분한 것이다.

우리나라 헌법 제21조는 "국가는 의료보건사업을 발전시키고 현대 의약과 우리나라 전통 의약을 발전시키고, 농촌집단경제조직, 국가 기업·사업조직과 거리조직(街道: 가도는 지역 주민과 관련된 사무기구를 이르는 말)이 각종 의료보건시설을 설치하는 것을 장려하고 지지하며, 대중적인 위생활동을 전개하고 인민의 건강을 보호한다."고 규정하고 있다. 제45조의 규정에는 또 건강권리에 관한 보호가 포함되어 있다. 이와 동시에 "민법통칙", "불법행위법(侵權責任法, 권리침해 책임법)", "노인 권익 보장법", "부녀 권익 보호법", "미성년자 보호법", "장애인

---

[566] "경제적 사회적 문화적 권리에 관한 국제협약" 제12조는 이 규약의 당사국은 모든 사람이 도달 가능한 최고 수준의 신체적·정신적 건강을 향유할 권리를 가지는 것을 인정한다. 이 규약 당사국이 동 권리의 완전한 실현을 달성하기 위하여 취할 조치에는 다음 사항을 위하여 필요한 조치가 포함된다. (a) 사산율과 유아사망률의 감소 및 어린이의 건강한 발육; (b) 환경 및 산업위생의 모든 부문의 개선; (c) 전염병, 풍토병, 직업병 및 기타 질병의 예방, 치료 및 통제; (d) 질병 발생 시 모든 사람에게 의료와 간호를 확보할 여건의 조성한다고 규정하고 있다. 여성에 대한 모든 형태의 차별 철폐 협약, 아동의 권리에 관한 협약 등에서 부녀(여성)와 아동의 건강권익의 보장을 개별적으로 규정하였다.

보호법", "전염병 예방 치료법", "직업질병 예방법", "약품 관리법", "식품 안전법", "돌발사건 대처법" 등 모두 다른 측면에서 국민의 건강권리를 보장한다.

현재 개선해야 할 건강권리 법제의 중요한 문제는 국민의 건강권리를 보장하기 위하여 법률의 형식으로 전체 인민의 의료보험체계의 건립을 추진하고, 의료체제의 개혁을 추진하고 심화시키고, 종합적인 의료서비스체계를 건립하고, 중·특대 질병의 보장과 구제체제를 건립하는 것이 시급하다. 공공 보건 비상사태와 주요 질병을 예방 및 통제체제를 개선하고 식품 및 의약품 안전관리체제도 개혁하고 개선해야 한다.

3. 법으로 국가의 민생 보장 의무를 강화

(1) 국가 권력의 위치와 민생 보장

민생 건설은 국민 개개인과 국가 권력 간의 관계를 포함하는 하나의 새로운 유형이다. 국민의 민생권리를 확인하고 보장하는 자체는 정부를 위하여 상응하는 법률의무를 설정하는 것이며, 이러한 권리실현의 의무를 보장하고 촉진한다. 국가는 이러한 권리가 실천되고 확정되도록 최선을 다해야 한다. 민생 건설은 국가가 민생 개선을 촉진하는 데 더 큰 책임을 지고, 더 강한 행동능력과 자원 지배와 분배능력을 요구한다.[567] 민생권리는 주로 그런 국가의 간섭을 피하려는 이른바 "소극적인 권리"가 아닐 뿐만 아니라 국가가 개입하고 이를 촉진하기 위해 많은 적극적인 조치를 취해야 하는 "적극적인 권리"이고 국민의 국가에 대한 "청구권"이다. 이렇게 국가는 민생권리를 실현해야 할 의무주체로서 민생권리를 존중, 촉진, 보장 및 실현하는 중요한 책임을 진다.

국가가 민생 건설방면의 의무와 책임의 실현을 촉진하는 것은 한편으로는 "과도한 권력의 사용"을 억제해야 한다. 다시 말해 민생 건설에 있어 권력의 잘못된 배치와 월권 문제, 권력의 과잉 팽창으로 사회와 시장이 독립적으로 발전하는 것을 어렵게 한다. 특히 만능주의(全能主義)이념의 지배하에 있는 국가 권력은 사회와 시장의 자율성을 크게 저해하거나 심지어 파괴하며, 국가 권력의 사회에 대한 전면적인 간섭은 국가가 모든 것을 도맡아 하는 것이고, 민생을 전

---

567) 민생법치에서 국가의무에 관한 논술은 천붜리(陳伯禮), 민생법치의 이론 논술과 입법 반응, 법학논단, 2012(6) 참조 바람.

면적이고 지속적으로 개선하지 못했다. 따라서 민생 건설에는 "권력 제한"의 요소, 즉 "국가 권력의 제한"과 권력의 제약적 특성에 대한 강조가 포함된다. 이런 의미에서 민생문제는 국가 권력을 제한하는 헌정민주(憲政民主) 문제이기도 하다. 민생에는 민권문제와 민주문제가 포함되어 있다.

다른 한편으로는 "권력의 사용 부족" 문제를 해결해야 한다. 민생 건설에서도 공공 서비스에 대한 국가의 책임을 게을리하거나 제대로 관리하지 못한 권력 결핍 문제가 있다는 것이다. 국가가 명확한 권력 경계를 가진 제한된 국가여야 한다고 해서 국가가 민생 유지에 대한 책임을 포기하거나 "나태한 정치"를 하거나 국가로 하여금 그 공공 서비스에 대한 책임을 포기하도록 하려는 것은 아니다. "나태한 정치"도 정부의 공신력을 손상시킬 수 있다. 따라서 민생 건설 측면에서 국가 권력을 제한할 뿐만 아니라 국가 권력을 강화하고 국가가 할 수 있도록 해야 한다.[568] 만능주의의 국가형식에서 벗어나 국가의 행동 경계를 확립해야 하고, 또 그런 소극적인 "야간 파수꾼"의 국가형식을 넘어서서 기본적인 공공 서비스를 많이 제공하고, 중요한 사회의 경제 기능을 담당하며, 사회구조의 공평·정의를 유지해야 한다.

(2) 국가가 민생의 의무를 보장하는 방식

민생권리를 촉진하고 민생 건설을 추진하기 위하여 정부의 민생권리 보장과 촉진을 위한 법적 의무를 한층 더 명확히 해야 하며, 특히 공공 서비스에 관한 정부의 법적 책임을 강화하여 행정을 중요시하는 관리에서 공공 서비스를 중요시하는 관리로 전환하여 서비스로 관리해야 한다. "정부가 주도하고 도시와 농촌을 포함하고 지속 가능한 기본 공공 서비스 체계를 신속하게 형성"하고, 사회 공평을 촉진하고, 안정된 사회 질서를 보증하는 등을 통하여 민생권리의 전면적인 정착을 위한 보다 충분한 보장을 제공한다. 대략적으로 말하면, 최근에 국가의 민생 보장 의무는 적어도 다음과 같은 몇 가지 측면에서 반영된다.

(가) 교육자원을 합리적으로 배치하고 교육의 공평과 균형 있는 발전을 촉진한다. 예를 들면, 의무교육과 특수 교육의 보장, 각 분야 교육체제의 발전, 소양 교육의 추진, 교육기관의 자주성과 독립성의 보장, 교육부패의 방지, 사회적 역량을 장려하고 이끌어 나가는 교육 등이다.

---

568) 관련 논문은 묘랜잉(苗連營), 민생문제의 헌법학 사고, 국가검찰관학원학보, 2010(3) 참조 바람.

(나) 취업제도를 보장하고 촉진한다. 노동권의 보장을 촉진하고 조화로운 노동관계구축의 촉진을 위하여 응당 취업정책을 더 적극적으로 촉진하고, 직업선택의 자유를 보장하고, 취업차별을 반대하고, 취업기술양성을 전개하고, 근로자의 권익을 보장하고, 근로자의 취업·창업 능력을 향상하고, 인력자원 시장과 취업 서비스체제를 개선하고, 실업보험제도를 개선하고, 근로표준체계를 개선하고, 노동관계 조정체제를 개선하고, 노동보장감독과 분쟁조정중재를 강화하는 등을 널리 보급해야 한다.

(다) 국민소득의 분배를 조절하는 제도를 개선한다. 국민소득의 불합리한 격차를 줄이는 것을 목표로 노동, 자본, 기술, 관리 등의 요소를 기여도에 따라 분배에 참여하는 최초 분배체제를 법에 따라 개선하고 조세, 사회보장, 이전 지급을 주요 수단으로 하는 재분배 조절체제의 건전화를 가속화해야 한다. 합법적 소득을 보호하고 저소득자의 소득을 증가시키며, 과소득을 조절하고 불법적인 소득을 단속한다.

(라) 공공 재정제도를 개선하고 기본 공공 서비스의 균등화를 가능한 빨리 실현한다. 공공 재정체제를 건전화하고, 공공 서비스 분야에 더 많이 투자하며, 교육, 위생, 문화, 취업과 재취업 서비스, 사회보장, 생태환경, 공공 기초시설, 사회치안 등에 대한 재정 투자를 늘린다. 사회사업의 발전과 민생문제의 해결에 초점을 맞춰 공공 자원의 배치를 최적화하고 농촌, 기층, 저개발 지역으로 기울어지는 것에 주의를 기울여야 하며, 전체 인민에게 혜택을 주는 기본 공공 서비스 체계를 정착시켜야 한다.

(마) 도시와 농촌의 주민 전체를 포함한 사회보장체제를 개선한다. 예를 들면, 사회보험제도를 개혁과 보완, 도시와 농촌 주민의 기본 연금과 기본 의료보험제도의 통합, 사회보험기금 투자운영제도의 수립, 사회구조체제의 개선, 건전한 사회복지제도, 자선사업의 지원, 취약계층의 권익 보장 등에 정부는 중요한 책임이 있다.

(바) 도시와 농촌의 주민을 포함한 기본 위생보건제도를 건설한다. 군중에게 안전하고, 유효하고, 편리하고, 가격이 적절한 공공 위생과 기본 의료서비스를 제공하는 것을 목표로 하고 의료보장, 의료서비스, 공공 위생, 약품 공급, 감독체제 등에서 개혁을 추진하여 인민의 건강권을 보장한다. 특히 식품, 의약품 및 식품 위생에 대한 감독을 강화해 인민 군중의 건강과 안전을 보장해야 한다.

(사) 법에 의하여 유동인구에 대한 관리 서비스를 개선한다. 유동인구 서비스 관리의 제도혁신을 추진하고, 관리와 서비스를 상호 결합하여 유동인구의 취업, 주거, 의료, 자녀교육 등의 기본 민생 관련 권리를 확실하게 보호하며, 도시화 건설과 호적관리제도 개혁을 결합하여 도시와 농촌의 통합 및 전체 서비스 범위를 위한 역동적인 인구 관리 체제를 확립하고 개선한다.

이 분야의 개혁과 제도 개선을 추진할 때는 법치 사유를 더욱 많이 운용해야 하는 것은 분명하며 법치 방식으로 추진하는 것을 더욱 중요시해야 한다. 기본적인 방법은 정부의 민생관리 권한을 법적 형태로 규제하고 민생관리 측면에서 정부의 법적 의무를 강화하는 것이다. 과거에는 원칙적인 법도 있었지만, 정책적 형식이나 비교적 낮은 수준의 규제 등으로 개혁하거나 해결하는 분야가 많았다. 수년간 민생개혁의 법치화는 미흡하고, 정부 권력의 운용에 대한 감독이 부족하고 개혁의 원동력이 부족하며 일부 중요 분야의 개혁은 계획이나 소리만 요란하고 실행한 것은 적으며(雷聲大雨點小), 실질적인 추진이 이뤄지지도 않았다. 따라서 민생법치 추진에 대한 각급 인대(人大)의 역할 강화와 인대 제도 하의 공개 토론을 강화하여 민생입법의 질을 향상하고 정부의 민생책임에 대한 각급 인대의 감독 강화가 절실하다. 사법의 민생권리 유지와 보장을 강화하고 정부가 그 책임을 이행하도록 촉구하고; 정부의 정보 공개성, 민생결책의 참여성과 절차성, 민생관리의 공공 서비스성 등을 강조하며; 행정 심사 및 승인을 감소하고 행정 효율성을 제고하고; 사회자치역량의 확장, 언론매체 등 사회 여론의 확산을 통한 정부의 역할 수행, 부패 억제를 강조하고; 법치 방식의 조속한 정사분리(政事分開, 政事는 행정단위와 사업단위를 이르는 말), 정사분리(政社分開: 정부행정관리와 사회자아관리를 분리하는 것을 이르는 말), 정경분리(政企分開) 등을 강조한다.

제3절 법치 방식으로 사회관리 혁신을 촉진

1. 사회관리 혁신의 기본 원칙

사회를 다스리는 것은 사회관리라고도 불리며, 사회 건설의 중요한 부분으로 국가, 개인 및 사회조직 등의 사회관리 주체가 사회조화의 안정과 사회공정의 실현을 목표로 각종 관리수단과 방식을 운용하여 사회질서, 사회구조, 사회사업,

사회적 이익 관계 등에 대해 수행하는 관리활동이다.

신 중국이 창립된 후. 오랫동안 우리나라는 단위제(單位制)를 중심으로 사회 전반을 흡수하고, 기층 단위와 지역관리를 상호 결합한 사회관리 제도를 시행했다. 개혁개방 이후 중국의 급속한 사회 전환이 시작되면서 이러한 관리체제는 갈수록 사회 발전의 요구에 부응하지 못했다. 따라서 사회관리의 혁신은 오늘날 중국 사회의 순조로운 전환과 사회의 양성관리에 중요한 의미가 있다. 특히, 사회 전환의 관건인 시기에 사회계층 간의 격차가 커지고, 사회 각 계층의 이익 요구의 복잡성은 대폭 증가하였고, 사회의 유동성도 대폭 증가되었고, 사회 각 계층의 권리의식이 높아지고, 다양한 유형의 집단적인 사건들이 갈수록 커지고, 사회불안이 커지고 사회갈등도 격화되어 집중적으로 폭발하는 등 사회의 불안정한 위험 요인이 크게 늘어났다. 수십 년 동안 지속되고 효과적인 일부 사회관리 형식과 방법은 새로운 상황에 적응하지 못하고 점점 힘을 잃어가고 있다. 따라서 사회관리를 혁신하는 것은 더욱 필요했고 사회체제의 개혁으로 사회문제를 해결하고, 사회갈등을 없애고, 다양한 이익 관계는 조화를 이루고, 사회공정성을 촉진하고, 사회의 안정과 조화를 실현하여 인민 군중이 편안하고 즐겁게 살고 일할 수 있도록 해야 한다. 사회관리 혁신의 최종 목표는 법치 방식과 법치 사고에 의해 사회 자치의 영역과 공간을 부단히 확대하고, 인민의 자유와 자치를 확장하며, 강력하고 활기찬 사회주의 공민 사회를 형성하고, 국가, 시장과 사회 사이의 양성적인 상호 작용을 실현하고, 정부관리와 사회의 자기조절과 주민자치 간의 양성적인 상호 작용을 실현하는 것이다.[569]

당의 17대 보고서는 "당위원회의 지도, 정부의 책임, 사회의 협동, 공중이 참여하는 사회관리구조를 확립하고 개선할 것"을 제안하고, 당의 18대 보고서는 "당위원회의 지도, 정부의 책임, 사회의 협동, 공중의 참여, 법치로 보장되는 사회관리체제를 신속히 형성하고", "중국 특색 사회주의 사회관리체제를 구축"해야 한다고 제기했다.[570] 당의 18기 3중 전회는 국가관리체계와 현대화 관리의 개혁을 실현하는 총 목표의 관점에서 사회관리체제를 혁신하는 목표, 주지와 원칙 등을 더욱 중대한 문제로 제기했다. 사회관리 혁신의 근본적인 목적은 "가장

---

569) 관련 논문은 후위훙(胡玉鴻), 자유로 사회관리 혁신을 다룬다, 법학, 2011(10); 팡링(龐凌), 권리, 자유와 사회관리 혁신의 착안점, 법학, 2011(10) 참조 바람.

570) 후진타오(각주287), 34면.

많은 인민의 근본적인 이익을 지키고 조화로운 요소를 최대한 극대화하며, 사회 활력을 증진하고, 사회관리 수준을 향상하고, 평안한 중국 건설을 전면적으로 추진하며, 국가 안보를 수호하고, 인민들이 편안하게 생활하고 사회 안정에 질서를 유지할 수 있도록 해야 한다."[571] 18기 3중 전회는 또 사회관리 방식을 개선할 때 견지해야 할 원칙으로 "체계적인 관리를 견지하여 당의 지도를 강화하고, 정부가 주도 역할을 하며, 사회 각 방면의 참여를 장려하고 지지하며, 정부 관리와 사회의 자기조정, 주민자치의 양성적인 상호 작용을 실현한다. 법에 의한 관리를 견지하여 법치 보장을 강화하고, 법치의 사고와 법치의 방식을 활용해 사회갈등을 해소해야 한다. 종합적인 관리를 견지하여 도덕적 제약을 강화하고, 사회적 행동을 규제하고, 이익 관계를 조절하고, 사회관계의 조화를 이루고, 사회의 문제를 해결한다. 원천적인 관리를 견지하여 지엽적인 것과 근본적인 것을 함께 다스리고 근본을 다스리는 것을 중심으로 하며, 인터넷 관리와 사회화 서비스의 방면에서 기층 종합 서비스 관리체제를 건전하게 하여 인민 군중의 각 방면, 각 계층의 이익 요구를 즉시 반영하고 조정한다."[572]고 지적했다.

이러한 관점에서 사회관리 혁신의 기본 원칙은 주로 다음과 같다.

(가) "당위원회의 지도"이다. 즉, 사회관리 혁신은 복잡한 체계적인 공정으로 당의 지도를 견지해야만이 순조롭게 진행된다는 것이다. 당은 전반적인 국면을 장악하고 각방의 핵심 역할을 조율함으로써 사회관리 혁신이 직면한 복잡한 관계와 권력 구조를 비교적 원활하게 조화시킬 수 있으며, 특히 최상층 설계에서는 구체적인 이해관계나 기득권 집단의 얽힘을 넘어 사회관리개혁의 전반적인 과정을 통제할 수 있다.

(나) "정부의 주도"이다. 이는 정부가 사회관리 혁신과정에서 주도적인 역할을 하고, 공공 서비스의 기능을 강화하고, 사회 구성원이 권리와 정당한 요구의 실현을 충분히 존중하고 촉진함으로써 정부가 관리형 정부에서 서비스형의 정부로 전환해야 한다는 것이다.

(다) "사회의 협동"이다. 이는 사회조직과 사회역량이 사회관리 혁신에 대한 대체 불가능한 적극적인 역할에 중점을 두고, 정사분리(政社分開)의 추진을 가속화하여 "사회조직이 제공하는 공공 서비스와 해결에 적합한 사항을 사회조직에

---

571) 중공중앙(각주360), 49면.
572) 중공중앙(각주360), 49-50면.

맡긴다."는 것이다. 사회관리 혁신은 정부의 "원맨쇼(獨角戲: 혼자 일을 도맡아 하는 것을 이르는 말)"가 아니라 사회의 다양한 역량이 적극적으로 협력해 동참하는 "대합창(大合唱)"이다. 사회의 기층 자치조직(예, 마을주민위원회와 주민위원회)과 사회조직은 사회 자율과 자기발전을 형성하고 사회 통합을 촉진하는 중요한 역량이자 정부 권력을 제약하는 중요한 역량이기도 하다. 사회조직이 가능한 빨리 권한과 책임을 명확히 하고 법에 따라 자치하며 역할을 하도록 추진해야 한다.

(라) "공중의 참여"이다. 이는 정부와 사회의 관계를 정확히 다루고, 사회 구성원이 사회관리에서의 기초적인 역할을 충분히 수행하며, 기층 민주를 확대하고, 참여 경로를 확장하고, 사회 구성원을 광범위하게 동원하여 사회관리의 다양한 형식에 자발적으로 참여하며, 특히 다양한 유형의 사회조직과 기층 자치조직 등을 통해 사회관리에 참여한다.

(마) "법치의 보장"이다. 이는 새로운 사회관리 구조의 형성, 각종 사회갈등의 해소, 각 계층 이익 요구의 조정 등 법치 원칙을 실천하는 데 중요한 의미가 있음을 말한다. "법치의 보장"은 법치 사유와 법치 방법을 능숙하게 활용하여 사회관리 혁신을 추진하고 사회관리의 체제개혁, 체제혁신, 관리방법의 변혁 등 법률적 공감대를 형성해 법에 따라 추진해야 한다고 강조한다. 법치로 사회관리 혁신을 추진하는 것은 형법, 민상법, 사회법, 소송법 등의 각종 법률부문 중에서 입법 및 사법과 행정집법 등 각 분야에서 많은 일을 추진해야 한다.

2. 법에 따른 사회치안 예방·통제 체계 구축의 촉진

사회치안의 종합적인 관리는 사회관리에서 중요한 방면이다. 사회치안의 종합적인 관리는 중국 특색이 뚜렷한 제도혁신으로 우리나라의 새로운 시기에 위법 범죄를 예방하고 관리하며, 사회의 조화로운 안정을 유지하고, 경제사회의 발전을 좋고 빠르게 추진하는 중요한 조치이다. 사회치안의 종합적인 관리는 체계적인 공정으로서 당위와 정부의 통일 지도하에 정법 부문의 중요한 관리를 충분히 함양하는 동시에, 각 부처, 각 단위와 인민 군중의 역량을 조직하고 의존하여 정치적, 경제적, 행정적, 법률적, 문화적, 교육적 등의 각종 수단을 종합적으로 운용하고 타격, 방비, 교육, 관리, 건설, 개조 등에 있어서의 작업을 강화함으로써 근본적으로 위법 범죄의 예방과 관리를 실현하고 불안전 요소의 해소,

사회의 지속적인 안정과 사화관리의 효율적인 실현을 도모한다. 우리나라 사회치안을 종합적으로 다스리는 방침과 제도는 사회치안과 사회관리 정세가 끊임없이 변화하고, 실천 경험은 부단히 풍부해지며, 인식이 심화되는 기초 위에서 점차 형성하고 발전해 나가는 것이다. 사회관리의 종합적인 관리는 새로운 대안으로 그 전신(前身)은 사회치안의 종합적인 관리이다. 중공중앙은 20세기 80년대 초 이미 사회치안 종합관리 방침을 제기했다. 1991년 3월 전국 인대상무위원회는 "사회치안 종합관리 강화에 관한 결정"을 공표했다. 2001년 9월 중공중앙과 국무원은 "사회치안 종합관리 강화에 관한 의견"을 제정했다. 그중에는 "타격과 방지를 결합하고 예방을 중심으로 한다."는 것은 사회치안 종합관리 업무의 지도 방침으로 더욱 명확히 했다. 2004년 9월 당의 16기 4중 전회에서 통과된 "당의 집권력 강화에 관한 중공중앙 결정"에서 사회치안을 종합적으로 관리하는 작업의 지도 방침을 한층 더 명확히 했다. 즉, "타격과 방지를 결합하고 예방을 중심으로 하고, 전문가와 일반 대중을 결합하고 군중에 의존한다." 이는 사회치안을 종합적으로 관리하는 다년간의 실천 경험을 종합한 것으로, 사회치안을 종합적으로 관리하는 방침에 대한 포괄적이고도 정확한 요약이다. 2007년 당의 17대는 "사회치안 통제체계를 완비하고 사회치안 종합관리를 강화해야 한다."고 명확히 했다. 당의 18대는 "사회치안을 입체적으로 통제하고 사법의 기본적인 보장을 강화하고 위법 범죄에 대한 방비, 처벌을 강화하자"[573]고 제기했다. 18기 3중 전회는 "종합적 관리를 견지하고 도덕적 구속을 강화"하며 "원천적인 관리를 견지하고 지엽적인 것과 근본적인 것을 함께 다스리고 근본적인 것을 중히 하라"고 제기했다.

협조의 통일과 사회치안을 종합적으로 관리하는 작업을 강화하기 위하여 당 중앙과 국무원은 1991년 "중앙 사회치안 종합관리 위원회"를 성립했다. "중앙 사회치안 종합관리 위원회"는 일찍이 2011년에 "중앙 사회관리 종합관리 위원회(中央社會管理綜合治理委員會)"로 명칭이 변경되었으며, 2014년에는 원래 이름으로 복원되었다. 중앙 사회치안 종합관리 위원회는 당 중앙과 국무원의 조정기구이다.

지금까지 전국의 20여 개 성, 시, 자치구에서 인대 및 그 상무위원회를 통해

---

573) 후진타오(각주287), 38면.

사회치안을 종합적으로 관리하는 데에 관한 조례, 법규 혹은 결정을 반포했고 또 수십 개의 비교적 큰 도시도 각각 사회치안을 종합적으로 관리하는 데에 관한 법규 혹은 결정을 반포했으며 사회치안을 종합적으로 관리하는 작업의 법제화, 제도화의 중요한 첫걸음을 내디뎠다. 우리나라 법률, 법규 중에도 사회치안을 종합적으로 관리하는 방면의 내용과 연결되는 것이 적지 않으며, 예를 들어 "미성년자 보호법", "미성년자 범죄 예방법", "감옥법", "치안처벌법", "인민 조정법", "민원 조례(信訪條例, 신방조례)" 등 모두는 상응하는 규정이 있다.

여러 해 동안의 실천이 증명했듯이 사회치안에 대한 사회관리는 복잡한 사회체계의 공정으로서, 반드시 여러 종류의 관리수단을 운용하고 여러 종류의 사회역량을 동원하고 여러 방면의 공동 참여와 노력을 통하여 지엽적인 것과 근본적인 것을 함께 관리해야 사회 관리에 있어 양호한 효과를 얻을 수 있다. 사회치안을 종합적으로 관리하는 작업의 범위는 주로 "타격, 방비, 교육, 관리, 건설, 개조"의 여섯 가지 방면을 포함한다. 입체화된 사회치안을 종합 방제체계를 구축하려면, 지켜야 할 주요 원칙으로는 원천관리와 동태관리를 견지하고 지엽적인 것과 근본적인 것을 함께 관리하고 근본을 관리하는 것을 중심으로 한다. 또한, 예방을 중심으로 하는 것을 견지하고 타격과 방비, 처벌과 교육, 표면적인 해결과 근본적인 해결, 전문기관과 인민 군중 등을 더욱 잘 결합해야 한다. 전반적인 계획을 견지하고 법률과 도덕, 정책과 법률, 관리와 서비스 등을 상호 결합하고 모든 측면에서 적극적인 요소와 역량을 충분히 동원하여 다양한 방법과 수단을 유기적으로 연계하여 협력하고 서로 보완하여 나아가야 한다. 인터넷관리와 사회화 서비스를 중시하고 기층의 종합적인 서비스관리를 강화한다. 법으로 관리하는 것을 중요시하고 사법의 기본적인 보장을 강화하고 법치 사유와 법치 방법으로 국가를 다스리려 장기간 태평하고 사회 질서와 생활이 안정되고 조화롭게 발전하는 것을 더욱 중요시해야 한다.

이러한 이유로 업무방식의 관점에서 정치, 경제, 행정, 법률, 문화, 교육 등 다양한 수단을 충분히 동원하여 사회치안을 정비해야 한다. 정법기관의 전문적 기능을 충분히 발휘하고 특히, 전문 사법기관이 치안 방제에 대한 기본적인 보장 작용을 강화해야 한다. 기층 조직과 사회조직의 역할을 충분히 발휘해야 한다. 사상교육, 도덕교육과 법치교육을 상호 결합해야 한다. 가정교육, 학교교육과 사회교육을 긴밀하게 결합해야 하는 것 등이 있다.

사회치안이 중점을 두고 있는 특수한 군중의 관점에서 복역교육을 받고 있는 인원, 만기 출소로 노동교육을 해제한 인원, 마약을 복용한 인원, 위법 범죄를 저지른 청소년, 쉽게 일을 저지르고 사고를 내는 정신장애자, 후천성 면역 결핍증 환자(艾滋病患者) 등의 특수한 군중에 대한 보도 교육(幫教), 안치, 구조조치, 관리제도를 건립하고 완비해야 한다. 예를 들어, "형사소송법", "미성년자보호법"을 관철하는 것을 통하여 "감옥법", "미성년자 범죄 예방법" 등을 개선하고 복역 인원에 대한 개조와 관리, 청소년의 위법 범죄에 대한 예방과 개조를 강화하고 사람을 모든 것의 근본으로 하는 이념을 더욱 뚜렷하게 해야 한다. 보다 건전한 제도를 지향하여 이들의 취업과 생활을 원활하게 정착시키고, 평등한 취업권리를 보장하고 차별 해소에 노력하며, 사회 각 방면의 역량을 총동원하여 보도 교육을 잘 해야 한다. 지역사회교정의 법률제도, 노동교양제도를 확실하게 개조하는 등을 완비해야 한다. 사회봉사의 전문화, 직업화를 추진하고 사회봉사의 수준을 향상해야 한다.

3. 군중의 권익을 보호하기 위한 법률체제의 개선

사회관리의 혁신은 반드시 가장 많은 인민의 이익 실현을 존중하고 유지하고 보호하는 것을 출발점과 입각점으로 한다. "관(管)"은 그 자체가 목적이 아니라 인민의 정당한 권익과 사회의 공평·정의의 실현에 필요한 수단이다. 강압적 "안정 유지"는 사회관리를 실현하는 출로가 아니고 폭력적인 "탄압"은 평안하고 안정한 사회 질서를 만들지 못한다. 인권과 법치라는 좀 더 평화롭고, 이성적이며, 효율적이고 장기간 태평하고 질서와 생활의 안정을 더욱 잘 실현하는 방법으로 사회의 양치(良治)를 실현해야 한다. 사회관리의 근본은 법치를 통해 국민의 권리를 확대하고 국민 이익을 실현함으로써 사회의 질서, 활력과 공평·정의를 실현하는 데에 있다. 따라서 이익 요구를 조정하고 이익 모순을 없애는 것이 사회관리의 가장 중요한 요소가 된다. 법치의 구조 하에서 가장 많은 인민의 근본 이익, 현 단계 군중의 공동 이익, 부동한 군중의 특수한 이익 관계를 정확하게 파악하여 과학적이고 효과적인 이익조정체제를 건립하고, 각 방면 군중의 관심사를 일괄적으로 조정해야 한다. 현재 농촌 토지의 징용, 주택의 징용 및 철거, 기업의 구조조정, 교육 및 의료, 사회보장, 환경보호, 안전 생산, 식품의약품

안전, 법률에 관한 민원 등 분야에서 수많은 군중이 강력히 문제를 반영하고 있다. 이러한 측면은 모두 필요한 것이며, 모든 측면에서 양호한 제도를 도입하여 인민들의 불만을 해결하고, 사회 정의의 긍정적인 힘을 전달하여 우리나라 사회구조와 이익구조의 발전변화에 적응하는 과학적이고도 효과적인 이익조정체제, 요구표현체제, 갈등해결체제, 이익보장체제를 최대한 빨리 형성해야 한다. 이러한 체제의 형성과 운행은 모두 법률의 적극적인 참여를 떠날 수 없다. 현재 직면한 시급히 해결해야 할 주요 문제는 다음과 같다.

(가) 군중의 이익 요구를 원활하게 표현하는 체제를 개선해야 한다. 인민의 표현의 자유를 더욱 충분히 보장하기 위해서는 사회 상황과 민의의 제도적인 표현 방법을 넓혀야 한다. 예를 들어, 인대(人大)와 정협(政協)의 국가 대사를 의논(議政, 의정)하는 기능을 보다 잘 발휘하여 공무 정보 공개를 더욱 광범위하게 실행하며 정책에 대한 공공의 참여를 격려해야 한다. 언론매체의 언론자유와 여론을 감독할 수 있는 권리를 충분히 보장해야 한다. 서신과 방문에 대한 법률제도를 개선하고 공무원과 대중 간의 원활한 의사소통을 실현하고 공민의 소원(訴願) 권리를 보장해야 한다.

(나) 사회적 갈등과 분쟁에 대한 조사와 경보체제를 개선해야 한다. 예를 들어, 여론 수집 및 분석체제를 개선하기 위해서는 사회 여론의 감독 역할을 수행하고 여론을 이끌어 나가야 한다. 사회 안정의 위험평가체제를 완비하는 것은 인민 군중의 이익과 밀접하게 관련이 있고, 광범위한 영향을 미치는 사회적 안정 위험을 평가하는 제도를 개선해야 한다. 사회적 불안정을 초래할 수 있는 주요 결책 사항에 대해서는 사회적 안정성의 위험 평가를 수행해야 한다.

(다) 다원화된 갈등 해소체제를 구축해야 한다. 기존 제도의 강점을 충분히 살려 인민조정, 행정조정, 사법조정의 연동체제를 실현하고, 건전한 조달, 갈등해소를 위한 종합적인 체제를 완비하고, 법률, 정책, 경제, 행정 등의 수단을 종합적으로 운용하고, 교육, 협상, 완화(소통) 등의 방법을 운용하고, 갈등은 기층에서 없애고 맹아(萌芽)상태에서 해결하는 것에 노력해야 한다. 물론 이것은 희석을 의미하는 것이 아니라 사회적 모순을 해결하는 사법부와 같은 전문기관의 기능을 더욱 강화하는 것을 의미한다. 이 중 현재 주요 과제로는 행정재의(行政復議)체제의 개혁, 행정재의 사건의 심리체제의 완비, 3종 조정의 연동과 연결체제의 개선, 민원작업제도의 개혁, 법률에 관한 민원을 법에 따라 종결하는 체제

의 구축 등이 있다.

4. 법에 따른 사회조직 건설의 추진

(1) 우리나라 사회 자치의 발전 현황

사회의 자치는 사회생활의 한 방식으로서 민주제도의 자연적인 요구 중 하나이다. 사회 자치는 대체로 다음과 같은 여러 형식을 포함한다. ① 직업단체의 자치는 주로 동업 관계에 기초한 집단이 그 공동의 직업 이익을 지키고, 업계 내의 자기관리를 위해 실시하는 자치를 가리킨다. 이러한 자치단체에는 농회, 공회, 상회, 의사공회, 변호사협회, 회계사협회 등이 포함된다. ② 사회단체의 자치는 사회봉사나 사회공공이익을 위하여 형성한 단체의 자치를 가리킨다. 이러한 자치단체에는 자선단체, 종교단체, 적십자사(紅十字會), 동창회, 교우회, 동향회(同鄕會) 등이 포함된다. ③ 지역단체의 자치는 이웃에 사는 자연의 요구에 근거하는 단체의 자치로서, 도시의 지역사회자치, 농촌의 마을주민(촌민)자치 등이다. ④ 정치단체의 자치는 공동 정치이념과 정치의식을 가진 공민에 의한 단체의 자치를 가리키며, 정당, 부련(婦聯, 중화전국여성연합회의 약칭임), 공청단(공산주의 청년단의 약칭임) 등을 예로 들 수 있다. 전자의 단체는 특정 정치적 기능을 가지고 있으며, 때로는 정치적 의지나 요구를 표현하지만 정치적 기능은 정치단체만큼 전문적이지 않으며 정치적 영향력, 정치적 동원 능력 및 참여 능력이 후자만큼 크지 않다. 우리가 여기에서 논의하는 사회조직의 자치는 광범위하며 지역사회자치와 마을주민자치, 정당자치를 제외한 여러 형태의 자치를 지칭한다.

사회의 자치는 공민(시민)사회의 기본 원칙이고, 자치조직은 공민사회의 구조적 요소이다. 30여 년의 개혁개방을 거쳐 중국의 공민사회는 이미 처음으로 새로운 모습을 갖추었다. 공민의 주체의식, 자치의식, 자주의식은 나날이 증가하고 각종 민간조직과 사회단체가 활발해지면서 민중은 스스로 관리하는 것을 배우기 시작했다. 각종 비정치적인 민간조직들은 환경보호, 자선사업, 올림픽경기 주최 등 각종 사회 공익사업에 적극 나서고 있다. 사회기층자치와 민간사회중개조직의 성장과 강화는 정부의 기능 전환에 추진력과 상응하는 보증을 제공한다. 20세기 90년대 이래의 정부 기능의 전환 과정에서 정부가 의식적으로 특정한 경제와 사회의 분야에서 물러남에 따라 각종 사회중개조직은 적극적으로 움직이면서 정부가 물러남으로 남겨진 공백과 공간을 메우고 사회자치의 영역을 부단히 확장했다. 이러한 조직은 자치, 자율에 의해 자기관리를 한다. 이러한 사회조직의 성장은 사회에 대한 국가의 긴밀한 통제가 약화되고 있다는 의미이기도 하다. 아직 사회조직의 수와 종류, 능력 등이 턱없이 부족하고 일부 사회조직(특히 일정한 정치적 요구가 있는 조직)의 발전과 강화는 여전히 엄격히 제한되어 있으며 많은 사회자치조직의 독립성이 미흡하고 사회단체가 정부에 의지하고 있음을 쉽게 볼 수 있다. 자주 독립적이고 다양한 기능을 하고, 민주화로 다스리는 사회조직의 성장은 아직 시간이 걸린다. 당의 18대 보고서에서는 정부행정관리와 사회자아관리를 분리하고, 권리와 책임을 명확히 하고, 법에 의해 자치하는 현대사회의 조직체계를 신속하게 형성할 것을 제기했다. 이는 우리나라 사회자치와 사회조직의 발전을 위한 기본 원칙을 확립하고 방향을 제시한 것이다.

사회 자치조직의 건설은 사회 건설의 중요한 부분이자 민주 건설의 중요한 부분이라는 점도 보아야 한다. 사회조직 자치 문제는 사회 건설과 민주 건설의 교차지대에 놓여 있으며 양쪽 모두의 이중적인 관심을 받고 있다.

(2) 법률과 사회조직 규범의 상호 작용하는 관계

사회조직은 일반적으로 자기관리, 자기단속의 내부 조직규칙을 스스로 정한다. 조직화 정도가 높을수록 규칙의 복잡성 정도도 높아진다. 사회조직규범이란 사회조직이 스스로 정한 구성원에 대한 보편적인 구속력이 있고, 그 조직 내부 규율, 조치가 보장하는 사회규범이다. 이러한 규범은 조직과 그 구성원의 관계와 조직과 사회의 관계를 조화롭게 하고, 이에 따라 조직의 이익과 목표를 유지, 실현할 수 있도록 조직 구성원의 공통된 의지를 반영한다. 이러한 규범은 보통 조직의 성격, 주지, 목표, 기구, 운영 절차와 방식, 구성원의 권리, 의무와 책임 등을 확인하고 밝히는 등 조직의 내부 관계를 조정한다.

사회조직 규범은 사회조정을 실현하는 중요한 규범 중 하나이다. 사회조직 규범은 사회질서를 구현하고 구성원을 구속하는 행위에 중요한 의미를 가진다. 조직규범은 법률규범과 형식적으로 유사성이 있고 기능적으로도 상호 보완적이고 조화롭다. 법사회학의 일부 학자들이 볼 때, 이들 조직규범도 일종의 "법"으로 보이는데, 이는 "국가의 법"에 상응하는 일종의 "민간의 법"이며 심지어는 보다 생명력 있는, 더욱 강한 "살아 있는 법"이다. 이 두 가지 규범은 중대한 차이가 있으며 사회조직 규범을 법의 일부로 간주해서는 안 된다고 생각한다. 이러한 소위 "민간의 법"은 바로 민간조직의 규범이다. 만약 이러한 두 가지 규범을 모두 법으로 분류하면 국가의 법률규범이 기타 사회규범과 구별된다는 핵심적인 내용은 말살될 것이다. 즉 법이 구현한 특수 계급의 의지 및 법의 배후에 있는 국가 강제력을 쉽게 경시할 것이다. 이 두 가지 규범을 구분한다고 해서 조직규범을 연구하는 데 법적 의미가 없다는 것을 의미하지는 않는다. 실제로 법률규범과 조직규범의 상호 조율, 지지는 법률발전에서 중요한 문제 중 하나여야 한다.

(3) 법에 따른 기층 자치조직 건설의 강화

제6장에서 우리는 민주 건설의 차원에서 기층 민주의 법적 보완에 대해 언급한 바 있다. 사회자치조직도 사회 건설의 기본 측면 중 하나이므로 여기서 조금 더 언급해 본다. 사회관리의 개선은 촌(주)민위원회, 치안보위위원회(治保會), 조정위원회 등의 기층 자치조직이 사회의 안정을 유지하고 보호하는 것과 사회의 선치(善治)를 이루는 데 중요한 역할을 하게 한다. 기층 조직, 특히는 기층 자치조직이 경상적인 법제 선전, 보도 교육과 타락 청소년의 구출, 지역사회 교정의 참여, 민간 분쟁의 조정, 갈등의 완화, 이웃이나 지역사회의 단결과 공조의 촉진을 전개하는 것은 최대한도로 불안정한 요소 등을 다방면으로 제거하는 데에 모두 중요한 작용을 발휘한다. 이 방면에 이미 "촌민위원회 조직법", "주민위원회 조직법", "인민 조정법" 등 기층 지역사회 조직 건설에 관한 법률이 있다. 그러나 도시와 농촌은 지역사회의 자치기능이 크게 발휘되지 않고, 지역사회의 행정화 경향, 정부행정관리와 사회자아관리를 분리하지 않은 현상은 여전히 심각하다. 따라서 제도상으로 기층 자치의 법률제도를 한층 더 개선해야 한다. 예를 들면, 촌민위원회에서 선거, 촌민의 공무논의, 공무공개, "양위(兩委: 지부 위원과 촌민 위원회를 이르는 말)"관계 등의 방면에서 기층 민주관리와 민주감독 이념을 더욱 강화해야 한다. 도시의 지역사회 건설에서는 지역사회 자치이념을 한층 더 강화하고 지역사회에 대한 정부 규제의 약화, 지역사회의 사회화 서비스 기능을 강화해야 한다.

(4) 법에 따른 사회조직 건설의 추진

사회조직에 대한 법적 규제의 정도와 방식은 국가와 사회관리의 수준에 관한 중대한 과제이다. 사회조직의 자치는 현대 사회생활에서 법률의 조정과 분리 될 수 없지만 법에 의한 자치를 해야 한다. 사회조직 자치의 건전한 발전을 위해서는 법을 통해 필요한 지원, 육성과 보장을 해야 하며, 법은 사회조직의 자치가 권력과 자원을 임의로 침해하지 않도록 보장하고 조직의 자치가 적절한 범위와 영역에서 수행되도록 보장한다. 국가와 법률의 개입이 없다면 사회조직의 합법적 권익은 효과적으로 보호되지 않고 자치의 실현은 어려울 것이며, 탈바꿈하기 쉬울 것이고, 진정한 민주자치를 용납하지 않는 것은 사회 건설의 건강한 발전의 추진에 도움이 되지 않을 것이다.

사회자치 분야에서의 활동은 결사법률, 정당법률, 신문법률, 출판법률, 시위행진법률, 공회법률, 변호사법률, 의사법률, 회계사법률, 사회조직법률 등을 통해 배양되고 규제되어야 한다. 이러한 법률은 국가의 사회 사무에 대한 관리와 지도를 반영한다. 한편으로는 법률이 사회자치 영역에 개입하여 사회자치 조직규범의 내용과 효력, 사회조직의 활동 범위와 방식 등에 직접적인 영향을 미친다. 법률이 다루지 않는 문제는 조직이 자주적으로 결정하고, 법률의 강제 규정이 있는 경우에는 반드시 법률규정에 의해야 한다. 다른 한편으로 법률은 국가가 사회자치에 관여하는 정도와 방식을 설정해주어, 국가가 법의 이름으로 사회자치 활동에 임의로 간섭할 수 없게 해야 한다. 사회의 자치는 반드시 국가의 지나친 관여 혹은 부당한 개입을 피해야 한다. 자치 자체는 국가 권력의 과도한 개입에 반대하는 본성이 있는데, 이는 바로 자치의 생명력이기도 하다.

우리나라는 이미 "노동조합법(工會法, 공회법)", "공인회계사법", "변호사법", "적십자사법(紅十字會法)" 등 사회단체 관리에 관한 법률을 시행하고 있다. 그러나 기존의 일부 법률은 개정 보완이 필요하며, 일부 중요한 법률은 시급히 제정되어야 한다. 예를 들어, 현재 우리나라 사회조직관리와 관련한 주요 법규는 "사회단체 등기·관리 조례", "민간 비기업 단위의 등록·관리에 관한 잠행 조례(民辦非企業單位登記管理暫行條例)", "기금회 관리 조례(基金會管理條例)", "사회조직 평가·관리 방법" 등이 있다. 이러한 법규의 효력등급은 높지 않고 입법 이념상 행정 권력 감독의 색채가 짙고 어떠한 제도는 사회단체 등록 규정 때문에 단속이 너무 까다로워 사회 건설발전의 요구에 부응하지 못하고 있는 제도도 있다. 이에 따라 별도의 사회조직법률, 자선법률, 결사법률 등을 조속히 제정해 사회단체조직의 법적 지위와 권익, 정부와 사회조직 간의 경계를 더욱 명확히 하고 공민의 결사적 자유권리를 충분히 보장해야 한다. 최근 이 분야의 주요 개혁 결정으로는 "제한 시간 내에 행정기관으로부터 산업협회 및 상업연합회의 분리를 실현하고, 산업협회 및 상업연합회, 과학 및 기술 회의소, 공공 복지 및 자선단체, 도시와 농촌 지역사회에 서비스를 제공하는 유형의 사회조직을 중점적으로 육성하고 우선 발전시키며 성립 시, 직접 법에 따라 등록을 신청한다."574) 의심할 여지없이, 이러한 개혁 방향은 정확하며 정부와 사회의 분리를 촉진하고 사회 조직의 활력을 자극하는 중요한 수단이다.

5. 법에 따른 사회 응급관리 체제의 개선

응급관리 체제는 사회관리 체제의 중요한 구성 부분이다. 현대 사회는 위험 사회이며, 사회가 신속하고 전면적으로 변화하는 관건 적인 시기에 있는 초대형 국가는 다양한 전환 위험으로 가득 차 있으며, 이는 정부의 각종 사회 위험에 대처할 수 있는 능력에 대해 더 높은 요구를 하고 있다. 고위험기의 선량한 사회관리를 실현하려면 정부의 위기관리와 위기대응 능력이 요구되며, 자연재해, 재난사고, 공공위생 사건, 사회 안전사건 등에 효과적으로 대응이 가능한 응급관리 체제가 있어야 한다. "중공중앙 사회주의 조화로운 사회 구축의 여러 중대한 문제에 관한 결정(中共中央關於構建社會主義和諧社會若干重大問題的決定)"에서는 "분류관리, 분급책임, 종횡결합(條塊結合: 종적 관리 체제와 횡적 관리 체제의 결합을 이르는 말), 속지위주(屬地為主: 현지의 구체적인 상황을 중요시함을 이르는 말)의 응급관리 체제를 구축해 통합 지휘하며, 영민하고 조화롭고 효율적으로 작동하는 응급관리 체제를 갖춰야 한다."575)고 강조했다.

각종 응급 사건에 대한 법률제도를 신속히 개선하려면 위험경보 체제와 위기반응 체제를 건립하고 개선해야 한다. 위험평가조사, 경보 및 예방의 검측, 정보 및 보고의 공표, 응급처리와 구원, 구원보장, 재난 후의 회복 및 재건 등의 모든

---

574) 중공중앙(각주360), 50면.
575) 중공중앙 사회주의 조화로운 사회 구축의 여러 중대한 문제에 관한 결정, 중공중앙 문헌 연구실편, 16대 이래 중요한 문헌선집(하), 베이징, 인민출판사, 2008년, 662면.

측면에서 제도를 보완해야 한다. 응급관리에서 사회적 조기경보, 사회적 동원, 신속대응, 비상대응의 전반적인 연동을 실현해야 한다. 안전 생산의 제도와 체제 및 법률규범과 정책 조치를 개선하고 엄격한 관리, 책임의 이행, 감독의 강화, 중대 안전사고의 억제 등을 보완해야 한다.

우리나라는 이미 "돌발사건 대응법", "홍수 방지법", "지진 방지 및 재난 감소법(防震減災法)", "방사치사법(防沙治沙法), "안전 생산법", "광산 안전법", "소방법", "전염병 방지법", "계엄법(戒嚴法)" 등의 법을 시행하고 있다. 많은 법률은 응급관리와 관련되고 이 중 자연 재해의 응급관리와 관련된 법률은 "수자원 관리법(水法, 수법)", "삼림법(森林法)"을 예로 들 수 있다. 공공 위생 사건의 응급관리와 관련된 법률은 "식품위생법", "국경 위생 검역법(國境衛生檢疫法)", "동물 방역법(動物防疫法)"이 있고, 사회 안전 사건의 응급관리와 관련된 법률은 "국가 안전법(國家安全法)", "국방법(國防法)", "병역법(兵役法)", "인민방공법(人民防空法)" 등이 있다. 이 외에도 대량의 법규, 규장이 있는데 "파괴성 지진 응급 조례(破壞性地震應急條例)", "지질재해 방제 관리 방법(地質災害防治管理辦法)", "돌발 공공위생 사건 응급 조례(突發公共衛生事件應急條例)", "원자력 발전소의 핵 사고에 대한 비상조치 관리 조례(核電廠核事故應急管理條例)", "중대 동물 전염병 응급 조례(重大動物疫情應急條例)", "삼림방화 조례(森林防火條例)", "지질재해 방제 조례(地質災害防治條例)", "군대 재난구조 참가 조례(軍隊參加搶險救災條例)" 등이 있다. 기존 법안의 대다수는 비상 사태 예방과 대응에 관한 전문 입법이 아니며 일부 입법은 효력의 등급이 비교적 낮고 입법의 권위성이 부족하며, 일부 법안은 합리적인 권한과 책임으로 설계되지 않았으며, 일부 입법은 비교적 원칙적이고 활용도가 약하다. 응급관리에 관한 법률은 개선의 여지가 여전히 많으며, 일부는 새로운 법률을 만들어야 하고, 일부의 법률은 개정이 필요하고, 상응하는 입법을 통하여 중앙과 지방이 돌발 사건의 예방 및 처리에서의 권한과 책임 관계를 보다 명확히 하고, 각급 정부가 돌발 사건의 대응과 처리에서 권한과 책임 등을 명확히 하여 각종 돌발 사건에 질서 있고 효과적이며 강력한 대응을 위해 충분한 제도적 보증을 제공하게 해야 한다. 예로 최대한 빨리 긴급 상황 법률, 반공포주의 법률, 종합적인 자연재해 감소 법률, 핵 사고예방 법률, 재해보험 법률, 국방동원 법률 등을 제정해야 한다.

제9장

중국 특색 사회주의 민주법치와
생태문명 건설

생태문명 건설은 인민의 복지와 관계되고 민족의 미래와 관계된다. 생태문명 건설은 이미 중국 특색 사회주의 사업의 오위일체의 전체적인 구성에 포함되었다. 생태문명 건설을 강력히 추진하고 아름다운 중국을 건설하여 중화민족의 영속적인 발전을 이룩하는 것은 우리나라가 직면한 절실한 임무이다. 생태환경의 지속적인 악화도 심각한 법적 대응을 요구하고 있어 법치 건설은 반드시 적절하게 대응해야 한다. 생태문명의 발전을 촉진하는 데 있어서 민주법치는 매우 유망하다. 이 장에서는 이 둘 사이의 관계를 자세히 설명하고자 한다.

제1절 우리나라 발전에 직면한 기회와 도전인 생태문명 건설

1. 생태문명 건설의 중요성과 시급성에 대한 인식의 심화

(1) 생태문명 건설은 경제발전 방식의 전환을 가속화하는 중대한 임무이다.

시진핑 동지는 "생태환경보호의 공로는 당대에 있고(功在當代) 이익은 천추에 있는(利在千秋) 사업이다. 생태환경을 보호하고 환경오염을 통제하는 시급함과 험난함을 냉정하게 인식해야 하며, 인민 군중과 자손후대에 대한 책임감 있는 태도와 책임을 받아들여야 한다. 진정으로 결심하여 환경오염관리를 잘하고 생태 환경 건설을 잘하여 사회주의 생태문명의 새로운 시대를 향하여 나아가고 인민을 위해 양호한 생산·생활환경을 조성하기 위해 노력해야 한다."576)고 강조했다.

개혁개방 이후 우리나라 경제사회의 발전은 세계가 주목하는 성과를 거두었고, 이와 동시에 자원·환경의 대가도 커 자원과 환경은 발전의 가장 큰 난관(瓶頸, 병목)이 되었다. 2013년 우리나라 연간 석유 소비량은 4억 톤을 초과했고, 이 중 2억 톤 이상이 수입에 의존하고 있으며, 석탄 소비량은 약 36억 톤으로 다른 나라의 총 석탄 소비량을 합친 수준이다. 계속적으로 이러한 자원전과 소모전을 하는 방식에 따라 발전한다면 자원은 지탱하기 어렵고 경제는 지속되기 어렵다. 자원 소비가 크면 그 결과는 환경오염이고 환경문제의 배후에는 자원의 과소비가 있다. 현재 일부 지역의 생태환경의 질이 심각하게 퇴화되어 수십 년의 노력을 들여야 회복할 수 있다. 자원은 상대적으로 부족하고 환경용량은 제한되어 우리나라 국정의 기본 특징이 된 것에 대해 우리는 깊이 깨달아야 한다.

경제발전 방식의 전환을 가속화하고, 대량의 자원소비 및 환경오염의 성장 방식을 변경하고, 과학 및 기술의 진보, 노동 품질 개선 및 경영 혁신에 주로 의존하는 경제성장의 전환을 촉진한다. 환경보호의 강화는 전환방식의 내재적인 요구이자, 전환방식의 중요한 추진역량으로서, 안정적 성장을 위한 중요한 엔진이다. 자원 및 환경 측면에서 병목 현상 제약을 극복하고 지속 가능한 발전능력을 향상시킬 수 있다. 구조조정 측면에서 산업 최적화 및 기술력의 제고를 통해 새로운 이점을 창출할 수 있다. 발전공간의 측면에서 시장 수요를 확대하고 새로운 성장 원동력을 형성한다. 요컨대, 경제발전 방식의 변화가 실제 결과를 보았는지 여부의 기본 척도는 발전 자원 비용이 감소하고 환경 품질이 개선되었는지 여부이며, 중요한 요소는 생태환경보호(環保)가 얼마나 강력한지, 에너지 절약 및 환경보호 산업이 발전하고 확장했는지 여부이다.

(2) 환경보호의 강화는 생태문명 건설을 추진하는 기본 방법이다.

당의 17기 4중, 5중, 6중 전회는 사회주의 경제 건설, 정치 건설, 문화 건설, 사회 건설 및 생태문명 건설과 당의 건설을 전면적으로 추진하고, 생태문명 건설을 중국 특색 사회주의 사업에 통합하도록 명시적으로 제안했다. 환경보호는

---

576) 시진핑, 중공중앙 정치국 제6차 단체학습에서의 발언, 인민일보, 2013년 5월 25일.

생태문명 건설의 중심이다. 환경은 발전의 기본 요소로서 양호한 생태환경은 선진적이고 지속 가능한 생산력이며 희소자원이다. 좋은 자연환경은 투자·창업환경이 더욱 큰 우세가 있음을 의미하고 우수한 인재를 모으고 선진 생산요소를 흡수하고, 현대 산업, 특히 과학기술산업과 서비스 산업을 발전시키며 경제구조를 최적화하는 데 유리하다.

시대의 진보에 따라 생태문명은 갈수록 국제사회의 보편적인 인정을 받고 있다. 일부 선진국은 산업화 과정에서 풍부한 물질적 부를 창조하면서도 먼저 오염시키고 그 후에 관리하고 환경을 희생하는 것으로 경제성장의 시행착오를 겪으며 뼈아픈 대가를 치렀다. 외국 학자들은 "환경보호가 없는 번영은 이행을 지연시키는 재앙"이며, 환경을 보호하지 않으면 경제는 "성장의 한계"에 빠질 것이며, 환경보호를 최적화함으로써 경제는 "무한한 성장"을 하게 될 것이라고 지적했다. 생태환경의 보호를 강화하는 것은 발전에 대한 추구를 포기하는 것이 아니라 인간과 자연, 경제사회와 자연환경을 한 차원 높은 수준에서 조화시키는 것이다. 우리는 산업화의 노선을 걸으면서도 생태문명 건설을 강화해야 하는데, 이는 중화민족의 장기 발전의 기초와 관련이 있으며 전체 현대화 과정을 거치게 된다.

(3) 생태문명 건설을 강화하는 것은 인민 군중의 간절한 소망이다.

생태문명 건설은 인민의 복지와 관련되고 민족의 미래와 관계된다. 당의 18대는 생태문명 건설을 중국 특색 사회주의 사업의 오위일체의 총체적인 구성에 포함시켜, 생태문명 건설을 강력하게 추진하고 아름다운 중국을 건설하고 중화민족의 영속적 발전을 실현하는 것을 명확하게 제기했다. 이는 중국 특색 사회주의에 대한 우리의 인식의 심화를 보여주는 것으로 생태문명 건설을 강화하겠다는 확고한 의지와 강한 결의를 나타낸다.[577]

경제가 발전함에 따라 우리나라의 1인당 국내 총생산액은 5,000달러에 근접해지고 중상위 소득국가로 진입했으며 인민 군중은 생활의 수준과 질의 향상에 더 많은 기대와 요구를 하게 되었다. 신체 건강은 사업의 밑천이고 개인과 가정생활의 기초이다. 군중에게 건강이 없으면 생활의 수준과 질은 말할 수 없다. 국가에 건강이 없으면 인적자원의 우위를 발휘하기 어렵다. 사람들의 생존과 발

---

577) 시진핑(각주576), 2013년 5월 25일 참조.

전의 기본 운반체는 환경이고 환경 조건은 사람의 건강상태와 밀접하게 연관되어 있으며, 우량한 환경은 점점 도시와 농촌 주민들이 보편적인 추구가 되어가고 있다. 우리는 반드시 사람을 근본으로 하고 인민 군중의 간절한 소망에 성실히 응하며, 환경보호를 확실히 해야 한다. 또한, 기본적인 환경의 질과 군중의 건강을 해치지 않는 기본 환경의 질은 공공 제품이고 일종의 최대한계이며, 정부가 제공해야 하는 기본 공공 서비스라는 것을 알아야 한다. 지금도 여전히 많은 사람들의 건강에 영향을 미치고 건강에 해를 끼치는 많은 환경 문제가 있으며, 농촌지역에서는 8천여만 명이 식수난에 시달리고 있으며, 일부 대도시에서는 초미세먼지 일수가 연간 30%~50%에 육박하는 등 환경문제로 인한 집단 사고가 늘고 있다. 2020년에 국민의 생활수준이 중류 정도가 되는 사회를 건설해야 하는 목표에 있어 가장 중요한 표지 중 하나이자 가장 큰 제약 요인 중 하나는 바로 생태환경이다. 우리는 대중을 위한 당을 건설(立黨為公)하고 인민을 위하여 집정하는(執政為民) 주지를 견지하고 반드시 환경보호의 역량을 강화하고 환경의 질을 개선하고 인민 군중의 복지를 증진하고 생존의 자원을 보호해야 한다.

2. 생태문명 건설은 결국 발전 문제이다.

(1) 생태문명 건설을 강화하는 것은 우리나라가 지속 가능한 발전을 실현하는 내재적인 필요와 역사적인 기회이다.

우리나라는 산업화의 중간 단계에 있으며 국민의 생활수준이 중류 정도가 되는 사회를 전면적으로 건설하는 중요한 시기이며, 자원절약형 및 환경친화형 사회 건설을 산업화 및 현대화 발전 전략의 탁월한 위치에 배치하고; 기후변화에 대응하는 능력을 강화하고; 자원절약과 환경보호를 위한 기본 국책을 고수하고; 절약우선, 보호우선, 자연복구를 중심으로 하는 방침을 견지하고; 녹색발전, 순환발전, 저탄소발전 촉진에 중점을 두고; 지속 가능한 발전의 노선을 확고히 걸어 우리나라의 기본 국정과 발전의 단계적 특징으로부터 생태문명 건설을 강화하기 위한 강력한 정책적 조치를 취해야 한다.

우리나라의 기본 국정과 현재 처해 있는 발전단계와 실현상황 모두는 경제발전과 민생개선 작업이 매우 어렵다는 것을 보여준다. 환경보호는 현재와 미래,

국가정책(國計)과 민생, 조화와 안정에 영향을 미치는 주요 문제이다.

우리나라는 세계에서 가장 큰 개발도상국으로 인구가 많고 자원이 상대적으로 부족하며 생태환경이 취약해 산업화, 현대화 과정에서 국민의 생활수준이 중류 정도가 되는 사회를 전면적으로 건설하고 경제발전 방식을 바꾸는 데 박차를 가해야 할 시기이다. 발전을 통해 인민 군중의 수요를 만족시켜야 할 뿐만 아니라, 그 생존권리와 발전권리를 유지하고 보호해야 하며, 또한 장기적으로 존재하는 경제구조의 불합리성, 광범위한 발전 방식 및 자원의 낮은 활용의 오랜 문제를 실질적으로 해결해야 한다. 생태문명 건설을 강화하는 것은 오늘날 세계의 발전 추세를 준수하기 위한 객관적인 요구 사항일 뿐만 아니라 우리나라가 지속 가능한 발전을 달성할 수 있는 내재적 수요이자 역사적 기회이기도 하다. 반드시 중화민족과 전 인류의 장기 발전에 대한 책임을 다하기 위해 우리는 생태문명 건설에 대한 인식을 더욱 강화하고, 스스로의 능력에 따라 생태문명 건설사업을 강화해 새로운 내외 환경과 여건에서 우리나라 경제사회의 건전하고 빠른 발전을 촉진해야 한다. "생태문명 건설의 추진은 반드시 당의 18대 정신을 전면적으로 관철해야 하며, 덩샤오핑 이론, '3개 대표론'의 중요한 사상, 과학적 발전관을 지도로 하여 자연을 존중하고 순응하며 자연을 보호해야 한다는 생태문명 이념을 수립하고; 자원절약과 환경보호의 기본 국책을 견지하고; 절약우선, 보호우선, 자연복구를 중심으로 하는 방침을 견지하고; 생태관념의 수립에 입각하고 생태제도를 개선하고 생태안전을 유지하고 보호하고 생태환경을 최적화하여 자원절약과 환경보호의 공간구조, 산업구조, 생산방식, 생활양식을 조성해야 한다."[578]

생태문명 건설의 강화는 많은 분야를 포함하며 복잡한 체계적인 공정이다. 지속 가능한 발전의 틀 안에서 국내와 국제, 현재와 미래, 경제사회 발전과 생태문명 건설을 종합적으로 고려해야 한다. 완화와 적응을 모두 중요시 하는 것을 견지하고 에너지 절약을 강화하고, 에너지 효율을 높이고, 에너지 구조를 최적화하며, 과학기술 진보와 기술 혁신에 의지하여 온실가스(溫室氣體)배출 억제와 기후 변화 적응 능력을 증강하고, 구조조정과 산업 업그레이드(産業升級)를 통한 에너지 절약 및 배출 감소를 촉진하며, 발전 방식의 전환을 통해 지속 가

---

578) 시진핑(각주576), 2013년 5월 25일.

능한 발전을 실현한다.

경제발전과 생태환경 보호의 관계를 바르게 처리하고, 생태환경을 보호하는 것이 곧 생산력 보호이며, 생태환경을 개선하는 것이 곧 생산력을 발전시키는 이념이며, 녹색발전, 순환발전, 저탄소발전을 더욱 자발적으로 추진하며, 환경을 희생하는 대가로 일시적인 경제성장을 결코 추구해서는 안 된다. 자원제약은 갈수록 긴장되고, 환경오염은 심각하고, 생태체계는 퇴화하는 가혹한 형세에 직면해서는 반드시 자연을 존중하고, 자연에 순응하고 보호하며, 생태문명의 개념을 확립해야 하며, 생태문명 건설을 중요한 위치에 두어 경제 건설, 정치 건설, 문화 건설, 사회 건설의 각 방면과 전체의 과정에 유입하여 아름다운 중국 건설을 위해 노력해야 한다.

(2) 발전하며 보호하고, 보호하며 발전하는 것을 견지해야 한다.

경제발전과 혁신적인 전환, 환경 절약 및 보호의 관계를 적절하게 처리하는 것은 우리 앞에 놓인 현실적이고 시급한 주요 과제이다. 발전에서 전환을 촉진하고 전환에서 발전을 도모해야 하며, 구체적으로는 환경보호 분야에 이르기까지 발전하며 보호하고 보호하며 발전하는 것을 견지해야 한다.

발전하며 보호하고 보호하며 발전하는 것을 강조하는 이유는 우리나라 발전에서 불균형, 부조화, 지속적인 발전이 불가능한 모순이 매우 두드러지고 있으며, 경제사회구조의 가속화된 변동, 각종 모순과 위험이 현저히 증가하는 발전 단계에 진입했으며, 환경은 더 이상의 발전을 제약하는 두드러진 문제가 되었고, 우리가 직면한 큰 시련이기도 하기 때문이다. 다른 한편으로는 우리나라는 여전히 오랫동안 사회주의 초급 단계에 처해있고, 발전 부족 문제는 여전히 두드러지고 있으며, 일부 군중 생활은 여전히 부유하지 않다. 중공 빈곤 퇴치 작업회의에서 확정한 새로운 빈곤 기준에 따르면 1억 2,800만 명이 아직 빈곤에서 벗어나지(脫貧) 못하고 있다. 우리는 발전을 최우선 과제로 삼는 것을 굳건히 견지해야 하며, 이는 모든 문제를 해결하기 위한 종합적인 열쇠이고 발전 과정에서 문제를 해결하기 위해 개발 방법을 사용해야 한다. 발전은 반드시 사람을 근본으로 하고, 지속 가능한 발전을 전면적으로 조화시키고, 생태적 환경을 강화하며, 과학적 발전을 이루도록 해야 한다. 환경보호 추진을 통해 새로운 성장 분야를 육성하고 발전의 질과 효율을 향상시킬 수 있다. 환경문제는 본질적으로는 발전 방식, 경제구조와 소비 방식의 문제이다. 근본적으로 환경문제를 해결하기 위해서는 반드시 발전 방식의 전환에 노력을 기울이고, 경제구조의 조정에 있어서는 돌파를 추구하고 소비방식의 개선에서 변혁을 촉진해야 한다.

발전하며 보호하고 보호하며 발전을 견지하는 것은 경제발전을 절약과 환경보호와 긴밀히 결합하여 발전이 전환의 궤도에 진입하도록 촉진하고, 환경 용량과 자원 운반 능력을 발전의 기본 전제 조건으로 삼는 동시에 환경보호가 경제성장을 최적화하고 보장하는 역할, 경제전환에 대한 역기능을 충분히 발휘하여 절약과 환경보호를 경제사회 발전의 여러 측면에 융합시킴으로써 자원 절약 및 환경친화형 국민 경제체제의 구축을 가속화한다.

첫째, 산업구조의 최적화와 에너지 절약 및 배출 감소 추진을 결합해야 한다. 산업구조를 최적화하면 발전의 질을 향상시킬 수 있고, 에너지 절약과 배출 감소에 대한 근본적인 해결책이 될 수 있다. 어떤 곳에서는 전원을 차단하여 전기사용을 제한(拉閘限電)하여 사람들의 생산과 생활에 약간의 방해를 일으켰다. 국가는 "12.5(十二五)"계획 개요에서 새로운 5개년 에너지 절약 및 배출 감소 작업을 제안하며, 에너지 절약 및 배출 감소를 심도 있게 추진할 경우 근본적인 대책 마련을 위해 구조조정에 노력을 기울여야 한다고 지적했다. 전략적 신흥 산업, 첨단 산업(高技術産業), 첨단 제조업 등의 산업을 크게 발전시키고 서비스업 특히 현대 서비스업은 시장 수요가 광범위하고 고용 능력이 크며, 과학기술 함량이 높고, 강력한 추진력의 이점을 가지고 있으며, 평균 에너지 소비 강도는 산업의 1/5에 불과하고 오염배출이 더 낮아져 국내 총생산에서 서비스업의 비중을 높이는 데 박차를 가해야 한다.

둘째, 기업의 효율 증대와 환경 절약 및 보호를 결합해야 한다. 우리나라의 공기업의 경우 에너지 절약과 배출 감소에 대한 의식이 상대적으로 희박하고 환경보호 방면의 기술 장비 수준이 높지 않다. 현재 우리나라 중화학공업(重化工業) 분야의 에너지 소비량은 세계 선진 수준을 현저히 웃돌고 있으며, 일부 단위 제품의 오염물 배출량은 심지어 선진국의 10배에 달한다. 에너지 절약 및 배출 감소 기술의 개조를 통해 소모와 오염을 줄일 수 있고, 수익성을 높여 경쟁력을 높일 수 있는 잠재력이 있다. 신설 기업, 특히 중화학공업기업에 대해서는 에너지 절약 및 환경보호의 제약을 더욱 강화하고 환경진입 문턱을 높여 신규 기업이 환경보호에 투입을 늘리도록 하는 등, 선진적인 환경위험 방비기술을 채택해야 한다.

셋째, 내수 확대와 에너지 절약 및 친환경 산업의 발전을 결합해야 한다. 내수 확대는 우리나라 경제발전의 기본 발판이자 최대 강점이다. 내수 확대의 한 가지 중요한 측면은 에너지 절약 및 친환경 산업을 발전시키는 것이다. 현재 우리나라는 에너지자원 절약과 환경오염관리를 대규모로 추진하고 있고 이에는 대량의 자금 투입이 필요하다. 이러한 투입은 기술, 장비, 서비스 등 막대한 시장 수요를 창출하는 것이 가능하고 규모가 큰 신흥 산업을 탄생시킴으로써 더 큰 보장과 효과를 가져올 수 있다. "12.5"기간 동안 에너지 절약 및 친환경 산업의 생산 누계는 10조 위안에 도달할 것이며, 증가액은 환경보호 투입가치를 초과할 것이며, 새로운 생산이 관리 투입보다 더 클 것이라는 좋은 전망이다. 지원책과 조치를 보완해 에너지 절약 및 환경보호 제품, 기술과 서비스를 대폭 발전시켜 기술 장비, 전문 관리, 공정 설계, 시공 운영 등의 산업을 육성해 에너지 절약 및 환경보호의 효율성을 높이고 새로운 경제성장 공간을 넓혀야 한다.

(3) 과학발전에 영향을 미치고 군중의 건강을 해치는 두드러진 환경문제를 착실히 해결해야 한다.

환경보호의 목적은 깨끗한 물, 푸른 하늘 및 깨끗한 땅을 달성하는 것이며 환경보호를 달성하기 위한 핵심은 환경의 품질을 개선하는 데에 있다. 생존과 복지에 대한 사람들의 요구를 충족시키고, 오래된 환경문제를 신속히 해결하여 과학발전의 기초를 다지고 인민의 행복을 보장한다.

첫째, 새 빚을 지지 않고(不欠新賬), 묵은 빚을 갚도록(多還舊賬) 노력하고 물과 공기 등의 오염관리역량을 강화해야 한다. 환경문제를 해결하려면 예방과 관리, 새 빚과 묵은 빚의 관계를 반드시 잘 처리해야 한다. 자원절약, 환경친화형 국민경제체계 구축을 통해 새로운 빚을 지지 않고, 역사가 남긴 오염 문제에도 박차를 가해 가급적 많은 빚을 갚아야 한다. 물은 생명의 원천이고 생산의 본질이며 생태의 기초이다. "12.5"기간에 식수원의 보호를 한층 더 강화하여 보호구역의 구분을 전면적으로 완료하고, 모든 오염 배출구를 전면적으로 단속하고, 수원지 환경정비를 전면적으로 추진하여 군중이 깨끗하고 안전한 물을 마실 수 있도록 보장했다. 유역오염 방지는 계속해서 중점을 두는 동시에 모든 강과 호수와 관련 해역을 포함하여 범위를 확대하고, 예방 및 제어를 위한 주요 단위에 우선순위를 부여하여 지역 제어를 구현해야 한다. 재정 및 세무혜택과 프로젝트 등을 통해 일부 지역이 유역의 물 오염이 심각하다는 "모자"를 벗게 하고 국민의 부담을 줄이고 생활을 안정시켜 원기를 회복하게 한다(休養生息). 강과 호수는 한번 오염되면 관리하는 비용이 엄청나거나 심지어는 돌이킬 수 없으므로, 수질이 좋고 생태가 취약한 호수와 강을 우선적으로 보호한다. "12.5"기간 동안 중앙재정은 특별 기금을 통해 "보상으로 환경보호를 장려"하는 데 100억 원을 투입했고, 각각의 지방 정부도 투입을 늘렸으며 사회자금 유입을 인도했다. 현재 일부 지역의 중소 하천과 수로는 물이 있으면 모두 오염되어 있어 지방 정부는 이러한 수계관리를 더욱 중요시해야 한다. 동시에 도시의 오수처리율을 더욱 개선할 필요가 있으며, "12.5"기간 말에 전국 도시는 평균 85% 이상, 동부발달 지역은 90%를 초과해야 한다.

인간의 삶은 잠시라도 공기를 떠날 수 없다. "12.5"기간 동안 대기오염 방지는 탈황·탈질(脫硫脫硝)의 동시 제어, 여러 오염물질의 종합적인 제어, 주요 지역의 대기오염에 대한 공동 예방 및 제어 체제의 개선을 통해 산성비(酸雨), 미세먼지(灰霾), 광화학 스모그(光化學煙霧)를 현저히 감소시켰다. 일부 대도시에서는 장기간 미세먼지 날씨가 발생해 국내외의 광범위한 주목을 받았다. 초미세먼지(細顆粒物)(PM2.5)는 미세먼지 날씨를 조성하는 주요 요인이다. 이 문제는 각 지역의 공기 오염 특성, 경제발전 수준과 공기 질의 요구에 따라 시기를 나누어서 실시하되, 징진지(京津冀: 베이징(北京), 텐진(天津), 허베이(河北) 3개 지역을 이르는 말), 장삼각(長三角: 장강삼각주 이르는 말), 주삼각(珠三角) 등의 중점 지역을 우선적으로 예방과 제어를 동시에 실행한다. PM2.5를 공기질의 일반적인 검사 지표에 포함시키는 것은 환경보호의 일대 진보일 뿐만 아니라 경제구조, 소비형식의 일대 전환이다. PM2.5의 인적요인은 주로 자동차 배기가스(機動車尾氣), 연료용 석탄연소 먼지, 건축시공 먼지, 및 야금(冶金)과 시멘트와 같은 산업용 먼지이다. PM2.5의 농도를 줄이려면 에너지구조와 산업구조를 대폭 조정하고 오염이 심각한 기업의 제거 속도를 높이고 동시에 자동차 연료 품질을 개선하며 대중교통과 신재생에너지 차량을 적극적으로 개발하고 군중의 녹색 행보를 유도하는 등이 큰 변화를 가져올 것으로 보인다. 국가는 산업발전, 재정과 세무정책, 에너지 절약 및 배출 감소 등에서 각 지역의 "낡은 것은 닫고 새로운 것의 출연(關舊上新)"을 지원하고, 낙후 기업은 구조조정, 개조, 폐쇄하고, 환경친화형 산업이 새롭게 등장하게 한다.

둘째, 도시와 농촌의 통합을 꾸준히 추진하고 지역 환경오염(面源汚染)의 방지와 농촌 환경정비를 강화해야 한다. 도시 환경과 농촌 환경은 상호 의존적이며 농촌의 열악한 환경보호는 농민의 이익을 손상시킬 뿐만 아니라 도시주민의 장바구니(菜籃子), 쌀 주머니, 물탱크(水缸子)에도 심각한 영향을 미친다. 제1차 전국 오염원조사에 따르면 농업원이 배출하는 화학적 산소 요구량은 총배출량의 44%, 질소(總氮)는 57%, 인량(總磷)은 67%를 차지했다. 이는 도시와 농촌의 환경보호 사이의 불균형을 반영하고 농촌의 환경보호는 여전히 부족함을 반영한다. "12.5"기간 동안 농촌 지역의 환경오염 방지를 강력히 추진하고, 농민들의 과학적 비료 시약과 합리적 양식 농사를 유도하고 장려하며, 토양오염 방지와 복구를 적극적으로 하여 좋은 토양이라는 식품안전의 첫 번째 방어선을 정비했다. 동시에 새로운 농촌 건설과 농촌 환경정비의 범위를 확대하고, 6만 개에 이르는 마을 조성의 종합적인 정비를 중점적으로 수행했으며, 매년 인민 군중이 볼 수 있고 만져볼 수 있는 득이 되는 관리 성과를 실현했다.

최근 몇 년간 일부 지역에서 중금속 오염 사건이 발생하여 인민 군중, 특히 어린이의 건강에 심각한 영향을 끼쳤다. 중금속 오염의 종합 방지 계획을 엄격히 실시하여 중금속 오염의 피해를 효과적으로 줄여야 한다. ① 중금속 관련 기업의 배치를 합리적으로 조정해 건강 보호 거리를 엄격히 하고, 인구가 많은 지역과 식수 및 식품안전 보장 지역에서 새로운 프로젝트를 단호히 금지한다. ② 진입 장벽을 높이고 기업의 심도 깊은 관리를 독촉하고 안정적인 기준 배출을 확보하며, 기준에 미달하는 기업은 모두 생산을 중단하고 폐쇄될 때까지 단속한다. ③ 중점 방제 지역에 대해 공정(工程) 조치를 취하여 집중관리하며, 크롬 찌꺼기(鉻渣), 미광(尾礦)창고 등의 역사적 현안 해결에 박차를 가한다.

셋째, 예방을 우선시하고 신속하게 대응하는 것을 견지하고 오염 소지가 있는 것을 제거하는 데에 진력하며 돌발 사건에 적절하게 처리해야 한다. 환경오염 사고는 광범위한 경제성장의 결과이고, 환경문제는 나날이 누적되는 파괴적인 방출이며, 일단 발생하면 그 결과는 매우 심각하다. 위험에 노출되어 재난을 예방하는 것이 재난구조보다 낫다는 이념을 확고히 세우고, 위험 요인에 대한 조사와 평가의 강도를 높여 초기 시작단계의 환경오염 사고를 제거해야 한다. 신속하고 효율적인 응급구조체계를 구축해 응급구조 물자와 장비를 충실하게 보강하고, 사건이 발생하면 즉시 응급방지책을 가동하여 피해를 최소화해야 한다. 화공업체의 공간배치를 합리적으로 조정하고 화공제품의 생산관리를 엄격히 하여 운송 안전의 허점을 막고, 화학품 환경오염에 대비해야 한다. 우리나라 원자력(核電)에 대한 종합적인 평가 및 시연을 수행해야 하고, 원자력의 안전을 보장하기 위해 원자력 안전 계획을 수립해야 하며 원자력 안전 발전의 만무일실(萬無一失: 어떤 경우에도 실수가 없음을 이르는 말)을 확보해야 한다.

3. 전 사회가 생태환경보호에 대한 참여 의식과 능력을 향상해야 한다.

당의 18대는 "생태문명 홍보교육을 강화하고, 전 국민의 절약의식, 환경보호의식, 생태의식을 강화하며, 합리적 소비의 사회적 경향을 형성하며, 생태환경을 사랑하는 좋은 분위기를 조성해야 한다."고 제기했다.

생태문명 건설은 모든 사람과 관련된 사업이다. 전 국민 환경 홍보교육 행동계획을 심도 있게 전개하고, 국민을 광범위하게 동원하여 환경보호에 참여시키고, 사회 전체가 실제 행동으로 환경에 관심을 가지고 환경을 소중히 여기고, 환경을 보호하도록 안내해야 한다. 환경보호에 대한 군중의 참여를 원활히 하고, 군중의 이익을 다루는 환경보호계획, 결책과 프로젝트에 대해 군중의 의견을 충분히 수렴하고, 환경 위반행위의 적발을 장려하며, 자발적으로 사회적 감독을 받아야 한다. 언론인, 문학 및 예술가의 역할을 충분히 발휘하여 전체 사회에서 생태문명 이념을 확고하게 수립하는 것을 추진해야 한다. 환경보호에 참여하는 사회적 역량을 점차적으로 수립하고 보완하는 작업체제를 구축하여 사회지역, 민간 환경보호 조직과 환경보호 지원자들과의 소통을 강화하고 필요한 도움을 더 잘 제공함으로써 환경보호 작업에 참여하도록 지원 및 유도해야 한다.[579]

정부의 추진력을 발휘한다. 각급 정부는 대중의 의식을 제고하는 것을 생태환경보호의 중요한 업무로 삼아야 한다. 각급 정부의 지도 간부와 기관과 기업의의 결책자의 생태환경 보호의식을 한층 더 강화하여 세계 생태환경 보호의식이 높은 간부 팀을 점차적으로 구성해야 한다. 사회 각계의 역량을 활용해 우리의 생태환경보호를 위한 각종 방침정책을 홍보하고, 대중의 생태환경 보호의식

---

579) 리커창(李克强), 제7차 전국 환경보호 대회에서의 발언, 중국 신문망(新聞網), http://www. chinanews.com/gn/2012/01-04/3580887.shtml, 2012년 1월 4일 참조.

을 제고한다.

생태환경보호의 과학기술 분야의 인재육성을 강화한다. 인재의 격려와 경쟁을 위한 효과적인 체제를 수립하고, 인재를 배출하는 데 유리한 학문적 환경과 분위기를 조성하며, 특히 국제적 시야와 학문발전을 이끌 수 있는 학계 지도자 및 최고 인재를 양성하는 데 특별한 관심을 기울인다. 생태환경보호를 위한 학과 건설을 강화하고, 인재의 건설과 통합을 강화하고, 생태환경보호 분야의 과학연구기관에서 "개방, 유동, 경쟁, 협력"의 운영체제를 구축하여 다양한 경로와 방식을 충분히 이용하여 중국 과학자의 연구수준과 중국 주요 연구기관의 자주적인 창의력을 높이고, 중국 특색이 있는 생태환경보호 과학기술 관리팀과 연구개발팀을 형성한다.

사회 각 계층 공공 생태문명 건설에 대한 홍보, 교육과 양성 사업을 강화한다. 도서, 신문, 영상 등 대중 전파 매체를 활용하여 사회 각 계층의 대중에게 생태환경보호에 관한 홍보활동을 실시하고, 지속 가능한 생활방식을 장려하고 선도하며, 전기와 물의 사용을 절약하고 쓰레기 및 재활용과 쓰레기 분류에 대한 인식을 향상시킨다. 기본 교육, 성인 교육 및 고등교육에서 생태환경보호 대중화 및 교육의 내용을 통합하고 생태환경 보호교육을 양질의 교육의 일부로 만든다. 다양한 특수 교육과정을 구성하고, 생태환경보호와 관련된 각종 문제에 대해 다양한 교육 대상자를 대상으로 한 특별 교육 활동을 수행하고, 생태환경보호에 관한 과학적인 대중 학술세미나를 조직한다. 정보기술을 충분히 활용하여 기존 생태환경보호 정보 사이트의 내용 및 기능을 한층 더 충실하게 하여 진정으로 정보를 얻고 교류 및 소통하는 하나의 신속하고도 효과적인 플랫폼이 되도록 한다.

대중과 기업 공동체가 생태문명의 건설에 참여하는 동기부여 체제를 확립하고 기업 참여와 대중의 감독의 역할을 한다. 생태환경보호 정보 공개를 위한 경로와 제도를 개선하고, 대중의 참여와 감독을 위한 경로를 넓히며, 언론매체의 여론감독과 안내 역할을 충분히 발휘하게 한다. 생태환경보호 관련 결책의 투명성을 증가시키고 생태환경 보호분야 관리의 과학화와 민주화를 촉진한다. 민간 사회단체와 비정부조직의 역할을 적극적으로 수행하고 생태환경보호에 대한 일반 대중과 사회의 모든 분야의 참여를 장려한다.

자원 환경을 보호하는 과학지식과 법률규범을 한층 더 홍보하고 보급한다.

우리나라 생태환경보호에 대한 조치와 결과를 소개하고 전시한다. 전 사회, 특히 청소년의 생태환경보호에 대한 교육을 강화하여 생태환경보호 문제에 대한 전 국민의 과학적 의식을 제고하고, 기업과 대중의 자원을 절약하여 이용하는 자각의식을 강화한다. 근검절약(勤儉節約)을 견지하면서 친환경 및 저탄소, 건강한 문명의 생활방식과 소비방식을 제창하고, 사회 전반을 생태환경보호에 폭넓게 참여시킴으로써 생태환경보호에 적극적으로 참여할 수 있는 좋은 사회 분위기를 조성하고, 생산적인 개발, 풍요로운 삶, 좋은 생태의 문명화된 발전 경로에 착수할 수 있도록 사회 전체를 장려한다.

제2절　개혁과 혁신에서 생태문명 건설의 새로운 국면을 개척

1. 국토 공간개발의 구성을 최적화하고 산업구조와 지역구성을 조정하며 친환경 경제와 저탄소 경제를 발전시킨다.

(1) 국토 공간개발 구조의 최적화

한 치의 땅도 소중히 여겨야 한다. 국토 개발에 대한 강도를 제어하고 공간구조를 조정하며 집약적이고 효율적인 생산 공간을 조성할 필요가 있으며 생활공간이 적정하고 산 좋고 물이 맑은 생태 공간을 만든다. 이러한 생태 공간은 자연을 더 많이 복구할 수 있으며, 농업을 위한 더 많은 들판과 미래 세대를 위해 푸른 하늘과 깨끗한 물과 땅을 제공하여 아름다운 가원을 남겨야 한다.

국토는 생태문명 건설의 공간매체이다. 인구자원 환경이 균형 잡히고 경제사회의 생태적 효과가 통일된 원칙에 따라 국토 공간개발, 과학적 생산의 공간 배치, 생활공간, 생태공간을 전체적으로 계획하여 자연에 더욱 많은 복원공간을 남겨야 한다. 확고부동하게 주요 기능 영역 전략의 이행을 가속화하고, 최적화된 개발, 중점 개발, 제한된 개발 및 금지된 개발의 주요 기능에 따라 위치를 정하여 엄격히 준수하고, 생태적 위험선을 그어 엄수하고, 과학적이고 합리적인 도시화 추진방식, 농업발전 방식, 생태안전 방식을 구축하여 국가와 지역의 생태안전을 보장하고 생태 서비스 기능을 향상시킨다. 생태적 위험선이라는 관념을 확고히 확립해야 한다. 생태환경보호 문제에서 지뢰밭을 한 발짝도 넘어서는 안 되며, 그렇지 않으면 처벌을 받아야 한다.

(2) 산업구조와 지역의 합리적 배치에 대한 조정

당의 18대는 "주요 기능 영역 전략을 가속화하고, 각 지역이 엄격하게 정해진 주체 기능에 따라 발전하는 것을 촉진하여 과학적이고 합리적인 도시화방식, 농업발전 방식, 생태안전 방식을 구축해야 한다."580)고 제기했다. 생산력 공간의 구성을 생태환경 보호요구와 결합시켜야 한다. 우리나라는 국토 면적이 넓고 지역에 따라 경제발전수준, 자원 할당량, 환경용량과 생태 조건이 매우 다르므로 발전, 전환과 환경보호의 추진은 반드시 경제공간의 구성을 최적화해야 한다. 현재 일부 발달지역의 자원은 장거리 유입에 의존하고 환경은 심각하게 바닥을 드러냈다. 반드시 산업 업그레이드에 박차를 가하고 새로운 경쟁우위를 형성해야 한다.

현재 동부 연안 지역의 산업은 중서부지역으로 이동하는 속도가 상당히 가속화되었으며 이는 경제계조도를 추진하는 규칙과 전국 발전수요에 부합한다. 지역에 따라 적합하고 구체적인 실정에 맞게 적절한 대책을 세우(因地制宜)는 것과 분류하여 지도하며 차별화된 산업정책을 실행하는 동시에 환경접근 기준을 엄격히 해야 한다. 중서부지역은 기회를 잡아 경제를 발전시키고 차별화된 산업정책으로 차별화해야 하며, 환경의 문턱을 낮추지 않고 오염의 전이를 효과적으로 방지해야 한다. 또한 주요 기능 영역 계획을 실시하고 국가 환경기능구분을 편성하여 중요한 생태기능지역, 육지와 해양 생태환경의 민감한 지역, 취약지역 등에 생태적 위험선을 그어 환경관리 업무를 잘 이행해야 한다.

주요 생태복구 프로젝트를 실시하고 생태제품 생산능력을 강화해야 한다. 좋은 생태환경은 사람과 사회가 지속적으로 발전할 수 있는 근본적인 기초이다. 인민 군중은 환경문제에 세심한 주의를 기울이고 있다. 환경보호와 관리는 사람들의 건강을 해치는 등 환경문제 해결에 중점을 두고 예방 위주의 대응을 견지하고, 물, 대기, 토지 등 오염방지를 강화하고, 중점 유역과 지역의 수질 오염방지를 중점적으로 추진하며, 중점 산업과 중점 지역의 대기오염 사업을 중점적으로 추진해야 한다.

---

580) 후진타오(각주287), 39~40면.

(3) 국정에 입각한 친환경경제와 저탄소경제의 발전

친환경경제와 저탄소경제의 발전은 에너지 절약 및 배출 감소를 촉진하고 우리나라 자원 및 에너지원의 환경문제 해결을 위한 내적 요구이자 기후변화에 대한 적극적인 대응과 환경보전을 통해 우리나라의 미래 성장을 위한 새로운 이점을 창출하는 데 매우 중요한 조치이기도 하다. 친환경경제와 저탄소경제를 발전시키기 위한 정책과 조치에 대한 연구 및 제정은 친환경투자를 증대하고 친환경소비를 옹호하며 친환경 성장을 촉진한다. 지금 세계가 저탄소 경제발전을 중요시하기 시작하는 기회를 꽉 잡아, 고탄소(이산화탄소를 많이 배출하는 것을 이르는 말) 에너지원을 저탄소화로 이용하는 것과 저탄소산업의 발전을 가속화하고, 저탄소형 공업, 건축과 교통체계를 건설하고, 청정에너지자동차(淸潔能源汽車)와 선로(軌道)교통을 크게 발전시키고, 저탄소 배출을 특징으로 하는 새로운 경제성장 지점을 창출하며, 경제발전 형식을 고에너지, 고효율, 저에너지 소비, 저배출 형식으로 전환하도록 촉진해야 한다.

현행 GDP를 주요 지표로 하는 국민경제 정산체계는 자연자원의 경제발전 기여와 생태자원의 막대한 경제적 가치를 반영하지 않으며, 생태환경의 악화로 인한 경제적 손실은 반영하지 않으며, 자연자원의 소비와 감가상각 등을 반영하지 않는다. 20세기 70년대 이래, 사람들은 현행 GDP정산 체계의 조정을 고려하면서 환경비용과 에너지소비량을 국민경제 정산체계에 통합할 것을 제안했다. 그 결과 "친환경 GDP"가 출현했고, 즉 친환경 국내생산 총액이라는 개념이 확립되었다. 즉, 환경 및 경제 통합 정산체계를 구축하고 자연자원의 가치와 환경이 제공하는 다른 기여의 가치를 계산하는 더 나은 방법을 찾은 것이다. 우리나라의 친환경 정산은 시범 운영되고 있다.

(4) 순환경제를 강력하게 발전시키고 자원 절약을 전면적으로 촉진한다.

당의 18대는 "순환경제를 발전시키고 생산, 유통, 소비과정의 감량화, 재활용, 자원화를 촉진해야 한다."[581]고 제기했다. 순환경제를 강력하게 발전시키고 낙후된 생산설비와 제품을 도태시켜 자원의 종합적인 이용 효율을 끊임없이 향상시킨다. "감량화, 재활용, 자원화"의 원칙과 신형 산업화 노선의 요구에 따라 각종

---

581) 후진타오(각주287), 40면.

효과적인 조치를 취하여 공업 분야의 청정생산과 경제순환 발전을 한층 더 촉진하고, 물 재활용을 추진하며, 자원절약형과 환경친화형의 사회 건설을 가속화한다.

자원 절약은 생태환경을 보호하기 위한 근본적인 정책이다. 자원을 대대적으로 절약하고 집약적으로 사용하여 자원 이용 방식의 근본적인 전환을 촉진하고 전 과정의 절약관리를 강화하여 에너지원, 수자원, 토지의 소모 강도를 대폭 낮추고 순환경제를 발전시켜 생산, 유통, 소비 과정의 감량화, 재활용, 자원화를 촉진해야 한다.

에너지 생산과 소비 혁명을 추진하여 석탄 등 광물질 에너지원에 대한 소비총량을 통제하며, 에너지 절약 및 에너지 소비 감소를 강화하고, "산업구조 조정 안내서"를 엄격하게 시행한다. 에너지 소비와 오염이 높은 산업의 비중을 줄이고, 에너지 소비가 높고 오염이 높은 산업의 규모를 통제한다. 미래경제사회의 발전이 공업상품에 대한 기본 요구를 충족시키면서 가능한 석탄, 시멘트, 석회, 강철, 탄화칼슘 등 상품의 사용량을 줄이고 이러한 상품의 생산과 사용 과정에서 발생하는 이산화탄소 등 온실가스 배출을 최소화한다. 에너지 절약 및 저탄소 생산과 새로운 에너지, 재생에너지의 발전을 지지하고 국가 에너지원의 안전을 확보한다.

2. 과학기술의 지탱과 지도적 역할을 발휘하여 환경보호 에너지 절약 제품의 혜택 정책을 수립한다.

(1) 과학기술의 지탱과 지도역할을 충분히 발휘한다.

과학기술은 환경문제를 해결하기 위한 편리한 도구이다. 과학기술의 혁신을 중요한 위치에 두어야 하고 수질오염의 통제와 관리, 지역 대기오염의 종합적 예방 및 관리, 토지오염 복구와 관리, 중금속 오염의 종합적인 방제 등 주요 환경 과학기술의 전문 분야의 시행을 가속화하고, 공동 기술과 핵심 기술을 확보해야 한다. 환경보호의 기술 및 장비의 연구개발 역량을 강화하고 국산화 수준의 향상에 노력하고 관리 비용을 지속적으로 줄여야 한다.[582] 다양한 방법으로 자금을 조달하고, 사회 각계의 자금을 유치하여 생태환경보호를 위한 과학기술

---

582) 리커창(각주579), 2012년 1월 4일 참조.

개발연구 사업에 투입하고, 기업의 기술혁신 주체로서의 역할을 충분히 발휘하여 중국 기업의 과학기술투자를 생태환경보호 분야에 도입한다.

첨단기술 산업의 발전을 장려하고 에너지 생산과 소비구조를 개선하며 경제성장의 촉진에 중요한 역할을 하는 저에너지 정보산업의 발전을 최적화한다. 생태환경보호 분야의 주요 기술, 특히 에너지 절약과 기존 에너지의 에너지 효율을 향상시키고, 청정광물질 에너지원의 사용을 장려하고 지지하며, 재생 가능 에너지와 원자력 에너지 및 저탄소 순환 관련 등의 기술 연구개발과 응용을 가속화하고, 자주적 혁신능력을 향상시키고, 관련 분야의 선진 기술의 도입, 소화(消化), 흡수와 재혁신에 초점을 두고, 에너지 공업의 지속적인 발전을 촉진하고 기후변화에 대응할 수 있는 능력을 증강한다.

(2) 환경보호 에너지 절약 제품에 대한 우대 정책을 실시한다.

생태환경보호 관련 과학기술 사업에 대한 정부의 자금 지원을 확대하고, 상대적으로 안정적인 정부자금 경로를 구축하며, 자금을 제대로 운용하고 효율적으로 사용하며, 정부가 투입의 주된 경로 역할을 한다. 우리나라는 환경 방면에 역사적 부채가 많아 국가 재정자금과 예산 내의 투자 모두는 환경보호 능력 건설의 투입을 증가해야 하고 필요한 운영과 유지 및 보호 경비를 보장해야 한다. 모든 수준의 재정은 연간 예산에 환경보호 투입을 포함하고 합리적인 성장률을 유지해야 한다. 실천은 "보상으로 관리를 촉진하고 보상으로 대체"하는 것은 환경 개선을 촉진하는 효과적인 수단임을 입증했으며, 중앙재정은 "보상으로 관리를 촉진하고 보상으로 대체"하는 자금 규모를 더욱 확대하고, 조건부 지역도 이 분야에 대한 투자를 확대한다. 보장된 이익은 하수처리시설의 정상적인 운영을 위한 기본 전제 조건이며 도시 하수처리 비용정책을 개선해야 한다. 국가산업정책에 따라 생활쓰레기처리 요금제를 실시함으로써 쓰레기처리 징수비용의 기준을 향상시키고, 쓰레기 매립가스(塡埋氣體) 발전과 쓰레기 소각 발전에 대한 전기 가격의 혜택을 주고, 매립가스 수집이용 프로젝트에 대한 부가가치세 세율 혜택을 실행하고 일정 기간 동안 소득세를 감면한다.

일부 주요 에너지 절약 프로젝트와 일부 주요 에너지 절약 기술개발 및 시범 프로젝트에 대한 투자와 자금보조 또는 대출의 이자 보조를 지지하고, 에너지 절약 제품을 정부조달 목록에 포함시키고, 에너지 절약 및 토지 절약형(節能省地

型)건축과 친환경 건축을 발전시키기 위한 경제적 장려 정책을 제정한다. 계단식 자원가격개혁을 적극적으로 추진하고 전기, 수도, 가스 등 민생과 관련된 자원제품에 대해서는 가격 차별화를 통해 불합리한 수요를 억제한다.

에너지 절약형 및 환경 친화형 소형 배기량 자동차의 소비를 장려하는 정책 조치를 제정하고, 에너지 절약형 및 환경 친화형 소형 배기량 자동차에 대한 각종 제한을 제거하고, 대중이 절약형 자동차 소비 이념을 수립하도록 유도한다. 대중교통을 적극적으로 개발하고, 도시교통에서 선로(軌道)교통 비율을 높이며 하이브리드 자동차(混合動力汽車)와 순수전기 자동차(純電動車)의 생산과 소비를 장려한다. 고효율 에너지 절약형 냉장고, 에어컨, 텔레비전, 세탁기, 컴퓨터 등 가정용 및 사무용 전기기기의 보급과 고효율 에너지 절약형 형광등의 사용을 늘린다.

생태보상은 지역별 발전과 환경권익의 균형을 잡는 중요한 수단으로 생태보상체제의 건립을 가속화하고 재정보조와 이전지급 등을 통해 국가생태보상 전용자금을 늘리는 한편 유역의 상·하단과 서로 다른 주요 기능 영역 사이의 생태보상을 위한 효과적인 방법을 모색해야 한다.

3. 재생 가능 에너지를 개발하고 원자력 발전 건설을 추진한다.

(1) 수력발전(水電), 풍력발전(風電), 태양에너지(太陽能), 바이오매스에너지 (生物質能)와 같은 재생 가능 에너지원을 적극적으로 개발한다.

수력발전을 발전시키는 것은 중국의 에너지원 구조를 청정저탄소 방향으로 발전하도록 촉진하는 중요한 조치이다. 환경보호와 정착을 전제로 풍부한 수력자원을 합리적으로 개발 및 활용하고, 수력발전을 가속화하며, 서부 지역의 수력발전을 가속화하는 데 중점을 두어야 한다.

풍력에너지, 태양에너지, 지열에너지(地熱能), 해양에너지 등의 개발과 이용을 적극적으로 지원한다. 대규모 풍력발전 개발과 건설을 통한 풍력기술 진보와 산업발전을 촉진한다. 태양광 에너지발전과 태양열 이용을 적극적으로 개발하고 외진 지역의 사용자에게는 태양광 발전체계를 보급하거나 소형 태양광 발전소(光伏電站)를 건설한다. 지열에너지와 해양에너지의 개발과 이용을 적극적으로 추진하고 심층지열(深層地熱) 발전기술을 연구·개발한다. 조력(潮力)발전을 발전시키고 파동에너지(波浪能) 등 기타 해양에너지 발전기술을 연구하여 이용한다. 바이오 매스 에너지의 발전을 추진한다. 바이오 매스 발전, 메탄가스(沼氣), 바이오 매스 고체성형 연료(固體成型燃料)와 액체 연료, 짚 이용(秸稈利用), 바이오 쓰레기 이용에 중점을 두고 바이오 매스 에너지의 개발과 활용을 강력히 추진한다.

바이오에너지(生物能源) 원림기지를 건설하고, 기존 삼림자원에 대한 효과적인 보호를 강화하고, 농지를 산림과 초원으로 돌려보내고, 베이징과 톈진지역의 모래와 바람 원천을 관리하고, 방호림체계(防護林體系), 야생동식물보호 및 자연보호 구역 건설 등 임업(林業) 중점 생태 건설 공정을 계속적으로 강화한다. 인공 초원을 건설하고, 초원의 방목 부담량을 공제하고, 초원의 식생(植被)을 회복하고, 초원의 적용범위를 늘리고, 농지와 초원의 탄소 흡수를 늘리며 사막화의 확대를 방지한다. 바이오기술을 포함한 신기술을 발전시켜 광합성, 생물학적 질소고정(生物固氮)(바이오), 바이오기술, 해충 방제, 역경에 대한 저항, 시설농업, 가뭄 방지, 홍수 방지, 고온 저항, 해충 방지 및 기타 내성 품종 및 정밀 농업을 위해 노력한다.

(2) 원자력 에너지를 국가 에너지 전략의 중요한 구성 부분으로 한다.

중국의 1차 에너지 공급 총량에서 원전의 비중을 점차 높여 경제가 발전하고 전력 부하가 집중되는 연안 지역의 원전 건설에 박차를 가한다. 나를 중심으로 하고, 중외 협력, 기술 도입, 자주화 추진을 위한 원자력 발전 건설 방침을 견지하고, 고속 원자료 및 핵심 기술, 핵연료와 구조 재료 관련 기술의 설계를 연구 및 장악하고, 나트륨(鈉)주기와 같은 주요 기술을 돌파하고, 기술 경로를 통합하며 선진 기술을 채택하고, 대규모 원자력 발전소 건설의 자주화와 지역화를 실현하고, 원자력발전산업의 전반적인 능력을 향상한다. 국제 열핵융합(熱核聚變) 실험 원자로의 건설과 연구에 적극적으로 참가해야 한다.

핵 안전 문제를 특별히 강조할 필요가 있다. 대규모 원자력 사고는 예측할 수 없는 손실을 야기할 뿐만 아니라 전체 원자력산업을 파괴할 수도 있다. 일본 후쿠시마(福島) 원자력 발전소의 누출 사고는 우리에게는 하나의 경고이다. 우리는 반드시 신중에 신중을 기하고, 한시라도 긴장을 늦추어서는 안 되고 안전이 최우선임을 견지하고, 우리나라 원자력 발전에 대한 포괄적인 평가 및 시연을 수행할 수 있는 역량을 조직하고, 원자력의 안전을 보장하기 위해 원자력 안전 계획을 신속하게 준비해야 한다. 동시에 공공 사건으로 인해 사람들이 피해를 입지 않도록 방사능(放射源)관리를 효과적으로 강화해야 한다.

4. 수자원 관리와 보호를 강화하고 해양강국을 건설한다.

(1) 수자원 관리와 보호의 강화

사람과 자연이 조화를 이룬 수자원 관리 개념을 준수하고 제방과 통제 프로젝트의 건설을 강화하면서 농지·호수(하천)로 되돌리고, 강을 범람하고, 강과 호수를 준설하며 생태가 심각하게 악화된 하류에 대해서는 적극적인 조치를 취하여 복원하고 보호를 한다. 호수와 습지 지역을 확장하고 생물 다양성을 보호하기 위해 습지 보호 프로젝트를 시행한다.

국가 최초의 수자원권리 분배제도와 수자원권리 이전제도를 건립한다. 수자원의 통일적인 관리를 강화하고 유역을 단위로 수자원 통일관리, 통일계획, 통일지도를 실행한다. 수원지 보호 및 전체 물 관리의 강화, 물 재활용을 추진하고 절수형 사회를 건설한다. 수자원의 절약과 보호, 최적화 배치를 중요시하고 수자원이 "아무리 가져도 다 가질 수 없고 아무리 써도 다 쓸 수가 없다."는 잘못된 인식을 바꾸고, 전통적인 "수요 공급"에서 "공급 수요"로 전환한다. 시장경제체제에 상응하는 수리(水利)공정 투자 및 융자체제와 수리공정의 관리체제를 건립해야 한다.

수리 기초 시설의 계획과 건설을 강화한다. 남수북조(南水北調) 건설에 박차를 가하고, 세 가지 수자원을 조절하는 노선을 창장(長江), 황허(黃河), 화이허(淮河), 하이허(海河)인 4대 강하와의 연결을 통하여 "사횡삼종(四橫三縱), 남북조배(南北調配), 동서호제(東西互濟)"인 수자원 최적화 배치의 구성을 점진적으로 형성한다. 수자원 억제 공정(저수지 등) 건설, 관개지구(灌區) 건설과 개조를 강화하고 일부 지역적인 수자원 조절과 저수시설 공정은 계속적으로 실시한다.

수자원분배와 종합적인 절수의 연구개발과 보급역량은 확대한다. 대기수, 지표수, 토양수, 지하수의 전환체제와 최적화 분배 기술과 오수(하수), 빗물 자원화 이용기술, 인공강우기술 등을 중점적으로 연구·개발한다. 산업 용수 재활용 기술을 연구 및 개발하고, 관개절수, 한작(旱作)절수와 및 바이오매스 종합 배합

기술을 개발한다.

(2) 해양강국 건설은 중국 특색 사회주의 사업의 중요한 구성 부분이다.

당의 18대는 "해양자원 개발능력을 향상하고 해양경제를 발전시키고 해양생태환경을 보호하고 국가 해양권익의 유지와 보호를 견지하고 해양각국을 건설해야 한다."고 지적했다. 이 주요 배치의 구현은 지속적이고 건강한 경제발전을 촉진하고, 국가의 주권, 안전, 발전 이익을 보호하며 국민 생활수준이 중류 정도가 되는 사회를 전면적으로 건설하는 목적을 실현하며 더 나아가 중화민족의 위대한 부흥을 실현하는 데 큰 의미를 지닌다. 우리는 해양에 대해 더 많은 관심을 가지고, 해양을 이해하고, 해양을 관리하고 우리나라가 해양강국 건설에 끊임없이 새로운 성과를 거두도록 촉진해야 한다. 21세기 인류는 해양을 대규모로 이용하고 개발하는 시기에 진입했다. 국가 경제발전 구도와 대외 개방에서 해양의 역할이 더욱 중요해지고, 국가의 주권, 안전, 발전 이익에서의 위상이 더욱 두드러졌으며, 국가의 생태문명 건설에서의 역할이 더욱 두드러지며, 국제 정치, 경제, 군사, 과학기술 경쟁에서의 전략적 지위도 현저히 상승했다.

우리나라는 육지대국이자 해양대국이며 광범위한 해양 전략적 이익을 가지고 있다. 다년간의 발전을 거쳐 우리나라 해양사업은 전반적으로 사상 최고의 발전 시기에 진입했다. 이러한 성과들은 우리가 해양강국을 건설할 수 있는 토대를 마련했다. 우리는 중국 특색 사회주의 사업발전의 전체 국면에 착안하여 국내와 국외의 전반적인 정세를 종합적으로 고려하여 육해(陸海) 통일을 견지하며, 해양에 의해 나라를 부유하게 하고, 해양으로 나라를 강하게 하고, 사람들과 바다를 조화시키고, 상생 협력을 유지하고 평화, 발전, 협력 및 상생을 통해 해양강국의 건설을 착실하게 추진해야 한다.

해양자원 개발능력을 높이고 해양경제를 품질과 효율성으로 전환하는 데 주력해야 한다. 개발된 해양경제는 해양강국 건설을 위한 중요한 버팀목이다. 해양개발 능력을 향상하고 해양개발 분야를 확대해 해양경제를 새로운 성장점으로 만들어야 한다. 해양산업 계획과 지침을 강화하고 해양산업구조를 최적화하고 해양경제 성장의 질을 높여 해양 전략적 신흥 산업을 육성하며, 심층 석유 및 가스자원의 탐사 및 개발 기술의 연구를 강화하며 심해 석유 및 가스저장고 탐사기술 및 중유 저장고의 연구 및 개발에 중점을 둔다. 경제성장에 대한 해양산업의 기여율을 높이고, 해양산업을 국민경제의 주요 산업이 되도록 노력한다.

해양생태환경을 보호하고 해양개발방식을 재활용으로 전환하는 데 큰 노력을 기울여야 한다. 해양생태문명 건설은 해양개발의 전반적인 구성에 통합되어야 하며, 개발과 보호가 강조되어야 하고, 오염방지와 생태복구가 동시에 강조되어야 하며, 해양자원은 과학·합리적으로 개발·이용하고 해양자연의 재생능력을 유지하고 보호해야 한다. 해양생태환경 악화 추세를 완전히 억제하여 우리나라의 생태환경이 뚜렷이 개선되어, 사람들이 안전하고 신뢰할 수 있는 해산물을 먹고 짙푸른 바다와 푸른 하늘 및 깨끗한 해변을 즐길 수 있도록 조치를 취해야 한다. 수원 오염물이 해양으로 반입되는 것을 원천적으로 유효하게 통제하고, 해양생태보상과 생태손해배상제도 수립을 가속화하고, 해양복구 공정을 전개하고 해양자연 보호지역의 건설을 추진해야 한다. 해수이용 기술과 해수담수화 기술의 연구, 개발과 보급을 강화한다.

해양과학기술을 발전시켜 해양과학기술의 혁신적인 선도형식으로의 전환에 힘써야 한다. 해양강국의 건설은 반드시 해양첨단기술을 강력하게 발전시켜야 한다. 과학기술의 진보와 혁신에 의존하고 해양경제발전과 해양생태보호를 제한하는 과학기술 난관을 극복하기 위해 노력해야 한다. 해양과학기술 혁신의 전체 계획을 잘 이행하려면 할 것과 하지 말아야 하는 것을 구분하고, 심수, 친화적, 안전한 해양첨단기술 분야에서 획기적인 발전에 중점을 둘 필요가 있다. 특히 해양경제 전환 과정에서 핵심 기술과 주요 공통 기술에 대한 연구개발을 추진해야 한다.

국가의 해양 권리와 이익을 보호하고 해양 권리 보호를 조정하여 균형 잡힌 접근 방식으로 전환하기 위해 노력해야 한다. 우리는 평화를 사랑하고 평화발전의 노선을 꾸준히 가고 있지만, 결코 정당한 권익을 포기해서는 안 되고 국가의 핵심 이익을 희생해서는 더욱더 안 된다. 사회의 안정을 지키는 것과 권익을 보호하는 전반적인 정세를 종합적으로 고려하고 국가의 주권, 안전, 발전 이익을 일치하게 지키는 것을 견지하여 해양권익을 유지하고 보호하는 것과 종합적인 국력을 향상시키는 것을 배합해야 한다. 안정성 유지 및 권리 보호의 전반적인 상황을 조정하고 국가의 주권, 안전, 발전 이익의 통일성을 유지하는 것을 견지하여 해양권익을 유지하고 보호하는 것과 포괄적인 국가적 힘의 증진과 일치하게 해야 한다. 평화의 방식, 협상의 방식으로 분쟁을 해결하는 것을 견지하고 평화와 안정을 지키기 위해 노력해야 한다. 각종 복잡한 국면에 대비하고, 해양의 권익보호를 향상시키고, 우리나라 해양권익을 확고히 보호해야 한다. "주권은 자신에게 속하게 하고, 이견은 뒤로하고, 공동으로 개발한다."는 방침을 견지하고 서로 이로운 우호적 협력을 추진하고 공동 이익의 접점을 찾고 확대해야 한다.

해양생태를 보호하고, 각종 극한 날씨와 기후 사건에 대한 모니터링, 조기 경보, 예보를 강화하고, 기상 및 기후 재해 및 그로 인한 재해에 대해 과학적으로 예방 및 대응한다. 해양과 해안 지대의 생태계 모니터링과 보호를 강화하여 연안 지역의 해양재해에 대한 대처 능력을 향상시킨다. 해양생태의 체계적인 보호와 복구기술의 연구개발을 강화하여 연해 홍수림(紅樹林, Mangrove)의 재배, 모종 옮겨심기와 회복시키는 기술, 근해 산호초 생태체계 및 연해 습지의 보호와 복원 기술을 포함하여 해양생물의 다양성에 대한 보호 능력을 향상시킨다. 우리는 반드시 더욱 자각적으로 자연을 아끼고 사랑하고 더욱 적극적으로 생태환경을 보호하고 사회주의 생태문명의 새로운 시대로 나아가도록 노력해야 한다.

제3절　생태환경보호를 강화하는 법치 건설

1. 가장 엄격한 제도와 가장 엄밀한 법치를 실행한다.

우리나라는 생태환경 보호작업을 매우 중요시한다. 1992년 6월 우리 정부는 "유엔기후변화협약(聯合國氣候變化框架公約, United Nations Framework Convention on Climate Change)"에 서명했으며, 같은 해 말 전국 인대상무위원회는 이를 정식으로 승인했다. 전국 인대상무위원회는 "에너지 절약법(節約能源法)", "재생 에너지법(可再生能源法)", "순환경제 촉진법(循環經濟促進法)", "청정생산 촉진법(清潔生産促進法)", "삼림법(森林法)", "초원법(草原法)" 등의 일련의 기후변화의 대응과 환경보호와 관련한 법률을 잇따라 제정하고 개정했다. 2006년 전국 인민대표대회가 승인한 "중화인민공화국 국민경제와 사회발전의 열한 번째 5개년 계획 요강(中華人民共和國國民經濟和社會發展第十一個五年規劃綱要)"은 에너지 절약 및 배출 감소 목표 임무를 확정하고 목표 책임을 이행했다. 환경보호는 통합된 감독과 책임 분담으로 관리 시스템을 구현하며 지방 정부는 자체 관리 지역의 주요 오염물질 총량을 줄이고 환경 품질과 환경 안전을 책임진다. 각 지역은 가능한 빨리 임무를 분해하고 계획을 실천하여 예정된 목표를 달성할 수 있도록 확보해야 한다. 생태문명 건설의 목표지표체계를 제정하여 지방 각급 정부의 성과평가에 포함시키고 책임제를 엄격히 시행해야 한다. 목표 임무를 완수하지 못한 지역은 관련 지도자에게 책임을 물어야 한다.

시진핑 동지는 다음과 같이 지적했다. "가장 엄격한 제도와 가장 엄격한 법치를 실행함으로써 생태문명 건설을 확실하게 보장할 수 있다. 가장 중요한 것은 경제 및 사회 발전을 위한 심사평가 체제를 개선하고, 자원소모, 환경피해, 생태적 이익을 반영하는 것이다. 생태문명 건설 상황을 보여주는 지표는 경제 및 사회 발전 평가체제에 포함시켜 생태문명 건설을 촉진하는 데 중요한 지도와 제약이 되며 책임 제도를 확립하기 위해서는 생태환경에 관계없이 맹목적인 의사결정에 심각한 결과를 초래하는 사람들이 책임을 져야 한다. 생태문명에 대한 홍보와 교육을 강화하고 전체 인민의 절약의식, 환경보호의식, 생태의식을 강화하며 생태환경을 사랑할 수 있는 분위기를 조성해야 한다."[583]

2. 생태환경보호 강화를 위한 관련 법안을 입법 안건에 포함한다.

생태환경보호 강화 관련 입법을 중국 특색 사회주의 법률체계 형성과 보완을 위한 중요한 임무로 하여 입법 안건에 포함시켜야 한다. 기후변화, 환경보호와 관련한 법률을 적시에 개정·개선하고, 적시에 관련된 법규를 반포하고, 실제상황에 근거하여 새로운 법률, 법규를 제정하여 기후변화와 환경보호의 대응을 위한 보다 강력한 법제 보장을 제공한다.

에너지원 전략계획의 연구와 제정을 강화한다. 국가의 중장기 에너지원 전략을 연구하여 제시하고, 중국의 지속 가능한 에너지 공급 능력을 향상시키기 위해 석탄, 전기, 석유와 가스, 원자력발전, 재생 가능 에너지, 석유 비축 등 특별 계획뿐만 아니라 중국의 전체 에너지 계획을 수립하고 개선한다. 에너지원의 입법 작업을 대대적으로 강화하고 중국의 미래 경제사회의 지속적인 발전에 안정, 경제, 청정, 안전한 에너지원의 공급과 서비스체계 구축에 대한 요구에 따라 "중화인민공화국 에너지법(中華人民共和國能源法)"을 제정·반포 시행하고 "중화

---

583) 시진핑(각주576), 2013년 5월 25일.

인민공화국 석탄법(中華人民共和國煤炭法)", "중화인민공화국 전력법(中華人民共和國電力法)" 등의 법률과 법규에 대하여 상응하는 개정을 진행한다. 청정 및 저탄소 에너지원의 개발과 이용을 격려하는 정책을 더욱 강화하고, 에너지원 구조의 최적화를 촉진하고, 에너지원의 생산과 전환 과정에서 발생하는 온실가스의 배출을 낮추어야 한다.

"중화인민공화국 에너지 절약법(中華人民共和國節約能源法)"을 개정·개선하여 엄격한 에너지 절약관리 제도를 수립하고, 행위 주체별 책임을 개선하고, 정책 격려를 강화하고, 집행주체를 명확히 하며 징계 수위를 강화한다. "전기 절약 관리 방법(節約用電管理辦法)", "석유 절약 관리 방법(節約石油管理辦法)", "건축물 에너지 절약관리 방법(建築節能管理辦法)" 등의 관련된 법규의 제정과 개정을 촉진한다. 주요 산업의 에너지 소모설비, 가정용 전기기구, 조명기구, 자동차 등의 에너지 효율표준을 제정 및 개선하고 주요 에너지 소비 산업을 위한 에너지 절약 설계규범과 건축물 에너지 절약 표준을 개정 및 개선하고 건축물의 냉각 및 난방의 온도 제어표준 등을 신속하게 제정해야 한다.

"중화인민공화국 재생에너지법(中華人民共和國可再生能源法)"을 개정 및 개선하는 동시에 전면적으로 이행한다. 관련된 법규와 정책을 제정하고 국가와 지방은 재생에너지 전문발전계획을 제정하여 발전 목표를 명확히 하고 재생에너지 발전을 자원절약형, 환경친화형 사회를 건설하는 심사 표준으로 한다. 동시에 법률 및 기타 수단을 통해 국내외의 다양한 경제주체가 재생에너지의 개발 및 활용에 참여하고 청정에너지 개발을 촉진하도록 안내하고 장려한다.

"중화인민공화국 농업법(中華人民共和國農業法)", "중화인민공화국 초원법(中華人民共和國草原法)", "중화인민공화국 토지 관리법(中華人民共和國土地管理法)" 등 몇몇 법률에 기초해 각종 행정법규가 배합되어 농업 생산력의 개선과 농업생태 체계의 탄소매장량 증대를 위한 법률·법규를 점진적으로 건립 및 완비하고 농지와 초원 보호 건설계획의 수립을 가속화하고 생태환경이 취약한 지역의 토지 개간(開墾)을 엄격히 통제하여 어떤 핑계로든 초지를 훼손하거나 토지 낭비를 허용하지 않는다.

"중화인민공화국 해양환경 보호법(中華人民共和國海洋環境保護法)"과 "중화인민공화국 해역사용 관리법(中華人民共和國海域使用管理法)"에 따라 연해 지역별 특성을 결합하여 지역 관리 조례 혹은 시행 세칙을 제정한다. 합리적인 해안지대의 종합 관리제도, 종합 결책기구 및 효과적인 조정기구를 건립하여 해안지대의 개발과 보호에서 나타나는 다양한 문제들을 적시에 처리한다.

"중화인민공화국 산림법(中華人民共和國森林法)", "중화인민공화국 야생동물 보호법(中華人民共和國野生動物保護法)"의 개정을 가속화하고 임업(林業)법률, 법규의 제정, 개정과 정리 작업을 가속화한다. 천연림 보호 조례(天然林保護條例), 임목(林木)과 임지(林地)의 소유권 이전 조례 등의 전문법규를 제정한다. "중화인민공화국 자연보호 구역법(中華人民共和國自然保護區法)"을 제정하여 습지 보호 조례 등을 제정하고 생태환경보호에 관한 조항을 관련 법률, 법규에 추가하여 산림과 기타 자연생태계의 기후변화 적응 능력을 제고하기 위한 법제화를 보장한다.

환경보호세의 부과는 "세금청산 및 세금설립(清費立稅)"과 기업의 환경보호 강화를 촉진하는 데 중요한 역할을 하므로, 입법의 검토와 시범 전개를 서둘러야 한다. 국무원은 환경경제정책의 개선에 대해 이미 명확한 요구를 제기했으므로 각 관련 부처는 조속히 관련 시행방법을 제정 및 반포해야 한다.

3. 생태문명제도 건설을 강화하고 법률법규의 효과적인 실행을 보장한다.

당의 18대는 생태문명제도 건설을 강화할 것을 제안했다. 생태환경보호는 반드시 제도에 의해 지켜져야 한다. 자원의 소모, 환경의 손해, 생태의 효익을 경제사회 발전평가체제에 포함시켜 생태문명의 요구를 구현하는 목표체계, 심사방법, 처벌체제를 확립해야 한다. 국토 공간개발 보호제도를 수립하고 경지(耕地)보호제도, 수자원관리제도, 환경보호제도를 개선해야 한다. 자원성질 제품의 가격과 세금 개혁을 심화하고 시장의 공급과 수요와 자원 부족을 반영하는 자원 사용 보상 시스템과 생태보상 시스템을 설정하고 생태 가치와 세대 간 보상을 반영한다. 에너지 절약, 탄소배출권(碳排放權), 오염(물질)배출권, 수권(水權) 거래의 시범을 적극적으로 수행한다. 환경감독을 강화하고 생태환경보호 책임규명제도와 환경보호 손해배상제도를 완비해야 한다.

법률, 법규는 환경보호를 위한 엄격한 제약과 제도적 보증이다. 현재 우리나라 환경법규체계는 완전하지 않고 특히 처벌이 상대적으로 경미하며, 또한 법에 의존하지 않고 엄격하게 법을 집행하지 않는 현상도 있어 "위법(違法)하면 원가가 낮고 수법(守法)하면 원가가 높은" 상황이 장기간 존재하게 했다. 기본적인 상황은 일종의 공공 제품이므로 환경을 파괴하는 행위는 반드시 엄벌에 처해야 한다. 현행 환경보호법은 반포·실시한 지가 20년이 넘었으며, 일부 내용은 더 이상 새로운 상황의 요구를 충족시킬 수 없다. 따라서 환경보호법 등 법률, 법 규를 신속하게 개정하여 상대적으로 완전한 환경법률, 법규구조를 형성해야 하며, 특히 벌칙을 가중시키고 처벌 수위를 높여 위법행위를 진정으로 억제하는 역할을 하게 해야 한다. 각급 환경보호 부서는 환경법을 엄격히 시행하고, 일상적인 법률 집행 검사를 위한 환경보호 전문행동과 결합하여 행정지역을 초월한 법률 집행을 필히 엄하게 해야 한다. 법률 집행 절차를 완비하고 법률 집행 행위를 규범화하며 법률 집행 책임제를 수립해야 한다. 환경오염피해의 감정평가를 적극적으로 전개하고 환경손해 배상체제를 건립하고 환경공익소송과 법률 지원을 추진하고 환경사법보장을 강화해야 한다. 동시에 환경보호 법률의 집행·감독·관리에 존재하는 어려움과 문제점을 더욱 연구하고 해결하여 필요한 보장을 제공해야 한다.[584]

에너지 절약 목표 책임제와 평가심사제도를 수립해야 한다. GDP 에너지 소모공보제도를 실시하고, 에너지 절약정보 반포제도를 개선하고, 현대 정보 전파기술을 이용하여 각종 에너지 소모정보를 적시에 발표하고, 지방과 기업의 에너지 절약 업무 강화를 유도한다. 종합적인 자원계획과 전력수요 관리제도를 추진하여, 절약량을 자원으로 하여 총체적 계획에 포함시키고, 자원의 합리적 할당을 안내하며, 효과적인 조치를 취하여 전기사용의 단자(終端)효율, 전기사용방식의 최적화, 전력의 절약을 향상시킨다. 에너지 절약제품의 인증과 에너지 효율표시 관리 제도를 강력하게 추진하고 시장체제를 적용하여 사용자와 소비자가 에너지 절약형 제품을 구매하도록 장려하고 유도한다. 에너지원 계약관리 제도를 널리 보급하여 에너지 절약 신기술이 보급되는 시장의 장애를 극복하고 에너지 절약 산업화를 촉진하며, 기업의 에너지 절약 개조를 실시하기 위한 진단, 설계, 융자, 개조, 운행, 관리 등의 일련의 완벽한 서비스를 제공한다. 에너지 절약 투자보증 제도를 구축하여 에너지 절약 기술 서비스체계의 발전을 촉진한다. 에너지 절약 자율협약 제도를 추진하여 기업과 업계 협회의 에너지 절약 적극

---

584) 리커창(각주579), 2012년 1월 4일 참조.

성을 최대한 동원한다.

관련 법률의 시행 상황에 대한 감독·검사를 강화하고, 기후변화와 환경보호의 전반적인 요구에 적극적으로 대응하기 위하여 에너지 절약법, 재생에너지법, 순환경제 촉진법, 청정생산 촉진법, 산림법, 초원법 등의 관련 법률·법규를 엄격하게 집행한다. 임업(林業) 법률·법규의 집행 역량을 강화하고, 법률 집행 체제를 개선하고, 법률 집행 검사를 강화하고, 사회감독을 확대하고 역동적인 법률 집행 감독 제도를 건립한다. 법에 의하여 우리나라의 기후변화 대응 작업을 추진한다. 기후변화 대응에 관한 작업을 인대(人大)의 중점 감독 작업 중 하나로 하고, 관련 법률의 실시상황에 대한 감독·검사를 강화하고 법률·법규의 효과적인 실시를 보장한다.

"중화인민공화국 고체폐기물오염 환경 방지법(中華人民共和國固體廢物污染環境防治法)"과 "도시 면모와 환경위행 관리 조례(城市市容和環境衛生管理條例)", "도시 생활쓰레기(폐기물) 관리 방법(城市生活垃圾管理辦法)" 등의 법률·법규를 효과적으로 시행하여 관리의 초점이 현재 최종 관리에서 전체 과정으로 전환되게 한다. 즉, 쓰레기의 출처를 감소시키고, 재활용품 이용 및 최종적인 무공해 처리는 쓰레기 생산자와 처리자의 행위를 최대한 규제하고 도시 생활 쓰레기 처리 작업을 도시의 전반적인 계획에 포함시킨다. 현행 "도시 생활쓰레기 분류와 이에 따르는 평가 기준(城市生活垃圾分類及其評價標準)", "생활쓰레기 위생매립기술 규범(生活垃圾衛生填埋技術規範)", "생활쓰레기 매립장 무공해 평가 기준(生活垃圾填埋場無害化評價標準)" 등의 업계 기준을 엄격히 시행하고 개정하여 매립장에 대한 가연성 기체(可燃氣體)의 수집, 이용수준을 향상하고 쓰레기 매립장의 메탄(甲烷) 배출량은 줄여야 한다.

환경보호 부서는 환경 법률의 집행, 종합적인 감독뿐만 아니라 거시적인 인식을 향상시키고, 서비스의 전환으로 발전하고, 서비스가 민생을 개선하는 요구에 입각해야 하며 전반적인 시야와 전략적인 사유로 환경보호 작업을 고려하고 거시적인 경제정책의 제정, 경제발전 방식의 전환, 구조의 최적화 구성을 조정하는 등의 방면에서 중요한 역할을 발휘해야 한다. 프로젝트의 환경영향평가(環評), 환경영향 평가계획, 지역비준제한(區域限批)조치를 한층 더 개선하고, 환경보호의 종합적인 결책체제를 완비하고, 환경 모니터링 및 감독체제를 정비하고, 조건부 지역이 환경보호의 종합적인 개혁 시범을 전개하는 것을 격려해야 한다.

환경보호 대오와 기구 건설을 한층 더 강화하고 환경보호 작업 능력을 전면적으로 향상해야 한다. 환경보호 근로자들은 중책을 저버리지 않고, 사명을 욕되게 하지 않고, 환경보호로 경제의 장기적, 안정적, 신속한 발전을 촉진하는 참여자, 추진자, 생태문명 건설의 실천자, 선도자가 되어야 한다.[585]

4. 중국의 탄소배출권거래 법률제도를 구축한다.[586]

생태문명을 건설하고 에너지 절약 및 배출 감소를 촉진하는 것은 우리나라 "12.5"시기에 직면한 중요한 전략적 과제이다. 탄소 배출을 줄이고 통제하는 목적을 달성하기 위해서는 탄소 배출권 거래시장을 조성하는 것이 효과적인 방법이다. 국가 "12.5"계획과 2011년 9월 국무원이 반포한 "'12.5' 에너지 절약 및 배출 감소 종합적 작업 방안('十二五'節能減排綜合性工作方案)"에서는 이미 탄소 배출권 거래시장의 건립에 대하여 명확한 계획이 마련되어 있으며, 에너지 절약 및 배출 감소를 널리 보급하는 중요한 시장체제로서 우리나라 탄소 배출 거래시장 건설이 실질적인 단계에 진입하기 시작했으며, 다음 단계는 다양한 법률·법규의 제정과 실시를 통해 구현되어야 한다고 하였다. 탄소 배출권 거래에 관한 우리나라 법률의 후진성은 국제 탄소 배출권 거래시장에서 실어증을 유발했다. 최근 몇 년간 우리나라는 계속적으로 청정발전체제(CDM)에 적극 참여해 왔으며, 우리나라의 실물경제 기업은 탄소 배출권 시장에 많은 배출 감소를 창출해 왔다. 그러나 국제 표준에 부합하는 탄소 배출권 거래시장에 대한 법률제도가 없기 때문에 CDM프로젝트의 높은 거래량은 우리나라의 탄소 배출권 거래시장에 높은 수익을 가져오지 못했다.[587]

(1) 탄소 배출권 거래 법률제도의 기본적인 법적 행위의 확정

탄소 배출권거래는 국가가 배출허용을 설정한 탄소를 포함한 온실가스·오염물질의 총량 제한을 가리키고 해당 기업이나 산업부문은 국가에 의해 일정한 액수의 탄소 배출 허용량(Allowance, 지표 또는 할당액으로 번역이 가능함)을 수여하고 이것을 동 액수의 오염물질을 배출할 권리로 한다. 해당 기업이나 산업부

---

585) 리커창(각주579), 2012년 1월 4일 참조.
586) 양쇼칭(楊曉青)·우디(吳迪), 탄소배출권거래를 위한 법률보장을 제공, 인민일보, 2012년 2월 24일 참조.
587) 양쯔(楊志), 중국 저탄소 경제발전의 노선에 관한 논의, 남방도시보, 2010년 1월 31일 참조.

문이 기술 개혁 등의 수단을 통해 실현한 실제 탄소 배출량이 분배받은 탄소 배출 허용량보다 작으면 해당 기업은 남은 탄소 배출권을 시장에서 거래를 진행하여 이익을 취득한다. 반대로 기업은 반드시 시장에서 탄소 배출권을 매입하고, 그렇지 않고 허용량을 초과하여 탄소 배출을 하게 되면 관리부문의 처벌을 받는다.

탄소 배출권 거래 법률제도의 기본 법률행위는 최소한 다음과 같은 네 가지 측면을 포함한다. 첫째, 국가 행정행위는 관련 행정주관부문이 진행한 탄소 배출 총량규제, 탄소 배출권의 행정허가, 행정지도와 측정·감독행위이다. 이는 탄소 배출권 거래에 대하여 행정관리를 진행하고 탄소 배출권 거래시장을 장기간 안정적으로 운영할 수 있는 중요한 기반과 보장이다. 둘째, 탄소 배출 평가행위는 독립적인 비준 주체가 기업이 배출 감소 이후의 탄소 배출량에 대하여 정기적으로 독립적인 심사와 사후 확인하는 행위이다. 이는 탄소 배출 감소량이 공신력을 획득하는 행위이다. 셋째, 시장중개행위는 탄소 배출권 거래에서 중개기관이 거래 쌍방에 탄소 배출 할당액의 공급·수요 정보를 제공하거나 거래 편의 조건을 창출하는 행위이다. 이는 탄소 배출권 거래의 성공과 감독을 받는데 필수적인 부분이다. 넷째, 탄소 배출권 거래는 거래 주체가 평등하고 자발적으로 잉여 탄소 배출 할당량을 사고파는 행위이다. 이는 탄소배출권 거래제도에서 주요한 법률행위이다.

개혁은 발전과 변화의 강력한 원동력이고, 자원 환경의 난제를 근본적으로 해결하는 것은 개혁에서 방법을 찾아야 하고 제도·기구를 혁신하고 전체 사회의 자원 절약, 환경보호를 위한 적극성, 자각성과 창조성을 동원해야 한다. 이 분야의 개혁을 추진하려면 환경과 발전에 중점을 두고 관리제도와 운행체제를 개선함과 동시에 환경보호의 고유한 규칙을 파악하고 효과적인 개혁 조치를 모색해야 한다. 예를 들어, 오염(물질)배출권 거래를 하면 오염배출이 많은 기업이 원가를 늘리고, 오염배출이 적은 기업이 경제적 효과를 볼 수 있을 뿐만 아니라 환경보호 기술과 산업의 발전을 촉진할 수 있다. 이는 정부의 강제적인 배출 감소행위가 기업이 자각적인 배출 감소행위로 전환하고 환경 및 경제적 이익의 상생 상황을 달성하는 데 도움이 된다. 국제적으로는 미국, 독일, 영국, 오스트레일리아 등의 국가가 계속적으로 오염배출권 거래를 실시했고 오염배출 감소를 촉진했으며 오염관리 효율을 향상했다. 미국은 20세기 80년대 중반 이산화황(二

氧化硫) 배출권 거래를 실시해, 2008년 이산화황 배출량이 1970년보다 63% 감소했으며, 배출량 감축 비용은 원래 추정치의 1/3에 불과했다. 최근 몇 년간 우리나라 동부의 일부 발전한 성(省份)도 이 방면에서 시범 사업을 전개하여 비교적 좋은 효과를 거두었으며, 이러한 경험을 종합하여 점차적으로 추진해야 한다.[588]

(2) 과학적 탄소 배출 총량 규제와 탄소 배출량 평가 법률체제의 수립

총량 규제체제의 구축은 관련 주무부처 행정행위의 주요 내용이며 탄소 배출권 거래 법률제도의 초석이다. "탄소 배출의 총량 규제와 거래"라는 법률제도를 창제함으로써 온실가스 배출량을 조절하는 역할을 할 수 있다.[589] 권리 속성상 탄소 배출권은 거래 상품이고 실질적으로는 1톤 이산화탄소 당량 단위의 배출 할당량이다. 배출 총량 규제의 제약 하에서만 탄소 배출권이 희소한 자원이 되고 상품 속성을 가질 수 있어 거래 활동을 할 수 있다.

우리나라의 현행 환경 법률체계에는 탄소 배출 총량 규제와 관련하여 구체적으로 실시하는 통일된 전문적인 법규는 없고 오직 분산되어 출현하고 일부 드문드문한 조문뿐이다. "중화인민공화국 대기오염 방지법(中華人民共和國大氣汚染防治法)" 제3조와 제15조는 총량 규제의 개념을 규정하였다. 그러나 이 법은 탄소 배출 총량 규제의 목표, 총량 설계, 총량 분포, 측정과 검사, 적용 절차 등에 대해서는 구체적으로 규정하고 있지 않다. 국무원 행정명령의 형식인 "'12.5' 에너지 절약 및 배출 감소 종합적 작업 방안('十二五'節能減排綜合性工作方案)"을 통하여 "12.5"기간 각 지역의 이산화황 배출 총량, 질소산화물(氮氧化物) 등 오염물 배출 총량에 대해 총량 규제계획을 규정했다. 총량 규제계획이 효력을 발휘하기 위해서는 탄소 배출 총량 규제 입법에 따라 "탄소 배출 총량 규제 관리 방법(碳排放總量控制管理辦法)"을 제정하고, 전문 행정기관이 국가 배출 총량을 제정하고 일정한 방식, 절차에 따라 배분해야 한다. 총량 규제 목표, 총량 통계제도, 통계대상 업종과 종류, 총량 모니터링·검사제도 등에 대해 총량 규제 지표의 전면적 정착을 보장하기 위한 별도의 규정을 해야 한다.

탄소 배출권의 행정입법 방면은 우리나라 법률체계의 안정성과 조화성을 유

---

588) 리커창(각주579), 2012년 1월 4일 참조.
589) 저우커(周珂)·리붜(李博), 우리나라 지탄소경제의 법적보장, 법제일보, 2010년 4월 1일 참조.

지하는 것으로부터 해야 하며, 탄소 배출권 거래에 대한 법적 규제는 점진적으로 입법의 형태를 취해야 한다. 반면 시범 지역은 현지의 "청정발전체제 프로젝트운영 관리 방법(淸潔發展機制項目運行管理辦法)"에 기초해 적극적으로 지방성 규칙을 제정하는 것을 격려해야 한다. 2010년 9월 반포한 "충칭시 주요 오염물 배출권 거래 관리 잠정 방법(重慶市只要汚染物排放權交易管理暫行辦法)"의 경우 오염물 배출권과 오염물 배출 지표의 거래 진행을 명확하게 규정했고 거래 주체 및 조건, 거래 방식 및 절차와 거래 관리 및 직책 작용을 구체적으로 규정했다. 각 분야의 경험이 성숙되면 전국적인 "탄소 배출권 거래 관리 방법(碳排放權交易管理辦法)"을 제정하여 탄소·온실가스를 포함한 배출 허가, 분배, 거래, 관리, 거래 쌍방의 권리와 의무, 법률책임 등을 상세히 규정해야 한다.

　탄소 배출량 평가체제는 탄소 배출량 감소가 공신력을 부여하기 위한 법적제도로, 경제발전과 에너지 절약 및 배출 감소의 이중 수요이다. 현재 지방의 시범은 우리나라 탄소 배출량 평가체제의 수립을 위해 참고할 만한 많은 경험을 축적했다. 2011년 9월 무한시가 반포한 "온실가스(GHG) 배출의 계량화, 검사, 보고와 개선의 실시 지침(溫室氣體排放量化核查報告和改進實施指南)"의 경우, 이 표준은 관련 국제 표준에 관한 전문 용어, 개념과 기술방법을 그대로 인용하여 탄소 배출의 계량화, 검사, 보고의 구체적인 요구 사항을 세분화하고, 이에 따른 데이터 품질과 데이터 신뢰성 보증을 위한 수집 및 관리 요구 사항에 관한 조항을 추가하여 검증 결과 및 정부의 수용을 강화했다. 또한 온실가스 배출 감소 개선에 대한 요구 사항을 제시함으로써 국내 최초 탄소 검증 표준이 되었으며, 온실가스 배출의 검증, 보고 및 개선 조치에 대한 우리나라 지침 기준의 공백을 메웠다.

　과학적인 탄소 배출 평가체제의 수립은 다음과 같은 발상에서 착수할 수 있다. 첫째, 지도 원칙과 규범 구조를 제정하고 국제적으로 접목된 과학적인 체제와 체계를 수립해야 한다. 둘째, 평가 대상의 업종을 명확히 하고 에너지원, 건축, 강철, 화공, 건재, 교통, 폐기물 처리, 농업, 임업, 서비스업 등에 대해 단계적으로 추진하는 원칙에 따라 업종별 탄소 배출 감소와 인증 시스템을 구축해 시범을 선행하고 다시 전면적으로 전개해야 한다. 셋째, 자질이 있는 탄소 배출 감소량의 인증기관을 육성하고, 탄소 배출 감소량의 인증에 제3자 독립기구가 참여하고 기획하고 측정하는 주체적 역할을 충분히 할 필요가 있다.

(3) 탄소 배출권 거래시장의 기본적인 법적제도의 개선

탄소 배출권 거래에서의 시장중개행위와 매매행위는 주로 탄소 배출권 거래시장의 운영에서 나타난다. 탄소 배출 거래시장의 자유와 공정 거래를 보장하는 일련의 기본 제도와 거래 규칙을 수립해야 한다.

(가) 주체 자격의 심사제도이다. 환경보호 부서는 거래 쌍방의 주체 자격을 인정하여 지표 매각자의 환경 모니터링 및 감독을 강화해야 한다. 탄소 배출권 거래에 참여한 기업 혹은 산업부문은 배출 감소 지표를 완료한 후에 남은 부분을 판매할 수 있고 완료하지 못한 부분은 반드시 매입해야 한다. "문턱(門檻)"성격인 사전 예방체제를 설립하고 법정 배출 감소 요구의 새로운 배출원에 도달하지 못하면 탄소 배출권을 매입할 자격이 없다.

(나) 거래 등기의 결제제도이다. 탄소 배출권의 신고 등록, 지표 등록과 같은 지표거래의 등록은 탄소 배출 지표를 배분하기 위한 기초이고 정부가 탄소 배출권과 그 변화를 모니터링하는 기본 방법이다. 탄소 배출권 거래 등록은 거래 당사자 모두가 환경보호 부서가 지정한 시스템 내에 계정을 설정해야 하며, 모든 거래 활동은 모두 계정을 통해 수행되어야 한다. 따라서 탄소 배출권의 보유 및 거래를 종합적이고도 시기적절하게 이해하기 위해서는 통합 계정 관리 시스템과 정보 시스템을 구축할 필요가 있다.

(다) 탄소 배출량의 보고제도이다. 총량 규제계획의 설계에 따라 모든 오염 배출지표 보유자는 그 오염 배출지표의 변화 상황을 상세하고 사실적으로 보고하는 연간 보고서를 제출해야 한다. 예컨대, 얼마나 많은 지표가 내부 배출 감소에 쓰이고, 얼마나 많은 지표가 거래에 사용되었는지, 얼마나 많은 지표가 축적·비축되었는지 등이다. 탄소 배출권 거래 위반으로 인한 차익을 방지하기 위해 반드시 탄소 배출권 거래 관련 수익자와 그에 관한 정보를 보고해야 한다.

(라) 탄소 배출권 거래의 감독·관리제도이다. 감독·관리제도는 탄소 배출 거래시장의 "안정장치(穩定器)"이다. 탄소 배출권 거래에 허위 배출량 데이터와 자질의 증명, 악의적 부당이득의 조작, 시장 정상화 질서 훼손 등의 위법 행위에 대해서는 법에 따라 책임을 묻는 정보 공개와 사찰, 법적 책임제도가 마련되어야 한다.

(마) 탄소 배출권 거래의 금융제도이다. 첫째, 정부 규제 형태로 상업은행에

정책혜택을 제공하고, 상업은행이 탄소 금융 분야에 진입하도록 장려하며, 상업은행이 탄소 배출권 거래에 투자할 위험을 회피할 수 있는 자유로운 법적환경을 제공한다. 둘째, 법적감독을 강화하고 보증금제도, 일일정산제도, 보유제한제도, 강제청산제도와 같은 위험 관리 제도를 지속적으로 실행하여 탄소 배출권에 대한 악의적인 투기를 방지해야 한다.

(바) 탄소 배출권 거래의 세금혜택제도이다. 탄소 배출권 거래는 환경보호 분야의 주체 간의 배출 감소를 위한 일종의 거래로 공공 이익의 속성을 가지고 있기 때문에 세금에 대한 더 큰 지원을 제공해야 한다. 우리는 첫째, 탄소 배출권 거래의 납세 주체에 대해 낮은 세율이 적용되어야 한다고 본다. 둘째, 기업이 기술의 혁신을 통해 획득한 거래 가능한 탄소 배출 할당액은 과세 대상에서 제외해야 한다. 셋째, 세금 감면, 세금 면제 및 투자의 이중과세방지 등의 혜택을 주는 정책을 실시해야 한다. 탄소 배출권의 거래를 통해 탄소 배출자원을 합리적으로 배치(할당)하고 궁극적으로 전체 사회의 에너지 절약 및 배출 감소를 달성해야 한다.

제4절   생태환경보호 분야의 국제협력에 적극 참여

1. 환경보호 강화는 국제 경쟁과 협력에 참여하기 위한 필연적인 요구이다.

환경문제는 경제, 정치, 사회, 문화, 과학기술 등과 연결되는 다층의 다차원적 복합물이며, 현재 세계 각국의 경쟁은 전통적인 경제, 기술, 군사 등의 분야에서 환경 분야로 확대되었다. 세계 경제의 복잡하고 다변화한 배경에는 각종 무역보호주의가 뚜렷하게 대두되고 있고, 일부 서양 국가들은 수입품에 "탄소관세(碳關稅)"와 "탄소이력(碳足跡)"이라는 요구를 제기했고 녹색 장벽은 점차 자국의 이익을 지키기 위한 수단이 되었다. 유럽연합(歐盟)은 국내 정기항공편에 탄소 배출 비용을 부과하고 오스트레일리아도 탄소 배출에 세금을 부과하는 법안을 통과시켰다. 이러한 추세는 계속 발전하고 확산될 수 있다. 우리나라의 경제는 세계 경제에 깊이 통합되어 있으며 대외 의존도가 높다. 만약 우리가 대응을 강화하지 않고 적응하지 못하고 친환경 경제를 발전시키지 않는다면 대외 무역이 저해될 수 있고 국제 발전공간이 압박될 수 있다. 현재 기후변화, 생물 다양성 등의 세계적 이슈는 국제사회의 관심사이자 경쟁의 새로운 초점이 되었다. 우리나라의 이산화탄소와 이산화황 등의 배출량은 이미 세계 상위권에 올랐고 우리나라의 배출량 감소에 대한 선진국의 압력이 증가하고 있다. 우리는 마땅히 세계 기후변화에 대응하는 계기를 잡고 도전을 기회로 바꾸어 경제발전 방식의 전환을 가속화하며, 우리나라의 지속 가능 발전능력을 향상시켜야 한다. 동시에 세계 과학기술과 산업조정의 변혁에서 친환경 경제, 저탄소 기술은 더욱 더 중요한 역할을 하고 있고, 미래 발전의 최고점을 잡을 수 있는 새로운 플랫폼이 되고 있는데, 이것은 본질적으로 발전공간을 두고 경쟁하는 것이다. 종합 경쟁력의 강화, 국가 이익의 유지와 보호, 에너지자원의 안전 보장, 국제적 책임을 진다는 점에서 우리는 자원을 절약하고 환경을 보호하는 일을 확실하게 해야 한다.[590]

2. "공통적이지만, 차별화된 책임"의 원칙과 지속 가능한 발전 원칙을 견지한다.

당의 18대는 "공통적이지만, 차별화된 책임(共同但有區別的責任, Common But Differentiated Responsibilities), 공평한 원칙, 각자의 능력 원칙을 견지하고 국제사회와 함께 세계 기후변화에 적극적으로 대처하자"[591]고 제안했다.

기후변화와 환경보호 문제는 21세기 인류사회가 직면한 심각한 도전 중 하나로 국제사회가 협력해 공동으로 대응할 필요가 있다. "유엔기후변화협약" 및 "교토의정서(京都協議書, Kyoto protocol)"에 의해 수립된 기후변화 대응의 기본 틀을 견지하고, "공통적이지만, 차별화된 책임" 원칙을 견지하고 지속 가능한 발전 원칙을 견지해야 한다. 선진국은 마땅히 역사적 누적 배출의 책임과 현재의 높은 1인당 배출 현실을 직시하고 앞장서서 온실가스의 배출을 대폭 줄이고, 개발도상국에 자금과 기술 이전을 제공하겠다는 약속을 확실하게 지켜야 한다. 개발도상국은 지속 가능한 발전의 틀에서 기후변화와 맞서 싸우고 환경을 보호하기 위해 적극적인 조치를 취해야 한다.

---

590) 리커창(각주579), 2012년 1월 4일 참조.
591) 후진타오(각주287), 40-41면.

3. 적극적인 국제협력을 전개하고, 상호 신뢰를 증진하고, 공감대를 확대한다.

우리나라는 개발도상국으로서의 발전 권익을 확고히 지키고, 기후변화와 환경보호를 통해 어떠한 형태의 무역 보호 실시도 단호히 반대한다. 우리나라는 기후변화와 환경보호에 관한 국제회의와 국제협상에 건설적으로 계속 참가하여 관련 협약과 이에 따르는 의정서가 전면적, 효과적, 지속적 실시를 촉진하여 기후변화와 환경보호에 새로운 기여를 할 것이다.

국제협력을 광범위하게 전개하고 국외 선진기술과 관리 경험을 적극적으로 도입해야 한다. 정부, 의회 등 다양한 차원과 다양한 형태의 국제협력을 적극적으로 전개하고 다방면의 교류와 협상을 강화하고 상호 신뢰를 증진하며 공감대를 확대해야 한다. 기후변화에 대한 공공 의식의 협력과 교류를 촉진하고 국제적으로 좋은 방법을 적극 참고하여 국내 관련 사업을 보완한다. 세계 기후변화에 관한 출판물, 영상과 시청각작품의 교류와 교환을 적극적으로 전개하고 정보·자료 저장소를 구축하여 국내 관련 단위, 연구기관, 고등학교 등이 기후변화 관련 정보를 조회하고 이해할 수 있도록 서비스를 제공한다. 중국 과학자가 기후변화 분야의 국제과학 연구계획의 참여와 관련 국제연구기관에서 직무를 담당하는 것을 격려하고 추천한다. 외국정부와 국제조직 등의 양자와 다자간의 기금을 적극 활용하여 중국이 기후변화 분야의 과학연구와 기술개발을 전개하는 것을 지지한다.

4. 중국의 기후변화에 관한 몇 가지 문제에 대한 기본적인 입장

기후변화는 주로 선진국의 산업혁명 이후 이산화탄소 등 온실가스를 많이 배출해 온 것으로 그 여파가 전 세계에 파급됐다. 기후변화에 대한 국제사회의 폭넓은 협력이 필요하다. 중국은 기후변화에 효율적으로 대처하기 위해 각국과 협력을 강화함과 동시에 선진국이 "유엔기후변화협약"에 규정된 대로 개발도상국에 자금과 기술을 제공한다는 약속을 충실히 이행해 개발도상국의 기후변화대응 능력을 제고할 것을 호소해야 한다.

(1) 온실가스 배출의 완화

온실가스 배출의 완화는 기후변화에 대처하는 중요한 측면이다. "유엔기후변화협약" 부록1에 의하여 당사국은 "공통적이지만 차별화된 책임" 원칙에 따라 앞장서서 배출 감소 조치를 취해야 한다. 개발도상국은 역사적 배출량은 적고 현재 1인당 온실가스 배출량이 낮은 편으로 지속 가능한 발전을 이루는 것이 주요 임무이다. 중국은 개발도상국으로서 지속 가능한 발전 전략에 따라 에너지 효율을 향상시키고, 에너지 절약, 재생 가능 에너지 개발, 생태환경 보호와 건설의 강화, 식수조림(植樹造林)을 대대적으로 전개하는 등을 통해 온실가스 배출 규제를 위해 노력하고 세계 기후변화의 완화에 기여해야 한다.

(2) 기후변화에 적응

기후변화에 대한 적응은 기후변화에 대응하는 조치의 불가분의 구성 부분이다. 과거에는 적응에 대한 충분한 주목을 받지 못했는데 이러한 상황은 반드시 근본적으로 바뀌어야 한다. 국제사회는 앞으로 기후변화에 대한 추가적인 대응을 위한 법률문서를 제정할 때 이미 발생한 기후변화 문제에 어떻게 적응할 것인지, 특히 개발도상국의 재해성 기후 사건에 대한 대응 능력을 높이는 데 충분한 노력을 기울여야 한다. 중국은 국제사회와 협력해 적응 분야의 국제 활동과 법률문서의 제정에 적극적으로 참여해야 한다.

(3) 기술협력과 기술양도

기술은 기후변화에 대응하는 데 있어서 핵심적인 역할을 하는 만큼, 국제 공유 기술의 발전에 따른 혜택과 이익을 얻을 수 있도록 국제 기술협력과 양도를 강화해야 한다. 기후변화 대응 기술의 연구개발, 활용과 양도를 촉진하고, 기술협력에 있어서의 정책, 체제, 절차, 자금 및 지식재산권 보호에 관한 장애를 제거하고, 기술협력과 기술 사양에 대한 장려를 통해 기술협력과 기술양도가 실천에서 원활하게 이루어질 수 있도록 해야 한다. 국제기술협력기금을 조성하여 광대한 개발도상국이 선진적인 환경친화형 기술을 매입할 수 있고, 사용할 수 있도록 보장해야 한다.

(4) "유엔기후변화협약"과 "교토의정서"의 의무적 이행

"유엔기후변화협약"은 기후변화에 대응하는 목표, 원칙과 약속을 규정하고 있으며, "교토의정서"는 협약을 바탕으로 선진국이 2008~2012년의 온실가스 배출 감소 목표를 추가로 규정했으며, 체약국 모두는 "유엔기후변화협약"과 "교토의정서"를 성실히 이행해야 한다. 선진국은 마땅히 앞장서서 온실가스 배출 감소 행동을 취하는 동시에 개발도상국에 자금과 기술을 양도하겠다는 약속을 충실히 이행해야 한다. 중국은 책임을 맡은 국가로서 "유엔기후변화협약"과 "교토의정서"의 의무를 성실히 이행하고 있다.

(5) 기후변화에 대한 지역 협력

"유엔기후변화협약"과 "교토의정서"는 국제사회의 기후변화 대응을 위한 주요 법적 틀을 설정했지만, 이것이 결코 지역 기후변화 협력을 배제하는 것은 아니다. 어떠한 지역적 협력도 "유엔기후변화협약"과 "교토의정서"에 대한 유익한 보완이지, 대체하거나 약화시키는 것은 아니며, 기후변화에 대한 각 방면의 적극적인 대응을 움직여 구체적인 국제협력을 추진하기 위한 것이다. 중국은 마땅히 이러한 정신으로 기후변화 분야의 지역협력에 참여하고, 중국의 기후관측 체계 건설을 강화하고 세계 기후변화 모니터링기술, 온실가스의 배출 감소기술과 기후변화 적응기술 등을 개발해 기후변화에 대한 중국의 대응 및 국제협약의 이행을 개선해야 한다.

제10장

중국 특색 사회주의 민주법치와
인권사업

　수천 년의 발전과 변화를 거쳐 지금에 이르기까지 3세대의 인권 개념이 등장했으며 인권문제도 국내에서 국제로 이동했다. 마르크스와 엥겔스는 마르크스주의 인권관을 창안했다. 마오쩌둥은 중국의 혁명과 건설을 이끌면서 마르크스주의 인권관을 계승하고 발전시켰으며, 중국의 현실에 비추어 인민권리사상(人民權利思想)을 창조적으로 제시했다. 덩샤오핑은 개혁개방의 새로운 시대에 마오쩌둥의 인민권리사상을 견지하고 발전시켰으며 중국 특색 사회주의 인권 이론, 즉 마르크스주의 인권 이론을 중국화했다. 지앙쩌민과 후진타오는 중국 특색 사회주의 인권 이론을 지지하고 발전시켰으며 중국 특색 마르크스주의 인권 이론체계를 개선했다. 신 중국 성립 이후, 특히 개혁개방 이후 중국의 인권사업은 급속히 발전하여 전 세계의 이목을 끄는 큰 성과를 거두었다. 인권상황은 역사적 변화가 일어났으며, 인민은 진정으로 정치, 경제, 문화, 사회 등 광범위한 권리를 향유하고 인권의 법률보장체계는 이미 기본적으로 형성되었으며 인권 보장은 점진적으로 규범화, 법률화, 제도화 궤도에 진입했다.

제1절 인권의 개념 및 인권의 유래와 발전

1. 인권의 개념

인권이란 무엇인가(Human Rights)? 국내외 학자, 전문가들은 이에 대해 다양한 시각에서 많은 해석과 정의를 했지만, 아직까지 일치된 인식을 얻지 못하고 있다. 당대 서양에서 유행하는 인권의 개념은 영국학자 밀른(米爾思, A.J.M. Milne)의 개념으로 "인권의 개념은 이러한 개념이다. 즉, 인정되든 안 되든 모든 시간과 장소에서 전체 인류에게 귀속되는 어떤 권리가 존재한다. 국적, 종교, 성별, 사회 신분, 직업, 재부, 재산 또는 기타 인종, 문화 또는 사회적 정체성의 차이에 관계없이 인간으로서 이러한 권리를 향유한다."[592]이다. 미국학자 루이 행킨(路易斯・亨金, Louis Henkin)은 "인권은 사회에서 개인의 권리이다. 모든 사람이 그 또는 그녀가 사회의 구성원이기 때문에 '권리'를 갖거나 받을 권리가 있다. 이러한 권리는 합법적이고 효과적이며 정당한 이유를 가지고 있다. 그것은 다양한 선(善)과 이익을 사회에 알리는 것이다. 인권은 자유 - 구속, 가혹한 형벌로부터의 자유와 언론, 집회의 자유를 포함하며, 인권은 실질물권, 주택권리와 및 타인의 기본적인 요구가 포함된다."[593]고 여겼다. 오늘날 서양 학자들의 인권 이론은 도덕 권리설, 새로운 천부적 인권설, 가치 철학설과 보편적 인권설 등을 포함하며 다양하다. 우리나라 학자들의 의견도 수십 가지가 넘는데, 주로 인격고정권리설(人性固定權力說), 권리일반형식설(權利一般形式說), 수요권리와 자유권리의 통일설(需求權和自由權統一說), 인적권리설(人的權利說), 인신자유와 민주권리설(人身自由和民主權利說), 공민권리설(公民權利說), 당연한 권리설(應有權利說), 기본권리설(基本權利說), 법정권리설(法定權利說), 도덕권리설(道德權利說), 천부권리설(天賦權利說), 인부권리설(人賦權利說), 상부권리설(商賦權利說) 등이 있다. 우리나라의 일부 학자들은 "인권은 인간의 자연적 속성과 사회의 본질에 따라 누릴 권리"[594]라고 정의한다. 또한 일부 학자들은 인권을 "인권은 인간의 인격과 존엄성에 기초해 모든 사람이 누리는 것이며, 인간의 생존과 발전에 중요한 의

---

592) [영국] 밀른, 사람의 권리와 사람의 다양성, 베이징, 중국대백과전서출판사, 1995년, 2면.
593) [미국] 루이 행킨, 권리의 시대, 베이징, 지식출판사, 1997년, 2-3면.
594) 리린(李林)주필, 당대 인권 이론과 실천, 창춘(長春), 길림대학출판사, 1996년, 4면.

미를 가지는 기본 권리"595)라고 정의하기도 한다. 실질적으로 무엇이 인권인지에 대해서는 일반적으로 다음과 같이 이해할 수 있다. 이른바 인권은 "사람의 권리", 즉 "인간으로서의 권리", 즉 "인간을 인간으로 만드는 권리", 즉 "존엄한 인간으로 만드는 권리(使人成其為人的權利)", 즉 "인간으로서의 필요와 조건"이다. 이를 바탕으로 인권은 인간의 본질과 존엄성에 기초해 실질적으로 누리는 모든 권리와 자유, 특히 기본 권리와 자유라고 정의할 수 있을 것 같다. 이러한 정의의 구체적인 내용은 다음과 같다.

① 인권의 주체는 모든 사람이고 자연인, 법인, 단체, 민족과 국가 등을 포함한다.

② 인권은 인간의 본질과 존엄성을 바탕으로 생성된다. 소위 "인간 본성"은 모든 "인간"이 자연적 속성과 사회적 속성을 가짐을 의미한다. 인간의 본질은 인간이 동물계에서 유래한다는 것인데, 어떻게 발달하든 모든 자연적 속성을 완전히 벗어나지 못한다는 것을 말한다. 인권은 일정한 의미에서 인간의 이러한 자연적 속성의 직접적 또는 간접적 요구라고 할 수 있다. 그러나 인간과 동물의 기본 경계는 인간의 결정적 요소를 설명하기에 충분하지 않으며, 결정적 요소는 바로 인간의 자연적 속성이 아니라 인간의 사회적 속성이다. 인간의 사회적 속성은 사람의 결정적인 요소가 될 수 있으며, 사람의 성격을 설명할 수 있는 이유는 특정 사람이 항상 특정 사회적 관계의 산물이자 표현이기 때문이다. 이러한 인간의 사회적 속성은 인간의 상호 의존성과 상호 의사소통에 집중되어 있다. 인간의 권리에 대한 인간의 요구와 조건을 증진시키는 것은 인간의 상호 의존적이고 대인 관계적인 성격이다. 소위 "인간 존엄성"은 사람들의 공동 생활 속에서 다양한 수요, 이익과 손해, 취미에 기초하여 행해지는 노동의 실천 속에서 인간의 수요, 이익과 손해, 취미는 점차적으로 승화되어, 비교적 독립적이고 자각적이며 이성적인 인간으로서의 자아를 형성한다. 이러한 가치체험은 인간의 감정, 의지, 이성, 양지(良知)에 관한 자기 존재에 대한 일종의 감정이며 어떤 역사적 시기의 구체적인 사회596)로써 자신과 그 "동류(同類)"에 대한 인간의 "자

---

595) 주징원(朱景文)주필, 법리학, 베이징, 중국인민대학출판사, 2008년, 248면.
596) 순궈화(孫國華, 손국화)주필, 인권: 자유의 표척으로 나아간다, 지난(濟南), 산동인민출판사, 1992년, 5면 참조. 이 도서는 저자가 생각하기에는 권리는 실질적으로 일정한 사람들이 일정한 사회경제의 조건하에서 사람들이 일정한 행위 혹은 행위자유에 대한 가치를 확정한 것이고, 즉 이러한 행위는 "정당한" 것으로 여겨진다.

기 정체성"이다. 바로 이러한 "자기 가치", "자기 존재"와 "자기 정체성"이 인간의 존엄성과 핵심 내용을 구성한다.

③ 이른바 "향유해야 한다."는 것은 마땅히 향유할 수 있어야 하고, 누릴 수 있어야 하지만 아직 누리지 못한 권리를 말한다. 모든 권리는 마땅히 있어야 하는 권리의 범주에 속하고 권리에 속하는 모든 것은 정당성이 있다.

④ 인권의 내용은 모두 권리와 자유, 특히 기본 권리와 자유이며, 기본 권리는 주로 자유권, 평등권, 재산권, 생존권, 발전권 혹은 생존권리, 발전권리, 정치권리, 경제사회 문화권리 등을 포함한다.

⑤ 무엇이 권리인가? 권리의 핵심과 관건은 인간의 자유 행위에 대한 가치를 인정하는 것이다. 기본 권리는 필수 불가결하고 대체 불가능하며 양도 불가능하며 안정적인 등의 특성을 구비한다.

⑥ 인권의 발전은 한 나라의 민족 전통과 경제적, 문화적 여건의 제약을 받고 경제적, 문화적 발전과 함께 점점 발전하고 개선되고 있다.

⑦ 인권의 형태와 수준은 일반적으로 자연법의 의미에서 인권, 도덕의 의미에서 인권, 실정법의 의미에서 인권, 실생활에서의 인권으로 나눌 수 있다. 도덕적인 차원의 인권이란 사람이 누려야 할 권리를 말하며, 이 유형의 권리는 정당한 분야에 속한다. 정치적인 측면의 인권은 바로 공권력에 대항할 수 있는 권리를 말하며, 공권력의 합법적이고 합리적인 여부를 가늠할 수 있는 최종적인 척도이다. 법률 측면의 인권은 법에 의해 규정되고 인정되고 보장된 권리이다.

⑧ 인권의 속성은 다양하다. 주로 보편성과 특수성, 개체성과 집단성, 자연성과 사회성, 역사성과 계급성, 현실성과 이상성, 고정성과 가변성, 권리와 의무의 대등성, 시간성과 공간성 등이다.

2. 인권의 유래와 발전

인간 사회의 역사는 사람이 있음으로 인권문제가 생긴다는 것을 보여준다. 서양에서 인권 사상은 고대 그리스 철학, 로마법, 기독교 성경 및 종교개혁 운동에서 비롯된 것으로 인류가 억압에 맞서 자유를 쟁취하려는 가치의 추구에 뿌리를 두고 있다. 고대 그리스에서 일부 현명한 사람들은 삶의 자유와 평등을 양도할 수 없는 개인의 권리로 간주했으며, 법률은 개인의 권리를 보장하기 위한 계약에 불과하다. 철학자 아리스토텔레스(亞里士多德, Aristoteles)는 자유와 평등을 정치적 관계의 출발점으로 삼아 시민의 가장 기본적인 자유와 권리는 교대로 다스리는 것이고 "법치는 한 사람의 지배보다 낫다(法治優於一人之治)."고 여겼다. 아리스토텔레스의 권리관은 뚜렷한 집단주의나 전체주의 성향을 가지고 있으며, 도시 국가(城邦)가 본질적으로 개인보다 우선하며, 개인의 권리는 도시 국가의 이익의 수요에 복종해야 한다는 것을 강조한다. 고대 그리스 아테네 솔론(梭倫, Solon), 테세우스(提秀斯, Theseus)와 클레이스테네스(克里斯提尼, Cleisthenes)의 세 번의 개혁은 모두 시민과 시민의 권리를 다양한 정도로 확대했다. 고대 로마에서는 집정관 키케로(西塞羅, Cicero)가 사람들에게 명확한 정의를 내리고 모든 사람이 누려야 할 권리를 시민의 권리로 정의했다. 고대 로마의 자연법, 시민법과 만민법에는 모두 시민의 권리에 관한 규정이 있었다. 예를 들어 기원전 450년에 제정되고 시행된 "12표법(十二表法, lex duodecim tabularum)"은 시민의 상속과 보호, 소유권과 점유, 주택과 토지 등에 대한 권리를 모두 명확히 규정함으로써 시민적 권리와 정치적 권리를 확대했다. 고대 로마공화국 말기 발발한 스파르타크봉기는 노예들이 노역과 비인간적인 현실에서 벗어나 "인간으로서의 권리(做人的權利)"를 쟁취하려는 위대한 투쟁이었다. 근대에는 자산계급 사상가 홉스(霍布斯, Hobbes), 로크(洛克, Locke), 루소(盧梭, Rousseau) 등이 고대 그리스 로마의 자연법과 인권사상을 계승하고 발전시켜 "자연권리설" 또는 "천부인권설"을 창안했다.

(가) 그로티우스(格勞秀斯, Grotius)는 인간의 이성적 관점에서 자연권리를 제시하고 논술했다. 그는 자연의 권리는 행위가 이성에 의해 자연과 잘 어울렸는지 여부에 따라 도덕적으로 비열하거나, 도덕적으로 필요했다고 단정하고, 그 행위가 자연을 창조하는 신에 의해 금지 혹은 명령되었는지를 지시하는 정당한 이성적 명령이라고 말했다. 이러한 권리에는 생명권, 재산권, 자위자주권(自衛自救權)과 평등권이 포함된다.

(나) 스피노자(斯賓諾沙, Spinoza)는 자연권리는 인간의 욕망과 이성에서 비롯된 것이라고 여겼다. 자연 상태에서 사람들은 욕망의 규율지배를 받고 이성의 규율지배를 받는 것은 아니다. 욕망과 역량이 커질수록 권리도 많아진다. 그는 최초로 "천부권리"라는 개념을 사용했고 천부권리는 욕망과 역량에 의해 결정되고 이성으로 결정되는 것은 아니라고 여겼다. 그는 "섭리에 의해 모든 사람에게

부여된 자유권"은 먼저 신앙의 자유와 언론의 자유로 표현된다.

(다) 홉스(霍布斯, Hobbes)는 자연권리를 자연법과 분리해 "자연권리는 모든 사람이 원하는 방식으로 자신의 힘을 사용해 자신의 천성을 보전하는 것이고, 다시 말하자면 자기의 생명의 자유를 촉진한다." 그러나 "자연법은 이성이 발견한 계율이나 일반 법칙이다. 이런 계율이나 일반 법칙은 사람들이 자신의 생명을 훼손하거나 자신의 생명을 보전할 수단을 빼앗는 일을 하지 못하도록 하고, 자신이 생명 보전에 가장 유리하다고 생각하는 일을 하지 못하도록 한다."597)고 말했다. 자연권리는 자신의 생명권을 지키기 위해 주권자의 명령에 복종하지 않는 자유이다. 법률이 규정되지 않는 곳에서 관원과 백성(臣民)은 자신의 판단에 따라 취하거나 행동하지 않을 자유가 있고, 관원과 백성은 판사 앞에서 소송을 진행할 자유가 있고, 관원과 백성은 스스로 고소하지 않을 자유가 있으며, 관원과 백성은 전승자에게 복종하는 자유를 가지고 있다.

(라) 로크(洛克, Locke)는 "인간은 천성적으로 자유, 평등하고 독립적이고" "생명, 건강, 자유 혹은 재산"을 향유할 수 있는 자연의 권리를 누린다고 믿었다. 그는 또 최초로 "생존권리"라는 용어를 사용했다. 그는 "자연의 이성으로 말하면 인간은 태어나자마자 살 권리를 누리기 때문에 육식과 음료 및 자연이 공급하는 그들의 생존을 위한 다른 것들을 즐길 수 있다."598)고 말했다.

(마) 루소(盧梭, Rousseau)는 "모든 사람은 자유롭고 평등하게 태어났고", "인간의 주요한 자연적 천성, 생명과 자유 …… 이러한 천부는 사람마다 향유가 가능하며", "자유는 인간의 자격으로 자연으로부터 얻어지는 천부"이고, "이런 인간들이 공유하는 자유는 인간성의 산물이다."고 말했다. 루소가 말한 "자유"는 "사회의 자유"와 "도덕의 자유"를 포함하고 루소가 말한 "평등"은 "도덕평등", "법률평등", "재산평등"과 "교환평등"을 포함하며, 루소가 말한 "천부인권"은 또 "인민주권", "폭군(暴君)권리에 대한 반항"과 "혁명권" 등의 내용을 포함한다.

(바) 로베스피에르(羅伯斯庇爾, Robespierre)는 프랑스 자산계급 혁명의 급진파(激進派)대표이다. 그는 "인권선언"을 작성하고 완전한 이론적 인권체계를 완성했다. 이 인권 이론체계는 주로 자유권, 평등권, 참정권, 사회권으로 구성되어

---

597) [영국] 홉스(霍布斯, Hobbes), 레비아탄(利維坦, Leviathan), 베이징, 상무인서관, 1986년, 97면.
598) [영국] 존 로크(洛克, John Locke), 정부론 하편, 베이징, 상무인서관, 1985년, 18면.

있다.

고대 중국에도 인권에 관한 많은 논술이 있었다. 유가의 공구(孔丘), 맹가(孟軻)는 일찍이 "이인위본(以人為本: 모든 것의 근본은 사람임을 이르는 말)", "언론자유(言論自由)", "거법청송, 무유소아(據法聽訟, 無有所阿: 법에 따라 사건을 심의해야 한쪽으로 치우치지 않음을 이르는 말)" "기소불욕, 물시어인(己所不欲, 勿施於人: 내가 원하지 않는 바를 남에게 행하지 말아야 함을 이르는 말)", "이덕거형(以德去刑)", "덕주형보(德主刑輔: 덕을 주로 하고 법을 보조적 수단으로 함을 이르는 말)", "강신수목(講信修睦: 이웃지간에 신용을 지켜야 화목할 수 있음을 이르는 말)", "이화위기(以和為貴: 화목을 중요시함을 이르는 말)", "친인선린(親仁善鄰: 사이좋게 지내는 이웃을 이르는 말)"이라고 했으며, 모두 소박한 인권 이념이 스며들어 있다. 법가 상앙(商鞅), 한비(韓非)는 "이형거형, 형거사성(以刑去刑, 刑去事成: 형벌을 무겁게 하여 형벌 자체를 없애고 법 없이 일을 성사시킴을 이르는 말)", "수법이치(垂法而治)", "연법이치(緣法而治)", "이법위본(以法為本)", "법술세(法術勢)"의 세 가지 결합도 법치를 중요시하고 사람을 존중하는 인문정신이 배어있다. 유가와 법가의 이러한 소박한 인권 이념은 특히 "이인위본", "기소불욕, 물시어인"의 원칙은 근대 서양 자산계급 인권 사상에 직접적인 영향을 미쳐 이론적 연원의 작용을 했다. 동시에 서양 천부인권설은 중국에서도 퍼져 큰 영향을 미친 바 있다. 1930년대, 중국은 체계적인 인권 이론과 주장을 펴는 "인권파(人權派)가 등장했다. 수천 년에 걸친 봉건사회에서 중국 인민들은 독립, 민주, 자유와 인권의 쟁취를 위해 불굴의 투쟁을 벌였으며, 역대 농민봉기(農民起義), 유신변법(維新變法), 신해혁명(辛亥革命), 5·4운동(五四運動) 및 반제·반봉건(反帝反封建)주의의 민주혁명 과정에서 민주 자유·인권의 가치 추구를 완전히 반영했다.

3. 국제인권의 발전

20세기 후반 인류는 제2차 세계대전이라는 큰 재난을 겪은 후 지난날의 고통을 돌이켜 보면서 더욱더 인권을 희망했고 인권을 외치며 인격에 대한 존중을 요구했다. 인권의 개념과 내용이 크게 발전하고 풍부해 졌으며 국제인권 ― 인류 공동의 이상적인 목표가 형성되었으며 오늘날 시대의 주류가 되었다.

1945년 10월 24일, 유엔(聯合國, UN)이 성립되었고 "유엔헌장(聯合國憲章)"에 의거하여 "국제협력을 촉진하고 …… 인종, 성별, 언어 혹은 종교를 불문하고 전체 인류의 인권과 이에 따르는 자유에 대한 존중을 증진하고 격려한다."는 유엔의 취지를 명시했다.

1948년 12월 10일, 유엔총회는 공식적으로 "세계인권선언(世界人權宣言)"을 채택했으며, 처음으로 인권의 구체적인 내용이 모든 국민과 국가의 공통 목표로 국제 차원에서 체계적으로 제안되었다. "세계인권선언"은 "모든 사람은 태어나면서부터 자유롭고, 존엄과 권리 면에서 일률적으로 평등하다."고 선언했다. "모든 사람은 인종, 피부색, 성별, 언어, 종교, 정치적 또는 기타 의견, 국적 또는 사회적 출신, 재산, 출생 또는 기타 지위에 관계없이 이 선언에 포함된 모든 권리와 자유를 가질 권리가 있다." 이러한 권리와 자유에는 시민적 권리와 정치적 권리 및 경제적, 사회적, 문화적 권리를 포함하고 이 두 종류에는 모두 25가지 사항이 있다. "세계인권선언"은 천부인권설을 이론적 기반으로 하고 다양한 정치 세력의 투쟁과 타협의 산물이다. 이는 국제조약이 아니어서 법적 구속력이 없지만, 그 영향과 역할은 여전히 막대하다.

1966년 유엔총회는 "시민적 및 정치적 권리에 관한 국제협약(公民權利和政治權利國際公約, International Covenant on Civil and Political Rights)"과 "경제적, 사회적, 문화적 권리에 관한 국제협약(經濟·社會及文化權利國際公約, International Covenant on Economic, Social and Cultural Rights)"에 따르는 "선택의정서(任擇議定書)"를 채택하여 "세계인권선언"의 기본 내용을 재확인하고 민족 자결권과 각국의 자연자원과 재부에 대한 국가의 주권을 강조했다.

1984년 유엔총회에서 통과된 "인류의 평화에 대한 권리 선언"은 세계인의 평화에 대한 신성(神聖)한 권리를 향유한다고 선언했다.

1986년 유엔총회에서 통과된 "발전에 관한 권리 선언"은 발전권리는 착취해서는 안 되는 인권의 하나라고 확인했다.

1993년 제3차 세계인권회의는 "비엔나 선언 및 행동 계획(維也納宣言和行動綱領, Vienna Declaration and Programme of Action)"을 채택하여 인권의 보편성과 특수성의 통일과 다양한 유형의 인권의 불가분성을 강조하고 국제인권활동을 위한 지도원칙과 행동계획을 제안했다.

제2차 세계대전 후 유엔은 60여 년 동안 근 백여 건에 달하는 인권관련 선언, 협약, 의정서를 통과했고 그 내용은 사회활동의 모든 영역과 연결되며 인권 개념과 인권이념을 풍부하게 발전시켰다.

유엔은 인권이사회, 인권 고등판무관실 등의 기관을 설립했고 국제인권문제를 전문적으로 처리한다.

유엔은 국제인권의 보호, 평화의 유지(維和), 인도주의 지원, 난민의 정착 및 국제 인권사업의 건강한 발전을 촉진하는 등의 측면에서 점점 더 중요한 역할을 수행한다.

상술한 바를 요약하면, 국제인권의 주요 특징은 인권의 의미를 풍부하게 하고, 다양한 인권의 불가분성을 강조하며, 개인과 집단의 권리의 조합을 강조하고, 인권의 보편성과 특수성의 단일성을 강조했고, 권리와 책임의 통일을 강조한다.

제2절 마르크스주의 인권관과 중국 특색 사회주의 인권 이론

19세기 중반에서 20세기 20년대까지 마르크스주의의 탄생 및 사회주의 혁명의 출현은 마르크스주의 인권관의 발생과 형성을 나타낸다. 중국 공산당은 마르크스주의 인생관의 원리와 중국의 혁명, 건설과 개혁개방의 실제 상황을 밀접하게 결합시켰으며, 마르크스주의 인권관을 계승하고 발전시켰으며, 중국 특색 사회주의 인권 이론, 즉 중국화 마르크스주의 인권 이론을 창안했다.

1. 마르크스와 엥겔스의 인권관

(1) 인권의 의미와 기원에 대한 설명

마르크스와 엥겔스는 "도이치 이데올로기"에서 인권은 "권리의 가장 일반적인 형식"599)이라고 말했다. 마르크스는 "유대인 문제(論猶太人問題)"에서 "시민적 권리와 다른 소위 인권은 시민사회의 구성원, 즉 인간 본성과 공동체의 이기주의를 벗어난 사람들의 권리일 뿐"600)이라고 말했다. 엥겔스는 또한 "반듀링론"에서 인권은 "모든 사람, 또는 적어도 한 국가의 모든 시민이나 사회의 모든 구성원이 평등한 정치적, 사회적 지위를 가져야 한다."601)고 말했다. 마르크스는 또

---

599) 마르크스 · 엥겔스 전집(각주7), 228면.
600) 마르크스 · 엥겔스 전집(각주25), 437면.

한 인권은 역사적 상품경제의 산물이지 "천부적"인 것은 아니라는 점도 명시했다. 자산계급 인권이 인권발전의 중요한 단계인 이유는 완전히 개발된 자본주의 상품생산과 교환에 의해 결정된다. 마르크스는 "자본론"에서 다음과 같이 말했다. 만약 경제 형태와 교환이 주체 사이에 포괄적인 평등을 확립한다면, 그 내용은, 즉 사람들이 개인재료와 물자재료의 교환을 진행하는 것을 촉진하고, 즉 자유를 확립한다. 이처럼 평등과 자유는 교환가치에 기초한 교환뿐만 아니라 교환가치의 교환은 모든 평등과 자유의 생산, 현실의 기초라는 것을 알 수 있다. 순수한 개념으로서 평등과 자유는 단순히 가치 교환의 이상화된 표현일 뿐이다. 법률적, 정치적, 사회적 관계에서 발전된 것으로서 평등과 자유는 또 다른 한 측면의 기초에 불과하다.[602] 엥겔스는 또 다음과 같이 말했다. 자본주의 경제가 발전함에 따라 유럽 중세 말기에 "처음으로 강한 문화지역이 만들어졌고, 이 지역 내에 서로 영향을 주고 대비하는, 주로 민족국가로 구성된 체계가 건립되었다. 이렇게 기초를 마련하였고, 그 토대 위에서만 인간의 평등과 인권에 대해 이야기하는 것이 가능해졌다." 그는 또 "사회의 경제적 진보가 봉건적 질곡(桎梏)에서 벗어나 봉건적 불평등 해소를 통한 권리 평등의 확립을 요구하면 그 폭을 빠르게 넓혀갈 것이다. …… 이러한 요구 사항은 개별국가 차원을 넘는 보편적 성격을 자연스럽게 획득하며 자유와 평등은 자연스럽게 인권으로 선포된다."[603]고 말했다. 그러므로 자유와 평등을 기본 내용으로 하는 인권은 순수한 개념의 형태나 법률규범으로 표현되든, 또는 정치적 요구나 사회적 관계의 형태로 나타나든 상품경제발전의 반응일 뿐이며, 상품에 종속될 수밖에 없음을 보여준다. 인권의 출현은 이론적 근거와 물질적 근거를 모두 가지고 있다. 그러나 이 기초는 인간의 본성에서 찾을 수 없고 그 시대 지배적인 생산관계에서 찾을 수밖에 없다. 상품경제의 발전과 사회문화의 진보는 인권이 낳은 결정적 요소이다.

(2) 자산계급 인권의 계급적 실질과 허위성을 폭로

자산계급 인권에 대한 응답으로 마르크스는 "노동력을 평등하게 착취하는 것이 자본의 가장 중요한 인권"[604]이라고 일침을 가했다. 마르크스와 엥겔스는

---

601) 마르크스 · 엥겔스 선집(각주413), 444면.
602) 마르크스 · 엥겔스 전집(각주50), 197면 참조.
603) 마르크스 · 엥겔스 선집(각주413), 445면.
604) 마르크스 · 엥겔스 전집(각주36), 324면.

"도이치 이데올로기"에서 또 "인권은 그 자체로 특권이고 사유제도는 독점"[605] 이라고 지적했다. 엥겔스는 "반듀링론"에서 "가장 중요한 인권 중 하나로 선포된 것은 자산계급의 소유권"[606]이라고 지적했다. 마르크스는 "유대인 문제"에서 다음과 같이 언급했다. "자유라는 인권의 실질적인 적용은 사유재산의 인권이며" "사유재산이라는 인권은 타인과 무관하게 임의로 재산을 사용 및 처분할 수 있는 권리이며 사회적 제약으로부터 자유롭다. 이 권리는 바로 이기적인 권리이다."[607] 그는 또 자본주의 사회에서 "인권은 사람들을 재산으로부터 자유롭게 해주는 것이 아니라 오히려 재산을 소유할 수 있는 자유를 제공한다. 인권은 사람들이 부를 추구하는 것을 포기하게 하는 비열한 행위를 하지 않는다. 단지 사람들에게 자유롭게 운영할 수 있는 자유를 줄 뿐"[608]이라고 말했다. 마르크스와 엥겔스의 이러한 논단은 백여 년 전에 발표되었지만 오늘날 자본주의 국가의 현실에 여전히 적용된다. 오늘날 자본주의 사회의 정치, 경제와 문화는 큰 변화를 겪어 왔으며 심지어 "진보적"이라고 할 수 있지만, 인권의 계급적 실질은 아무런 변화도 없을 정도로 사실상 자본가들이 누리는 특권으로 남아 있다. 동시에 마르크스와 엥겔스는 자산계급 인권이 위선적이라고 믿었다. 마르크스에 따르면 자본주의 사회 체계에는 "평등과 안전"이라는 두 가지 인권이 있다. "평등은 정치적 자유의 평등, 즉 모든 사람이 외톨이로 취급되며" "안전은 이러한 이기주의의 보장"[609]이라고 강조했다. 사실 이런 "평등"과 "안전"은 무산계급에게 위선적이다. 엥겔스는 "독일상황(德國狀況)"에서 "평등의 원칙은 또 '법적 평등'으로 제한되었기 때문에 취소되었다며 법적 평등은 부자와 가난한 사람들 사이의 불평등을 전제로 하는 평등이다. 간단히 말해서 불평등을 평등이라고 한다."[610]고 말했다. 그는 또 "정치의 자유는 거짓된 자유이고 최악의 노예제이며, 이러한 자유는 이름만 있을 뿐, 사실상 노예제"[611]라고 말했다.

---

605) 마르크스・엥겔스 전집(각주7), 229면.
606) 마르크스・엥겔스 선집(각주413), 356면.
607) 마르크스・엥겔스 전집(각주25), 438면.
608) 마르크스・엥겔스 전집(각주48), 145면.
609) 마르크스・엥겔스 전집(각주25), 439면.
610) 마르크스・엥겔스 전집(각주48), 648면.
611) 마르크스・엥겔스 전집(각주25), 576면.

(3) 인권은 발전함과 동시에 사회의 경제적, 문화적 조건의 제약을 받는다.

마르크스는 "고타강령비판(哥達綱領批判)"에서 "권리가 사회의 경제구조 및 경제구조에 의해 제약을 받는 사회의 문화 발전을 넘어서는 안 된다."[612]고 명확하게 지적했다. 국가의 경제구조와 과학 문화적 수준을 떠나서 인권에 관해 논할 때, 인권문제에서 유치하게 앞서가는 실수를 범한다는 것은 비현실적 환상이다.

(4) 무산계급은 마땅히 인권을 이용하여 자신의 이익을 실현해야 한다.

무산계급은 "일반인권"을 거부할 것이 아니라 자신의 정치적, 경제적 이익을 위해 자산계급 인권을 이용해야 한다. 엥겔스는 "공산주의의 원리"에서 "무산계급이 민주를 이용하여 실제로 직접 소유권을 침해할 수 없고 사유제도와 무산계급의 생존을 보장하기 위한 다양한 조치를 취할 수 없다면, 이러한 민주는 무산계급에게 무용지물이 될 것"[613]이라고 지적했다. "노동자 계급에 관한 정치적 행동"에서 엥겔스는 또 다음과 같이 말했다. "정치적 자유, 특히 결사, 집회와 출판의 자유는 우리가 선전·선동을 하는 수단이다. …… 만약 누군가가 이러한 수단을 침범한다면 우리는 일어나서 반항하면 안 됩니까?"[614] 무산계급은 자산계급 인권을 자신의 정치적, 경제적 이익을 위해 봉사할 뿐만 아니라, 보다 광범위한 민주적 자유, 진정으로 평등한 정치적 지위와 사회적 지위, 인간의 완전하고 자유로운 발전과 같은 보편적인 인권을 쟁취하기 위해 분투해야 한다.

이처럼 마르크스와 엥겔스의 인권관의 특징은 ① 인권에 대한 역사적 관점, ② 인권에 대한 계급적 관점, ③ 인권에 대한 경제적 관점, ④ 인권에 대한 발전 관점, ⑤ 권리와 의무에 대한 통일된 견해로 요약된다.

2. 마오쩌둥의 인민권리사상

마오쩌둥은 중국 혁명과 건설을 이끌면서 인권에 대한 마르크스주의 견해를 계승하고 발전시켰으며, 중국의 현실에 비추어 인민권리사상을 창조적으로 제시했다. 인민의 권리는 마오쩌둥 사상의 중요한 부분이다.

---

612) 마르크스·엥겔스 선집(각주413), 305면.
613) 마르크스·엥겔스 전집(각주4), 367면.
614) 마르크스·엥겔스 전집(각주458), 445면.

(1) 인민의 권리에 관한 논술

1922년 9월, 마오쩌둥은 안위엔(安源)탄광 노동자들의 파업을 이끌면서 "예전에는 소와 말이었으나 이제는 사람이 되겠다(從前是牛馬, 現在要做人)."는 구호를 내걸었다.

제2차 국내 혁명전쟁 동안 마오쩌둥은 추수봉기(秋收起義)를 이끌었으며, 1927년 10월에는 징깡산(井岡山) 혁명 근거지를 만들어 공농홍군(工農紅軍)과 소비에트(蘇維埃) 정권을 설립했으며 모든 권력을 공농노고(工農勞苦) 대중에게 맡겼다. 1931년 11월 7일, 홍색(紅色)지역 장시루이진(江西瑞金)에서 열린 제1차 전국 공농병(工農兵)대표대회에서 중화 소비에트 공화국 헌법 개요가 채택되어 노동자, 농민, 홍군병사 및 모든 노고(勞苦)민중을 위한 일련의 정치, 경제, 문화와 사회적 권리를 규정했다.

항일전쟁 기간 동안 마오쩌둥은 "민족 독립, 민권 자유, 민생 행복이라는 3대 목표를 위해 분투하라"고 온 국민에게 호소했다. 그는 "항일"과 "민주"는 당시 중국의 최우선 과제이며 양자를 반드시 결합해야 한다고 강조했다. 그는 "항일과 민주는 서로의 조건이 되고 …… 역사가 우리에게 준 혁명 과제이며 중심적이고도 본질적인 것은 민주를 위해 싸우는 일"[615]이라고 말했다. 이를 위해 그는 "전국 인민이 반역자를 제거하는 것을 보장하는 것 외에도 항일구국(抗日救國)하는 언론, 출판, 집회, 결사와 무장하여 적에 대항하는 자유를 보장해야 한다."[616]고 주장했다.

1940년 마오쩌둥은 "정책론"이란 글에서 인민의 권리에 대해 명시적으로 제시했다. 항일에 반대하지 않는 모든 지주자본가와 노동자·농민은 동등한 인권, 재산권, 선거권과 언론, 집회, 결사, 사상, 신앙의 자유권을 가져야 한다.[617]

1941년 11월 6일, 마오쩌둥은 "산시(陝西)·간쑤(甘肅)·닝샤(寧夏)의 국경 지역 참의회 연설(在陝甘寧邊區參議會的演說)"에서 전국 인민 모두가 인신 자유의 권리와 정치에 참여할 권리, 재산을 보호할 권리를 가져야 한다. 전국 인민은 발언할 기회가 있어야 하고, 입을 옷이 있어야 하고, 먹을 것이 있어야 하고,

---

615) 마오쩌둥 선집(각주115), 274면 참조.
616) 마오쩌둥 선집(각주103), 355면 참조.
617) 마오쩌둥 선집(각주103), 268면 참조.

할 일이 있어야 하고, 읽을 책이 있어야 하고, 요컨대 각자의 위치를 찾아야 한다고 거듭 강조했다.[618]

해방전쟁 동안 마오쩌둥은 "인권보장(保障人權), 민생구제, 통일완성(完成統一)"을 위해 전국 인민에게 분투할 것으로 호소하고, 국민당 지배지역의 인민들에게 "기아(굶주림)반대, 내전반대, 박해반대"의 투쟁을 진행할 것을 호소했으며 지앙지에스(蔣介石)의 독재 통치를 반대했다. 당이 이끄는 신구 해방지역에서 민주적으로 각계 인민대표대회 및 민주정부를 선출하고 토지개혁 운동을 전면적으로 진행했으며, 농촌정권은 빈곤하고 고용된 농부들이 장악했다. 마오쩌둥이 지적한 바와 같이, 인민의 언론, 출판, 집회, 결사, 사상, 신앙과 신체의 몇 가지 자유는 가장 중요한 자유이다. 중국에서는 오직 해방된 지역만 철저히 실현되었다.[619]

중화인민공화국 창립 이후 마오쩌둥은 인민의 권리문제에 대해서도 매우 중시했으며, 마오쩌둥은 민주, 자유, 권리, 의무 등에 대해 여러 차례 정교화했다. 그는 자산계급의 민주, 자유, 인권, 인간 본성의 계급적 성격과 그것의 허위성, 한계와 기만성을 깊이 드러냈다. 그는 또한 인민의 권리를 보장하기 위해 정책과 법률을 제정하는 것을 이끌었다. 1954년 마오쩌둥이 주관해 제정한 우리나라 첫 사회주의 유형의 헌법인 "중화인민공화국 헌법"은 중국 최초의 사회주의 인민권리선언이다. 이 헌법은 인민의 권리에 대해 포괄적이고도 체계적인 규정을 제시한다. 첫째, 중화인민공화국은 노동계급이 이끄는 노동자·농민연맹을 기초로 하는 인민민주독재 국가임을 선포했다. 둘째, 우리나라의 근본적인 정치제도는 인민대표대회제도이고 국가의 모든 권력은 인민에게 있다고 선포했다. 인민이 권리를 행사하는 기관은 전국 인민대표대회 및 지방 각급 인민대표대회이다. 셋째, 공민은 법률상 평등하고, 투표권과 선출권을 누리고, 언론, 출판, 집회, 결사, 행렬, 시위의 자유, 종교 신앙의 자유, 인신 자유, 거주 및 이주의 자유를 누리며, 노동권과 휴식권, 물질적 도움을 받을 권리, 교육을 받을 권리, 과학연구와 문학창작 및 기타 문화 활동에 대한 자유, 고소권과 배상권 및 민족 평등과 민족자치권과 같은 일련의 권리와 자유를 가지며, 여성은 정치, 경제, 문화, 사회와 가정생활에 있어서 남자와 동등한 권리를 가진다. 국가는 또 다른 법률과

---

618) 마오쩌둥 선집(각주107), 807면 참조.
619) 마오쩌둥 선집(각주107), 1070면 참조.

정책을 제정함으로써 이러한 권리를 구체화하고, 시민의 행사와 이를 실현할 권리를 보장함으로써 중국의 인권사업을 끊임없이 발전시켜야 한다.

(2) 마오쩌둥 인민권리사상의 기본 특징

마오쩌둥 인민권리사상의 기본 특징은 다음과 같다. ① 인민과 적의 구별을 강조하고 권리(주로 정치적 권리)는 적에게 해당되는 것이 아니라 인민에게만 해당됨을 강조한다. ② 권리의 인민성, 계급성과 광범위성을 강조한다. ③ 인민의 기본 권리는 국가의 사무를 관리하고, 경제와 문화를 관리하며 사회적 사무를 관리할 권리임을 강조한다. 그는 소련(蘇聯) "정치경제학 교과서"를 읽고 난 후의 담화에서 "노동자가 국가를 관리하고, 군대를 관리하고, 여러 기업을 관리하고, 문화교육을 관리할 권리가 사실상 사회주의제도 하의 노동자의 가장 큰 권리이고, 가장 근본적인 권리이며 이러한 권리가 없으면 근로자의 일, 휴식 및 교육에 대한 권리가 보장되지 않는다."고 말했다. ④ 권리를 강조하는 물질보증은 "점진적으로 확장"된다. 1954년 헌법을 제정할 때 마오쩌둥은 "현재 실행 가능한 것은 쓰고 실행 불가능한 것은 쓰지 않을 것이라고 말했다. 예를 들면, 공민권리의 물질보증은 앞으로 생산이 발전해 지금보다는 반드시 확장되겠지만, 우리가 지금 쓰고 있는 것은 여전히 '점진적인' 확장"[620]이다. ⑤ 인민 내부에서 권리와 의무, 민주와 집중, 자유와 규율의 통일을 강조한다.

3. 덩샤오핑의 인권 이론

당의 11기 3중 전회 이래 당의 해방 사상과 실사구시(實事求是) 사상 노선의 재확립과 함께 사회주의 민주의 발전과 사회주의 법제를 발전시킨다는 방침이 확립되면서 인권은 민주, 법치와 함께 새롭게 중시되고 중국 인권사업의 발전은 새로운 단계에 들어섰다.

당의 11기 3중 전회 이래, 특히 20세기 80년대에서 90년대까지 덩샤오핑 동지는 새로운 국제 상황과 새로운 특징에 따라 신·구식민주의, 패권주의와 강권적 정치 투쟁에 반대하는 과정에서 중국 사회주의 현대화 건설과 개혁개방의 실제 상황과 긴밀히 결합하여 서양 국가들이 인권문제를 이용해 우리를 억압하

---

620) 마오쩌둥 문선, 제6권, 베이징, 인민출판사, 1999년, 327면 참조.

는 데에 대하여 마르크스주의 인생관을 창조적으로 운용하고 발전시켜 중국 특색 사회주의 인권 이론을 창안했다.

(1) 전체 인민이 진정으로 시민적 권리와 민주적 권리를 향유하도록 보장한다.

덩샤오핑은 민주, 법제와 인권을 짓밟는 "문화대혁명"의 뼈아픈 교훈과 당내 생활의 비정상적인 상황이 가져온 심각한 결과를 총결산하고, 당과 국가가 모든 인민에게 진정한 시민적 권리와 민주적 권리를 누리도록 보호하고 보장해야 하며, 당은 당원의 권리를 보장해야 함을 강조했다. 1978년 12월 중앙작업 회의연설에서 덩샤오핑은 헌법과 당장(黨章)에 규정된 시민의 권리, 당원의 권리, 당위원회 위원의 권리는 보장되어야 하며, 그 누구도 이를 위반해서는 안 된다고 분명히 밝힌 바 있다. 또한 민주선거, 민주관리와 민주감독을 포함하여 노동자·농민 개개인의 민주권리를 확실히 보호해야 한다고 말했다.[621] 1980년 8월 18일 중앙정치국 확대회의 연설에서 덩샤오핑은 또한 다음과 같이 지적했다. 정치적으로 모든 사람들이 다양한 효과적인 형태, 특히 기층 지방 정권과 다양한 기업과 사업체, 시민의 권리를 관리할 수 있는 권한을 통해 국가를 관리할 권리를 진정으로 누리도록 인민민주를 충분히 장려해야 한다.[622] 그는 또 우리의 헌법을 더욱 완전하고 철저하며 정확하게 하여 인민이 진정으로 국가의 각급 조직과 각 기업의 사무를 관리할 권력을 향유하고, 충분한 시민적 권리를 향유할 수 있도록 확실하게 보장해야 한다고 말했다.[623] 덩샤오핑은 또 여러 차례 당내 가부장적 풍조를 신랄하게 비판하면서 민주집중제의 원칙을 고수하고 당내 민주 생활을 건전화하며 당원과 당위위원들의 권리를 확실하게 보장해야 한다고 주장했다.

(2) 당대 중국의 인권과 서양 세계의 인권은 "본질적으로 별개이고 관점도 다르다."

덩샤오핑은 1985년 대륙과 대만지역의 학술토론회의 의장단과의 연설에서 중국이 여러 자유주의를 다루는 것에 대한 외국의 불만에 대해 날카롭게 비판했다. 인권이란 무엇인가? 먼저, 몇 사람의 인권인가? 소수의 인권인가, 아니면 다

---

621) 덩샤오핑 문선(각주139), 144면, 146면 참조.
622) 덩샤오핑 문선(각주139), 322면 참조.
623) 덩샤오핑 문선(각주139), 339면 참조.

수의 인권인가, 전국 인민의 인권인가? 서양 세계의 소위 "인권"과 우리가 말하는 인권은 본질적으로 별개이고 관점도 다르다고 제기했다.[624)

첫째, 당대 중국의 인권은 서양의 인권과 본질적으로 다르다. 당대 중국의 인권은 대다수의 사람에게 있고, 전국 인민이 누리는 인권이며, 서양 세계의 인권은 실질적으로는 소수의 부자와 자산가들이 누리는 인권이다. 당대 중국의 인권은 인민민주독재 국가와 사회주의에 의해 법으로 규정되고 보장되는 인권인 반면, 서양 세계의 인권은 자산계급 국가와 자본주의 법에 의해 규정되고 인정되는 인권이다. 당대 중국의 인권은 사회주의 경제 및 문화적 조건에 의해 제약을 받는 인권이고, 사회주의 경제, 문화의 발전에 따라 발전하고 보완해 나가는 인권이나, 서양 세계의 인권은 자본주의 경제, 문화적 조건에 의해 제약을 받는 인권이며, 자본주의 경제, 문화의 발전에 따라 갈수록 더 왜곡되는 인권이다. 당대 중국의 인권은 광범위한 인민의 진정으로 동등한 권리이나, 서양 세계의 인권은 실질적으로 자본가의 특권이다.

둘째, 당대 중국의 인권에 대한 관점은 서양 세계의 관점과 다르다. 당대 중국의 인권에 대한 관점은 생존과 발전의 권리를 가장 기본적인 인권으로 간주하는 반면, 서양 세계의 인권에 대한 관점은 생존과 발전의 권리 중요성을 부정한다. 당대 중국의 인권에 대한 관점은 집단 인권과 개인의 인권뿐만 아니라 경제, 사회, 문화적 권리와 시민적 권리와 정치적 권리가 분리될 수 없고 동등하게 중요하다는 점을 주장한다. 하지만 서양 세계의 인권 관점은 개인의 인권, 시민적 권리와 정치적 권리만을 인정하고 집단적 인권, 경제·사회·문화적 권리를 인정하거나 평가하지 않는다. 당대 중국의 인권에 대한 관점은 인권의 보편성과 인권의 특수성이 결합되어야 하며, 보편성은 특수성을 통해 구현된 반면, 서양 세계의 인권에 대한 관점은 오직 인권의 보편성만 인정하고 "인권은 국경이 없음"을 내세우며 인권의 특수성을 부인하고, 보편적 인권의 촉진은 각국의 서로 다른 사회 제도, 발전 수준과 서로 다른 역사·문화적 배경을 고려해야 한다는 것을 부인한다. 당대 중국의 인권에 대한 관점은 인권문제가 국제적 측면을 가지고 있지만, 국가의 주권 내에서 문제가 된다고 믿고 있으며, 서양 세계에서 인권에 대한 관점은 "인권이 주권보다 높다."고 여기고 인권은 국제적

---

624) 덩샤오핑 문선(각주138), 125면 참조.

인 측면일 뿐이라고 일방적으로 주장한다. 당대 중국의 인권에 대한 관점은 서로 다른 사회제도 국가에서 인권문제에 대한 이런저런 의견 차이와 차별이 있는 것은 자연스러운 것으로 평등한 대화와 협력을 견지하여, 서로의 이견을 해소하고 인권문제를 이용하여 다른 국가의 내정에 간섭하는 것을 반대한다. 그러나 서양 세계는 대립적 사고방식을 추구하고, 인권을 내세워 패권주의와 강권정치를 추구하고 인권문제를 이용하여 다른 국가의 내정에 간섭한다.

(3) "국권은 인권보다 훨씬 더 중요하다."

덩샤오핑은 1989년 말 여러 차례 외빈들을 맞았을 때 모두 다음과 같이 반복적으로 강조했다. "실제로 국권은 인권보다 훨씬 더 중요하다. 빈약한 국가와 제3세계 국가의 국권은 종종 그들에 의해 침범당한다. 그들의 그러한 인권, 자유, 민주는 자신의 힘을 믿고 약한 자를 괴롭히는 강국(強國), 부국(富國)의 이익, 패권주의자와 강권주의자의 이익을 지키는 것이다."[625] 그는 또 "국가의 주권, 국가의 안전은 항상 최우선이라는 점을 우리는 과거에 비해 잘 알고 있다."[626]고 말했다. 덩샤오핑의 이러한 단호한 주장은 주권과 인권의 관계를 정확히 보여준다. 인권은 주권과 가장 밀접한 관계이며, 주권은 인권의 전제이자 보장이며 집단적 인권의 집중적인 구현이다. 인권은 국가의 주권에 의해 보호된다. 주권과 인권은 변증법적으로 통일되고 상부상조한다. 국가 주권을 떠나 인권을 논할 수 없다. 한 국가가 민족 독립성을 갖지 않거나 주권을 상실한다면 인권은 근본적으로 논할 수 없다. 덩샤오핑 동지의 논단은 서양 세계가 만든 "인권은 국경이 없다."와 "인권은 주권보다 높다."는 잘못된 주장을 심히 비판했으며, 서양의 일부 국가가 인권에 대해 크게 이야기하는 근본 목적이 인권을 빙자해 다른 나라의 주권을 침해하고 패권주의와 강권정치를 추진하려는 것임을 폭로했다. 덩샤오핑의 이 같은 주장은 국제 인권사업의 건전한 발전을 촉진하는 데 큰 의미가 있다.

(4) "강권정치를 하는 나라는 인권을 논할 근본적인 자격이 없다."

덩샤오핑은 1989년 말 여러 차례 외빈들을 맞았을 때 "강권정치를 이행하는

---

625) 덩샤오핑 문선(각주138), 345면.
626) 덩샤오핑 문선(각주138), 347면.

국가는 인권을 논할 근본적인 자격이 없다. 그들은 얼마나 많은 사람들의 인권을 침해했는가! 아편전쟁부터 중국을 침략한 것을 시작으로 그들은 얼마나 많은 중국 사람들의 인권을 침해했고 …… 그들은 무슨 근거로 중국의 내정에 간섭하는가? 누가 그들에게 이러한 권력을 부여했는가? 국제관계의 준칙을 위반하는 어떤 행위도 중국 인민은 영원히 받아들이지 않을 것이고 압력에 굴복하지 않을 것이다."627)고 재차 강조했다. 강권정치를 이행하는 국가가 인권을 논할 자격이 없는 근본적 원인은 다름 아닌 이들 국가가 역사와 현실에서 극도로 불명예스러운 인권 기록을 가지고 있으며, 피비린내 나는 침략 역사를 가지고 있기 때문이며, 인권문제가 개선되고 해결되지 않았기 때문이며, 이러한 국가가 "인도주의적 개입"을 내세우며 곳곳에서 침략과 다른 나라의 내정에 간섭하며, 다른 나라의 주권과 그 국민의 인권을 짓밟고 있기 때문이다. 그러므로 그들은 다른 국가의 인권상황에 대해 전혀 이야기할 자격이 없으며, 먼저 자국의 업무를 관리하고 자국의 인권상황과 인권문제를 개선하고 해결해야 한다.

(5) 평화, 발전과 인권

인권문제는 결코 독립적인 것이 아니라, 국가의 사회제도와 국가발전의 서로 다른 역사적 단계와 밀접하게 연결되어 있을 뿐만 아니라, 시대적 주제(主題)와도 긴밀하게 연계되어 인류사회의 진보와 시대적 주제의 발전과 변화에 따라 발전하고 변화한다. 시대적 주제를 벗어나 인권문제를 정확하게 다루는 것은 불가능하다.

위대한 무산계급 혁명가들의 예언으로 덩샤오핑은 현재 세계정세를 정확히 분석하고, 현시대의 맥을 파악했으며, 현시대의 두 가지 주제, 즉 평화와 발전을 과학적으로 요약했다. 1985년 3월 4일, 덩샤오핑은 일본 공상회의소 방중단과의 회견에서 "지금 세계의 가장 큰 문제는 전 세계적인 전략 문제이고, 하나는 평화이고, 다른 하나는 경제 또는 발전이다. 평화의 문제는 동서(東西)문제이고 발전의 문제는 남북(南北)문제이다. 요약하면 동서남북 네 글자이다. 남북문제는 핵심 문제이다."628)고 말했다. 그 후 덩샤오핑은 "현재 세계에는 주로 두 가지 문제가 있는데, 하나는 평화문제이고 다른 하나는 경제문제이며, 평화문제는 희

---

627) 덩샤오핑 문선(각주138), 348면.
628) 덩샤오핑 문선(각주138), 105면.

망적이고 발전문제는 아직 해결되지 않았다."629)고 명확하게 밝혔다.

덩샤오핑의 이 같은 논단은 평화, 발전과 인권의 관계를 보여준다. 덩샤오핑은 "패권주의는 전쟁의 근원"630)이라고 명확하게 지적했다. "패권주의와 제국주의는 아프리카 국가를 포함한 개발도상국을 괴롭히고, 통제에서 벗어나 경제를 발전시키고 정치적 독립과 자주를 쟁취하려는 이들의 노력에 항상 관여된다. 그들은 중국에도 마찬가지였다."631) 이는 패권주의와 제국주의가 평화와 발전이라는 두 가지 주요 주제를 짓밟고 혼란시키는 요인임을 보여주며, 세계인들이 평화를 지키고 발전을 촉진하려면 반드시 연합해야 한다는 것을 보여주는 것으로, 덩샤오핑이 여러 차례 강조한 것처럼 "나는 분명하게 긍정적으로 말할 수 있다. 중국이 강해질수록 더 안정적인 세계평화가 이루어질 수 있다."632)고 그는 덧붙였다. 또한 "중국이 패권주의와 강권정치의 압력을 이겨내고 우리의 사회주의제도를 견지할 수 있을지는 우리의 발전전략을 얼마나 빨리 발전시켜 나갈 수 있는지가 관건"633)이라고 했다. 중국과 다른 개발도상국들이 발전하고 강대해지면 패권주의와 제국주의는 원하는 것을 할 수 없으며 세계평화는 보장된다.

덩샤오핑의 인권 이론의 내용이 위의 5가지 측면보다 더 많은 것은 사실이다. 역사적·문화적 배경과 인권, 사회주의 제도와 인권, 민족문제와 인권, 정신문명 건설과 인권, 민주정치 건설과 인권, 법치 건설과 인권, 중국 인민의 인권투쟁의 역사도 있다. 이는 중국 특색 사회주의 인권에 대한 포괄적이고 체계적인 이론이며, 당대 마르크스주의 인권 개념의 새로운 발전이며 중국화 마르크스주의 인권 이론이다.

4. 지앙쩌민의 인권 사상

지앙쩌민 동지는 덩샤오핑 이론의 위대한 기치를 높이 추켜들고 시대와 더불어 덩샤오핑의 중국 특색 사회주의 인권 이론을 견지하고 발전시켰으며, 중국화 마르크스주의 인권 이론체계를 개선했다. 20세기 90년대 이래로 그는 인권문제에 관한 일련의 중요한 논술을 발표했으며, 독창적으로 생존권과 발전권을 가장

---

629) 덩샤오핑 문선(각주138), 281면.
630) 덩샤오핑 문선(각주138), 104면.
631) 덩샤오핑 문선(각주138), 289면.
632) 덩샤오핑 문선(각주138), 104면.
633) 덩샤오핑 문선(각주138), 355면.

기본적이고 가장 중요한 인권으로 언급했으며, 중국 인권사업의 발전을 위한 올바른 노선을 제시했다. 인권문제에 관한 이 모든 중요한 논술은 "3개 대표론"의 중요한 사상 과학체계의 유기적인 구성 부분으로 중국화 마르크스주의 인권 이론의 집중적인 표현이며 중국 특색 사회주의 인권 이론체계를 개선하고, 우리나라의 인권 건설과 대외적인 인권 투쟁을 정확하게 지도했다.

(1) "3개 대표론"의 중요한 사상은 새로운 시대의 인권 건설의 지도 사상이다.

"3개 대표론"의 중요한 사상은 우리나라 모든 작업에 대한 지도 사상이고 우리나라 새로운 시기, 새로운 단계에서 인권 건설을 위한 근본적인 지침이다. "3개 대표론"의 중요한 사상의 근본적인 출발점은 사람을 근본으로 하고, 사람을 존중하며, 광범위한 인민 군중의 근본적인 이익을 보호하고, 인간의 자유와 전면적인 발전을 촉진하는 것이다.

(가) 중국의 선진 생산력의 발전 요구와 인권 건설: 사회생산력을 확고하게 발전시키는 것은 당대 중국 인권 건설의 관건이다. 선진적인 생산력을 적극적으로 발전시키고 경제 건설을 가속화하며 전반적인 국력을 강화하여야 만이 인민의 물질적 생활 조건을 더욱 빠르게 잘 개선하고 인민의 생존권과 발전권이 확실하게 보장될 수 있다.

(나) 중국의 선진 문화가 앞으로 나아가는 방향과 인권 건설: 사회주의 문화를 확고하게 번영시키는 것은 당대 중국 인권 건설의 중요한 내용이다. 선진문화를 강력하게 발전시키고 중화민족의 사상도덕 수준과 과학문화 자질을 제고해야 인민들의 정신적 생활을 더욱 빠르게 잘 개선할 수 있고, 인민이 향유하는 교육과 문화에 대한 권리를 확실하게 보장할 수 있다. 민주정치 건설을 대폭 강화하고 민주를 제도화, 법률화, 절차화하여 의법치국과 이덕치국의 조합을 끊임없이 발전시켜야만이 인민의 정치적 생활을 더욱 빠르게 잘 개선할 수 있으며, 인민의 정치적 권리가 확실하게 보장된다.

(다) 중국의 광범위한 인민의 근본적인 이익과 인권 건설: 국가 주권과 영토의 완전함을 견지하는 것은 중국의 광대한 인민 군중의 근본적인 이익의 구현이다. 인권 건설은 반드시 광대한 인민의 근본적인 이익의 보호를 출발점과 입각점으로 해야 한다. 광대한 인민 군중이 충분한 인권을 누리는 것은 광대한 인

민 군중의 근본적인 이익의 집중적인 구현과 기본적인 요구이다. 사람들은 완전한 인권을 누리고 존엄성을 존중받으면 사람들의 적극성과 창조성을 북돋우고, 사회주의 현대화와 개혁개방에 적극적으로 참여하며, 중국 특색의 사회주의 사업의 새 국면을 여는데 자신의 독창성을 기여할 수 있다. 중국의 인권 건설은 시종일관 인민을 중시하고 인민을 우선으로 한다. 민생 건설은 곧 인권 건설이며 적극적으로 촉진하고 발전시켜야 한다.

(2) 지앙쩌민의 인권론

(가) 공산당 집권은 인민이 국가를 관리할 권력을 장악하고 인권을 존중하고 보장하도록 지도하고 이끄는 것이다. 당의 15대 보고서에서 지앙쩌민은 "공산당 집권은 인민이 국가를 관리하는 권리를 장악하는 것을 지도하고 지지하며 민주선거, 민주결책, 민주관리와 민주감독을 실행하고 인민이 법에 따라 광범위한 권리와 자유를 누릴 수 있도록 보증하고 인권을 존중하고 보장한다."[634]고 명확하게 지적했다. 당의 16대 보고서에서 지앙쩌민은 민주제도의 개선, 풍부한 민주형식, 시민의 질서 정연한 정치 참여의 확대, 사람들이 법에 따라 민주선거, 민주결책, 민주관리와 민주감독을 이행하고, 광범위한 권리와 자유를 누리며 인권을 존중하고 보장해야 한다고 재차 강조했다.[635] 이는 중국 공산당이 인권에 대해, 특히는 시민적 권리와 정치적 권리를 매우 중요시하고 유효하게 유지하고 보호하는 것을 충분히 증명한다.

(나) 개발 도상국에게는 생존권과 발전권이 가장 기본적이고 중요한 인권이다. 일반적으로 소위 말하는 생존권이란 "개인의 생존 기준에 따라 국가에 의해 물질적 조건을 보장받는 권리"를 말한다. 발전권이란 "각 개인과 모든 각국의 인민이 경제, 사회, 문화와 정치의 발전에 참여하고 촉진하고 향유할 수 있는 권리이다." 생존권과 발전권은 개인의 권리이자 집단의 인권이기도 하다. 1991년 4월 14일 전 미국 대통령 카터(卡特)와의 회견에서 지앙쩌민 동지는 "중국 당과 정부는 인권에 관심이 많으며, 중국의 가장 중요한 인권은 생존권이다. 옛 중국에서는 사람들이 모진 고난 속에서 살았으며, 살아남을 권리가 없었다. …… 이제 우리는 세계에서 독보적으로 11억 명 이상의 음식과 의복 문제를 해

---

634) 지앙쩌민 문선(각주275), 29면.
635) 지앙쩌민 문선(각주275), 554면 참조.

결했다고 자랑스럽게 말할 수 있다."636)고 말했다. 1991년 5월 9일 우수한 장애인과 장애자를 돕는 선진단체 및 개인 대표들과의 연설에서 지앙쩌민 동지는 또한 다음과 같이 강조했다. "수십 년 동안 중국 공산당은 중국 인민들이 자신의 인권 실현을 위해 싸우도록 이끌었다. 수많은 혁명 선열들이 앞장섰고, 피를 흘리며 희생한 것은 무엇을 위해서인가? 그것은 국가의 독립권, 인민의 생존권과 발전권을 위해서였고, 무엇보다도 세계 경작지의 7%, 세계 인구의 22%에 해당하는 중국의 12억 명을 먼저 배불리 먹이자는 것이다."637) 1991년 10월 29일 "워싱턴 타임즈" 편집장과의 인터뷰에서 지앙쩌민은 "민주, 자유와 인권의 근본적인 문제는 사람들이 사회에서의 생존권과 발전권, 즉 사람이 자신의 운명을 진정으로 파악할 수 있는 권리가 있느냐 하는 것"638)이라고 지적했다. 1997년 10월 30일 방미 연설에서 지앙쩌민은 "중국은 12억 명 이상의 인구를 가진 개발도상국이고, 이러한 국정은 중국에서 생존권과 발전권이 가장 기본적이고 가장 중요한 인권임을 결정한다."639)고 재차 강조했다.

(다) 인권은 한 국가의 주권 범위 내의 일로, 인권을 빙자하여 다른 국가의 내정에 간섭하는 것을 반대하며, 인권을 다른 나라에 대한 어떤 정치적 시도를 실현하기 위한 도구로 이용하는 것에 반대한다. 1992년 10월 12일 당의 14대 보고서에서 지앙쩌민 동지는 "인권문제는 결국은 한 국가의 주권에 속하는 것이고 우리는 인권문제를 이용하여 다른 나라의 내정에 간섭하는 것을 단호히 반대한다."640)고 강조했다. 1990년 10월 30일 알제리 방문 연설에서 지앙쩌민 동지는 또 "세계에 서로 다른 국가가 존재하는 한, 우리 이 행성의 사람들이 서로 다른 나라에 살고 있는 한, 인권문제는 항상 한 국가의 내부 업무에 속한다. 어느 국가나 인권사업은 그 나라가 크든 작든, 강하든 약하든 간에 자국 정부가 자신의 국민에 의해 자주적으로 해결되어야 한다. 인권문제를 정치화하는 것, 특히 인권문제를 이용해 개발도상국의 내정을 간섭하는 것에 반대한다."641)고 강조했다. 그러므로 인권에는 국제적인 측면이 있고 국제적 인권 보호의 문제가

---

636) 인민일보, 1991년 4월 15일.
637) 인민일보, 1991년 5월 10일.
638) 중공중앙 문헌 연구실편(각주471), 322면.
639) 지앙쩌민 문선(각주275), 52면.
640) 지앙쩌민 문선(각주275), 244면.
641) 지앙쩌민 문선(각주275), 55면.

있지만, 근본적으로 인권은 국가 주권의 문제이며 인권의 실현은 다양한 국가의 노력에 의존해야 한다는 것이다. 인권을 빙자하여 한 국가의 내정에 간섭하는 것에 반대하며, 인권을 다른 나라에 대한 어떤 정치적 시도를 실현하기 위한 도구로 이용하는 것에 반대한다.

(라) 중국은 집단적 인권과 개인적 인권, 경제, 사회, 문화적 권리를 자신들의 국정에 따라 시민적 권리와 정치적 권리와 통합해 추진하고 있다. 1999년 10월 초 영국을 방문했을 때 강연에서 지앙쩌민 동지는 "중국은 12억 이상의 인구를 가진 개발도상국으로, 여전히 많은 인민의 생존권과 발전권을 보장해야 하며, 그렇지 않으면 다른 모든 권리를 논할 수 없다."고 명확하게 지적했다. 그는 또 "집단적 인권과 개인적 인권, 경제, 문화, 사회, 문화적 권리가 시민적, 정치적 권리와 긴밀히 결합해 발전하는 것은 중국의 국정에 적합하기 때문에 중국의 인권사업 발전의 필연적인 노선이다. 중국이 경제발전과 사회 전반의 진보에 역량을 집중하고 사회주의 민주발전, 사회주의 법치국가 건설을 고수하는 것은 모두 중국 인민들의 인권사업을 촉진하기 위한 것"[642]이라고 말했다.

(마) 인권의 보편성 원칙은 각국의 국정과 결합되어야 한다. 1997년 10월 30일 방미 연설에서 지앙쩌민은 "인권문제는 보편적인 의미를 지니고 있으며, 세계에는 수많은 국가가 있다는 사실부터 시작하여 인권의 실현은 다양한 국가의 노력에 의해 이루어져야 하기 때문에, 근본적으로 인권은 한 국가의 주권 내에서의 문제이다. 인권은 역사의 산물이고 완전한 실현은 각 국가의 경제적 및 문화적 수준과 연계된 점진적인 발전 과정"[643]이라고 강조했다. 중국은 항상 인권의 보편성 원칙을 중국의 특정 국정과 결부시켜 중국 인권사업의 건전한 발전을 촉진하기 위해 노력한다.

(바) 인권은 여러 권리로 이루어져 있으며 불가분의 관계이다. 1997년 10월 30일 방미의 연설에서 지앙쩌민은 "집단적 인권과 개인적 인권, 경제, 사회, 문화적 권리와 시민적 권리, 정치적 권리는 분리될 수 없다."[644]고 지적했다. 이러한 인권은 인권의 권리체계를 구성한다. 집단적 인권과 개인적 인권, 경제, 사회, 문화적 권리는 시민적 권리와 정치적 권리와 상호 연계되어 촉진되고 상호

---

642) 지앙쩌민 문선(각주275), 56면.
643) 지앙쩌민 문선(각주275), 52면.
644) 지앙쩌민 문선(각주275), 52면.

보장된다. 이들은 동등하게 중요하므로 똑같이 다루어야 한다. 집단적 인권만을 중시하고 개인적 인권을 소홀히 하거나 경제, 사회, 문화적 권리만을 중시해 시민적 권리와 정치적 권리를 소홀히 하거나 경시하는 것은 잘못된 일이다. 그러나 개인적 인권만을 중시하고 집단적 인권을 소홀히 하거나 경시하거나 시민적 권리와 정치적 권리만을 중시하고 경제, 사회, 문화적 권리를 소홀히 하거나 경시하는 것은 더욱 잘못된 일이다. 이 두 가지 편견을 모두 방지하고 인권사업의 발전을 전면적으로 추진해야 한다.

(사) 인권이 주권보다 높은 것이 아니라 주권이 없으면 인권도 없다. 1999년 10월 30일 알제리 방문 연설에서 지앙쩌민 동지는 현재 국제적으로 일부 사람들은 "주권보다 인권이 우선"하고 "국가의 주권이 제한적"이라는 새로운 간섭주의를 제기한다고 날카롭게 지적했다. 평화를 애호하는 많은 개발도상국들이 경계할 만하다. 사실 인권은 주권으로 보호해야지 주권보다 높은 것이 아니라 주권이 없으면 인권은 없다.645) 2002년 9월 7일 유엔 밀레니엄 정상회의 연설에서 지앙쩌민 동지는 역사와 현실은 국가 주권이 인권을 완전히 누릴 수 있는 전제조건이며 인권을 보장한다고 강조했다. 이 둘은 서로 대립되는 것이 아니라 상부상조하는 것이다.646) "국가 주권과 민족독립, 국가의 존엄성을 잃으면 인민민주도 잃고 근본적으로 인권도 잃는다."647) 지앙쩌민의 이러한 논술은 "인권이 주권보다 높다."는 서양의 잘못된 주장을 통렬히 비판하고 있다. 주권과 인권의 관계를 정확하게 설명하는 것은 패권주의, 강권정치와 신 간섭주의에 반대하는 강력한 이론적 무기이다.

(아) 인권 실현의 근본적인 방법은 사회의 진보와 경제의 발전이다. 1991년 10월 29일 "워싱턴 타임즈" 편집장과의 인터뷰에서 지앙쩌민은 다음과 같이 말했다. "한 국가에서 민주, 자유와 인권을 실현하는 기본적인 방법은 사회의 진보, 안정과 경제의 발전이다. 사회의 진보와 경제의 발전을 떠나 민주, 자유와 인권을 논하는 것은 무의미하다고 생각한다."648) 이는 한 나라의 인권발전은 그 나라의 경제, 문화적 조건에 의해 제약을 받는다는 것을 의미한다. 그 나라의 경제, 문화의 발전에 따라 인권도 발전하고 진보한다. 이는 인권발전에 반드시

---

645) 중공중앙 문헌 연구실편(각주471), 32-35면 참조.
646) 지앙쩌민 문선(각주290), 114면 참조.
647) 지앙쩌민 문선(각주282), 123면.
648) 중공중앙 문헌 연구실편(각주471), 322면.

따라야 하는 보편적인 법칙이다. 인권의 충분한 실현은 각 국가의 경제, 문화와 연계된 점진적인 발전과 점진적인 개선의 과정이다.

(자) 국제사회는 평등과 상호 존중을 바탕으로 협력하여 세계 인권사업을 함께 추진해야 한다. 지앙쩌민은 1995년 10월 23일 연설에서 우리는 인권 보장을 위해 세계 각국의 사람들과 평등한 대화와 협력에 기꺼이 참여할 것을 희망한다고 말했다.[649] 지앙쩌민은 또 "우리는 평등과 상호 존중을 바탕으로 한 인권 대화와 협력을 주장하며 인권문제를 정치화하는 것, 특히 인권문제를 이용해 개발도상국의 내정에 간섭하는 것을 반대한다."[650]고 말했다. 1997년 10월 30일 방미의 연설에서 지앙쩌민은 "각 국가들은 인권문제에 대해 다른 견해를 가지고 있으며 대립이 아닌 대화에 참여해야 한다. 우리는 다른 국가들과 교류와 협력을 강화해 공동으로 세계의 인권사업을 추진하기를 희망한다."[651]고 강조했다. 당의 16대 보고서에서 지앙쩌민 동지는 다음과 같이 거듭 강조했다. 세계의 다양한 문명, 다른 사회제도와 발전 노선은 서로 존중하고 경쟁과 비교를 통해 서로 배우고 차이점을 극복하면서 공통점을 찾는 데 있어 함께 발전해야 한다. 각국의 업무는 각국 국민 스스로 결정하고, 세계의 사무는 모든 국가가 동등한 입장에서 협상해야 한다.[652] 인권문제 또한 그래야 한다. 지앙쩌민의 이러한 논술은 인권문제에 대한 중국의 기본 주장과 기본 입장을 분명히 보여준다. 중국은 항상 인권문제에 대한 평등한 대화, 완전한 협의 및 긴밀한 협력을 옹호하고, 대립과 제재를 단호히 반대하며, 인권문제 등을 이유로 다른 국가의 내정 간섭을 반대한다고 주장한다. 중국은 국제 인권 교류와 협력에 적극적이다. 중국은 유럽연합, 서양 주요 국가(영국, 프랑스, 독일, 미국, 캐나다, 오스트레일리아 등의 국가)와 여러 차례의 양자 및 다자간 대화를 하는 등 좋은 성과를 거뒀다. 사실이 증명했듯이 인권문제에 대항하는 것은 통하지 않으며, 세계 인권사업의 건전한 발전에 이롭지 않다. 중국은 유엔인권기구에서 건설적인 역할을 하며 국제 인권사업의 건전한 발전을 위해 노력하고 있다.

---

649) 중공중앙 문헌 연구실편(각주471), 323면.
650) 인민일보, 1997년 4월 8일.
651) 인민일보, 1997년 10월 31일.
652) 지앙쩌민 문선(각주290), 567면 참조.

5. 후진타오의 인권론

당의 16대 이래 후진타오 동지를 총서기로 하는 당 중앙은 중국 개혁개방과 현대화 건설의 성공적인 경험을 과학적으로 총결산하고 사회주의 본질에 대한 중요한 판단과 중국 특색 사회주의 사업 추진을 위한 필요에 근거하여 이인위본(以人爲本: 사람을 근본으로 함을 이르는 말)은 과학적 발전관과 사회주의 조화로운 사회를 구축하는 새로운 발전 이념과 전략 임무를 제시하고, 이러한 발전 이념과 전략 임무를 관철하기 위해 구체적인 배치를 했다. "이인위본"은 인민의 근본 이익을 근본으로 하는 것이고, 바로 사람의 권리를 근본으로 하는 것이다. "과학적 발전관"은 바로 포괄적이고 조화롭고 지속 가능한 발전관이다. "조화로운 사회"란 민주법치, 공평·정의, 성신·우애, 활력, 안정·질서, 인간과 자연이 조화된 사회이다. "이인위본", "과학적 발전관"과 "조화로운 사회"의 삼위일체는 모두 인권문제와 밀접한 관련이 있고 깊은 인권 이념을 포함하고 있으며, 어떤 것은 그 자체로 인권문제이기도 하다. 후진타오는 중국 특색 사회주의 인권 이론을 한층 더 풍부하게 발전시켰으며 중국 인권사업의 건설과 발전을 올바르게 이끌었다.

(1) 과학적 발전관과 인권

후진타오는 당의 17기 보고서에서 과학적 발전관의 제일 요지는 발전이고, 핵심은 이인위본이고, 기본 요구 사항은 전면적으로 조정하여 지속 가능한 것이며, 근본적인 방법은 여러 방면의 일을 통일적으로 계획하고 돌보는 것이라고 명확하게 지적했다.653) 후진타오는 또 당의 18대 보고서에서 과학적 발전관은 마르크스주의에 당대 중국의 실제 상황과 시대적 특징과 결합한 산물이며, 마르크스주의의 발전적 세계관과 방법론의 집약이며, 당과 국가의 전 업무를 지도하는 강력한 사상 무기이며, 당이 반드시 장기적으로 견지해야 하는 지도사상이라고 강조했다.654)

이인위본으로 하는 과학적 발전관을 실천하고, 중국의 인권사업을 조화롭게 지속적으로 발전시켜야 한다. 인민의 생존권, 발전권을 발전시켜야 할 뿐만 아

---

653) 후진타오(각주286), 15면 참조.
654) 후진타오(각주287), 7-8면 참조.

니라 인권보장의 최우선 순위에 둬야 하며, 인민의 경제적, 사회적, 문화적, 시민적, 정치적 권리, 집단적 및 개인적 인권을 발전시켜야 한다. 또한 중국 인권사업의 발전은 주권과 인권, 국내와 국제 인권, 인권과 사회, 인권과 자연, 각방면의 이익 관계 및 인권의 이론 연구와 인권의 실천을 종합적으로 고려하고 인민의 평등한 참여, 평등한 발전의 권리를 유효하게 보증하여 인권이 확실한 존중과 보장을 얻도록 노력하여 달성해야 한다.

(2) 이인위본의 인권관

후진타오는 당의 17대 보고서에서 중국 특색 사회주의 인권 이론을 풍부하게 발전시켰으며, 주로 인간의 권리를 근본으로 하는 인권관의 형성과 확대된 민주관, 갱신된 평등관과 전면적으로 발전된 인권관이 있다. 보고서는 "민주제도를 완비하고 민주적인 형식을 풍부하게 하며 민주적인 경로를 넓혀 국민의 알권리, 표현권, 참여권과 감독권을 보장해야 한다."[655]고 명시했다. 보고서는 민생개선에 중점을 둔 사회 건설의 가속화를 강조하면서 "사회의 공평·정의를 촉진하고 전체 인민이 배우고자 하면 학교를(學有所敎), 일하고자 하면 일자리를(勞有所得), 병이 나면 의료를(病有所醫), 늙으면 돌봄을(老有所養), 거주하고자 하면 살 곳이 있도록(住有所居) 노력해야 한다."고 밝혔다. 보고서는 또 "사회보험, 사회구조, 사회복지를 바탕으로 기본양로, 기초의료, 최저 생활보장제도를 중점으로 하고 자선사업, 상업보험을 보완해 사회보장체제의 보완을 가속화해야 한다."[656]고 지적했다. 보고서는 또 "인권을 존중하고 보장하며 법에 따라 사회 구성원이 평등하게 참여하고 평등하게 발전할 수 있는 권리를 보증한다."[657]고 강조했다.

후진타오는 2008년 "세계인권선언" 공표 60주년을 기념해 중국 인권연구회에 보낸 편지에서 "세계인권선언"과 그에 따른 중대한 영향을 정확하게 평가했고, 중국 인권사업이 이룩한 역사적 진보와 발전을 충분히 확인했으며, "우리는 항상 그렇듯이 이인위본을 견지해야 하고, 인권의 보편적 원칙을 존중하며 기본 국정의 관점에서 인권을 보호하고, 인권을 보호하기 위해 발전권을 우선적으로 하고, 경제 사회의 건전하고 빠른 발전을 촉진함으로써 사회의 모든 구성원이 법에

---

655) 후진타오(각주286), 29면.
656) 후진타오(각주286), 39면.
657) 후진타오(각주286), 31면.

따라 평등하게 참여하고 평등하게 발전할 권리를 보장한다."[658]고 명시했다.

(3) 18대 보고서에서의 인권 이론에 대한 강화와 발전

후진타오는 당의 18대 보고서에서 중국 특색 사회주의 인권 이론을 한층 더 풍부하게 발전시켰다. 18대 보고서가 제창한 부강, 민주, 문명, 조화, 자유, 평등, 공정, 법치, 애국, 경업(敬業), 성신(誠信), 우선(友善) 등의 사회주의 핵심 가치관은 중국 특색 사회주의 인권 이론을 한층 더 풍부하게 했다.

첫째, 보고서는 "인권의 확실한 존중과 보장"을 국민 생활수준이 중류 정도가 되는 사회를 전면적으로 건설하는 것과 개혁개방의 전면 심화를 위한 중요한 전략적 목표 중 하나로 격상시켜 당의 새로운 시기, 새로운 단계의 집권 흥국의 핵심 이념과 가치 지침이 되었다.

둘째, 보고서는 중국에서 향유하는 인권의 주체는 항상 광대한 인민 군중임을 보장하면서 인민의 지위를 보다 두드러진 입장으로 주장한다고 언급했고, 인민의 주인 정신을 발휘하여 인민을 위해 발전하고, 인민에 의존하며, 성과는 인민이 공유해야 한다는 근본원칙을 강조했다. 이어 "인민을 가장 광범위하게 동원·조직하고 법에 따라 국가사무와 사회업무를 관리하고, 경제와 문화사업을 관리하며 사회주의 현대화 건설에 적극 나서는 것이 인민의 권익과 인민이 주인이 되는 것을 더욱 잘 보장한다."[659]고 강조했다.

셋째, 시민적, 정치적 권리의 내용을 더욱 풍부히 하고 더욱 보장한다. 보고서는 시민적, 정치적 권리의 내용을 더욱 확대하고 인민의 알권리, 참여권, 표현권, 감독권, 민주결책권, 민주선거권, 민주관리권, 민주감독권을 보장했다. 보고서는 "사회주의 민주정치의 제도화, 규범화, 절차화의 추진을 가속화하고 모든 계층과 다양한 분야에서 시민의 질서 있는 정치참여를 확대하고 국가의 모든 측면에서 법치를 실현"[660]할 것을 요구했다. 이 보고서는 또 "사회 공평·정의의 보장에 중요한 역할을 하는 제도의 구축을 강화하고 권리공평, 기회공평, 규칙공평을 주요 내용으로 하는 사회공평 보장체제를 점차적으로 확립하고 공정한 사회적 환경을 조성하고 인민의 평등한 참여와 평등한 발전의 권리를 보장하기

---

658) 후진타오가 중국인권연구회에 보낸 편지, 인민일보, 2008년 12월 11일.
659) 후진타오(각주287), 14면.
660) 후진타오(각주287), 18면.

위해 노력"661)하라고 요구했다. 보고서는 또 국민 생활수준이 중류 정도가 되는 사회를 전면적으로 건설하는 기본 목표 중 하나는 "의법치국 기본방략을 전면적으로 이행되고, 법치정부가 기본적으로 확립되고, 사법 공신력이 부단히 높아지고, 인권이 확실하게 존중되고 보장되는"662) 데에 있다고 강조했다.

넷째, 인민의 생존권, 발전권, 문화권, 사회권과 환경권은 새로운 역사적 수준에 도달했다. 보고서는 중국 특색 사회주의를 건설하는 총 구도를 오위일체로 명시하고, 경제 건설을 중심으로 하는 것을 견지하고, 과학적 발전을 주제로 경제 건설, 정치 건설, 문화 건설, 사회 건설, 생태문명 건설을 꾸준히 추진하여 지속 가능한 과학적 발전을 이인위본으로 전면적으로 조화시킬 것을 강조했다. 이 다섯 가지 건설은 풍부한 인권 내용을 담고 있으며 중국의 인권사업은 이미 이 다섯 가지 건설의 전체 구성에 통합되어 있다. 따라서 이 다섯 가지 건설은 바로 인권 건설이고, 바로 인권사업을 전면적으로 발전시키는 것을 집중적으로 구현하는 것이며, 바로 인민의 생존권, 발전권, 정치권, 문화권, 사회권과 환경권을 더욱 잘 보장하기 위한 것이라고 말할 수 있다. 보고서는 또 "민생의 이익을 도모하고 민생의 우려를 해결하며 인민이 가장 관심을 가지고 가장 직접적이고 가장 현실적인 이익 문제를 잘 해결해야 한다. 배우고자 하면 학교를, 일하고자 하면 일자리를, 병이 나면 의료를, 늙으면 돌봄을, 거주하고자 하면 살 곳이 있도록 지원하고, 계속해서 새로운 발전을 이루고 인민이 더 나은 삶을 살도록 노력해야 한다."고 강조했다. 특히, 보고서는 사회적 약자의 생존권, 발전권의 보장을 매우 중요시하며, "남녀평등의 기본 국책을 견지하고, 여성과 어린이의 합법적 권익을 보장하고, 인구 고령화에 적극적으로 대응하고, 노령 서비스 사업과 산업을 크게 발전시키고, 장애인 사회보장과 서비스체계를 완비하고, 장애인의 권익을 확실하게 보장할 것"663)을 강조했다.

우리는 상술한 18대 정신의 지도하에 우리나라의 인권사업은 반드시 더욱 신속하게 전면적으로 발전할 것이라고 확신한다.

---

661) 후진타오(각주287), 14면.
662) 후진타오(각주287), 17면.
663) 후진타오(각주287), 34면, 37면.

제3절 중국 인권사업의 전면적인 발전

1. 개혁개방 전 우리나라 인권사업의 주요 성과

1949년 신 중국 성립 이후 중국 공산당의 정확한 지도하에 20세기 50년대 중국 인권사업의 발전은 적지 않은 성과와 진보를 이루었고, 중국의 인권상황은 근본적인 변화를 겪기 시작했으며, 그 주요 성과는 다음과 같다.

첫째, 신 중국은 국가의 독립과 주권의 완전한 완성을 이루어 중국 인민들이 광범위한 인권을 향유할 수 있는 여건을 만들었다. 국가의 주권과 독립은 인권 실현의 전제 조건이다.

둘째, 국가는 토지개혁을 통해 봉건통치의 기반을 제거했고, 농민들은 토지를 취득하여 농민의 경제적 지위와 생존 조건을 근본적으로 변화시켰다.

셋째, 국가는 사회주의 경제 토대를 마련함으로써 국민경제를 회복하고 발전시키고 인민들의 삶을 개선했으며 인민들의 생존권을 보장했다.

넷째, 국가는 인민민주독재제도와 인민대표대회제도를 수립하고 시행하며, 인민의 소유권을 확립하고, 국가와 사회 문제를 관리하며, 인민이 민주적 권리를 행사하여 국가의 주인이 될 수 있도록 보장했다.

다섯째, 국가는 "공동강령(共同綱領)"과 1954년 헌법의 규정에 근거하여 민족 지역 자치제도를 건립하고 실행했으며 민족 억압과 차별을 반대하고 민족의 평등, 서로 돕고 단결하는 관계를 발전시켰으며 소수민족의 자치권리와 평등권리를 보장했다.

여섯째, 국가는 "공동강령"과 1954년 헌법을 통해 인민의 각종 민주자유권리를 보장했고 이는 선거권과 피선거권을 비롯하여 사상, 언론, 집회, 출판, 결사, 통신, 인신, 거주, 이주, 종교 신앙 및 행렬, 시위의 자유를 포함한다.

일곱째, 국가는 "혼인법"을 공포하고 실시하여 독단적으로 강요된 봉건적인 혼인제도를 폐지했다. 혼인의 자유, 일부일처, 남녀평등, 여성과 자녀의 합법적 이익을 보호하는 새로운 혼인제도를 실시함으로써 많은 여성들의 권익을 보장했다.

그러나 중국 인권사업의 발전 노선은 우여곡절이 많았다. 20세기 60년대부터 "좌"경향 사상과 각종 정치 운동의 방해로 인권사업의 발전은 심각한 시행착오를 겪었으며, 특히 "문화대혁명" 기간 동안 인권은 민주와 법치처럼 경시하거나 짓밟히기도 했다. 교훈은 매우 침통하고 깊은 것이다.

2. 개혁개방 새로운 시대 인권사업의 발전

(1) 인권사업 발전의 여러 단계

1978년 말 당의 11기 3중 전회를 상징으로 중국은 사회주의 현대화 건설과 개혁개방의 새로운 시대로 진입했다. 이 새로운 시기에 중국 인권사업의 발전은 대체로 4단계를 거쳤다.

제1단계는 당의 11기 3중 전회를 시작으로 1988년까지이다. 이는 인권사상의 재계몽과 재교육의 단계이다. 개혁개방 초기에는 "문화대혁명"이 끝나고 얼마 지나지 않아 사람들이 민주, 법치, 인권을 외치는 것은 자연스러운 일이다. 그러나 당시 일부 사람들은 당이 어지러운 세상을 바로잡아 정상을 회복하는 방침을 왜곡하여 다른 속셈을 품고 "인권쟁취"의 구호를 제기했고 "오직 인권만이 중국을 구할 수 있다."고 큰 소리로 외쳤다. 이러한 상황에 대해 1985년 덩샤오핑은 한 연설[664]에서 사회주의 인권과 자본계급 인권, 사회주의 인권관과 자본계급 인권관을 구분하고, 자산계급 인권관을 비판해 자산계급 인권의 본질을 폭로할 것을 강조했다. 당시 간부와 청년학도 중에는 인권이 오직 자산계급의 구호와 이데올로기라고 잘못 인식했지만, 인민민주독재 하에서 그들은 여전히 "인권 존중"을 외쳤는데 사실상 당과 정부를 향한 "시위"였다. 따라서 간부와 청년학도에 대한 인권의 재계몽, 재교육과 인권지식의 보급, 인권에 대한 올바른 견해 확립이 필요하고 시급했다.

제2단계는 1989년을 시작으로 20세기 말까지이다. 이는 인권의 깃발을 다시 추켜든 단계이다. 국내는 1989년 베이징에서 한차례의 정치적 폭풍이 일어났으며, 소수의 자산계급 자유화를 옹호하는 사람들이 소동을 일으키고 인권유설을 산발하여 당과 정부를 공격했다. 외국에서는 20세기 80년대 초 미국은 사회주의 국가들을 "서양화"하고 분열시키며 붕괴시키기 위한 "인권 외교"정책을 추진했다. 90년대 초 소련과 동유럽의 극적인 변화 이후 이들은 또 사회주의 중국에 대한 공격의 화살을 돌리고 인권문제를 들고 나왔다. 이처럼 복잡다단한 국내, 국제적 배경 및 도전에 직면하여 당 중앙은 상황을 검토하고 시기적절한 결정

---

664) 덩샤오핑 문선(각주138), 123-125면 참조.

을 내려야 했다. 한편으로는 서양 대국이 우리나라를 "서양화" 및 분화하려는 계략을 분쇄하고 서양대국 "인권 외교"의 실질을 폭로하고 서양대국 인권과 인권관의 본질과 사기성을 확실하게 공개하고 비판해야 했다. 다른 한편으로는 당의 기본 노선을 견지하고 민주법제 건설을 추진하고 중국 인민의 인권을 촉진하고 보호해야 했다. 이를 위해 1991년 11월 국무원신문판공청(國務院新聞辦公廳)이 발표한 "중국의 인권 상황" 백서(白皮書)는 인권에 관한 정부 당국의 최초의 공식 문서였으며, 처음으로 "인권"이라는 엄숙한 용어가 사용되었으며 인권 깃발을 떳떳하게 추켜들었고 "충분한 인권을 향유하는 것은 인류가 오랫동안 추구해온 이상"이라고 명확하게 선포했으며, 중국 인민이 굳건한 의지로 추구한 목표이기도 하다. 이 목표를 실현하는 것은 "중국 인민과 정부의 장기적인 역사적 과제"임을 확인하고 인권문제에 대한 중국의 입장, 견해 및 정책을 발표하고 "생존권은 중국 인민의 주요 인권"이라고 분명히 제안했다. 이로써 중국은 인권을 인정하고 존중하며 인권을 수호한다는 좋은 이미지를 국제사회에 수립하고 국제사회로부터 찬사와 호평을 받았다.

강조할 점은 1997년 9월 당의 15대 보고서가 처음으로 "공산당 집권은 바로 인민이 국가를 관리하는 권력을 장악하도록 지도하고 지지하며 민주선거, 민주결책, 민주관리와 민주감독을 실행하고 인민이 법에 의하여 향유하는 광범위한 권리와 자유를 보증하고 인권을 존중하고 보장한다."고 명확하게 제시했다. 이렇게 "인권 존중과 보장"을 우리 당 집권의 취지와 국정운영의 원칙으로 높여 인식하고 대함으로써 중국의 인권사업을 발전시키는 올바른 지침이 되어 중국 인권사업의 발전을 촉진했다.

중국 인권사업의 발전 제3단계는 새로운 세기에서 시작되었다. 이는 중국 인권사업의 큰 발전과 진보의 단계이다. 2002년 당의 16대 보고서는 "민주적 제도의 건전화, 민주적 형식의 풍부, 인민의 질서 있는 정치 참여의 확대, 인민이 법에 의한 민주선거, 민주결책, 민주관리와 민주감독을 실행하는 것을 보증하고 광범위한 권리와 자유를 향유하고 인권을 존중하고 보장한다."고 재차 강조했다. 또한 "인권 존중과 보장"을 "중국 공산당 당장"에 기입하였으며 집권당 국정운영의 중요한 원칙과 이념으로 확립했다. 동시에 여기에서 강조한 "건전한 민주제도, 풍부한 민주형식, 인민의 질서 있는 정치적 참여의 확대"는 "시민적 권리와 정치적 권리"의 당연한 요구이자 기본적 요구로 중국 인권사업 발전의 새로운 내용과 새로운 목표가 되었다. 2007년 당의 17대 보고서는 중국 특색 사회주의 인권 이론을 발전시켰으며, 주로 인간의 권리를 근본으로 하는 인권관을 형성하고 민주관을 확대했으며, 평등관과 전면적으로 발전한 인권관을 새롭게 했다.

제4단계는 중국 인권사업은 계획적이고 지속적이며 전면적으로 발전시킨 단계이다. 2009년 4월 13일, 국무원신문판공청은 당 중앙과 국무원의 비준 및 권한을 부여받아 "국가인권행동계획(2009~2010년)"을 발표했다. 이는 중국 인권사업의 전면적인 발전을 추진하기 위해 중국 정부가 공식화한 최초의 강령적이고 정책적인 중요한 문서이다. 이의 지도 사상과 기본 원칙은 명확하고 정확하며 내용은 풍부하고 전면적이며 특징이 뚜렷하고 정책 조치의 목표는 확실하고 실현이 가능하며, 이의 제정, 관철, 이행은 중국 인권사업 발전이 계획이 있고 지속적이고도 침착하며 전면적으로 발전하는 새로운 단계로 진입하였음을 상징한다. 2011년 7월 14일 국무원신문판공청은 "국가인권행동계획(2009~2010년) 평가보고"를 발표했다. 2010년 말까지 계획하고 규정한 각종 조치가 효과적으로 실시되었고 예정했던 각종 사항의 목표는 예정대로 실현되었으며, 각종 지표는 모두 이미 완성함으로써 중국 인권사업의 발전은 또 하나의 새로운 단계에 진입했다고 신중하게 발표했다. 2012년 6월 11일 국무원신문판공청은 또 "국가인권행동계획(2012~2015년)"을 발표하여 2012~2015년 인권 촉진과 보장이라는 목표와 임무를 명확히 하고 중국 인권사업의 전면적인 발전을 확고히 추진하겠다는 중국 정부의 의지를 표명한 것은 중국 인권사업이 계획적이고 지속적이고 온건하며 전면적으로 추진되는 새로운 단계에 진입하였음을 상징한다.

2012년 당의 18대 보고서는 국민 생활수준이 중류 정도가 되는 사회를 건립하고 개혁개방을 전면적으로 심화시키는 중요한 전략적 목표 중 하나로서 인권의 존중과 보호를 효과적으로 증진시켰으며, 당이 새로운 시대와 새로운 단계에서 집정하여 흥국을 이루는 것은 하나의 핵심 이념과 가치 지침이 되었다. 또한 인민의 주체적 지위에 대한 준수가 보다 두드러진 입장에서 언급되고 시민적, 정치적 권리의 내용을 더욱 풍부하게 보장했다. 인민의 생존권, 발전권, 문화권, 사회권과 환경권은 새로운 역사적 수준에 이르렀으며, 이는 오위일체 건설의 전체 과정을 거쳐 중국의 인권사업이 계획되고 지속 가능하며 포괄적인 과학적 발전을 보장했다.

(2) 인권사업이 이룬 큰 성과

중국 공산당의 강력한 지도력 아래 개혁개방 이후 중국의 인권 운동은 큰 발전과 진보를 이룩했으며 전 세계적으로 주목을 받는 큰 성과를 거두었다.

(가) 인민의 생존권, 발전권에 대한 보장은 획기적으로 진전되었다. 개혁개방 이후 인민의 전반적인 생활상황이 눈에 띄게 개선되고 향상되었다. 사회경제의 건전하고 빠른 발전으로 주민들의 생활환경과 삶의 질이 지속적으로 개선되고 향상되었으며, 빈곤층의 수가 점차 감소하고 인민의 건강 수준이 지속적으로 개선되었으며, 공중 보건체계가 지속적으로 개선되었다.

(나) 시민적 권리와 정치적 권리의 보장이 지속적으로 강화되었다. 인민대표대회제도, 중국 공산당이 이끄는 다당협력과 정치협상제도, 민족지역자치제도와 기층 군중자치제도는 지속적으로 개선되었고, 의법행정은 적극적으로 추진되며, 인터넷을 통한 시민의 언론자유는 법적 보호를 받고 시민은 법에 따라 비판, 건의, 제소, 고발(신고, 檢擧)과 고소할 권리가 있다. 인권의 입법, 집법과 사법은 지속적으로 강화되고 있으며, 민생 관련 입법과 제도의 건설은 가속화되고 있으며, "형사소송법"이 개정된 이후 피고인, 범죄(용의자)에 대한 인권 보호는 강화되고 중국 특색 사회주의 법률체계와 인권 보장 법률체계가 형성되었다.

(다) 인민의 경제적, 사회적 및 문화적 권리가 지속적으로 강화되었다. 근로자의 취업권리는 법적 보호를 받고, 국가는 직업훈련을 개발하고, 근로자의 취업율을 향상시키며, 사회보장제도가 확립되고, 시민에 대한 교육의 권리가 법적 보장을 받고, 국민의 문화생활이 나날이 풍부해지고, 공공 문화 서비스체계의 건설이 가속화되고, 시민의 사유재산권은 법적 보호를 받는다.

(라) 소수민족의 평등권리와 자치권리를 확실하게 보장한다. 국가는 법에 따라 각 소수민족이 국가의 업무와 지방 업무를 평등하게 관리할 권리를 보장하고, 국가는 소수민족 지역발전에 대한 지지를 높이며, 소수민족 인민들의 생활수준이 향상되고 소수민족 지역의 공중 보건체계 건설이 한층 더 가속화되었으며, 소수민족의 교육 수준이 지속적으로 향상되었으며, 소수민족의 문화적 권익이 효과적으로 보호되었다.

(마) 장애인의 권익보장에 새롭고 더 큰 발전이 이루어졌다. 국가는 장애인권익을 보장하는 법률을 적극적으로 개선하고, 장애인 권익의 법적 보장을 한층

더 강화하고, 장애인 사회보장체계와 서비스체계가 개선되어, 장애인의 재활사업과 교육사업이 발전하고, 장애인의 공공 서비스가 강화되는 등 문화·체육생활은 끊임없이 풍요로워졌다.

이 같은 사실은 중국의 인권사업 발전이 역사적인 뚜렷한 진보를 이루었고, 현재의 중국 인권사업은 왕성한 발전의 양호한 양상을 보이고 있음을 잘 보여주고 있다. 물론 중국은 인구가 많고 개발이 불균형하여 민생과 인권을 개선하는 데 여전히 많은 어려움과 미흡한 점이 있으며 이런저런 문제점도 있다. 예를 들어, 양질의 교육(優質教育), 의료자원 총량이 부족하고 분포가 고르지 않아 물가상승 압력이 높아지고, 일부 도시의 주택가격 상승폭이 지나치게 높아 불법 토지 취득 및 철거로 인한 사회적 모순이 증가했다. 식품안전 문제가 비교적 두드러지고 일부 지역의 부패가 심각하며, 인권 침해가 때때로 발생하며 인권보장 능력과 수준이 높지 않다는 등의 문제점이 있다. 당과 정부는 현재 확실하고 유효한 정책("12.5" 경제와 사회발전 계획 요강의 제정과 시행을 포함함)을 채택하여 사회의 공평, 정의, 화합을 강력히 추진하고 있으며, 이러한 문제의 해결을 가속화함으로써 중국의 인권사업을 더 크고 바르게 추진해 나가고 있으며, 중국 인민의 인권은 효과적으로 보호되어 인민 군중들의 삶을 더 행복하고 품위 있게 만든다.

3. 중국 인권사업 발전의 시사점 및 경험

지난 수십 년 동안 중국 인권사업의 발전 과정을 되돌아보면 다음과 같은 몇 가지 중요한 시사점 및 경험이 있다고 생각한다.

(가) 중국 인권사업의 발전은 항상 올바른 정치적 방향을 견지해야 한다. 중국화의 마르크스주의 인권관을 지도로 삼고, 중국 특색 사회주의 인권 이론으로 중국의 인권실천을 지도하고, 중국 인권사업을 공고히 하는 사회주의 정치의 방향을 견지해야 한다. 이인위본의 과학적 발전관을 깊이 관철하여 이행하고 중국 인권사업을 전면적이고 조화롭게 지속 발전시켜야 한다. 인민의 생존권, 발전권 보장을 인권 보장의 최우선 순위에 두어야 할 뿐만 아니라, 인민의 경제적, 사회적, 문화적, 시민적 권리와 정치적 권리도 발전시켜야 하며, 집단 및 개인의 인권도 발전시켜야 한다. 동시에 중국 인권사업의 발전은 주권과 인권, 국내인

권과 국제인권, 인권과 사회, 인권과 자연, 각 방면의 이익 관계를 총괄하고, 인권 이론과 인권 실천의 다양한 문제를 더 연구하여 인민의 동등한 참여와 발전에 대한 권리를 효과적으로 보장하도록 힘써야 한다.

(나) 중국 인권사업의 발전은 언제나 "인권의 보편성 원칙을 존중하되 기본 국정에서 출발한다."는 원칙을 일관되게 견지해야 한다. 인권의 이념과 주체, 내용과 가치는 보편적이어야 하고 마땅히 사람들에게 인정과 존중을 받아야 한다. "기본 국정에서 출발한다."는 것은 우리나라가 처한 사회주의 초급 단계부터 우리나라 경제, 사회, 문화 발전 수준에서 국가제도, 정치제도, 법률제도 및 인민의 염원과 요구로부터 과학적으로 발전하고 포괄적이고 종합적으로 추진하여 중점을 두드러지게 하는 것이다. 인권의 보편성 원칙은 기본 국정과 연계되고 결합되어야 한다. 인권의 보편성과 특수성을 분리하거나 대립하는 것은 옳지 않을 뿐 아니라 중국 인권사업의 발전에도 불리하다.

(다) 중국 인권사업의 발전은 항상 인권을 촉진하고 보장하는 기본 제도를 일관되게 수립해야 한다. 인권을 보장하는 법률체계를 개선하고 인권입법, 인권집법과 인권사법을 강화하며, 중국 인권사업의 과학적인 발전을 효과적으로 촉진하고 보장해야 한다. 현재 중국 특색 사회주의 법률체계가 점진적으로 개선됨에 따라 중국은 헌법을 중심으로 법률, 행정법규와 지방성 법규로 구성되는 인권법률 보장체계를 이미 초보적으로 구축해 중국의 인권 보장이 점차 규범화, 법률화, 제도화되고 있음을 상징한다.

(라) 중국 인권사업의 발전은 항상 중국 국정에 맞는 인권사업의 발전 노선을 일관되게 견지해야 한다. 이는 중국의 현실을 고수하고, 이인위본을 견지하고 인민의 생존권과 발전권을 최우선으로 하며, 개혁, 발전, 안정의 긍정적인 상호 작용을 통해 인권을 전면적으로 추진하고 시민적, 정치적 권리와 경제, 사회, 문화적 권리 및 개인적 인권과 집단적 인권의 조화로운 발전을 촉진해야 한다. 이 노선의 주요한 특징은 이인위본을 견지하고, 안정을 전제로, 개혁을 원동력으로, 발전을 관건으로 하며, 법치로 보장되고, 과학적 발전관으로 통솔하고, 전면적이고 조화롭고 지속 가능한 중국 인권사업을 발전시키는 것이다.

(마) 중국 인권사업의 발전은 항상 중국 공산당의 지도를 견지해야 한다. 과거 중국 공산당은 중국 인민들이 인권을 위해 끊임없이 투쟁하도록 이끌었다. 현재 중국 인권사업 발전의 거대한 성과도 중국 공산당의 강력한 지도력이 있

었기에 가능했다. 중국 공산당은 중국 인권사업의 발전에 대한 지도사상, 방침 정책, 교육선전, 발전노선, 보장방식 및 대외협력과 대화, 국제 인권분야 활동의 참여 등에 대해 적시에 정확하고 구체적인 지시와 지도를 제시했다. 실천은 중국 인권사업의 발전이 근본적으로는 인권에 대한 당의 의식 향상과 올바른 결책에 달려 있다는 것을 보여준다. 중국 인권사업의 발전은 중국 공산당이 항상 중국 인권사업의 발전을 위한 강력한 지도력의 핵심이었다는 것은 이미 증명했고 또 계속 증명할 것이다. 따라서 중국 인권사업의 발전에 대한 중국 공산당의 지도력을 더욱 강화할 필요가 있다. 당의 15대, 16대, 17대, 18대 보고서에서 제정되고 당장(黨章)에 명시되어 있는 "인권 존중과 보장"을 위한 집권흥국(執政興國)의 원칙과 이념을 더욱 관철하고, 지도 간부가 앞장서서 이 원칙과 이념을 실천해야 하고 앞장서서 "인권 존중과 보장"을 실행해야 하며, 중국 인권사업이 중국 특색 사회주의 정치의 방향에 따라 과학적으로 발전하도록 한다.

제4절 중국 인권발전의 법치 보장

1. 인권과 법치의 일반적인 관계

인권과 법치의 관계는 매우 밀접하다. 인권이 없으면 법치가 없으며, 법치가 없으면 인권을 논할 수 없다. 간단히 말해서 인권과 법치의 관계는 인권이 법치의 출발점이자 근거이며 법치는 인권의 확인과 보장이다. 인권과 법치는 서로 연결되고 서로 의존적이며 서로 작용하며 서로 협력하고 보완한다.

(1) 인권의 존중과 보장은 사회주의 법치의 출발점이자 근거이다.

(가) 중국 인권의 내용은 무엇보다도 수많은 인민의 생존권리, 발전권리, 자유와 평등의 권리이기 때문에, 인권의 존중과 보장은 필연적으로 사회주의 법치의 근거가 된다. 사회주의 법률의 제정 및 실시는 반드시 많은 인민의 생존권리를 보호하는 것을 출발점으로 해야 하며, 많은 인민에게 유리한 생존권리의 유지를 고려해야 하며, 많은 인민의 절실한 이익에 대한 보호를 고려해야 하며, 수많은 인민 상호 간의 권리와 의무관계 대한 조정을 고려해야 한다. 사회주의 법치는 인권의 존중과 보장을 떠나서는 안 된다. 인권을 존중하고 보장할 근거가 없

다면 사회주의 법치는 그 역할을 수행하지 못할 뿐만 아니라 존재할 수도 없다.

(나) 인권의 존중과 보장은 사회주의 법치의 임무와 내용을 결정한다. 사회주의 법치의 근본 임무는 결국 법으로 전체 인민의 기본 권리와 자유 및 기타 합법적 권익을 법에 따라 보호하고, 공공 재산과 공민의 사유재산을 보호하며, 사회의 질서를 수호하고, 사회주의 현대화 건설과 개혁개방을 원활하게 하는 것이다. 이 임무는 바로 인권의 존중과 보장의 구체적인 구현이고 인권실현을 위해 필수적이다. 따라서 인권의 존중과 보장은 사회주의 법치의 임무를 결정한다는 것이다. 중국 인권의 내용도 광범위하고 사회주의 법치의 내용도 마찬가지로 광범위하다. 중국 인권은 특히 인민의 생존권, 발전권, 자유와 평등권, 독립권 등 사회주의 법치의 내용을 결정하고 사회주의 법치는 이를 직간접적으로 반영하고 구현한다. 우리나라 헌법에는 인민의 기본 권리와 자유에 관한 각종 규정, 인민이 국가와 사회의 사무관리에 관한 각종 규정, 사회구조와 사회복리 권리에 관한 여러 가지 규정, 여성과 아동 및 교민의 권익 보호에 관한 각종 규정은 모두 중국 인권 내용의 가장 직접적인 표현이고 생존권리, 발전권리, 자유와 평등권리의 구체화이다. 만약 사회주의 법치가 이러한 중국 인권의 내용을 규정하지 않고 구현하지 못한다면 사회주의 법치의 본질은 불가피하게 변질될 것이며 더 이상 사회주의 법치가 되지 못할 것이다.

(다) 인권의 존중과 보장은 사회주의 법률의 준수 및 실시를 촉진한다. 헌법과 법률규범은 사회관계를 조절하고 사회질서를 유지하고 보호하는 도구로 사람들의 행동준칙이다. 사회주의 법률도 사회주의 국가의 강제력에 의해 보장되어야 하지만 사회주의 법률은 사람들의 자각적인 준수와 집행이 더 중요하다. 인권의 존중과 보장이 사회주의 법률의 내용을 결정하고, 사회주의 법률이 중국 인권의 내용을 담고 있고, 인민 스스로 제정한 만큼, 인민의 의지와 이익이 반영된 것이며, 사회주의 법률의 실시는 필연적으로 인민의 의지와 이익을 실현하는 것이며, 중국 인권의 내용과 요구인 만큼 인민 군중은 당연히 스스로 사회주의 법률을 지키고 집행해야 한다. 바로 그런 의미에서 인권의 존중과 보장은 사회주의 법률의 준수 및 실시를 촉진한다고 할 수 있는 것이다.

(2) 사회주의 법치는 중국 인권의 확인과 보장이다.

(가) 사회주의 법치는 중국 인권의 내용과 범위를 규정하고 중국 인권의 실

현을 위한 방향을 제시했다. 우리나라 사회주의 법치 건설의 실천은 우리나라가 중국 인권에 관해 많은 유익한 입법과 실천을 수행했음을 보여준다. 우리나라 헌법에 직접적, 체계적, 전면적, 원칙적으로 중국 인권, 특히 광대한 인민의 생존권, 인신권, 발전권, 주인이 되는 권리 및 각종 기본 권리와 자유 등의 내용과 범위를 규정한 것 외에 국가는 또 1,000건 이상의 법률·법규를 제정하고 각 측면에서 인권의 내용과 범위를 규정했다, 예를 들면, "중화인민공화국 집회·행렬·시위법(中華人民共和國集會遊行示威法)", "중화인민공화국 사단 등록·관리 조례(中華人民共和國社團登記管理條例)", "중화인민공화국 민족지역자치법(中華人民共和國民族區域自治法)", "중화인민공화국 저작권법(中華人民共和國著作權法)", "중화인민공화국 혼인법(中華人民共和國婚姻法)", "중화인민공화국 상속법(中華人民共和國繼承法)", "중화인민공화국 장애인 보장법(中華人民共和國殘疾人保障法)", "중화인민공화국 미성년자 보호법(中華人民共和國未成年人保護法)", "중화인민공화국 여성 권익 보호법(中華人民共和國女性權益保護法)", "중화인민공화국 전국 인민대표대회와 지방 각급 인민대표대회 조직법(中華人民共和國全國人民代表大會和地方各級人民代表大會組織法)", "중화인민공화국 선거법(中華人民共和國選舉法)", "중화인민공화국 특허법(中華人民共和國專利法)", "중화인민공화국 회사법(中華人民共和國公司法)" 및 기타 관련 법률이 중국 인권의 내용과 범위를 직·간접적으로 명확하게 규정했으며, 중국 인권의 기본 정신을 잘 보여준다. 따라서 우리는 이러한 법률을 우리나라의 인권입법으로 충분히 볼 수 있으며, 이런 방식으로 중국 인권의 실현에 법적 근거가 있음을 알 수 있다. 이러한 법률은 또한 우리나라 사회주의 법률이 여성의 권리, 미성년자의 권리, 장애인의 권리, 소수민족의 권리에 대한 특별 조항을 가지고 있으며 특별한 보호를 구현하고 있음을 보여준다.

(나) 사회주의 법치는 인권권리 행사의 절차, 원칙, 방법을 규정함으로써 중국의 인권권리 행사와 실현을 위한 효과적인 조치와 이행 가능한 형식을 제공했다. 우리나라 헌법에 규정된 우리나라의 국가 구조 형식과 관리 형식, 규정된 정치제도, 사회제도와 경제제도, 규정된 사법제도와 절차, 규정된 국가의 인권 존중과 보장, 인민의 기본 권리와 자유 및 이러한 기본 권리와 자유를 행사하는 절차와 원칙, 인민이 법률 앞에서 일률적으로 평등하다는 원칙, 국가 기관과 그 직원, 사회단체, 정당, 군대 및 전체 인민 모두가 헌법과 법률을 준수해야 한다는 원칙, 인민의 인신 권리가 침해받지 않도록 규정한 원칙 등은 중국 인권의

실현을 위한 법률, 제도와 원칙을 보장한다. 이 외에 우리나라의 "형사소송법"과 "민사소송법" 및 위에 열거된 각 법률에도 중국의 인권 실현을 보장하기 위한 절차와 방법이 규정되어 있다. 예를 들어, 우리나라의 "형사소송법"은 법에 따라 재판, 공개재판, 피고인의 기피신청 권리, 변호권, 항소권, 피고 및 형사 용의자의 인권을 보호할 권리가 있다. 우리나라 "교도소법"은 범죄자들에게 혁신적으로 인도주의적인 대우를 이행하기 위한 일련의 조항을 마련했으며, 범죄자의 인격, 명예, 인신 권리도 법적으로 보장된다. 이러한 모든 법률규정은 일정한 의미에서 중국 인권의 실현을 위한 방법, 절차, 형식을 제공한다. 또한 우리나라는 인권의 실현을 보장하기 위한 여러 가지 형식과 여건을 창출하는 일련의 효과적인 행정조치를 취하고 있다. 그러므로 우리는 중국의 인권은 충분한 물질적 보장과 법적 보장을 받는 인권이며 진정으로 실현 가능한 인권이라고 말한다.

(다) 사회주의 법치는 인민의 기본 권리와 자유에 대한 행사와 필요한 제한을 규정함으로써 많은 인민이 자신의 권리와 자유를 올바르게 행사하도록 보장한다. 어떠한 권리와 자유도 모두 상대적이며 일정한 제한이 있다. 절대적으로 제한받지 않는 권리와 자유는 예나 지금이나 있었던 적이 없다. 우리나라의 헌법과 관련 법률문서에는 인민의 권리와 자유를 행사할 때 일정한 제한이 규정되어 있다. 그 집중적인 표현은 "헌법" 제51조가 "중화인민공화국 공민은 자유와 권리를 행사함에 있어 국가와 사회, 집단의 이익과 기타 공민의 합법적인 자유와 권리를 훼손해서는 안 된다."고 규정했다. 이 헌법규정은 분명히 매우 필요하고 합리적이다. 이 규정은 국가, 사회를 수호하는 집단과 전체 인민의 이익에서 출발한 것으로, 인민의 권리와 자유를 제대로 행사하는 것이 사회질서, 생산, 작업, 생활, 과학 연구의 질서의 안정에 도움이 되며, 우리나라의 정치적 안정과 통합에 이로우며, 우리나라 개혁개방과 사회주의 현대화 건설의 원활한 진행에 이롭다.

상술한 내용을 요약하면, 인권 보호는 반드시 법치에 의해 보장되어야 한다. 인권은 현대 법치의 가치 목표이며 법치는 인권 보장 정도를 나타내는 중요한 지표이다. 인권 보장에 있어서 현대 법치의 역할은 주로 인권을 제한하고 인권을 규제하며 인권을 실현하는 것이다. 우리나라 사회주의 법치는 인권 보장에 실용적이고 효과적인 역할을 해왔지만, 결점도 있기 때문에 인권 보장 법규체계를 개선하여 인권을 보다 효과적으로 보장해야 한다.

2. 인권과 시민적 권리의 헌법적 근본 보장

전 세계적으로 인권과 시민적 권리(公民權利: "공민권리"로 표기하였으나 이하 "시민적 권리"로 통일하여 사용함)에 대한 근본적인 보장은 헌법을 통해 이행된다. 공민의 기본 권리와 의무는 헌법의 핵심 내용이고 헌법은 모든 공민이 권리를 향유하고 의무를 이행하는 근본적인 보증이다.

(1) 우리나라 헌법은 인권과 시민적 권리의 주요 내용을 규정 및 기재함으로써 인권과 시민적 권리를 보장한다.

우리나라 헌법에서 인권과 시민적 권리의 내용에 대한 규정 및 확인은 포괄적이고 체계적이며, 주로 다음과 같다.

(가) 우리나라 "헌법" 제33조는 "국가는 인권을 존중하고 보장한다.""모든 공민은 헌법과 법률에 규정된 권리를 향유한다."고 명시하고 있다. 이렇게 인권과 시민적 권리를 보장하는 것은 헌법의 기본 원칙이자 핵심 가치가 되었으며 국가의 책임이 된다. 뿐만 아니라 헌법은 "인권의 존중과 보장"을 제33조 제3항에 나열했고 시민적 권리 이전에 규정함으로써 "인권의 존중과 보장"의 법적 지위가 크게 향상되었고, 총 원칙과 시민적 권리의 의미와 가치의 통솔이 가능해졌다.

(나) 공민의 평등권이다. "헌법"은 "중화인민공화국 공민은 법률 앞에서 일률적으로 평등하다."고 규정하고 있다. 공민은 인종, 민족, 성별, 재산 상태 등에 관계없이 모두 헌법과 법률이 규정하는 권리를 평등하게 누리며, 헌법과 법률에 규정된 의무를 모두 평등하게 이행한다. 공민의 합법적 권익은 일률적으로 헌법과 법률의 보호를 받는다. 공민의 어떠한 불법·범죄행위는 모두 법에 따라 처벌받는다.

(다) 공민의 정치적 권리와 자유이다. 선거권과 피선거권, 언론·출판·집회·결사·행렬·시위의 자유, 종교 신앙의 자유, 인신자유, 인격권, 주택침해를 받지 않을 권리, 통신 자유와 통신 비밀 유지권리를 포함한다.

(라) 공민의 비판, 건의, 제소, 고발과 고소할 권리이다. 헌법은 공민이 어떠한 국가 기관과 국가의 근무자에 대하여 비판과 건의를 제기할 권리를 가진다고 규정하고 있으며, 어떠한 국가 기관과 국가 근무자의 위법·직무상의 과실

(失職)행위에 대하여 관련 국가 기관에 제소, 고발 혹은 고소를 제기할 권리가 있지만, 허위 사실을 날조하거나 왜곡하여 모해해서는 안 된다.

(마) 공민의 사회경제권리이다. 주로 재산권, 노동권, 근로자의 휴식을 할 권리, 물질적 도움을 받을 권리를 포함한다.

(바) 공민의 교육, 과학, 문화적 권리와 자유이다. 헌법은 공민이 교육을 받을 권리와 의무를 규정하고 있으며, "국가는 청소년, 소년, 아동의 '지덕체(智德體)' 방면의 발전을 배양한다." 헌법은 또 공민이 과학연구, 문학예술 창작과 기타 문화 활동을 할 자유가 있다고 규정하고 있다.

(사) 여성, 결혼, 가족, 어머니, 아동 및 노인은 국가의 특별 보호를 받는다. 헌법에 따르면 여성들은 정치, 경제, 문화, 사회적 그리고 가족의 삶 등에서 남성과 동등한 권리를 가진다. 헌법에 따르면 국가는 여성의 권리와 이익을 보호하고 남성과 여성의 동등한 노동에 대해 동등한 임금을 시행하며, 여성 간부들을 양성하고 선발한다. 헌법은 또한 가족, 어머니, 아동들은 국가의 보호를 받으며 결혼의 자유를 훼손하는 것을 금지하고 노인, 여성, 아동들을 학대하는 것을 금지하고 있다.

(아) 화교의 권리이다. 헌법에서 국가는 화교의 정당한 권리와 이익을 보호하고 귀화 교포와 교포 가족의 합법적 권리와 이익을 보호하도록 규정하고 있다.

이 외에도 중국 헌법은 "중화인민공화국의 모든 권력은 인민에게 있다." "중화인민공화국의 각 민족은 일률적으로 평등하다." "각 소수민족이 모여 사는 지역은 지역자치를 시행한다." "국가는 국유경제를 공고히 하고 발전시키는 것을 보장한다." "집단경제의 발전을 격려 및 지도하고 돕는다." "비공유제경제의 발전을 장려하고 지지하고 인도한다." "국가는 법에 따라 공민의 사유재산과 상속권(계승권)을 보호한다."는 내용 등을 선포했다.

위에서 언급한 중국 헌법에서 기재되고 확인된 권리에는 시민적 권리와 정치적 권리뿐만 아니라 경제, 사회, 문화적 권리도 있고, 개인적 인권도 있고 집단적 인권도 있다. 중국 헌법은 개인적 인권을 보장할 뿐만 아니라 집단적 인권도 보장하고, 시민적 권리와 정치적 권리를 보장할 뿐만 아니라 경제, 사회, 문화적 권리도 보장하며, 인권과 시민적 권리의 실현을 포괄적으로 보장한다.

(2) 중국 헌법은 국가가 법적 및 물질적 보증을 제공하도록 규정함으로써 인권과 시민적 권리를 보장한다.

중국 헌법은 공민의 인격적 존엄성이 침해당하지 않고, 비판과 건의할 수 있는 권리를 갖고 있으며, 제소, 고발 혹은 고소할 권리가 있다고 규정하고 있다. 공민의 이러한 권리와 자유가 침해되거나 손상되면 침해자의 법적 책임을 물을 수 있다. 물질적 보증은 국가가 일정한 물질적 조건을 제공하고 인권과 시민적 권리의 점진적 실현을 보장하는 것이다. 예를 들어, 공민의 선거권 행사와 실현을 보증하기 위하여 중국 선거법은 선거경비를 국고에서 지출하도록 규정하고 있다. 중국 헌법은 또 국가가 경제발전수준에 적응하는 사회보장제도를 건립·완비하고 소외계층의 인권과 시민적 권리의 실현을 제도적으로 보장하도록 규정하고 있다.

(3) 중국 헌법은 국가 권력을 설립, 규범, 통제하는 방식으로 인권과 시민적 권리를 보장한다.

중국 헌법은 국가의 입법권, 행정권, 군사권, 재판권과 검찰권을 각기 다른 국가 기관이 행사하고, 이들이 분업적으로 협력하도록 규정하고 있다. 국가 권력기관은 행정기관, 재판기관과 검찰기관에 대한 업무감독을 강화하고 각 기관의 내부 감독을 강화한다. 중국 헌법은 또한 중국은 민주집중제도의 원칙에 근거하여 국가 기관의 구성과 국가 기관의 기능적 운영을 보장한다고 규정하고 있다. 중국 헌법이 국가 권력의 행사를 이렇게 설립, 규범화하고 제한하는 목적은 바로 국가 권력의 남용과 인권과 시민적 권리에 대한 침해를 막기 위한 것이고 인권과 시민적 권리를 최대한 보장하기 위한 것이다.

(4) 중국 헌법은 위헌심사를 통해 인권과 시민적 권리의 실현을 보장한다.

중국 헌법은 전국 인민대표대회 상무위원회(全國人民代表大會常務委員會)가 헌법을 해석하고, 헌법 실시를 감독하고, 위헌문제를 처리하며, 인권과 시민적 권리를 보장하도록 규정하고 있다. 헌법 규범은 이미 점진적으로 사법영역에 진입했고 우리나라의 위헌심사제도는 끊임없이 보완되고 있으며, 심사 대상은 모든 법률, 법규뿐만 아니라 국가 기관, 공직자, 공민의 행위를 포함하여 어떠한 행위도 헌법을 위반해서는 안 되며, 어떠한 위헌적인 문서나 행위도 검열과 제재를 받아야 한다. 위헌심사제도의 보완은 인권 보장과 시민적 권리의 실현에 중요한 의미가 있다. 물론 우리나라 위헌심사제도는 아직 보완할 여지가 많다. "중공중앙 개혁 심화에 관한 중대 사안의 결정"에서 "헌법 시행의 감독체제와 절차를 한층 더 완비하고 헌법의 전면적인 관철과 이행을 새로운 수준으로 격상시켜야 한다. 사회 전체가 헌법·법률을 충실하게 유지하고 보호하고 운용하는 제도를 완비해야 한다."665)고 제기했다. 이에 따라 우리나라의 위헌심사 제도, 특히 규범적 문서, 중대 결책의 적법성, 헌법적 심사제도 등을 개선해야 한다.

3. 인권과 시민적 권리의 입법 보장

의거할 수 있는 법이 있어야 한다는 것은 인권과 시민적 권리의 보장과 실현을 위한 기본 전제이다. 인권과 시민적 권리의 입법이 없다면 인권과 시민적 권리의 법적 보장을 어떻게 말할 수 있겠는가? 개혁개방 30여 년 동안 중국의 입법은 속도가 빠르고 질도 높고 성과도 크다. 2013년 말 현재 중국 현행 유효한 법률은 243부, 행정법규 731건, 지방성 법규(자치조례와 단행조례를 포함함) 9,347건이 있다.

현재는 이미 헌법을 핵심으로 하고 헌법 관련 법률, 민법·상법 등의 여러 개의 법률부문의 법률을 기본으로 하는 법률, 행정법규, 지방성 법규 등의 여러 개의 법률·법규로 구성한 중국 특색 사회주의 법률체계를 형성했다. 이러한 법률체계에서의 법률·법규는 모두 인권과 시민적 권리를 보장하는 것과 관련이 있으며, 일부는 인권과 시민적 권리를 직접적으로 보장하는 법률·법규이다. 헌법은 공민의 기본 권리와 의무를 규정하고 "국가는 인권을 존중하고 보장한다."고 규정하고 있다. 헌법 관련 법률 부문에서의 선거법은 공민의 선거권과 피선거권의 실현을 보장하고, 민족지역 자치법은 소수민족의 평등권리와 자치권리의 실현을 보장하고, 집회·행렬·시위법은 공민의 집회·행렬·시위의 자유 실현을 보장하고, 도시주민위원회 조직법과 촌민위원회 조직법은 주민과 촌민의 민주권리의 실현을 보장한다. 행정법률 부문에서의 의무교육법, 교사법, 교육법, 직업교육법과 고등교육법은 공민이 교육을 받을 권리의 실현을 보장하고 변호사법과 공증법은 공민의 소송권리와 합법적 권익의 실현을 보장한다. 의약품관리

---

665) 중공중앙(각주360), 32면.

법, 전염병방지법, 식품안전법은 공민의 생명권과 건강권의 실현을 보장한다. 민법·상법법률 부문에서의 혼인법, 입양법(收養法), 상속법은 공민의 혼인권리, 입양권리와 상속권리의 실현을 보장하고 민법총칙과 물권법은 공민의 사유재산권리의 실현을 보장한다. 사회법률 부문에서는 장애인보장법, 미성년자보호법, 여성권익보장법과 노인권익보장법 등은 사회 소외계층 및 여성의 합법적 권익을 보장한다. 이 모든 것은 중국 특색 사회주의 법률체계와 인권과 시민적 권리 보장의 법률·법규체계가 기본적으로 형성되어 있다는 것을 보여준다. 이 두 법률체계의 형성은 중국 인권사업이 발전을 이루었다는 중요한 징표이며, 인권과 시민적 권리 보장의 법률화를 실현해 낸 것이다. 물론 중국 인권사업의 발전에 따라 인권과 시민적 권리를 보장하는 입법을 계속 강화해 이 두 "법률·법규체계"를 더 개선해 나가야 한다.

4. 인권과 시민적 권리의 집법 보장

중국의 현재 유효한 240여 법률 중 행정법이 60여 부로 전체의 30%에 육박하는 데다 행정법규 700여 건을 더하면 그 수량은 기타 법률을 크게 앞질렀다. 또한, 중국의 80% 이상의 법률·법규는 국가 행정기관이 집행을 책임지고 인권과 시민적 권리의 보장과 관련한 법률·법규도 주로 국가 행정기관이 실시와 이행을 책임지고 있음을 알아야 한다. 따라서 국가 행정기관은 법률로 규정한 인권과 시민적 권리를 보장하는 조항이 실제로 적용되어 사람들이 실질적으로 누릴 수 있는 권리가 될 수 있는지의 관건이 된다. 의법행정, 집법위민은 중국 국가 행정기관의 작업에 대한 기본 지침이다. 당의 15대 보고서는 "모든 정부기관은 의법행정을 하고 시민적 권리를 확실하게 보장해야 한다."고 명확하게 제기했다. 당의 16대, 17대와 18대 보고서는 "의법행정을 추진하고 엄격·공정·문명한 집법을 확실하게 해야 한다."고 거듭 강조했다. 소위 말하는 의법행정은 일반적으로 국가 행정기관의 권력을 가리키고 반드시 모두 법률에 의해 부여되고 모든 행정관원은 반드시 모두 법에 의해 일을 처리해야 한다.

국가는 헌법을 개정하고 법률, 법규와 정책을 제정하는 것을 통하여 관련 제도를 점진적으로 건립·개선하고 국가 행정 기간과 행정직원의 집법행위를 규범화함으로써 법치 궤도로 나아가게 하고 이와 동시에 법률 및 인민 군중의 유효한 감독을 받게 한다. 1982년 헌법은 지도직 임기제를 시행하도록 규정해 지도직 종신제를 폐지했다. "국무원 조직법"은 국무원 및 산하의 각 부위(所屬各部委)기관의 설치, 직권구분과 사무규칙을 규정했다. "행정허가법(行政許可法)"은 국가 행정기관의 경제와 사회사무 행정허가의 범위 설정, 권한 설정, 실시절차와 경비의 보장 등을 규정했다. "행정처벌법(行政處罰法)"은 행정기관이 공공 질서를 보호하고 공민, 법인 또는 기타 조직의 합법적 권익을 보호하는 과정에서 행정처분의 설정과 실시 및 행정관리실시에 대한 보장과 감독을 규정했다. "행정심의법(行政復議法)"은 공민, 법인과 기타 조직의 합법적 권익이 행정기관의 위법 또는 부당한 행정행위에 의해 침해될 경우 그 상급 행정기관에 행정심의 신청을 제기하고 상급 행정기관은 신청접수와 행정심의 결정을 내릴 의무가 있음을 규정했다.

행정기관과 행정직원의 행동을 규범화하는 것은 국가 행정공무원 및 경찰의 자질을 향상시키는 것이 관건이다. "공무원법"과 "인민경찰법"은 이에 관한 특별 조항을 마련했다. "공무원법"은 공무원에 대한 규범적 관리를 실천하고, 공개, 평등, 경쟁, 우수한 것을 선택(擇優)하는 원칙을 견지하며, 공무원의 합법적 권익을 보장하고, 공무원에 대한 감독을 강화하며 자질이 높은 공무원의 대오를 구축해 근면한 정무와 청렴한 정치를 촉진하고, 업무기능을 향상하도록 규정했다. "인민경찰법"은 인민경찰의 임무는 국가 안전을 유지하고 보호하며, 사회 치안 질서를 수호하고, 공민의 개인 안전과 개인의 자유 및 사유재산을 보호하고, 공공 재산을 보호하고, 불법범죄활동을 예방, 제지, 처벌하는 것임을 규정했다. 공무원 대오의 구축과 경찰을 엄격히 관리하고 의법행정을 견지하며, 인민의 이익을 위해 집법에 힘쓰는 것은 국가 행정기관과 광범위한 행정 종사자들의 일 처리 효율과 행정의 집법수준을 크게 향상시켰고 각종 인권과 시민적 권리의 실현을 확실하게 보장하였다.

의법행정을 전문적으로 추진하기 위해 2004년 3월 국무원은 "의법행정의 포괄적 추진을 위한 개요"를 발표했다. 이 개요는 당의 16대와 16기 3중 전회에서 확립한 이인위본, 집법위민, 과학적 발전관을 수립하고 정착시키자는 취지에 따라 10여 년의 끈질긴 노력으로 법치정부 건설이라는 목표를 기본적으로 실현했다. 당의 18대 보고서는 "법치정부의 기본적인 확립"을 국민 생활수준이 중류 정도가 되는 사회를 전면적으로 건설하는 것과 개혁개방을 전면적으로 심화하는 목표 중의 하나로 하고 법치정부 건설을 가속화할 것을 요구했다. 개요는 또한 다음과 같은 것들을 특별히 강조하였다. 즉, 법치정부 건설은 덩샤오핑 이론과 "3개 대표론"의 중요한 사상을 지도로 하는 것을 견지하고, 이인위본의 과학적 발전관을 깊이 관철·이행하고, 전국의 가장 많은 인민 군중의 근본 이익을 출발점과 귀착점으로 하고, 진심으로 인민을 위해 봉사하고, 헌법과 법률이 규정한 공민의 각종 권리와 자유를 보장할 것을 특히 강조한 것이다. 이러한 개요의 관철·이행과 법치정부의 건설은 중국 인권사업의 발전을 촉진시킨다.

5. 인권과 시민적 권리의 사법 보장

사법(司法)은 일반적으로 소송 사건에 대한 국가 운용 법률의 심리와 판결을 가리킨다. 사법은 인권과 시민적 권리를 보장하기 위한 마지막 방어선이다. 중국 헌법과 법률의 규정에 따라 중국에서의 사법권(재판권과 검찰권)은 인민법원과 인민검찰원에 의해 독립적으로 행사된다.

(1) 인권에 대한 재판기관의 사법 보장

인민법원은 중국의 재판기관이고 인민대표대회를 통해 출현하고 인민대표대회는 이에 대해 책임지고 감독한다. 인민법원은 헌법과 법률의 규정에 의해 독립적으로 재판권을 행사하고 그 어떠한 기관, 사회단체와 개인의 간섭을 받지 않는다. 법률이 따로 규정한 특수한 상황을 제외하고 인민법원의 사건 심리는 공개적으로 진행한다. 피고인은 변호를 받을 권리가 있고 인민법원은 피고인이 변호를 받을 권리를 보장할 의무가 있다. 인민법원의 판결을 거치지 않고 어느 누구에게도 유죄를 확정할 수 없다. 인민법원은 재판을 통해 범죄를 처벌하고 인권과 시민적 권리를 보장한다. 형사재판에서는 변호제도를 채용하고, 증거를 중요시하고, 자백·진술을 경솔히 믿지 않고 피고인·범죄용의자의 인권을 보호해야 한다. 민사심판에서는 당사자의 권리 보호에 주의하고 공민의 인권, 시민적 권리의 행사와 당사자의 민사권리의 실현을 위해 사법 보장을 제공해야 한다. 행정심판에서는 공민의 합법적인 권리를 행정기관의 위법행위로부터 보호해야 한다.

인민법원은 당의 16대와 17대 정신, 그리고 당 중앙의 결정에 따라 사법체제와 작업기관을 개혁하고, 사법의 직권 배치를 최적화하며, 사법행위를 규범화하며, 공정하고 효율적인 권위의 사회주의 사법제도를 건립했다. 18대 보고서는 "사법체제 개혁을 한층 더 심화하고 중국 특색 사회주의 사법제도를 견지 및 개선하고 재판기관, 검찰기관이 법에 의하여 재판권, 검찰권을 독립적으로 행사하는 것을 보장해야 한다."고 강조했다. 인민법원은 관엄상제(寬嚴相濟: 너그럽고 엄숙함을 말하고, 즉 자수하는 범죄자에게 죄를 감면해 주는 등을 이르는 말) 형사정책을 엄격하게 관철하고 인권 존중과 보장을 견지하며, 피해자와 피고인의 합법적 권익을 법에 따라 보호하는 것을 견지했다. 최고인민법원은 인민 군중의 알권리, 참여권, 표현권과 감독권을 확실하게 보장하기 위해 재판관리의 혁신을 강력히 추진하고 사법 민주와 사법 공개제도의 건설을 지속적으로 가속화했다.

2009년 12월 최고인민법원은 "사법공개에 관한 6가지 규정(關於司法公開六項規定)"을 제정하여 입안(立案), 법정심문(庭審), 집행(執行), 증언청취(聽證), 문서(文書), 심사업무(審務) 등 6개 방면에서 공개해야 할 내용을 명확하게 규정했다. 전국 각급 인민법원이 사상을 확실히 해방시키고, 관념을 쇄신하고 대담하게 혁신하며, 적극적, 주도적, 공개적, 투명한 조치를 취하는 것으로 당사자들의 소송 권리를 절충하지 않고 사법민주의 수준을 향상할 것을 요구했다. 동시에 또 인대대표, 정협(政協)위원 및 각계 인사를 요청하는 법정심문 방청제도를 건립 및 개선하고, 법원 개방일제도를 추진하고, 신문발표제도를 건립하고, 인민 군중의 알권리, 참여권, 표현권, 감독권을 확실하게 보장하고 사법 공신력을 부단히 향상시킬 것을 요구했다. 국가는 사형제도를 엄격하게 규제하고 신중하게 사용해야 한다. 2006년 6월 최고인민법원과 최고인민검찰원은 연합하여 "사형사건처리의 증거 심사와 판단의 여러 문제에 관한 결정(關於辦理死刑案件審查判斷證據若干問題規定)"을 발표했고 사형 사건의 증거심사판단에 대하여 더욱 엄격한 표준을 적용했다. 개정 후의 형사소송법은 사형을 선고하는 2심 사건의 개정과 사형 재심리의 감독을 강화할 것을 강조했다.

(2) 인권에 대한 검찰기관의 사법 보장

인민검찰원은 중국의 법률 감독기관이고, 인민대표대회를 통해 출현하며, 인민대표대회는 이에 대해 책임지고 이의 감독을 받는다. 인민검찰원은 헌법과 법률 규정에 의하여 행정기관, 사회단체와 개인의 간섭 없이 독립적으로 검찰권을 행사한다. 인민검찰원은 형사범죄를 법에 따라 단속하고, 국가 종사자의 부정부패(貪汚腐敗)와 직권남용 등의 직무범죄를 수사하며, 소송활동에 대한 법적감독 업무를 법에 따라 수행하며, 사법의 공정과 법제 통일을 수호한다. 형사소송에 대한 법적감독에서는 입안(立案)감독, 수사업무감독, 재판업무감독과 형벌집행감독을 전면적으로 실시하여 범죄 퇴치와 인권 존중과 보장을 중요시한다. 민사소송과 행정소송에 대한 감독에서는 소송주체의 합법적 권익을 평등하게 보호하고, 법적절차를 심각하게 위반하고, 횡령, 부정비리로 인한 재판 부정 사건을 중점적으로 감시한다. 인민검찰원은 최근 몇 년 동안 인민법원과 마찬가지로 관리체제와 업무체제를 개혁해 검찰기관의 성격, 임무와 직권을 한층 더 명확히 했으며, 독립적인 검찰권 행사를 규범화했다. 검찰기관은 검찰업무의 전면적인 공개를 추진하고 소송 참여자의 권리와 의무를 고지하는 제도, 불기소 사건, 형사소송, 민사행정항소 사건에 대한 공개심사제도 및 형사소송에서 변호사의 법적 관행을 보장하고, 사법적 공정성을 효과적으로 보장하고, 불법구금, 선거파괴(破壞選擧), 보복모함(報復陷害) 등과 같은 인권 침해 사례에 대해, 기능과 권한을 활용하여 효과적으로 조사하고 처리하며, 인권과 시민적 권리를 효과적으로 보장한다.

(3) 인권에 대한 변호사 서비스의 사법 보장

변호사는 인권과 시민적 권리의 사법 보장에서 중요한 역할을 한다. 중국은 1978년부터 변호사제도를 점진적으로 부활하고 보완하여 1996년 5월 "변호사법"을 제정했다. 이 법은 변호사 대오를 개선하는 목적을 규정하고 "당사자의 합법적 권익을 지키고, 법률의 올바른 실시를 유지하고 보호한다."는 것이다. "변호사법"은 변호사의 자격과 요건을 규정하고 소송활동에서 소송법상의 권리 외에 소송대리인 혹은 변호인을 맡을 경우, 변론이나 변호의 권리는 법에 의해 보장 받음을 규정했으며, 변호사의 업무종사 활동에서의 인신권이 침해당하지 않도록 규정했다. 2009년 개혁개방과 현대화 건설에 따른 새로운 상황과 새로운 문제, 그리고 의법치국의 기본 방략을 전면적으로 관철·이행하는 데에 근거하여 법치국가의 새로운 요구를 신속하게 건설했다. 사회주의 법치 이념의 지도하에 국가는 관련 규정과 규범 문서를 공식화하고, 변호사의 관련 조항을 세분화했으며, 변호사의 접견권, 문건을 조사할 권리(閱卷權), 조사 및 증거 수집할 권리(調査取證權)에 관한 법률의 관련 조항 이행을 촉진했으며, 변호사 소송업무의 발전을 추진하며 변호사가 법에 의한 직책 이행의 보장과 사법절차에서 더욱 큰 역할을 수행할 수 있도록 강력한 법적 보장을 제공했다. 변호사의 주요 직책은 피고인을 위해 변호하는 것이다. 형사소송법은 인민법원이 사건을 재판하는 과정에서 피고인은 변호를 받을 권리가 있고, 인민법원은 피고인 변호를 받을 권리를 보증할 의무가 있다고 규정하고 있다. 피고인은 자신이 변호권을 행사하는 외에 변호사와 가까운 친척이나 다른 시민에게 변호를 의뢰할 수도 있다. 변호제도의 건립과 실시는 피고인의 합법적 권익을 확실하게 보장한다. 개정된 "형사소송법"은 소송 절차 전반에 걸쳐 변호사의 변호인 지위를 더욱 명확히 하고, 수사, 기소, 재판 단계에서 변호사를 둔 사람은 변호사의 의견을 듣고 문건을 조사해야 한다는 점을 명확히 함으로써 피의자 인권을 위한 법률지원(法律援助)의 대상과 범위를 확대했다.

요컨대 중국의 사법기관은 바로 상술한 심급(審級)제도, 회피제도, 공개심판제도, 인민배심원제도, 인민감독원제도, 변호사제도, 법률지원제도, 인민권한조정제도 등의 건립과 실행을 통해 전체 사법실천 과정에서 사법의 공정함을 지키고 실현하며 인권과 시민적 권리를 확실하게 보장한다.

제11장

중국 특색 사회주의 민주법치와
"일국양제"

　"일국양제(一國兩制)"의 구상은 덩샤오핑 이론의 중요한 구성 부분이다. 이 구상은 조국 통일을 실현하고 국가 주권을 수호하는 원칙을 반영할 뿐만 아니라 타이완(台灣), 홍콩(香港), 마카오(澳門)지역의 역사와 현실을 충분히 고려하며 높은 수준의 유연성을 반영하며 조국의 평화로운 통일을 위한 기본 지침이다. "일국양제"의 실현은 조국의 통일과 민족의 진흥에 이롭고 세계의 평화와 발전에도 이롭다. "일국양제"의 이론과 실천은 국가와 법학의 기본 이론에 광범위한 이론적 연구와 실천과제를 가져왔다. "일국양제"의 문제를 법학적으로 어떻게 해석할 것이며, 법치적 사고와 법치의 방법으로 "일국양제" 제도를 보장하고 추진할 것인지는 중대한 현실적 문제이다.

제1절 "일국양제" 구상의 형성과 내용

　"일국양제"는 덩샤오핑이 새로운 역사적 여건에서 당과 인민 군중을 아우르는 집단지성을 모아 마르크스주의 원리를 창조적으로 활용해 조국의 평화통일 문제를 해결한 빛나는 본보기로, 마르크스·레닌주의와 마오쩌둥 사상의 국가와 법에 대한 이론의 중대한 발전이다.

1. "일국양제" 구상의 형성

일찍이 1956년 마오쩌둥 동지는 평화롭게 통일이 된다면 타이완은 모든 것을 예전대로 해도 좋다고 표명한 바 있다. 1957년 저우언라이(周恩來) 동지도 국민당과 공산당이 3차 협력을 할 수 있어 정권이 통일되면 다른 것은 다 앉아서 의논할 수 있다고 지적했다. 양당은 상호 협상을 통해 평화로운 통일을 이루고 타이완은 중국 정부 관할하에 자치구가 되어 고도의 자치를 실행하며, 타이완의 정부 문제는 여전히 지앙지에스(蔣介石)가 이끌고 공산당은 사람을 파견하여 간섭하지 않으나 국민당은 사람을 베이징으로 파견하여 전국 정무의 지도에 참여하는 것이 가능하고, 외국 군사력은 반드시 타이완 해협에서 철수해야 한다. 1963년 저우언라이 동지는 마오쩌둥 동지에 관한 사상을 "일강사목(一綱四目)"으로 요약했다. "일강(一綱)"은 타이완이 조국으로 돌아와야 함을 의미한다. "사목(四目)"은 타이완이 조국으로 돌아온 후 외교가 반드시 중앙정부와 통일해야 한다는 점을 제외하고는 군정권의 모든 인원 배치는 지앙지에스에 의해 결정되며, 모든 군사, 정치 및 건설 기금의 부족한 부분은 중앙에서 지불하고, 타이완의 사회개혁은 협의를 통해 완화되고 해결하는 것이 가능하고, 양측은 상대방의 화합을 약화시키도록 사람을 파견하지 않을 것을 약속할 수 있다. 마오쩌둥과 저우언라이 동지의 타이완문제의 평화적 해결에 관한 주장은 "일국양제" 구상의 사상 연원과 이론의 준비이다. 그러나 국제환경의 제약과 국내 사정의 변화로 인해 당시는 "일국양제"라는 완전한 구상을 제시하고 실천하는 것은 불가능했다.

당의 11기 3중 전회 이후 당은 지도 사상과 정책에서 홍콩, 마카오와 타이완 문제 해결을 객관적 현실의 토대 위에 두었다. 1979년 1월 30일 덩샤오핑 동지는 미국 방문 중 "우리는 더 이상 타이완 해방이라는 표현을 쓰지 않을 것이며, 타이완이 조국으로 돌아온다면 우리는 그곳의 현실과 현행 제도를 존중할 것"이라고 선언했다. 이는 덩샤오핑 동지가 "일국양제"라는 개념을 처음으로 표현한 것이다. 1979년 전국 인대상무위원회는 "타이완 동포들에게 고함(告台灣同胞書)"을 발표하면서 조국의 평화통일 정책을 공식적으로 발표했다. "우리는 반드시 실제 상황을 고려하여 조국 통일의 대업을 완성하고, 통일문제 해결을 위해 타이완의 현 상황과 타이완 각계 인사들의 의견을 존중하고, 타이완 인민들에게 피해를 주지 않도록 합리적인 정책과 방법을 강구해야 한다."고 지적하면서 양안 간 교역, 항해 및 우편 재개를 건의했다.

1981년 예젠잉(葉劍英) 동지는 "타이완의 조국 귀환에 관한 평화통일을 위한 지침과 정책"에서 조국 통일 실현을 위한 9가지 지침을 구체적으로 제시했다. 이 중에는 다음과 같은 내용이 포함되어 있다. 국공(國共) 양당이 대등한 협상을 개최하고 제3차 협력을 실행해 조국 통일의 대업을 함께 이룬다. 국가가 통일되면 타이완은 특별행정지역으로 하고, 고도의 자치권을 누리며 병력을 보유할 수 있으며, 중앙정부는 타이완 지방의 사무에 관여하지 않는다. 타이완의 현행 사회·경제적 제도는 변하지 않고 생활방식도 변하지 않으며, 외국과의 경제, 문화 관계도 변하지 않으며, 사적 재산, 주택, 토지, 기업소유권, 합법적인 상속권과 외국투자 등은 침해받지 않는다. 이것은 "일국양제" 구상의 내용이 분명해지기 시작했음을 의미한다. 덩샤오핑 동지는 이것이 사실상 "일국양제"의 의미를 표현했다고 여겼다.

1984년 덩샤오핑 동지는 미국 조지타운대학(喬治城大學)의 전략 및 국제문제 연구센터의 대표단과의 회견에서 "일국양제"라는 표현을 처음 사용했다. 그는 "통일 후에도 타이완은 여전히 자본주의를, 대륙은 사회주의를 할 것이나 하나의 통일된 중국이어야 한다. 하나의 중국, 두 개의 제도이다. 홍콩문제도 하나의 중국, 두 개의 제도이다."[666]고 말했다.

새로운 역사적 시기에 평화적인 방식의 조국 통일은 국내외의 평화와 안정을 실현하는 데 이롭고 전쟁으로 인해 현대화 건설에 영향을 받는 것을 피할 수 있다. 덩샤오핑 동지는 여러 차례 외국 손님들에게 중국은 적어도 20년은 전쟁이 일어나지 않기를 희망한다고 말했다. "우리는 평화로운 국제환경을 원한다. 일단 전쟁이 일어나면 이 계획은 실패하고 지연될 것이다. 지금부터 세기말까지의 단계는, 30~50년 정도 더 걸린다는 것은 우리가 적어도 50년~70년 사이의 평화 시간을 희망한다는 것을 의미한다. 우리가 세계평화를 지키자고 제안하는 것은 빈말이 아니라 우리 자신의 필요에 기초한 것이다."[667] 덩샤오핑 동지는 "중국은 하나의 홍콩문제, 하나의 타이완문제를 직면하고 있고 문제의 해결에는 두 가지 방식이 있다. 하나는 협상방식이고 다른 하나는 무력방식이다. 평화협상의

---

666) 덩샤오핑 문선(각주138), 49면.
667) 덩샤오핑 문선(각주139), 417면.

방식으로 해결하면 항상 모든 면에서 수용하는 것이 가능하다."[668]고 말했다.

홍콩의 경우, 홍콩은 거의 한 세기 반 동안 영국의 통치를 받았으며 영국은 홍콩에서 엄청난 정치적, 경제적 이익을 가지고 있다. 동시에 홍콩은 국제금융 센터이며 미국, 일본, 서유럽 등의 국가에서 많은 투자를 하고 있다. 홍콩에 대한 주권행사의 재개에는 우선 중·영 관계, 그다음으로 중국과 세계의 많은 선진국과의 관계가 포함된다. 잘 다루지 못하면 마찬가지로 세계의 평화와 안정에 영향을 미치게 된다. 덩샤오핑은 평화방식으로 홍콩문제를 해결한다고 말했으므로 반드시 홍콩의 실제 상황을 고려해야 할 뿐만 아니라 중국의 실제 상황과 영국의 실제 상황을 고려해야 한다. 즉, 문제에 대한 우리의 해결책은 세 가지 측면에서 모두 수용 가능해야 함을 의미한다. 만약 사회주의로 통일하면 세 가지 모두 다 받아들일 수 없다. 마지못해 받아들였으면 혼란을 초래할 수도 있다. 설령 무력충돌이 일어나지 않더라도 홍콩은 불황의 홍콩, 후유증이 많은 홍콩이 될 것이고 우리가 희망하는 홍콩이 아닐 것이다. 그러므로 홍콩의 경우 세 가지 모두 수용할 수 있는 것은 오직 "일국양제"일 뿐이며 홍콩이 자본주의를 계속 실천하는 것을 허락하고 자유항(自由港)과 금융 중심의 지위를 유지하는 것 외에는 방법이 없다.[669]

타이완의 경우 "일국양제"의 구상은 타이완의 역사와 현실을 존중한다. 1986년 9월 덩샤오핑 동지는 "타이완이 대륙과 통일할 필요가 있느냐"는 미국 콜롬비아 방송 기자의 질문에 다음과 같이 답했다. "이것은 우선 민족문제, 민족의 감정 문제이다. 중화민족의 자손이라면 모두 중국이 통일되기를 희망하며 분단은 항상 민족의 의지에 위배된다. 다음으로 타이완이 대륙과 통일을 하지 않는다면, 중국 영토로서의 타이완의 지위는 보장되지 않으며, 언제 또 누가 가져갈지 모르겠다."[670] 조국 통일의 실현은 해협 양안(海峽兩岸) 공민의 공통된 염원이다. 비록 현재 양안의 사회제도는 다르지만, 절대다수의 중국인들은 "하나의 중국"을 주장하며 "두 개의 중국"과 "타이완의 독립"에 반대하고 있으며, 중국이 반드시 통일해야 한다고 주장한다. 덩샤오핑 동지는 타이완의 현실을 존중하고 타이완 동포의 염원과 선택을 존중하고, 강조하며 현행의 생활방식은 변하지 않

---

668) 덩샤오핑 문선(각주138), 84면.
669) 덩샤오핑 문선(각주138), 101면.
670) 덩샤오핑 문선(각주138), 170면.

아야 한다고 제안했으며, 이는 타이완 동포들에게 큰 반향을 일으켰다.

1987년 덩샤오핑 동지는 홍콩특별행정구 기본법 기초(起草)위원회 위원들과의 회견에서 "일국양제"를 제안했던 과정을 회고하면서 "일국양제" 정책의 제정은 "약간의 담략과 용기 없이는 불가능하다."671)고 감명 깊게 말했다. 왜냐하면 "이것은 새로운 것"이고, "새로운 언어이며, 전인미답의 말"672)이기 때문이다. "일국양제"의 구상은 덩샤오핑 동지를 비롯한 중국 지도자들이 복잡한 문제를 해결할 수 있는 엄청난 박력과 용기를 표현하며 사회주의와 애국주의, 이상과 현실, 세계정세를 중국과 실질적으로 통합해 사고하는 능력과 지혜를 보여준다.

2. "일국양제" 구상의 주요 내용

"일국양제"는 "한 국가, 두 가지 제도"라는 약어로 "중화인민공화국 내에서 10억 인구는 사회주의제도를 실행하고, 홍콩과 타이완지역은 자본주의제도를 실행하는 것이다."673) 그 주요 내용과 기본 특징은 다음과 같다.

(1) 국가의 주권은 중화인민공화국에 속한다.

중화인민공화국 중앙인민정부가 국가의 권력을 행사하고, 국제적으로 중국을 대표하는 것은 오직 중화인민공화국뿐이다. 이는 국가 주권의 불가분성과 중화민족의 통일성을 반영한 것으로, "일국양제"의 존재를 위한 전제 조건이다. 주권통일을 훼손하거나 민족분열을 조장하는 어떤 행위도 단호히 반대해야 한다. 타이완의 "완전 자치"와 "두 개의 중국"은 허용되지 않는다. 덩샤오핑 동지는 "우리는 타이완의 '완전 자치'에 찬성하지 않는다. 자치는 한도가 없어서는 아니 되고, 한도가 있다면 '완전'은 아니다. '완전 자치'는 '두 개의 중국'이지 하나의 중국이 아니다. 제도는 다를 수 있으나 국제적으로 중국을 대표하는 것은 오직 중화인민공화국이어야 한다."674)고 명확하게 지적했다. 그는 또 타이완은 특별행정구로서 자신들만의 어떤 권력이 있으나 "조건은 통일된 국가의 이익을 훼손해서는 안 된다."675)고 말했다. 1997년 이후 홍콩에 있는 타이완의 기관은 여전히 존

---

671) 덩샤오핑 문선(각주138), 217면.
672) 덩샤오핑 문선(각주138), 102면.
673) 덩샤오핑 문선(각주138), 58면.
674) 덩샤오핑 문선(각주138), 30면.
675) 덩샤오핑 문선(각주138), 30면.

재할 수 있으며, "삼민주의(三民主義)"를 선전하고 공산당을 욕할 수 있지만, …
… 홍콩에서 혼란을 일으키지 않고 "두 개의 중국"은 안 된다는 점에 유의해야
한다.676)

(2) 중화인민공화국 범위 내에서 중앙인민정부 관할 하의 특별행정구 설립
이 가능하다.

이 특별행정지역에서는 기존의 사회경제제도는 변하지 않고 대륙과 다른 사
회제도가 실행된다. 이는 "비록 지방 정부이나 다른 성, 시에서 자치구까지의
지방 정부와는 달리, 다른 성, 시, 자치구에 없는 자기만의 특유의 어떤 권력을
가질 수 있다."677)

"중화인민공화국 헌법" 제31조의 규정에 근거하여 홍콩특별행정구에서는 외
교와 국방사무 외에 행정관리권, 입법권을 향유하고, 독립된 사법 종심권(終審
權)이 있고 일정한 대외 경제, 문화의 연계 및 교류권 등을 갖는다. 현행 법률은
기본적으로 변하지 않고 현재의 사회, 경제 제도도 변하지 않으며 생활방식도
변하지 않으며, 자유항과 독립 관세 지역의 지위를 유지하고, 재정 독립을 유지
하고, 외환, 금, 증권, 선물 등의 시장을 계속 개방하며, 자금의 출입을 자율화하
고, 홍콩 달러는 계속 유통하고 자유롭게 교환할 수 있다.

타이완과 홍콩의 상황은 약간 다르다. 홍콩은 주권행사 재개이고, 타이완은
분단국면을 끝내고 평화통일을 이루는 문제이다. 게다가 타이완은 국민당이 정
권을 계속적으로 장악했기 때문에 타이완 특별행정구의 자치권은 더욱 넓다. 덩
샤오핑 동지는 홍콩문제 해결을 위한 이러한 정책들은 타이완에 사용될 수 있
는 것 외에 타이완이 자신의 군대를 보유하도록 허용해야 한다고 지적했다.678)
그는 또 조국 통일 이후 타이완 특별행정구는 자체 독립성을 지니고 대륙과 다
른 제도를 실행하는 것이 가능하다고 했다. 사법독립과 종심권은 베이징으로 올
필요가 없고 …… 대륙에서 사람을 파견하여 주재할 필요가 없고, 군대뿐만 아
니라 행정원도 가지 않는다. 타이완의 당과 정부·군대 등의 체계는 모두 타이
완이 스스로 관리한다. 중앙정부는 타이완에게 "정원"을 남겨 주어야 한다.679)

676) 덩샤오핑 문선(각주138), 75면.
677) 덩샤오핑 문선(각주138), 30면.
678) 덩샤오핑 문선(각주138), 86면 참조.
679) 덩샤오핑 문선(각주138), 30면 참조.

(3) "일국양제"의 주체는 사회주의이다.

덩샤오핑 동지는 "일국양제"의 실행에서 "중국의 주체는 반드시 사회주의여야 한다."[680]고 여러 차례 강조했다. 사회주의제도는 "일국양제"의 기초이고 사회주의제도가 없으면 "일국양제"의 구상이 없기 때문이다. 덩샤오핑 동지는 다음과 같이 지적했다. "세계의 역사를 볼 때, 어느 정부가 이렇게 열린 정책을 제정한 적이 있는가? 자본주의의 역사에서, 서양 국가에서 볼 때, 어느 나라가 이렇게 한 적이 있는가?"[681] "우리가 제정한 이러한 정책은 홍콩, 마카오, 타이완에 대한 정책을 포함하고 국가 주체가 4가지 기본 원칙을 견지하는 토대 위에서 만들어졌다. 중국 공산당이 없고 중국의 사회주의가 없다면 누가 이러한 정책을 제정하겠는가?"[682] 이러한 정책을 제정하는 데는 담략이 필요하다. 이 담략의 기초가 바로 "사회주의제도이고 공산당 지도하의 사회주의 중국이다. 우리는 중국 특색의 사회주의를 이행한다. 따라서 '일국양제' 정책을 제정해야만이 두 제도가 존재하는 것을 허용할 수 있다.[683]

오직 주체인 대륙 10억 인구의 사회주의를 보증해야만이 "일국양제" 구상의 실현이 가능하다. 덩샤오핑 동지는 다음과 같이 지적했다. "'일국양제'는 자본주의뿐만 아니라 사회주의도 있고, 바로 중국의 주체 …… 주체 지역은 10억 인구 …… 주체는 아주 큰 주체이고, 사회주의는 10억 인구가 있는 지역의 사회주의이다. 이러한 전제하에 인근 지역 또는 작은 지역과 작은 범위 내에서 자본주의를 실행하도록 허용할 수 있으며, 이러한 전제가 없다면 자본주의는 사회주의를 삼켜버릴 것이다(資本主義就要吃掉社會主義)."[684] 그는 또 다음과 같이 말했다. "50년 동안 변하지 않고 50년 후에도 변하지 않는다면 대륙의 이 사회주의제도는 변하지 않을 것이다." "솔직히 말해, 만약 이 부분이 변한다면 홍콩의 이후 50년 동안 변하지 않을 수 없을 것이다."[685] 요컨대 "'일국양제'도 두 가지 측면을 다루어야 한다. 하나는 사회주의 국가의 일부 특수한 지역에서 자본주의를 이행하는 것을 허용하고 이는 일정한 기간만 이행하는 것이 아니라 수십 년, 수

680) 덩샤오핑 문선(각주138), 59면.
681) 덩샤오핑 문선(각주138), 60면.
682) 덩샤오핑 문선(각주138), 217면.
683) 덩샤오핑 문선(각주138), 217면.
684) 덩샤오핑 문선(각주138), 103면.
685) 덩샤오핑 문선(각주138), 218면.

백 년이 되도록 이행하는 것이다. 다른 하나는 전체 국가의 주체는 사회주의임을 확실히 해야 하는 것이다."[686]

3. "일국양제"의 위대한 실천

(1) 홍콩과 마카오에서 주권 행사를 성공적으로 회복

"일국양제"의 구상은 홍콩문제 해결에 처음으로 적용되었다. 홍콩의 귀환은 이 구상을 현실화시켰다.

홍콩은 예로부터 중국의 영토였다. 1840년 아편전쟁 이후, 영국은 불평등한 "남경조약"을 통해 청나라정부에 홍콩 섬(香港島)을 영구적으로 할양하도록 강요한 데 이어, "북경조약"을 통해 주룽반도선단(九龍半島尖端)을 영구적으로 할양하도록 강요했다. 1898년 영국은 청나라 정부를 압박해 "홍콩 경계지점을 여는 전문 조항"을 체결하였는데, 주룽반도의 드넓은 토지 및 부근의 여러 개 도서(그 후 "신계(新界)"로 통칭함)의 차용을 강행했고 임대 기간을 99년으로 했으며, 1997년 6월 30일이 만기일이다. 중국 인민들은 줄곧 상술한 3개의 불평등 조약에 반대했다. 중화인민공화국이 성립된 후, 중국 정부의 일관된 입장은 제국주의가 강요한 이러한 불평등 조약을 인정하지는 않지만, 역사적 이유를 고려하여 당분간 현 상태를 유지하기로 하였다.

홍콩과 마카오를 환수하고 중국의 주권을 행사하는 것을 재개하는 것은 중국 공산당과 중국 정부의 일관된 입장이자 국내외 모든 염황자손(炎黃子孫)의 공통된 염원이다. 신 중국 성립 초기, 제국주의적 경제봉쇄를 깨고 홍콩과 마카오를 국제통로로 남겨둔다는 차원에서 우리나라 정부가 홍콩과 마카오를 즉각 환수하는 대신 "장기 계획 및 전체 이용"한다는 방침을 세웠다.

1980년대가 되고, 1997년이 다가옴에 따라 홍콩의 92%를 차지하는 "신계" 임대 기간이 만료됐다. 영국 측은 홍콩문제 해결에 대한 중국의 입장과 태도를 타진해 왔다. 1982년 4월 영국의 전 수상(首相, 내각총리) 히스(希思)가 중국을 방문했을 때 덩샤오핑 동지에게 "1974년 내가 중국을 방문했을 때 마오쩌둥 주석은 장차 홍콩문제를 해결할 일을 당신에게 맡긴다고 했는데, 이제 1997년까지 15년밖에 남지 않았고, 당신은 홍콩문제 해결에 대해 어떻게 생각하는가?"라고

---

686) 덩샤오핑 문선(각주138), 219면.

물었다. 덩샤오핑 동지는 "홍콩의 주권은 중국에 있으며, 기간 만료 시, 중국이 전체 홍콩을 환수(홍콩에 대한 주권 재개)하지 않으면 우리 중 누구도 수교할 수 없다."고 명확히 의사를 밝혔다. 중국은 홍콩을 자유항과 금융 중심지로 유지해야 하며, 외국인 투자에도 지장이 없다는 전제하에 홍콩인이 홍콩을 관리하게 할 것이라고 하였다.

1982년 9월 영국의 총리 마가렛 대처(Margaret Hilda Thatcher)가 중국을 방문했다. 덩샤오핑 동지는 대처 총리와의 회견에서 홍콩문제 해결에 관한 중국 정부의 원칙적 입장을 상세히 밝혔다. "주권문제에 관해 중국은 이 문제에서 선회(迴旋)할 여지가 없다. 솔직히 말해서, 주권문제는 논의할 수 있는 문제가 아니다. 지금은 이미 시기가 무르익었고 마땅히 명확하게 긍정해야 한다. 1997년에 중국은 홍콩을 회수할 것이다."[687] 중국과 영국이 홍콩문제를 해결하기 위한 방법과 수단에 대해 논의하는 것은 이 전제하에 있다. 덩샤오핑 동지는 "홍콩의 지속적인 번영은 근본적으로 중국이 홍콩을 회수한 후 중국 관할권에 따라 홍콩에 적합한 정책을 이행하는 데 달려 있다."[688]고 밝혔다. "1997년 우리나라 정부가 홍콩에 대한 주권행사를 재개한 후에도 홍콩 현행의 사회·경제적 제도는 변하지 않고, 법률도 기본적으로 변하지 않고, 생활방식도 변하지 않으며, 홍콩의 자유항의 지위와 국제무역 및 금융 중심의 지위도 변하지 않으며, 홍콩은 다른 국가 및 지역과의 경제 관계를 계속 유지하고 발전시킬 수 있다. 베이징은 병력을 파견하는 것 외에 홍콩특별행정구 정부에 간부를 파견하지 않는 것도 변하지 않을 것이다. 우리가 군대를 파견하는 것은 국가의 안전을 지키기 위한 것이지 홍콩의 내부 사무에 관여하는 것은 아니다."[689]

덩샤오핑 동지의 "일국양제" 구상의 지도하에, 중·영 양국정부는 1984년 9월에 2년간의 협상 끝에 합의에 도달하여 "중·영 공동성명"과 3개의 부속 문서의 가협정을 체결했다. "중·영 공동성명"은 "중화인민공화국 정부는 1997년 7월 1일 홍콩에 대한 주권행사를 재개하기로 결정한다."고 선언했다. 1984년 12월 19일, 중·영 양국정부의 수장은 베이징에서 이 공동성명을 체결했다. 중·영 양측은 1985년 5월 27일 베이징에서 비준서를 교환하면서 "중·영 공동성

---

687) 덩샤오핑 문선(각주138), 12면.
688) 덩샤오핑 문선(각주138), 13면.
689) 덩샤오핑 문선(각주138), 58면.

명"이 공식적으로 발효되었다.

중·영 정부의 홍콩 관련 공동성명이 체결되면서 세계 언론의 찬사가 쏟아졌다. 마가렛 대처 총리는 공동성명에 서명한 뒤 즉석에서 "일국양제"는 가장 재능 있는 창조물이라고 찬양했다. 공동성명 체결 10주년에 중국을 방문한 마가렛 대처는 홍콩문제의 해결은 전적으로 덩샤오핑 선생의 "일국양제" 덕분이라고 말했다.

중·영 "공동성명"이 공식 체결된 이후 "일국양제"의 위대한 구상을 이행하기 위해 홍콩특별행정구 기본법의 기초 작업이 의제에 언급되었다. 1985년 4월 10일 제6기 전국 인민대표대회 제3차 회의에서 홍콩 기본법 기초위원회의 설립에 관한 결정이 통과되었고 홍콩 기본법의 기초 작업을 담당했다. 같은 해 6월 전국 인민대표대회 상무위원회는 홍콩 인사 23명 등 모두 59명을 기초위원으로 임명했다. 지펑페이(姬鵬飛)가 기초위원회 주임을 담당했다. 7월 1일 기초위원회가 공식 설립된 후 1990년 2월까지 홍콩 기본법의 기초 작업은 4년 8개월 동안 지속되었다.

1990년 4월 4일 제7기 전국 인민대표대회의 제3차 회의에서 "중화인민공화국 홍콩특별행정구 기본법(中華人民共和國香港特別行政區基本法)"과 이에 따르는 3개의 부속 문서 "홍콩특별행정구 행정장관의 선출 방법(香港特別行政區行政長官的產生辦法)", "홍콩특별행정구 입법회의 구성 방법과 의결 절차(香港特別行政區立法會的產生辦法和表決程序)", "홍콩특별행정구에서 실시하는 전국성 법률(在香港特別行政區實施的全國性法律)" 및 "전국 인민대표대회 홍콩특별행정구 제1기 정부와 입법회의 구성 방법에 관한 결정(全國人民代表大會關於香港特別行政區第一屆政府和立法會產生辦法的決定)"과 홍콩특별행정구 지역깃발(區旗), 지역마크(區徽)의 도안이 심의를 통과했다.

1997년 7월 1일은 중화민족 역사에 길이 남을 날이다. 이날 중국 정부는 정식으로 홍콩에 대한 주권행사를 공식 재개했고, 홍콩은 순조롭게 조국의 품으로 돌아왔다.

홍콩문제에 대한 중·영의 공동성명이 체결된 지 얼마 되지 않아 중·포(포르투갈) 양국정부도 마카오 문제에 대한 협상을 시작했다. 1987년, 마카오 문제에 관한 중·포 양국정부의 공동성명서가 공식적으로 서명되었다. 성명은 중국 정부가 1999년 12월 20일 마카오에 주권행사를 재개하고 마카오특별행정구를 설립하고 높은 자치의 실현과 마카오 사람이 마카오를 다스리고 마카오의 현행 사회, 경제 제도와 생활방식은 변하지 않고 법률도 기본적으로 변하지 않는다고 선언했다. 중국 정부는 이어 각계 대표들이 참여하는 마카오특별행정구 기본법 기초위원회를 설립했다. 몇 년간의 노력 끝에 "중화인민공화국 마카오특별행정 구 기본법(中華人民共和國澳門特別行政區基本法)"이 형성되었고, 1993년 3월 제8 기 전국 인민대표대회 제1차 회의에서 정식으로 통과되었다. 그 후 근 7년간의 고된 노력으로 마카오 기본법의 규정을 정착시켰고, 1999년 12월 20일 마카오는 순조롭게 조국의 품으로 돌아왔다. 이것은 중화민족의 또 하나의 성사이며, "일 국양제"의 구상에 따라 조국 통일의 대업을 이룩한 또 하나의 중요한 성과이다.

(2) 홍콩특별행정구 기본법의 내용

덩샤오핑 동지는 "우리의 '일국양제'가 과연 성공할 수 있을지는 홍콩특별행 정구 기본법에서 나타나야 한다. 이 기본법은 또 마카오, 타이완을 위한 하나의 범례가 되어야 한다. 따라서 이 기본법은 매우 중요하다. 세계사에 이러한 법은 없었으며, 이것은 새로운 것이다."고 지적했다. 기초 작업이 끝난 후 덩샤오핑 동지는 "역사적 의미와 국제적 의미를 지닌 법률을 썼다." "이것은 창조적인 걸 작이다."[690]고 극찬했다. 홍콩 기본법의 탄생은 "일국양제" 구상이 실천에 중대 한 진전을 이루었음을 의미하고 홍콩의 귀환과 귀환 후 번영을 위한 법적 근거 를 제공했다. 홍콩 기본법은 홍콩특별행정구의 기본법이며, 홍콩문제에 관한 우 리 정부의 기본 방침과 정책을 법률의 형식으로 규정한 것이다.

홍콩 기본법은 "중화인민공화국 헌법" 제31조의 규정에 근거하여 홍콩특별행 정구를 설립하도록 명시하고 있다. 홍콩특별행정구는 중화인민공화국의 높은 자 치권을 향유하는 지방 행정지역으로 중앙인민정부에 직할한다. 중앙은 행정장관 과 주요 관원을 임명하고, 기본법의 개정권리와 해석권리는 전국 인민대표대회 와 그 상무위원회에 있고, 홍콩특별행정구의 "높은 자치"는 행정관리권, 입법권, 독립적인 사법권과 종심권(終審權)을 가진다. 그러나 높은 자치는 완전 자치와는 다르다. 국가의 통일을 지키고 국가 주권과 영토를 온전히 유지하기 위해 중앙 정부는 필요한 권한을 보류했다. 예컨대, 홍콩과 관련된 외교 사무 및 홍콩의 국방 사무는 중앙인민정부가 관리한다.

---

690) 덩샤오핑 문선(각주138), 215면.

홍콩 기본법은 홍콩특별행정구가 행정을 주체로 지금까지 오랜 기간 동안 실행한 효과적인 체제를 계속적으로 실행하고, "점차적인 심화"의 원칙에 의하여 점진적으로 민주제도를 발전시키고, 행정장관과 입법회의의 모든 의원이 보통선거를 통해 출현되는 목표를 달성한다고 규정했다.

홍콩특별행정구의 행정기관과 입법기관은 홍콩 현지인들로 구성되며 중앙정부는 특구 정부에 관료·관리를 파견하지 않는다. "홍콩 사람이 홍콩을 다스린다(港人治港, 항인치항)."는 경계선과 기준이 있고, 반드시 애국자를 주체로 하는 홍콩인이 다스려야 한다. 홍콩특별행정구 정부의 주요 구성 요소는 애국자이며, 물론 다른 인사도 수용하고 외국인 고문도 선임할 수 있다.

홍콩특별행정구는 "자유항" 제도를 실행한다. "자유항"은 완전 개방되고 경제적으로 자유출입지역을 시행하며, 기업의 자율설립, 자유무역과 세율혜택제도, 자율통항, 자율적인 화폐·금융정책을 제정, 화폐의 자율교환, 외화·황금·증권·선물시장의 계속적인 개방, 자금 및 인원의 유동과 출입자유의 보장 등을 포함한다. 홍콩 기본법은 홍콩의 자본주의제도를 유지하고 생활양식을 그대로 유지하도록 명시하고 있다.

홍콩은 조국 귀환 이후 "일국양제", "항인치항", "높은 자치"의 방침이 착실히 관철되어 홍콩은 계속 번영하고 안정된 정세를 유지하고 있다. 이것은 실제로 덩샤오핑 동지의 "일국양제" 구상의 정확성을 증명했다.

(3) 홍콩·마카오와 관련된 단어의 올바른 사용

(가) 홍콩·마카오를 영국·포르투갈의 "식민지"라고 해서는 안 되고 "영국·포르투갈은 홍콩·마카오를 식민통치했다."고 할 수 있다. 홍콩·마카오의 귀환은 "종주국의 교체"라고 해서 안 되고 "중국은 홍콩·마카오의 새로운 종주국이다."고 해서는 더욱 안 된다. 통상적인 의미에서 식민지라 함은 주로 외국이 통치·관할하고 주권을 상실한 국가를 말하기 때문이다. 홍콩·마카오는 중국 영토의 일부분이고 주권을 상실하지 않았으며 식민지라는 개념은 홍콩·마카오에 적용되지 않는다. 중국이 유엔(聯合國)에 의석을 회복한 직후 당시 유엔주재 중국 대표 황화(黃華)는 1972년 3월 8일 유엔비식민화 특별위원장에게 편지를 보내 "홍콩·마카오는 역사적으로 남아 있는 제국주의가 중국을 강압한 일련의 불평등 조약의 결과이다. 홍콩·마카오는 영국·포르투갈 당국에 의해

점령된 중국 영토의 일부분이고, 홍콩·마카오 문제 해결은 전적으로 중국 주권의 범위 내에 속하는 문제이며, 근본적으로 통상적인 '식민지' 범주에 속하지 않는다."고 명확하게 선언했다. 중국 정부의 홍콩·마카오 문제에 관한 입장은 국제적으로 폭넓은 지지를 받았다. 1972년 11월 유엔대회는 99표 대 5표로 홍콩·마카오를 식민지 명단에서 제거하는 것에 관한 결정을 통과했다.

(나) 홍콩·마카오의 주권은 항상 중국에 속해 왔다. 중국이 홍콩·마카오에 대해 "주권회수", "주권회귀(回歸)" 및 "주권교접(交接)"이라고 불러서는 안 된다. 중국 정부가 홍콩·마카오에 대한 "주권행사의 회복", "홍콩·마카오가 조국으로의 회귀", "홍콩·마카오의 회수" 및 "정권교접"이라고 불러야 한다.

(다) 홍콩·마카오는 중국 영토와 불가분의 일부이며, 명칭을 사용할 때 홍콩·마카오는 중국과 병렬해서는 아니 된다. "중국과 홍콩(中港兩地)", "중국 − 홍콩 합작(中港合資)", "중국 − 홍콩 교류(中港交流)"와 같은 표현법을 사용해서는 안 된다. 홍콩이 각 지역과 연결되는 합작 투자 및 협력과 관련된 내용이 있으면 "광동 − 홍콩 합작", "상하이 − 홍콩 합작"과 같은 용어를 사용할 수 있다. 홍콩 및 마카오와의 현지 합작 투자와 관련된 명칭, 상점, 간판 및 상품에 대한 설명도 요구 사항에 따라 규제되어야 한다. 일부 홍콩 현지 명칭을 피할 수 없는 경우, "중국 − 홍콩 경제·무역상회(中港經貿商會)" 등과 같이 따옴표를 추가할 수 있다.

(라) 홍콩·마카오와는 달리, 내지(內地)를 "국내" 혹은 "대륙"으로 불러서는 안 되고 계속해서 "내지"라고 부른다. 홍콩 동포가 내지에 투자하고 공장을 설립하고 관광하는 것을 "중국에 오다(來華)."가 아니라 "내지에 오다."라고 해야 한다. 홍콩·마카오에서는 일부 국가 이름으로 묶인 경우, "독일·프랑스·홍콩을 포함한 국가와 지역이 본 회의에 참가하였다."와 같이 "국가와 지역"이라고 표현해야 한다. 타이완을 상대로는 "대륙"이라고 불러야 한다.

(마) 선전(深圳)과 홍콩, 주하이(珠海)와 마카오의 경계를 언급 시, "경계선"이 아니라 "관리선"이라고 불러야 한다.

(바) "일국양제"의 구상은 타이완문제의 해결책으로부터 촉진되었으며 홍콩문제의 해결에 우선적으로 적용되었다. 따라서 "일국양제"는 홍콩문제의 해결을 위해 제안된 것이라고는 말해서는 안 된다.

(사) 영국 점령 이전의 홍콩 섬(香港島)은 "사람이 거의 없는 하나의 무인도",

"황량한 불모지" 혹은 "홍콩이 작은 어촌에서 현대적인 대도시로 발전했다."고 해서는 안 된다. 이러한 견해는 역사적 사실과 부합되지 않는다. 영국에 점령되긴 이전에는 홍콩지역의 농업, 어업, 항해업, 제염업과 문화사업 등은 어느 정도 발전했었다. 역사적 기록에 따르면 1841년 영국군이 홍콩을 점유했을 때 홍콩 섬에만 이미 7,450여명이 거주하고 있었고 홍콩 섬 남부의 지역에 이미 2,000여 명 살고 있는 소도시가 있었다.

(아) 역사계의 고증에 따르면, 역사에는 "천비초안(穿鼻草約)" 혹은 "천비조약(穿鼻條約)"은 없었고 영국은 초기에 무력을 사용하여 강제적으로 홍콩 섬을 점유했다. 따라서 영국군이 홍콩 섬을 점령하기 전에 "천비초안" 혹은 "천비조약"을 체결했다고 말해서는 안 된다.

(자) "신계(新界)"는 영국 사람의 호칭이고 영어의 원래 의미는 "새로운 영지"이며, 이 명칭을 사용할 때 따옴표를 붙여야 한다.

(차) 홍콩의 일부 우파정치단체의 명칭을 인용함에 있어서는 "민주파(民主派)", "민주당", "지련회(支聯會)" 등 따옴표를 붙여야 한다.

(카) 홍콩·마카오특별행정구는 내지의 경제특구와 다르다. 홍콩·마카오특별행정구는 중앙인민정부에 직할하는 지방행정지역으로 행정관할권, 입법권, 독립적인 사법권과 종심권을 가진다. 내지의 특구는 경제특구로 경제정책의 혜택만 있고, 높은 자치권은 가지고 있지 않다. 동시에 홍콩·마카오특별행정구는 자본주의제도의 실행이 50년간 변하지 않고 내지의 경제특구는 여전히 사회주의제도를 실행한다.

(4) "일국양제"의 방법으로 타이완통일 문제를 평화적으로 해결

중국이 "일국양제"의 위대함을 살려 홍콩·마카오문제를 성공적으로 해결했다는 것은 "일국양제"의 구상이 이론뿐만 아니라 실천에 있어서도 중요한 지도적 의미를 지닌다. "홍콩문제의 해결은 타이완문제에 직접적인 영향을 미칠 것",[691] 홍콩 및 마카오문제의 해결이 "일국양제"를 이용하여 타이완문제의 해결에 하나의 실천적인 범례를 제공하며 타이완문제의 최종적인 해결을 위하여 조건을 창조하고 경험을 축적했다. "일국양제" 구상에 따르면 중국 공산당과 중국 정부는 장벽을 제거하고 양안의 왕래, 이해와 교류를 촉진하기 위한 일련의 구체적인

---

691) 덩샤오핑 문선(각주138), 86면.

정책과 조치를 연속적으로 추진하고 시행했다.

이와 동시에 타이완 정부도 "대륙 반격(反攻大陸)"이라는 표현법을 포기하고, "동원감란시기(動員勘亂時期)"를 중지하고 "동원감란(動員勘亂)" 관련 조항을 폐지하고, 대륙과의 무역 등 관계 발전을 위한 제한을 점차 완화하여 어느 정도 통일을 시사했다.

중공 양측은 "하나의 중국" 원칙과 "평화통일" 방법에 공감하는 바탕 위에서 대륙 해협양안관계협회(海協會, 海協兩岸關係協會의 약칭임) 회장 왕다오한(汪道涵)과 타이완 해협교류기금회(海基會, 海峽交流基金會의 약칭임) 이사상 구전푸(辜振甫)는 "왕고회담(汪辜會談)"을 시작했다. 해협양안의 폐쇄 상황은 이미 사라졌고 해협양안 사람들의 왕래, 특히 대륙으로 친척방문, 여행, 고찰(시찰), 교류, 경상(經商), 취업, 취학과 거주하는 타이완 동포는 해마다 증가했다. 양안의 경제무역 관계도 급속도로 발전하여 이미 간접무역, 직접투자, 기술 이전, 노무 계약, 인재교류 등의 다양한 형태의 경제·무역구조가 형성되었다. 양안의 문화, 체육, 신문(뉴스), 학술교류도 점차 발전했다. 이러한 지속적인 양안 교류와 협력은 양안의 경제, 문화의 공동 발전을 촉진하는 동시에 서로에 대한 이해를 증대시키고 공감대를 증진시킴으로써 양안 관계의 발전과 국가의 통일을 추진하는 데 도움이 될 것이다.

타이완 동포 투자기업의 합법적 권익을 보장하고 해협양안의 경제 교류와 협력, 규범적인 관리를 촉진하기 위해 "중화인민공화국 타이완 동포 투자보호법(中華人民共和國台灣同胞投資保護法)"과 "사회단체 등기 관리 조례(社會團體登記管理條例)"에 근거하여 국무원 타이완사무반공실과 민정부(民政部)는 연합하여 "타이완 동포 투자기업협회 관리 잠정 방법(台灣同胞投資企業協會管理暫行辦法)"을 반포했고 2003년 4월 20일부터 정식으로 실시되었다. 현재 이미 수십만 타이완 동포가 조국 대륙에 와서 투자, 거주하고 있으며, 조국 대륙과 타이완의 경제, 문화 교류도 대폭 증가했다.

타이완문제를 평화적으로 해결하지만 동시에 무력사용을 포기하겠다고 약속하지는 않는다. 평화통일은 중국 정부의 기존 방침이다. 중국 정부는 평화통일을 견지하는 것과 무력사용 포기를 약속하지 않는 것은 상호 보완적이고 통일적이라고 믿는다. 무력사용을 포기하겠다고 약속하지 않는 것은 결코 타이완 동포를 겨냥한 것이 아니라 외국 세력을 상대로 한 중국통일 간섭과 "타이완 독립"의 계략에 대한 것이다. 어떤 방식으로 타이완문제를 해결할 것인지는 전적으로 중국의 내정 문제이다. 모든 주권 국가는 군사적 수단을 포함하여 주권과 영토의 완전한 보전을 위해 필요한 모든 수단을 탈취할 권리가 있다. 중국 정부는 어떤 외국이나 중국 분열을 꾀하는 자들에게 약속할 의무가 없다.

(5) 타이완과 관련된 외교 문제를 다루는 중국 정부의 원칙

중국 정부는 중국과 수교한 나라들이 타이완과 어떤 공식적인 관계를 맺는 것에 반대한다. 현재 중국과 외교관계를 맺고 있는 세계의 모든 국가는 국제법과 중국은 하나라는 원칙에 따라 중국 정부와 타이완문제에 대해 공식적인 합의나 양해를 구하고 타이완과 어떠한 공식적인 성격의 관계도 맺지 않기로 약속했다. 국제법에 의하면 주권 국가는 오직 하나의 중앙정부대표가 있다. 중국과 외교관계를 맺은 국가는 중화인민공화국 중앙인민정부가 전 중국을 대표하는 유일한 합법정부로 인정하고 있으며, 세계에 중국이 하나뿐이고 타이완은 중국의 일부라는 중국의 입장을 인정하거나 존중한다. 따라서 타이완은 중국의 일부로서 국제적으로 중국을 대표할 근본적인 권리가 없으며, 외국과의 "외교 관계"를 수립하거나 어떠한 공식적인 성격의 관계를 발전시킬 수 없다.

중국 정부는 타이완 경제발전의 수요와 타이완 동포의 실질적인 이익을 고려하여 타이완이 외국과의 민간경제, 문화 교류에 이의를 제기하지 않는다. 현재 타이완이 참가하는 비정부 간의 국제기구는 800개가 넘고, 많은 국가와 지역에서 민간경제·무역, 문화 교류 활동을 수행했다. 타이완 정부가 선전하는 중국 정부의 "타이완 국제생존공간 봉쇄"는 사실무근이다.

국제기구와 타이완의 관계이다. 중화인민공화국 정부는 중국의 유일한 합법적 정부이며, 국제기구에서 주권을 행사하고 국가 전체를 대표할 권리와 의무가 있다. 주권 국가만이 국제기구에 참여할 수 있고 타이완은 참가할 권리가 없다. 중국 정부는 하나의 중국 원칙을 견지하는 전제하에 관련 국제기구의 성격과 규정, 실제 상황에 근거하여 중국 정부가 동의하고 받아들이는 어떤 방식으로 타이완이 어떤 국제기구 활동에 참여하는 것을 처리할 것을 고려할 수 있다.

주권 국가 참여와 더불어 지역 참여를 허용하는 국제기구의 경우, 타이완은 이미 중국의 한 지역으로서 아시아개발은행(ADB), 아시아태평양경제협력체(APEC) 등의 지역 경제조직에 가입했다. 이는 중국 정부가 관련국들과 합의한 사항이나 양해에 따라 중화인민공화국이 주권 국가로 참여하고, 타이완은 오직 중국의 한 지역으로만 "중국타이베이(中國台北)"의 명칭(ADB에서는 TAIPEI, CHINA; APEC에서는 CHINESE TAIPEI)으로 참가하고 활동한다고 명시하고 있다. 이런 방식은 다른 정부 간 국제기구 및 국제행사에서 모방할 수 있는 "모델"이 아니다.

민간 성격의 국제기구 중에서, 중화인민공화국의 해당 조직은 관련 당사자와의 합의 또는 양해에 도달할 것으로 중국의 전국적인 조직이 중국의 이름으로 참가하는 경우에 타이완의 해당 조직은 "중국타이베이"(TAIPEI, CHINA) 혹은 "중국타이완"(TAIWAN, CHINA)의 명칭으로 참여할 수 있다.

중국 정부의 해외 주재기관은 타이완 동포의 권익보호를 책임진다. 중국 정부 해외 주재기관은 타이완 동포들과의 유대를 강화하고, 그들의 의견과 요구사항에 경청하고, 그들의 이익을 배려하며, 많은 해외 타이완 동포의 정당한 이익을 보호하고, 가능한 그들이 어려움을 해결할 수 있도록 도와야 한다. 이것은 중국의 각 해외 주재 대사관과 영사관의 중대한 책무이다. 해외에 체류 중인 타이완 동포의 생명·재산과 정당한 권익이 위협 혹은 침해를 받을 때 (중국)주재 당지의 대사관·영사관 등의 해외 주재기관은 최선을 다해 구조와 보호를 제공한다. 중국의 해외 주재 대사관·영사관은 외교 및 기타 경로를 통해 타이완 동포의 정당한 권익을 보호하는 데 많은 유익한 작업을 수행했다. 예를 들면, 타이완 어선 및 어민들이 소말리아, 아르헨티나, 필리핀 등의 지역에서 구급되고, 걸프전쟁(海灣戰爭) 기간에 타이완 직원들이 쿠웨이트에서 철수하는 등 중국 관계 해외 주재기관들은 타이완 동포를 조국의 대륙 동포로 간주하여 보호하고 배치했다.

2013년 6월 13일 시진핑 동지는 국민당 명예 주석 우보슝(吳伯雄)을 회견했을 때, 양안 관계의 발전이 대세인 만큼 우리는 이에 맞추어 자신의 노선도를 확정하고 계속적으로 앞으로 나아가고, 우리 두 당은 민족의 진흥과 인민의 행복의 실현을 임무로 하고, 양안 동포의 단결과 협력을 촉진하고, "양안은 한 집안 식구"라는 이념을 적극적으로 선도하며, 양안 중국인의 지혜와 역량을 결집하여 공동으로 중화민족의 위대한 부흥을 이룩하는 과정에서 역사의 상처를 치유하고, 중화민족의 번영에 새로운 장을 마련하자고 했다.

제2절   국가제도와 법률제도에서 "일국양제" 이론의 혁신

1984년 9월 28일 홍콩문제에 대한 중·영 합의가 발표된 후, 세계 언론은 "높은 구상"이라며 "천재적 창조, 신들린 위대한 구상"이라고 찬사를 보냈다. 또한 현재 지구상에 존재하는 몇 가지 난제를 해결하기 위한 가장 좋은 방법이라고 여겼다. 그러나 오늘날 "일국양제" 구상에 대한 찬사든 의심이든 한 가지 동일한 것은 일국양제가 20세기의 전례 없는 새로운 정치이론 개념이라고 믿고 있는 것이며, 일국양제는 홍콩·마카오에 처음으로 반영되었으며, 세계정치의 중요성은 홍콩, 마카오와 타이완의 범위를 훨씬 뛰어넘는다.

기본적으로 "일국양제" 구상은 오늘날 세계평화가 국가통일 문제를 해결한다는 일종의 창조적 정치 청사진이며, 마르크스주의 정치 이론의 핵심인 국가 학설과 법 이론이 중국의 새로운 역사적 조건하에서 빛나는 운용과 중대한 공헌이다. "일국양제"는 국가제도와 법률제도상의 이론적인 혁신을 개괄하여 다음과 같은 여러 가지 측면에서 표현된다.

1. "일국양제"의 형태로 사회주의와 자본주의의 두 가지 사회제도가 장기간 병존한다는 것을 인정한다.

당대 세계에는 두 가지 근본적으로 대립하는 사회제도, 즉 자본주의제도와 사회주의제도가 존재한다. 사회주의는 세계 신흥 제도로 생명력이 무한하지만, 아직 건립한 지 얼마 되지 않았고, 대부분 경제문화 발전이 뒤떨어진 기초 위에 세워진 것으로 발전 중이거나 발달하지 않은 국가에 속한다. 자본주의는 사회주의에 비해 수백 년의 발전 역사를 거치면서 강력한 물질·기술의 기초를 비교적 잘 축적해 왔다. 역사적 추세로 보아도 자본주의는 결국 사회주의에 의해 대체될 것이나, 현 단계에서 자본주의는 현대화 시장경제의 형태에서 생산관계의 국지적 조정을 통해 생산력의 발전을 어느 정도 수용한다. 따라서 자본주의제도는 즉시 파괴될 수 없으며, 역사적 이유로 당대에 비교적 발달한 시장경제 국가들이 대부분 자본주의제도를 채택하고 있다.

사회주의는 그 자체를 통해 끊임없이 생산력을 해방하고 발전시켜야 개혁과 대외 개방을 거듭할 수 있고, 비로소 끊임없이 사회주의제도의 우월성을 과시하고 최종적으로 자본주의를 이길 수 있다. 다시 말해 사회주의와 자본주의제도의 병존과 공존은 세계적으로 오래 지속될 것이라는 얘기다.

타이완, 홍콩 등의 지역은 중국의 일부분이나 역사적 이유로 자본주의제도가 확립되었다. 조국 대륙은 중국 공산당의 지도 아래 사회주의제도를 건립했다. 중국의 통일문제는 중화민족의 문제이자 두 가지 사회제도의 문제이며, 두 가지 모두가 실제로 고려되어야 한다. 덩샤오핑 동지는 "중국에 홍콩과 타이완의 문제가 있는데 이 문제를 해결할 길이 어디에 있을까? 사회주의가 타이완을 삼킬 것인가, 아니면 타이완이 선양하는 '삼민주의'가 대륙을 삼킬 것인가? 아무도 누군가를 삼키기 힘들다. 평화적으로 해결하지 못하고, 무력으로만 해결하면 모두에게 불리하다. 국가통일을 이룩하는 것은 민족의 희망이고, 백 년 동안 통일되지 않으면 천 년이 걸리더라도 통일해야 한다. 이 문제를 해결하는 방법은 오직 '하나의 국가에 두 종류의 제도'를 실행하는 것뿐"[692]이라고 지적했다. 이것은 중국이 통일을 이룩해야 한다는 것을 분명히 보여주지만 "아무도 삼킬 수 없는" 현실을 인정하고 존중해야 한다는 뜻이다. 따라서 우리는 "일국양제", 즉 "당신이 나를 삼키지 않으면 나도 당신을 삼키지 않는 해결책"[693]을 할 수밖에 없다.

덩샤오핑 동지는 위대한 공산주의자이자 위대한 애국주의자이다. 그는 중국 특색의 사회주의의 건설과 중화민족의 통일 부흥을 긴밀하게 연계시켜 조국의 번영과 인민의 부강을 함께 목표로 삼았다. 덩샤오핑 동지는 "홍콩과 타이완의 역사와 실제 상황에 근거하여 홍콩과 타이완이 자본주의제도를 지속할 것을 보장하지 않으면 번영과 안정을 유지할 수 없고, 조국 통일문제를 평화적으로 해결할 수 없다."[694]고 말했다. 동시에 그는 다음과 같이 말했다. "홍콩의 50년 번영과 안정, 50년 이후에도 번영과 안정을 유지하려면 중국 공산당이 이끄는 사회주의제도를 그대로 유지해야 한다. 모든 정책이 변하지 않음을 보장해야 한다. 이런 것들이 변하면 우리가 이번 세기말에 국민 생활수준이 중류 정도가 되는 사회에 도달하는 것과 다음 세기 중엽 중진국(中等發達國家) 수준에 도달한다는 목표는 희망이 없다. 현재 국제독점자본이 세계 경제를 통제하고 있고, 시장은 이들에게 점유되었으며 분투하기가 쉽지 않다."[695] "우리는 작은 범위 내에

---

692) 덩샤오핑 문선(각주138), 59면.
693) 덩샤오핑 문선(각주138), 79면.
694) 덩샤오핑 문선(각주138), 67면.
695) 덩샤오핑 문선(각주138), 218면.

서 자본주의의 존재를 허용하는 것이 사회주의를 발전시키는 데 더 유리하다고 믿는다."696) 대륙과 내지에는 사회주의제도를 실행하고 타이완, 홍콩, 마카오는 자본주의제도를 유지하고 장기간 변하지 않으며 자본주의 경제는 여전히 존재하게 한다. 대륙은 사회주의의 경제 주체를 계속 견지하고 두 경제 간에 평화 경쟁을 전개하게 하여 쌍방이 다양한 형식으로 경제협력을 촉진하고, 장점을 취하여 단점을 보충하며 사회주의 경제를 주체로 하는 전체 민족경제의 번영을 촉진함으로써 사회주의제도를 더욱 공고히 한다.

덩샤오핑 동지는 "일국양제"를 사회주의와 자본주의제도가 병존하고 공존하는 새로운 형식으로 보았다. 그는 "이것은 새로운 것이다. 이 새로운 것은 미국도 아니고, 일본도 아니며, 유럽이나 소련이 제기한 것이 아니라 중국이 제기한 것이다. 이것을 바로 중국 특색이라 한다."697)고 말했다.

2. "일국양제" 구상은 중국 특색 국가 구조의 새로운 형식을 창조했다.

마르크스주의의 국가 구조 형식 이론에 따르면 국가 구조의 주요 형식은 단일제와 연방제 두 가지다. 단일제 국가는 일반적으로 국내의 장기간의 할거 상태가 끝난 이후에 형성되는 가장 흔한 국가 구조 형식이다. 대외관계에서는 단일제 국가가 하나의 국제법 주체로 등장한다. "일국양제" 구상에 의하면 우리나라는 여전히 단일제 국가이고 특별행정구는 우리나라 단일제의 지방행정지역이다. 그러나 이는 행정관리권, 입법권, 독립적인 사법권과 종심권을 가지고, 재정이 독립적이며, 단독 관세지역을 위해 자체적으로 화폐를 발행함과 동시에 대외경제, 문화적 연계와 교류의 권리를 가진다. 이 모든 것은 특별행정구가 연방제 국가의 주보다 더 큰 권력을 누리고 있음을 설명하는데, 이는 특별행정구가 높은 자치를 시행하는 데 유리하고 특별행정구의 번영과 안정에 이롭다. "일국양제"는 중국의 특색이 있는 국가 구조라는 새로운 형식을 창조했고, 사회주의 국가 내에서 사회제도의 한 종류만 허용하고 그에 상응한 국가 권력을 행사한다는 마르크스주의 국가 구조형식 이론에 대한 새로운 발전으로 마르크스주의 실사구시(實事求是)의 원칙을 구현했다.

---

696) 덩샤오핑 문선(각주138), 103면.
697) 덩샤오핑 문선(각주138), 218면.

3. "일국양제" 구상은 새로운 형태의 국가 정권 조직을 만들었다.

마르크스주의는 무산계급혁명이 성공한 이후 반드시 구 국가기기를 완전히 파괴하고 부수어야 한다는 것인데, 이는 주로 자산계급의 반동군대, 경찰과 행정기관을 철저히 소멸하는 것을 가리킨다. 그러나 "일국양제"의 구상은 홍콩, 마카오, 타이완지역에 자본주의제도를 존속시키는 것을 허용한다. 구 국가기기의 경우 홍콩특별행정구와 마카오특별행정구는 원래의 행정, 입법 및 사법기관을 보류했고 기본법은 행정장관, 주요 관원, 행정회의와 입법회의 성원, 각급 법원 판사 및 공무원 자격, 직권과 관련 제도 등등을 규정했다.

덩샤오핑 동지는 타이완문제를 언급하면서 "조국 통일 후 타이완 특별행정구는 자체 독립성을 가질 수 있으며 대륙과 다른 제도를 시행할 수 있다. 사법의 독립과 종심권은 베이징으로 올 필요가 없다. 타이완은 자체 군대를 가질 수 있으나, 대륙에 위협을 조성해서는 안 된다. 대륙에서 사람을 파견하지 않으며 군대도 안 갈 뿐만 아니라 행정원도 안 갈 것이다. 타이완의 당과 정부·군대 등의 체계는 모두 타이완이 스스로 관리한다. 중앙정부는 타이완에게 '정원'을 남겨두어야 한다."[698]고 말했다.

"일국양제" 구상은 중국의 주체가 사회주의를 확고히 시행한다는 전제 하에 작은 지역과 작은 범위 내에서 자본주의제도를 허용할 수 있다.[699] 이는 무산계급혁명이 성공해 공고화되면 국가 평화통일을 위해 국가 주체에 영향을 주지 않고 사회주의를 시행한다는 조건 아래 국가의 작은 지역과 작은 범위 내에서 구 국가기기를 완전히 파괴하는 일 없이 일정한 개조만 할 수 있다는 것이다. 이는 마르크스주의의 무산계급혁명은 반드시 구 국가기기를 완전히 파괴한다는 이론에 관한 하나의 혁신이고 풍부한 발전이며 마르크스주의 원칙의 확고함과 전략의 일치성을 반영한 것이다.

---

698) 덩샤오핑 문선(각주138), 30면.
699) 덩샤오핑 문선(각주138), 103면.

4. "일국양제" 구상은 국가의 "충돌 완화"의 정치적 기능과 역할을 깊이 이해하는 데 도움이 된다.

마르크스는 국가가 두 가지 기능을 수행하도록 명시하면서 "모든 사회의 본질로 인해 발생하는 각종 공공 업무를 집행하는 것은 물론, 정부와 인민 군중이 양립함으로써 발생하는 각종 특수 기능도 포함한다."[700]고 지적했다. 1888년 엥겔스는 "사회는 내부와 외부로부터 자신의 공동 이익을 보호할 기관을 만든다. 그런 기관이 바로 국가 정권"[701]이라고 지적했다. 엥겔스는 그 유명한 "가정, 사유제와 국가의 기원"이라는 책에서 더 나아가 "이러한 대립을 위해 경제적 이익이 상충하는 계급들은 불필요한 투쟁 속에서 자신과 사회를 소멸시키지 않고 표면적으로 사회 위에 군림하는 힘이 있어야 하며, 그 힘은 충돌을 완화하고 충돌을 '질서'의 범위 내로 유지시킨다."[702]고 지적했다. 마르크스와 엥겔스는 상술한 기본 관점을 일관되게 고수했을 뿐만 아니라 국가 기능의 두 가지 기본적 측면 사이의 상호 관계에 대해 명확하고도 과학적인 제시를 했다. 1877년 엥겔스는 "반듀링론"이라는 책에서 정치적 통치는 어디서나 어떤 사회적 기능을 수행하는 것에 기초하고 있으며, 정치적 통치는 그것의 이러한 사회적 기능을 수행했을 때만 지속된다[703]고 하였다.

마르크스와 엥겔스의 국가 기능에 관한 기본 이론은 우리 당이 "일국양제" 구상을 제기하는 국가 학설상의 중요한 이론 기초이다. 어느 나라나 이중적 기능을 겸비한 이상 계급 통치의 도구이자 민족, 사회 이익의 공식 대표이며, 적대계급을 억압하는 기능은 물론 민족 공통의 이익을 지키는 기능을 반드시 수행해야 한다. 우리가 오늘날 "일국양제"의 방식으로 국가통일을 이루는 것이 바로 인민민주독재 국가 기능의 내재적 요구이다. 국가의 이 두 기능 사이에 민족 이익을 대표하는 성격과 민족 공동 이익을 수호하는 기능은 기초적이고 일차적인 의미를 가지며, 어느 나라든 그 기능을 먼저 수행해야만 계급 통치의 도구로서의 기능을 효과적으로 수행할 수 있다.

---

700) 마르크스 · 엥겔스 전집(각주12), 432면.
701) 마르크스 · 엥겔스 전집(각주35), 347면.
702) 마르크스 · 엥겔스 선집(각주20), 187면.
703) 마르크스 · 엥겔스 전집(각주34), 195면 참조.

덩샤오핑 동지의 "일국양제" 구상은 전체 중화민족의 근본적인 이익과 요구 사항을 강조했다. 조국을 평화롭게 통일하기 위해 국가는 이제 전체 국가의 이익의 대표자로 나타나야 한다. 이것은 정치 기능과 국가의 역할 측면에서 한 계급이 다른 계급을 진압하는 도구일 뿐 아니라 동시에 "충돌 완화"와 계급 모순을 위한 도구이기도 하다. 국가의 관리 기능과 역할에서 그것은 전체 사회질서의 관리자일 뿐만 아니라 전체 사회 및 경제 건설의 관리자이기도 하다. "일국양제" 구상은 계급 갈등의 완화와 경제 건설을 조직하는 데에 대한 국가의 기능과 역할을 부각시킨다. 국가 기능이나 역할에 대한 우리의 인식을 한층 더 풍부하게 심화시킨 것이다. "일국양제"의 해결방식은 사실상 주권 국가의 중앙정부가 서로 대립하는 두 제도에 대해 계급투쟁의 조정 역할을 충분히 발휘할 수 있도록 하는 것으로, "계급의 충돌과 갈등"을 일정한 "질서"로 규제하는 것이다. 즉, 국가 헌법과 법률의 궤도에 올라 계급사회에서 국가 관리에 대한 최신 시도와 최선의 선택을 실행하는 것이다. 이는 이론적으로 마르크스와 엥겔스의 사상을 한 단계 발전시켰으며, 실천에 있어서 국가가 계급별, 서로 다른 사회제도의 모순과 충돌을 완화할 수 있도록 하는 역할을 생생하게 구현했다.

5. "일국양제"는 한 국가 내에서 "평화 공존" 사상의 창조적 운용이다.

사회주의 국가와 사회제도가 다른 나라에서 "평화 공존"하는 사상은 레닌이 제시한 중요한 과학적 사회주의 원리이다. 일찍이 1915년과 1916년, 레닌은 제국주의에 대한 과학적 분석에 근거하여 "사회주의가 모든 국가에서 동시에 승리할 수 없다면, 그것은 먼저 하나 혹은 몇 개의 국가에서 승리할 것이고, 나머지 국가들은 한 기간 동안 여전히 자산계급 혹은 자산계급 이전 시기의 국가로 남아 있을 것"[704]이라고 예견했다. 다시 말해, 일정 기간 동안 세계는 사회주의국가, 자본주의국가 및 이전 자본주의국가와 공존할 것이다. 사회주의제도의 본질은 사회주의 국가들이 평화적인 외교정책을 시행할 수밖에 없다는 것을 결정한다. 나중에 레닌은 제국주의 무장간섭을 물리치는 승리의 경험을 총결산하면서 "평화 공존"이라는 조건을 달았다. 첫째, 무산계급은 자신의 적들과 치열한, 심지어는 잔혹한 투쟁을 거쳐 독립적인 지위를 얻기 위해 싸워야 한다. 둘째, 무

---

704) 레닌 선집, 제3판, 제2권, 베이징, 인민출판사, 1995년, 873면.

산계급의 힘은 충분히 강해야 하고, 이 힘을 끊임없이 강화해야 한다. 셋째, 무산계급독재 국가는 자본주의 국가와 평화롭게 공존하는 것이 공산주의 목표를 달성하기 위한 전략적 고려라는 점을 잊어서는 안 된다. 레닌이 제시한 "평화 공존" 사상은 이미 국제적으로 서로 다른 사회제도가 된 국가들 간의 상호 관계에서 공인된 기본 준칙이다.

덩샤오핑 동지는 우리나라 사회주의 초급 단계에서 경제 건설을 중심으로 하고 평화 공존 원칙으로 국내 문제를 해결하는 것이 가능하다고 여겼다. 그는 다음과 같이 말했다. "평화 공존 원칙이 한 국가 내부의 문제를 해결하는 데 사용되는 것도 좋은 방법일 것이다."[705] "우리가 제기한 '한 나라, 두 가지 제도'를 내세워 중국의 통일문제를 해결하는 것도 일종의 평화 공존이다."[706] "일국양제"는 덩샤오핑 동지가 평화 공존 원칙으로 국내 문제를 해결한 새로운 창조이다.

평화 공존의 다섯 가지 원칙의 핵심은 주권 국가 간의 차이를 극복하고 동등한 기반에 대한 협의를 통해 국제 문제를 해결하면서 공통의 기반을 찾는 정신을 따르는 것이다. "일국양제"는 주권의 일치를 전제로 한 국가 내 두 사회제도 사이의 평화로운 공존을 추구한다. "일국양제"는 차별을 인정하고 차별을 유보하며, 애국, 통일의 기치 아래 조국 통일의 대업을 완성한다. 이런 구상으로 홍콩, 마카오 및 타이완문제를 해결하는 것은 국내 정세의 동란을 피할 뿐만 아니라 세계평화 유지에도 중요한 기여를 할 수 있다는 것은 분명하다. 이것으로 평화 공존 정책이 국가들 간에 적용된다는 전통적인 견해에서 벗어나, 레닌의 평화 공존 원칙을 강화하고 발전시켰다.

6. 중화인민공화국 법의 본질에도 "일국양제" 상황이 나타난다.

"일국양제"가 실행된 이후 중국 법의 주체인 조국 대륙(내지)의 법은 사회주의의 본질은 그대로 유지된다. 그 비주체적인 부분, 즉 조국으로 돌아온 후의 홍콩, 마카오, 타이완 특별행정구의 법은 여전히 자본주의의 본질을 변하지 않는 것을 유지한다. 이것으로 중화인민공화국의 법은 본질적으로 "일국양제"의 독특한 양상을 띠게 되었다.

한 국가 내에 두 가지 법률제도가 존재하는 상황은 중국 역사에서 과거에도

---

705) 덩샤오핑 문선(각주138), 96면.
706) 덩샤오핑 문선(각주138), 97면.

있었다. 예를 들면, 중화인민공화국 성립되기 전의 중국은 국민당 통치지역의 지주, 관료 자산계급의 의지를 반영한 반식민지·반봉건주의적인 법과 해방구, 혁명의 근거지의 노동자 계급을 지도부로 하는 광범위한 인민의 의지를 반영하는 법이 존재했다. 그러나 우리나라의 "일국양제"로 인한 "일국양법(一國兩法)"은 다르다.

첫째, 중화인민공화국 성립 이전의 중국에는 두 가지 본질이 다른 법률제도가 존재했는데, 그것은 혁명 근거지 혁명정권이 국민당 반동 정권과 대립하고 투쟁한 산물로 두 적대 정권의 존재를 전제로 한 것이었다. 그러나 "일국양제"의 시행에 따라 국가의 내부에 본질이 다른 두 법률제도가 존재하는 것은 중국 공산당 지도 아래 조국의 평화통일 대업을 위해 관련 방면의 협의를 거쳐 법으로 통일문제를 해결하는 독창적인 혁신이다.

둘째, 중화인민공화국 성립 전의 혁명 근거지의 법률제도는 해방구에서만 효력이 발생하며, 당시 전국 정권을 장악한 국민당 정부의 허가를 받지 않았고 반식민지 반봉건의 법률제도가 주체적 지위에 있었다. 반면 "일국양제"는 국내적으로 두 가지 본질이 다른 법률제도가 존재하며 사회주의 법률제도가 주체적 지위를 차지하고 있다. 조국의 평화통일과 홍콩, 마카오, 타이완지역이 조국으로 돌아오는 문제를 해결하기 위해 중앙정부가 특별행정구를 설정하고 이와 동시에 전국 인민대표대회에서 특별행정구 기본법을 제정하며 특별행정구가 기존의 자본주의 법률제도를 장기간 그대로 유지할 수 있도록 했다. 이 원칙들은 중국의 사회주의 헌법과 법률에 의해 확인되고 보호를 받았다.

셋째, 중화인민공화국 성립 전 중국에서 두 가지 본질이 다른 법률제도가 출현하여 두 제도의 적대관계를 반영하였다면, 그 결과는 필연적으로 한 제도가 다른 한 제도를 대체하게 된다. 그러나 "일국양제"의 조건하에 나타나는 본질이 다른 두 법률제도는 국제·국내의 구체적 역사적 조건의 변화로 더 이상 상호 배타적인 대항적 관계가 아니라, 장기간에 걸쳐 병존하고 호혜적이고 서로 촉진하며 함께 번영하고 발전할 수 있는 관계로 전환되었다. 중화인민공화국 법의 주체인 사회주의 법률제도는 특별행정구의 자본주의 법률제도를 개변하지 않고, 특별행정구 자본주의 성질의 법률제도도 중국법의 주체 부분인 사회주의 법률제도를 개변하지 않는다.

그러므로 "일국양제"의 조건하에서 한 나라에 두 가지 또는 몇 가지 법률제도가 나타나는 것을 알 수 있듯이, 역사상 한 나라에 두 가지 법률제도가 존재했던 것과는 달리 전례 없는 창설이라 할 수 있고, 시세를 살피고 법적인 수단을 충분히 활용해 가장 까다로운 난제를 해결한 본보기임을 알 수 있다. 이는 조국의 평화통일을 이루기 위해 확실하고 실행이 가능한 것이고, 인심이 지향하는 바이고, 대세의 흐름인 경로를 찾았을 뿐만 아니라 마르크스주의의 법학 이론을 풍부하게 발전시켰으며 한층 더 연구해야 하는 수많은 가치 있는 문제를 제기했다. 예를 들면, 법의 구조, 법의 체계, 법의 연원, 법의 창제(創制), 법의 실시, 법의 해석 등이다. 이것은 실천 속에서 발전한 마르크스주의 법학의 새로운 이론적 제안이다.

제**12**장

중국 특색 사회주의 민주법치와
집권당의 지도

중국 공산당은 중국 특색 사회주의를 건설하는 위대한 사업을 지도하는 핵심 역량으로 당의 지도력을 강화하고 개선해야 한다. 의법치국은 반드시 당의 지도를 견지해야 하고, 당의 올바른 지도는 의법치국의 내재적 요구와 근본적인 보증이다. 사회주의의 건설 시기에는 당의 정책과 법률의 관계를 정확히 처리해야 한다. 의법치국과 사회주의 법치국가를 건설한다는 목표를 달성하려면 당의 지도력을 강화하고 개선해야 하고 당의 지도력과 집권 수준을 바꿔야 한다. 당 정책을 법률로 격상시켜 당과 정부의 관계 및 당과 사법기관이 법에 따라 독립적으로 직권을 행사하는 관계를 바로잡아야 한다. 당을 엄격하게 다스리고 법치에 의지해 반부패 투쟁을 단호히 벌여야 하며, 권력에 대한 제약과 감독을 강화해야 한다.

제1절 집권당의 지도 유지의 의미

1. 당의 지도의 필연성과 필요성

중국 공산당의 지도적 지위는 당의 성격에 따라 결정되며, 중국 역사 발전의 필연적 선택이다. 덩샤오핑 동지는 국제 공산주의 운동과 중국 혁명투쟁의 역사적 경험을 종합하여 국제 공산주의 운동 이후 무산계급의 정당 없이는 국제 공산주의 운동이 있을 수 없다는 것이 증명되었다고 지적했다. 10월 혁명 이래로, 공산당의 지도가 없이는 사회주의 혁명이 있을 수 없고 무산계급독재가 있을 수 없으며 사회주의 건설이 있을 수 없다는 것이 증명되었다. 레닌은 "무산계급독재는 구사회의 세력과 전통에 대한 끈질긴 투쟁이며, 피를 흘리는 것과 피를 흘리지 않은 것, 폭력과 평화, 군사와 경제, 교육과 행정 …… 강철과 같이 투쟁으로 단련해낸 당이 없다면, 본 계급의 모든 성실한 사람들을 위한 신뢰할 만한 당이 없다면, 군중의 정서를 잘 살피고 군중의 정서에 영향을 미치는 당이 없이 이러한 투쟁을 순조롭게 진행하는 것은 불가능하다."707)고 말했다. 1840년 아편전쟁 이래 중국 인민은 제국주의와 봉건세력의 중국 지배를 무너뜨리기 위해 어렵고 순탄하지 못한 여정을 겪으며 태평천국 농민혁명운동(太平天國農民革命運動), 무술변법(戊戌變法)과 신해혁명(辛亥革命)의 실패를 겪었다. 중국 농민계급과 자산계급도 중국 인민을 이끌지 못하고, 반식민지 반봉건사회의 성질을 바꾸는 것은 무산계급이 할 수밖에 없음을 설명한다. 러시아의 10월 혁명이 승리한 뒤에야 중국 인민은 진정으로 나라를 구하고 인민을 구하는 진리를 찾았다. 중국의 선진 지식인들은 이때부터 마르크스주의로 민족 해방의 길을 모색할 수 있었다. 마르크스주의를 중국의 노동자 운동과 결합하여 중국 자신의 무산계급 정당인 중국 공산당을 창립했다.

중국 공산당은 중국 무산계급의 선구자이며, 마르크스주의 과학적 이론으로 무장한 과학적인 세계관과 방법론을 가지고 있다. 따라서 중국 공산당은 중국 사회의 발전 방향을 전체적으로 파악하고 무산계급이 본 계급의 역사적 사명을 인식하도록 인도하고, 자산계급제도를 전복시키기 위해 의식적으로 투쟁한다. 중국 공산당은 항상 무산계급과 인민 군중의 근본 이익을 대표하며, 그 외에는 어떤 특별한 이익도 갖지 않기 때문에 많은 인민 군중과 모든 진보적 정치세력을 통합하여 인민의 이익을 실현하기 위해 분투할 수 있다. 중국 공산당은 언제나 중국 인민의 강력한 지지를 받아 왔다. 중국의 혁명사업은 중국 공산당이 주도한 이후 근본적인 변화를 겪었다. 5·4운동부터 국민혁명까지, 토지혁명에서

---

707) 샤오핑 문선(각주139), 169-170면 참조.

항일구국(抗日救國)까지, 해방전쟁에서 신 중국 건립에 이르기까지 중국 공산당은 마르크스주의 보편적 진리를 중국 혁명의 구체적 실제 상황과 결합하여 중국 혁명의 올바른 노선을 찾아냈고, 마침내 신민주주의 혁명의 승리를 거두었다. 덩샤오핑 동지의 말처럼, 중국에서는 5·4운동 이래 60년 동안 중국 공산당을 제외하고 레닌이 말한 것처럼 광범위한 노동 군중을 연결하는 다른 당은 없었다. 중국 공산당이 없으면 사회주의의 신 중국도 없다[708]는 것과 같다.

그러므로 중국 공산당은 전국 민족 인민의 지도력의 핵심으로서 오랜 투쟁 끝에 형성되었음을 알 수 있다. 당의 이런 지도력은 우연이 아니라 역사의 선택, 인민의 선택이다. 마찬가지로 사회주의의 위대한 사업을 건설하는 전 과정에서 중국 공산당의 지도가 여전히 필요하다. 수천만 명의 당원을 거느린 광범위한 사회적 기반을 가진 중국 공산당은 많은 민족정영(精英)을 집중시켰으며, 중국에서 다른 당파들은 양적, 영향적, 그리고 역할에 있어서 중국 공산당과는 비교가 되지 않는다.

신 중국 성립 초기 중국은 경제와 문화면에서 상대적으로 낙후하고, 각 지역의 상황 차이가 비교적 큰 발전 중에 있는 대국이었으며, 사회주의 건설을 진행하는 것은 매우 어렵고 복잡한 임무로, 기존의 정답이라는 것이 없을 뿐만 아니라, 다른 나라의 방식이나 경험을 그대로 답습할 수도 없다. 중국 공산당이 사회 각계각층을 폭넓게 연결하고, 국민의 마음을 모아 실제적인 관점에서 과감한 탐색과 혁신, 마르크스주의 이론의 창조적 실천과 중국의 구체적 실천을 결합해 중국 사회주의 건설의 객관적 법칙을 인식하고 중국의 특색이 있는 사회주의 건설 노선을 찾고 정했다. 덩샤오핑 동지는 다음과 같이 말했다. 실제로 중국 공산당의 지도 없이 누가 사회주의의 경제, 정치, 군사와 문화를 조직할 것인가? 누가 중국의 네 가지 현대화(四個現代化: 농업·공업·국방·과학 기술 네 부문의 현대화를 이르는 말)를 조직할 것인가? 오늘날의 중국에서는 당의 지도를 떠나 군중의 자발성을 찬양하는 일은 결코 없어야 한다. 물론 당의 지도는 오류가 없는 것은 아니고, 당이 어떻게 하면 군중과 긴밀히 연계해 정확하고 효율적인 지도력을 행사할 수 있을지는 신중하게 고려하고 열심히 노력해야 하는 문제이며, 이것이 당의 지도력 약화와 폐지를 요구하는 이유가 되어서는 안 된다.[709]

---

708) 덩샤오핑 문선(각주139), 170면 참조.
709) 덩샤오핑 문선(각주139), 170면 참조.

2. 당의 지도를 강화하고 개선하는 필요성

중국 공산당 창립 이래 90년 동안, 시작에서부터 성장하여 어려움을 극복하고 끊임없이 성숙하여 확고한 위치를 차지할 수 있었던 근본적인 이유는 중국 공산당이 대다수의 이익을 대표하기 때문에 인민들의 진심 어린 옹호와 신뢰, 지지를 받고 있기 때문이다. 중국 공산당이 혁명당에서 집권당으로 부상한 것은 역사의 필연이자 인민의 선택이다. 공산당의 지도적 지위와 집권적 지위는 광범위한 군중이 지지한 결과이다. 많은 인민 군중의 지지가 있었기에 중국 공산당이 중국 혁명을 이끌고 승리하여 집권당이 될 수 있었고, 많은 인민 군중의 옹호가 있었기에 공산당이 집권당이 되었다. 덩샤오핑 동지는 당의 인민 군중에 대한 지도적 역할이란 인민 군중에게 투쟁의 방향을 정확하게 제시하고, 인민 군중이 스스로 하도록 도와주며 자신의 행복한 생활을 쟁취하고 창조하는 것이라고 당의 8대에서 지적했다.[710] 당 지도부의 본질은 인민을 국가의 주인으로 조직하고 지지하는 것이다.

중국 공산당은 중국 특색 사회주의라는 위대한 사업을 건설하는 핵심 역량이며, 헌법에 기입되어 있다. 그러나 동시에 헌법은 중화인민공화국에서 국가의 모든 권력은 인민에게 속한다고 규정하고 있다. 인민은 사회적 부의 주인일 뿐만 아니라 국가 권력의 주인이다. 중국 공산당의 각종 권력은 인민 군중으로부터 나온다고 할 수 있다. 당은 반드시 인민 군중을 신임하고 인민 군중에 의지해야 하며, 진정으로 광범위한 인민 군중의 근본적인 이익을 대표해야 비로소 인민 군중의 진심 어린 옹호를 얻을 수 있다. 하지만 공산당에 대한 인민 군중의 지지는 무조건적인 것이 아니라 조건부라는 것을 냉정하게 인식해야 한다. 공산당이 진정으로 인민 군중의 이익을 대변하고 나아가 인민 군중의 염원을 반영하지 못하고 전적으로 인민을 위해 봉사하지 않는다면 공산당은 인민 군중을 벗어나 인민 군중의 지지와 옹호를 잃고 나아가 국가의 지도력을 잃게 된다. 20세기 80년대 말 90년대 초 소련(蘇聯), 동부 유럽(東歐)의 일부 국가에서 수십 년 동안 집권한 공산당 정권이 잇따라 붕괴된 것이 그 예이다. 이들 국가 정세가 급변한 원인은 물론 여러 가지가 있겠지만 중요한 이유 중 하나는 이들 국

---

710) 덩샤오핑 문선(각주165), 217면 참조.

가의 집권당이 인민 군중으로부터 급격히 이탈하여 당의 명성이 급격히 떨어졌기 때문이다. 가혹한 사실은 국가 정권의 안정과 국가의 강대함의 근본이 민심의 지지와 반대에 있으며, 백성의 옹호 여부에 있음을 보여준다.

지앙쩌민 동지의 말처럼 정권이든 정당이든 미래와 운명은 결국 인심의 지지와 반대에 의해 결정되고 인민 군중의 지지를 얻지 못한다면 반드시 무너진다.[711] 지앙쩌민 동지는 당의 모든 동지들에게 항상 당의 본질과 취지를 일관되게 유지하면서 공산당 장기 집권이 가져올 파장을 경계하고 군중에서 벗어나지 말라고 거듭 경고했다.

중국 공산당은 인민의 권력 장악을 위한 투쟁을 이끄는 초기 창설에서부터 인민이 권력을 장악하도록 이끄는 장기 집권하는 당에 이르기까지, 외부의 봉쇄 및 계획경제 조건하에서 국가 건설을 주도하는 당에서 대외개방과 사회주의 시장경제의 조건하에서 국가 건설을 주도하는 당에 이르기까지, 이 기간 동안 막대한 역사적 변화를 겪었다. 이러한 변화로 인해 우리 당은 인민에게 더 나은 조건을 제공할 수 있었고 동시에 군중으로부터 분리될 위험도 커졌다. 사회는 발전하고 있으며, 당의 임무도 끊임없이 변화하고 있으며, 당은 이러한 변화에 적응하고 자신의 지도제도, 지도방법, 당의 대오를 끊임없이 개선해야 한다. 공산당 탄생 이래 발전의 관점에서 볼 때, 항상 당의 지도를 견지하고 개선해야 하는 문제를 안고 있었다. 역사와 현실은 집권당의 건설과 관리가 집권하지 않은 정당보다 훨씬 어렵다는 것을 보여준다. 당의 지도력 강화와 개선의 관건은 "3개 대표론"의 중요한 사상을 관철하고 실현하는 것이며, 과학적 발전관을 철저히 연구하고 실천하는 것이다.

2000년 2월 25일 지앙쩌민 동지는 구왕똥(廣東)을 시찰하면서 우리 당의 70여 년의 역사를 총결산하면 중요한 결론을 도출할 수 있다고 말했다. 그것은 바로 우리 당이 인민의 지지를 얻은 이유는 모든 역사적 혁명, 건설 및 개혁 시대에 우리 당은 항상 중국의 선진 생산력의 발전 요구를 대표하고, 중국 선진문화의 전진 방향을 대표하고, 중국의 가장 광범위한 인민의 근본 이익을 대표하며, 올바른 노선 방침의 정책을 마련함으로써 국가와 인민의 근본적인 이익을 실현하기 위해 끊임없이 분투하기 때문이라고 말했다.[712]

---

711) 지앙쩌민, "3개 대표론"에 관한 논의, 베이징, 중앙문헌출판사, 2001년, 72면 참조.
712) 지앙쩌민(각주711), 2면 참조.

　　"3개 대표론"의 중요한 사상은 중국 공산당이 중국 노동자 계급의 선봉대이며, 중국 인민과 중화민족의 선봉대이며, 동시에 중국 특색 사회주의 사업을 지도하는 핵심이라는 점을 강조한다. 중국 특색 사회주의 건설의 기본 목적은 가장 광범위한 인민의 근본 이익을 지속적으로 실현, 보호 및 발전시키는 것이며, 당의 이론, 노선, 강령, 지침, 정책과 업무는 반드시 가장 광범위한 인민의 근본적인 이익에 대한 최고 수준의 준수 기준을 기반으로 해야 한다. 반드시 실천이 제일이라는 관점을 견지하고, 가장 광범위한 인민을 이론적 혁신의 원천으로 삼고 가장 광범위한 인민의 근본적인 이익을 이론 혁신의 목적으로 삼아야 한다. 이러한 중요한 이론적 관점들은 우리 당의 역사적 지위와 집권 조건의 발전변화에 적응하고 우리나라 인민의 이익에 대한 요구와 사회구조의 발전변화에 부응하여 새로운 시대적 조건하에서 마르크스주의를 더 잘 견지하기 위한 정치적 입장을 전면적으로 요구했다.

　　우리는 물질적 부가 극도로 풍부한 공산주의 사회의 실현, 인민의 정신적인 영역이 크게 향상되고 모든 사람들이 자유롭고 전면적으로 발전한 공산주의 사회를 실현하는 것이 마르크스주의 가장 숭고한 사회적 이상이라는 것을 알고 있다. 그러나 공산주의의 실현은 매우 긴 역사 과정으로 공산주의는 사회주의 사회의 완전한 발전과 고도의 발전에 기초해서만 실현될 수 있다. 우리는 공산주의의 원대한 이상과 확고한 신념을 수립하는 동시에 우리나라가 오랫동안 사회주의의 주요 단계에 있고 앞으로 있을 현실에 근거하여 이 단계에서의 기본 강령을 실현하기 위해 끊임없는 노력을 기울여야 한다. 생산력을 지속적으로 해방하고 발전시켜 국가의 경제력을 강화하여야만 우리는 중국 특색 사회주의 문화를 건설하고 인민 군중의 근본적인 이익을 실현할 수 있는 탄탄한 물질적 기초를 제공할 수 있다. 사회주의 문화를 지속적으로 발전시키고 번영시켜야만 인민 군중의 증가하는 정신문화 생활의 수요를 지속적으로 충족시킬 수 있으며, 생산력 발전을 위한 강력한 정신적 원동력과 지적 지원을 제공할 수 있다. 인민 군중의 물질적, 문화적 생활수준을 지속적으로 향상시켜야만 개혁과 건설이 확고한 군중 기반을 가질 수 있으며, 사람들은 항상 열정을 가지고 중국 특색 사회주의의 위대한 사업에 헌신할 수 있다.

　　2003년 7월 28일, 후진타오 동지는 연설에서 처음으로 과학적 발전관의 전략적 사상을 제시했다. 과학적 발전관의 제일 요지는 발전이고, 핵심은 이인위본이고, 기본 요구는 포괄적인 조정과 지속 가능한 발전이며, 근본적인 방법은 전체적인 계획 및 고려이다. 그는 우리나라 사회주의의 초급단계에서 발전은 우리 당이 집권흥국(興國)의 최우선 과제라고 지적했다. 이인위본을 견지하고, 광범위한 인민 군중의 주체적 지위를 존중하고, 인민의 창조적 정신을 발휘하고, 인민의 각종 권익을 보장하고, 공동 번영의 노선을 걷고 사람의 전면적인 발전을 촉진해야 한다. 지속 가능한 발전을 전면적으로 조화시키는 것을 견지한다. 경제건설을 중심으로 경제, 정치, 문화가 조화를 이루어 사람과 자연이 조화를 이루는 지속 가능한 발전을 촉진한다. 전반적인 계획을 유지하고 중국 특색 사회주의 사업에서의 중대한 관계를 정확하게 인식하고 적절하게 처리하며 개인의 이익과 집단의 이익, 국지적 이익과 전체적 이익, 현재의 이익과 장기적 이익을 통괄하여 각 방면의 적극성을 충분히 동원해야 한다. 과학적 발전관을 깊이 관철하고 이행하기 위해서는 당의 건설을 확실히 강화하고 개선해야 한다. 당이 집권흥국의 사명을 완수하는 데 앞장서서 당의 집권능력과 당의 선진성을 유지 및 발전시키며, 과학적 발전을 이끌며, 사회적 조화를 촉진하며, 중국의 발전과 진보를 이끌고, 가장 많은 인민의 근본 이익을 더욱 잘 대표하고 실현함으로써 당의 업무와 당의 건설이 과학적 발전관의 요구에 더욱 부합하고 과학적 발전을 위해 신뢰할 수 있는 정치적, 조직적 보장을 제공한다.

따라서 중국 공산당은 나라를 흥하게 하고 인민을 부유하게 하는 것을 목표로 하여 중국 국정에 적합한 사회주의 발전의 노선으로 나아가야 하며, 끊임없이 경제를 더욱 발전시키고, 민주를 더욱 건전하게 하며, 과학은 더욱 진보적이고 문화는 더욱 번영하고 사회는 더욱 조화롭게 해야 한다. 인민의 삶은 더 견실해지고, 끊임없이 사람들의 전면적인 발전을 촉진하며, 당의 최종 목표를 향해 계속 전진한다. 원대한 이상을 잊고 눈앞만 보고 있으면 방향을 잃을 것이고, 실제에서 벗어나 원대한 이상에 대해 공론하면 현실을 벗어나게 된다. 새로운 역사적 조건하에서 당은 반드시 입당위민, 집권위민의 근본적인 요구를 견지하고 당의 지도력을 지속적으로 강화 및 개선하여 당의 모든 이론, 노선, 지침, 정책과 모든 작업이 가장 광범위한 인민의 근본 이익을 출발점으로 삼아야 한다. 이를 수행하는 것은 정당의 전반적인 지배구조와 국가의 전반적인 경제, 정치, 문화 발전과 관련이 있다.

3. 의법치국은 반드시 당의 지도를 견지해야 한다.

사회주의 민주정치의 발전은 우리나라 사회주의 현대화 건설의 중요한 목표이고, 이론적으로 민주는 법치의 내재적 요구이다. 법치는 실천적으로 민주정치와 서로 밀접한 관련이 있다. 법치가 요구하는 것은 정치적 민주, 보편적 준법, 그리고 법률 지상이다. 사회주의 법치는 사회주의 민주를 바탕으로 사회 발전의 법칙을 반영하고 인민의 공통된 의지를 구현하는 법에 따라 나라를 다스리고 사회를 관리하는 것이다. 사회주의 법치국가를 건설하는 과정에서 중국 공산당은 법치 건설을 지도하는 핵심에 서 있다. 인민의 이익을 제외하고는 어떤 특수 이익도 갖지 않고, 인민을 위해 봉사한다는 것이 중국 공산당의 주지이기 때문이다. 중국 공산당은 인민을 지도하여 인민의 의지를 반영하는 헌법과 법률을 제정하고 이러한 인민의 의지는 중국 공산당을 통해 결집된다. 당은 자신의 당원이 있는 입법기관을 통해 자신의 노선, 지침, 정책을 국가의 법률로 격상시키고 자신의 당원이 있는 행정기관, 사법기관을 통해 국가의 법률을 엄격히 집행함으로써 당의 노선, 지침, 정책을 관철시켰다. 아울러 각급 당 조직과 당원이 모범적으로 법을 준수하는 것을 통해 인민 군중이 스스로 법을 준수하고 국가를 향한 당의 정치 지도를 실현할 수 있도록 하였다. 그러므로 사회주의 법치의 다른 일환으로 입법, 집법, 사법, 준법은 당의 지도하에서만 효과적으로 실시될 수 있음을 알 수 있다.

동시에, 법이 일종의 사회적인 조절 수단으로서 한계가 있을 수밖에 없다는 것도 보아야 한다. 이러한 제한은 주로 법적 조정의 제한된 범위에 반영되며, 일부 사회적 관계의 권리와 의무를 법으로 명확하게 정의할 수 없는 경우 법은 무력해진다는 점을 보여준다. 또한 사회생활은 빠르게 변화하고 복잡하지만, 법률은 개괄적이거나 임기응변적일 수 없으며, 그 안정성은 일정 기간 현실 생활과는 괴리가 있을 수밖에 없다. 당의 지도를 통해 경제적 수단, 정치적 수단, 사상적 교육과 법적 수단을 종합적으로 활용해 나라를 다스리고, 그것들이 서로 협조하도록 함으로써 법적 수단의 부족함을 메울 수 있다.

중국의 현대화 건설사업은 당의 지도력과 분리될 수 없다는 것을 알 수 있으며, 중국의 역사와 국가 상황은 중국의 근대화를 결정했으며 자본주의가 아닌 사회주의에만 의존할 수 있다.[713] 당의 지도력 없이는 올바른 정치 노선, 나아가는 방향, 지도력의 핵심도 없다. 의법치국도 마찬가지로 당의 지도력과 분리할 수 없다. 당의 올바른 지도력은 의법치국의 내재적인 요구와 근본적인 보증이다. 의법치국은 당의 지도를 견지, 인민민주의 발양과 법에 따라 엄격하게 일을 처리하는 것을 통일했고, 이는 중국 특색이 있는 사회주의 법치와 민주정치의 기본 특징 중 하나이다. 개혁개방의 수십 년의 실천은 중국의 경제성장률이 중국 공산당의 지도 아래 세계 상위권에 올라 있고 법제 건설도 큰 성과를 거두었다는 것을 증명하고 있는데, 이 모든 것은 중국의 사회주의 현대화가 중국 공산당의 지도하에서만 성공할 수 있다는 것을 보여준다.

제2절 당의 지도 방식의 변화

오늘날 세계는 과학과 기술이 날마다 발전하는 큰 발전, 큰 변화 및 조정의 시대에 있다. 우리나라의 경제 건설, 문화 건설, 사회 건설 및 생태문명 건설을 전면적으로 추진하여 산업화, 정보화, 도시화, 시장화, 국제화가 심화되었으며, 국가는 추가 개발을 위한 중요한 전략적 기회의 시기에 있다. 당은 이러한 새로운 형태에 적응하고 국내외에서 전반적인 계획을 세우고 전국 인민을 이끌어가기 위해 자체 건설을 더욱 강화하고 개선해야 한다. 중국 공산당의 지도력은 의심할 여지없이 이론과 실천에서 확고하다. 그러나 어떻게 집권당이 이러한 새로운 상황에서 전국 인민을 사회주의 건설로 계속 이끌 것인가에 대한 중국 공산당의 수십 년간의 탐색은 성공적인 경험과 실패한 교훈도 모두 가지고 있다. 지도를 잘못하면 공산당의 이러한 지도력의 위치는 안정적이지 않다. 그중에서도 가장 중요한 것은 정부를 정당으로 대체하고 법을 정당으로 대체하는 과거의 경향을 극복하는 것이다.

중국 공산당은 인민 군중과 국가 권력의 주요 세력이지만 인민과 국가 위에 군림할 수는 없다. 당은 인민 군중에게 은혜를 베풀거나(恩賜), 대신하거나 강요할 권리가 없다. 공산당은 집권당으로서 인민을 대신하여 집권하는 것이 아니고 인민을 지도하여 국가를 조직하고 국가 기관을 통해 인민이 주인이 되도록 한

---

713) 덩샤오핑 문선(각주138), 229면 참조.

다. 공산당은 자신의 성격과 지도 사상에 의해 결정되고, 당이 정부를 대체하고 도맡아 처리하는 것을 일관되게 반대해 왔다. 그러나 과거 특정 역사적 조건하에서 당과 정부의 기능이 잘 구분되지 않아 당이 정부를 대체하는 것과 군중 운동 및 당의 정책이 법을 대체하는 경향이 있었다.

1. 전쟁 시대에 형성된 일원화된 지도 방식

중화인민공화국은 중국 공산당이 전국 인민을 지도하여 장제스(蔣介石) 정권을 전복하여 수립한 것으로, 전쟁 시대의 치열한 투쟁 상황 속에서 당의 지도 방식은 당이 모든 것을 관리하는 일원화된 지도였으며, 당과 정부의 기능이 명확하게 구분되지 않았다. 당의 업무는 기본적으로 장제스를 타도하고, 전체 중국을 해방하려는 목표에 중점을 두었다. 신 중국이 성립된 이후 형세가 변하고 목표도 바뀌었지만, 당의 지도 방식은 바뀌지 않고 여전히 당이 모든 것을 관리하는 일원화된 지도 방식을 취했다. 이러한 고도집권의 최종 결과는 국가 권력이 당에 고도로 집중되고, 당의 권력은 중앙에 고도로 집중되고, 중앙 권력은 지도자에게 고도로 집중된다. 그 결과 덩샤오핑 동지가 지적했듯이, 당의 일원화된 지도를 강화한다는 구호 아래 당 위원회에 모든 권력이 부적절하고 분석되지 않았으며 당 위원회의 권력은 종종 여러 비서, 특히 제1서기에게 집중되어 무슨 일이든 모두 제1서기가 지휘권을 잡고 지시했다. 당의 일원화된 지도는 이로 인해 개인적인 지도가 되었다.[714]

지도자 개인이 마음대로 정하면 관료주의, 장관의 의지, 특권 관념이 번식되기 마련이다. 이대로 나아가면 어느 정도 권력을 장악한 간부들은 더 이상 인민을 섬기는 취지로 생각하지 않고 오히려 자신을 인민의 주인으로 여길 것이다. 인민의 의지를 구현하는 법 위에 개인의 권력을 두고, 대놓고 지도자가 하는 말을 "법"으로 하고, 지도자의 말에 찬성하지 않으면 "위법"이라 하며, 지도자의 말이 바뀌면 "법"도 바뀌는 비정상적인 상황이 벌어진다.[715] 당의 권력은 개인이나 소수에게 고도로 집중되어 있으며, 또한 개별 중재와 개인숭배를 위한 전제 조건을 제공한다. 대부분 사람들은 결정할 권리가 없고 소수의 권력이 지나치게 부담하는 상황은 현대 민주제도와 완전히 상반될 뿐만 아니라, 법의 권위

---

714) 덩샤오핑 문선(각주139), 328-329면 참조.
715) 덩샤오핑 문선(각주139), 146면 참조.

를 심각하게 훼손하고, 법률 앞에 모든 사람이 평등하다는 사회주의 법치의 원칙을 훼손하며, 1957년의 좌파반대 운동에서 "문화대혁명"에 이르기까지 국가에 전례 없는 재난을 가져와 우리에게 뼈아픈 교훈을 남겼다. 따라서 덩샤오핑 동지는 다음과 같이 거듭 지적했다. 나는 예로부터 한 사람의 역할을 과장하는 것을 옹호한 적이 없는데, 이러면 위험하며 계속하기도 어렵다. 한 나라, 한 당의 안정이 한두 사람의 위세에 세워지는 것은 믿을 수 없고 문제가 생기기 쉽다.716) 이러한 현상이 재발하지 않도록 하려면 반드시 법률에 의지하고 제도에 의지해야 한다. 과거를 돌아보면 덩샤오핑 동지는 다음과 같이 말했다. 우리가 과거에 저지른 여러 가지 실수들은 물론 일부 지도자의 사상, 기풍과도 관련이 있지만, 조직 제도, 근무 제도의 문제가 더 중요하다. 이러한 제도가 좋으면 나쁜 사람들이 만연하게 달리는 것을 막을 수 있고, 나쁜 제도는 좋은 사람들이 좋은 일을 충분히 할 수 없게 하고 심지어 나쁜 쪽으로 갈 수 있다.717) 권력이 지나치게 집중되어 생기는 나쁜 영향을 피하려면 반드시 제도적으로 국가 기관과 군중 단체의 기능을 충분히 발휘해야 한다.

2. 정치 지도자, 사상 지도자와 조직 지도자의 통일을 견지

개혁개방 이후 정세의 변화는 당이 새로운 역사적 조건에 근거하여 당의 지도 방식, 업무 방식, 업무 방법과 지도 제도를 개혁하고 혁신해야 한다. 특히, 우리와 같은 다민족의 개발도상국에서는 전체 인민의 의지와 역량을 결집하여 사회주의 현대화를 가속화하고, 당의 지도를 조금도 늦추지 않고 강화하고 개선하여 당의 건설을 전면적으로 추진해야 한다. 당의 18대 보고서는 "입당위민, 집권위민을 견지하고, 당의 지도를 강화하고 개선하며, 당 전체를 총괄하며, 각 당의 지도적 핵심 역할을 조율하고, 당의 선진성과 순수성을 유지하며, 당의 창의력, 응집력, 전투력을 키워 당의 과학집권, 민주집권. 의법집권하는 수준을 향상시켜야 한다."718)고 지적했다.

당의 지도는 주로 정치적, 사상적, 조직적 지도이다. 당의 정치적 지도는 주로 당이 사회주의 사업에서 당의 지도적 핵심 지위를 유지하면서 국정 전반을

716) 덩샤오핑 문선(각주138), 325면 참조.
717) 덩샤오핑 문선(각주139), 333면 참조.
718) 후진타오(각주287), 15면.

총괄하고, 각 방면의 역할을 조율하며, 국가의 주요 정치에 대한 당의 방침과 전반적인 업무에 대한 당의 지도를 견지하고, 군대와 기타 인민민주독재에 대한 국가 기관의 절대적 지도를 견지하는 것이다.

당의 사상적 지도는 마르크스·레닌주의, 마오쩌둥 사상, 덩샤오핑 이론, "3개 대표론"의 중요한 사상과 과학적 발전관으로 당원을 무장시켜야 할 필요성에 주로 반영된다. 당이든 당원 간부 모두이든 상관없이 사상적 이론 자질은 지도자가 가져야 할 자질의 영혼과 같은 것이라 할 수 있다. 전체 당의 마르크스주의 이론 수준을 지속적으로 개선함으로써만 당은 노동자 계급의 선봉대와 중국 인민과 중화민족 선봉대의 본질을 한결같이 유지할 수 있다. 덩샤오핑 동지는 "중국의 안정과 4가지 현대화 실현은 올바른 조직 구성과 마르크스·레닌주의, 마오쩌둥 사상, 강한 정당 정신을 진정으로 따르는 후계자에 의해서만 보장되어야 한다."[719]고 지적했다. 중국 특색 사회주의를 건설하기 위해서는 공산당원 세대의 노력과 분투가 필요하며, 당은 이념과 이론을 지속적으로 개선할 때만 당과 국가사업의 발전을 이념적으로 보장할 수 있다.

당은 마르크스주의를 당을 세우고 국가를 건립하는 근본적인 지도 사상으로 삼고, 우리나라 국정과 시대의 요구와 긴밀히 결합하여 이론의 혁신을 강력히 추진하고, 실천 속에서 진리를 검증하고 진리를 발전시키고, 마르크스주의 학습형 정당을 건설하며, 당원과 간부를 조직하여 마르크스·레닌주의, 마오쩌둥 사상, 덩샤오핑 이론, "3개 대표론"의 중요한 사상 및 과학적 발전관을 깊이 연구해 변증법적, 역사적 유물주의 세계관과 방법론을 확고히 세워 중국 특색 사회주의 이론체계를 체계적으로 장악해야 한다. 당원 간부는 마르크스주의, 특히 중국 특색 사회주의 이론체계의 기본 저서를 열심히 읽어 자신의 전략적 사고와 혁신적 사고와 변증법적 사고 능력을 향상하고, 사회주의 초급 단계의 기본 국정을 정확히 파악하고, 개혁발전의 실제를 정확히 파악하고, 이론적 연구를 인민의 가장 관심 있고 직접적인 이익문제 해결을 연구하고, 지역 및 부분의 개혁발전이 안정적이라는 중대한 문제와 결합해야 한다.

당의 조직적 지도는 당의 간부 관리 원칙을 견지하고, 혁신적이고 젊고 지식이 풍부하고 전문적인 간부 정책에 따라 중책을 담당할 수 있는, 폭풍과 파도의

---

719) 덩샤오핑 문선(각주139), 193면 참조.

시험을 견뎌 낼 수 있고 활기차고 유망한 지도력을 형성할 수 있는 고품질의 지도자와 간부 대오를 형성한다. 이를 위해서는 간부 임용 규정의 양심적인 이행이 필요하며 개혁과 건설의 실천 속에서 간부 검사 및 식별에 능숙해야 한다. 첫째, 간부의 사상적, 정치적 자질에 주의를 기울이고, 항상 혁명을 최우선으로 삼고, 재능을 중시하고 도덕을 경시하는 현상을 단호히 예방하고 시정해야 한다. 지와 덕을 겸비하고 덕을 우선시하는 임용 기준을 준수한다. 간부의 도덕을 최우선으로 하는 것도 마르크스주의 정당의 선진성과 순수성을 유지하려는 근본적인 요구이자 중요한 보증이다. 둘째, 간부의 기풍을 보아야 한다. 간부의 기풍은 군중들 사이의 간부 이미지이다. 군중은 종종 직접 접촉한 간부들로부터 우리 당을 본다. 기풍이 올바르고 청렴하며 과감히 책임을 지고, 의욕적으로 진취적인 간부만이 군중의 신임을 얻을 수 있다. 셋째, 간부들의 정치적 업적을 중요시한다. 정치적 업적은 간부의 도덕·재능·소질을 종합적으로 반영하는 것이고 간부의 기본 기준으로 사용한다. 넷째, 간부의 군중 공인정도를 중요시한다. 간부를 선발하여 임용하는 것은 반드시 민주를 충분히 발양하고 군중의 노선을 걸어야 한다. 재능과 도덕을 겸비하고, 정치적 업적이 뛰어나며, 군중이 공인하는 사람을 적시에 지도자 자리에 선발하여 올바른 인재 활용의 안내를 형성한다. 정직한 사람에게 손해를 주지도 않고 투기꾼들이 이익을 취하도록 기회를 주지도 말아야 한다. 당의 지도 간부들, 특히 고위간부들은 지식, 사업에 정통하고 자신의 직무에 능숙해지려고 노력해야 할 뿐만 아니라, 우선 마르크스주의에 충성하고, 중국 특색 사회주의 노선을 견지하며, 당을 다스리고, 나라를 다스리고, 군대를 다스릴 줄 아는 정치가가 되도록 노력해야 한다. 당의 조직 지도는 또한 각급 조직의 여러 업무에서 견고한 방어막 역할과 당원의 모범적인 솔선수범 역할을 해야 한다.

요컨대 중국 공산당의 지도는 정치적 지도, 사상적 지도와 조직적 지도의 통일이다. 마르크스·레닌주의, 마오쩌둥 사상, 덩샤오핑 이론과 "3개 대표론"의 중요한 사상을 지도로 삼아 과학적 발전관을 깊이 관철·이행하며 당의 노선, 지침, 정책이 인민의 근본적 이익과 시대적 발전을 전면적으로 반영하도록 해야 한다. 당은 새로운 시대적 특성을 파악하고, 우리 당이 처한 역사적 방위와 짊어진 역사적 사명을 철저히 파악하여 개혁개방과 사회주의 시장경제의 발전이라는 조건하에 집권하는 새로운 상황과 새로운 문제를 정확하게 인식하고 적절하게 처리해야 한다. 개혁의 정신에서 핵심은 당의 지도력과 집권 수준을 지속적으로 개선하고, 부패와 변화에 저항하고, 위험에 저항하는 능력을 강화하며, 항상 인민들이 중국 특색 사회주의를 건설하도록 단결하고 이끌기 위한 지도의 핵심이 되어야 한다.

3. 당내 민주의 발전

당내 민주는 당의 생명이다. 이는 당의 역사적 경험을 종합한 과학적인 결론이다. 우리 당은 집권당이고 당내 민주는 인민민주에 중요한 시범과 선도적 역할을 한다. 당내의 민주 문제는 예로부터 당의 건설에 있어서 중대한 문제이다. 당내 민주를 발전시키는 것은 우리 당의 오랜 혁명, 건설과 개혁의 실천에서 이룩한 훌륭한 전통이자 기본 원칙이다.

당내의 민주를 발전시키고, 모든 수준에서 다수의 당원과 각급 당 조직의 적극성, 능동성, 창조성을 충분히 발휘하는 것은 당의 사업이 번창하고 발전하는 중요한 보증이다. 실천이 증명했듯이 당내 민주를 잘 견지하고 잘 발휘하면, 우리 당과 당이 지도하는 사업이 생기가 넘치고 착오를 범한다 하더라도 실수를 바로잡을 수 있으나, 당내 민주가 약화되고 파괴되면 당은 착오를 범하고 당의 사업 또한 심각한 혼란을 겪게 될 것이다.

당내 민주를 발전시키는 관건은 당내 민주제도 건설을 강화하는 것이다. 당원의 주체적 지위와 민주적 권리 보장을 기초로 하고 당원의 알권리, 참여권, 선거권, 감독권을 중심으로 하여 당원의 당내 업무에 대한 참여도를 향상하고 당원이 당내 생활에서 주체적 역할을 충분히 발휘하며, 당원이 올바르게 권리를 행사하고 열심히 의무를 이행할 수 있게 한다.

당의 대표대회제도와 당의 위원회제도를 개선하고 체제와 제도를 개혁하는 것부터 당원과 당 조직의 염원을 충분히 반영하는 당내 민주제도를 건립하고 완비한다. 예컨대, 당의 대표대회상임제(代表大會常任制)를 실행한다. 당대표대회 연차총회제도(黨代表大會年會制度), 제안제도, 시찰제도, 방청제도, 연락제도 등의 구축 및 구현을 통해 당 대표의 의당의정(議黨議政: 당의 업무를 의논하고 국가 대사를 의논함을 이르는 말)역할을 발휘하는 방법과 형식을 적극적으로 모색함으로써 당의 대표대회가 당의 최고 결책기관이자 최고 감독기관이 될 것이다. 당 대표의 당내 참여 적극성을 충분히 동원하고 정당 내 업무에 참여하고, 정당 내 다수의 정당에 더 많은 주의를 기울이도록 동기를 부여하고, 지역 내 당 최고 지도자 기관으로서 당 의회의 역할에 전적으로 참여하고, 지역 업무에 대한 당의 지도력을 강화하고 향상시킨다. 결국 당내 민주 발전과 당위 결책의 과학성 제고, 당내 민주감독 강화, 그리고 지도 기관과 지도 간부의 기풍 건설을 촉진하는 데 도움이 될 것이며, 당과 군중(黨群), 간부와 군중(幹群)의 관계를 긴밀히 하고 당 조직의 결속력을 강화하는 데도 유리하다.

집단적 지도, 민주적 집중, 개별적 준비, 회의 결책의 원칙에 따라 당위 내부의 의사와 결책 제도를 개선한다. 당의 위원회 전체 회의의 역할을 한층 더 발휘하여 모든 상급의 중대한 결책과 배치의 관철 및 모든 본 지역의 전반적인 형세와 전략적인 중대한 문제는 당위회(黨委會, 당의 위원회 전체 회의의 약칭임)에서 토론하고 결정한다. 전문가와 연구기관의 충분한 논증을 거쳐 널리 의견을 구한다. 결책의 과정에서 반드시 평등 토론과 다수결 원칙을 엄격히 시행하고 결책에서의 모든 구성원 개개인이 동등한 발언권과 결정권을 가질 수 있도록 하여 소수 의견을 듣는 데 각별히 신경 써야 한다. 각종 결책의 도입을 위한 명확한 절차가 있어야 하고, 결책에서 민주화 정도를 반영하는 관련 절차는 임의의 결정을 방지하기 위해 제도의 형태로 고정되어야 한다. 당의 전체 위원회는 상위회(常委會, 상무위원회의 약칭임)의 업무보고를 정기적으로 청취하고 심의하며, 상위회 구성원이 직무를 수행하는 상황을 평가하여 상위회와 그 구성원에 대한 감독을 강화해야 한다. 업무보고의 구체적인 내용은 정치, 조직, 공무와 청렴 등의 소임을 기준으로 해야 한다. 중앙에서 지방에 이르기까지 조건이 성숙된 기층 단위를 포함하여 모두가 그래야 하며 이는 당내 민주 생활에 영향을 미칠 뿐만 아니라 인민민주의 발전을 크게 촉진시킬 것이다. 당의 16기 3중 전회에서 중공중앙정치국이 중앙위원에 작업회보를 하는 의사일정은 바로 중앙에서 지방에 이르기까지의 각급 당위가 분명하게 드러났고 모두 당장(黨章)의 원칙에 따라 당내 민주 활동을 전개하고 지도 기관과 지도 간부에 대한 감독을 실현한다.

집단적 지도하의 개인 분업책임제를 개선하고 역사의 교훈을 얻고, 개인의 독단적인 결책 방식을 근본적으로 근절한다. 당내 민주발전을 위해서는 당내 선거제도의 개혁과 보완, 후보 지명 방식의 건전화 및 보완, 선거 절차와 투표 방식의 규범화도 필요하다. 당의 업무 공개를 추진하고 당내 상황 통보제도, 상황 반영제도, 중대 결책의 의견청취 제도를 완비하며 당내의 하향적 전달과 상향적 전달하는 민주 방법의 원활한 보장체제를 구축해야 한다.

제3절 법치의 사고방식으로 당의 지도력을 강화 및 향상

의법치국은 당이 인민을 지도하여 국가를 다스리는 기본 방략이고 사회주의 시장경제의 객관적 필요이며, 사회문명 진보의 중요한 상징이며, 국가가 장기간 태평을 누리고, 사회 질서와 생활의 안정을 갖게 하기 위한 중요한 보증이다. 의법치국은 당의 지도적 위상이 바뀌는 것이 아니라 당의 지도적 방식의 전환 이다. 의법치국과 사회주의 법치국가를 건설하는 목적의 실현은 반드시 당의 지 도를 강화하고 개선해야 한다. 당의 지도를 견지하는 것은 의법치국과 사회주의 법치국가를 건설하는 근본 보증이다. 한편으로, 의법치국의 시행은 당의 지도를 견지하고 강화, 개선하는 데 도움이 된다.

1. 집권당 정책과 법률 사이의 관계에 대한 정확한 처리

정책, 즉 정치적 전략이란 일반적으로 특정 기간 동안 정치적 목표를 달성하 기 위해 국가 사무, 사회공공 업무를 처리하기 위해 특정 정당 또는 기타 정치 조직이 제안하고 구현한 노선, 지침, 규범과 조치를 총칭한다. 서로 다른 정당, 정치 조직은 각자의 정책을 가질 수 있다. 그중에서도 집권당의 정책은 국가 사 회생활에서의 가장 큰 영향을 끼치고 국가정책과 가장 밀접하게 연계되어 있어 사실상 국가정책의 역할을 하고 있다고 할 수 있다. 중국 공산당의 지도적 지위 는 당의 정책이 국가 생활에서 중요한 역할을 하는 것을 결정했고 당의 정책은 당이 노동자 계급을 대표하는 것과 노동자 계급을 지도자로 하는 많은 인민 군 중이 사회에 대해 국가 지도를 실행하는 주요 수단이다. 마오쩌둥은 정책이 혁 명 정당의 모든 실제 행동의 출발점이며, 또한 행동에 나타나는 과정과 귀착점 으로 표현되며, 한 혁명 정당의 어떠한 행동이라도 그것은 정책을 실행하는 것 이라고 말했다. 올바른 정책을 실행하지 않으면 잘못된 정책을 실행하게 된 다.[720] 그러므로 당의 정책이 정확성과 그 역할을 수행하는 방법은 시기에 따라 다른 결과를 초래할 것이다.

신민주주의 시대, 그리고 신 중국의 성립 초기에 공산당의 정책은 사회생활에서 결정적인 작용을 해왔고, 정책을 우선시하였으며, 정책은 실제로 법률보다 높은 권위를 가지고 있었다. 사람들은 정책에 의지하고 정책을 준수하는 데 익숙했다. 이러한 상황은 정권이 수립되지 않았을 때 정상적이다. 해방 초기 고도 집권적 정치체제와 기획경제의 조건에서는 당시의 경제구조가 비교적 단순하고 경제 목표가 비교적 단순했기 때문에 집중적인 결정체제와 상향식 행정명령은 산업화와 자원 집중을 대규모적으로 추진해 중점적 건설을 진행하는 데 유익하고, 신생 사회주의 제도와 사회주의 정권의 안정에도 이롭다. 그러나 이러한 정책 위주의 법률을 경시하는 지도 방식과 치국 방식은 사회주의 민주정치의 건설 및 사회주의 시장경제의 요구에 점점 더 부응하지 못하고 있다.

공산당의 정책과 사회주의 법은 사회를 조종하는 두 가지 기본적인 형식으로서 그것들 사이에 내재된 일치성이 있다. 예를 들어, 그것들은 모두 사회주의 사회에서 발생하여 봉사하는 경제적 기반이 있으며, 많은 인민의 의지와 요구를 나타내며, 그것들의 기본적인 지도 사상과 가치의 지향은 일치한다. 그것들이 추구하는 사회적 목적도 근본적으로 일치한다.

그럼에도 불구하고 그것들 사이에는 분명한 차이점이 있는데 주로 양자의 의지 속성이 다르다는 것을 나타낸다. 법은 국가의 의지를 대표하고 전체 공민에 대하여 보편적인 법적 효력을 가진다. 공산당의 정책은 공산당의 의지를 대변하기 때문에 오직 당 조직과 당원에게만 효력이 있고 당 외의 인사와 조직에 대해서는 법적 구속력이 없다. 당의 정책은 보통 정책, 결정, 통지, 규정 등의 당 내 문서 표현으로 일관하며 일반적으로 보다 원칙적이고 유연하다. 반면 법률은 일반적으로 국가 기관의 규범적 문서로 표현되며 일반적으로 구체적이고 명확하다. 법률은 사회 전체에 공포되어야 하고, 당의 정책이 사회에 완전히 공개될 필요는 없다. 당의 정책은 당의 규율에 대한 제재에 의해 보장되며, 당원과 당 조직에 구속력이 있으며, 당 외의 인사와 기타 사회조직에 대해서는 주로 선전, 교육과 당의 응집력에 의해 당의 정책을 지지하고 관철시킨다. 법은 국가의 의지로 격상된 인민의 의지로, 그것의 실시는 국가의 강제력으로 보장되어 사회

---

720) 마오쩌둥 선집(각주97), 1286면 참조.

구성원 전체에 대한 보편적인 구속력을 가지며, 법을 어기는 자는 모두 국가 전문기관의 법에 의해 추궁받아야 한다. 따라서 중국 공산당의 지도적 지위와 집권적 지위가 중국 공산당의 정책이 국가 사회의 정치 생활에서 중요한 지도적 역할을 하도록 결정한다고 해도 법을 대체할 수는 없다.

위의 역사적 교훈은 중국에서 의법치국의 목적을 실현하는 것과 당의 지도력을 강화하고 개선하는 방법은 이론과 실천에서 중대한 시험에 직면하고 있음을 보여준다. 11기 3중 전회 이래 우리 당은 당과 정부, 당과 법의 관계를 어떻게 다룰지 모색해 왔다. 덩샤오핑 동지는 역사적 교훈을 총결산하고, 전 당 동지와 전체 간부는 모두 헌법, 법률, 법령에 따라 일을 처리하고 법률 무기를 사용하는 법을 배워야 한다고 거듭 강조했다.[721] 이는 당의 각 사업은 사회주의 법치의 원칙에 따라 헌법과 법률의 범위 내에서 이뤄져야 한다는 것이다. 중국 공산당의 당장(黨章)은 당은 반드시 헌법과 법률의 범위 내에서 운영되어야 한다고 명시하고 있다. 당은 반드시 국가의 입법, 사법, 행정기관과 경제, 문화조직과 인민단체가 적극적이고 능동적이고, 독립적이고 책임감 있고, 협조적이고 일치하게 업무를 보도록 보증해야 한다. 2012년 12월 수도 각계의 현 헌법 공포 시행 30주년을 성대하게 기념하는 대회에서, 시진핑 총서기는 중요한 연설을 발표하면서, 당은 인민을 지도하여 헌법과 법률을 제정하고, 당 스스로 헌법과 법률의 범위 내에서 활동하고, 당은 진정으로 입법을 지도하고, 법의 집행을 보장하며, 법을 준수하기 위해 앞장서야 한다고 지적했다.[722]

2. 의법집권, 과학집권, 민주집권 사이의 변증법적 관계의 올바른 처리

의법치국은 당의 지도 방식을 개선하고 당의 집권 수준을 향상시키는 데 도움이 된다. 의법치국은 당의 의법집권을 요구한다. 이것은 의법치국 방략이 당의 지도 방식과 집권 방식에서 구체적으로 드러나는 것이며 우리 당이 반드시 견지해야 할 정치적 원칙이기도 하다. 공산당이 집권당으로서 국가 정치활동에서 지도적 지위에 있다는 것은 법의 이상으로 특권을 추구할 수 있다는 것을 의미하지는 않는다.

당의 16대 4중 전회에서 채택한 "당의 집권 능력 구축을 강화하기 위한 중공

---

721) 덩샤오핑 문선(각주139), 371면 참조.
722) 시진핑(각주379), 11면 참조.

중앙의 결정(中共中央關於加强黨的執政能力建設的決定)"은 다음과 같이 제시했다. "과학집권, 민주집권, 의법집권을 견지하고 당의 지도 방식과 집권 방식을 지속적으로 개선해야 한다." 당이 "과학집권", "민주집권", "의법집권" 3자를 병기하여 하나의 변증법적인 통일체가 되고 당의 집권력 강화라는 총체적 목표의 하나로 삼은 것은 이번이 처음이다. 3자 간의 변증적 통일관계를 인식하고 파악하는 것은 당의 집권력을 강화시키는 데 큰 의미가 있다.

과학집권은 당 집권의 전제이자 기초이다. 과학집권이란 마르크스주의의 과학적 이론의 지도를 따르고 중국의 실제 상황에 따라 공산당 집권의 규칙, 사회주의 건설의 규칙, 인류사회 발전의 규칙을 지속적으로 탐색하고 따르며, 과학적인 사상, 과학적인 제도, 과학적인 방식으로 인민을 조직하고 지도하여 공동으로 중국 특색 사회주의를 건설하는 것이다. 당의 이론과 노선, 지침, 정책을 과학적으로 제정 및 실시하고 각종 집권 활동을 과학적으로 설계, 조직 및 수행해야 한다. 당대 중국에서 과학집권은 특히 당의 집권흥국을 착실히 발전시키는 데 우선적인 순위에 두어야 하며, 과학적 발전관으로 경제 사회 발전의 전반을 통솔하여 끊임없이 광범위한 인민의 근본 이익을 실현, 유지, 보호 및 발전시켜야 한다. 결책의 과학화와 민주화를 강력하게 추진하고 당의 내린 결책, 특히 국가 경제와 국민 생활과 관련된 중대한 결책은 객관적인 규칙과 과학적인 규칙에 부합하고 인민 군중의 염원에 부합되도록 노력해야 한다. 당의 집권이 과학집권 효과를 거둘 수 있을지는 결국 시대의 요구에 부응할 수 있는지, 인민의 요구를 충족시킬 수 있는지, 그리고 진정으로 인민 군중의 근본 이익을 제대로 지켜낼 수 있는지에 달려 있다. 인민의 뜻을 반영해 민주집권과 의법집권을 함으로써 인민의 이익을 지켜내야 한다. 그만큼 과학집권 자체가 민주집권과 의법집권에 대한 내재적 요구를 포함하고 있음을 알 수 있다.[723]

민주집권은 중국 공산당 집권의 본질적인 요구이다. 민주집권은 바로 인민을 위한 집권, 인민에 의한 집권을 하는 것이고, 중국 특색 사회주의 민주정치를 발전시키고, 사회주의 민주정치의 제도화, 규범화, 절차화를 추진하고, 민주적 제도, 민주적 형식, 민주적 수단으로 인민이 주인이 되는 것을 지지하고 보증하는 것이다. 입당위공(立黨為公: 대다수 사람들을 위하여 당을 건설함을 이르는 말),

---

723) 류원껀(劉元根), "과학집권", "민주집권", "의법집권"의 철학 내용의 해석, 윈난(雲南)사회과학, 2005(3).

집권위민(執政爲民)을 확실하게 견지하고 진정으로 광범위한 인민 군중의 근본 이익을 모든 일의 출발점과 정착점으로 삼아 권력이 인민을 위해 이용되고, 인 정(人情)이 인민에 의해 이롭게 되는 것을 확실하게 해야 한다. 인민이 법에 따라 민주선거, 민주결책, 민주관리, 민주감독을 이행하고 인민 군중과 사회의 모든 측면에 대한 적극성, 자각성, 창조성을 충분히 발휘해 개혁, 발전 및 안정을 위한 제반 업무를 함께 할 수 있도록 민주제도를 더욱 건전하게 개선해야 한다. 당내의 민주를 개선하고 확대하며 권력에 대한 감독을 강화하고 인민이 부여한 권력이 진정으로 인민의 이익을 위해 사용되도록 보장해야 한다. 민주적 집권은 당의 집권과 인민이 주인이 되도록 지도 및 지지 사이의 본질적인 통일성과 불가피한 연결을 충분히 반영하며, 이는 중국 공산당 집권의 본질이다. 집권당인 중국 공산당은 민주집권을 견지하고, 인민민주를 꾸준히 추진하며, 인민 군중의 역사적 주체로써의 지위를 존중하며, 인민이 주인이 될 권리를 충분히 보장하며, 인민을 지도하여 각종 유효한 주인이 될 권리를 창조하고, 사회주의 정치, 경제 및 문화 건설 사업에서 인민 군중의 역할을 충분히 발휘하게 해야 항상 인민 군중의 옹호와 지지를 받을 수 있고 사회주의민주를 진정으로 실현하고 발전시킬 수 있다.724)

의법치국은 당 집권의 기본 방식이자 과학집권과 민주집권의 근본적인 보증이다. 일부 학자의 말처럼 "과학집권, 민주집권, 의법집권 사이의 관계로 볼 때 의법집권은 당의 집권 방식 개혁의 초점이자 실질적 발판이 되어야 한다."725) 과학집권이든 민주집권이든 결국 의법집권에 이른다. 일정한 의미에서 의법집권은 과학집권과 민주집권의 중요한 방법과 수단이고 의법집권을 떠나면 과학집권과 민주집권은 제도화된 지지를 잃고, 인민 군중의 근본적인 이익은 결국 보장되지 않으며 당에 대한 군중의 신뢰를 잃게 되며 당의 집권 기반은 흔들리게 된다고 할 수 있다. 따라서 "과학집권, 민주집권, 의법집권"은 하나의 통일된 전체로서 제시되므로, 당의 지도를 견지하고 인민이 주인이 되는 것과 의법치국을 과학의 기초 위에 세우는 유기적인 통일을 지향한다. 한마디로, 과학과 민주는

---

724) 싸융쥔(夏永軍), "과학집권", "민주집권", "의법집권" 3자의 변증법적 통일에 대한 정확한 인식, 당사문원(학술판), 2005(11).
725) 짱헝산(張恆三), 의법집권에 대한 깊은 해독(解讀), 중공칭다오(靑島)위당교 칭다오행정학원 학보, 2010(2).

당 집권의 양대 핵심 가치인 반면, 과학과 민주의 가치 추구는 구체적 집권행위에 대한 규범적, 구속적, 지도적 역할을 하는 법률을 통해 구현되어야 한다. 다시 말해서 과학집권과 민주집권은 "의법치국과 사회주의 법치국가를 건설한다."는 맥락에서 주로 의법집권을 통해 이루어진다. 이러한 의미에서 후진타오 동지는 의법집권은 새로운 역사적 조건하에서 마르크스주의 정당이 집권하는 기본 방식임을 특히 강조했다.

3. 법치 사고를 이용한 당내 법규제도 체계의 구축

1997년 당의 15대 보고서에 따르면 의법치국은 당이 인민을 지도하여 나라를 다스리는 기본 방략이라고 확정했다. 2002년 당의 16대 보고서에 따르면 당의 지도 방식과 집권 방식을 개혁하고 개선하며 의법집권을 견지해야 한다고 제기했다. 2004년 16대 4중 전회는 반드시 과학집권, 민주집권, 의법집권을 견지하고 당의 지도 방식과 집권 방식을 끊임없이 개선해야 한다고 제기했다. 이는 모두 당의 집권 이념과 집권 방식에 중대한 변화가 있었음을 보여준다. 뿐만 아니라 당의 자체 건설에서도 점차 제도화, 법제화되었다.

1990년 당 중앙은 "중국 공산당 당내 법규 제정절차 잠행 조례(中國共產黨黨內法規制定程序暫行條例)"를 공포하면서 "당내 법규"라는 명칭이 공식적으로 사용되었다. 2013년 5월 27일 중공중앙의 승인을 거쳐 "중국 공산당 당내 법규제정 조례(中國共產黨黨內法規制定條例)" 및 "중국 공산당 당내 법규와 규범성 문건의 등록 규정(中國共產黨黨內法規和規範性文件備案規定)"이 공포되었다. 조례는 당장(黨章)은 가장 기본적인 당내 법규이고 다른 당내 법규를 제정하기 위한 기초이자 근거라고 명확하게 규정했다. 당 중앙이 조직하여 제정한 당내 법규는 중앙 당내 법규라고 한다. 중앙 당내 법규에 의해 규정되어야 할 사항은 다음과 같다. ① 당의 성격과 목적, 노선과 강령, 지도 사상과 분투 목표, ② 당의 각급 조직의 발생, 구성과 직권, ③ 당원의 의무와 권리의 기본 제도, ④ 당의 각 방면에서의 업무의 기본 제도, ⑤ 당의 중대 문제에 관한 사항, ⑥ 중앙 당내 법규에 응당 규정되어야 하는 기타 사항이다. 당장(黨章) 외에 당내 법규의 명칭에는 준칙, 조례, 규칙, 규정, 방법, 세칙이 있다. 당내 법규의 제정은 다음과 같은 원칙을 따라야 한다. ① 당의 사업발전의 필요성과 당 건설의 실제 상황에서 출발해야 한다. ② 당장(黨章)에 근거하여 당의 이론과 노선, 지침, 정책을 관철해야 한다. ③ 당은 반드시 헌법과 법률의 범위 내에서 활동해야 한다는 규정을 준수해야 한다. ④ 과학집권, 민주집권, 의법집권의 요구에 부합되어야 한다. ⑤ 당 건설의 제도화, 규범화, 절차화를 추진하는 데 도움이 되어야 한다. ⑥ 민주집중제도를 견지하고 당내 민주를 충분히 발휘하고 당의 집중화와 통일을 유지하고 보호해야 한다. ⑦ 당내 법규제정 체계의 통일성과 권위를 유지하고 보호해야 한다. ⑧ 지루한 반복을 방지하기 위해 간결성과 실용성에 중점을 둔다. 이 조례는 또 당내 법규의 등록, 정리 및 평가에 상세하게 규정해야 한다. 또한, 등록 제도를 자세히 함과 동시에 실시한 후의 평가제도를 확립하고 당내 법규 제정 기관, 기초 부문과 부서는 직권을 근거로 당내 법규의 집행 상황, 실시 효과에 대하여 평가를 전개하는 것을 요구한다.

이는 중국 공산당의 최초의 공식적이고 개방적인 당내 "입법법"이고, 사회주의 법치 이념을 실천하고 의법치당(依法治黨)의 중요한 표현으로, 제도 체계를 통해 당의 건설과 관리, 시대 조류에 순응함으로써 당 스스로의 건설발전을 위한 당연한 요구이자 당 스스로의 관리와 집권능력을 높이는 구체적인 방법이다. 2013년 11월 27일 중공중앙은 "중앙 당내 법규제정 작업의 5년 계획 요강(中共黨內法規制定工作五年規劃綱要)"을 공개 반포하고 당내 입법에 중점을 둘 6개 방면을 제안했다. ① 당의 지도와 당의 업무 면에서의 당의 지도 방식과 집권 방식을 더욱 개선해야 한다. ② 당의 사상 건설은 이론 혁신과 이론 무장을 잘 하기 위한 제도적 보장을 제공해야 한다. ③ 당의 조직 건설은 조직의 업무 제도화 수준을 향상시키는 데 주력해야 한다. ④ 당의 기풍 건설은 기풍의 전환을 추진하는 데 강력한 원동력을 제공해야 한다. ⑤ 당의 부패 반대, 청렴 제창(反腐倡廉, 반부창렴)은 권력을 제도에 확실하게 제한해야 한다. ⑥ 당의 민주집중제도 건설은 당내 민주제도 체계의 구축을 가속화해야 한다.

이러한 당내 법규의 제정 및 시행은 당내 활동을 더욱 규범화, 절차화하여 당내 민주제도 체계를 더욱 개선하고, 권력의 운행을 더욱 효과적으로 제약하고 감독함으로써 당의 집권 제도의 기반을 더욱 공고히 할 것이다. 당내 법규 건설을 핵심으로 하는 당의 제도 건설을 추진하고, 당 건설의 과학화 수준을 향상하고 집권당 건설의 새로운 방법을 풍부히 하고 개척하는 데 의의가 있다.

4. 법치에 의해 당을 엄격하게 다스림

(1) 경계를 유지하고 부패 방지와 위험을 막을 수 있는 능력을 향상시킨다.

고도로 중시되고 부단한 자체 건설의 강화는 우리 당이 약에서 강으로, 좌절에서 출발하여 어려움을 극복하는 데 있어서 끊임없이 성숙으로 나아가기 위한 훌륭한 마법의 무기이다.

신민주주의 혁명 시기에는 마오쩌둥 동지를 핵심으로 하는 제1대 중앙지도집단이 당의 건설이라는 위대한 여정을 성공적으로 수행했다. 마오쩌둥 동지는 1945년 황옌페이(黃炎培) 동지와의 대화에서 정권흥망의 주기율을 어떻게 벗어날 것인가에 대해 논의했다. 소위 말하는 정권흥망의 주기율은 역사가들이 인류의 역사 현상에 대한 고찰을 통해 발견한 것으로 역사상 한 계급, 정치집단이 정권을 빼앗는 과정에서 또는 정권 건립 초기에는 기본적으로 힘을 합쳐 적극적이고 진취적이며, 청렴하게 공무를 집행하는 정신을 유지하는 것을 말한다. 그러나 정권이 안정되면 분열과 태만, 부패가 반복되면서 결국 정권은 뒤집히고 그 뒤를 이을 정권은 또 이렇게 순환하니 그 굴레에서 벗어나기 어렵다. 중국 공산당도 정권 수립 이후 이 역사의 고리를 깰 수 있을지에 대한 시험대에 올랐다. 신 중국 성립 이후 지금까지 중국 공산당의 지도자들은 이 주기율에서 벗어나려고 끈질기게 노력해 왔다. 당의 대오를 깨끗하게 하고 당의 부패와 변질을 방지하기 위해 1950년대의 정풍운동(整風運動)부터 1960년대의 "문화대혁명"에 이르기까지 당이 어떻게 당의 건설을 강화하고 정권을 유지할 것인가에 대한 이론적 탐색과 함께 격렬한 실천을 수행했다.

개혁개방의 새로운 시대에, 덩샤오핑 동지를 핵심으로 하는 제2대 중앙지도집단은 당의 건설의 새로운 위대한 공정을 창립했다. "4인방(四人幇)"이 격파된 이래로 중국 공산당은 대외개방과 사회주의 시장 경제발전이라는 환경 속에서 각종 문란한 사상의 침식에 대한 위험과 이러한 침식에 대비하는 혹독한 시련에 직면했다. 덩샤오핑 동지는 당의 기풍 문제는 당의 생사존망이 걸린 문제라고 거듭 강조했다. 그는 인민을 만족시키기 위해 몇 가지 일을 해야 한다는 것은 주로 두 가지로, 하나는 대담하게 개혁개방을 하는 것이고 다른 하나는 부패에 대한 처벌을 강화하는 것이다. 우리는 우리의 당을 잘 다스려야 하고 우리의 전략적 목표를 달성하고 부패를 처벌하지 않으면, 특히 당내 고위층의 부패 현상을 처벌하지 않으면 분명히 실패할 위험이 있다.[726] 그는 중국의 문제는 여전히 공산당 내부에서 나올 것이라고 지적했다.[727] 덩샤오핑 동지는 또 다음과 같이 지적했다. 사회 기풍의 진보를 촉진하기 위해서는 먼저 당의 기풍을 잘 다스려야 하며, 특히 당의 각급 지도자에게 솔선수범할 것을 요구했다. 당은 사회 전체의 모범이고 당의 각급 지도자는 또 당 전체의 모범이다. 당의 조직이 군중의 이익과 이해를 제쳐두고 무시한다면 어떻게 군중에게 그러한 당 조직의 지도력을 신뢰하고 추대할 것을 요구할 수 있겠는가? 만약 당의 지도 간부 자신이 스스로를 엄격하게 요구하지 않아, 당의 규율과 국법을 준수하지 않고, 당의 원칙을 위반하고, 파벌성을 조장하고, 특수화를 실행하고, 뒷거래하고, 사치와 공공 이익을 낭비하고, 군중과 동고동락 하지 않고, 먼저 어려움을 겪지 않고 즐기면서, 조직의 결정에 불순종하고 군중의 감독을 받지 않고, 심지어는 자신을 비판하는 사람에게 복수한다면, 어떻게 이들이 사회 기풍을 개조하기를 기대할 수 있겠는가? …… 마오쩌둥 동지는 "우리 당의 기풍이 완전히 공명정대해야만 전체 인민은 우리로부터 배울 수 있을 것"이라고 말했다. 당의 기풍을 잘 다스려야만 사회풍토를 바꿀 수 있고, 네 가지 기본 원칙을 견지할 수 있다.[728] 당의 기풍이 정확하지 않으면 집권 지위는 상실할 위험이 있고 공산당은 스스로 파괴될 수 있다. 그만큼 집권당의 당풍 문제는 당의 생사존망과 관련된 주요 문제라는 것을 알 수 있다.

지앙쩌민 동지를 핵심으로 하는 당의 제3대 지도자는 당의 새로운 위대한 건설 공정을 계속적으로 추진했다. 우리나라는 사회주의 현대화 건설의 규칙을 깊이 탐구하면서 어떤 당을 건설할 것인지, 어떻게 당을 건설할 것인지를 놓고 장기간에 걸쳐 깊이 고민하면서 집권당의 건설과 관리는 집권 정당이 없는 것보다 더 어렵다고 지적했다. 반드시 새로운 실제 상황에서 출발하고 개혁의 정신으로 당의 건설에 직면한 주요 이론적, 실현적 문제를 연구하고 해결해야 하며, 따라서 당은 항상 진보된 본질과 순결을 유지하고 창의성, 응집력과 전투력을 갖추도록 해야 한다고 강조했다. 집권의 조건하에서 중국 공산당은 집권당과 지

---

726) 덩샤오핑 문선(각주138), 313면 참조.
727) 덩샤오핑 문선(각주138), 380면 참조.
728) 덩샤오핑 문선(각주139), 178면 참조.

도당, 당이 대표하는 계급 기반과 군중 기반 모두를 전례 없이 강화하고 확대해야 한다. 그렇다고 안심할 수 있는 것은 아니다. 시대가 갈수록 발전하고 형세도 변하고 있다. 우리 당은 스스로의 집권 지위를 공고히 하고 세계발전의 진보를 따라가려면 항상 당의 선진성을 일관되게 견지해야 한다. 시대발전의 요구로 자신을 뒤돌아보고 개혁의 정신으로 자신을 강화하고 개선하며, 성공의 경험을 총결산하면서 실수의 교훈을 잘 기억해야 한다. 집권 기간이 길수록 당의 자체 건설도 서둘러야 한다. 한편으로는 당의 집권력을 강화하고 지속적이고 과학적으로 상황을 판단하는 능력, 시장경제를 관리하는 능력, 복잡한 상황에 대처하는 능력, 법에 따라 집권하는 능력, 전반적인 상황을 파악하는 능력을 향상시켜야 한다. 반면에 부패 방지와 위험에 저항하는 능력을 향상시켜야 한다.

(2) 당을 엄격하게 다스리고, 당과 인민 군중의 혈육관계를 유지한다.

공산당의 가장 큰 정치적 이점은 군중과 밀접하게 연결된다는 것이고, 당이 집권한 후의 가장 큰 위험은 군중으로부터 이탈하는 것이다. 진심으로 인민을 위해 봉사하고 입당위민, 집권위민하는 것은 중국 공산당이 다른 모든 착취계급 정당과 구별되는 근본적인 차이점이다. 당은 인민으로부터 형성된 것이며, 인민에 뿌리를 두고 인민을 위해 봉사한다. 인민 군중의 옹호와 지지를 잃으면 당의 사업과 모든 일에 대해 논의할 수 없다. 현재 일부 당원, 간부들은 주관적 세계의 개조를 늦추고 있다. 이론적 연구를 무시하고, 이상적 신념이 흔들리고, 마르크스주의 대한 믿음이 확고하지 못하고, 중국 특색 사회주의에 대한 확신이 부족하다. 일부 주요 간부들은 목적의식이 약하고, 군중과 분리되고 현실과 분리되고, 무책임하고 원칙을 지키지 않으며 허세를 부린다. 형식주의, 관료주의, 향락주의가 두드러지며, 사치풍조가 심하다. 일부 주요 간부들은 권리로 사욕을 도모하고 부패하고 타락했으며 특히 고위 지도 간부들 사이에서 일어나는 부패 사건은 매우 심각한 영향을 끼친다. 이러한 문제는 당이 인민과의 혈육관계를 심각하게 손상시키고, 당과 군중, 간부와 군중의 관계를 심각하게 손상시키며, 당의 창의력, 전투력과 응집력을 심각하게 약화시키며, 당의 집권 지위를 공고히 하는 것과 집권 사명의 실현에 심각한 영향을 미쳤다.

당의 집권 지위가 태생적, 고정불변이 아니라는 점을 항상 분명하게 의식해야 한다. 끊임없이 변화하는 국제·국내 상황의 요구에 당은 반드시 편안한 처지에 있을 때에도 위험할 때의 일을 미리 생각하고 경계하며(居安思危) 우환의 식을 강화해야 한다. 2013년 4월 당의 선진성과 순수성을 유지하는 것을 중심으로 중앙은 인민이 중심적이고 실용적이며 청렴하다는 주요 내용을 당 전체의 군중노선 교육실천 활동을 수행하기로 결정했다. 이는 새로운 상황에서 당이 당을 관리하는 것과 당을 엄격하게 관리해야 한다는 새로운 의지와 함께 학습형식, 복무형식, 창조형식 마르크스주의 집권당 건설에 대한 인민 군중의 기대에 부응하는 중대한 배치이다.

군중 노선은 당의 생명선이자 근본적인 작업 노선이다. 당의 군중 노선 교육실천 활동은 당원 간부를 교육·인도하여 목적의식과 마르크스주의 군중의 관점을 확고히 수립하고, 근무 풍조를 확실히 개진하며, 인민 군중의 신뢰와 옹호를 얻어 당의 집권 기반을 다지는 데 의미가 있다. 당이 인민 군중과의 혈육관계를 유지하고 당이 군중과 밀접하게 연계하는 이점을 발휘하여, 경제가 지속적으로 건전하게 발전하고 전면적으로 국민 생활수준이 중류 정도가 되는 사회를 건설하여 중화민족의 위대한 부흥이라는 중국의 꿈을 실현하는 데 강력한 보증을 제공한다.

모든 당원과 간부는 반드시 객관적인 세계와 주관적인 세계의 변화를 지속적으로 결합하고, 중국 특색 사회주의 이론체계를 익히고, 자발적으로 당성(黨性) 수양과 당성 단련을 강화하고, 사회주의 핵심 가치체계를 모범적으로 실행하고, 올바른 세계관, 인생관, 좋은 가치관을 수립하여 좋은 권력관, 지위관으로 문제를 해결하고, 당으로 하여금 항상 인민 군중의 지지와 옹호를 받게 한다.

(3) 부패를 반대하고 청렴을 제창하며 건전한 권력 운영의 제약과 감독 제도를 구축한다.

당의 기풍과 청렴한 정치 건설을 강화하고 각종 부패 현상과 싸우는 것은 당 건설의 중대한 임무이다. 청렴한 정치를 해야만 인민의 신임을 얻을 수 있고, 공평하게 권력을 사용해야 인심을 얻을 수 있다. 개혁개방 이후 당과 국가는 가장 심각한 두 가지 시험에 직면해 있는데, 하나는 경제가 발전할 수 있는지, 다른 하나는 당의 기풍, 사회의 풍조가 무너지지 않는지 여부이다. 이 두 가지 검증은 모두 당과 국가의 흥망성쇠(興衰成敗)와 생사존망이 걸린 문제이다. 의지가 약한 일부 사람들은 새로운 상황에서 시련을 겪지 못하고, 사리사욕에 눈이 멀어 경제 분야에서 각종 범죄 활동을 난폭하게 한다. 일부 지방 및 부서, 특히 일부 당과 정부기관, 사법기관, 행정집법 기관, 경제관리 부서 및 독점산업은 이 익에 따라 직권 혹은 업종 독점적 지위를 이용해 권력을 상품화하고 금권거래 (錢權交易: 돈으로 권력을 사거나 권력으로 개인적인 이익을 얻음을 이르는 말)를 한 다. 이러한 경제적 범죄행위와 부패는 간부 대오를 부식시키고, 국가 조직을 침 해하며, 법률의 존엄과 권위를 손상시키고, 인민의 사상을 독살하고, 사회 풍조 를 오염시키고, 사회주의 현대화 건설을 직접적으로 방해하고 파괴한다. 개혁개 방 초기 덩샤오핑 동지는 경제적 범죄와 부패의 심각한 피해를 보았고 어떤 방 법으로 부정부패와 권력 남용의 문제를 해결할 것인지에 대해, 우리는 주로 두 가지 방법으로 해결한다고 지적했다. 하나는 교육이고 다른 하나는 법률이다.[729] 특별히 심각한 유형의 범죄자들은 반드시 가장 엄격한 법적제재를 가해야 한 다.[730] 그만큼 청렴한 정치 건설과 부패 척결에 교육은 기본이고 법치는 보장임 을 알 수 있다.

(가) 지도 간부에 대한 청렴한 정치 교육을 강화한다. 부패를 반대하고 청렴 을 제창하는 것은 장기적이고, 복잡하며 힘든 투쟁이다. 반드시 지엽적인 것과 근본적인 것을 함께 다스리고 종합적으로 다스리며, 징벌과 방비를 병렬하고 예 방을 중요시하는 방침을 견지하며, 당 전체에서 청렴한 정치 교육을 전개해야 한다. 특히 지도 간부는 당 중앙 청렴 자율에 관한 당 중앙의 각종 규정을 엄격 히 준수해야 하며, 자신의 배우자와 자녀, 측근 인사에 대해서도 엄격히 요구해 야 한다. 지도 간부는 직무의 편의를 이용하여 본인이나 특정 관계인을 위해 부 당한 이익을 추구해서는 안 된다. 당원 지도 간부의 주택, 투자, 배우자와 자녀 의 취업 등 모든 경우 개인 관련 사항 보고제도에 포함시켜야 한다. 배우자, 자 녀가 국(경)외에 거주지를 옮긴 공직자에 대한 관리를 강화해야 한다. 이직·퇴 직 지도 간부가 기업과 각종 학회, 협회, 재단에서의 직무 행위를 한층 더 규범 화해야 한다. 중화민족의 근검절약이라는 훌륭한 전통을 크게 살리고, 절약은 영광스럽고 낭비는 수치스럽다는 사상 관념을 선전하고 공무소비와 공무접대제 도의 개혁을 추진해야 한다. 절약을 제창하고 낭비를 반대하는 좋은 기풍을 사 회에 널리 알려야 한다.

---

729) 덩샤오핑 문선(각주473), 148면 참조.
730) 덩샤오핑 문선(각주139), 403면 참조.

(나) 규율 위반 및 법률위반 사건을 철저히 조사하여 처벌한다. 사회를 심각하게 위협하는 부패한 사람들, 특히 고위 간부들 사이에서 법을 위반하고 범죄를 저지르는 부패한 사람들을 엄벌해야 한다. 1986년 1월 덩샤오핑은 중앙정치국 상무위원회 연설에서 고위간부 자제일수록, 고위 간부일수록, 유명인일수록 이들의 위법행위에 대한 단속을 더욱 조사하여 처리해야 한다고 강조했다. 이러한 사람들의 영향이 크고 범죄 피해도 크기 때문이다. 전형적인 것을 파악하고 다루면 그 효과도 크다는 것은 우리가 모든 저항을 극복하고 법제 건설과 정신문명 건설에 매진할 결심을 하고 있음을 보여준다.[731] 1989년 5월 그는 재차 다음과 같이 강조했다. 부패 사건은 잡으려면 잡을 수 있는 중요한 사건이나, 우리는 늘 손을 댈 수가 없다. 이는 곧 인심을 잃게 하고 우리가 부패를 감싸고 있다고 생각하게 만든다. 우리는 이 수준을 넘어서 성취해야 한다. 하나이면 하나, 둘이면 둘, 어떻게 처리해야 하는지 반드시 인민의 신뢰를 얻어야 한다. 부패, 횡령, 뇌물을 20건을 잡았다고 하면 일부는 도시에서, 일부는 전국에 걸친 것이다. 벼락같이 잡고 군중에게 공포하고 법에 따라 행동해야 한다. 처벌을 받아야 할 사람은 누구든지 처벌받아야 한다.[732] 덩샤오핑이 지도 간부 중 부패한 사람들에 대한 엄벌을 특히 강조한 것은 이들의 수중에 상당한 권력과 큰 사건, 주요 사건이 종종 그들과 연관되어 있으며, 그들의 부패행위는 당과 인민에게 큰 해악을 끼치기 때문이다. 현재 공정(工程)건설, 부동산개발, 토지관리와 광산자원개발, 국유자산관리, 금융, 회사 등 분야에서 부패가 더 빈번하게 발생하는 경향이 있으며, 당의 규율과 국가의 법률에 따라 부패 요소를 엄벌하고 처벌하는 등 강압을 유지해야 한다. 2013년 1월 시진핑 총서기는 18기 중앙 규율검사위원회 2차 전회에서 다음과 같이 지적했다. 확고부동하게 부패를 처벌하는 것은 우리 당의 힘을 나타내는 것이며, 또한 모든 당 동지들과 군중의 공통된 열망이기도 하다. 우리 당은 일부 당원 간부를 엄중히 조사하여 처벌하고 있으며, 고위 간부들의 심각한 규율 위반 문제를 포함한 강한 결의와 선명한 태도를 당전체에, 그리고 사회 전체에 표명하고 있다. 어떤 사람이든 그 직무가 아무리 높아도 당의 규율과 국법을 위반하면 엄중히 따지고 엄하게 처벌한다는 말은 결코 빈말이 아니다. 당을 엄격하게 다스리는 것을 결코 느슨하게 해서는 안 된

---

731) 덩샤오핑 문선(각주138), 152면 참조.
732) 덩샤오핑 문선(각주138), 297면 참조.

다. "호랑이"이든 "파리"이든 모두 때려잡고, 규율과 법률을 위반하는 지도 간부를 단호히 조사하고 징계하는 한편, 군중 주변에서 벌어지는 비리와 부패 문제도 확실히 해결한다. 당의 규율과 국가의 법률 앞에서는 예외가 없다는 것을 주장할 필요가 있으며, 누구인지를 막론하고 끝까지 조사하고, 결코 관용을 베풀어서는 안 된다.

국제적으로 반부패에 대한 국제협력을 적극적으로 추진한다. 2005년 9월 국무원은 "유엔 반부패협약(聯合國反腐敗公約, United Nations convention against corruption)"의 비준 의안을 전국 인대 상무위원회에 제출했다. 이 협약은 10월 27일 10기 전국 인대 상무위원회 제18차 회의에서 비준되었다. 2006년 1월 13일, 우리나라 정부는 유엔 사무총장에게 비준서와 정부성명서를 제출하고 공식적으로 "유엔 반부패협약"의 체약국이 되었다. 2월 12일에 이 협약은 우리나라에 발효되었다. 2011년 2월, "형법 개정안(8)"은 새로 설립된 "외국 공무원 및 국제 공공기관 공무원 뇌물수수죄"를 채택하여 부패 방지에 관한 "유엔 반부패협약" 제16조를 국내법으로 전환했다. 2012년 3월 개정된 "형사소송법"은 범죄 피의자, 피고인 도피(逃匿), 사망 사건의 불법소득에 대한 몰수 절차를 규정하고 특정 사건의 증인, 감정인, 피해자에 대한 특별 보호조치 규정을 추가한 것도 우리나라 국내법과 "유엔 반부패협약"의 규정이 연결되어 있음을 보여준다.

(다) 권력 운영의 제약과 감독 제도를 완비해야 한다. 권력의 운영 과정은 곧 사회적 가치와 자원의 분배 과정이다. 이 분배 과정은 권력자가 어떤 가치나 자원을 얻는 데 편리한 조건을 제공함으로써 부패가 생길 수 있다. 이것은 인간성의 한계이다. 레닌은 각 정당, 각 계급의 어떤 대표도 개인으로서 실수를 저지를 수 있다고 지적했다.[733] 권력이 야기하는 부패의 위험은 불가피하게 모든 국가의 사회정치 생활에 존재하며, 이러한 권력의 부패는 완전히 제거할 수는 없지만 다양한 방법과 수단으로 예방하고 통제할 수밖에 없다. 자본주의 국가이든 사회주의 국가이든 모두 그러하다.

인민의 권력이 반드시 자연히 인민을 위해 봉사하는 것은 아니며, 사람은 권력을 장악하는 조건하에서 종종 질적 또는 인지적 실수를 한다. 따라서 권력자에 대한 도덕적 고결함만 바랄 게 아니라, 합리적 구조와 과학적 배치, 치밀한

---

733) 레닌 전선, 제2판, 제16권, 베이징, 인민출판사, 1988년, 331면 참조.

절차, 효율적인 권력 운영을 제약하는 체제를 만들며, 정책 결정과 집행 등으로부터 권력에 대한 제약 감독을 강화해야만 이들의 권력 남용을 방지하고 인민이 부여한 권력이 진정으로 인민을 위해 이익을 도모하는 데 사용할 것을 보장할 수 있다. 공산당을 집권당으로 하는 권력 또한 합리적인 규제를 받아야 하고, 이에 대해 덩샤오핑은 다음과 같이 분명하게 확언했다. 공산당의 지도를 견지해야 함은 물론, 감독과 제약 또한 있어야 한다.[734]

현재 권력의 운영에는 두 가지 주요 문제점이 있다. 하나는 지방의 당과 정부의 주요 책임자들의 권력이 지나치게 집중되어 있고, 종종 효과적으로 제약과 감독을 받지 못하는 경우가 많다는 점이다. 다른 하나는 결책권, 집행권과 감독권과 같은 권력이 상호 분리되지 않아, 스스로 규칙을 만들고 스스로 집행을 하고, 부처의 이익과 연계해 권력을 남용하는 것이다.

권력의 제약과 감독을 강화하기 위해서는 일련의 전문적인 감독 및 제약 기관을 설립해야 하며, 권력 구조 자체를 합리화하고 엄격한 제약과 감독을 형성하여 인민이 부여한 권력이 진정으로 인민에게 이익이 되도록 보장해야 한다. 이러한 권력 운영 제도에는 서로 다른 성격의 권력을 적절하게 분해하고 결책 기능, 집행 기능과 감독 기능을 상대 독립적으로 행사하여 다양한 부서에서 다양한 권력을 행사하고 다양한 권력 간에 합리적인 구조를 형성해야 한다. 직권 배치는 과학적이어야 하고, 분업이 명확해야 하며, 각자 책임을 져야 하며, 직권과 책임이 서로 통일되어야 한다. 분권과 각자의 직권에 따라 권력이 운영되는 절차를 설계함으로써 각종 권력 부문이 분업하고 서로 협력하며, 권력이 법에 따라 움직이는지를 확인하기 위해 서로를 제한 및 점검하여 권력 남용을 방지한다.

(라) 지도 간부에 대한 제약과 감독을 강화한다. 덩샤오핑은 지도 간부들의 감독 강화에 큰 중요성을 부여했다. 그는 당과 국가 지도 체제의 개혁을 언급할 때 군중의 감독이 있어야 한다고 강조했다. 군중과 당원들이 간부, 특히 지도 간부를 감독하게 한다. 모든 특권, 특수화를 이행하는 것이 비평과 교육을 거치고도 변화가 없는 사람은 누구나 법에 따라 고발(檢擧), 고소(控告), 탄핵(彈劾), 교체(撤換), 파면(罷免)할 권리가 있으며, 재정적으로 상환하고 법적 제재를 받을

---

734) 덩샤오핑 문선(각주138), 256면 참조.

수 있다. 각급 간부의 직권 범위와 정치 생활 혜택에 대해 각종 조례를 제정해야 한다. 가장 중요한 것은 전문기관이 인정에 구애됨이 없이 공평무사(公平無私)하게 감독·검찰을 진행해야 한다. 지도 간부가 청렴성과 자율성을 주도하는 한 반부패에서 발생하는 수많은 문제와 어려움이 순리적으로 해결될 것이다. 어떤 조직이나 개인도 감독받지 않을 특권은 없다.

지도 간부에 대한 제약과 감독을 강화하는 것은 주요 지도 간부에 대한 제약과 감독에 중점을 두어야 한다. 이들이 장악하고 있는 사람, 재산, 물적 관리권의 사용에 대한 감독을 강화하고 제도로 권력, 업무, 사람을 관리하고, 제도의 보장과 제도의 허점을 최소화하고, 부패 방지 체제의 제도를 개선해야 한다. 민주 방법의 확장에 노력하고 군중에 의존하며 일 처리 공개 제도를 성실히 추진하며, 국가가 기밀로 유지하는 문제를 제외하고 공개 가능한 모든 사항을 반드시 모든 사회와 군중에 공개하여 인민 군중과 언론의 엄격한 감독을 받게 한다. 인민 군중이 지도 기관과 지도 간부를 감독할 수 있는 권리를 충분히 보장하고, 인민민주의 방범·감독 기능을 발휘하여 지도 간부가 권력을 이용해 사리사욕을 꾀할 기회를 줄이고, 그 권력이 오직 인민을 위해 봉사할 수밖에 없도록 보장한다. 당과 정부의 지도 간부에 대한 관리와 감독을 강화하고, 당과 정부의 지도 간부의 책임 의식을 강화하며, 과학적 발전관을 더욱 잘 관철하여 당의 집권 능력과 집권 수준을 지속적으로 제고하기 위하여, 2009년 7월 중공중앙판공청(中共中央辦公廳), 국무원판공청(國務院辦公廳)은 "당과 정부 지도 간부의 문책 실행에 관한 잠행 규정(關於實行黨政領導幹部間責的暫行規定)"을 반포하고 다음과 같이 명확히 규정했다. 당과 정부의 지도 간부들은 정책 결정의 중대 실수에 큰 손해 또는 악영향을 미치는 집단적, 돌발적 사건의 처리가 미흡하여 사태 악화, 악영향을 조성한 등 7가지의 경우 문책할 것을 명시하고 있다. 구체적인 문책 방법은 공개 사과, 정직된 검사, 사임, 해임을 명령하는 것으로 구분된다. 이 잠정 규정의 반포 및 실시는 부패를 반대하고 청렴을 제창하는 법규제도 건설의 강화와 지도 간부 행위규범을 개선하는 중요한 조치로서 당의 집권 능력과 집권 수준을 높이는 데 중요한 의미가 있다.

현재 우리나라의 전문 감독기관에는 주로 각급 정부가 설립한 감독 및 감사기관, 그리고 전문적인 법률 감독기관, 즉 각급 인민검찰원과 그 내부에 설치된 탐오·부패 반대 전문기관이 있고 각급 당의 규율검사위원회도 있으며, 18기 3

중 전회는 당의 규율검사작업의 이중 지도체제를 구체화, 절차화, 제도화를 촉진할 필요가 있다고 지적했다. 부패 사건을 조사하고 처리하는 것은 상급 규율검사위원회의 지도자들이 주류이며, 단서 처리와 사건의 조사·처리는 상급 당위에 보고하는 동시에 반드시 상급 규율검사위원회에 보고한다. 각급 규율검사위원회 서기, 부서기의 지명과 고찰은 상급 규율검사위원회 및 조직부문과 함께 주를 이룬다. 하급 규율검사위원회에 대한 상급 규율검사위원회의 지도를 강화하기로 했다. 이러한 전문적인 감독기관의 경우, 법률에 따라 독립적으로 감독 및 통제력을 행사할 수 있고 어떤 기관이나 조직 및 개인의 불법적인 간섭도 받지 않도록 권위를 강화하고, 업무의 실제 효율성을 개선해야 한다. 관련 부패방지법의 제정을 가속화하고 엄격한 반부패 법률체계를 건립해야 한다. 부정부패 척결을 위한 제도화, 법률화의 수준을 높여 당원 간부, 국가 공직자의 행위에 명확한 규범적 지침과 제약이 따르도록 한다. 당의 규율, 정부 규율, 국가의 법률은 감독·제약을 위한 강제력이며, 감독·제약을 받는 사람들이 제약과 감독을 받아들일 수 있도록 강요한다.

(마) 당내 감독을 강화한다. 지도부(領導班子)의 내부 제약과 감독을 강화하고 중대한 사항과 중요한 간부의 임명과 파면의 결정 절차를 개선한다. 당위 내 지도부 구성원 간의 감독은 가장 직접적이고 효율적인 감독이다. 따라서 당위 구성원 간의 분업은 과학적이고도 합리적이어야 하고 상호 제약하는 권력은 한 사람이 감당할 수 없다. 민주집중제의 각종 제도와 규정에 따라 일을 처리해야 한다. 다수결의 원칙을 확실하게 준수하면, 모든 사람은 자신의 의견을 충분히 말할 수 있고, 결코 개인이 조직 위에 군림하는 것을 허용하지 않으며 개인이 마음대로 결정해서는 안 된다. 지도 간부는 응당 위치가 높으나 권력을 독단적으로 행하지 말아야 하고 권력이 막중하나 사익을 도모하지 말아야 한다. 응당 주요 문제에 대한 집단 토론 및 의사 결정을 위한 구체적인 제도를 구축하고 개선해야 한다. 단체의 지도자와 개인의 분업을 잘 수행해야 한다. 각급 당과 정부의 지도부와 지도 간부가 당의 기풍과 청렴한 정치 건설에 대한 규범화 심사를 강화해야 한다. 간부의 선발·임용·업무 책임제를 수립하고 개선하며 추천책임제, 검사책임제와 인사 감독·실책 규명제(用人失察失誤追究制)를 포함한다. 당원의 당내 업무에 대한 이해와 참여를 강화하고, 결책의 과학화와 민주화를 끊임없이 추진한다.

규율검사 제도를 개혁·개선하고 순시제도를 강화·개선한다. 지도 간부, 훈계 및 권고, 서신, 문의, 민주적 평가, 파면 또는 교체에 대한 다양한 형태의 제도를 개선한다. 당과 정부의 문책제도, 청렴정치 보장제도, 행정법 집행 책임제도 등을 추진한다.

요컨대 지도 간부에 대한 권력 운영을 효과적으로 감독하고 점차 완전한 감독체제를 형성해야 한다. 권력을 제도로 제한하는 것은, 부패를 할 수 없는 징계제도, 부패할 수 없는 방범제도, 부패할 수 없는 보장제도를 형성한다. 반부패투쟁의 장기성, 복잡성, 어려움을 충분히 인식해야 한다. 2008년 5월 중공중앙은 "2008~2012년 부패 처벌과 예방 체계 및 작업 계획의 건립과 완비(建立健全懲治和預防腐敗體系2008~2012年工作規劃)"를 반포했고 다음과 같이 제기했다. 새로운 상황에서 반부패 건설의 특징과 규율을 인식하고 파악하며, 부패를 처벌하고 예방하는 각종 업무를 강화하고 개선하며, 새로운 경험을 총결산하고, 새로운 상황을 연구하며, 새로운 사업 구상을 수립하고, 작업제도를 개선하고, 작업의 난제를 해결한다. 반부패 건설은 세정(世情), 국정, 당정의 발전과 변화에 부응하여 더욱 실효를 거두게 한다. 꾸준히 처벌과 예방을 병행하여 건설에 집중한다. 건설적인 사고 및 조치와 방법으로 부패 척결과 예방, 교육과 감독, 체제 개혁과 법제 정비를 유기적으로 추진하여 부패를 단호히 다스리는 동시에 본질을 다스리는 것을 더욱 중요시한다. 예방에 더욱 신경을 쓰고 제도건설을 더욱 중요시하여 처벌과 예방을 양손으로 잡고 양손 모두를 강하게 해야 하며 반부패 건설에 유리한 사상 관념, 문화 분위기, 체제 조건, 법제 보장을 형성한다. 18기 3중 전회 이후 "전반적인 개혁 심화에 관한 몇 가지 중대 문제에 관한 결정(關於全面深化改革諾乾重大問題的決定)"에 따라 중앙은 또 부패 척결과 예방을 위한 2013~2017년 사업 계획을 수립하여 부패 척결과 예방을 중점적으로 수립했다. 동시에 기존의 당내 감독과 당외 감독, 전문기관의 감독과 인민 군중의 감독, 법률의 감독과 언론의 감독 등을 통합하기 위한 효과적인 조치를 취해, 당의 지도력이 제도화, 법률화의 궤도에 따라 운영될 수 있도록 보장한다.

후　기

　　이 책은 중국인민대학출판사의 "마르크스주의 연구 논고"에서 나온 책입니다. 중국인민대학출판사의 요청과 믿음 및 지도로 인해 이 책을 성공적으로 완성할 수 있었기에 깊은 감사를 드립니다. 이 책의 기획 편집자 팡밍(方明)과 동료 여러분의 책의 집필과 출판에 대한 지지에 또한 감사드립니다.

　　이 책을 함께 만든 저자들은 함께 오랜 시간 연구하고 집필하는 과정에서 즐겁고 유쾌한 협력을 경험했습니다. 이 책은 모든 저자들이 함께 협력하여 일구어낸 하나의 성과입니다.

　　이 책은 쑨궈화(孫國華)가 주필하고 검토했습니다.

　　이 책의 구체적인 집필 작업은 다음과 같이 분담했습니다.

　　쑨궈화(孫國華): 주필, 검토, 머리말, 제1장

　　예촨싱(葉傳星): 제2장, 제3장, 제4장, 제8장

　　양쇼칭(楊曉青): 제5장, 제9장, 제11장

　　주리즈(朱力宇): 제6장

　　차우레이(曹磊): 제7장, 제12장

　　구춘더(谷春德): 제10장

사항색인

ㅇ

中華社會科學基金資助
마르크스주의 연구 논고 제1집

역자소개

■ 최용철(崔龍哲)

고려대학교 법학박사
현재 중국 연변대학교 법학원 부교수

■ 김홍매(金紅梅)

중국 길림대학교 법학박사
현재 중국 연변대학교 법학원 부교수

■ 김미란(金美蘭)

충남대학교 법학박사
현재 중국 연변대학교 법학원 부교수

■ 남미향(南美香)

고려대학교 교육학 박사수료
현재 한국공학대학교 교양교육운영센터 외래교수

중국 특색 사회주의 민주법치에 관한 연구

2023년 9월 25일 초판 인쇄
2023년 10월 1일 초판 1쇄 발행

역 자 최 용 철 외

발행인 배 효 선

발행처 도서출판 法 文 社

주 소 10881 경기도 파주시 회동길 37-29
등 록 1957년 12월 12일/제2-76호(윤)
전 화 (031)955-6500~6 FAX (031)955-6525
E-mail (영업) bms@bobmunsa.co.kr
(편집) edit66@bobmunsa.co.kr
홈페이지 http://www.bobmunsa.co.kr
조 판 법 문 사 전 산 실

정가 32,000원 ISBN 978-89-18-91428-2